最高人民法院
审判工作指导丛书

最高人民法院
第三巡回法庭
新型民商事案件
理解与适用

编委会主任◎江必新

最高人民法院第三巡回法庭◎编著

中国法制出版社
CHINA LEGAL PUBLISHING HOUSE

《最高人民法院第三巡回法庭新型民商事案件理解与适用》

执行主编：夏根辉

编写人员：张　乾　吴之翔　李　洁　刘牧晗
曹　健　潘　琳　魏佳钦　黄哲雅

总　序

最高人民法院设立巡回法庭，是党中央站在党和国家发展全局高度所作出的重大改革部署，有利于审判机关重心下移、就地解决纠纷、方便当事人诉讼，有利于最高人民法院本部集中精力制定司法政策和司法解释、审理对统一法律适用有重大指导意义的案件。自党的十八届四中全会作出这一重大决策以来，六个巡回法庭陆续设立，依法审理跨行政区划重大行政和民商事案件，充分发挥职能作用，为经济社会发展提供更加有力的司法服务和保障，并成为展示我国司法体制改革和社会主义法治建设成果的重要窗口。

最高人民法院第三巡回法庭坐落在江苏南京，巡回区为上海、江苏、浙江、福建、江西五省（市）。自2016年12月28日挂牌成立以来，在最高人民法院党组和周强院长的坚强领导下，在本部各单位的有力帮助和社会各界的监督支持下，第三巡回法庭依法妥善审理各类案件，就地化解矛盾纠纷，切实做好执法办案中心工作，努力为经济社会发展作出应有贡献。

第三巡回法庭巡回区社会经济发展水平较高，民众法律素养好、维权意识强，各种新类型案件亦层出不穷。在一年多的办案实践中，各审判团队在各自审判领域内均办理了一定数量的疑难复杂案件，撰写了一批优质裁判文书，形成了对若干疑难法律问题的适用意见，各位主审法官在主审法官会议上亦发表了诸多精彩法律观点。另一方面，我们在办理案件的过程中也发现，虽然巡回区各级法院整体司法裁判水平较高，但受各地经济社会发展不平衡、司法人员能力差异、地方法治发展水平不同等多种因素影响，巡回区司法实践中“同案不同判”等现象仍未完全消除，在一定程度上影响司法权威，损害司法公信力，制约法治发展。

监督指导下级法院的司法审判工作、促进统一法律适用标准，是最高人民法院的重要职能。国家法治进程的推进，更有赖于区域法治的协同发展。巡回法庭作为最高人民法院的派出机构，通过就地办理案件能够更加深入了解巡回区的审判、执行工作情况，在通过个案开展对下指导方面具有更加明显的优势。因此，在全面推进依法治国，建设中国特色社会主义法治体系、建设社会主义法治国家的伟大进程中，有效促进巡回区裁判尺度统一、努力维护国家法治统一的任务，巡回法庭责无旁贷。

为进一步总结审判经验，推进审判理论和审判实践的融合与发展，更好发挥对下指导功能，我们陆续编撰出版《三巡裁判指导》系列丛书。该系列丛书以第三巡回法庭办理的已结案件为基础，从中筛选汇编具有普遍指导意义的典型案例，提炼裁判要旨，展示裁判理念，针对新型、疑难、复杂法律问题进行系统阐述分析，以期进一步统一裁判标准，提高审判质量，维护司法公正，并有效发挥生效裁判对社会民众的引领、规范、指导、评价作用。

当然，受制于法官个人理解差异、社会实践发展以及编者水平有限等诸多因素，该系列丛书中所选编的各个案例，其在要旨提炼、分析说理等方面均可能存在进一步优化的空间。对此，希望广大读者不吝赐教，以帮助我们日后再作完善。

丛书编辑委员会

二〇一八年二月

序　言

司法审判是公平正义的最后一道防线。习近平总书记提出要“努力让人民群众在每一个司法案件中都感受到公平正义。”促进社会公平正义、确保社会大局稳定，是人民法院工作的根本职责和神圣使命。如何让人民群众感受到看得见人民司法的公平正义，如何让人民群众对公平正义具有稳定的社会预期，最高人民法院作为我国最高的司法审判机关，发挥着至关重要的作用。落脚在一篇篇的裁判文书，呈现出一个个的司法案例。对于个案裁判是否公正的认知与评判，是人民群众对于司法工作的直观感受。因此，同案不同判现象直接构成人民群众对司法裁判公信力的质疑，影响司法审判的权威。加强典型案例指导，统一司法尺度，是当前人民法院工作的一项重要内容。

最高人民法院高度重视典型案件裁判在统一法律适用、填补法律漏洞、促进法律发展、引领法律精神方面的重要作用。2010 年 11 月 26 日，最高人民法院发布了《最高人民法院关于案例指导工作的规定》，加强案例指导工作，建立案例指导制度。《最高人民法院司法责任制实施意见（试行）》进一步规定，承办法官在审理案件时，应当对最高人民法院已经审结或正在审理的类案和关联案件进行全面检索，制作类案与关联案件检索报告。最高人民法院多年来注重案例指引及类案研究工作，这对于统一裁判尺度、指导审判工作发挥了积极作用，对于维护社会公平正义、提升司法公信权威具有重要意义。巡回法庭的设立是最高人民法院深入推进司法改革的重要举措，是落实司法责任制的前沿阵地和试验田，同时，巡回法庭审理的大量案件也为指导案例提供了丰富的素材与参考。基于此，第三巡回法庭结合所辖地区案件类型与特征，精心挑选一批在法律适用上具有代表意义及社会普遍关注的案件编撰成书，既是对辖区法院进行统一裁判指导，也是为了进一步加强案例指导研究，推动案例指导制度更好发展。

本书选取的案例均为第三巡回法庭成立两年以来审结的民商事案件，总体具有以下几个特点：一是人民群众反映强烈或社会普遍关注。第三巡回法庭所辖华东地区经济较为发达，尤其是作为民间借贷及金融票据纠纷高发地区，众多案件关系国计民生和经济发展，社会关注度高，法律适用问题突出。本书选取多个具有普遍意义的该类案件作为案例，既有助于提升司法裁判的社会认同感和公信力，也有利于实现司法社会效果和法律效果的统一。二是具有典型的法律适用意义。从诉讼程序中的管辖审查、重复诉讼、诉讼时效等，到法律实体中的表见代理认定、违约责任认定、股权代持以及票据行为效力认定等问题，均在司法实践中具有典型意义，对于法律适用统一和规范具有重要指导作用。三是案件新颖或疑难复杂。正是由于第三巡回法庭所辖地区经济发达，新类型和疑难复杂案件频发，如期货纠纷、保理纠纷、金融票据纠纷等，该类案件在法律适用及如何妥善处理上均存在一定的难度。将这些新颖和疑难复杂案件整理出来，为有效解决实践中的新类型和疑难案件提供参考，具有重要的指导意义。四是案件大多经过主审法官会议讨论。主审法官会议制度是巡回法庭的一项重要制度，由全体主审法官集体研究讨论案件并作出指导性意见。因此，本书选取的案例大多是第三巡回法庭全体主审法官集体智慧的结晶，具有高度的权威性和公信力，对于统一裁判尺度、规范法律适用有着重要的参考意义。

裁判文书是案件事实和法官智慧的全面展示，也是法官司法经验和司法能力的集中体现，可以说每一篇好的裁判文书都是法官精心打造的作品。当然，司法实践中每个案件的事实不尽相同，在进行案例指导时应当将整个案件事实呈现，才能更好地予以指导适用。因此，本书将完整的裁判文书引用，更全面地展现案件事实及法官推理论证过程，从而有利于案件充分比照适用，有利于读者更好地理解法官裁判思维，更为有效地发挥案例的指导作用。同时，针对案例的核心焦点及典型意义，从裁判者的视角归纳出案例的裁判观点，明确法律适用问题，既是为了有效引导阅读提高效力，也可以突出重点便于指导。

诚然，基于司法认知、地域特征以及社会价值考量等因素的差异，对法律问题的认识难免有所不同，尤其是对于某些新类型和疑难复杂法律问题，更是见仁见智，正如本书中部分案例在主审法官会议讨论时也存在不同的观点。也基于此，案例的指导意义在于对类案的参照适用，而不能作为裁判文书的法律依据来援引。但本书中所选取案例作为主审法官精心挑选并集体讨论确定的典型案件，不仅代表着最高人民法院的司法裁判水准，更是对于解决社会关注的法律适用及疑难复杂问题具有重要的指导意义。我们最真诚希望看到的是，通过此书将第三巡回法庭成立两年来典型民商事案件的裁判精髓展现给社会，在推动裁判尺度统一、指导司法工作的同时，展示巡回法庭改革所带来的成果，共同为建设中国特色社会主义法治体系、建设社会主义法治国家而作出应有的努力。

目　录

Contents

第一部分　受案范围

第六部分 建设工程纠纷

第七部分 商事合同

第八部分　证券法

第九部分　票据法

第十部分 保理合同

第十一部分 公司法

第十二部分 破产法

第十三部分 第三人撤销之诉

第十四部分 执行异议之诉

第一部分　受案范围

专题一

另案中抗辩的内容与本案的诉请一致，且另案已经对是否构成违约作出认定的，构成重复诉讼

——上海磬天实业有限公司与无锡市广益汽配城发展有限公司商品房销售合同纠纷案

【裁判观点】

禁止重复起诉即一事不再理原则是对民事诉讼客观规律的正确反映，该原则有利于维护法律尊严和法院权威，有利于保障诉讼效率从而节约有限的司法资源、有利于实现程序的合理性和公正性。该案进一步明确了重复起诉的判断标准，有利于在保障当事人诉权的同时提高诉讼效率。本案原告在另案中抗辩的内容与本案的诉请一致，另案已经对是否构成违约作出认定，因此，原告在本案中诉请实质上否定已经生效案件的认定和判决结果，构成重复起诉。该案对《最高人民法院关于适用〈中华人民共和国民事诉讼法〉的解释》第二百四十七条进行了较好诠释，对重复起诉的要件进行了分析和认定，有利于统一实务标准。

中华人民共和国最高人民法院

民事裁定书

案号（2017）最高法民申210号

再审申请人（一审原告、二审上诉人）：上海磬天实业有限公司，住所地上海

市嘉定区。

法定代表人：陈孝章，该公司董事长。

委托诉讼代理人：陈文扬，该公司工作人员。

被申请人（一审被告、二审被上诉人）：无锡市广益汽配城发展有限公司，住所地江苏省无锡市崇安区。

法定代表人：丁峰，该公司董事长。

委托诉讼代理人：鹿锡南，江苏梁溪律师事务所律师。

委托诉讼代理人：何晴，江苏梁溪律师事务所律师。

再审申请人上海磬天实业有限公司（以下简称磬天公司）因与被申请人无锡市广益汽配城发展有限公司（以下简称汽配城公司）商品房销售合同纠纷一案，不服江苏省高级人民法院（2016）苏民终575号民事裁定，向本院申请再审。本院依法组成合议庭进行了审查，现已审查终结。

磬天公司申请再审称，（一）本案不构成重复诉讼。根据《最高人民法院关于适用〈中华人民共和国民事诉讼法〉的解释》，构成重复起诉的三个条件应当同时具备，而原审裁定仅依当事人相同即驳回了磬天公司的起诉，适用法律不当。无锡市中级人民法院（2014）锡民初字第0018号民事判决（以下简称无锡中院18号案件）是汽配城公司要求磬天公司承担违约责任，而在磬天公司起诉的原审案件中，是磬天公司要求汽配城公司承担违约责任。无锡中院18号案件确认磬天公司构成违约承担5050万元的违约责任，而本案磬天公司请求汽配城公司承担违约责任，不影响磬天公司承担无锡中院18号案件中确定的违约责任。（二）原审裁定认为磬天公司的起诉实质上是否定无锡中院18号案件，系未分清两个案件的法律关系。磬天公司在本案中请求汽配城公司承担违约责任，并不影响磬天公司承担无锡中院18号案件中确定的违约责任，磬天公司没有否认自身违约，也就不存在实质上否定前诉裁判结果的问题。另外，原审裁定将庭审中的抗辩作为诉讼请求，但抗辩是对诉讼请求的对抗，使对方的诉讼请求不成立，而诉讼请求是要求对方承担义务，两者本质不同。磬天公司并未在无锡中院18号案件中提出抗辩，认为汽配城公司构成违约；如果涉及到汽配城公司违约，无锡中院18号案件应作为争议焦点问题，但该案不存在这个争议焦点。（三）无锡中院18号案件超出当事人诉请作出认定，其认定事实是错误的。汽配城公司的诉讼请求是解除双方《商品房买卖合同》，要求磐天公司与无锡广益钢材城有限公司承担违约金及本案律师费，未提出变更合同的主张，所谓合同变更系原审法院自行认定。无锡中院 18 号案件中，磐天公司未提出汽配城公司违约，该判决却认定了汽配城公司不违约。如果再认定磐天公司重复起诉，将造成磐天公司丧失救济途径的困境。综上，磐天公司依照《中华人民共和国民事诉讼法》第二百条第六项规定，请求对本案予以再审。

被申请人汽配城公司提交意见称，磐天公司在本案要求汽配城公司承担违约责任所依据的事实及所提供的相应证据，与无锡中院 18 号案件完全一致，其在该案中已充分表达了抗辩意见，法院对其抗辩意见进行了审查，并作出了生效判决，故磐天公司的本案诉讼属于重复诉讼，应依法驳回磐天公司的再审申请。

本院经审查认为，本案的焦点问题是：磐天公司起诉要求汽配城公司承担逾期交付房屋的违约责任是否构成重复诉讼。

在前诉的汽配城公司起诉磐天公司违约的无锡中院 18 号案件中，无锡市中级人民法院根据双方举证情况，对各方是否存在违约情形进行了审查判断，在判决说理部分明确认定“双方当事人实际上已通过各自行为变更合同履行方式，即从由磐天公司零星销售涉案房屋以回笼资金变更为整体处置涉案房屋以解决资金困境，故汽配城公司未交付对应已付购房款价值的房屋并不构成违约”“磐天公司未支付剩余购房款构成违约，应当承担相应的违约责任”，据此判决磐天公司向汽配城公司支付违约金。磐天公司不服该判决提出上诉后，江苏省高级人民法院在二审程序中审查认定“汽配城公司未交付已付购房款对应价值的房屋不构成违约”，判决驳回了磐天公司的上诉。可见，磐天公司虽未在无锡中院 18 号案件中明确提出汽配城公司违约的反诉主张，但无锡市中级人民法院在该案一审程序以及后续江苏省高级人民法院在二审程序中，对汽配城公司是否违约均进行了实质审查，且已明确认定汽配城公司不构成违约。磐天公司基于同一事实和相同法律关系，在本案提出汽配城公司违约的诉讼请求，该请求在实质上否定了前诉无锡中院 18 号案件的裁判结果。根据《最高人民法院关于适用〈中华人民共和国民事诉讼法〉的解释》第二百四十七条规定，磐天公司在本案的起诉应认定为重复诉讼，原审裁定驳回磐天公司的起诉并无不当。

综上，磐天公司的再审申请不符合《中华人民共和国民事诉讼法》第二百条第六项规定的情形。依照《中华人民共和国民事诉讼法》第二百零四条第一款、《最高人民法院关于适用〈中华人民共和国民事诉讼法〉的解释》第三百九十五条第二款规定，裁定如下：

驳回上海磬天实业有限公司的再审申请。

审判长：毛宜全；审判员：张爱珍、汪军；法官助理：吴之翔；书记员：宋文天

二〇一七年三月八日

专题二

重复起诉的认定标准

——何某、何某辉诉廖某华等财产损害赔偿纠纷案

【裁判观点】

当事人的起诉是否构成重复起诉应从诉因、当事人、诉讼请求、诉讼标的等方面来判断，即当事人是否具有同一性，讼因、诉讼请求、诉讼标的是否相同。在当事人同一性方面，241 号案起诉时，何某、何某辉请求斌华公司等五位被告因占有使用抵债财产赔偿其损失。本案起诉时，何某、何某辉请求包括 241 号案五位被告在内的本案十二位被申请人承担因占有使用抵债财产产生的新的收益损失以及财产灭失损失。因此，241 号案的当事人与本案当事人不同。在诉讼标的方面，241 号案起诉时，何某、何某辉主张案涉归其所有的抵债财产因斌华公司实际占有使用给其造成损失，要求五被告共同赔偿损失 1800 万元。本案起诉时，何某、何某辉主张 241 号案判决后抵债财产仍由斌华公司使用又产生了新的收益因而给其造成了损失，且抵债财产已经发生灭失，要求本案十二位被申请人承担因侵权产生的新的收益损失以及财产灭失损失共计 29996 万元。至于本案与 241 号案所依据的事实、证据及具体请求是否有部分重合，并不影响两案不属重复起诉的认定。据此，根据《最高人民法院关于适用〈中华人民共和国民事诉讼法〉的解释》第二百四十七条的规定，本案和 241 号案在当事人、诉讼标的方面均不具有同一性，不构成重复起诉。

中华人民共和国最高人民法院
民事裁定书

案号（2017）最高法民再 282 号

再审申请人（一审原告、二审上诉人）：何某。

委托诉讼代理人：倪振杨，浙江训和律师事务所律师。

委托诉讼代理人：何某辉。

再审申请人（一审原告、二审上诉人）：何某辉。

委托诉讼代理人：倪振杨，浙江训和律师事务所律师。

委托诉讼代理人：宋伟锋，浙江驼峰律师事务所律师。

被申请人（一审被告、二审被上诉人）：廖某华。

被申请人（一审被告、二审被上诉人）：陈某华。

被申请人（一审被告、二审被上诉人）：赵某兵。

被申请人（一审被告、二审被上诉人）：郭某明。

被申请人（一审被告、二审被上诉人）：赵某斌。

被申请人（一审被告、二审被上诉人）：江西省斌华水泥有限公司，住所地江西省新余市城东开发区。

法定代表人：廖某华，该公司董事长。

委托诉讼代理人：刘栩雅，江西袁河律师事务所律师。

被申请人（一审被告、二审被上诉人）：江西华厦水泥有限公司，住所地江西省上高县城关。

法定代表人：赵某兵。

被申请人（一审被告、二审被上诉人）：江西坤邦白水泥有限公司，住所地江西省新余市开发区水西坤邦水泥厂。

法定代表人：温辉。

被申请人（一审被告、二审被上诉人）：新余市人民政府，住所地江西省新余市仙来中大道288号。

法定代表人：董晓健，该市市长。

委托诉讼代理人：黄韶勇，新余市行政复议中心工作人员。

委托诉讼代理人：李绍鸿，新余市人民政府法制办公室工作人员。

被申请人（一审被告、二审被上诉人）：新余市商务局，住所地江西省新余市仙来中大道165号。

负责人：孙昕晖，该局局长。

委托诉讼代理人：邹文秀，江西文钧律师事务所律师。

被申请人（一审被告、二审被上诉人）：新余高新技术产业开发区管理委员会，住所地江西省新余高新技术产业开发区光伏路1号。

负责人：徐冬春，该管委会主任。

委托诉讼代理人：彭世伟，江西姚建（南昌）律师事务所律师。

被申请人（一审被告、二审被上诉人）：新余市国土资源局高新分局，住所地江西省新余市春龙大道21号。

负责人：肖桂平，该分局局长。

委托诉讼代理人：张敏，江西姚建（南昌）律师事务所律师。

再审申请人何某、何某辉因与被申请人廖某华、陈某华、赵某兵、郭某明、赵某斌、江西省斌华水泥有限公司（以下简称斌华公司）、江西华厦水泥有限公司（以下简称华厦公司）、江西坤邦白水泥有限公司（以下简称坤邦公司）、新余市人民政府、新余市商务局、新余高新技术产业开发区管理委员会（以下简称新余高新区管委会）、新余市国土资源局高新分局（以下简称新余国土局高新分局）财产损害赔偿纠纷一案，不服浙江省高级人民法院（2016）浙民终471号民事裁定，向本院申请再审。本院于2017年7月27日作出（2017）最高法民申1098号民事裁定，提审本案。本院依法组成合议庭，公开开庭审理了本案。再审申请人何某的委托诉讼代理人何某辉、倪振杨，再审申请人何某辉及其委托诉讼代理人倪振杨、宋伟锋，被申请人斌华公司的委托诉讼代理人刘栩雅，新余市人民政府的委托诉讼代理人黄韶勇、李绍鸿，新余市商务局的委托诉讼代理人邹文秀，新余高新区管委会的委托诉讼代理人彭世伟，新余国土局高新分局的委托诉讼代理人张敏到庭参加诉讼。被申请人廖某华、陈某华、赵某兵、郭某明、赵某斌、华厦公司、坤邦公司经本院合法传唤无正当理由未到庭。本案现已审理终结。

2016年1月11日，何某、何某辉向浙江省金华市中级人民法院提起诉讼称：2002年7月，浙江省金华市金东区人民法院作出（2001）金东执字第123号民事裁定（以下简称123号裁定），裁定将被执行人斌华公司所有的余公正字第7058号、第7062号、第7825号房产5幢，厂内新建十万吨水泥生产线厂房，安徽无为建材机械厂生产的斗式提升机械贰套计26件等财产以1427345元价值抵偿所欠何某、何某辉的债务。后因上述抵债资产涉及拆迁，执行法院多次作出裁定冻结搬迁补偿款，并向斌华公司等送达执行法律文书，其均置之不理，并对何某、何某辉所有的抵债财产进行了租赁、转移、处分。故请求判令：一、斌华公司返还123号裁定中以物抵债给何某、何某辉的财产，赔偿自2004年7月15日至起诉日经济损失29996万元；二、其余被告在其共同侵权范围内对第一项诉讼请求承担连带赔偿责任；三、确认执行和解协议无效；四、诉讼费、代理费由廖某华、陈某华等共同连带承担。后何某、何某辉又增加诉讼请求：判令所有被告停止侵害、返还何某辉123号裁定所裁定的所有财产并在原地址恢复原样及赔偿所有的损失。

浙江省金华市中级人民法院认为：该院及浙江省高级人民法院对何某、何某辉在本案中提起诉讼的事项已分别于2006年4月5日、2006年10月8日作出（2004）金中民一初字第241号、（2006）浙民一终字第211号民事判决（以下简称241号案），并依法进入强制执行阶段。后何某、何某辉在2015年6月17日以前述相同事项再次向该院起诉，该院以重复起诉为由作出（2015）浙金民受初字第1号民事裁定，裁定不予受理，浙江省高级人民法院亦作出（2015）浙民受终字第3号民事裁定予以维持。据此，何某、何某辉在本案中对已经发生法律效力的前述案件再次提起侵权诉讼，属重复起诉，依法应予驳回。据此，该院作出（2016）浙07民初14号之一民事裁定，裁定：驳回何某、何某辉的起诉。

何某、何某辉不服一审裁定，向浙江省高级人民法院提起上诉，请求：一、撤销（2016）浙07民初14号之一等三份错误的民事裁定书及通知书；二、依法驳回各异议书中各种不正当的请求，将本案直接移送到浙江省高级人民法院审理；三、对双方寄交给原审法院的管辖权异议书及各种申请书等依法作出结论。

浙江省高级人民法院认为：根据何某、何某辉提出的上诉理由和请求，本案二审审理的争议焦点是何某、何某辉本次起诉是否属于重复起诉。该院分析意见如下，本案何某、何某辉诉廖某华、陈某华、赵某兵、郭某明、赵某斌、斌华公司、华厦公司、坤邦公司、新余市人民政府、新余市商务局、新余高新区管委会、新余国土局高新分局财产损害赔偿纠纷源于123号裁定，何某、何某辉曾以该123号裁定为据起诉赵某兵、郭某明、斌华公司、陈某华、廖某华侵犯其财产所有权，一审法院已作出241号案民事判决。何某、何某辉在本案中提出的诉请虽表述有所不同，但均属损害赔偿，标的额变化也系提法、计算时间的更新，一审法院认定本案诉讼标的已经前案处理，属于重复起诉正确，该院予以认同。至于何某、何某辉提出其在起诉状中明确的诉请金额是29996万元，后又增加金额达6亿元，一审法院应当将本案移送二审法院审理的问题。经核实，何某、何某辉2016年1月30日提出的增加诉请是“在原址恢复原样及共同赔偿所有的损失”，并无具体金额，且何某、何某辉对增加的诉请既未缴纳案件受理费亦未提交案件受理费缓缴申请，故其增加后的诉请应视为与起诉状中的金额相同。何某、何某辉提出的该项理由亦不能成立。综上，何某、何某辉的上诉请求不能成立，一审裁定认定本次起诉系重复起诉事实清楚、适用法律正确。该院依照《中华人民共和国民事诉讼法》第一百七十条第一款第一项规定，裁定如下：驳回上诉，维持原裁定。

本院再审中，何某、何某辉的再审请求是：一、撤销浙江省高级人民法院(2016)浙民终471号民事裁定及浙江省金华市中级人民法院（2016）浙07民初14号之一民事裁定；二、指令本案由浙江省和江西省以外的江苏、上海等法院审理本案；三、其他诉讼请求同原审诉请。主要理由本院概括如下：

一、本案与241号案不同。（一）两案当事人不同。241号案的被告是赵某兵、郭某明、斌华公司、陈某华和廖某华；而本案有十二位被告。(二）侵权事实不同，诉讼标的和诉讼请求均不同。241号案起诉的侵权事实是基于该案五被告的侵占行为，即五被告非法租赁属于何某辉所有的财产。该案的诉请是确认侵权、停止侵害、返还财产、赔偿损失。而本案起诉的侵权事实主要是基于十二位被申请人的共同侵吞行为，即将已属于何某、何某辉的全部财产侵吞的事实。本案的诉讼请求是返还财产、恢复原状、赔偿损失。(三）侵权时间不同。241号案的侵权时间是2002年7月15日以物抵债裁定生效后至241号案判决作出的2004年5月31日期间；本案侵权时间为241号案判决后至以物抵债财产灭失止。本案所诉侵权事实、侵权主体及所造成的损失在241号案中并未涉及、处理。

二、原审裁定适用法律错误。本案无论涉案被告、侵权事实、争议标的和诉请，均与241号案有本质区别。原审裁定认定本案属重复起诉，适用法律错误。本案起诉的最重要原因和依据是241号案判决生效后新发生的十二位被申请人先侵占后侵吞的事实。(一）241号案判决生效后，该案五被告并未停止侵权行为，反而继续将何某辉以物抵债获得的整个水泥厂财产提供给华厦公司、坤邦公司等单位或个人使用，甚至在明知财产已被查封、冻结的情况下，恶意领取新余市人民政府等违法发放的补偿款，属于判决生效后发生的新的事实。(二）坤邦公司等也在241号案判决后非法占有和使用属于何某、何某辉的财产，均构成侵权。(三）新余市商务局、新余国土局高新分局、新余高新区管委会、新余市人民政府亦与其他被申请人一起侵吞了何某、何某辉的财产。在1999年及2001年7月收到执行法院的有关执行裁定、冻结裁定及协助执行通知，至241号案判决生效之后的2008年9月28日，执行法院再次向上述被申请人送达执行法律文书。但新余市人民政府仍在2008年10月作出《抄告单》，要求新余市商务局、新余国土局高新分局、新余高新区管委会将有关补偿款发放给斌华公司，而上述三单位亦在明知以物抵债全部财产及搬迁补偿款应属何某、何某辉所有，斌华公司无权领取的情况下，将2007.12万元补偿款发放给斌华公司，致使何某、何某辉的财产蒙受侵害。针对上述被申请人的侵权行为，执行法院对新余高新区管委会作出《责令责任人追回财产通知书》，要求新余高新区管委会向何某、何某辉赔偿损失，但前述被申请人未停止侵权行为，何某、何某辉的财产损失至今未获得赔偿。

三、浙江省、江西省法院应回避对本案的审理。本案所涉何某、何某辉与斌华公司纠纷案，由浙江省法院作出判决后，浙江省、江西省法院均长期拒绝执行生效判决，江西省法院存在严重地方保护、浙江省法院亦存在严重腐败行为。

综上，本案诉讼与241号案有明显区别，何某辉依据新发生的侵权事实提起诉讼，属于人民法院应当依法受理的案件。原审裁定认定本案属于重复起诉，适用法律错误。

斌华公司答辩称：一、原审裁定程序合法，认定事实清楚、适用法律正确，何某、何某辉的起诉属于重复起诉。本案与241号案及浙江省金华市中级人民法院（2015）浙金受民初字第1号民事裁定、浙江省高级人民法院（2015）浙受民终字第3号民事裁定是重复的。（一）当事人一致。案件的真正当事人是何某、何某辉与斌华公司，何某辉三次起诉均将与案件无关联的其他当事人列为被告。但不能因为其增加了与案件无关的被告，就认定当事人不一致。（二）起诉的基本事实及证据均是重复的。起诉的事实都是基于1994年购销合同纠纷执行过程中形成的123号裁定，起诉的所有证据均是241号案的证据材料。（三）诉讼请求也是一致的，均是要求撤销执行和解协议及支付侵权损害赔偿，只是标的额不同。但何某辉起诉的标的额本就是随心所欲提起的，没有事实依据。二、何某辉申请再审违反法律规定，应不予受理。民事诉讼法规定当事人撤回再审申请后，又申请再审的，应不予受理。何某辉就原审裁定向原审法院申请再审，原审法院受理后，何某辉申请撤回再审申请，原审法院作出（2016）浙民申3593号民事裁定，准予何某辉撤回再审申请。三、一审法院在对案涉判决的审理与执行过程中均存在不公及地方保护等情况，有关的错误裁定应依法撤销。

新余市人民政府答辩称：一、新余市人民政府不是本案适格被告。新余市人民政府与何某辉、何某未有经济往来，未签订过合同。因此将新余市人民政府列为本案被告，没有事实和法律依据。二、新余市人民政府未有侵权行为。（一）新余市人民政府未收到执行法院作出的《协助执行通知书》。（二）该《协助执行通知书》中，要求新余市人民政府协助执行“停止支付江西省新余市特种水泥厂搬迁的经济补偿款450万元”的事项，事实上，新余市人民政府未向新余市特种水泥厂支付过搬迁补偿款。（三）新余市人民政府作出的余府办抄字［2008］244号抄告单，属于内部行政联系文书，该文书是对搬迁补偿费用以及补偿事宜的总体工作安排，并无不当。三、何某、何某辉存在重复起诉的事实。何某、何某辉通过变更诉讼标的、变更诉讼当事人的方式，不断提起的诉讼均是基于何某辉与新余市特种水泥厂签订的总标的为50万元的《购销合同》而产生的，期间经历过一审、二审、再审等诉讼程序，产生了若干生效判决和裁定，也进行过执行和解以及执行和解的履行，现其再次提起诉讼不符合法律规定，应予以驳回。

新余市商务局答辩称：一、新余市商务局不是适格被告。新余市商务局是新余市人民政府的工作部门，前身为原新余市对外贸易经济合作局。何某、何某辉在再审申请书中注明的原经贸会，并不是新余市商务局的前身。二、新余市商务局对本案不应承担责任。本案案由为财产损害赔偿纠纷，何某、何某辉主张新余市商务局支付了拆迁补偿款并侵吞了斌华水泥厂所有资产及土地和拆迁补偿款，没有事实依据。新余市商务局从来没有支付过拆迁补偿款也未侵吞过斌华公司所有资产及土地和拆迁补偿款。综上，请求驳回何某、何某辉对新余市商务局的诉请。

新余高新区管委会答辩称：一、本案属于重复诉讼。何某、何某辉曾于2015年6月17日以与本案完全相同的当事人、诉讼请求及完全相同的基本事实和诉讼理由向一审法院提起诉讼。经一、二审法院审理，均未予受理。现何某、何某辉又以相同当事人、诉讼请求提起本案诉讼，属于重复诉讼，应予驳回。二、何某、何某辉就本案向最高人民法院申请再审应依法不予受理。何某、何某辉已就本案向原审法院申请再审，后其提出撤回再审申请，原审法院已裁定准许撤回。根据法律规定，对于何某、何某辉的再审申请应不予受理。三、新余高新区管委会没有侵占何某、何某辉的财产，不对其构成侵权，不是本案适格被告。故请求驳回何某、何某辉的再审请求。

新余国土局高新分局答辩称：一、根据民事诉讼法规定，本案不应受理。（一）何某辉在向最高人民法院申请再审之前，曾向原审法院申请过再审，后原审法院准许其撤回了再审申请。何某辉再次申请再审，依法不应受理。（二）本案属于重复起诉。1. 诉讼当事人一致。本案真正的当事人就是何某辉、何某以及斌华公司，何某、何某辉三次起诉所列其他当事人均与案件无关联。2. 起诉的基本事实和证据重复。起诉的事实都是基于123号裁定，证据均是241号案的证据材料。3. 诉讼请求和诉讼标的也一致。二、新余国土局高新分局没有侵占何某、何某辉的财产，不属于本案适格被告。三、原审裁定认定事实清楚、适用法律正确，程序合法。

本院再审认为：本案与241号案虽均系因123号裁定的执行问题而引发，但两案在诉因、诉讼主体、诉讼请求、诉讼标的等方面仍然存在明显不同。首先，两案的诉因或起诉所依据的基本事实不同。根据241号案判决的表述及认定事实，何某辉、何某提起该案诉讼，是基于123号裁定生效后，斌华公司未将已裁定抵债的财产交付给何某辉，而是一直出租给陈某华、赵某兵、郭某明使用的事实。而本案的起诉，根据何某、何某辉所述，主要是基于241号案判决生效后新发生的以下两项事实：一是斌华公司仍继续侵占并将抵债财产出租给他人使用产生了新的收益；二是斌华公司于2008年将抵债的生产线及设备转让给他人，以及抵债的房屋被拆除，房屋所占用土地使用权亦被拍卖，因而导致抵债的财产已经灭失。其次，基于两案诉因不同，两案的当事人和诉讼请求、诉讼标的亦不同。241号案起诉时，何某、何某辉主张案涉归其所有的抵债财产因斌华公司实际占有使用给其造成损失，因此请求斌华公司等五位被告支付占有使用抵债财产的收益（具体表述为请求各被告共同赔偿损失1800万元）。而本案起诉时，何某、何某辉主张241号案判决后抵债财产仍由斌华公司使用又产生了新的收益因而给其造成了损失，且抵债财产已经发生灭失，因此其诉讼请求是要求本案十二位被申请人承担因侵权产生的新的收益损失以及财产灭失损失共计29996万元。据此，根据《最高人民法院关于适用〈中华人民共和国民事诉讼法〉的解释》第二百四十七条，“当事人就已经提起诉讼的事项在诉讼过程中或者裁判生效后再次起诉，同时符合下列条件的，构成重复起诉：（一）后诉与前诉的当事人相同；（二）后诉与前诉的诉讼标的相同；（三）后诉与前诉的诉讼请求相同，或者后诉的诉讼请求实质上否定前诉裁判结果。当事人重复起诉的，裁定不予受理；已经受理的，裁定驳回起诉，但法律、司法解释另有规定的除外”的规定，因本案与241号案的诉因、诉讼请求、诉讼标的及当事人均不同，因此，何某、何某辉起诉本案不属于重复起诉。至于本案与241号案所依据的事实、证据及具体请求是否有部分重合，并不影响两案不属重复起诉的认定，对此可由原审法院在实体审理过程中对当事人进行释明解决。本案各被申请人是否应当承担本案侵权责任属于实体审理认定问题，亦不影响何某、何某辉享有的本案诉权。

何某、何某辉主张本案应当指令除浙江省、江西省之外的其他法院受理，缺乏法律依据，本院不予支持。

综上，原审裁定认定何某、何某辉起诉本案属于重复起诉，因此裁定驳回何某、何某辉的起诉，适用法律错误，本院予以纠正。依照《中华人民共和国民事诉讼法》第二百零七条第一款、第一百七十条第一款第二项规定，裁定如下：

一、撤销浙江省高级人民法院（2016）浙民终471号民事裁定及浙江省金华市中级人民法院（2016）浙07民初14号之一民事裁定；

二、指令浙江省金华市中级人民法院对本案进行审理。

审判长：张爱珍；审判员：马东旭、王展飞；法官助理：潘琳；书记员：陈新雨

二〇一七年十二月十九日

专题二

约定管辖虽不能确定具体管辖法院，但可以排除内地法院管辖的，内地法院无管辖权

——国泰世华商业银行股份有限公司诉高某保证合同纠纷案

【裁判观点】

《最高人民法院关于适用〈中华人民共和国民事诉讼法〉的解释》第五百三十一条规定，涉外合同或者其他财产权益纠纷的当事人，可以书面协议选择被告住所地、合同履行地、合同签订地、原告住所地、标的物所在地、侵权行为地等与争议有实际联系地点的外国法院管辖，但不得违反民事诉讼法关于专属管辖的规定。本案中，双方当事人签订的《保证书》中约定了“台湾____地方法院为第一审管辖法院”。上述协议虽未明确本案具体由台湾地区哪一个地方法院管辖，但当事人可以根据台湾地区的法律规定确定由哪一个地方法院管辖，且可以确定的是该协议已经排除了内地法院对本案的管辖权。据此，原审裁定认定原审法院对本案无管辖权，并驳回国泰世华商业银行股份有限公司的起诉，并无不当。

中华人民共和国最高人民法院
民事裁定书

案号（2017）最高法民申4205号

再审申请人（一审原告、二审上诉人）：国泰世华商业银行股份有限公司。

法定代表人：郭明鉴，该公司董事长。

委托诉讼代理人：郭重清，上海市锦天城律师事务所律师。

委托诉讼代理人：袁娟斌，上海市锦天城律师事务所律师。

被申请人（一审被告、二审被上诉人）：高某。

再审申请人国泰世华商业银行股份有限公司（以下简称国泰世华银行）因与被申请人高某保证合同纠纷一案，不服上海市高级人民法院（2016）沪民辖终99号民事裁定，向本院申请再审。本院依法组成合议庭对本案进行了审查，现已审查终结。

国泰世华银行申请再审称，一、原审裁定认定案涉管辖协议条款具有排他性，适用法律错误。根据《中华人民共和国民事诉讼法》第二百六十条规定，中华人民共和国缔结或者参加的国际条约同本法有不同规定的，适用该国际条约的规定，但中华人民共和国声明保留的条款除外。中华人民共和国不是《选择法院协议公约》的缔约国，本案不具有《中华人民共和国民事诉讼法》第二百六十条规定的情形。原审法院参照《选择法院协议公约》认定案涉讼争条款具有排他性，缺乏法律依据。二、案涉讼争条款对管辖法院约定不明。本案中，国泰世华银行与高某未就双方解决争议的管辖法院达成一致意思表示，讼争条款“因本保证书涉讼时，合意以台湾____地方法院为第一审管辖法院”是一个不完整、没有确定意思的表述。双方当事人一直未对该条款中的内容进行约定，该条款中横线为空白，当事人完全可以在空白处填写“以外的”“之外的”等表述。因此，该讼争条款的空白处当事人如何约定是不能确定的。原审裁定关于“协议管辖条款没有具体约定纠纷由台湾地区的哪一个地方法院管辖，当事人可以根据台湾地区的法律规定向台湾地区某一法院起诉，同样具有确定性”的认定是错误的。三、本案由上海市第二中级人民法院审理更为方便。本案被申请人高某是大陆公民，国泰世华银行是台湾地区法人，高某在台湾地区无住所、无财产，若国泰世华银行选择在台湾地区寻求权利救济，在取得台湾地区胜诉判决后势必需要向大陆地区法院申请认可和执行，这会大大增加国泰世华银行实现自身权利的时间。国泰世华银行选择在高某住所地人民法院起诉，既符合法律规定，亦方便当事人诉讼以及节约司法资源。综上，本案符合《中华人民共和国民事诉讼法》第二百条第二项、第六项规定的情形，应予再审。

本院经审查认为，国泰世华银行对原审法院参照《中华人民共和国民事诉讼法》涉外民事诉讼程序的特别规定确定本案管辖权，不持异议。《最高人民法院关于适用〈中华人民共和国民事诉讼法〉的解释》第五百三十一条规定，涉外合同或者其他财产权益纠纷的当事人，可以书面协议选择被告住所地、合同履行地、合同签订地、原告住所地、标的物所在地、侵权行为地等与争议有实际联系地点的外国法院管辖，但不得违反民事诉讼法关于专属管辖的规定。本案中，高某因国泰世华银行与主债务人 AUDITECHNOLOGYLIMITED 进行衍生性金融商品及结构性商品等相关交易，向国泰世华银行出具《保证书》，承诺就主债务人对国泰世华银行所负一切债务在伍佰万美元限额内承担连带清偿责任。《保证书》第十三条约定："保证人同意以中华民国法律为准据法，因本保证书涉讼时，合意以台湾____地方法院为第一审管辖法院。但法律有专属管辖之特别规定者，从其规定。"原审中，双方当事人对案涉《保证书》中"台湾____地方法院为第一审管辖法院"的理解发生争议。高某认为根据该表述，双方已约定台湾地方法院为本案管辖法院；国泰世华银行认为该条款中横线为空白，双方当事人未对空白处内容进行约定，该条款中的表述是不完整、没有确定意思的表述。本院认为，对于合同条款中部分内容的理解发生争议的，可以结合争议内容上下文的表述，以及按照通常理解进行解释。首先，争议的"台湾____地方法院为第一审管辖法院"的前半句是"保证人同意以中华民国法律为准据法"，因而，综合全句，既然双方就案涉保证书涉讼时，先约定了适用的准据法是台湾地区法律，则相应的对管辖法院亦约定为台湾地区法院，符合一般常理。其次，"台湾____地方法院为第一审管辖法院"的表述中，虽台湾与地方法院之间为横杠，横杠之上为空白，但对这一表述的理解，按通常理解，应指的是台湾地区的某一地方法院，即双方首先确定了本案诉讼管辖由台湾地区法院管辖，只是对于具体在台湾地区内的某个法院双方尚未明确。同时，案涉《保证书》系国泰世华银行提供，其中的条款为格式条款。对于格式条款的理解发生争议时，亦应作出不利于提供格式条款一方的解释。据此，原审裁定认定案涉《保证书》第十三条的约定虽未具体约定由台湾地区的哪一个地方法院管辖，但当事人可以根据台湾地区的法律规定向台湾地区某一法院起诉，同样具有确定性，以及该条约定排除了内地法院对本案的管辖权，并无不当。由于内地法院对本案无管辖权，国泰世华银行以原审法院审理本案更为方便为由，主张本案应由原审法院管辖，没有法律依据。

综上，原审裁定认定案涉《保证书》对于本案诉讼的管辖法院约定明确，并据此驳回国泰世华银行的起诉，适用法律并无不当。国泰世华银行的再审申请不符合《中华人民共和国民事诉讼法》第二百条第二项、第六项规定的情形。本院依照《中华人民共和国民事诉讼法》第二百零四条第一款、《最高人民法院关于适用〈中华人民共和国民事诉讼法〉的解释》第三百九十五条第二款规定，裁定如下：

驳回国泰世华商业银行股份有限公司的再审申请。

审判长：张爱珍；审判员：周伦军、汪军；法官助理：潘琳；书记员：陈新雨

二〇一七年十月三十一日

专题四

被告提出民事级别管辖异议，认为原告故意虚高诉讼标的额、抬高案件级别管辖，人民法院经初步审查属实的，应依法予以支持

——潘某华诉浙江省人民政府、嘉兴市人民政府建设工程施工合同纠纷案

【裁判观点】

被告提出民事级别管辖异议，认为原告故意虚高诉讼标的额、抬高案件级别管辖的，人民法院应当进行审查。如原告诉请的标的额明显缺乏依据，经初步审查即可确认原告诉请的标的额存在虚高情形，且足以抬高案件级别管辖的，人民法院可以依法认定被告提出的级别管辖异议成立，裁定将案件移送有管辖权的人民法院审理。

中华人民共和国最高人民法院

民事裁定书

案号（2017）最高法民辖终120号

上诉人（原审原告）：潘某华。

委托诉讼代理人：张哲，河北姜钟律师事务所律师。

委托诉讼代理人：曾杨明，河北姜钟律师事务所律师。

被上诉人（原审被告）：浙江省人民政府，住所地浙江省杭州市省府路8号。

法定代表人：袁家军，该省省长。

委托诉讼代理人：叶建明，男，该省法制办工作人员。

委托诉讼代理人：李根美，浙江浙经律师事务所律师。

被上诉人（原审被告）：嘉兴市人民政府，住所地浙江省嘉兴市广场路1号行政中心3号楼。

法定代表人：胡海峰，该市市长。

委托诉讼代理人：马正良，浙江国傲律师事务所律师。

委托诉讼代理人：周宏，浙江国傲律师事务所律师。

上诉人潘某华因与被上诉人浙江省人民政府、嘉兴市人民政府建设工程施工合同纠纷一案，不服浙江省高级人民法院（2016）浙民初14号民事裁定，向本院提出上诉。

潘某华上诉称：（一）一审法院未经开庭审理等程序即认定本案诉讼标的额不足5亿元错误。根据潘某华提供的证据，案涉工程实际造价远高于5亿元。关于本案争议的工程量问题，须经开庭审理或司法鉴定才能确定。一审法院不应认定潘某华故意提高诉讼标的额以规避级别管辖。（二）一审法院裁定将本案移送至嘉兴市中级人民法院管辖，违反了《最高人民法院关于调整高级人民法院和中级人民法院管辖第一审民商事案件标准的通知》（法发［2015］7号）规定。该通知明确规定以诉讼标的额为标准确定级别管辖，浙江省高级人民法院管辖诉讼标的额为5亿元以上的一审民商事案件。本案诉讼标的额为5亿元，应由浙江省高级人民法院审理。（三）本案具有较大的社会影响，由浙江省高级人民法院审理，有利于查明事实并解决纠纷。综上，潘某华请求撤销浙江省高级人民法院（2016）浙民初14号民事裁定，裁定本案由浙江省高级人民法院继续审理。

浙江省人民政府、嘉兴市人民政府答辩称：一审判决认定事实清楚，适用法律正确，程序合法，应予维持。（一）从潘某华起诉的理由和提交的证据看，其诉请的标的额明显缺乏证据证明，存在故意虚高诉讼标的额、规避级别管辖的情形。案涉工程已于2000年7月28日由业主代表、监理代表、施工方代表共同完成竣工决算，决算总价为46816761.06元，潘某华作为施工方代表在竣工结算文件上签字确认。潘某华提供的京杭运河（浙境段）航道改造工程第一合同护岸建造工程竣工结算书记载案涉工程造价为1.7亿余元，其提供的项目交工验收证明书记载的案涉工程结算总金额为35322.67万元，证据间自相矛盾，且差距巨大。此外，2004年浙江新宇建设有限公司曾就案涉工程款提起诉讼，诉讼标的额为4.698亿元，后以无力支付诉讼费为由将诉请的标的额变更为2亿元，案涉工程的诉讼标的额存在随意变更的情形。（二）本案诉讼标的额不足5亿元，依法应由中级人民法院或基层人民法院管辖，一审法院考虑本案的社会影响及工程所在地，裁定本案移送嘉兴市中级人民法院管辖，于法有据。综上，浙江省人民政府、嘉兴市人民政府认为潘某华滥用诉权，诉请的标的额缺乏相应证据证明，请求驳回潘某华的管辖权异议上诉。

本院经审查认为，本案二审当事人争议的焦点问题是：1. 人民法院在立案阶段能否审查原告故意虚高诉讼标的额、抬高案件级别管辖问题；2. 本案应否由嘉兴市中级人民法院管辖。

（一）关于人民法院在立案阶段能否审查原告虚高诉讼标的额问题。可从以下三个方面进行分析。第一，从立案登记秩序的角度。立案登记制要求人民法院依法受理案件，做到有案必立、有诉必理，充分保障当事人的诉权，但这并不意味着人民法院在立案阶段对当事人起诉不进行审查。相反，为了保障当事人规范、有效行使诉权，人民法院在立案阶段应当依法对当事人的起诉进行必要审查。《中华人民共和国民事诉讼法》第十七条至第二十条对我国四级法院管辖的第一审民事案件分别作出了规定。最高人民法院对高、中级人民法院管辖的第一审民商事案件的诉讼标的额标准亦有明确规定。各级法院依照上述规定各自受理属于自己管辖的第一审民商事案件。当事人故意虚高诉讼标的额、抬高案件级别管辖，违反了上述规定，扰乱了立案登记秩序。人民法院对此予以审查，是维护登记立案秩序的职责所在。第二，从诚信诉讼的角度。诚实信用原则是民事诉讼的基本原则，当事人行使权利、履行义务应当遵循诚实信用原则。故意虚高诉讼标的额、抬高案件级别管辖，是对诉权的滥用，违反了诚实信用原则。人民法院对此予以审查，是维护诉讼诚信、防止当事人滥用诉权的必然要求。第三，从诉讼收费的角度。依法交纳诉讼费，是民事诉讼当事人的法定义务，但并非是当事人启动民事诉讼的对价。当事人提起民事诉讼必须符合法律规定的条件，向有管辖权的人民法院起诉，不得规避法律关于级别管辖的规定。尽管依照《诉讼费用交纳办法》规定，当事人应按诉讼标的额交纳诉讼费，诉讼费由败诉方负担，虚高诉讼标的额的当事人最终将承担未获法院裁判支持的诉讼标的额所对应的诉讼费，为其虚高诉讼标的额的行为承担一定的法律后果，但这并不意味着当事人可以承担诉讼费为代价，故意虚高诉讼标的额、提高案件级别管辖，将本应由下级法院管辖的民商事案件，抬高至上级法院审理。综上所述，人民法院在立案阶段对当事人是否虚高诉讼标的额、抬高案件级别管辖问题进行审查，是保障当事人规范行使诉权、维护诉讼诚信和立案登记秩序的必然要求，并不损害当事人诉权。当然，人民法院在立案阶段对当事人是否虚高诉讼标的额的审查是有限度、有条件的，不能代替实体审理工作。通常情形下，人民法院仅围绕原告起诉提交的材料是否符合《中华人民共和国民事诉讼法》第一百一十九条第三项关于“有具体的诉讼请求和事实、理由”的规定进行审查，对原告诉请的标的额应否予以支持，留待案件实体审理阶段解决。但在被告提出原告虚高诉讼标的额的主张，并就此提出级别管辖异议的情形下，人民法院应对原告是否故意虚高诉讼标的额、抬高案件级别管辖进行审查。如经审查，原告确实存在故意虚高诉讼标的额、抬高案件级别管辖的情形，人民法院可以依法认定被告提出的级别管辖异议成立，裁定将案件移送有管辖权的人民法院审理。对于故意虚高诉讼标的额、抬高案件级别管辖的情形，应从主客观两个方面予以把握。主观上，原告有通过虚高诉讼标的额以抬高案件级别管辖的意图，即为规避级别管辖，提高案件审级而故意虚高诉讼标的额。原告主张的诉讼标的额可能无法得到人民法院裁判部分或者全额支持，但主观上并无规避级别管辖意图的，不在此列。客观上要符合两个条件。一是原告诉请的标的额明显缺乏依据，包括缺乏相应证据支撑、主要证据系伪造、证据间存在明显矛盾，以及缺乏法律依据等，人民法院经初步审查即可确认原告诉请的标的额存在虚高情形；二是原告虚高诉讼标的额的行为足以抬高案件级别管辖。

《最高人民法院关于审理民事级别管辖异议案件若干问题的规定》对人民法院在立案阶段进行级别管辖审查也作出了明确规定。该规定第一条规定：“被告在提交答辩状期间提出管辖权异议，认为受诉人民法院违反级别管辖规定，案件应当由上级人民法院或者下级人民法院管辖的，受诉人民法院应当审查，并在受理异议之日起十五日内作出裁定：（一）异议不成立的，裁定驳回；（二）异议成立的，裁定移送有管辖权的人民法院。”

本案潘某华以浙江省人民政府、嘉兴市人民政府为被告，向浙江省高级人民法院提起诉讼，请求判令两被告共同支付京杭运河（嘉兴段）航道改造工程剩余工程款及迟延付款违约金共计5亿元。但潘某华提供的案涉工程竣工结算书记载案涉工程造价为2778753227元，项目交工验收证明书记载的案涉工程竣工结算总价款为35322.67万元，与浙江省人民政府、嘉兴市人民政府提供的由业主代表、监理代表及潘某华代表施工方签字确认的案涉工程造价决算表所载明的工程决算造价46816761.06元之间差距巨大；其提供的京杭运河嘉兴段2.8km航段护岸加高工程（系案涉工程中的部分工程）施工承包合同记载的合同总价为2502745.16万元，远高于其提供的竣工结算书记载的案涉工程造价及项目交工验收证明书记载的案涉工程结算总价款。潘某华提供的证据明显不符合常理，证据之间存在明显矛盾，其诉请的5亿元诉讼标的额缺乏证据支撑。其主观上虚构诉讼标的额、抬高案件级别管辖的意图明显。嘉兴市人民政府在一审提交答辩状期间提出了级别管辖异议，认为本案不属于浙江省高级人民法院管辖的第一审民商事案件，应由嘉兴市中级人民法院管辖。一审法院依法审查后，认定潘某华存在故意虚高诉讼标的额、抬高案件级别管辖的情形，本案实际争议的标的额不足5亿元，并无不当。潘某华关于一审法院不应在立案阶段对其诉请的诉讼标的额进行审查的上诉理由，不能成立。

（二）关于本案应否由嘉兴市中级人民法院管辖问题。《最高人民法院关于调整高级人民法院和中级人民法院管辖第一审民商事案件标准的通知》（法发［2015］7号）第一条规定，当事人住所地均在受理法院所处省级行政辖区的第一审民商事案件中，浙江省高级人民法院管辖诉讼标的额5亿元以上一审民商事案件。本案潘某华主张的诉讼标的额5亿元，明显缺乏依据，存在虚高诉讼标的额、抬高案件级别管辖的情形。据此，一审法院认定本案诉讼标的额不足5亿元，未达到该院管辖标准，并综合考虑本案的社会影响，依法将本案移送至案涉工程所在地的嘉兴市中级人民法院管辖，并无不妥。关于潘某华提出的本案具有较大的社会影响，由浙江省高级人民法院审理有利于查明事实并解决纠纷的主张，虽具有一定合理性，但此情形并不构成一审法院管辖本案的法定事由。一审法院未支持潘某华的该项主张，亦无不当。对潘某华关于裁定一审法院继续审理本案的上诉请求，本院不予支持。

综上，一审法院裁定将本案移送嘉兴市中级人民法院处理，符合法律规定。依照《中华人民共和国民事诉讼法》第一百七十条第一款第一项、第一百七十一条规定，裁定如下：

驳回上诉，维持原裁定。

本裁定为终审裁定。

审判长：汪军；审判员：王展飞、马东旭；法官助理：魏佳钦；书记员：吕倩

二〇一七年九月二十二日

专题五

普通共同诉讼中在答辩期内未提起管辖权异议的被告，对驳回其他被告管辖权异议的裁定无上诉权

——黄某涵诉中信银行股份有限公司泉州分行、晋江恒达陶瓷有限公司、江西恒达利陶瓷建材有限公司、福建省晋江市兴达建材有限公司、泉州利达机器有限公司、黄某洞、黄某丽、吴某乐、林某云、林某、黄某言、黄某宣、晋江恒发陶瓷有限公司、福建省晋江市恒达建材有限公司、福建兴发陶瓷有限公司金融借款合同纠纷管辖权异议案

【裁判观点】

在共同诉讼中，被告在答辩期内未提出管辖权异议，但却对法院驳回其他被告提起管辖权异议的裁定提起上诉，对于该种情况到底要不要赋予该被告以上诉权，各地法院做法不一。民事诉讼法中区分了必要共同诉讼及普通共同诉讼。在必要共同诉讼中，其中一人的诉讼行为经其他共同诉讼人承认，对其他共同诉讼人发生效力。但对普通共同诉讼来说，其中一个共同诉讼人的诉讼行为对其他共同诉讼人不发生效力。故普通共同诉讼中，一个共同诉讼人提起管辖权异议，其效力不能及于他人。在答辩期内未提出管辖权异议的被告，应视为其已默认原告的管辖请求，就驳回其他被告管辖权异议的裁定，不具有相应的上诉利益，不享有上诉权。

中华人民共和国最高人民法院
民事裁定书

案号（2018）最高法民辖终372号

上诉人（原审被告）：黄某涵，男，1987年7月14日出生，澳门特别行政区永久性居民，内地联系地址：福建省晋江市安海镇安东村安海上悦城1号楼2105室。

被上诉人（原审原告）：中信银行股份有限公司泉州分行。住所地：福建省泉州市丰泽区丰泽街336号凯祥大厦1－3层。

负责人：林大业，该行行长。

原审被告：晋江恒达陶瓷有限公司。住所地：福建省晋江市安海菌柄工业区。

法定代表人：黄家洞。

原审被告：江西恒达利陶瓷建材有限公司。住所地：江西省高安市八景镇（江西省建筑陶瓷产业基地）。

法定代表人：黄家洞。

原审被告：福建省晋江市兴达建材有限公司。住所地：福建省晋江市安海菌柄工业区。

法定代表人：黄宝彬。

原审被告：泉州利达机器有限公司。住所地：福建省南安市水头镇五里桥开发区。

法定代表人：吴聪乐。

原审被告：黄某洞，男，1958年7月22日出生，汉族，住福建省晋江市安海镇菌柄村康禾北路16号。

原审被告：黄某丽，女，1960年12月5日出生，澳门特别行政区永久性居民，内地联系地址：福建省晋江市安海镇菌柄村康禾北路16号。

原审被告：吴某乐，男，1959年2月5日出生，汉族，住福建省厦门市思明区厦禾路268号28B12室。

原审被告：林某云，女，1962年4月22日出生，汉族，住福建省厦门市思明区厦禾路268号28B12室。

原审被告：林某，男，1979年11月2日出生，汉族，住福建省厦门市湖里区五缘西三里24号1205室。

原审被告：黄某言，女，1981年10月6日出生，汉族，住福建省厦门市湖里区五缘西三里24号1205室。

原审被告：晋江恒发陶瓷有限公司。住所地：福建省晋江市安海菌柄工业区。

法定代表人：黄文具。

原审被告：福建省晋江市恒达建材有限公司。住所地：福建省晋江市安海菌柄工业区。

法定代表人：许长乐。

原审被告：福建兴发陶瓷有限公司。住所地：福建省晋江市安海菌柄工业区。

法定代表人：黄秋霞。

原审被告：黄某宣，女，1990年4月14日出生，澳门特别行政区永久性居民，内地联系地址：福建省晋江市安海镇菌柄村康禾北路16号。

上诉人黄某涵因与被上诉人中信银行股份有限公司泉州分行及原审被告晋江恒达陶瓷有限公司、江西恒达利陶瓷建材有限公司、福建省晋江市兴达建材有限公司、泉州利达机器有限公司、黄某洞、黄某丽、吴某乐、林某云、林某、黄某言、晋江恒发陶瓷有限公司、福建省晋江市恒达建材有限公司、福建兴发陶瓷有限公司、黄某宣金融借款合同纠纷一案，不服福建省高级人民法院（2017）闽民初123号之一民事裁定，向本院提出上诉。

本院经审查认为，(一) 关于黄某涵对于一审裁定是否具有上诉权的问题。当事人对于一审裁判提起上诉需具备上诉利益。上诉利益的判断标准为将一审裁判的结果与上诉人在一审期间的诉辩主张相比较，当事人一审的诉辩主张如在裁判中未获满足，则视当事人对该裁判具有上诉利益。没有上诉利益的当事人不享有上诉权。根据《中华人民共和国民事诉讼法》第一百二十七条第一款规定，人民法院受理案件后，当事人对管辖权有异议的，应当在提交答辩状期间提出。当事人未在答辩期内提出管辖权异议，应视为其已默示认可诉讼系属法院享有管辖权。本案中，原审被告江西恒达利陶瓷建材有限公司在一审答辩期内提出管辖权异议，而原审被告黄某涵在答辩期内则未提起管辖权异议，应视为其已默示认可一审法院对本案具有管辖权，故黄某涵对一审法院作出的驳回江西恒达利陶瓷建材有限公司管辖权异议的裁定缺乏上诉利益，其对一审裁定不享有上诉权。因此，一审法院赋予在一审答辩期内未提起管辖权异议的黄某涵等被告以上诉权，适用法律错误，本院予以纠正。

（二）关于本案的处理方式。上诉应具备相应的上诉要件，在当事人的上诉缺乏上诉利益等上诉要件时，人民法院不予受理。对于已经受理的案件，应采取何种处理方式，现行民事诉讼法对此未作明确规定，已构成法律漏洞，可采用类推适用的方法予以填补，即法律未规定的情形与法律已规定的情形在与法律评价有关的重要观点上彼此类似，则二者应作相同的处理。《中华人民共和国民事诉讼法》第一百五十一条规定的四种终结诉讼情形，主要针对出现案件无法进行或没有必要进行的情形。本案中，黄某涵对一审裁定不具有上诉权，本案诉讼没有继续进行的必要，该情形与终结诉讼规定的情形在法律评价上并无差别，二者应作相同的处理，即终结诉讼的规定亦可以适用于本案。

综上，上诉人黄某涵对于一审裁定没有上诉权。根据《中华人民共和国民事诉讼法》第一百五十四条第一款第六项规定，裁定如下：

本案终结诉讼。

本裁定为终审裁定。

审判长：王展飞；审判员：张爱珍、汪军；法官助理：刘牧晗；书记员：陈则羽

二〇一八年十一月二十八日

专题六

原告主体是否适格不宜在管辖权异议阶段予以审查

——上诉人振发能源集团有限公司与被上诉人深圳英大资本管理有限公司管辖权异议案

【裁判观点】

1. 管辖权异议制度是民事诉讼中对被告提出异议，法院予以程序审查处理的规范总和。对当事人依法提出的管辖权异议，人民法院既要依法保障当事人基本的程序权利，也要依据民事诉讼管辖规定，在程序性审查范围内予以及时处理。

2. 管辖协议作为合同的组成部分或者合同附属的争议解决协议，是当事人意思自治的体现，各方均应接受其拘束，诚信参与诉讼，进而提高纠纷解决的效率。

3. 对当事人以诉讼主体是否适格、是否存在真实的权利义务管辖等为由提出管辖权异议的，需准确把握程序性审查和实体审理的边界，程序的归程序，实体的归实体，程序正义与价值具有独立性、优先性，是实体正义的保障和前提。

中华人民共和国最高人民法院

民事裁定书

案号（2018）最高法民辖终415号

上诉人（原审被告）：振发能源集团有限公司。住所地：重庆市渝北区双龙湖街道百果路99号。

法定代表人：查某发，该公司董事长。

被上诉人（原审原告）：深圳英大资本管理有限公司。住所地：深圳市前海深港合作区前湾一路1号A栋201室。

法定代表人：朱志，该公司执行董事。

委托诉讼代理人：延丽，北京天达共和律师事务所律师。

委托诉讼代理人：何维，北京天达共和律师事务所律师。

原审被告：虞城华源光伏发电有限公司。住所地：河南省商丘市虞城县张集镇政府院内。

法定代表人：查某发，该公司执行董事。

原审被告：阿拉善盟振发光伏发电有限公司。住所地：内蒙古自治区阿拉善盟阿拉善右旗雅布赖镇雅源加油站西1公里。

法定代表人：查某发，该公司执行董事。

原审被告：查某发。

原审被告：陆某。

原审第三人：中航信托股份有限公司。住所地：江西省南昌市红谷滩新区赣江北大道1号中航广场24、25层。

法定代表人：姚江涛，该公司董事长。

上诉人振发能源集团有限公司（以下简称振发能源公司）因与被上诉人深圳英大资本管理有限公司（以下简称英大公司）及原审被告虞城华源光伏发电有限公司（以下简称华源公司）、阿拉善盟振发光伏发电有限公司（以下简称振发光伏公司）、查某发、陆某和原审第三人中航信托股份有限公司（以下简称中航公司）合同纠纷一案，不服江西省高级人民法院（2018）赣民初107号之一民事裁定，向本院提起上诉。

振发能源公司上诉称：首先，本案是振发能源公司与中航公司因贷款事宜产生的债务关系。振发能源公司与中航公司签署了《中航信托·天顺【2017】435号英大资本单一资金信托法人保证合同》（以下简称《保证合同》），合同双方为振发能源公司和中航公司。《保证合同》披露的“英大资本单一资金信托”的信息，只能说明该信息提示了借贷资金的来源，并不能让英大公司取代中航公司的合同地位。所以，振发能源公司与英大公司之间不存在借款事实，亦不存在借款合同关系。对于无合同债务关系产生的纠纷，应当由振发能源公司所在地有管辖权的人民法院审理（即重庆市第一中级人民法院）。其次，原审裁定中认定的事实也存在错误。《保证合同》约定“任何一方均可向贷款人住所地有管辖权的人民法院提起诉讼”，按照原审法院的理解，“贷款人”应该为英大公司，而不是中航公司。所以，江西省高级人民法院认为其对本案拥有管辖权明显错误。

英大公司答辩称：（一）原审裁定认定债务人、保证人均知晓中航公司系英大公司委托才签署相关合同并发放信托贷款，并适用《中华人民共和国合同法》第四百零二条，是完全正确的。（二）原审裁定认定《中航信托·天顺【2017】435号英大资本单一资金信托信托贷款合同》（以下简称《信托贷款合同》）、《保证合同》约定的地域管辖符合法律规定，江西省高级人民法院对本案享有管辖权。

本院经审查认为，本案涉及民事诉讼中地域管辖的确定问题。根据法律规定，对当事人依法提出的管辖权异议，人民法院既要依法保障当事人基本的程序权利，也要依据民事诉讼管辖规定，在程序性审查范围内予以及时处理。本案中，英大公司所主张的法律关系，乃合同法律关系，本案属合同纠纷案件。《中华人民共和国民事诉讼法》第三十四条规定："合同或者其他财产权益纠纷的当事人可以书面协议选择被告住所地、合同履行地、合同签订地、原告住所地、标的物所在地等与争议有实际联系的地点的人民法院管辖，但不得违反本法对级别管辖和专属管辖的规定"。依据上述规定，振发能源公司及原审其他被告与中航公司签订的《信托贷款合同》第17.2条及《保证合同》中均明确约定：如发生争议，双方应友好协商，未能协商一致的，任何一方均可向贷款人/债权人住所地（即江西省南昌市）有管辖权的人民法院提起诉讼。该管辖约定是当事人对管辖利益的真实意思表示，符合意思自治原则，不违反法律、行政法规的强制性规定，合法有效，对签约当事人各方均有约束力。现英大公司基于上述合同中的约定管辖条款，向贷款人/债权人中航公司住所地江西省南昌市有管辖权的人民法院提起诉讼，有相应的合同和法律依据。另外，结合本案诉讼标的额，江西省高级人民法院对本案享有管辖权也不违反级别管辖规定。至于作为本案被告之一的振发能源公司所提出的英大公司并非案涉合同当事人、没有合同地位、其与英大公司之间不存在借款合同关系、英大公司不能取代中航公司的合同地位等意见，则属于诉讼主体是否适格的问题，不宜在案件管辖权异议阶段予以审查。原审裁定直接根据《中华人民共和国合同法》第四百零二条的规定，认定英大公司的原告诉讼主体资格，适用法律存在瑕疵，本院予以纠正，但并不影响裁定结果的正确。

综上所述，振发能源公司的上诉理由，不能成立。依照《中华人民共和国民事诉讼法》第一百七十条第一款第一项、第一百七十一条，《最高人民法院关于适用〈中华人民共和国民事诉讼法〉的解释》第三百三十四条之规定，裁定如下：

驳回上诉，维持原裁定。

本裁定为终审裁定。

审判长：贾清林；审判员：周伦军；马东旭；法官助理：刘清启；书记员：郑海虹

二〇一八年十二月七日

专题七

再审发回重审后的裁判不能申请再审

——涟水县高沟拔丝制钉厂诉江苏今世缘酒业股份有限公司、涟水县高沟镇人民政府财产损害赔偿纠纷案

【裁判观点】

本案的典型意义在于明确了再审发回重审后的裁判属于再审裁判。《最高人民法院关于适用〈中华人民共和国民事诉讼法〉的解释》（以下简称《解释》）第三百八十三条第一款规定："当事人申请再审，有下列情形之一的，人民法院不予受理：……（二）对再审判决、裁定提出申请的；……"《解释》第四百零二条规定："再审申请审查期间，有下列情形之一的，裁定终结审查：……（六）有本解释第三百八十三条第一款规定情形的。"据此，依照《解释》规定，当事人对于再审判决、裁定申请再审的，人民法院不予受理，已经受理进入审查程序的，应当裁定终结审查程序。然而，《解释》对于上述规定中的再审判决、裁定的范围未进一步予以明确，导致审判实践中，对于不允许当事人申请再审的再审判决、裁定的范围，一直以来存在分歧认识。特别是以下两类裁判：一是一审生效的裁判经再审，一方当事人上诉后作出的裁判；二是再审发回重审后的裁判。实践中，各级人民法院对于当事人就这两类案件申请再审时应否受理的处理，做法不一，有的法院对此类案件予以受理，有的则不予受理。

对于一审生效的裁判经再审，一方当事人上诉后作出的裁判是否属于再审裁判，经最高人民法院审判委员会研究，并征求了立法机关的意见后，有了明确的认识，认为从2012年民事诉讼法修改的立法精神看，应当坚持"有限再审"原则及"2+1+1"路线图。根据民事诉讼法对再审程序的规定，应当认定此类裁判属于民事诉讼法规定的再审裁判，当事人无权向人民法院申请再审，而应依法向检察机关申请监督。对于再审发回重审后的裁判，我们认为亦属再审裁判。理由是：1. 此类裁判，与一审生效的裁判经再审，一方当事人上诉后作出的裁判，都是通过启动审判监督程序后作出的裁判，都属于再审救济程序作出。2. 民事诉讼法及《解释》规定了对于生效裁判的救济，当事人享有向法院申请再审和

向检察机关申请监督各一次的权利。此类案件已是启动再审后作出的裁判，如果仍允许当事人申请再审，将与有限再审的立法目的相违背。3.《解释》第四百零五条规定再审审理的范围是在原审范围内的全面审理，并规定被申请人及原审其他当事人在法庭辩论结束前提出再审请求的，人民法院应当一并审理。因此，启动再审后作出的裁判，对其他未申请再审当事人的诉讼权利行使，不失公允。

中华人民共和国最高人民法院
民事裁定书

案号（2017）最高法民申232号

再审申请人（一审原告、二审上诉人）：涟水县高沟拔丝制钉厂。

法定代表人：汪元东，该厂厂长。

被申请人（一审被告、二审被上诉人）：江苏今世缘酒业股份有限公司。

法定代表人：周素明，该公司董事长。

被申请人（一审被告、二审上诉人）：涟水县高沟镇人民政府。

法定代表人：谢正亚，该镇镇长。

再审申请人涟水县高沟拔丝制钉厂因与被申请人江苏今世缘酒业股份有限公司、涟水县高沟镇人民政府财产损害赔偿纠纷一案，不服江苏省高级人民法院（2015）苏民再终字第00010号民事判决，向本院申请再审。本院依法组成合议庭进行了审查。

本院经审查认为，再审申请人涟水县高沟拔丝制钉厂申请再审的江苏省高级人民法院（2015）苏民再终字第00010号民事判决，是再审程序启动后的第二审判决，该判决属于《最高人民法院关于适用〈中华人民共和国民事诉讼法〉的解释》第三百八十三条第一款第二项规定的再审判决。当事人对再审判决申请再审，人民法院不予受理。依照《中华人民共和国民事诉讼法》第一百五十四条第一款第六项、《最高人民法院关于适用〈中华人民共和国民事诉讼法〉的解释》第四百零二条第六项规定，裁定如下：

终结审查涟水县高沟拔丝制钉厂的再审申请。

审判长：张爱珍；审判员：王展飞、汪军；法官助理：潘琳；书记员：喻洋

二〇一七年二月十五日

专题八

对当事人隐瞒证据恶意提起民事诉讼的虚假诉讼行为应进行民事制裁

——林某妍与洪某海、福建泛华矿业股份有限公司、厦门元华投资有限公司民间借贷纠纷案

【裁判观点】

一方当事人通过捏造事实、隐瞒证据等手段提起诉讼，意图通过诉讼损害对方的民事权益获得不当利益，是虚假诉讼的典型形态。借款关系中，出借人在债务已基本消灭的背景下，利用借款人不掌握还款证据的客观情况，恶意提起诉讼，要求借款人偿还款项，企图通过法院诉讼非法占有借款人的财产，且在借款人已经提供还款证据线索的情况下，仍然拒不承认还款事实，其行为属于故意隐瞒案件事实，积极追求对己有利的裁判结果，构成妨碍民事诉讼的不法行为，应当依法给予相应的民事制裁。同时，《中华人民共和国民事诉讼法》第六十四条第二款规定："当事人及其诉讼代理人因客观原因不能自行收集的证据，或者人民法院认为审理案件需要的证据，人民法院应当调查收集"。在当事人已经将与案件事实密切相关的证据线索提交法院，向法院说明不能自行收集证据原件的原因且申请法院调取的情况下，法院为查明案件事实应当依法调查收集。

中华人民共和国最高人民法院

民事判决书

案号（2018）最高法民再28号

再审申请人（一审被告、二审上诉人）：林某妍。

委托诉讼代理人：邢福乐，北京市盈科（福州）律师事务所律师。

委托诉讼代理人：张璇，北京市盈科（福州）律师事务所律师。

被申请人（一审原告、二审被上诉人）：洪某海。

委托诉讼代理人：洪祖答，福建旭丰律师事务所律师。

委托诉讼代理人：曾鑫，福建旭丰律师事务所律师。

一审被告：福建泛华矿业股份有限公司。住所地：福建省福清市清昌大道中国银行大厦15层。

法定代表人：林昌华，该公司董事长。

一审被告：厦门元华投资有限公司。住所地：福建省厦门市集美区杏林湾商务中心11号楼B楼16F。

法定代表人：林某妍，该公司总经理。

再审申请人林某妍因与被申请人洪某海、一审被告福建泛华矿业股份有限公司（以下简称泛华公司）、厦门元华投资有限公司（以下简称元华投资公司）民间借贷纠纷一案，不服福建省高级人民法院（2016）闽民终1008号民事判决，向本院申请再审。本院于2017年9月23日作出（2017）最高法民申3324号民事裁定，提审本案。本院依法组成由审判员江必新担任审判长、审判员周伦军、汪军参加的合议庭公开开庭审理了本案。法官助理李洁协助审理本案，书记员王薇佳担任法庭记录。再审申请人林某妍及其委托诉讼代理人邢福乐、张璇，被申请人洪某海及其委托诉讼代理人曾鑫，一审被告元华投资公司的法定代表人林某妍到庭参加了诉讼。一审被告泛华公司经本庭合法传唤未到庭参加诉讼，本院依法缺席审理。本案现已审理终结。

林某妍申请再审称：一、本案是基于《承诺函》的约定而发生的民间借贷纠纷。《承诺函》约定了借款的直接目的、唯一用途和为了实现这一目的的双方权利义务，以及为保证洪某海借款资金安全，以股权代持的形式作为质押，将元华投资公司及厦门元华资产管理有限公司（以下简称元华资产公司）各90%的股权暂由洪某海代持。二、一、二审法院未查清基于《承诺函》发生的与借贷有关的基本事实，导致本案裁判错误。2014年1月28日，洪某海负责办理设立元华投资公司，工商登记为：股东洪某海占90%股权，股东林某妍占10%股权，洪某海为法定代表人，实际控制并保管公司的印章。2014年3月3日，洪某海将3000万元人民币汇至元华投资公司账户，但其并未按《承诺函》约定的条件继续履行合同，即以元华投资公司名义使用3000万元购买特定房产，并将其代持的90%股权返还给林某妍、泛华公司。在《承诺函》约定的合同唯一目的未实现、洪某海未继续履行约定的情况下，即诉请法院要求林某妍、泛华公司归还3000万元借款，法院应审理查明借贷发生的相关事实。一审庭审中，林某妍请求法庭责令洪某海提交元华投资公司相应的资金流水账用于证明3000万元的实际用途以便查实本案的借贷事实是否实际发生，但洪某海未提交，一审法院也未依职权调查，并错误认定“洪某海于2014年3月3日以投资名义分别向林某妍、泛华公司支付借款3000万元至元华投资公司账户，林某妍、泛华公司与洪某海之间的民间借贷关系合法、有效。讼争借款期限最长12个月，自洪某海第一笔资金注入元华投资公司起算，因此，自2014年3月3日起计，2015年3月2日即已到期，林某妍、泛华公司应依约还款并赔偿损失”。二审庭审中，林某妍向二审法院提交了《厦门元华投资有限公司历史明细》（未加盖银行业务专用章），表明洪某海在3000万元汇入元华投资公司账户后，又单方擅自分两次将2999.49万元款项转回个人名下账户及其个人独资公司账户。而二审法院应当知道本案的基本事实线索却未依法查明、核实，反而作出违背案件基本事实的认定。三、林某妍因客观原因不能自行收集本案的主要证据《厦门元华投资有限公司历史明细》原件，依法多次书面申请人民法院调查收集，人民法院未调查收集，导致本案基本事实认定错误，应当予以纠正。因一审法院的错误判决，在本案二审诉讼过程中，林某妍以元华投资公司法定代表人身份到中国工商银行股份有限公司厦门杏林支行申请调取该公司开户银行账户流水账单，查询到洪某海汇入元华投资公司的3000万元分别于2014年4月15日、2014年9月1日被洪某海转到其个人独资的厦门君农投资管理有限公司（以下简称君农公司）账户及其个人银行账户。因洪某海掌管公司公章、财务章与法人私章，并拒绝配合申请调取元华投资公司开户银行账户流水账单，因此林某妍以元华投资公司法定代表人身份调取账户流水账单，银行表示只能为林某妍提供查询及未加盖银行业务专用章的公司账户流水账单。为此，林某妍只能将未加盖银行业务专用章的公司账户流水账单提交给二审法院并多次申请法院调查取证。具体为：1. 在二审举证期限内，通过代理人周密律师当面向二审法院审理本案的合议庭提交书面调查取证申请书；2. 2017年1月5日，通过EMS邮寄的方式（单号：1094482622222）向合议庭再次寄交书面调查取证申请书，申请调取以上材料原件；三、在二审庭审中，林某妍当庭再次请求法院调查取证，并再次重申上述证据是查明本案基本事实的核心证据，关系到诉争借款是否实际履行及相应款项是否已归还的案件基本事实。在二审期间，林某妍多次向合议庭阐明，元华投资公司虽然是本案当事人，但因洪某海控制并掌管公司的公章、财务章、法人私章，且在本案中林某妍与元华投资公司实际控制人洪某海系诉讼上的利害关系人，洪某海及其控制的元华投资公司不可能配合林某妍向合议庭提供元华投资公司的财务凭证（公司开户银行账户流水账单），况且该财务凭证对其不利，因此林某妍不得不申请法院调取原件，但二审法院未依法采纳，并错误认为“元华投资公司是本案当事人，其有义务亦有能力向法院提供其财务凭证”，不予准许调查取证申请，二审法院的上述程序严重违法，应予纠正。四、林某妍已收集本案新的证据《厦门元华投资有限公司历史明细》原件，足以推翻原判决认定的事实。二审判决后，元华投资公司法定代表人林某妍迫于无奈办理公司印章、法人私章丢失手续，2017 年 2 月 17 日，林某妍取得中国工商银行股份有限公司厦门杏林支行加盖银行业务专用章的《厦门元华投资有限公司历史明细》原件，该证据能够证明：2014 年 4 月 15 日，洪某海单方擅自将元华投资公司账户 2000 万元转给君农公司；2014 年 9 月 1 日，洪某海单方擅自将元华投资公司账户 999.49 万元转给其名下的个人账户。显而易见，洪某海利用掌管元华投资公司公章、财务章、法人私章的便利，已将上述资金划归己有。在洪某海未按《承诺函》的约定履行借款义务以及提前将款项收回的前提下，洪某海无权请求林某妍返还借款。即便原审法院关于“洪某海于 2014 年 3 月 3 日以投资名义向林某妍、泛华公司支付借款 3000 万元至元华投资公司账户，林某妍、泛华公司与洪某海之间的民间借贷关系合法、有效”的认定正确，但在该笔借款期限未满的情况下，洪某海也已将汇入元华投资公司的 2999.49 万元分别于 2014 年 4 月 15 日、2014 年 9 月 1 日转到君农公司账户（洪某海个人独资公司）及其个人名下账户，诉争借款已归还，且洪某海存在严重的违约行为。综上所述，洪某海要求林某妍偿还借款没有事实和法律依据。洪某海严重违反《承诺函》的约定，单方擅自将款项转归己有，并企图通过隐瞒案件事实真相，滥用诉权重复获得该笔 3000 万元的款项及利息，其行为已构成违法犯罪，林某妍对洪某海违约违法行为保留民事诉权及请求追究其刑事责任的权利。综上，依据《中华人民共和国民事诉讼法》第二百条第一项、第五项之规定，请求撤销一、二审判决，驳回洪某海的全部诉讼请求，并由洪某海承担一、二审诉讼费用。

被申请人洪某海答辩称：一、洪某海出借 3000 万元借款的事实清楚，证据确实充分，再审申请人林某妍也予以确认，一、二审判决正确。1. 林某妍与泛华公司作为共同借款人出具给洪某海的《承诺函》记载，讼争借款指定的收款人为元华投资公司和案外人元华资产公司，洪某海在2014年3月3日依据约定将本案借款3000万元支付至元华投资公司账户，发生借款事实的证据确实充分，至于如何使用借款是借款人的权利和责任。2. 林某妍一审时对向洪某海借款3000万元的事实并无异议，仅是抗辩在借款不能归还时，洪某海应当先行处置代持的元华投资公司90%股权，若变现金额不足以清偿全部债务，差额部分再由林某妍承担。这足以证实林某妍对借款3000万元且未归还的事实并无异议。二、发生于2014年4月15日和2014年9月1日从元华投资公司转走的2999.49万元款项与本案借款无关，不应成为本案改判的依据。1. 2014年4月15日元华投资公司转账2000万元到君农公司银行账户，以及在2014年9月1日元华投资公司转账999.49万元至洪某海的银行账户，这是不同主体之间的往来款项。对前述款项，林某妍在申请书中也声称："作为法定代表人及股东的林某妍对洪某海违约违法行为保留民事诉权及请求追究其刑事责任的权利"。由此可见，林某妍也认为前述转账与本案借款无关。2. 前述转账若损害到元华投资公司或者林某妍的利益，公司或者林某妍完全可以向相对方另案主张权利。综上，再审申请人林某妍所提请求事项缺乏依据，应当依法驳回。

一审被告元华投资公司、泛华公司未提交答辩意见。

2015年4月23日，洪某海向福建省厦门市中级人民法院提起一审诉讼，请求：1. 判令林某妍、泛华公司立即归还借款3000万元和资金占用费（资金占用费从2014年3月3日起至实际还清之日止按同期银行贷款基准利率四倍计算，暂计至2015年4月23日为840万元）；2. 判令林某妍、泛华公司承担洪某海为实现债权支出的律师费375800元；3. 判令元华投资公司对林某妍、泛华公司上述债务承担连带保证责任；4. 由林某妍、泛华公司、元华投资公司承担所有费用。

福建省厦门市中级人民法院一审查明：2014年1月29日，泛华公司作为甲方、林某妍作为乙方向洪某海出具一份《承诺函》。《承诺函》载明：林某妍、泛华公司向厦门市杏林建设开发公司（以下简称杏发公司）购买杏林湾商务营运中心11号楼A、B幢房产，因资金困难，向洪某海借款8000万元，资金占用费按月息3.1%计算（每月按照30天计），按日结算方式收取，借款期限最短为10个月，最长为12个月。该借款直接用于成立新公司元华投资公司（丙方）、厦门元华资产管理股份有限公司（后更名为元华资产公司）（丁方）；并以新公司的名义购买以上房产。为保证洪某海的借款资金安全，林某妍、泛华公司及洪某海协商一致同意将元华投资公司90%股权和元华资产公司90%股权暂由洪某海代持。林某妍、泛华公司作出如下承诺：1. 共同新成立元华投资公司、元华资产公司，洪某海向两公司分次注入资金，共计8000万元，分别占两公司各90%股权。林某妍、泛华公司应对两公司进行相应的股权工商变更手续，并向洪某海交付从登记管理机关处调档的与该工商变更登记有关的文件（包括但不限于验资报告、新章程、工商基本信息、营业执照等）及股东出资证明书。2. 借款期限及资金占用费自洪某海第1笔资金注入元华投资公司或元华资产公司开始计算借款期。以30天为周期，每个周期第一天应支付本周期资金占用费。3. 若林某妍、泛华公司未按时支付本金及资金占用费，洪某海有权处理其持有的元华投资公司及元华资产公司股权，林某妍、泛华公司应无条件配合。若处理股权尚无法补偿洪某海的全部损失，林某妍、泛华公司应另行全额赔偿洪某海因此产生的一切损失（包括但不限于本金及资金占用费、税费、律师费用、诉讼费用、差旅费、通讯费等）。

2014年3月3日，洪某海以投资款名义分七笔向元华投资公司转账支付3000万元，其中六笔各490万元，一笔60万元。2014年3月4日，元华投资公司向洪某海出具一份《承诺函》，内述林某妍、泛华公司向洪某海借款8000万元，约定月息3.1%，并承担诉讼费、律师费，洪某海在2014年3月3日以出资形式汇入借款3000万元至元华投资公司账户。元华投资公司愿意对前述债务承担连带责任保证，保证期间至债务完全清偿为止。

元华投资公司的现有股东为林某妍和洪某海，其中洪某海持有90%的股权。

因林某妍、泛华公司未返还借款，2015年4月21日，洪某海与福建旭丰律师事务所签订编号为（2015）闽旭诉字第263号《诉讼委托代理合同》，委托该所律师担任一审诉讼代理人，律师代理费375800元。

在一审法院审理本案期间，洪某海向该院确认，其仅是代林某妍、泛华公司持有元华投资公司的股份，其愿意将该股权返还林某妍、泛华公司。

福建省厦门市中级人民法院一审认为：林某妍、泛华公司于2014年1月29日出具给洪某海的《承诺函》系其真实意思表示，除双方约定的资金占用费每月3.1%高于法律规定的利率标准，其余内容不违反法律、行政法规的强制性规定。

林某妍、泛华公司作为共同借款人向洪某海借款，洪某海于2014年3月3日以投资款名义分别向林某妍、泛华公司支付借款3000万元至元华投资公司账户，林某妍、泛华公司与洪某海之间的民间借贷关系合法、有效。诉争借款期限最长12个月，自洪某海第一笔资金注入元华投资公司起算，因此，自2014年3月3日起计，2015年3月2日即已到期，林某妍、泛华公司未依约还款，洪某海有权处置其代持的股权，并有权要求林某妍、泛华公司赔偿损失。林某妍对借款事实没有异议，要求洪某海先行处置代持的股权，洪某海已确认向林某妍、泛华公司返还其代持的股权，因此，洪某海诉求林某妍、泛华公司支付借款本金3000万元并按同期银行贷款基准利率四倍计算资金占用费符合法律规定，该院予以支持。因林某妍、泛华公司未依约还本付息，洪某海为实现债权而支付律师费375800元应由林某妍、泛华公司承担。洪某海要求林某妍、泛华公司支付375800元的诉求有事实和法律依据，该院予以支持。元华投资公司出具《承诺函》，自愿为前述借款提供担保，该承诺合法有效，《承诺函》约定，保证方式为连带责任保证，保证期限至债务完全偿清为止，根据《最高人民法院关于适用〈中华人民共和国担保法〉若干问题的解释》第三十二条第二款之规定，保证合同约定保证人承担保证责任，直至主债务本息还清时为止等类似内容的，视为约定不明，保证期间为主债务履行期届满之日起二年。洪某海在保证期间主张权利，元华投资公司应依约为林某妍、泛华公司的上述债务承担连带清偿责任，并在承担保证责任后，有权向林某妍、泛华公司追偿，故洪某海要求元华投资公司承担连带保证责任的诉讼请求有事实和法律依据，该院予以支持。该院依照《中华人民共和国合同法》第六十条、第二百零六条、第二百零七条、第二百一十一条，《中华人民共和国担保法》第十八条、第二十一条第一款、第三十一条，《中华人民共和国民事诉讼法》第一百四十四条之规定，于2016年2月14日作出（2015）厦民初字第896号民事判决：一、林某妍、泛华公司于判决生效之日起十日内向洪某海返还借款本金3000万元及资金占用费（自2014年3月3日起按中国人民银行同期贷款基准利率四倍计算至本判决确定的还款之日止）；二、林某妍、泛华公司于判决生效之日起十日内向洪某海支付律师费375800元；三、元华投资公司对林某妍、泛华公司的上述债务承担连带清偿责任，并在承担保证责任后，有权向林某妍、泛华公司追偿。一审案件受理费235679元，由林某妍、泛华公司、元华投资公司负担。

林某妍不服上述民事判决，向福建省高级人民法院提起上诉，请求：撤销一审判决，改判驳回洪某海的一审诉讼请求。事实和理由主要为：一、一审法院应合并处理《承诺函》上所约定的8000万元借款相关事宜，或在本案中追加案外人元华资产公司为第三人，但一审法院未进行综合查明《承诺函》上的8000万元是否全数到位，是否由林某妍、泛华公司实际收受并使用等相关事宜，洪某海在元华投资公司、元华资产公司所持股份均为90%，其实际掌控两家公司全部资产及公司资金账户。洪某海提交的《银行转账凭证》只能证实有过3000万元资金进入元华投资公司账户，至于用途和去向无法证实。洪某海是资金的实际管理人，而元华投资公司未按约定使用资金。一审庭审中，林某妍请求法庭责令洪某海提交相应的资金流水账用以证明3000万元的实际用途以便查实本案的借贷事实是否实际发生，但洪某海未提交，法院亦未依职权调查。二、依据《承诺函》的约定，该笔借款的救济途径是先处置元华投资公司和元华资产公司的股权和资产，所以本案判决结果与元华资产公司有利害关系，应追加其参加诉讼。《承诺函》约定了该笔借款的救济先后顺序，洪某海不顾约定起诉应驳回其诉讼请求。

洪某海答辩称：洪某海出借3000万元借款的事实证据确实充分。一、《承诺函》指定的收款人为元华投资公司和元华资产公司，洪某海在2014年3月3日依据约定将借款3000万元支付至指定账户，至于如何使用借款是借款人的权利和责任。二、林某妍在一审程序中对3000万元的事实并无异议，但认为洪某海应当先行处置元华投资公司的股权。但该约定是洪某海的权利而非义务，洪某海已明确将代持的90%股权返还给林某妍和泛华公司，林某妍强行要求洪某海先行处置元华资产公司的股权没有任何依据。一审判决与元华资产公司没有任何关系，没有理由追加其为本案当事人。

一审被告泛华公司、元华投资公司未陈述意见。

二审中，林某妍提供一份银行转账流水账单，证明借款3000万元已被洪某海支取或转账，洪某海质证认为，对该证据的真实性无法确认。二审法院认为，林某妍未提供该证据的原件，该证据亦没有制作人，未加盖银行印章，仅是一份简单的表格，对该证据不予采信。

二审法院对一审判决查明的事实予以认定。

福建省高级人民法院二审认为，本案二审的争议焦点是：一、本案讼争的

3000万元借款是否已经履行；二、本案借款是否已经归还。

关于本案讼争的3000万元借款是否已经履行的问题。2014年1月29日，泛华公司和林某妍向洪某海出具《承诺函》，承诺借款期限及资金占用费自洪某海第一笔资金注入元华投资公司或元华资产公司开始计算借款期。洪某海已于2014年3月3日以投资款名义转账3000万元至元华投资公司账户。林某妍在一审答辩中对收到上述3000万元的事实无异议，一审法院认定讼争3000万元借款已经履行，并无不当。洪某海在本案中并未主张讼争3000万元借款之外的其他款项，林某妍要求查明《承诺函》中全部8000万元的理由，与本案没有关联性，林某妍、泛华公司在收取借款后如何使用借款，与出借人无关。因此，林某妍认为讼争借款未履行的观点，该院不予支持。

关于本案借款是否已经归还的问题。因该院对林某妍提供的银行转账流水账单不予采信，故林某妍没有证据证明其已归还讼争借款。元华投资公司是本案当事人，其有义务亦有能力向该院提供其财务凭证，林某妍申请法院调取元华投资公司的银行流水账单等材料，不符合《最高人民法院关于适用〈中华人民共和国民事诉讼法〉的解释》第九十四条规定的情形，该院不予准许。洪某海已明确将代持股权返还给林某妍和泛华公司，林某妍主张洪某海应先行处置元华投资公司和元华资产公司的股权和资产的观点，没有法律依据，该院不予采纳。元华资产公司未向洪某海出具《承诺函》，在本案中亦未与洪某海有款项往来，与讼争借款没有利害关系，对林某妍申请追加元华资产公司为本案当事人的理由，该院不予支持。综上所述，林某妍的上诉请求不能成立，应予驳回。据此，该院依照《中华人民共和国民事诉讼法》第一百四十四条、第一百七十条第一款第一项规定，于2017年1月22日作出（2016）闽民终1008号民事判决：驳回上诉，维持原判。二审案件受理费235679元，由林某妍负担。

在本院再审本案期间，林某妍向本院提交了如下证据：1.《杏林湾商务中心11号楼投资购买意向书》，拟证明林昌华及泛华公司符合厦门市集美区政府关于杏林湾商务营运中心项目招商引资政策的相关规定，2011年7月杏发公司与泛华公司签订了《杏林湾商务中心11号楼投资购买意向书》，由泛华公司购买相关房产；2. 元华投资公司的工商档案资料，拟证明元华投资公司设立、变更的过程；3. 林某妍、泛华公司向洪某海出具的《承诺函》，拟证明借款的金额、用途、期限、方式等内容；4.《厦门元华投资有限公司历史明细》，拟证明洪某海违反《承诺函》的约定，在约定的借款期限内将款项划归其个人独资企业及个人账户，并未用于购买特定房产；5. 君农公司的工商档案资料，拟证明该公司为洪某海的一人独资企业，洪某海占100%的股权并担任执行董事、总经理；6. 印章遗失声明、印章处理（丢失）登记表、刻制印章发票，拟证明因元华投资公司的实际控制人洪某海隐瞒诉争款项去向，并拒绝调取公司账户历史明细，林某妍作为法定代表人不得已办理印章丢失手续，补办公司新公章和法定代表人名章；7. 中国邮政EMS面单，拟证明2017年1月5日林某妍二审代理人将调查取证申请寄送法院。被申请人洪某海向本院提交了2014年2月13日林某妍出具的《承诺函》，拟证明将林某妍变更为元华投资公司和元华资产公司的法定代表人仅是为了签订购房合同的需要，而不是允许林某妍代表公司从事其他活动。经本院组织当事人质证，双方当事人对上述证据的真实性均没有异议。本院对上述证据的真实性、合法性和关联性予以确认。

本院再审查明：2013年7月，王某云代表泛华公司与杏发公司签订《杏林湾商务中心11号楼投资购买意向书》，承诺在2013年8月前将泛华公司的企业注册地和税务登记地改变至厦门市××区，以符合杏林湾商务营运中心项目的招商政策并享受相应的购房优惠，购买杏林湾商务营运中心11号楼A、B两幢房产。为此，林昌华和林某妍作为投资人于2013年7月26日申请核准了元华资产公司、元华投资公司的企业名称，投资额分别为6000万元及4000万元，住所地为厦门市××区杏林湾商务中心11号楼B楼。2014年1月27日，两个公司的投资人改为由洪某海投资9000万元占比90%、林某妍投资1000万元占比10%。2014年1月27、28日，元华资产公司和元华投资公司注册成立，初始登记的法定代表人均为洪某海。

2014年1月29日，泛华公司、林某妍共同向洪某海出具《承诺函》，就购买杏林湾商务营运中心11号楼A、B幢房产向洪某海借款8000万元、月利率、利息计取、设立公司及股权代持等相关事宜进行了约定。2014年1月30日，洪某海以投资款名义向元华资产公司账户汇入5000万元。2014年3月3日，洪某海以投资款名义向元华投资公司账户汇入3000万元。就前述借款的利息支付情况，洪某海与林某妍共同向本院确认，泛华公司和林某妍按照约定在2014年1月底支付了

5000万元借款本金部分的一个月利息155万元，在2014年3月支付了8000万元借款本金部分的一个月利息248万元，此后未再支付过利息。

2014年2月8日、2月11日，元华资产公司和元华投资公司分别召开董事会和股东会，选举林某妍为公司法定代表人，并办理了工商变更登记手续。同年2月13日，林某妍向洪某海出具《承诺函》，称由于购买杏林湾商务营运中心11号楼乃集美招商引资项目，为了方便签订合同事宜，由林某妍暂为元华投资公司和元华资产公司两个公司的法人代表，并承诺签订合同结束一周内将法人代表转给洪某海先生。

2014年2月13日、3月11日，林某妍代表元华资产公司与杏发公司签订了杏林湾商务营运中心11号楼B幢1层至24层的商品房买卖合同，并于同年2月21日、3月17日在厦门市房地产交易权籍登记中心办理登记备案。元华投资公司未与杏发公司签订A幢的购房合同，对于未购买房产的原因，洪某海称房产买卖系由泛华公司和林某妍负责联系，其不清楚未能购买的具体原因。林某妍称房产买卖是由其父亲林昌华负责联系，其不清楚事情的来龙去脉。

2014年4月29日，元华资产公司办理了将法定代表人由林某妍变更为洪辉煌的工商登记手续。元华投资公司法定代表人未予变更，仍由林某妍出任。

元华投资公司成立后，公司公章、法定代表人名章均由洪某海保管，银行账户由洪某海控制。在本案原二审判决作出后，林某妍于2017年2月8日在《厦门日报》上刊登元华投资公司营业执照遗失公告和公章、法人私章遗失声明，于2017年2月17日在厦门盾辉印章制作有限公司重新刻制了元华投资公司印章和法定代表人名章，并据此向中国工商银行股份有限公司厦门杏林支行调取了加盖该行业务专用章的《厦门元华投资有限公司历史明细》，该历史明细记载：2014年3月11日，元华投资公司以往来款名义分三笔向元华资产公司转账支付929.49万元；4月15日，元华投资公司向君农公司转账支付2000万元；7月22日，元华投资公司以往来款名义向元华资产公司转账支付10万元；9月1日，元华资产公司以往来款名义向元华投资公司转账支付939.49万元；同日，元华投资公司以借款名义向洪某海个人账户转账支付999.49万元。

另查明，君农公司于2006年7月31日成立，属于自然人独资的有限责任公司，股东及法定代表人均为洪某海。在本案再审审查期间，本院责令洪某海对元华投资公司转账给君农公司的2000万元及转账给洪某海的999.49万元的事由作出说明。洪某海向本院书面答复称："发生于2014年4月15日和2014年9月1日的2999.49万元款项，再审申请人林某妍已经声称'作为法定代表人及股东的林某妍对洪某海违约违法行为保留民事诉权及请求追究其刑事责任的权利。'这充分说明前述款项与本案没有关联，为避免给另案审理造成影响，被申请人洪某海就前述款项在本案不宜作出陈述。"

还查明，林昌华是侨居印尼的福清籍商人，与王某云原系夫妻关系，林某妍系二人之女，林昌华持有泛华公司80%的股权并担任该公司的法定代表人。自2014年年中起，林昌华因经营的企业资金链出现困难，滞留境外至今未归。

除上述事实外，对原审法院查明的其他事实，本院予以确认。

再审中，双方当事人争议的焦点问题为：一、洪某海在本案中主张的3000万元借款债权是否真实存在；二、二审法院的审理程序是否违法。

本院认为，本案中，林昌华实际控制下的泛华公司在2013年7月与杏发公司签订购买杏林湾商务营运中心11号楼（A、B两幢）的意向书之后，为履行该意向书中关于将公司注册地和税务登记地改变至厦门市××区以便符合招商政策并享受购房优惠的约定，林昌华和林某妍父女向工商登记机关申请了以其父女二人为投资人的元华资产公司和元华投资公司的名称预核准登记。嗣后，因资金困难，2014年1月29日，林某妍及泛华公司与洪某海以《承诺函》的方式达成了借款8000万元用以购买前述房产的合意，这是案涉3000万元借款产生的背景事实。根据《承诺函》的约定，该8000万元借款直接用于成立元华投资公司和元华资产公司并以两公司的名义购买房产，元华投资公司90%股权和元华资产公司90%股权暂由洪某海代持以保证洪某海的借款资金安全，借款期限最短为10个月，最长为12个月，资金占用费按月息3.1%的标准按日结算，自借款注入公司开始起算；林某妍、泛华公司应对两公司进行相应的股权工商变更手续，若林某妍、泛华公司未按时支付本金及资金占用费，洪某海有权处理其持有的公司股权，若处理股权尚无法补偿洪某海的全部损失，有权另行向林某妍、泛华公司主张。前述约定，以资金出借及为保证出借资金安全的股权代持为主要内容，因出借人洪某海并不具备发放贷款的金融业务资格，故原审法院将本案案由认定为民间借贷纠纷正确，本院予以确认。从借贷协议的履行情况来看，洪某海依约分别于2014年1月30

日向元华资产公司汇入5000万元、3月3日向元华投资公司汇入3000万元，泛华公司和林某妍就前述款项分两次预付了155万元和248万元的利息，并依约办理了元华资产公司和元华投资公司的股东变更等工商登记手续，元华资产公司亦以自身名义购买了杏林湾商务营运中心11号楼的B幢房产。《中华人民共和国合同法》第二百一十条规定："自然人之间的借款合同，自贷款人提供借款时生效"。同时，根据我院《关于认真学习贯彻适用的通知》的要求，在2015年9月1日该司法解释施行后新受理的一审案件，适用该司法解释的规定，该司法解释施行后尚未审结的案件，适用施行前的司法解释进行审理。从本案的实际情况来看，一审法院受理本案诉讼的时间是2015年4月23日，故本案应当根据《最高人民法院关于人民法院审理借贷案件的若干意见》第六条的规定来认定《承诺函》中关于利息约定的效力。《最高人民法院关于人民法院审理借贷案件的若干意见》第六条规定："民间借贷的利率可以适当高于银行的利率，各地人民法院可根据本地区的实际情况具体掌握，但最高不得超过银行同类贷款利率的四倍（包含利率本数）。超出此限度的，超出部分的利息不予保护"。本案中，当事人关于月息3.1%的约定超出了银行同期贷款利率的四倍，故一审法院关于《承诺函》系双方当事人的真实意思表示，除利息高于法定标准之外其余内容不违反法律、行政法规的强制性规定，洪某海已经履行了出借款项义务的认定正确，本院予以维持。申请人林某妍关于案涉3000万元借款没有用于购买特定房产，因此借贷关系不生效的申请理由，缺乏事实和法律依据，本院不予支持。就双方当事人争议的焦点问题，本院分析、评判如下：

一、关于洪某海在本案中主张的3000万元借款债权是否真实存在的问题

本院注意到，案涉3000万元借款虽然是2014年1月29日《承诺函》项下的8000万元借款中的一部分，但根据当事人的协议约定内容、嗣后的履行行为，以及洪某海在本案诉讼中的相关陈述等在案证据，可以认定当事人之间事实上存在着将该8000万元借款根据注入公司的不同而分割为两个法律关系的合意。洪某海注入元华资产公司的5000万元借款已经实际用于购买房产，虽然债务人泛华公司和林某妍并未按照约定继续支付利息，双方并未因该笔借款关系形成诉讼。因此，在洪某海单独就本案3000万元借款提起诉讼的情况下，原审法院对林某妍要求追加元华资产公司为第三人并审查全部8000万元借款的使用情况不予支持，并无不

当。就洪某海在本案中所主张的3000万元借款的债权本息而言，虽然洪某海提交了将款项汇入元华投资公司的转账凭证，能够证明其已经按照约定向元华投资公司汇入了3000万元，但由于《承诺函》约定泛华公司和林某妍在款项注入后第一天即应当支付当月的利息，且洪某海在庭审中自认泛华公司和林某妍已经依约支付了该3000万元第一个月的利息93万元。《中华人民共和国合同法》第二百条规定："借款的利息不得预先在本金中扣除。利息预先在本金中扣除的，应当按照实际借款数额返还借款并计算利息"。据此规定，该笔3000万元款项中实际的借款本金数额依法应当认定为2907万元。就该2907万元借款，作为风险控制手段，洪某海不仅持有元华投资公司90%的股权，还实际控制了公司公章、法定代表人名章、银行账户。洪某海在购房计划终止后，不仅没有将元华投资公司账户中的款项交由借款人泛华公司及林某妍支配，亦未就该笔借款的处置事宜与泛华公司、林某妍进行协商，反而利用其控制账户的优势地位任意支配处分账户中的资金，在既未告知、也未经泛华公司及林某妍同意的情况下，先是于2014年4月15日将2000万元汇入洪某海个人独资的君农公司账户，继而于2014年9月1日将999.49万元汇入洪某海个人账户。因洪某海实际掌管和控制元华投资公司的印章和账户，在其不能提供合理解释的情况下，上述款项划转行为依法应当认定为洪某海已经收回了相应的债权。洪某海关于上述转款行为系元华投资公司和君农公司、洪某海之间的往来款项，与本案无关的诉讼理由不能成立，本院不予支持。根据本案中洪某海资金出借和收回的情况，按照实际借款本金为2907万元，年利率为同期银行贷款利率的四倍即22.4%计算，自2014年3月3日至同年4月15日，该2907万元借款本金的应付利息为78.4970万元（2907万元×22.4%×44日÷365日），按照先息后本的债务清偿原则，洪某海2014年4月15日收回的2000万元款项在扣除该部分利息后，其中的借款本金数额依法应当认定为1921.5030万元。自2014年4月16日起至同年9月1日，尚余借款本金985.4970万元的应付利息为84.0669万元（985.497万元×22.4%×139日÷365日），洪某海于2014年9月1日收回的999.49万元款项在扣除该部分利息后，其中的借款本金数额为915.4231万元。故在本案中，自2014年9月2日起，洪某海对泛华公司和林某妍的债权尚有70.0739万元借款本金及2014年9月2日之后的相应利息未获清偿。《中华人民共和国民事诉讼法》第六十四条第一款规定："当事人对自己提出的主张，有责任提供证据”。本案中，申请人林某妍所提交的《厦门元华投资有限公司历史明细》等证据能够证明，汇入元华投资公司的3000万元款项基本上已经被洪某海转入其实际控制的其他账户，相应的债权已经归于消灭。申请人林某妍关于案涉借款已经被洪某海收回的申请理由部分成立，本院予以支持。洪某海在本案中所主张的3000万元债权本息并无相应的事实依据，本院不予支持。原审判决关于泛华公司、林某妍应当归还的本金和利息数额的认定明显不当，本院予以纠正。洪某海在聘请律师提起本案诉讼的过程中，之所以会支付高达375800元的律师费，根本原因在于其恶意虚高诉讼标的额，该部分费用依法应当由其自行负担。元华投资公司在出具担保承诺时的印章虽然实际由洪某海掌握，但根据本案的实际情况，可以认定元华投资公司为案涉借款提供担保系该公司实际股东林昌华和林某妍的真实意思表示，故元华投资公司应当承担相应的保证责任，其在承担责任后，有权向泛华公司、林某妍追偿。

本案中，洪某海在向一审法院提起本案诉讼之时，利用林昌华滞留境外不归、泛华公司和林某妍对利息归还、公司账户资金变动不了解的情况，不仅隐瞒了其已经收取部分利息的事实，还隐瞒了借款资金已经基本上被其收回的事实，仍然要求泛华公司、林某妍偿还全部3000万元借款本金及自款项出借之日起的利息、赔偿律师费支出损失。在证据提供方面，洪某海仅向法院提交其向元华投资公司投资3000万元款项的证据、隐瞒款项已经被其转走的事实这一行为，足以证明其主观上具有隐瞒案件事实、通过诉讼非法侵占他人财产的故意。在本案的二审过程中，在林某妍已经就3000万元借款的资金流向提供证据线索的情况下，洪某海仍然拒不承认该节事实。在本院的再审审查程序中，申请人林某妍通过挂失公司印章的手段获得公司账户明细，证明洪某海已经将2999.49万元资金转回的情况下，洪某海也拒绝对款项的发生事由进行解释。前述情节，充分证明洪某海在本案中的行为并非是因为自身的粗心或疏漏，而是故意隐瞒案件事实，积极追求对己有利的裁判结果。洪某海在本院决定再审本案之后，能够主动承认其已经收取了部分利息的事实，积极配合本院的案件审理工作，具有一定程度的悔过、认错的行为表现。但其之前的诉讼行为已经构成妨碍民事诉讼的不法行为，妨碍了人民法院的案件审理工作，本院在对原审判决予以纠正的同时，根据《中华人民共和国民事诉讼法》第一百一十一条第一款第一项的规定，将另行制作决定书对洪某海予以制裁。

二、关于二审法院审理程序是否违法的问题

《中华人民共和国民事诉讼法》第六十四条第二款规定："当事人及其诉讼代理人因客观原因不能自行收集的证据，或者人民法院认为审理案件需要的证据，人民法院应当调查收集"。在本案二审期间，林某妍申请法院调取元华投资公司的账户往来明细，二审法院以元华投资公司是本案当事人，其有义务亦有能力向二审法院提供其财务凭证为由未予准许。在一般情况下，因林某妍系元华投资公司的法定代表人，应当有能力获得公司的银行账户明细，因此原审法院未予准许该申请符合一般情形下的处理原则。但二审法院未能注意到本案中民间借贷关系的特殊之处，洪某海出借的款项并非如通常情形下交由债务人泛华公司和林某妍支配和使用，而是交付至元华投资公司并由债权人洪某海实际掌管，林某妍虽为元华投资公司登记的法定代表人，但公司实际由洪某海所控制的事实决定了林某妍客观上难以自行收集该证据原件。而且，在林某妍已经将该证据线索提交法院，书面说明不能自行收集证据原件的原因且申请法院调取的情况下，该证据是否真实已然成为人民法院认定本案基本事实需要调查、收集的证据。因此，二审法院不予准许该调查取证申请的做法，不仅在实质上违反了法定程序，也导致案件基本事实认定错误。因此，原审法院未调取元华投资公司的银行流水以查证本案借贷关系发生、消灭等法律事实，审理程序存在明显不当之处。

综上所述，申请人林某妍的申请理由部分成立，本院予以支持。原审判决认定事实错误，且违反法定程序，导致案件处理结果不当，本院予以纠正。依照《中华人民共和国合同法》第二百条、第二百一十条，《最高人民法院关于人民法院审理借贷案件的若干意见》第六条，《中华人民共和国民事诉讼法》第六十四条、第二百零七条第一款、第一百七十条第一款第二项、第一百七十四条、第一百四十四条之规定，判决如下：

一、撤销福建省高级人民法院（2016）闽民终1008号民事判决；

二、撤销福建省厦门市中级人民法院（2015）厦民初字第896号民事判决第二项、第三项；

三、变更福建省厦门市中级人民法院（2015）厦民初字第896号民事判决第一项"林某妍、福建泛华矿业股份有限公司于本判决生效之日起十日内向洪某海返还借款本金3000万元及资金占用费（自2014年3月3日起按中国人民银行同期贷款基准利率四倍计算至本判决确定的还款之日止）”为：林某妍、福建泛华矿业股份有限公司于本判决生效之日起十日内向洪某海返还借款本金700739元及相应的利息（利息按照中国人民银行同期贷款基准利率的四倍，自2014年9月2日起计算至实际清偿之日止）；

四、厦门元华投资有限公司对林某妍、福建泛华矿业股份有限公司的上述债务承担连带清偿责任；

五、驳回洪某海的其他诉讼请求。

一审案件受理费235679元，由洪某海负担230179元，由林某妍、福建泛华矿业股份有限公司、厦门元华投资有限公司负担5500元；二审案件受理费235679元，由洪某海负担230179元，由林某妍、福建泛华矿业股份有限公司、厦门元华投资有限公司负担5500元。

本判决为终审判决。

审判长：江必新；审判员：周伦军、汪军；法官助理：李洁；书记员：王薇佳

二〇一八年二月二十六日

专题九

在双务合同中，一方以对方未履行相应义务为由不履行合同，该抗辩构成对其合同相应权利诉讼时效的中断

——厦门福康经济发展有限公司诉龙海市国土资源局建设用地使用权出让合同纠纷案

【裁判观点】

诉讼时效因提起诉讼、当事人一方提出要求或者同意履行义务而中断。通常而言，诉讼时效的中断需要当事人一方提出明确主张，此时诉讼时效期间重新计算。在双务合同中，如果一方当事人以对方未履行相应义务为由而不履行合同相关义务，虽然其未直接主张相应权利，但通过不履行其合同义务的方式进行抗辩，实际是对其权利的消极主张，亦构成其主张权利的事实，该权利诉讼时效期间应当中断。如果该抗辩是一个持续的过程，应视为诉讼时效持续中断。

中华人民共和国最高人民法院
民事判决书

案号（2017）最高法民终888号

上诉人（一审原告、反诉被告）：厦门福康经济发展有限公司，住所地福建省厦门市思明区湖滨西路9号亿力大厦A座10层B单元。

法定代表人：梁林伟，该公司董事长。

委托诉讼代理人：何锐，福建天衡联合律师事务所律师。

委托诉讼代理人：吕良怡，福建天衡联合律师事务所律师。

上诉人（一审被告、反诉原告）：龙海市国土资源局，住所地福建省龙海市石码镇工农路61号。

法定代表人：高力嘉，该局局长。

委托诉讼代理人：陈朝晖，福建弘信律师事务所律师。

委托诉讼代理人：陈翀，福建弘信律师事务所律师。

上诉人厦门福康经济发展有限公司（以下简称福康公司）与上诉人龙海市国土资源局（以下简称龙海国土局）建设用地使用权出让合同纠纷一案，均不服福建省高级人民法院（2016）闽民初110号民事判决，向本院提起上诉。本院于2017年11月2日立案后，依法组成合议庭，开庭进行了审理。上诉人福康公司委托诉讼代理人何锐、吕良怡、上诉人龙海国土局委托诉讼代理人陈朝晖、陈翀到庭参加诉讼。本案现已审理终结。

福康公司上诉请求：一、撤销原审判决第二项，改判龙海国土局向福康公司交付2006F15、2006F16地块净地；二、撤销原判决第三项，改判龙海国土局向福康公司支付违约金（以上诉人支付的土地出让金2.14亿元为基数，自2014年1月17日起按日万分之五标准计算至实际交付地块之日止）；三、维持原审判决第一项、第四项；四、本案一审、二审案件受理费全部由龙海国土局负担。事实和理由：

一、福康公司要求龙海国土局交付案涉土地净地的诉求符合我国法律规定，依法应当得到支持。龙海国土局作为经国家授权行使土地出让职能的主体，其既须依约、更须依法将案涉土地交付给福康公司。尽管在《出让须知》中规定了土地以“现状”出让，但《中华人民共和国合同法》第一百四十八条、第一百五十条对买卖合同项下的标的物的交付标准还作出了默示性的规定，即龙海国土局向福康公司交付土地时，还须承担默示担保义务，确保所交付的土地符合《出让合同》的合同目的——即土地符合开发建设之必要条件。福康公司在原审诉求中，要求龙海国土局在拆除出让土地上电线杆及供电线路、迁移坟墓后交付净地，系因该等事项只能由政府及其职权部门以其自身名义动用公权力方能得以实施，而非福康公司自身可以实现。在龙海国土局完成上述事项之前，案涉土地仍然无法符合最基本的开发建设条件，福康公司即便取得了案涉土地，亦无法实际动工开发建设，原审判决的相应判项客观上将无法实际履行。福康公司在庭审中曾多次表示，为表示尊重当初“现状交付”的约定，福康公司愿意承担龙海国土局将案涉宗地由现状整理为“净地”、并将必要的市政配套设施接引至宗地红线边界所需的全部费用。龙海国土局作为政府授权的土地出让部门，有关土地整理事项属于其行政职责，福康公司无法替代。

二、福康公司要求龙海国土局承担逾期交地违约责任的诉讼请求合法合理，原审判决适用法律错误，应依法予以改判。2014年1月16日，福康公司已付清全部土地出让金，在此情况下，龙海国土局应当履行交付土地义务，其不履行交付土地义务的行为已经构成违约。依据《中华人民共和国合同法》第一百零七条之规定，福康公司有权要求龙海国土局承担违约责任，具体的承担方式就包括了赔偿损失。在将全部土地出让金支付给龙海国土局之后，直至龙海国土局交付可供开发建设的宗地之前，福康公司的资金占用费损失客观存在，这一点无需举证证明。福康公司于原审提出的要求龙海国土局支付违约金的诉求，实际上即是要求龙海国土局按照赔偿损失的方式承担法定违约责任。原审判决仅仅以双方之间没有约定违约金、福康公司又未举证证明损失为由驳回福康公司这一请求，显属法律适用错误。至于违约金的计算标准，依据合同权利义务对等及公平原则，福康公司认为参照适用双方之间关于逾期付款违约责任的约定标准并无不当。

龙海国土局上诉请求：请求撤销原审判决第四项，改判支持龙海国土局一审的反诉请求。事实和理由：

一、逾期付款滞纳金（违约金）属于土地出让收入，应当全部上缴国库，属于未授权龙海国土局经营、管理的国家财产，龙海国土局无权处置，依法不受诉讼时效限制。《国务院办公厅关于规范国有土地使用权出让收支管理的通知》规定“土地出让收入由财政部门负责征收管理，可由国土资源管理部门负责具体征收。国土资源管理部门和财政部门应当督促土地使用者严格履行土地出让合同，确保将应缴的土地出让收入及时足额缴入地方国库。”根据上述规定，包括逾期付款滞纳金（违约金）在内的土地出让收入必须全部缴入国库，属于国家财产。龙海国土局作为国土资源的行政管理部门，出让国有土地使用权应当经过地方人民政府的批准，龙海国土局只是负责国有土地出让收入的代为催收，国有土地出让收入并非缴入龙海国土局账户，而是缴入财政部门的账户后转入国库，该款龙海国土局无法使用，并无经营、管理权，更无处置权。因此，包括逾期付款滞纳金（违约金）在内的土地出让收入属于未授权土地资源管理部门经营、管理的国家财产。依照《最高人民法院关于贯彻执行〈中华人民共和国民法通则〉若干问题的意见（试行）》第一百七十条“未授权给公民、法人经营、管理的国家财产受到侵害的，不受诉讼时效期间的限制”的规定，土地出让收入不受诉讼时效的限制，因此，龙海国土局请求福康公司支付因逾期支付土地出让金产生的违约金17756.75万元于法有据，应当得到支持。

二、本案的逾期付款违约金不适用诉讼时效。即使适用诉讼时效制度，本案合同尚未履行完毕，诉讼时效尚未起算，因此本案逾期付款违约金也没有超出诉讼时效。本案双方的建设用地使用权合同关系已经建立，但双方尚需签订书面合同，尚需交地，福康公司尚需办理权属登记。因此，双方合同权利义务尚在履行中，不存在诉讼时效起算日的问题。

三、缴清逾期付款违约金也是福康公司获得完整土地使用权的前提条件。根据财综［2006］68号《国有土地使用权出让收支管理办法的通知》第九条规定，“市、县国土资源管理部门和财政部门应当督促国有土地使用权受让人严格履行国有土地出让合同，确保将应缴国库的土地出让收入及时足额缴入地方国库。对未按照缴款通知书规定及时足额缴纳土地出让收入，并提供有效缴款凭证的，国土资源管理部门不予核发国有土地使用证。”因此，不缴清逾期付款违约金，依法也无法核发土地使用权证给福康公司，缴清逾期付款违约金也是福康公司今后获得完整土地使用权的前提。

福康公司向一审法院起诉请求：1. 判令龙海国土局立即与福康公司签订2006F15、2006F16地块国有土地使用权出让合同；2. 判令龙海国土局立即向福康公司交付2006F15、2006F16地块净地；3. 判令龙海国土局向福康公司支付逾期交付土地的违约金（以福康公司支付的土地出让金2.14亿元为基数，自2014年1月17日起按日万分之五标准计算至实际交付地块之日止，暂计至2016年9月22日为1.04753亿元）；4. 由龙海国土局承担本案诉讼费用。龙海国土局提起反诉请求：要求福康公司支付滞纳金（违约金）计1.775675亿元。

一审法院认定事实：（一）2006年11月23日龙海国土局向龙海市人民政府出具龙国土资［2006］333号《关于城市建设储备的用地（原龙海市海门岛娱乐城有限公司用地）国有土地使用权挂牌出让方案的请示》函件，拟定对城市建设储备的用地（原龙海市海门岛娱乐城有限公司用地）商住项目A、B两地块（2006F15和2006F16两宗地）国有土地使用权实行公开挂牌出让，并提出相关出让方案。2006年11月29日龙海市人民政府向龙海国土局作出龙政综［2006］380号《关于龙海市三宗地国有土地使用权公开出让方案的通知》，同意包括2006F15

和2006F16两宗地在内的三地块公开出让。

（二）2006年11月29日龙海国土局发布的《出让文件》，包括龙海国土局的龙国土资［2006］343号《国有土地使用权公开出让公告》及《出让须知》，挂牌出让地块位置示意图、挂牌出让地块宗地图，《国有土地使用权出让合同》及其补充协议、竞买申请书、竞买资格确认书、成交确认书的示范文本等文件。其中《出让须知》的主要内容为，经龙海市人民政府批准，龙海国土局决定以挂牌方式出让2006F15、2006F16两宗商住用地的国有土地使用权，分别是2006F15宗地用地面积102.46亩，2006F16宗地用地面积78.87亩，挂牌出让人为龙海国土局，具体组织实施由龙海市土地收购储备中心承办；参加竞买者应于2006年12月19日17时前支付2006F15、2006F16两宗地块竞买保证金分别500万元、400万元。《出让须知》的第四条出让条件为“（一）本次挂牌的两宗地以现状出让，地上、地下附着物（包括管线）由竞得者自行拆除、迁移，周边各种配套以现状为主。（二）挂牌地块规划区域内的市政公共设施项目由竞得者按规划要求自费配套完善。”第九条挂牌程序（六）为“竞得人应自《成交确认书》签订之日起：①3个工作日内一次性支付成交额5%佣金；②在30日内签订《国有土地使用权出让合同》；③在2007年元月30日前缴纳全部成交价款，依法办理土地登记。”第十一条注意事项（一）为“申请人须全面阅读有关挂牌文件，如有疑问可以在挂牌活动开始日以前用书面或口头方式向我局咨询。申请人可到现场踏勘挂牌出让地块。申请一经受理确认后，即视为竞买人对挂牌文件及地块现状无异议并全部接受，并对有关承诺承担法律责任。”第十二条违约责任条款为“竞得人应在约定时限内支付全部成交价款和佣金。如果竞得人不能按时全部支付，从期满次日起每日按欠缴款额的万分之五加收滞纳金，滞纳超过60天仍未全部支付的，以及竞得人不在约定的时间内签订《国有土地使用权出让合同》，均被视为违约，挂牌人有权取消竞得人的竞得，没收定金，竞得人必须赔偿出让国有土地使用权挂牌出让所支出的全部费用，并承担由此造成的相应损失。”

（三）2006年12月15日及16日福康公司先后向龙海国土局递交《竞买申请书》，分别申请参与2006F16和2006F15地块竞买，并于12月18日支付该两地块400万元和500万元计900万元竞买保证金。

（四）2007年1月5日竞得人福康公司与挂牌人龙海国土局签订《成交确认

书》两份，分别记载福康公司以9800万元和1.16亿元竞得2006F15、2006F16地块国有土地使用权。两份《成交确认书》均记载，竞得人交纳的竞买保证金，自动转作受让地块的定金。竞得人应在挂牌现场与挂牌人签订《成交确认书》，并自《成交确认书》签订之日起：①3个工作日内一次性支付成交额5%佣金；②在30日内持《成交确认书》到龙海国土局签订《国有土地使用权出让合同》；③在2007年1月30日前付清全部出让金及履行建设和规划要求的保证金，依法办理土地登记。不按期支付出让金、规划建设保证金和佣金，或不按期签订出让合同，视为放弃竞得资格，并应承担相应法律责任。同年1月8日福康公司支付佣金1070万元。

（五）2009年7月16日龙海国土局向福康公司出具《通知》函，主要内容为，2007年1月5日福康公司分别以9800万元和1.16亿元竞得2006F15、2006F16地块国有土地使用权，并当场与龙海国土局签订《成交确认书》，因福康公司不签订土地出让合同，至今不支付土地出让金，根据《出让须知》第十二条及《成交确认书》约定，已构成违约。对于福康公司违约行为，龙海国土局已多次通知要求履行，但其以种种理由再三推托，现再次通知，请在2009年7月31日前与龙海国土局签订土地出让合同，并支付拖欠的土地出让金1.55亿元及滞纳金，否则龙海国土局将采用法律手段追究违约责任。

（六）2009年7月23日福康公司向龙海国土局出具《关于龙海市国土资源局2009.7.16的复函》，福康公司在该函件中述及，讼争两宗地块上有正在使用的电线杆、以及为数不少的有主坟墓没有拆除、迁移，涉及到其他单位或个人对两宗土地提出土地权属主张的可能，引发权属纷争，导致土地权属不清晰，是未签订土地出让合同的主要原因。而且，土地上的电线杆、坟墓的拆迁难以处置，需公权力的介入。因此，在有关电线杆、坟墓权属及拆迁问题没有解决前，两宗地块不具备开发建设条件。福康公司已多次要求龙海国土局对电线杆、坟墓权属进行清理及拆迁问题，与土地出让合同签订、出让金支付及开发期间确定等事宜进行综合考虑，但至今没有得到答复。现再次要求，先行处理电线杆、坟墓权属清理及其拆迁问题，为两宗土地顺利开发奠定基础。

（七）2012年6月13日龙海国土局向福康公司出具《催缴函》两份，主要内容为，分别要求于2012年6月13日前签订2006F15、2006F16地块出让合同，以及付清尚欠出让金及滞纳金，其中2006F15地块出让金尚欠4300万元，2006F16地块出让金尚欠1.12亿元，共欠1.55亿元。同年7月2日福康公司向龙海国土局出具《关于龙海市国土资源局的复函》，确认收到两份《催缴函》及尚有1.55亿元出让金未支付，函中述及其支付部分款项后发现两宗地块仍有正在使用的电线杆及坟墓没有拆除、迁移，土地权属不清晰，不具备开发条件，因此未与龙海国土局签订土地出让合同。另述及福康公司在海门岛有两个项目，除本案两宗地块项目外，还有为政府代建的游艇码头及附属设施项目，所有费用由福康公司垫付，加上本案两宗地块项目，已投入巨额资金，由于宏观调控对项目开发影响，造成福康公司资金周转困难，请求给予一段时间筹措资金。本着对项目尽快实施开发的原则，承诺在2012年9月30日前支付土地出让金5500万元，同时与龙海国土局签订土地出让合同，并要求龙海国土局在收到5500万元后，立即协调处理如下事宜，一是负责拆迁土地上的电线杆及坟墓，完成地上物清理工作后将地块交付给福康公司。二是完善地块周边水、电、道路等，为项目开发提供基础设施配套。在龙海国土局拆迁工作完成及基础配套设施完善后，福康公司愿意在2013年6月30日前付清剩余1亿元土地出让金。

（八）福康公司向龙海国土局支付讼争两地块出让金情况为，2007年1月31日支付5000万元，通过海富达公司于2012年10月30日支付5500万元，于2013年7月5日及2014年1月16日各支付5000万元，以上四笔出让金计2.05亿元，加上2006年12月18日支付的两地块竞买保证金900万元抵作出让金，共计2.14亿元土地出让金，福康公司已付清。

（九）福康公司还提交经厦门市鹭江公证处《公证书》，内容记载福康公司申请对讼争两地块现场保全证据，2016年8月18日厦门市鹭江公证处派员赴现场，在福康公司委托代理人引导下，对两地块周边环境、地块上建筑、树木、墓碑、电线杆等现状进行察看，并拍摄照片59张，打印其中48张，并使用摄像机拍摄视频，对照片和视频分别刻录了光盘。照片及视频中有关讼争地块现状，龙海国土局无异议。

一审法院认为：龙海国土局经政府同意组织挂牌出让讼争2006F15、2006F16两宗地块国有土地使用权，发布两地块《出让文件》，明确地块的《出让须知》、位置示意图及有关出让合同示范文本等文件，是对出让人与未来受让人就竞标后所要签订的国有土地使用权出让合同的内容说明，属于要约邀请；福康公司参加竞买及支付竞买保证金，系提出订立国有土地使用权出让合同的要约；龙海国土局接受福康公司竞得系承诺，双方于2007年1月5日签订《成交确认书》时承诺生效。虽双方尚未签订土地使用权出让的文本合同，因福康公司已经支付了全部土地出让价款，诉讼中双方对出让合同已成立的事实亦无异议，故可以认定本案国有土地使用权出让合同关系已经成立生效。

关于福康公司的本诉诉求问题。由于本案出让合同关系已经成立生效，现双方尚未签订出让合同，双方应当根据《出让须知》等出让文件及《成交确认书》的约定履行义务。国有土地使用权出让是指国家以土地所有者的身份将土地使用权在一定年限内让与土地使用者，并由土地使用者向国家支付土地使用权出让金的行为。本案讼争地块挂牌出让经政府同意，当事人通过要约承诺自愿建立土地使用权出让合同关系，意思表示明确具体，内容亦无违反法律、行政法规禁止性规定。因此，订立出让合同是双方应有的权利和义务。诉讼中，双方对此亦无异议，福康公司请求龙海国土局签订本案出让合同的请求，依法有据，应予支持。

《出让须知》第四条约定出让条件为：（一）本次挂牌的两宗地以现状出让，地上、地下附着物（包括管线）由竞得者自行拆除、迁移，周边各种配套以现状为主；（二）挂牌地块规划区域内的市政公共设施项目由竞得者按规划要求自费配套完善。从该约定内容看，两地块系现状出让，竞得者福康公司负有自行拆除、迁移地上物义务，并按规划要求完成市政公共配套设施。福康公司请求龙海国土局拆除出让地上电线杆及供电线路、迁移坟墓后交付净地，缺乏事实依据，不予支持。鉴于诉讼中双方均未提出解除合同诉求，福康公司已付清全部出让金，本案合同可以继续履行，为减少当事人讼累，再行要求当事人对出让地现状交付另行解决亦无必要，故本案判决龙海国土局应当向福康公司按现状交付本案出让两地块。

本案《出让须知》及《成交确认书》约定，福康公司应于2007年1月30日前付清全部出让金等款项，但未约定龙海国土局交付土地的具体期限，后双方也未通过签订出让合同对交付土地期限进行约定，故无法认定福康公司支付出让金与龙海国土局交付土地存在先后之分，龙海国土局主张福康公司履行义务在先，依据不足。本案出让合同系双务合同，福康公司支付出让金，龙海国土局交付土地，双方互负债务。《中华人民共和国合同法》第六十六条规定："当事人互负债务，没有先后履行顺序的，应当同时履行。一方在对方履行之前有权拒绝其履行要求。一方在对方履行债务不符合约定时，有权拒绝其相应的履行要求。"2014年1月16日福康公司已付清全部土地出让金，在此情况下，龙海国土局应当履行交付土地义务，但其以福康公司未付清逾期支付出让金的违约金为由不履行交付土地义务，构成违约。《中华人民共和国合同法》第一百一十三条规定："当事人一方不履行合同义务或者履行义务不符合约定，给对方造成损失的，损失赔偿额应当相当于因违约所造成的损失，包括合同履行后可以获得的利益，但不得超过违反合同一方订立合同时预见到或者应当预见到的因违反合同可能造成的损失"，该法第一百一十四条第一款规定："当事人可以约定一方违约时应当根据违约情况向对方支付一定数额的违约金，也可以约定因违约产生的损失赔偿额的计算方法。"从以上规定看，合同违约一方应当向对方承担因违约造成的损失赔偿责任，合同当事人对违约损失赔偿可通过约定违约金或损失赔偿额确定，无约定的按违约造成的损失确定。本案中，《出让须知》仅约定竞得人未在约定期限内支付全部土地出让金和佣金，应从期满次日起每日按欠缴款额的万分之五支付违约金，未对龙海国土局逾期交付土地的违约金或损失计算标准作出约定，依法应当按照违约造成的损失确定。福康公司请求龙海国土局参照《出让文件》有关逾期支付出让金的违约金标准日万分之五计算逾期交付土地的违约金，缺乏事实依据，不予采纳。诉讼中，双方无法就逾期交付土地造成的损失协商一致，福康公司对此亦未能举证加以证明，依法应承担举证不能的法律后果，故对福康公司请求龙海国土局承担逾期交付土地的违约金，不予支持。

关于龙海国土局的反诉诉求问题。《出让须知》及《成交确认书》均约定，福康公司应于2007年1月30日前付清全部出让金2.14亿元。福康公司于2006年12月18日支付两地块竞买保证金计900万元可抵作出让金，该部分出让金支付时间未超过约定期限，除此之外，其余出让金的支付时间与金额为，其于2007年1月31日支付5000万元，通过海富达公司2012年10月30日支付5500万元，2013年7月5日及2014年1月16日各支付5000万元，以上四笔出让金计2.05亿元均未在约定的2007年1月30日前支付，构成逾期付款的违约行为，依《出让须知》有关"从期满次日起每日按欠缴款额的万分之五加收滞纳金"的约定，应按逾期款项的日万分之五向龙海国土局支付逾期付款的违约金。龙海国土局依约负有按现状交付出让土地的义务，福康公司以地块存在电线杆、坟墓等未拆除迁移，龙海国土局未能交付净地为由，抗辩有权拒绝、暂缓支付出让金，不予采纳。对于福康公司承担逾期支付出让金的违约金应否适用诉讼时效问题，《最高人民法院关于适用若干问题的意见（试行）》第一百七十条规定："未授权给公民、法人经营、管理的国家财产受到侵害的，不受诉讼时效期间的限制"，该规定系对公民、法人无权管理和处分的国家财产保护不适用诉讼时效。本案中，龙海国土局依政府授权组织出让讼争地块，成为土地出让合同一方当事人，其请求出让合同相对方福康公司按约承担逾期支付出让金的违约金，与上述法律规定的国家财产保护情形不一，应当适用诉讼时效相关法律规定进行审查。其诉讼时效期间依《中华人民共和国民法通则》第一百三十五条规定为二年，自福康公司逾期支付四笔出让金的次日起算，相应诉讼时效期间的届满时间为，2007 年 1 月 31 日支付的 5000 万元为 2009 年 1 月 31 日，通过海富达公司 2012 年 10 月 30 日支付的 5500 万元为 2014 年 10 月 30 日，2013 年 7 月 5 日及 2014 年 1 月 16 日各支付的 5000 万元为 2015 年 7 月 5 日及 2016 年 1 月 16 日。龙海国土局于 2016 年 12 月 5 日提起本案反诉，请求福康公司支付该四笔逾期付款的违约金，均已超过法定诉讼时效期间，因诉讼中福康公司对此提出了抗辩，故对龙海国土局的逾期付款违约金诉讼请求，不予支持。

综上，本案建设用地使用权出让合同成立并生效，福康公司请求龙海国土局签订书面土地出让合同，应予支持；龙海国土局可按现状及时交付出让地块；福康公司请求龙海国土局支付逾期交地违约金缺乏事实依据，应予驳回；龙海国土局请求福康公司支付逾期付款违约金因超过诉讼时效，也应予驳回。依照《中华人民共和国民法通则》第一百三十五条、《中华人民共和国合同法》第六十条、第一百一十三条、第一百一十四条、第一百二十条之规定，判决：一、龙海市国土资源局应于本判决生效之日起十日内与厦门福康经济发展有限公司签订本案国有土地使用权出让文本合同；二、龙海市国土资源局应于本判决生效之日起三十日内向厦门福康经济发展有限公司按现状交付 2006F15、2006F16 地块；三、驳回厦门福康经济发展有限公司的其他诉讼请求；四、驳回龙海市国土资源局的反诉请求。本案本诉案件受理费 1635565 元，减半收取为 817782.5 元，由厦门福康经济发展有限公司负担；反诉受理费929637.5元，减半收取为464819元，由龙海市国土资源局负担。

二审中，当事人没有提交新证据。二审庭审中，龙海国土局对原审法院查明事实中福康公司付款的时间提出异议，对此本院认定如下：福康公司于2007年1月31日支付5000万元，通过海富达公司于2012年9月17日支付5500万元，于2013年5月13日及2014年1月16日各支付5000万元，以上四笔出让金计2.05亿元，加上2006年12月18日支付的两地块竞买保证金900万元抵作出让金，共计2.14亿元土地出让金。另，福康公司在二审庭审中同意龙海国土局按现状交付诉争土地。

本院认为，本案争议的主要问题是：一、龙海国土局应当按净地还是按现状将案涉土地交付给福康公司；二、龙海国土局是否应当支付迟延交付案涉土地的违约金；三、福康公司是否应当支付逾期付款滞纳金。具体分述如下：

一、关于龙海国土局应当按净地还是按现状将案涉土地交付给福康公司的问题

2006年11月29日，龙海国土局发布《出让文件》《出让须知》及其他相应文件，挂牌出让2006F15、2006F16诉争两宗商住用地，符合国有土地使用权出让的法律规定。福康公司于2007年1月5日竞拍得到上述案涉土地，并与龙海国土局签订《成交确认书》两份，双方虽然未签订国有土地使用权出让合同，但福康公司竞拍案涉土地符合法律规定，《成交确认书》对案涉土地国有土地使用权的出让基本内容进行了确认，系双方真实意思表示，原审判决认定本案国有土地使用权出让合同关系成立生效正确。福康公司通过竞拍取得案涉土地使用权，并认可《出让文件》及《出让须知》等文件，应当按照文件中规定的内容履行合同，龙海国土局按文件规定系按现状交付案涉土地，福康公司无权要求龙海国土局按净地交付。《出让须知》第四条规定："出让条件：（一）本次挂牌的两宗地以现状出让，地上、地下附着物（包括管线）由竞得者自行拆除、迁移，周边各种配套以现状为主。（二）挂牌地块规划区域内的市政公共设施项目由竞得者按规划要求自费配套完善。"由此可见，本案案涉土地系以现状交付，由竞得者自行拆除、迁移地上、地下附着物，福康公司竞得土地后，应当自行拆除、迁移地上、地下附着物。福康公司作为竞拍人，应当提前查看案涉土地的现状并评估其风险，在竞

得土地后应自行承担相应责任。另，福康公司亦当庭确认龙海国土局可按现状交付诉争土地。因此，根据龙海国土局公布的相应文件内容、福康公司对此确认以及同意现状交付的事实，原审法院直接判决龙海国土局按现状交付案涉土地，符合双方约定，亦为节约司法资源之所需，本院予以确认。

二、关于龙海国土局是否应当支付迟延交付案涉土地违约金的问题

本院认为，龙海国土局未向福康公司交付案涉土地并不构成违约，不需向福康公司支付迟延交付违约金。理由如下：

（一）按照龙海国土局与福康公司的约定，双方并未确定龙海国土局交付案涉土地的时间，故龙海国土局并没有违反双方约定。福康公司与龙海国土局签订《成交确认书》后，并未及时签订国有土地使用权出让合同，双方对于龙海国土局交付案涉土地的时间并没有约定，龙海国土局未交付案涉土地并不直接违反双方约定。因此，龙海国土局并未明确交付案涉土地的期限，福康公司主张龙海国土局因未及时交付案涉土地构成违约并无合同依据。

（二）福康公司未按双方约定及时支付土地出让款，龙海国土局有权不交付案涉土地。根据《出让须知》及《成交确认书》约定，福康公司应于2007年1月30日前付清全部出让金等款项，但对于龙海国土局交付地块的时间并未约定。根据《中华人民共和国合同法》第六十六条规定："当事人互负债务，没有先后履行顺序的，应当同时履行。一方在对方履行之前有权拒绝其履行要求。一方在对方履行债务不符合约定时，有权拒绝其相应的履行要求。"本案国有土地使用权出让合同系双务合同，在福康公司没有按约定履行其付款义务时，龙海国土局有权不交付案涉土地，故在福康公司交付全部款项前，龙海国土局未交付土地并不构成违约。

（三）福康公司交付全部土地出让款项后，龙海国土局以福康公司应支付延期付款违约金为由拒绝交付案涉土地，系对合同履行的正当抗辩，并不构成违约。根据《出让须知》第十二条规定："竞得人应在约定时限内支付全部成交价款和佣金。如果竞得人不能按时全部支付，从期满次日起每日按欠缴款额的万分之五加收滞纳金，滞纳超过60天仍未全部支付的，以及竞得人不在约定的时间内签订《国有土地使用权出让合同》，均被视为违约，挂牌人有权取消竞得人的竞得，没收定金，竞得人必须赔偿出让国有土地使用权挂牌出让所支出的全部费用，并承

担由此造成的相应损失。”按照约定，福康公司应于2007年1月30日前付清全部款项，但实际上福康公司于2014年1月16日才全部付清款项，远超过付款日期。因此，根据《出让须知》关于违约责任的约定，福康公司应向龙海国土局支付相应滞纳金。在福康公司未向龙海国土局支付滞纳金的情况下，福康公司履行合同义务并不符合约定，龙海国土局有权提出抗辩主张，故其未向福康公司交付案涉土地并不构成违约。原审法院认为双方系同时履行的双务合同，故龙海国土局应当在福康公司交清土地出让款时交付土地，系认定事实错误，应予纠正。根据《成交确认书》，福康公司除应当按照交纳土地出让金外，还应当支付延期付款滞纳金，这部分款项是作为国有土地出让时必须付清的款项。因此，在福康公司未按双方约定交付相应滞纳金时，龙海国土局拒绝交付土地，并不构成违约。

综上所述，龙海国土局未向福康公司交付案涉土地，系对合同履行的正当抗辩，并不构成违约，福康公司主张龙海国土局应当承担未交付案涉土地的违约赔偿责任，于法无据，本院不予支持。原审判决对于龙海国土局违约之认定系适用法律错误，应予改正，但原审判决未支持福康公司要求龙海国土局支付迟延交付地块违约金诉讼请求的结果正确，本院予以维持。

三、关于福康公司是否应当支付逾期付款滞纳金的问题

本案中，龙海国土局主张福康公司未按《出让须知》及《成交确认书》中约定的时间支付土地出让款，应当按照双方约定支付滞纳金。本院认为，龙海国土局在函件中要求福康公司支付延期付款滞纳金，并以此为由拒绝与福康公司签订国有土地出让合同，且未向福康公司交付案涉土地，系在事实上要求福康公司支付延期付款滞纳金，构成诉讼时效中断，故龙海国土局要求福康公司支付滞纳金并未超过诉讼时效，原审法院认定龙海国土局该项诉讼请求超过诉讼时效错误，本院予以改正。具体理由如下：

（一）龙海国土局要求福康公司支付延期付款滞纳金符合双方约定。《出让须知》第十二条违约责任中约定：“竞得人应在约定时限内支付全部成交价款和佣金。如果竞得人不能按时全部支付的，从期满次日起每日按欠缴款额的万分之五加收滞纳金，滞纳超过60天仍未全部支付的，以及竞得人不在约定的时间内签订《国有土地使用权出让合同》，均被视为违约，挂牌人有权取消竞得人的竞得资格，没收定金，竞得人必须赔偿出让国有土地使用权挂牌出让所支出的全部费用，并

承担由此造成的相应损失。”按照上述约定，福康公司在签订《成交确认书》后，未按照约定准时支付土地出让款，按照双方约定应当支付滞纳金。

（二）龙海国土局要求福康公司支付延期付款滞纳金符合法律规定。《中华人民共和国合同法》第一百零七条规定：“当事人一方不履行合同义务或者履行合同义务不符合约定的，应当承担继续履行、采取补救措施或者赔偿损失等违约责任。”第一百一十四条第一款规定：“当事人可以约定一方违约时应当根据违约情况向对方支付一定数额的违约金，也可以约定因违约产生的损失赔偿额的计算方法。”福康公司未按照双方约定支付土地出让金，未按约定履行合同义务，应当承担违约责任。福康公司认可在《出让须知》中约定的违约损失计算方法，故龙海国土局的该项诉讼请求于法有据，本院予以支持。

（三）龙海国土局要求福康公司支付延期付款滞纳金，福康公司以该请求超过诉讼时效为由进行抗辩没有法律依据。根据查明的事实，2007 年 1 月 5 日，福康公司与龙海国土局签订《成交确认书》，福康公司应于 2007 年 1 月 30 日前付清全部土地出让金，但福康公司直至 2014 年 1 月 16 日才付清该款项。在此期间，2009 年 7 月 16 日龙海国土局向福康公司出具《通知》，要求其在 2009 年 7 月 31 日前与龙海国土局签订土地出让合同，并付清拖欠的土地出让金及滞纳金。2012 年 6 月 13 日，龙海国土局再次向福康公司出具《催缴函》，要求福康公司付清尚欠出让金并滞纳金。此后，福康公司于 2014 年 1 月 16 日付清全部土地出让金，但仍未交纳任何滞纳金。福康公司付清土地出让金后，双方确未进一步签订土地出让合同，对此双方虽未提交证据证明系何原因未签订土地出让合同，但结合以上龙海国土局一直以来催收土地出让金并同时要求支付滞纳金的事实，再结合龙海国土局一直未与福康公司签订土地出让合同且并未向其交付案涉土地之事实，并至本案诉讼时龙海国土局提起反诉要求福康公司支付延期付款滞纳金，足可看出龙海国土局一以贯之要求福康公司支付滞纳金的抗辩与主张。因此，龙海国土局拒绝签订土地出让合同及交付案涉土地，既是对福康公司要求交付土地的抗辩，更是以此行为表明不放弃对福康公司支付滞纳金的主张。原审法院认定龙海国土局并未向福康公司主张支付滞纳金，与本案事实显然不符，亦不合常理。故龙海国土局一直以福康公司未支付延期付款滞纳金为由拒绝与福康公司签订土地出让合同并拒交土地的事实，符合《中华人民共和国民法通则》中关于诉讼时效中断的规定，龙海国土局本案中要求福康公司支付滞纳金的主张并未超过诉讼时效，原审判决认定龙海国土局该主张超过诉讼时效，于法无据，应予纠正。

（四）龙海国土局主张福康公司按《出让须知》支付延期付款滞纳金，符合双方约定，亦不违反公平原则，应当予以支持。首先，关于延期付款滞纳金的计算标准及具体金额，《出让须知》对福康公司违约应当承担的责任具有明确约定，福康公司对此应有预期且未提出异议，双方应按约定履行。《出让须知》中明确约定如果竞得人不能按时全部支付的，从期满次日起每日按欠缴款额的万分之五加收滞纳金，因此，福康公司未按约定支付全部款项，应当按照该条约定支付相应的滞纳金。龙海国土局按其收到款项的日期计算福康公司延期付款滞纳金，本院不持异议，但龙海国土局主张2013年5月14日收到5000万元与福康公司提交的付款凭证不符，龙海国土局亦未提交证据证明其于5月14日才收到，因此，应按照2013年5月13日收到款项计算。对此，根据本院查明及双方认可的事实，福康公司应交纳的延期付款滞纳金为1.775425亿元。其次，《中华人民共和国合同法》第一百一十四条第二款规定：“约定的违约金低于造成的损失的，当事人可以请求人民法院或者仲裁机构予以增加；约定的违约金过分高于造成的损失的，当事人可以请求人民法院或者仲裁机构予以适当减少。”福康公司虽在庭审中要求降低违约金，但其并未举证证明该违约金明显高于龙海国土局的损失，故对于福康公司要求降低违约金的请求，本院不予支持。最后，根据公平原则，福康公司向龙海国土局支付延期付款滞纳金并不构成显失公平。福康公司以2.14亿元竞拍取得181.33亩土地，按照现有地价，案涉土地的价值将远高于该地价。另，按现有相关土地出让金延期后的违约标准，龙海国土局按日万分之五所主张的违约金数额亦明显不高。因此，福康公司向龙海国土局支付滞纳金并不构成显失公平。

综上，福康公司的上诉请求与理由无事实与法律依据，本院不予支持，龙海国土局的上诉请求与理由符合法律规定，本院予以支持。依照《中华人民共和国民事诉讼法》第一百七十条第一款第二项之规定，判决如下：

一、维持福建省高级人民法院（2016）闽民初110号民事判决第一项、第二项、第三项；

二、撤销福建省高级人民法院（2016）闽民初110号民事判决第四项；

三、厦门福康经济发展有限公司于本判决生效后十五日内支付龙海市国土资源局滞纳金1.775425亿元。

如果未按本判决指定的期间履行给付金钱义务，应当依照《中华人民共和国民事诉讼法》第二百五十三条之规定，加倍支付迟延履行期间的债务利息。

一审本诉案件受理费1635565元，减半收取为817782.5元，反诉受理费929637.5元，减半收取为464819元，均由厦门福康经济发展有限公司负担。

二审案件受理费1495202.5元，由厦门福康经济发展有限公司负担。

本判决为终审判决。

审判长：虞政平；审判员：王展飞、汪军；法官助理：夏根辉；书记员：杨九如

二〇一八年六月二十七日

专题十

民事案件的处理结果不应与生效刑事判决认定的事实和处理结果相悖

——顾某娇与开封市江南房地产开发有限公司、丹阳市江南面粉有限公司、江苏上一道科技股份有限公司民间借贷纠纷案

【裁判观点】

本案涉及民事责任承担与刑事赃款追缴的关系问题。主要是从两个方面进行分析判断。一方面，关注生效刑事判决对相关事实的认定，生效刑事判决在注意到借款人和担保人身份互换的情况下，仍认定涉案款项为原借款人非法吸收存款的一部分，并判决予以追缴，发还集资参与人。虽然我们在判断民间借贷合同效力及担保人民事责任时应注意民事法律关系与刑事犯罪构成之间的区别。但在涉及具体案件事实认定及法律后果处理的情况下，还要注意民事判决与刑事判决的契合，在刑事判决已经认定涉案款项的犯罪人，并明确应予以刑事追缴的情况下，民事判决不宜作出与之相悖的认定。另一方面，《关于办理非法集资刑事案件适用法律若干问题的意见》第五条第二款规定了将非法吸收的资金及其转换财物用于清偿债务或者转让给他人，应当依法追缴的情形。该条款着重强调了向社会公众非法吸收的资金属于违法所得，即使发生转移，特定条件下亦应予以刑事追缴的司法理念。综合上述两方面，民事审判过程中遇有刑事追缴情形，应注意分析民事案件与刑事案件之间的内在联系，防止在涉及同一事实的认定和处理结果上产生矛盾。

中华人民共和国最高人民法院

民事判决书

案号（2017）最高法民终219号

上诉人（原审原告）：顾某娇。

委托诉讼代理人：华更生。

被上诉人（原审被告）：开封市江南房地产开发有限公司。

法定代表人：陈国平。

委托诉讼代理人：陈大豪。

委托诉讼代理人：郝勇晓。

被上诉人（原审被告）：丹阳市江南面粉有限公司。

法定代表人：陈国平。

被上诉人（原审被告）：江苏上一道科技股份有限公司。

法定代表人：陈网俊。

上诉人顾某娇因与被上诉人开封市江南房地产开发有限公司（以下简称江南房地产公司）、丹阳市江南面粉有限公司（以下简称江南面粉公司）、江苏上一道科技股份有限公司（以下简称上一道公司）民间借贷纠纷一案，不服江苏省高级人民法院（2015）苏民初字第00012号民事判决，向本院提起上诉。本院于2017年4月1日立案后，依法组成合议庭，开庭进行了审理。上诉人顾某娇的委托诉讼代理人华更生，被上诉人江南房地产公司的委托诉讼代理人陈大豪、郝勇晓到庭参加诉讼，被上诉人江南面粉公司、上一道公司经传票传唤，未到庭参加诉讼。本案现已审理终结。

上诉人顾某娇上诉请求：1. 撤销一审判决第一项，改判江南房地产公司对借款本金共计116296344.73元及其利息（利息以76996344.73元为本金，从2013年12月31日起至实际偿还之日止，以630万元为本金，从2014年1月1日起至实际偿还之日止，以3300万元为本金，从2014年1月18日起至实际偿还之日止，按照中国人民银行同期同类贷款利率四倍计算），267.66万元律师费及本案诉讼费用承担连带偿还责任。2. 本案一、二审诉讼费用由被上诉人承担。事实和理由：（一）一审判决关于3300万元的借款事实认定不清。一审法院查明的事实可以确认，1.3300万元由冷某亮转借给了陈国平实际使用。2.2014年1月18日约定债务人由冷某亮转为陈国平，陈国平当天向顾某娇出具了注明从冷某亮处转来的3300万元借款的欠条，该债务转移行为取得了债权人顾某娇的同意，符合《中华人民共和国合同法》第八十四条的规定。该债务本来就是冷某亮借款后又转借给陈国平使用的，故冷某亮将债务转移给陈国平也符合常理。3. 冷某亮2013年2月26日通过陈某乙银行卡打给顾某娇使用的陈某甲银行卡利息117.84万元，是冷某亮支付2013年2月26日之前的利息，上述3300万元债务在2014年1月18日才受让，该笔利息不可能包含在陈国平本案的还款中。一审判决因117.84万元利息不包含在陈国平本案的还款中，即认定该3300万元借款已经由刑事案件处理的观点是错误的。综上，一审判决认为冷某亮是该3300万元借款的民事责任主体，与事实不符。（二）一审判决适用法律错误。一审判决以生效的（2014）丹刑初字第872号刑事判决书中判定本案中的3300万元已经由刑事案件处理、被列入向冷某亮追缴的款项中为由，作出“不应计入本案的欠款”的判定是错误的。本案一审中，法院已经查明顾某娇无论是出借给冷某亮的资金，还是出借给陈国平的资金，均是其家庭自有资金，其本人不存在任何非法吸收公众存款的行为。顾某娇同意冷某亮将3300万元借款的还款义务转移至实际用款人陈国平，陈国平同意债务转移且又以借条形式加以确认，是借贷各方真实意思表示，不存在违反法律、法规的强制性规定或以合法形式掩盖非法目的的情形。顾某娇出借自己合法所有的货币资产，陈国平自愿借入货币，双方自主决定交易对象与内容，主观上既没有要去损害其他合法利益的故意和过错，客观上也没有对其他合法利益造成侵害的现实性和可能性。从保护债权人顾某娇的利益角度来看，债权人当初的真实意思明确为借款，并有借条为书面凭证，故顾某娇与冷某亮之间的借贷关系以及2014年1月18日的债务转移事项，均合法有效。在本案中，顾某娇关于3300万元借款的民事责任主体是陈国平的主张有合同依据和法律依据。《最高人民法院关于审理民事纠纷案件中涉及刑事犯罪若干程序问题的处理意见》第二条第三款规定：“刑事判决对财产部分虽作出追赃或退赔处理，但刑事责任主体与民事责任主体不相竞合，被害人提起民事诉讼的，应当根据民事法律规范进行判断。”依据上述规定，人民法院可以认定3300万元借款的债务人在2014年1月18日已是陈国平，其应承担还款义务。江南房地产公司在担保书中约定为陈国平向顾某娇所借款项提供担保，对担保范围约定不明，其应对该3300万元借款及相应利息承担连带偿还责任。

被上诉人江南房地产公司辩称，一审判决驳回顾某娇3300万元债务转让借款的诉讼请求正确。具体理由：（一）本案属于虚假借贷和虚假诉讼，在案件基本借贷关系存在重大疑问的情况下，判令江南房地产公司承担保证责任错误，本案应驳回顾某娇的所有诉讼请求。希望法庭能够严格审查借贷发生的原因、时间、地点、款项来源、交付、款项流向及借贷双方关系、经济状况等事实，综合判断是否属于虚假诉讼。（二）一审判决关于3300万元的借款事实认定清楚，应驳回顾某娇的诉讼请求。1. 本案基本事实如下：（1）3300万元是冷某亮与顾某娇产生的债务的一部分，顾某娇确认的是剩余本金3300万元未归还。（2）2013年2月26日冷某亮偿还的利息为117.84万元。（3）顾某娇和冷某亮于2014年1月12日明确，之前利息口头约定为月息4.5%，之后为2.5%。（4）三方协议的内容是采用债务转移的方式将冷某亮的债务转让给陈国平，陈国平作为借款人偿还借款。同时，协议也明确：原来借款口头承诺月息为4.5%，2013年11月25日前利息全部付清，此后的利息为月息3%。（5）2014年1月18日陈国平出具借条3300万元即为该笔借款。而生效的（2014）丹刑初字第872号刑事判决查明，冷某亮的犯罪事实包含该笔3300万元借款以及已偿还的117.84万元利息。该笔利息不包含在陈国平本案的还款中。故该3300万元借款已由刑事案件处理，被列入向冷某亮追缴的款项中，不应计入本案欠款。（6）顾某娇明知陈国平为江南房地产公司的法定代表人和实际控制人。2. 顾某娇的上诉理由错误，具体如下：（1）冷某亮与顾某娇之间的3300万元借款和117.84万元利息已经被（2014）丹刑初字第872号刑事判决认定为非法吸收公众存款，已经由刑事案件处理并列入追缴款项，不应计入本案的欠款。（2）顾某娇认为“一审判决因117.84万元利息不包含在陈国平本案的还款中，即认定该3300万元借款已经由刑事案件处理的观点是错误的”，这是强词夺理。一审判决只是明确“117.84万元不是陈国平的还款，本案不需要对于利息过高部分调整为已还本金，不属于本案的审理范围”，这是合情合理的。（三）即使担保人出具担保书，无论担保是否有效，因通过债务转移方式加重了保证人担保责任，江南房地产公司也是不应当承担责任的。担保承诺书在2012年10月25日出具，在3300万元债务转移之前，从担保承诺书的内容来看，特指顾某娇与陈国平发生的借款，而3300万元债务是冷某亮的债务转让来的，是在加重担保人江南房地产公司的责任。《最高人民法院关于适用〈中华人民共和国担保法〉若干问题的解释》第三十条规定：“保证期间，债权人与债务人对主合同数量、价款、币种、利率等内容作了变动，未经保证人同意的……如果加重债务人的债务的，保证人对加重的部分不承担保证责任。”因此，江南房地产公司不应当对因债务转移增加的债务承担责任。

顾某娇向一审法院起诉请求：1. 江南面粉公司对陈国平所欠顾某娇借款中的3880万元本金及利息承担连带还款责任，利息以3880万元为基数，从2013年11月26日起计算至全部借款本息归还之日止，按照中国人民银行同期同类贷款利率四倍计算；2. 上一道公司对陈国平所欠顾某娇借款中的5500万元本金及利息承担连带还款责任，利息以5500万元为基数，从2013年11月26日起计算至全部借款本息归还之日止，按照中国人民银行同期同类贷款利率四倍计算；3. 江南房地产公司对陈国平所欠顾某娇全部借款本金15977.53万元、利息639.10万元（利息暂计算至2014年1月26日，要求以15977.53万元为本金，从2013年11月26日起计算至全部借款本息归还之日止，按照中国人民银行同期同类贷款利率四倍计算）及顾某娇支出的律师费267.66万元和本案诉讼费承担连带还款责任。

一审法院认定事实：陈国平系江南面粉公司、江南房地产公司法定代表人以及江苏江南面粉集团理事会理事长，江南面粉公司、上一道公司、江南房地产公司均是该集团下属关联企业。顾某娇系上海臣泰化工科技有限公司（以下简称臣泰公司）实际控制人。陈某甲系顾某娇外甥，陈某乙系顾某娇婆婆。陈国平曾多次向案外人马某宏、冷某亮借款。

2012年10月25日，江南房地产公司向顾某娇出具《担保承诺书》，内容为：江南房地产公司自愿为陈国平向顾某娇所借款项承诺承担无限连带担保责任。该担保责任期限自陈国平与顾某娇发生第一笔债务关系成立之日起，至陈国平欠顾某娇的最后一笔债务还款期限届满之日起五年止。本承诺书是不可撤销的承诺书。

同日，顾某娇（甲方）、马某宏（乙方）、陈国平（丙方）、上一道公司及江南房地产公司（丁方）签订《协议》，约定：一、截止2012年10月25日乙方欠甲方本金共计4000万元，这一欠款数是双方确认无误的数字。之前甲、乙双方往来的所有欠条及相关凭证均作废并销毁。再也不能以此向对方提出权利主张。二、甲方同意乙方将其所欠4000万元由丙方进行偿还。丙方也同意承担乙方欠甲方之债务。经双方协商，丙方承诺于2013年10月1日之前将债务还清。利息每月支付。三、丁方两公司对丙方偿还甲方4000万元债务承担连带保证责任。顾某娇、马某宏、陈国平分别在协议上签字，上一道公司、江南房地产公司在丁方处加盖公章。

2012年12月10日至2013年12月31日，陈国平向顾某娇出具借条、借据共

16 份：

1. 2012 年 12 月 10 日，陈国平向顾某娇出具借条，内容为：借到顾某娇 1700 万元，丹阳市江南面粉陈国平，并加盖江南房地产公司公章。当日，顾某娇通过陈某甲两张银行卡将 990 万元转账至马某宏个人银行卡中，并于 2012 年 12 月 11 日通过陈某甲银行卡将 710 万元转账至陈国平个人银行卡中。

2. 2013 年 2 月 25 日，陈国平向顾某娇出具借条，内容为：借到顾某娇 1100 万元，陈国平。江南面粉公司及江南房地产公司加盖公章。当日，顾某娇通过陈某乙的银行卡将 1050 万元转账至陈国平个人银行卡中，并于 2013 年 2 月 26 日通过陈某甲的银行卡将 50 万元转账至陈国平的个人银行卡中。

3. 2013 年 6 月 26 日，陈国平向顾某娇出具借条，内容为：借到顾某娇 4000 万元，陈国平。上一道公司、江南房地产公司在担保单位处加盖公章。当日，顾某娇通过陈某甲银行卡分三笔将 4000 万元转账至陈国平个人银行卡中。

4. 2013 年 7 月 16 日，陈国平向顾某娇出具借据，内容为：借到顾某娇 200 万元，陈国平。上一道公司、江南房地产公司、江南面粉公司在担保单位处加盖公章。当日，顾某娇通过陈某甲银行卡将 200 万元转账至陈国平个人银行卡中。

5. 2013 年 7 月 17 日，陈国平向顾某娇出具借据，内容为：借到顾某娇 550 万元，陈国平。上一道公司、江南房地产公司、江南面粉公司在担保单位处加盖公章。当日，顾某娇指定案外人张某菊将 550 万元转账至陈国平个人银行卡中。

6. 经顾某娇、马某宏、陈国平三方协商，2013 年 9 月 2 日，马某宏将欠顾某娇的 147.53 万元债务转移给陈国平，并由陈国平向顾某娇出具借条，内容为：借到顾某娇 147.53 万元（转马某宏），丹阳市江南面粉有限公司陈国平。江南房地产公司在该借条上加盖公章。

7. 2013 年 9 月 2 日，陈国平向顾某娇出具借据，内容为：借到顾某娇 200 万元，丹阳市江南面粉公司陈国平，江南房地产公司加盖公章。顾某娇向陈国平交付 200 万元承兑汇票，陈国平请顾某娇贴现，贴息为 1.2 万元。2013 年 9 月 2 日，顾某娇将取得的 198.80 万元通过陈某乙的银行卡转给陈国平个人银行卡中。

8. 2013 年 9 月 10 日及同年 9 月 16 日，陈国平向顾某娇借款，并于 2013 年 9 月 16 日一并向顾某娇出具 800 万元借据，内容为：借到顾某娇 800 万元（其中 9 月 10 日 600 万元、9 月 16 日 200 万元），丹阳市江南面粉公司陈国平。江南房地产公司、江南面粉公司加盖公章。2013 年 9 月 10 日，顾某娇通过陈某乙的银行卡将 550 万元转账至陈国平个人银行卡，同日通过陈某甲银行卡将 50 万元转账至陈国平个人银行卡。2013 年 9 月 16 日，顾某娇委托案外人许某权将 200 万元转账至陈国平个人银行卡中。

9. 2013 年 10 月 23 日，陈国平、陈网俊向顾某娇出具借条，内容为：借 750 万元，承兑汇票三张，陈国平、陈网俊签名并加盖江南面粉公司、上一道公司及江南房地产公司公章。当日，陈国平派其公司财务人员黄某到顾某娇处收取了 3 张票面金额计 750 万元、收款人为臣泰公司的银行承兑汇票。黄某并在汇票复印件上写明“已收到原件”。

10. 2013 年 10 月 28 日，陈国平向顾某娇出具借据，内容为：借到顾某娇 300 万元（承兑汇票二份），丹阳市江南面粉公司陈国平，加盖江南房地产公司公章。因陈国平笔误，将借款日期写为“2013. 11. 28”。2013 年 10 月 28 日，顾某娇将 2 张票面金额共计 300 万元、收款人为臣泰公司的银行承兑汇票交付给陈国平。

11. 2013 年 10 月 29 日，陈国平向顾某娇出具借条，内容为：借到顾某娇 300 万元（承兑汇票），丹阳市江南面粉公司陈国平，加盖江南房地产公司公章。顾某娇向陈国平交付收款人为臣泰公司的 300 万元银行承兑汇票。

12. 2013 年 11 月 8 日，陈国平向顾某娇出具借条，内容为：收到承兑汇票两张共计 500 万元。借款人陈国平，经办人：黄某。并加盖江南房地产公司、天顺公司（丹阳市天顺纺织印染有限公司，以下简称天顺公司）公章。当日，顾某娇将 2 张票面金额共计 500 万元、收款人为臣泰公司的银行承兑汇票交付给黄某。

13. 2013 年 11 月 29 日，陈国平向顾某娇出具借据，内容为：借到顾某娇 600 万元，陈国平。2013 年 12 月 2 日，顾某娇通过陈某乙的银行卡将 100 万元及 560 万元分两次转账至陈国平个人银行卡中。

14. 2013 年 12 月 13 日，陈国平向顾某娇出具借据，内容为：借到顾某娇 480 万元（承兑汇票），陈国平。江南面粉公司在担保人处加盖公章。当日，顾某娇将 1 张票面金额为 480 万元、收款人为南京商洲贸易有限公司的银行承兑汇票交付给了黄某，黄某在承兑汇票复印件上写明“收到此承兑汇票原件肆佰捌拾万元正”。

15. 2013 年 12 月 31 日，陈国平向顾某娇出具借据，内容为：借到顾某娇 660 万元，丹阳市江南面粉公司陈国平。2013 年 12 月 30 日，顾某娇向黄某交付一张

360万元、收款人为上海申沃客车有限公司的承兑汇票，2013年12月31日顾某娇通过陈某乙的银行卡将300万元转账至陈国平个人银行卡中。

16. 2013年12月31日，陈国平向顾某娇出具借条，内容为：借到顾某娇330万元（进天顺账），丹阳市江南面粉公司陈国平。当日顾某娇通过臣泰公司转账330万元到天顺公司账户。

一审法院另查明，2013年4月8日，冷某亮向顾某娇出具借条，载明借顾某娇1300万元，借款人冷某亮，陈国平作为担保人在借条上签名。当日，顾某娇通过陈某甲中国银行卡将1300万元转账至冷某亮指定的收款人梁某清个人银行卡中。

2013年5月24日，冷某亮向顾某娇出具借条，载明借到顾某娇1500万元，借款人冷某亮，陈国平在担保人处签名。当日，顾某娇通过陈某甲银行卡将1500万元转账至冷某亮指定的收款人梁某清个人银行卡中。2013年5月27日，顾某娇向冷某亮指定的收款人梁某清个人银行卡转账10000万元，后偿还7500万元，2013年5月28日，冷某亮向顾某娇补充出具借条，载明借到顾某娇2500万元，借款人冷某亮，陈国平在担保人处签名。上述款项，冷某亮在本案顾某娇起诉前已经通过梁某清等人的个人银行卡向顾某娇归还了2000万元。余款3300万元由冷某亮转借给陈国平使用。2014年1月18日，陈国平向顾某娇出具借条，载明：借到顾某娇3300万元（从冷某亮处转来应在梁某清欠条中扣除）丹阳市江南面粉公司陈国平，冷某亮在日期下方签名。

2014年1月12日，冷某亮与顾某娇形成书面约定，内容为：原冷某亮向顾某娇所有借款的利率双方口头约定为月息4.5%，现顾某娇考虑到冷某亮的偿债能力，同意调整为月息2.5%。

2014年1月18日，陈国平、顾某娇、冷某亮签订《关于陈国平与顾某娇借款事项约定》，内容为：一、陈国平确认：由陈国平向顾某娇出具借条、借据的借款，赵某梅银行卡和天顺公司账户是由本人提供的收受借款的账户，款项陈国平已经收到；陈国平的会计黄某从顾某娇处拿的银行承兑汇票已全部收到，2013年9月2日陈国平写给顾某娇的147.53万元借款的借条，是指马某宏将对陈国平的147.53万元债权转让给了顾某娇，对此陈国平也予以确认。二、由冷某亮向顾某娇借的所有款项（冷某亮确认是自己指定顾某娇将借款打入梁某清、姜某民、陈某银行卡），陈国平原来是担保人。现经三方协商决定：以上借款转为陈国平为借款人，冷某亮为担保人，由陈国平负责归还，同时减去陈国平原来欠冷某亮的钱款。三、陈国平与顾某娇均确认：陈国平在此之前口头承诺的所有借款利息是月息4.5%，陈国平也按此承诺已经自愿将2013年11月25日前的利息全部付清。现经与顾某娇协商，顾某娇同意此后的利息调整为月息3%，每月付息。四、陈国平承诺本人资信及所投资的公司情况良好，无任何风险，如与承诺不符，自愿承担月息4.5%，且承担顾某娇因此支出的律师费等费用。五、担保人自愿对陈国平欠顾某娇的所有债务的还款责任和违约责任承担担保责任。协议下方陈国平、顾某娇、冷某亮分别签名。

就本案诉讼，顾某娇支付律师费300万元。

江苏省高级人民法院（2014）苏民初字第0002号案件诉讼过程中，陈国平、赵某梅、江南面粉公司、上一道公司、江南房地产公司为证实其实际还款情况，提供了自2012年11月26日至2013年12月30日，陈国平、赵某梅以及天顺公司先后分52批次共83笔向顾某娇及其指定的收款人支付本息的明细，共计15708.8418万元。

顾某娇认可其已经收取该些款项，但认为其中包含了偿还马某宏转让的4000万元借款本息，以及陈国平与顾某娇之间已经清结的“过桥资金”借贷，陈国平付款情况可以证明除2012年10月25日马某宏转让的4000万元是按照月利率3.9%付息外，其余均是按月利率4.5%付息，并提供了其从2012年10月25日起至2014年1月18日止向陈国平、赵某梅、天顺公司支付借款或交付承兑汇票的明细，共45笔计31427.53万元。

江南面粉公司、上一道公司、江南房地产公司对此提出如下异议：1.2013年3月22日臣泰公司转账给天顺公司的1300万元为冷某亮与江南面粉公司往来，与本案无关；2.2013年4月8日至2013年5月27日的三笔共计1.28亿元陈某甲账户到梁某清账户的款项为冷某亮与顾某娇的往来，与本案无关；3.2013年10月23日的750万元、同年10月28日的300万元、同年10月29日的300万元、同年12月13日的480万元以及同年12月30日的360万元均以承兑汇票交付，贴息费用59.679499万元应从借款本金中扣除；4.2014年1月18日的3300万元系冷某亮转让的债务，由于陈国平与冷某亮之间的借贷关系尚未结算，该债务转让不成立，顾某娇不应在本案中主张。

陈国平、赵某梅、江南面粉公司、上一道公司、江南房地产公司为证实2014年1月18日的《关于陈国平与顾某娇借款事项约定》应为无效，向一审法院提交了2014年2月25日顾某娇及其律师华更生，陈国平及其律师陆中相、江苏江南面粉集团法务部周小龙的录音资料，内容为顾某娇以其邻居（某集团公司总裁）出资收购江南房地产公司位于开封的房产为诱惑，误导陈国平签订2014年1月18日的《关于陈国平与顾某娇借款事项约定》。顾某娇质证认为，其并未作出任何关于收购的承诺，陈国平不能证明该约定是顾某娇乘人之危、虚构事实进行欺诈而签订的。月利率3%并非后补，是当时双方协商的结果。

一审法院再查明，江苏省丹阳市人民检察院指控冷某亮犯非法吸收公众存款罪，江苏省丹阳市人民法院经审理，作出（2014）丹刑初字第872号刑事判决书，已经发生法律效力。该判决书查明，2012年以来，冷某亮从其原同事顾某娇处多次吸收存款8000万元，约定借款月息3.6分，尚欠本金3300万元，已付利息117.84万元，造成损失3182.16万元。证据包括顾某娇的陈述，证明2012年7月，冷某亮主动找其借钱，并提出月息2.3分至3分，截止到2014年1月18日，冷某亮还欠其3300万元，视听资料、银行交易明细证实2013年2月26日，冷某亮通过陈某银行卡打给顾某娇使用的陈某甲银行卡利息117.84万元。

2014年5月4日，丹阳市公安局作出丹公（经）立字【2014】2575号《立案决定书》，对陈国平涉嫌非法吸收公众存款案立案侦查，该案已经由江苏省丹阳市人民检察院向江苏省丹阳市人民法院提起公诉，目前正在审理过程中。

经双方当事人确认，本案一审争议焦点为：一、本案顾某娇主张的借款关系是否真实；二、上一道公司、江南面粉公司、江南房地产公司是否应对本案借款承担担保责任；三、如上一道公司、江南面粉公司、江南房地产公司应承担担保责任，其责任如何确定。

关于争议焦点一，江南面粉公司、上一道公司、江南房地产公司辩称，从2013年开始由于企业经营不正常，顾某娇与陈国平、冷某亮合谋虚构借贷骗取担保，并通过虚假诉讼损害该三个公司的利益，顾某娇与陈国平主张的往来中包含诸多不合理之处，故应裁定驳回起诉。

一审法院认为，当事人对自己提出的主张有责任提供证据。顾某娇、江南面粉公司、上一道公司、江南房地产公司在本案中均未再行提交其他关于款项往来的证据，一审法院在依法全面审查现有证据，对本案借贷的真实性进行综合判断后认为，江南面粉公司、上一道公司、江南房地产公司的理由不能成立。1. 顾某娇提交的陈某甲、陈某乙的银行账户交易明细显示，顾某娇本案主张的付款31427.53万元并非此期间与陈国平、马某宏、冷某亮等的全部往来，包括2012年12月6日的1600万、2013年2月5日的300万及120万、2013年3月12日的1300万、2013年5月20日的1500万、2013年5月29日的330万，均从顾某娇一方的陈某甲或陈某乙银行卡汇出给陈国平、梁某清、田某全等，可见在本案借款期间，顾某娇除了支付31427.53万元款项外，与陈国平、冷某亮等人尚有其他往来。2. 顾某娇提交了交付承兑汇票的复印件以及陈国平或其指定收款人黄某签收的凭证，2014年1月18日的《关于陈国平与顾某娇借款事项约定》中陈国平也明确表示已经收到该些承兑汇票。顾某娇已经交付借款，在江南面粉公司、上一道公司及江南房地产公司没有提供足以反驳的证据的情况下，顾某娇无需再对陈国平此后兑付汇票的事实承担举证责任。3. 在（2014）苏民初字第0002号案件中，冷某亮明确表示已经收到顾某娇向其出借的款项，陈国平对该事实未提出异议。4. 即便按照《关于陈国平与顾某娇借款事项约定》关于在2013年11月25日之前利息已经还清的约定，月利率为4.5%。江南面粉公司、上一道公司及江南房地产公司并未明确计算方式，故对其辩称本案存在月利率超过20%的事实，一审法院不予认可。5. 陈国平向顾某娇借款时的身份为上一道公司、江南面粉公司及江南房地产公司的法定代表人或实际控制人，（2014）苏民初字第0002号案件及本案审理过程中，经多次质证及庭审，陈国平以及上一道公司、江南面粉公司及江南房地产公司未提出过涉案借款存在虚假或借款没有实际发生，也未否定本案借贷关系，更未提出顾某娇向其支付的本案借款资金实则来源于陈国平或其相关人员。直到本案中上一道公司、江南面粉公司及江南房地产公司新的重组方更换委托诉讼代理人后才提出上述抗辩意见。江南面粉公司、上一道公司、江南房地产公司本案庭审中声称自己没有直接证据证明本案为虚假诉讼，而是从本案借贷的细节推测。本案顾某娇主张的款项均有借条、借据及与陈国平等人之间的资金交付凭证等予以证实，且双方存在大量的往来，包括涉及案外人账户在内的往来，（2014）苏民初字第0002号案件审理时，顾某娇、冷某亮本人已到庭就案件事实接受了询问，证人陈某乙亦当庭作证，相关陈述、证言均记录在卷，未有初步迹象表明存在虚假诉讼嫌疑，故一审法院对江南面粉公司、上一道公司、江南房地产公司以涉嫌虚假诉讼为由申请一审法院依职权调查相关事实并责令顾某娇、冷某亮、马某宏等人到庭陈述事实的主张，不予支持。在其未有初步线索表明本案可能存在虚假诉讼骗取担保的情形下，一审法院对其否定借款关系真实性的抗辩意见不予支持，对其要求驳回顾某娇起诉并认定本案涉嫌虚假诉讼移送公安机关的主张不予采纳。

关于争议焦点二，上一道公司、江南面粉公司及江南房地产公司是否应承担担保责任。《最高人民法院关于适用〈中华人民共和国民事诉讼法〉若干问题的解释》第二十二条规定，第三人单方以书面形式向债权人出具担保书，债权人接受且未提出异议的，保证合同成立。主合同中虽然没有保证条款，但是，保证人在主合同上以保证人的身份签字或者盖章的，保证合同成立。

江南面粉公司、上一道公司、江南房地产公司分别在多张借条、借据上加盖公章，应仅对借条上明确其保证人身份或表明担保意思的借款承担保证责任。其中，2013年6月26日4000万元的借条上上一道公司、江南房地产公司明确为担保人，2013年7月16日的200万元借条上江南面粉公司、上一道公司、江南房地产公司明确为担保人，2013年7月17日的550万元借条上江南面粉公司、上一道公司、江南房地产公司明确为担保人，2013年12月13日的480万元借条上江南面粉公司明确为担保人。因此，江南面粉公司应对2013年7月16日及17日、2013年12月13日的借款提供担保，上一道公司应对2013年6月26日、2013年7月16日及17日的借款提供担保。(2014) 苏民初字第0002号案件中，江南房地产公司仅对借条上公章是否真实提出异议，但江南房地产公司在《担保承诺书》中确认，对陈国平与顾某娇的所有借款承担无限连带保证责任，江南房地产公司的保证期限尚未届满，故江南面粉公司应对本案陈国平的所有借款承担保证责任。

关于保证的形式，《中华人民共和国担保法》第十九条规定，当事人对保证方式没有约定或者约定不明确的，按照连带责任保证承担保证责任。《最高人民法院关于适用〈中华人民共和国担保法〉若干问题的解释》第十九条第一款规定，两个以上保证人对同一债务同时或者分别提供保证时，各保证人与债权人没有约定保证份额的，应当认定为连带共同保证。上一道公司、江南面粉公司在借据上并未明确提供担保的形式，江南房地产公司的担保承诺书确认承担无限连带担保责任，故该三个公司均应对提供担保的债务承担连带担保责任，对共同担保的债务承担连带共同保证。

《最高人民法院关于在审理经济纠纷案件中涉及经济犯罪嫌疑若干问题的规定》第一条规定，同一公民、法人或其他经济组织因不同的法律事实，分别涉及经济纠纷和经济犯罪嫌疑的，经济纠纷案件和经济犯罪嫌疑案件应当分开审理。《中华人民共和国担保法》第十八条第二款规定，连带责任保证的债务人在主合同规定的债务履行期届满没有履行债务的，债权人可以要求债务人履行债务，也可以要求保证人在其保证范围内承担保证责任。《最高人民法院关于适用〈中华人民共和国担保法〉若干问题的解释》第一百二十六条规定，连带责任保证的债权人可以将债务人或者保证人作为被告提起诉讼，也可以将债务人和保证人作为共同被告提起诉讼。

陈国平因涉嫌非法吸收公众存款罪被提起公诉，冷某亮因犯非法吸收公众存款罪已经被追究刑事责任，顾某娇撤回对陈国平及其配偶赵某梅、冷某亮的起诉，要求江南面粉公司、上一道公司、江南房地产公司承担担保责任，一审法院予以准许。

关于争议焦点三，涉及三个问题：一是借款数额如何认定，二是已偿还的借款如何认定，三是江南面粉公司、上一道公司、江南房地产公司分别承担担保责任的范围如何认定。

《最高人民法院关于适用〈中华人民共和国民事诉讼法〉若干问题的解释》第一百零九条规定，当事人对欺诈、胁迫、恶意串通事实的证明，以及对口头遗嘱或者赠与事实的证明，人民法院确信该待证事实存在的可能性能够排除合理怀疑的，应当认定该事实存在。2014 年 1 月 18 日的《关于陈国平与顾某娇借款事项约定》由陈国平本人签名。陈国平虽在（2014）苏民初字第 0002 号案件中主张系受欺诈订立，但提供的证据仅有录音资料。该证据单独不足以证明顾某娇存在欺诈或乘人之危导致陈国平作出错误意思表示的情形，在未有充分证据否定该《关于陈国平与顾某娇借款事项约定》的情况下，一审法院认定该《关于陈国平与顾某娇借款事项约定》真实有效，可以作为认定本案借贷事实的依据。

借条、借据上均有陈国平签名，款项也大部分进入陈国平或其配偶赵某梅的个人银行卡账户，2014 年 1 月 18 日的《关于陈国平与顾某娇借款事项约定》也明确陈国平已经收到款项，本案也无证据证明款项的实际用途，故应认定陈国平为借款人。

关于实际借款的金额。顾某娇为证实借贷关系的发生，提供了转账凭证以及交付的承兑汇票的复印件等证据，（2014）苏民初字第0002号案件中，陈国平等除了部分异议外，对借条与款项能对应的借款予以认可。一审法院对其异议分述如下：1. 2013年3月22日臣泰公司支付给天顺公司的1300万元不包含在顾某娇主张的借款中，也无其他款项往来能佐证系双方的往来，故在本案中不予理涉。2. 2013年4月8日至2013年5月27日陈某甲账户与梁某清账户的1.28亿元往来，顾某娇认可先后偿还7500万元及2000万元以后，冷某亮出具了3300万元的借条。2014年1月18日陈国平出具借条的3300万元即为该笔借款。而生效的（2014）丹刑初字第872号刑事判决中查明，冷某亮的犯罪事实包含该笔3300万元借款以及已经支付的117.84万元利息，该笔利息不包含在陈国平本案的还款中，故该3300万元借款已经由刑事案件处理，被列入向冷某亮追缴的款项中，不应计入本案的欠款。3. 2013年9月2日借条虽载明为200万元，但顾某娇将承兑后的198.8万元汇入陈国平账户，故借款金额应根据其实际交付金额198.8万元认定。4. 2013年10月23日的750万元、2013年10月28日的300万元、2013年10月29日的300万元及2013年12月13日的480万元、2013年12月30日的360万元均以承兑汇票方式交付，2014年1月18日的《关于陈国平与顾某娇借款事项约定》中陈国平也确认已经收取了承兑汇票，故相应的贴息费用应由债务人自行承担，不应从借款本金中扣除。5. 2012年10月25日陈国平、顾某娇及马某宏签订《协议》，马某宏的4000万元债务由陈国平偿还，并明确原始凭据销毁，陈国平亦不否认该借款，该笔4000万元借款关系应予认定。顾某娇主张该笔借款本息已经按照口头约定的月利率3.9%清偿。经审查，《协议》约定借款2013年10月1日前还清，每月付息，而本案中的第一笔还款161.2万元为2012年11月26日，在本案借款发生之前，江南面粉公司、上一道公司、江南房地产公司亦未明确该笔款项另有其他用途，而该还款金额与4000万元本金数额、还款时间及顾某娇主张的利息能对应，故应认定该161.2万元为偿还该笔4000万元利息。据此比对，顾某娇主张的该笔借款其余还款情况在利息计算方式、偿还时间及金额上与陈国平的还款情况能对应，故至2013年6月26日本金已经清偿，利息于2013年6月

27日付清。顾某娇请求撤回该笔诉讼请求，一审法院予以支持，相应的还款（2012年11月26日的161.2万元、2012年12月28日的200.935万元中的161.2万元、2013年1月25日及2013年2月4日共计209.05万元中的161.2万元、2013年2月26日的240.25万元中的161.2万元、2013年3月29日至2013年4月2日的263.2万元中的145.6万元、2013年4月25日的291.4万元中的161.2万元、2013年5月28日的282万元中的156万元、2013年6月26日的4000万元、2013年6月27日的300.8万元中的166.4万元）也不计入本案的还款。6. 其余借款，虽存在借款日期与款项给付日期不对应，或实际交付金额与借条不对应的情形，但陈国平实际收取该些款项，（2014）苏民初字第0002号案件中陈国平等被告并未明确提出异议，2014年1月18日的《关于陈国平与顾某娇借款事项约定》中陈国平也表示款项已经收到，本案中江南面粉公司、上一道公司及江南房地产公司也未举证系其他往来，故该些借款关系均予以认定。所有借款按照实际发生时间及金额计算。

关于陈国平已经偿还的款项。2014年1月18日的《关于陈国平与顾某娇借款事项约定》明确双方此前按照月息4.5%计算，顾某娇也认可实际按此付息，该利率高于中国人民银行同期同类贷款利率的四倍，已经支付的利息中超过部分应抵扣本金。顾某娇对15708.8418万元还款提出部分是偿还已经清结的借款，不应计入本案的还款。对此一审法院认定如下：

1. 顾某娇于2013年1月31日支付1000万元，根据双方计息的交易惯例，顾某娇主张2013年2月21日及22日三笔还款系偿还已经清结的借款，一审法院予以认可，该三笔还款不计入本案还款金额中。

2. 顾某娇于2013年7月16日支付600万元，根据双方计息的交易惯例，顾某娇主张2013年7月17日还款600万元及2013年7月26日的319.35万元中的1.8万元系偿还已经清结的借款，一审法院予以认可，不计入本案还款。

3. 顾某娇于2013年7月29日至2013年8月12日先后支付1050万元，根据双方计息的交易惯例，顾某娇主张2013年8月9日至19日的五笔还款系偿还已经清结的借款，一审法院予以认可，不计入本案还款。但2013年8月19日的1.875万元中0.275万元为超付的利息，应计入本案还款。

4. 顾某娇于2013年9月6日支付400万元，根据双方计息的交易惯例，顾某娇主张2013年9月10日的四笔还款系偿还已经清结的借款，一审法院予以认可，该三笔还款不计入本案还款。

5. 顾某娇于2013年9月26日支付800万元，根据双方计息的交易惯例，顾某娇主张2013年9月27日的三笔还款系偿还已经清结的借款，一审法院予以认可，该三笔还款不计入本案还款金额中。

6. 顾某娇于2013年10月23日支付700万元，根据双方计息的交易惯例，顾某娇主张2013年10月24日至29日的五笔还款包含已经清结的借款，一审法院予以认可，仅将2013年10月25日还款扣除700万元的利息2.775万元后，余额363.2638万元计入本案还款。

7. 顾某娇于2013年11月4日支付300万元，根据双方计息的交易惯例，顾某娇主张2013年11月7日及12日的三笔还款系包含已经清结的借款，一审法院予以认可，仅将2013年11月12日的10.05万元扣除300万元利息1.8万元后，余额8.25万元计入本案还款。

综上，本案借款本息已经偿还共计55227288元。因还款时未指明所还借款，故对还款应按照先还息、后还本、先行偿还发生在前的借款的原则，分别计算偿还本息数额。最后一笔还款发生在2013年12月30日，超过当时应付利息，故本案借款利息均支付至2013年12月30日。顾某娇主张应从2013年11月26日开始计算欠付利息，不予支持。据此计算，已偿还借款本金共计43466955.27元，已偿还利息11760332.73元，欠付本金共计83296344.73元。根据还款金额计算，已经偿还的借款为2012年12月10日借条项下的1700万元、2013年2月25日借条项下的1100万元，2013年6月26日的借款尚欠本金24533044.73元，此后借款本金均未有偿还。2014年1月18日的《关于陈国平与顾某娇借款事项约定》约定此后的利息按照月利率3%计算，顾某娇起诉请求按照中国人民银行同期同类贷款利率四倍计算利息，予以准许。

《中华人民共和国担保法》第二十一条规定，保证担保的范围包括主债权及利息、违约金、损害赔偿金和实现债权的费用。保证合同另有约定的，按照约定。当事人对保证担保的范围没有约定或者约定不明确的，保证人应当对全部债务承担责任。江南房地产公司在担保书中约定为陈国平向顾某娇所借款项提供担保，对担保范围约定不明，故其担保范围应认定还包含违约金、损害赔偿金和实现债权的费用。

顾某娇为实现本案债权，支付律师费300万元并支付本案诉讼费用，其主张律师费按照267.66万元计算，不违反律师服务收费的有关规定，一审法院予以支持。故江南房地产公司的担保范围应包括借款尚欠本金、利息、律师费及本案诉讼费用。江南面粉公司、上一道公司的担保范围仅包括借款尚欠本金、利息。

其中，江南房地产公司对本案借款83296344.73元本金及其利息（利息以76996344.73元为本金，从2013年12月31日起至实际偿还之日止，以630万元为本金，从2014年1月1日起至实际偿还之日止，按照中国人民银行同期同类贷款利率四倍计算）承担连带偿还责任。

江南面粉公司对2013年7月16日的200万元、2013年7月17日的550万元及2013年12月13日的480万元共计1230万元本金及其利息（利息以1230万元为本金，从2013年12月31日起至实际偿还之日止，按照中国人民银行同期同类贷款利率四倍计算）承担连带偿还责任。

上一道公司对2013年6月26日借款尚欠的本金24533044.73元、2013年7月16日的200万元、2013年7月17日的550万共计32033044.73元本金及其利息（利息以32033044.73元为本金，从2013年12月31日起至实际偿还之日止，按照中国人民银行同期同类贷款利率四倍计算）承担连带偿还责任。

上述借款中，江南面粉公司、上一道公司、江南房地产公司对2013年7月16日的200万元、2013年7月17日的550万元共计750万元本金及利息承担连带共同保证责任，江南面粉公司与江南房地产公司对2013年12月13日的480万元本金及利息承担连带共同保证责任，上一道公司与江南房地产公司对2013年6月26日借款尚欠的本金24533044.73元及利息承担连带共同保证责任。江南面粉公司、上一道公司、江南房地产公司承担保证责任后，有权依照《中华人民共和国担保法》第三十一条规定，向陈国平追偿。

综上，顾某娇要求撤回对陈国平、赵某梅、冷某亮的起诉，一审法院予以准许。顾某娇主张的借款关系合法有效，扣除已经偿还的借款，江南面粉公司、上一道公司、江南房地产公司应在担保范围内对欠付借款本金、利息及实现债权的费用承担相应的连带偿还责任。依照《中华人民共和国担保法》第十八条、第十九条、第三十一条、《最高人民法院关于适用〈中华人民共和国担保法〉若干问题的解释》第十九条、第二十二条、第一百二十六条、《最高人民法院关于在审理经济纠纷案件中涉及经济犯罪嫌疑若干问题的规定》第一条、《中华人民共和国民事诉讼法》第一百五十二条规定，判决：一、江南房地产公司对借款本金共计83296344.73元及其利息（利息以76996344.73元为本金，从2013年12月31日起至实际偿还之日止，以630万元为本金，从2014年1月1日起至实际偿还之日止，按照中国人民银行同期同类贷款利率四倍计算）、267.66万元律师费及本案诉讼费用承担连带偿还责任，以上款项自判决发生法律效力之日起十日内向顾某娇支付。二、江南面粉公司对2013年7月16日的200万元、2013年7月17日的550万元及2013年12月13日的480万元共计1230万元借款本金及其利息（利息以1230万元为本金，从2013年12月31日起至实际偿还之日止，按照中国人民银行同期同类贷款利率四倍计算）承担连带偿还责任，以上款项自判决发生法律效力之日起十日内向顾某娇支付。三、上一道公司对2013年6月26日借款尚欠本金24533044.73元、2013年7月16日的200万元、2013年7月17日的550万元共计32033044.73元借款本金及其利息（利息以32033044.73元为本金，从2013年12月31日起至实际偿还之日止，按照中国人民银行同期同类贷款利率四倍计算）承担连带偿还责任，以上款项自判决发生法律效力之日起十日内向顾某娇支付。四、驳回顾某娇的其他诉讼请求。如果未按判决指定的期间履行给付金钱义务，应当依照《中华人民共和国民事诉讼法》第二百五十三条规定，加倍支付迟延履行期间的债务利息。案件受理费943088.50元，保全费5000元，合计948088.50元，由顾某娇负担211145.50元，江南面粉公司、上一道公司、江南房地产公司共同负担736943元。

二审中，当事人均没有提交新证据。本院对原审查明的事实予以确认。

本院认为，本案争议焦点为2014年1月18日陈国平出具借条的3300万元借款应否计入本案欠款。

2012年10月25日，江南房地产公司向顾某娇出具《担保承诺书》，约定江南房地产公司为陈国平向顾某娇所借款项承担连带担保责任，期限自陈国平与顾某娇发生的第一笔债务起至最后一笔债务还款期限届满之日起五年止。2014年1月18日，陈国平、顾某娇、冷某亮三方签订《关于陈国平与顾某娇借款事项约定》约定由冷某亮向顾某娇借的所有款项，转为陈国平为借款人，冷某亮为担保人。当日，陈国平向顾某娇出具3300万元借条，冷某亮在日期下方签名。2016年

3月16日江苏省丹阳市人民法院作出的（2014）丹刑初字第872号刑事判决认定，“2012年以来，冷某亮从其原同事顾某娇处多次吸收存款8000万元，约定借款月息3.6分，尚欠本金3300万元，已付利息117.84万元，造成损失3182.16万元。”该刑事判决主文第二项载明，“因本案造成的损失9802.17067万元予以追缴，发还各集资参与人（清单附后）。”清单中顾某娇为3182.16万元。

本案中，顾某娇依据上述《担保承诺书》《关于陈国平与顾某娇借款事项约定》、3300万元借条，主张3300万元借款的主债务人已由冷某亮转为陈国平，江南房地产公司是担保人，遂请求判令江南房地产公司对该笔债务承担连带偿还责任。但生效的（2014）丹刑初字第872号刑事判决已经将该3300万元认定为冷某亮吸收存款的一部分，并判决予以追缴，发还集资参与人顾某娇。同时，《关于办理非法集资刑事案件适用法律若干问题的意见》第五条第二款规定：“将非法吸收的资金及其转换财物用于清偿债务或者转让给他人，有下列情形之一的，应当依法追缴：（一）他人明知是上述资金及财物而收取的；（二）他人无偿取得上述资金及财物的；（三）他人以明显低于市场的价格取得上述资金及财物的；（四）他人取得上述资金及财物系源于非法债务或者违法犯罪活动的；（五）其他依法应当追缴的情形。”在原借款人冷某亮已被刑事判决认定有罪，原担保人陈国平正在接受刑事审判，出借人顾某娇已被列为刑事案件受害人的情形下，顾某娇的损失应当通过刑事诉讼程序追缴获偿。顾某娇关于3300万元债务人应为陈国平的主张与生效刑事判决认定的事实相悖，其进而主张江南房地产公司作为陈国平的担保人应承担连带偿还责任缺乏事实依据。原审判决未将该笔3300万元的款项计入本案欠款，并无不当。

综上所述，上诉人顾某娇的上诉请求不能成立，应予驳回；一审判决认定事实清楚，适用法律正确，应予维持。依照《中华人民共和国民事诉讼法》第一百七十条第一款第一项的规定，判决如下：

驳回上诉，维持原判。

二审案件受理费320869元，由顾某娇负担。

本判决为终审判决。

审判长：马东旭；审判员：王展飞、汪军；法官助理：曹健；书记员：陈桢

二〇一七年九月二十七日

第二部分 代 理

专题十一

银行法定代表人以银行名义并加盖其私刻银行印章从事的民事行为应当由银行担责

——郭某亮诉交通银行股份有限公司镇江扬中支行、扬中绿洲环境科技实业有限公司金融借款合同纠纷案

【裁判观点】

《中华人民共和国民法总则》第六十一条规定："依照法律或者法人章程的规定，代表法人从事民事活动的负责人，为法人的法定代表人。法定代表人以法人名义从事的民事活动，其法律后果由法人承受。法人章程或者法人权力机构对法定代表人代表权的限制，不得对抗善意相对人。"银行法定代表人以银行名义对外签订借款合同或担保合同时，即使其加盖的银行印章为其私刻，但没有证据证明对方当事人存在故意或者重大过失时，银行应当对法定代表人的行为承担法律后果。银行以法定代表人无权从事该行为进行抗辩，应当举证证明对方当事人明知法定代表人无权代表或者存在其他重大过失。

中华人民共和国最高人民法院

民事判决书

案号（2018）最高法民再302号

再审申请人（一审原告、二审上诉人）：郭某亮。

委托诉讼代理人：崔新为，江苏世纪同仁律师事务所律师。

委托诉讼代理人：刘夕希，江苏世纪同仁律师事务所律师。

被申请人（一审被告、二审被上诉人）：交通银行股份有限公司镇江扬中支行，住所地江苏省扬中市三茅街道天后宫路129号101、201室。

负责人：陈斌，该支行行长。

委托诉讼代理人：蔡安明，江苏君劢律师事务所律师。

委托诉讼代理人：唐凌云，江苏君劢律师事务所实习律师。

原审被告：扬中绿洲环境科技实业有限公司，住所地江苏省扬中市园博大道1号园博园内。

法定代表人：杨慧，该公司总经理。

委托诉讼代理人：陆志扬，兴隆街道主任科员，该公司实际负责人。

委托诉讼代理人：杨军，江苏求尚律师事务所律师。

再审申请人郭某亮因与被申请人交通银行股份有限公司镇江扬中支行（以下简称交行扬中支行）、原审被告扬中绿洲环境科技实业有限公司（以下简称绿洲公司）金融借款合同纠纷一案，不服江苏省高级人民法院（2017）苏民终283号民事判决，向本院申请再审。本院于2018年8月2日作出（2018）最高法民申2375号民事裁定，提审本案。本院依法组成合议庭，开庭审理了本案。再审申请人郭某亮及其委托诉讼代理人崔新为、刘夕希、被申请人交行扬中支行的诉讼代理人蔡安明、唐凌云、原审被告绿洲公司的委托诉讼代理人陆志扬、杨军到庭参加诉讼。本案现已审理终结。

郭某亮申请再审称，原审判决存在《中华人民共和国民事诉讼法》第二百条第二项、第六项规定之情形，应予再审，请求撤销原审判决，依法改判支持郭某亮全部诉讼请求。主要事实与理由：

一、原审判决认定基本事实错误，案涉借款系交行扬中支行向郭某亮所借，无任何证据证明系戴某翔为其个人目的出具案涉借条并实际使用郭某亮4720万元出借资金。交行扬中支行虽抗辩主张戴某翔个人系案涉借条借款人，但就其该等抗辩主张，交行扬中支行从未提交相应证据加以证明。二审判决在事实上已确认案涉借条形式上的签约主体系交行扬中支行而非戴某翔个人，二审法院并未就戴某翔确系案涉借款实际使用主体作出事实认定。戴某翔个人与案涉借款并无事实上或法律上的关系，其亦未使用该款项，且与绿洲公司或园林局均无任何经济往来或发生过任何债权债务关系，交行扬中支行未提交任何证据显示戴某翔曾确认其系为个人目的而实际使用、支配案涉借款。事实上，案涉借条所载明主体表明，郭某亮是资金出借人，交行扬中支行是借款人，交行扬中支行与郭某亮间存在真实的借贷法律关系，出借人郭某亮已如约履行相应借款合同项下向交行扬中支行交付出借款项的义务。郭某亮与交行扬中支行间借款合同项下的借贷法律关系无论在事实上还是在形式上均已成立。案涉借款金额近五千万元，郭某亮未要求任何单位或个人提供担保，系出于对交行扬中支行的信赖而明确表明其只愿意向交行扬中支行出借款项，且案涉借条系在工作时间由戴某翔在行长办公室盖章出具，借款人应为交行扬中支行。

二、原审判决无视当事人所确认的事实及相关证据，违反相关司法解释规定及证据规则，错误否定绿洲公司相关书证真实性，属认定事实错误。二审判决罔顾证据规则及当事人举证情形，错误地以加盖于《银票说明》《开票清单》上的印章“真实性无法确认，且交行扬中支行对其真实性不予认可”为由，否定《银票说明》及《开票清单》的真实性。绿洲公司在一审提交江苏天禾旅游发展有限公司（以下简称天禾公司）相关会计凭证及账务资料，并在二审提交《银票说明》《开票清单》作为证据，证明交行扬中支行借用天禾公司开票资金进行借壳开票业务并承诺对开票资金承担责任、案涉借款4720万元系被交行扬中支行用于向返还天禾公司开票资金等案件事实。该等书证均有原件印证，并全部出自天禾公司同一项业务的财务账册，且《银票说明》及《开票清单》三份文件均系由交行扬中支行在其曾经与园林局开展的资金合作业务过程中向天禾公司出具，其上均加盖交行扬中支行业务专用印章。交行扬中支行代理人虽在二审质证过程中对《银票说明》《开票清单》的真实性予以否认，但其并未就此提供证据加以反驳，亦未申请对印章真伪进行鉴定，而二审判决却对绿洲公司该等证据的真实性、证明力不予认可，明显与相关证据规则相悖。二审判决无视绿洲公司确认的事实及相应证据，以园林局开票资金未进入交行扬中支行自身账户为由，对交行扬中支行曾向园林局承诺对开票资金（含孳息）承担全部责任、交行扬中支行在案涉借贷事项发生前欠付园林局4720万元开票资金之事实不予认定，事实认定明显错误。

三、原审判决适用法律错误，导致二审判决结果错误。二审判决依据《中华人民共和国商业银行法》（以下简称商业银行法）错误判定交行扬中支行不应承担向郭某亮返还案涉借款本息的责任，违背商业银行法立法原意，且与本案性质明显不符，导致相关判决结果错误。本案纠纷的起因是交行扬中支行于在其体系之外实施借壳开票该等严重违规业务的过程中，为能及时偿还天禾公司相关开票资金而向郭某亮借款，而非交行扬中支行作为金融机构根据商业银行法第三条规定向自然人或法人发放贷款，由此，二审判决适用商业银行法与本案性质明显不符，构成明显适用法律错误情形。交行扬中支行系为偿还其与园林局借壳开票业务中形成的欠款而向郭某亮借款，交行扬中支行并非作为商业银行与客户或存款人之间开展银行业务，而是作为平等民事主体间的交易行为，二审判决适用商业银行法明显违背该法立法原意，本案应当适用民法通则、合同法等私法范畴的法律法规。因此，交行扬中支行作为借款人，与作为出借人的郭某亮在案涉借条项下形成借贷法律关系，该借贷法律关系依法成立且有效。即便适用商业银行法，戴某翔作为时任负责人向郭某亮出具案涉借条实施借款系属代表交行扬中支行从事经营活动，并未违反前述法规、章程规定，戴某翔相关行为构成履行职务行为，不应被认定为超越其职务权限。即便交行扬中支行向郭某亮出具案涉借条实施借款的行为构成超越交行扬中支行经营范围，该行为依法亦应有效。此外，即便本案适用商业银行法且向自然人借款不属于交行扬中支行经营活动，但案涉借款事项仍构成交行扬中支行民事法律行为，交行扬中支行须就此承担法律责任。

四、原审判决认定戴某翔出具借条的行为不构成表见代表，系主观臆断，并无任何事实或法律依据。我国商业银行法或其他现行法律、法规中并无任何关于所谓“商业银行经营业务范围”的禁止性强制规定，二审判决亦未明确法律禁止商业银行向自然人举债借款的条款。另一方面，戴某翔作为交行扬中支行时任负责人，在工作时间于行长办公室向郭某亮出具案涉借条并加盖交行扬中支行公章，系原审查明并确认的事实，足以证明郭某亮确有理由相信戴某翔上述行为系履行职务行为。即便戴某翔代表交行扬中支行以交行扬中支行名义出具借条的相关行为不构成其为交行扬中支行履行职务行为，戴某翔的行为亦构成表见代理，交行扬中支行亦应承担还款责任。

交行扬中支行辩称，原审判决对案件事实认定清楚，适用法律正确，郭某亮的再审申请理由均不能成立，应予驳回。一、交行扬中支行与郭某亮之间不成立借款合同关系，现有证据可以证明出具借条系戴某翔个人行为。扬中市人民法院（2016）苏1182刑初70号刑事判决书中已经查明戴某翔存在私刻印章行为，其本人也陈述案涉借条上所用公章为其私刻印章，且在案涉借条出具时，交行扬中支行的公章已收归其上级单位管理，戴某翔不可能持有真实公章。二审法院虽然未直接认定上述事实，但二审法院对一审法院查明的事实予以认可，且二审法院认为无论借条上所用印章真伪如何，均为戴某翔越权行为，不具备表见代表的法律效力。根据二审法院认定的事实，本案民间借贷为戴某翔个人借款，且戴某翔系将借条交给陈某燧，交付对象为陈某燧，虽然借款合同关系主体为戴某翔与郭某亮，但从款项的流转来看，真实的交易应当是发生在戴某翔与陈某燧之间。二、本案并不存在遗漏案涉4720万元用于偿还交行扬中支行到期债务的事实。从查明的事实来看，各方争议的开票资金均流转在客户之间，从未进入过交行扬中支行的账户，故交行扬中支行对开票资金并不负有偿还或返还义务。郭某亮申请再审的主要证据来源于绿洲公司，但绿洲公司作为本案第三人，且其最终接受了款项，故其陈述并不能作为认定本案事实的依据。此外，绿洲公司提交的证据并不符合法律规定，不具有证据效力，且从资金上看亦不能证明郭某亮主张。三、本案适用法律正确。根据相关法律规定，戴某翔的行为并不是职务行为，亦不能构成表见代表或表见代理，原审法院并不存在法律适用错误之情形。

绿洲公司述称，郭某亮在本案中未对本公司提出任何主张，本公司履行参加诉讼的职责，如实陈述事实。

郭某亮向一审法院起诉请求：一、交行扬中支行偿还借款4720万元及利息（按人民银行同类同期贷款利率计算）；二、本案诉讼费用由交行扬中支行承担。

一审法院认定事实：2013年12月26日，交行扬中支行主持工作副行长戴某翔向案外人陈某燧出具借条，借条主要内容：今借到郭某亮人民币4720万元正，请将此款转到中电变压器公司账户上，再将此款转到绿洲公司账户上，定于2013年12月27日归还。具借人：戴某翔、交行扬中支行并加盖了公章。郭某亮于2013年12月26日从其个人银行卡中将4720万元借款付至中电变压器（江苏）股份有限公司（以下简称中电变压器公司），后转至绿洲公司。经查，交行扬中支行印章系戴某翔私刻，盖印章地点为交行扬中支行戴某翔办公室。郭某亮亦陈述，其与戴某翔不熟悉，该借款由陈某燧介绍并委托其操作。

一审法院调查郭某亮出借款项的资金流转情况。其中3000万元系实际控制人为陈某燧的中电变压器公司于2013年12月17日转入陈红娣名下，并于当日转入扬中市中兴融农村小额贷款有限公司（以下简称中兴融小贷公司）的验资账户，2013年12月26日该款转回陈红娣名下，同日该款转入郭某亮名下，郭某亮也于当日将该3000万元及中兴融小贷公司转入郭某亮名下的1320万元共计4320万元一并转至中电变压器公司。

一审争议焦点为：戴某翔出具借条行为是履行职务行为还是表见代理。

一审法院认为，1. 职务行为系企业负责人在法律和章程范围内履行职权的行为。商业银行法第三条规定的十四项业务内容，是商业银行的经营业务范围，戴某翔向个人的借款行为不属于商业银行的经营活动，故戴某翔向个人借款行为不构成履行职务行为。2. 戴某翔的行为是否构成表见代理。表见代理制度应当符合两个基本条件：一是行为人无权代理，二是合同相对人主观必须是善意、无过失的。本案中，戴某翔的行为不属于其职务范围内的经营活动，属无权代理。郭某亮在起诉状中陈述，借款原因是绿洲公司需“过桥”而发生的短期资金拆借，借款人应当是绿洲公司，交行扬中支行不是资金的实际使用人，郭某亮系当地规模企业的财务总监，对此应当知道，且在取得对银行的债权时并未按照银行业务规范要求银行出具银行正式单据，郭某亮主观上存在过失。因此，本案不构成表见代理，郭某亮要求交行扬中支行承担还款责任，没有法律依据，不予支持。郭某亮追加绿洲公司为被告，是为了查明资金的走向，并未主张其承担责任，绿洲公司在本案中实际处于第三人地位。综上，判决：驳回郭某亮的诉讼请求。案件受理费296208元，由郭某亮负担。

郭某亮不服一审判决提起上诉，上诉请求：1. 撤销一审判决，改判支持其诉讼请求。2. 本案诉讼费用由交行扬中支行承担。事实和理由：（一）事实认定错误。第一，对交行扬中支行于2013年12月26日出具借条向郭某亮借款4720万元用于偿还到期债务的事实未予认定。交行扬中支行与扬中市市政园林工程处存在资金合作业务，并在此过程中交行扬中支行形成对园林局下属企业4720万元的债务。在案涉借条出具且郭某亮履行该借条项下款项交付义务后，绿洲公司确认交行扬中支行已全额归还所欠4720万元。第二，一审认定案涉借条上加盖的交行扬中支行印章系戴某翔私刻缺乏事实依据。一审未就案涉借条上的印章真伪进行鉴定，交行扬中支行提交的证据不能证明案涉借条上的印章系戴某翔私刻，且其无正当理由撤回鉴定申请，应当承担举证不能的法律后果。第三，一审就案涉借条项下的借款人、资金出借主体的认定与事实不符。案涉借条系交行扬中支行向郭某亮出具，借款人系交行扬中支行，资金出借人系郭某亮。（二）证据认定错误。第一，交行扬中支行提交的《印章收缴登记表》《用印登记表》《移送函》《关于印章刻制和使用情况及保管》等证据与本案无关联性，在本案中没有证明力。第二，即使认定上述证据与本案存在关联性，但其制作方交行扬中支行及其上级单位交通银行股份有限公司镇江分行（以下简称交行镇江分行）与本案存在利害关系，一审采信上述证据错误。第三，交行扬中支行一审提交的《关于印章刻制和使用情况及保管》和戴某翔发送的邮件为同类型证据，一审对同类证据的认证采用不同标准，导致事实认定错误。（三）适用法律错误。一审依据商业银行法的规定，认定戴某翔向个人的借款行为不属于商业银行的经营活动，不构成履行职务行为，显属不当。即使戴某翔的行为不构成履行职务行为，根据《中华人民共和国合同法》（以下简称合同法）的规定，亦可构成表见代表或表见代理。（四）一审程序违法。一审判决变更庭审归纳的争议焦点，剥夺了当事人的辩论权利。

交行扬中支行辩称，1. 一审认定事实清楚，适用法律正确，程序合法，依法应予维持。2. 郭某亮的上诉理由不能成立。一审判决并未遗漏重大事实，我方对园林局及其下属企业并不负有债务。3. 一审对证据的认证正确，我方提交的相关证据能够证明案涉印章系戴某翔私刻。4. 一审判决适用法律正确。郭某亮主张适用《中华人民共和国民法通则》第四十三条的规定，于法无据。5. 一审判决确定的争议焦点是双方在法庭辩论阶段实际争议的焦点，未剥夺郭某亮的辩论权。

绿洲公司述称，同意一审判决结果。绿洲公司与郭某亮之间没有借款合意，一审认定借款人系绿洲公司，没有事实和法律依据。我方收到的4720万元具有合法依据，并非不当得利。一审追加我方是为查明事实，我方诉讼地位应为第三人而非被告。

二审期间，当事人围绕上诉请求依法提交了证据。法院组织当事人进行了证据交换和质证。郭某亮提交下列证据：1. 绿洲公司、扬中市景顺建筑工程有限公司、扬中市绿城园林工程有限公司、天禾公司、江苏润安水上旅游有限公司等五家公司的企业信息报告，证明上述公司均系园林局下属企业。2. 扬中市人民法院(2016)苏1182刑初70号刑事判决书，证明该刑事判决书并未认定案涉印章系戴某翔私刻印章。3. 交行扬中支行的企业信息报告，证明2014年8月26日前戴某翔是该行对外公示的负责人，该时间段涵盖案涉借条出具时间。4. 交通银行股份有限公司章程，证明该章程仅列举可以从事业务的种类，并未对交通银行及其分支机构从事其他民事活动作出限制。交行扬中支行质证意见：对证据1的真实性予以认可，但不能证明交行扬中支行对园林局下属企业负有债务。对证据2的真实性予以认可，但刑事案件审理重点是戴某翔是否伙同他人私刻印章及是否使用该枚印章，而非印章曾经使用的所有地方。对证据3的真实性予以认可，戴某翔当时虽系交行扬中支行负责人，但案涉借款行为系其个人行为。对证据4的真实性予以认可，该证据能够证明交行扬中支行只能从事章程规定的各项业务，不能逾越章程规定从事向个人借款业务。绿洲公司未提交质证意见。

交行扬中支行提交证据：1. 转账支票六份，证明相关款项的流转是开票企业自主行为，与交行扬中支行无关。2. 银行回单及银行内部查询书二份，证明2013年12月19日镇江市胜宇电器有限公司（以下简称胜宇电器）转款350万元至郭某亮个人账户。3. 结算业务申请书、交通银行本票及银行内部查询书，证明扬中市金凡尔耐磨管阀件厂（以下简称金凡尔厂）于2013年12月17日申请开立金额为1541.2万元的银行本票。同日，胜宇电器亦开立金额为1458.8万元银行本票。上述3000万元资金最终流入江苏中兴电器设备有限公司。4. 中兴电气（江苏）股份有限公司、中兴融小贷公司、中电变压器公司工商登记资料，证明收到胜宇电器、金凡尔厂转出的3000万元开票资金的江苏中兴电器设备有限公司现已更名为中兴电气（江苏）股份有限公司（以下简称中兴电气公司），中兴电气公司、中兴融小贷公司、中电变压器公司的实际控制人均为陈某燧。5. 资金流向示意图，证明案涉9000万元中的部分资金的流向。6. 中兴融小贷公司账户明细，证明郭某亮、陈红娣分别转入1320万元、3000万元到中兴融小贷公司账户验资。郭某亮质证意见：对证据1的真实性予以认可，该证据可以证明案涉9000万元始终由交行扬中支行实际控制并使用。对证据2、3、4的真实性予以认可，对证明目的及关联性不予认可。证据5不符合证据格式要求，真实性不予认可。对证据6的真实性予以认可。绿洲公司质证意见：对证据4的真实性无法确认，其他证据的真实性认可。

绿洲公司提交证据：1. 2014 年9 月14 日、2015 年10 月20 日天禾公司开立银票情况说明，证明交行扬中支行与天禾公司存在长期借壳开票业务，交行扬中支行承诺相关借壳开票单位如发生经济纠纷与绿洲公司无关，由交行扬中支行负责。2. 银行承兑汇票明细表及相关票据、承诺书（复印件），证明上述期间内交行扬中支行借壳开票情况。3. 天禾旅游借壳开票清单，证明2014 年3 月10 日至3 月24 日，交行扬中支行借壳开票1. 9 亿元。4. 江苏旭阳建设投资集团有限公司（以下简称旭阳建设公司）《说明》，证明该公司与相关借壳开票行为无关，系按交行扬中支行指令操作。郭某亮质证意见：对证据1 的真实性予以认可，但所涉数据的真实性无法确认。对证据2 中银行承兑汇票明细表的真实性予以认可，但明细表中所载相关企业、金额、数据等信息的真实性无法确认。对证据3 的真实性予以认可，但对该清单中所载数据无法确认。对证据4 的真实性予以认可，但所载相关企业、具体金额、发生时间等无法确认。交行扬中支行质证意见：对证据1 的真实性不予认可，两份说明上均未加盖交行扬中支行的公章，而加盖的银行承兑汇票领用专用章不具有对外证明效力，且早已作废。对证据2 中银行承兑汇票明细表的真实性予以认可，但该表所载“本明细由交通银行提供”不予认可，该表并非交行扬中支行提供，且未加盖交行扬中支行的公章。银行承兑汇票和承诺书均为复印件，真实性不予认可。对证据3 的真实性不予认可，该开票清单并非交行扬中支行出具。对证据4 的真实性不予认可，该证据没有经办人签字，不符合单位出具证明的形式要件。

二审法院认证意见：对郭某亮提交证据的真实性予以认可。对交行扬中支行提交的证据，除证据5 以外的其他证据真实性予以认可；证据5 系交行扬中支行单方制作，且其自认多处缺乏证据支持，故仅认可其形式真实性。对绿洲公司提交的证据1、3，因加盖的银行承兑汇票领用专用章的真实性无法确认，且交行扬中支行对证据的真实性不予认可，故对证据1、3 的真实性不予认可。对证据2 中银行承兑汇票明细表的真实性予以认可，所附银行承兑汇票、承诺书均系复印件，真实性不予认可。对证据4 的真实性予以认可。对上述证据的关联性在法院认为部分一并阐述。

二审法院经审理查明，原审判决查明事实部分除“交行扬中支行印章系戴某翔私刻”“戴某翔向案外人陈某燧出具借条”郭某亮提出异议，并主张遗漏案涉4720万元用于偿还交行扬中支行到期债务的事实外，各方当事人对其他事实无异议。对当事人无异议的事实，法院予以确认。

二审法院另查明，2016年7月15日，案外人陈某燧向一审法院陈述，他（戴某翔）还了我3000万左右，我的印象中没有4000多万。到现在他还欠我钱。二审期间，鉴于交行扬中支行举证证明金凡尔厂、胜宇电器开具银行本票的3000万元最终流入中兴电气公司，故法院向陈某燧核实该3000万元是否是其一审陈述的戴某翔所还3000万元。陈某燧称其与本案无关，不便提供相关情况。

本案二审争议焦点为，1. 交行扬中支行是否应当承担向郭某亮返还借款4720万元本金及利息的责任。2. 一审法院审理本案过程中是否存在程序错误。

二审法院认为，一、交行扬中支行不应承担还款责任。第一，郭某亮认为案涉4720万元用于偿还交行扬中支行到期债务，法院认为，尽管绿洲公司一审提交了天禾公司、江苏怡和景观工程有限公司（以下简称怡和公司）的汇款凭证，但该9000万元系汇入旭阳建设公司、金凡尔厂等企业账户，而非交行扬中支行的自身账户；绿洲公司提交的开立银票说明即便真实，也只能证明交行扬中支行与天禾公司之间长期存在开立银行承兑汇票消化利差的行为，但说明的内容及数据既不能反映该9000万元与4720万元之间的关联性，也不能证明交行扬中支行对绿洲公司负有4720万元的债务；旭阳建设公司的《说明》虽能证明交行扬中支行具体操控相关开票、贴现行为，但也同时证明所涉款项仅在相关企业账户之间流转，而非进入交行扬中支行自身账户；绿洲公司提交的记账凭证仅能初步证明天禾公司应收绿洲公司4720万元，且无原始凭证支持。综上，现有证据并不能充分证明9000万元中的资金进入交行扬中支行的自身账户，以及交行扬中支行承诺对开票资金承担偿还责任，故难以认定交行扬中支行对绿洲公司负有4720万元的债务。郭某亮主张案涉4720万元偿还了交行扬中支行的到期债务，缺乏事实依据。

第二，案涉借款行为不属于交行扬中支行的经营活动。根据商业银行法第三条规定，商业银行可以从事的十四类业务中并无向个人借款的业务。郭某亮主张商业银行法并未明文禁止商业银行向个人借款，故案涉借款行为合法。但根据商业银行法第三条第一款第十四项的规定，商业银行开展其他业务须经银行业监督管理机构批准，而郭某亮并未举证证明案涉借款行为是交行扬中支行经过银行业监管部门批准的业务。故案涉借款行为不属于交行扬中支行的经营活动，郭某亮主张本案适用《中华人民共和国民法通则》第四十三条的规定，缺乏法律依据，本院不予支持。

第三，戴某翔出具借条的行为不构成表见代表。如前所述，案涉借款行为不属于交行扬中支行的经营业务范围，戴某翔擅自向个人借款并加盖交行扬中支行的印章，超越其职务权限。即便戴某翔可以代表交行扬中支行为其他民事行为，但也应当在法律、公司章程的授权范围内。郭某亮作为完全行为能力人及当地规模企业的财务总监，应当知晓商业银行法对商业银行经营业务范围的强制性规定，并据以知晓戴某翔的行为超越职务权限。但其既未对戴某翔借款行为是否经过金融监管部门或交行镇江分行的批准进行核实，也未要求将案涉款项汇入交行扬中支行的自身账户或要求交行扬中支行出具正式单据。因此，郭某亮述称戴某翔出具借条行为发生在戴某翔办公室、戴某翔是交行扬中支行对外公示的负责人以及借条上加盖了交行扬中支行的公章等情节，均不足以证明其有理由相信戴某翔的行为是履行职务行为。故郭某亮主张戴某翔的行为构成表见代表，缺乏事实和法律依据，法院不予采纳。

第四，戴某翔出具借条的行为亦不构成表见代理。本案中，戴某翔出具借条的行为不属于其职务范围内的经营活动，属于无权代理。诉讼过程中，郭某亮向法院提交《借条出具及借款支付等事项说明》，陈述陈某燧曾告知戴某翔借款目的是帮银行客户转贷，但戴某翔欠他的钱没有还清，他不想再借。法院认为，首先，商业银行即使帮客户转贷，也应由客户自行办理借款手续承担还款责任，而非由银行出具借条并承担还款责任，戴某翔的借款理由不符合常理。其次，根据陈某燧、戴某翔一审期间的陈述，戴某翔与陈某燧之间长期存在民间借贷往来，郭某亮亦自认陈某燧告知戴某翔尚有欠款未还清，不愿意再借款。再次，银行向个人借款并非商业银行的正常经营活动。在此情形下，足以使人怀疑戴某翔的借款行为是其个人借款行为。最后，本案所涉借款金额巨大，郭某亮在未进行调查核实的情况下出借款项，主观上具有重大过失，故本案不符合表见代理的构成要件。对郭某亮主张本案应适用合同法第四十九条的规定，法院不予采信。

综上，戴某翔出具借条向郭某亮借款的行为系个人行为，借款人应为戴某翔。结合借条记载内容、借条持有人及款项支付等情形，出借人应为郭某亮。至于戴某翔将4720万元指示交付给绿洲公司的原因，与本案无关，不予理涉。

二、一审法院审理程序并无不当。一审判决中虽将庭审归纳的争议焦点变更为戴某翔出具借条行为是履行职务行为还是表见代理。但该争议焦点系对庭审争议焦点的归纳总结，能够更准确地反映双方当事人争议的主要问题，且双方当事人已在庭审中就相关问题进行了充分辩论，故一审变更争议焦点并未剥夺郭某亮的诉讼权利。

综上，郭某亮的上诉请求不能成立，应予驳回；一审判决认定事实清楚，适用法律正确，应予维持。依照《中华人民共和国民事诉讼法》第一百七十条第一款第一项规定，判决：驳回上诉，维持原判。二审案件受理费296208元，由郭某亮承担。

在本院再审本案期间，双方当事人进行了举证质证。交行扬中支行提交两组证据：1. 怡和公司《企业信用信息公示报告》，欲证明怡和公司并非园林局下属企业，与天禾公司无关，也不是绿洲公司辩称的改制企业。2. 二份关于戴某翔任职的文件，欲证明案涉借条出具时，戴某翔并非主持工作的副行长。郭某亮质证认为上述两组证据不属于新的证据，且真实性无法确认，亦不能证明交行扬中支行的证明目的。绿洲公司质证认为上述两组证据不属于新的证据，不能证明交行扬中支行的证明目的，怡和公司系园林局下属改制企业，与绿洲公司有关联，且戴某翔对外是以交行扬中支行负责人对外从事活动。本院认证意见：上述两组证据在原审期间均可提供，不属于新的证据，且交行扬中支行主张戴某翔在案涉借条出具时不是主持工作的副行长，既与其原审陈述不一致，也没有正式加盖公章确认，对此本院不予认可。

经本院再审审理，进一步查明以下事实：

一、关于绿洲公司向原审法院提交意见的情况。绿洲公司向一审法院提交《情况说明》：向法庭提交相关会计凭证10张，绿洲公司不认识郭某亮及中电变压器公司，没有任何经济业务和接触，根据交通银行意见未提交应诉材料。据相关人员称，交行扬中支行未经公司同意擅自出借资金用于相关企业验资，在验资未成功后，交通银行及时归还本单位资金。绿洲公司向二审法院提交《情况说明》，载明：绿洲公司与郭某亮、中电变压器公司无任何法律上的关联性，案涉款项系交行扬中支行工作人员操作转入绿洲公司，系交行扬中支行退还动用的天禾公司

9000万元资金，交行扬中支行在一审从未否认。绿洲公司于2017年4月16日再次向二审法院提交《补充情况说明》，载明：1. 绿洲公司与郭某亮没有借款合意，没有业务往来，交行扬中支行、郭某亮及中电变压器公司均明知原因。2. 交通银行内部专项排查时，戴某翔在关于借款说明中陈述其系擅自动用天禾公司资金办理验资。3. 关于9000万资金开具银票事情，一直由交通银行全程操作，由主持工作的戴某翔安排人员办理。9000万元资金走账明细交通银行已做核实，建议法院要求银行提供。4. 交行扬中支行通过11家借壳企业开具22 500万元银票进行贴现，利差部分用于消化项目贷款收益，交行扬中支行明确说明凡开具银票并通过其他企业贴现所涉及资金由该行负责承担，与绿洲公司无任何责任。

二、关于绿洲公司提交的交行扬中支行《开立银票情况说明》情况。文件显示：交行扬中支行2014年9月14日给天禾公司出具《开立银票情况说明》，载明天禾公司贷款情况，开票情况及保证金存款利息等，陈述天禾公司尚有利差247万元可以用于开票，请其予以配合。落款处有“交行扬中支行银行承兑汇票领用专用章”。交行扬中支行2015年10月20日给天禾公司出具《开立银票情况说明》，载明天禾公司贷款情况，开票情况及贴现利息情况，说明上述保证金本金到期已全部到达天禾公司账户兑付到期银票。保证金利息除镇江机电公司、江苏神龙光电公司外也已全部到达天禾公司账户。并记载天禾公司每次开票金额、贴现利息及利差情况，并承诺上述借壳开票单位如发生经济纠纷与天禾公司无关，由我行负责。”落款处有“交行扬中支行银行承兑汇票领用专用章”。

三、关于天禾公司提交的借壳开票清单及《记账凭证》。《天禾旅游借壳开票清单》载明：出票人为江苏神龙光电公司等11家公司的开票金额、收款人、到期日、利息、贴现利率、收款等情况。落款处有“交行扬中支行银行承兑汇票领用专用章”。《记账凭证》载明：（1）交行9000万元贴现8101.968万元，其他应收款：绿洲公司，借方金额：4720万元；（2）交行9000万元贴现8101.968万元，其他应收款：江苏润安水上旅游有限公司，借方金额：3381.9680万元；（3）交行9000万元贴息886.782万元，利息支出等，借方金额：886.7820万元；（4）交行9000万银票手续费，借方金额：11.25万元；（5）交行9000万元银票贴回，其他应收款，旭阳公司，贷方金额：6500万元；（6）交行9000万元银票贴回，其他应收款，金凡尔厂，贷方金额2500万元。结算：借方金额总额：9000万元；贷方金额总额：9000万元。

四、关于旭阳建设公司的《说明》。《说明》载明：该公司接受交行扬中支行客户经理通知收到天禾公司、怡和公司、金凡尔厂等银行承兑汇票并贴现，并由交行扬中支行通知转汇给其他公司。上述公司与该公司无业务往来，均为按交行扬中支行指令操作。

本院再审认为，本案争议的主要问题是交行扬中支行是否应当承担案涉借款的还款责任，具体涉及到三个问题：一是郭某亮是否有理由相信借款主体为交行扬中支行；二是戴某翔是否有权代表交行扬中支行签订借款协议；三是案涉借款是否用于交行扬中支行的相关业务。本院认为，从案涉借条的签订主体、款项流向以及相关证据综合来看，案涉借款合同的借款主体应为交行扬中支行，交行扬中支行应当承担偿还案涉借款的责任。具体理由如下：

一、关于郭某亮是否有理由相信借款主体为交行扬中支行的问题。交行扬中支行在案涉借条上借款人处盖章确认，应当认定为案涉借款合同的借款人。借款合同是借款人向贷款人借款，到期返还借款并支付利息的合同。通常而言，在借款合同没有其他保证人的情况下，借款合同只有借款人和贷款人两方主体，在借款人处签字或盖章的应当认定为借款人。案涉借条在借款人处具有戴某翔个人签字，同时签有“交行扬中支行”字样，并在戴某翔及“交行扬中支行”上盖有交行扬中支行公章，对此，双方当事人对借款人系戴某翔还是交行扬中支行产生争议。合同法第一百二十五条第一款规定：“当事人对合同条款的理解有争议的，应当按照合同所使用的词句、合同的有关条款、合同的目的、交易习惯以及诚实信用原则，确定该条款的真实意思。”按交易习惯来看，如果借款合同借款人为戴某翔本人，则无需在借款人处加盖交行扬中支行公章，相反，只有交行扬中支行作为借款人借款，其相关负责人才需要在盖章处签字。案涉借条签订时，戴某翔为交行扬中支行副行长，系该行负责人，其代表该行在盖章处签字符合交易习惯。因此，交行扬中支行辩称案涉借款合同借款人为戴某翔本人，不予支持。

二、关于戴某翔是否有权代表交行扬中支行签订借款协议的问题。戴某翔在签订借款合同时系交行扬中支行主持工作副行长，作为交行扬中支行实际负责人，有权代表交行扬中支行在借款合同上签字并加盖公章。《中华人民共和国民法总则》第六十一条规定：“依照法律或者法人章程的规定，代表法人从事民事活动的负责人，为法人的法定代表人。法定代表人以法人名义从事的民事活动，其法律后果由法人承受。法人章程或者法人权力机构对法定代表人代表权的限制，不得对抗善意相对人。”根据原审查明的事实，戴某翔在签订案涉借款合同时系交行扬中支行的实际负责人，其在借条上签字后写明“交行扬中支行”并加盖交行扬中支行的公章，显然是以交行扬中支行名义签订借款合同，其行为明确表示代表交行扬中支行进行借款，因此案涉借款合同借款人应为交行扬中支行。交行扬中支行辩称戴某翔超越权限向个人借款，其行为不属于职务行为。合同法第五十条规定：“法人或者其他组织的法定代表人、负责人超越权限订立的合同，除相对人知道或者应当知道其超越权限的以外，该代表行为有效。”根据原审查明的事实，案涉借款合同系工作时间在戴某翔办公室所签，戴某翔时任交行扬中支行负责人并持有该行公章，且该借款合同仅约定资金借用一天，因此，郭某亮有充分理由相信戴某翔是代表交行扬中支行进行业务资金周转，郭某亮此等信赖合符常人理性判断，相关信赖利益应予保护。交行扬中支行以戴某翔向个人借款行为不属于商业银行经营活动为由主张戴某翔本案行为不构成履行职务行为，本院不予采信。原审关于郭某亮系当地规模企业的财务总监，对戴某翔无权代理行为应当知道且存在主观过失的认定，明显与社会普遍价值判断与认知相违背，明显系加重债权人的审查义务与责任，显属不当，应予纠正。

三、关于案涉借款是否用于交行扬中支行相关业务的问题。交行扬中支行并无证据证明戴某翔与绿洲公司存在个人债权债务关系，绿洲公司所提交证据可以证明交行扬中支行实际使用案涉借条中款项。交行扬中支行称案涉借款系戴某翔个人借款，且主张戴某翔作为交行扬中支行负责人亦陈述案涉借款为其个人所借，对此，交行扬中支行应当举证证明戴某翔与绿洲公司具有个人债权债务关系。本案中，绿洲公司主张其与戴某翔个人并无债权债务关系，并提交了交行扬中支行与绿洲公司上级单位之间的资金拆借证据，在交行扬中支行并未提交充分证据否认绿洲公司所交证据的情况下，交行扬中支行亦未举证证明戴某翔与绿洲公司之间存在债权债务关系，应由交行扬中支行承担举证不利的法律后果。交行扬中支行虽不认可绿洲公司提交的《银票说明》及《开票清单》，但该证据上具有交行扬中支行的业务专用章，交行扬中支行对上述印章亦未申请鉴定，更未提供其他证据否认其真实性。而绿洲公司作为案涉借条款项的收取方，其提供的证据能充分显示交行扬中支行对其欠款4720万元，与案涉借款金额完全相符，且在天禾公司记账凭证中亦显示绿洲公司在案涉借条签订后收回4720万元。因此，绿洲公司所提交的证据及其陈述形成完整证据链条，交行扬中支行对此并未提出任何证据予以否认，故可以认定交行扬中支行系使用案涉借款偿还天禾公司开票资金，交行扬中支行应为案涉款项实际借款人。

另，交行扬中支行并无充分证据证明案涉借条上公章为虚假伪造公章。交行扬中支行主张案涉借条上该行印章为戴某翔私刻公章，但其提交的相关证据均为其自身制作，交行镇江分行亦为其上级主管部门，仅有上述证据并不能证明交行扬中支行当时的公章被上级部门收回，更无证据证明案涉公章为戴某翔私刻。在交行扬中支行提交的关于戴某翔犯罪的刑事判决书中，亦未提及本案所涉交行扬中支行公章为戴某翔私刻，戴某翔私刻过公章的事实并不能证明案涉公章即为其私刻。按照证据规则，交行扬中支行对案涉借条上公章提出异议，应当在原审法院提出对案涉公章进行鉴定，但交行扬中支行在提出鉴定申请后又撤回鉴定，因此，并无充分证据证明案涉借款合同上公章为虚假公章，交行扬中支行以此否认其应当承担还款责任，并无事实与法律依据。另，即便案涉借款合同上交行扬中支行公章为戴某翔私刻，但该公章系时任交行扬中支行负责人的戴某翔在其办公室内所盖，郭某亮亦有充足理由相信该公章代表交行扬中支行真实意思表示，且戴某翔作为负责人亦能够代表交行扬中支行从事民事行为。因此，如交行扬中支行所称借款合同上公章为戴某翔私刻，戴某翔亦是代表交行扬中支行签订借条，郭某亮相信其行为可以代表交行扬中支行亦无不当，交行扬中支行亦应为案涉借款承担还款责任。

综上所述，交行扬中支行并未提供充分证据证明案涉借款合同上该行公章为虚假公章，其称案涉借款为戴某翔个人所借，既无事实依据，亦显然不合常理。戴某翔作为交行扬中支行负责人有权代表该行签订借款合同，其代表交行扬中支行所作出的民事行为应由该行承担责任，且案涉借条中的款项实际亦为交行扬中支行业务使用。因此，原审法院认定案涉借款系戴某翔个人所借系认定事实错误，交行扬中支行应为实际借款人并应承担还款责任，郭某亮的再审请求有事实和法律依据。据此，依照《中华人民共和国合同法》第五十条、第一百二十五条第一款，《中华人民共和国民事诉讼法》第一百七十条第一款第二项、第二百零七条第一款之规定，判决如下：

一、撤销江苏省高级人民法院（2017）苏民终283号民事判决以及江苏省镇江市中级人民法院（2015）镇商初字第113号民事判决；

二、交通银行股份有限公司镇江扬中支行于本判决生效后十日内向郭某亮偿还4720万元及利息（按本金4720万元以中国人民银行同期贷款利率计算从2013年12月27日起至实际给付之日止）。

如果未按本判决指定的期间履行给付金钱义务，应当依照《中华人民共和国民事诉讼法》第二百五十三条之规定，加倍支付迟延履行期间的债务利息。

本案一审案件受理费296208元，二审案件受理费296208元，均由交通银行股份有限公司镇江扬中支行负担。

本判决为终审判决。

审判长：虞政平；审判员：马东旭、汪军；法官助理：夏根辉；书记员：杨九如

二〇一八年十一月二十七日

专题十二

挂靠经营者无权以挂靠单位名义为他人担保

——江西宏安房地产开发有限责任公司与南昌县兆丰小额贷款股份有限公司等借款合同纠纷案

【裁判观点】

由于挂靠经营者并非挂靠单位的法定代表人或授权代表，为他人提供担保的行为也超出了挂靠经营的范围，因此该行为的性质属于无权代理，在事后未取得挂靠单位追认的情况下，其提供担保的效果是否归属于挂靠单位取决于是否构成表见代理。认定无权代理人的行为构成表见代理，意味着本人必须承受其意思以外的他人决定的约束，有违当事人自主决定的民法基本原则，故法律将第三人信赖利益的保护限定在其善意无过失的场合。关于善意无过失的认定需要从行为人是否具有表征代理权存在的外观、本人对该权利外观的存在是否具有可归责性及其程度、第三人信赖合理性的程度三个方面进行比较权衡。需要注意的是，第一，判断第三人是否有理由相信行为人有代理权的时点应当是行为发生时，第三人不能以事后收集的材料证明当时有理由相信代理权的存在；第二，代理权外观应当是与行为人所实施的代理行为有关的权利外观，行为人对于其他事项有代理权限，不能当然推定行为人对所实施的行为有代理权限；第三，在个人以公司名义为他人提供担保的情形下，由于公司法规定有权机关的决议是公司提供担保的前置程序，因此该决议的有无及形式合法性应当作为判断第三人是否善意的因素。

中华人民共和国最高人民法院

民事判决书

案号（2017）最高法民再209号

再审申请人（一审被告、二审上诉人）：江西宏安房地产开发有限责任公司。

法定代表人：叶金街。

委托诉讼代理人：童少华。

委托诉讼代理人：魏瑾华。

被申请人（一审原告、二审被上诉人）：南昌县兆丰小额贷款股份有限公司。

法定代表人：胡梦文。

委托诉讼代理人：冯帆。

委托诉讼代理人：邹婧。

被申请人（一审被告、二审被上诉人）：罗某福。

被申请人（一审被告、二审被上诉人）：侯某英。

被申请人（一审被告、二审被上诉人）：张某某。

被申请人（一审被告、二审被上诉人）：叶某莲。

被申请人（一审被告、二审被上诉人）：雷某云。

被申请人（一审被告、二审被上诉人）：宋某兰。

被申请人（一审被告、二审被上诉人）：横峰县万嘉国际酒店有限公司。

法定代表人：罗某福。

被申请人（一审被告、二审被上诉人）：辽宁赣通置业有限公司。

法定代表人：张某某。

被申请人（一审被告、二审被上诉人）：弋阳县赣宏房屋建筑工程有限公司。

法定代表人：张某某。

被申请人（一审被告、二审被上诉人）：江西宏盛建业集团有限公司。

法定代表人：周金富，该公司经理。

委托诉讼代理人：毛忠华。

委托诉讼代理人：程传明。

再审申请人江西宏安房地产开发有限责任公司（以下简称宏安公司）因与被申请人南昌县兆丰小额贷款股份有限公司（以下简称兆丰公司）、罗某福、侯某英、张某某、叶某莲、雷某云、宋某兰、横峰县万嘉国际酒店有限公司（以下简称万嘉公司）、辽宁赣通置业有限公司（以下简称赣通公司）、弋阳县赣宏房屋建筑工程有限公司（以下简称赣宏公司）、江西宏盛建业集团有限公司（以下简称宏盛公司）借款合同纠纷一案，不服江西省高级人民法院（2016）赣民终321号民事判决，向本院申请再审。本院于2017年4月28日作出（2017）最高法民申462号民事裁定，提审本案。本院依法组成由审判员周伦军担任审判长、审判员王展飞、汪军参加的合议庭公开开庭审理了本案。法官助理由李洁担任，书记员王薇佳担任法庭记录。再审申请人宏安公司的委托诉讼代理人童少华、被申请人兆丰公司的委托诉讼代理人冯帆、邹婧、宏盛公司的委托诉讼代理人毛忠华到庭参加诉讼。被申请人罗某福、侯某英、张某某、叶某莲、雷某云、宋某兰、万嘉公司、赣通公司、赣宏公司经本院合法传唤，无正当理由拒不到庭，本院依法缺席审理。本案现已审理终结。

宏安公司申请再审称：一、原审判决认定的基本事实缺乏证据证明。宏安公司和罗某福从不相识，也从没有与罗某福发生过业务往来，根本不知道罗某福向兆丰公司借款的事实，也没有为该借款提供担保。2015年2月17日张某某在江西省上饶市弋阳县公安局的讯问笔录证实，张某某为了骗取贷款，以罗某福名义向兆丰公司借款（实际该款项为张某某所使用），在兆丰公司提出需要有实力的公司担保才能发放贷款时，就私自雕刻了一枚“江西宏安房地产有限责任公司”的假印章加盖在保证合同上。一审中经江西神州司法鉴定中心鉴定，该枚印章不是宏安公司的真实印章和法定备案的印章。张某某涉嫌伪造公司印章罪，于2015年3月4日被立案侦查，并刑事拘留。公安机关在侦查过程当中，委托江西省上饶市公安司法鉴定中心对案涉印章再次进行鉴定，鉴定意见与江西神州司法鉴定中心一致。以上两份鉴定意见和张某某的讯问笔录相互印证，充分证明了张某某为了骗取贷款，私刻宏安公司印章的犯罪事实，张某某也因此被判刑。另外，同一天张某某还向兆丰公司申请400万元贷款，并用这枚假公章加盖在担保文件中，并在江西省上饶市弋阳县房管局用该枚假印章骗取了宏安公司名下商品房（产权登记人是宏安公司，但实际是张某某开发的）的他项权证，用于抵押担保。本案在一审庭审时，宏安公司考虑到张某某伪造印章骗取的用于抵押的商品房确系张某某个人开发（登记在宏安公司名下，实际产权人是张某某），如确需处置该房产用于归还借款，宏安公司表示可以配合法院的执行，但不等于宏安公司已经认可了该枚公章与其在公安备案的公章具有同等效力。二、原审法院适用法律错误。1. 基于一样的事实，做出两个截然不同的判决。（2013）洪民二初字第138号案件（以下简称138号案件）中一审法院判决宏盛公司对张某某的借款承担连带清偿责任，而在本案中，却又判决宏盛公司不承担连带清偿责任。2. 不依法中止审理，枉法裁判。张某某因涉嫌伪造印章罪被上饶市弋阳县公安局立案侦查，张某某也被刑事拘留。本案审理期间，宏安公司向审理法院提交了侦查部门对张某某所作的讯问笔录和立案侦查的决定书，要求按照《最高人民法院关于审理民事纠纷案件中涉及刑事犯罪若干程序问题的处理意见》的规定，将本案移送江西省上饶市弋阳县公安局处理，但是原审法院拒不移送。三、原审法院推定宏安公司知晓张某某使用伪造的印章，认为兆丰公司"合理信赖利益应该得到保护"缺乏事实和法律依据。首先，申请人张某某伪造宏安公司印章的目的是骗取兆丰公司贷款，事先不可能、事实上也没有告知宏安公司。宏安公司直到江西省南昌市中级人民法院前来执行才得知张某某伪造印章的事实。其次，张某某伪造印章后，只是出于骗取兆丰公司贷款的目的，在担保文书及在江西省上饶市弋阳县房管局骗取他项权证时使用过，没有证据证明张某某多次使用该枚印章。再次，弋阳县的房管部门办理他项权证时，只是形式审查，办理了他项权证不能等同于房管部门认可该枚伪造的印章。最后，兆丰公司和张某某有恶意串通、故意损害宏安公司权益之嫌。兆丰公司为了发放贷款牟取利益，明知张某某不具有偿还能力，授意张某某让宏安公司出面担保。张某某明知宏安公司不会为其担保，但为了骗取贷款伪造印章。而兆丰公司在两次为张某某办理贷款手续时，没有一次向宏安公司进行过基本核实（电话核实、函件询问均没有）。因此，宏安公司有理由怀疑兆丰公司与张某某恶意串通，即使不构成恶意串通，也属于重大过失。四、兆丰公司没有理由相信张某某的行为构成表见代表，并非善意第三人。张某某2017年3月3日最新讯问笔录证实，兆丰公司办理两笔贷款时并没有对宏安公司的状况进行基本了解，没有搜集基本的信息资料，也未要求张某某提供。兆丰公司在张某某加盖伪造的印章后，也未要求张某某提交宏安公司的股东会决议，也没有看到张某某所称虚假的股东会决议。原审卷宗里宏安公司的营业执照、房管部门的资料等，并不是兆丰公司在发放贷款前的调查资料，而是在诉讼过程中通过代理律师依法调取的。五、兆丰公司超地域范围经营贷款业务。兆丰公司的经营范围是在南昌市××及其市内周边县开展小贷业务，本案中借款人罗某福不是南昌市、南昌县及周边县的人，而是上饶市人，因此兆丰公司对罗某福发放贷款明显违背《江西省小额贷款公司监督管理办法》第十七条第七项的规定和《江西省人民政府办公厅关于印发小额贷款公司试点工作意见暂行管理办法》第二十六条的规定，属于超地域、跨经营范围发放贷款。综上，兆丰公司对罗某福发放贷款时，没有进行基本的贷前调查工作，违反《贷款通则》第二十七条的规定，未达到合理信赖的程度，诉讼阶段取得的证据不足以证明其在贷前有合理信赖。请求撤销原审判决，依法改判宏安公司不承担担保责任。

兆丰公司答辩称：一、张某某的行为构成表见代理，有权代表宏安公司与兆丰公司签订担保合同。本案借款人罗某福及与本案关联的138号案件的借款人张某某都是由兆丰公司业务员的同乡雷某云推荐给兆丰公司。据张某某本人陈述，其妻子名叫叶某莲，宏安公司的法定代表人叶金街是其妻子的弟弟，与他是姐夫与小舅子的关系，宏安公司只是登记在小舅子名下进行经营，实际控制人是其本人。当时，张某某还向兆丰公司提供了宏安公司章程、宏安公司的贷款卡、宏安公司股东出资信息、宏安公司的组织机构代码证、营业执照，并持有宏安公司的印章。138号案件及本案的借款合同签订前，兆丰公司派贷款业务员前往弋阳县当地了解情况，并查看用以抵押贷款的商铺。贷款业务员查看了房屋所有权人为江西宏安房地产开发有限责任公司证号为S200900070、S200900091、S200900075的房屋产权证，并且实地对房屋产权证上记载的房产进行核查。经询问当时使用上述房屋从事经营活动的承租人，这些承租人都向兆丰公司的业务员介绍这些房产都是张某某的，因为宏安公司就是张某某的公司，在弋阳县当地张某某就等于宏安公司。本案的借款合同、保证合同与138号案件的借款合同、抵押合同、保证合同为同一时间签订（2012年4月17日）。张某某使用宏安公司印章在弋阳县房管局办理了兆丰公司为他项权利人，宏安公司为抵押人的弋房他证弋阳县字第其他2012－088号他项权证。根据兆丰公司贷款业务员的描述，当时前往弋阳县房管局办理他项权证的时候，已经是接近房管局下班的时间了，张某某一个电话所有与办理他项权证有关的工作人员都留在房管局等着张某某带着兆丰公司的人员去办证。而且，短短的一个小时就毫无障碍地办到了他项权证，极其效率。这正好印证了张某某之前对兆丰公司的说法，他在弋阳县当地是有影响力的人，他就是宏安公司的实际控制人。兆丰公司正是出于他项权证的顺利办理、弋阳县房管局对张某某的态度，以及对弋阳县房管局这一公权力部门的信任，才发放的贷款。同时相信张某某确实能够代表宏安公司为罗某福的借款向兆丰公司提供担保，而本案中兆丰公司也是基于宏安公司以及张某某的担保才同意罗某福的借款请求。二、张某某犯伪造公司、企业印章罪并不影响担保合同的效力。1. 张某某使用该枚印章在弋阳县房管局办理了兆丰公司为他项权利人的弋房他证弋阳县字第其他2012－088号他项权证，兆丰公司已经就该枚印章与宏安公司签订的《保证/最高额保证合同》中使用的印章进行一致性鉴定，鉴定结果证明张某某在弋阳县房管局办理他项权证时所用的印章与签订本案《保证/最高额保证合同》时所使用的印章系同一枚印章。也就是说该枚印章已经被相关政府职能部门确认。而根据最高人民法院的相关判例［最高人民法院（2016）最高法民申425号］私刻的印章已为相关政府职能部门确认的该公司应当对外承担相应的民事责任。2. 在办理上述他项权证的过程中，张某某还代表宏安公司作了房屋抵押登记询问笔录，并加盖了宏安公司的印章，在此过程中弋阳县房管局未表示出任何异议，基于对公权力部门的信赖，宏安公司更加肯定地认为张某某有权代表宏安公司，其使用的印章是真实有效的。3. 宏安公司的代理人在一审、二审过程中都认可张某某使用该枚印章在房管局办理他项权证的行为，承认张某某办理的抵押权是有效的。宏安公司在明确知晓张某某办理他项权证以及签订抵押合同所使用的均系伪造的印章的情况下，已经认可该枚印章在办理他项权证上的效力，就不能选择性地认为本案所涉担保合同上的印章无效。对于此种情况，最高人民法院在（2013）民提字第248号民事判决书中明确确认了"对于使用或者认可使用非备案公章效力的企业，无权对其非备案公章的使用效力作出选择性认可"。结合本案的情况，宏安公司既然认可了张某某私刻的印章在弋阳县房管局使用的效力，等同于认可了本案所涉保证合同上印章的效力。三、兆丰公司签订担保合同时已经尽到了审慎的注意义务。《中华人民共和国公司法》第十六条的规定："公司为他人提供担保的，依照公司章程的规定，由董事会或者股东会、股东大会决议。"兆丰公司在与宏安公司签订担保合同时，已经就公司对外担保问题要求张某某提供宏安公司的股东会决议，但是张某某告知兆丰公司其能完全代理宏安公司签订合同，没有必要提交股东会决议。而且，兆丰公司在查看张某某提交的宏安公司章程后，并未要求公司对外担保须经股东会或董事会同意，再加上兆丰公司业务员实地考察的信息反馈，以及张某某向兆丰公司提供了内部一般工作人员都无法取得的宏安公司贷款卡原件，使得兆丰公司有充分的理由相信张某某无需经股东会决议就能够代表宏安公司对外提供担保，而且兆丰公司已经尽到了足够的审查义务。所以，本案所涉的宏安公司与兆丰公司签订的合同合法有效。四、宏安公司长期默认张某某以宏安公司的名义对外进行民事活动。1. 138 号案件执行过程中，弋阳县弋江镇杭南长高速铁路客运专线协调领导小组于 2014 年 7 月 9 日向一审法院出具的证明中明确写明，“江西宏安房地产开发有限责任公司位于弋阳××××北街居委会城北汽车站的房屋及土地因高铁建设被征用，拆迁征地补偿款合计 16940865. 12 元。此款项分四次付清，最后一次付款时间是 2012 年 4 月 24 日。江西宏安房地产开发有限责任公司拆迁补偿款领款人是张某某，付款方式为银行转账”。该笔拆迁款分多次领取，本案的借款合同是 2012 年 4 月 17 日签订，最后一笔拆迁款是在借款合同签订后一周支付，也就是说，在本案所涉借款发生前及借款发生后，弋阳县当地政府部门都认可张某某就是代表宏安公司，正好从另一个方面印证了兆丰公司信任宏安公司及张某某是正常而合理的。2. 根据房地产企业通常的运作方式，为方便接揽工程公司各股东基本人手一枚备用章，宏安公司在庭审中也承认其与张某某是挂靠关系，在城北停车场项目中，是宏安公司提供土地，张某某投资进行建设，建成后房屋所有权全部都在宏安公司名下。项目建设从报批、建设、验收、预售、办理所有权证等过程中，张某某有大量需要使用宏安公司公章的情况，在这种情况下，张某某单独掌握一套宏安公司的备用章是合情合理的，相反张某某长期持有宏安公司在公安备案的公章或者每一次签订合同都到宏安公司去盖章才是不符合常理的。3. 在本案再审过程中，案外人廖某华向一审法院就本案的查封标的提起了执行异议之诉，在庭审过程中案外人廖某华提交了其与宏安公司签订并且已经办理备案登记的《商品房买卖合同》，宏安公司又再次否认了合同上加盖的宏安公司的印章及法人章的真实性。商品房的销售才是房企进行项目建设的最终目的，没有印章根本不可能完成商品房销售的过程，更不可能完成从售楼到办证的一切手续，张某某使用宏安公司非备案的印章签订商品房买卖合同正好印证了兆丰公司上述观点，即宏安公司不但知晓而且默许张某某使用非备案公章。同时，在执行异议之诉庭审过程中，宏安公司还提出廖某华提交的收款收据上加盖的“江西宏安房地产开发有限责任公司弋阳县城北停车场项目部”印章也是伪造的，但是张某某正是使用这枚公章在弋阳县房管局办理了房屋产权证，而房产所有人为宏安公司，宏安公司对此从未提出过异议。也就是说，至少在城北停车场项目销售及办理产权证的过程中，张某某是大量使用了这枚非备案印章的，而在这么长的时间内，宏安公司对张某某使用印章的行为不闻不问，实际上就是默认了张某某以其名义对外从事民事活动，在此种情况下，他人认为张某某代表宏安公司合情合理。4. 本案诉讼过程中，兆丰公司向法院申请了财产保全，宏安公司除了异议保全物超标的外，亦从未对公章的真实性提出异议。五、关于兆丰公司发放贷款超地域经营问题。首先，没有法律规定超地域发放贷款应认定合同无效，作为小贷公司，政府的监管条例只是规定小贷公司应该在所在地域中经营业务，并不是说贷款只能发放给在此地域内的自然人或者公司，本案罗某福在兆丰公司所在地有业务发生，并没有违法政策或者相关规定。综上所述，兆丰公司有足够的理由相信张某某能够代表宏安公司与兆丰公司签订担保合同，而且无论是签订担保合同、还是发放贷款兆丰公司都尽到了足够的审查义务。虽然上饶市中级人民法院的刑事判决书最终认定张某某私刻宏安公司的印章，但是鉴于该枚印章在公权力部门使用过，并且宏安公司也认可张某某在弋阳县房管局使用这枚公章的效力，则一、二审认定张某某代表宏安公司与兆丰公司签订的担保合同对宏安公司产生拘束力并无不当，并且宏安公司的章程中也并未规定公司对外担保要经过股东会或董事会决议。请求驳回宏安公司的再审请求。

宏盛公司答辩称：一、关于宏安公司认为一审法院在138号案件中判决宏盛公司承担连带责任，而本案中未判决宏盛公司承担连带责任存在矛盾的问题。由于另案中张某某伪造宏盛公司公章以及授权委托书，代表宏盛公司出庭，领取起诉状副本、传票、判决书等所有法律文书，导致宏盛公司一直未能出庭维护自己的权利，直至一审法院冻结我公司723万元资金时才知情，并立即向上饶市公安局报案，现该案正在南昌市人民检察院再审抗诉审查中；同时审理张某某伪造印章罪的弋阳县人民法院也已向一审法院发函建议暂不予执行。而在本案中由于宏盛公司已知情，并与一审法院取得联系，因而所有法律文书均由宏盛公司签收，也积极出庭对事实予以澄清并申请印章鉴定。至于宏安公司被判决承担责任系因涉案印章虽与其备案印章不一致，但其存在对外公开使用涉案印章的行为，与宏盛公司情形完全不同，因此最终法院在认定事实的基础上依法判决宏盛公司不承担责任是完全合法的。二、一审法院对《保证/最高额保证合同》上宏盛公司的印章并非宏盛公司使用的印章这一事实的认定，是在一审法院委托的具有资质的司法鉴定机构出具的鉴定意见的基础上认定的，具有充分依据。上述鉴定活动的主体、鉴定依据、鉴定程序等均合法，不存在违法或导致鉴定意见不能作为证据的情形，能够证明待证事实。三、上饶市公安局委托的司法鉴定机构出具的鉴定意见为涉案《保证/最高额保证合同》上印章与我公司备案印章不一致，张某某本人也亲口供述伪造宏盛公司印章以及用以对外担保的事实，与宏盛公司没有任何关系。宏盛公司没有授权其刻制印章以及以公司名义对外担保。四、张某某伪造的宏盛公司公章一直在其自己手中，宏盛公司从不知情这枚印章的存在，更加没有公开使用过，后这枚印章被弋阳县纪委收走。五、张某某伪造宏盛公司公章的行为涉及刑事犯罪，且已经被法院生效判决认定构成伪造公司、企业印章罪。六、宏盛公司并不认识张某某，其不是宏盛公司员工，宏盛公司没有授权张某某以宏盛公司名义对外借款或对外担保等，其行为系违法犯罪行为，与宏盛公司没有任何关联。张某某对外担保的这笔借款，是由兆丰公司直接发放给罗某福，宏盛公司没有收到任何款项。综上，原审驳回兆丰公司对宏盛公司的诉讼请求，具有充分的事实和法律依据。

被申请人罗某福、侯某英、张某某、叶某莲、雷某云、宋某兰、万嘉公司、赣通公司、赣宏公司未到庭参加诉讼，亦未提交书面的答辩意见。

2014 年 2 月 19 日，兆丰公司向一审法院起诉请求：1. 罗某福向兆丰公司归还借款人民币 300 万元，并支付自实际借款之日起至实际还款日止的借款利息、逾期利息（其中借款利息从 2012 年 9 月 29 日起至 2012 年 12 月 28 日止按月利率 2% 计算；逾期罚息自 2012 年 12 月 29 日起暂计至 2014 年 2 月 17 日为止按银行同期贷款利率的四倍计算，所欠利息和逾期利息总计人民币 120.5 万元）。2. 侯某英、张某某、叶某莲、雷某云、宋某兰、万嘉公司、赣通公司、赣宏公司、宏盛公司、宏安公司对上述借款及利息、逾期罚息向兆丰公司承担连带还款责任。3. 兆丰公司对各担保人提供的担保物有优先受偿权。4. 全部案件诉讼费、保全费等由罗某福、侯某英、张某某、叶某莲、雷某云、宋某兰、万嘉公司、赣通公司、赣宏公司、宏盛公司、宏安公司承担。

江西省南昌市中级人民法院一审查明：2012 年 4 月 17 日，兆丰公司与罗某福签订编号为 2012 借字第 003 号的《借款合同》，兆丰公司向罗某福提供金额为人民币 300 万元的借款，借款期限为 3 个月，自 2012 年 4 月 17 日起至 2012 年 7 月

16日止，合同项下借款自贷款发放之日起按日计息，利率为2%（月率），结息日为每月15日，结息日为非法定工作日的，则顺延至下一个工作日，借款到期，利随本清。该合同第八条第三、四款约定：借款到期，罗某福未按约偿还的，自逾期之日起在原利率基础上加收100%的利息。2012年4月17日，罗某福、侯某英、张某某、叶某莲分别向兆丰公司出具《股东/董事或个人连带责任保证担保承诺书》，对上述借款本金加利息，罗某福、侯某英、张某某、叶某莲承诺承担连带偿还责任。

2012年4月17日，罗某福与兆丰公司签订编号为2012年抵字第003—1号的《抵押/最高额抵押合同》，2012年4月17日，兆丰公司与万嘉公司签订编号为2012年抵字第003—3号《抵押/最高额抵押合同》，2012年4月17日，赣通公司与兆丰公司签订编号为2012年抵字第003—2号的《抵押/最高额抵押合同》，上述三份合同均约定：担保的主债权为自2012年4月17日至2012年7月16日，在人民币300万元的最高余额内，兆丰公司依据主合同发放的所有贷款而享有的对主债务人的债权，不论该债权在上述期间届满时已经到期或尚未到期。担保的范围包括主合同项下全部债务本金、利息、逾期利息、复利、违约金、赔偿金、实现抵押权的费用和所有其他应付费用。但合同约定的担保物均未办理抵押登记。

2012年4月17日，兆丰公司与罗某福、侯某英签订编号为2012年保字第003—1号的《保证/最高额保证合同》，为保证兆丰公司债权的实现，罗某福、侯某英自愿向兆丰公司提供保证担保。2012年4月17日，兆丰公司与张某某、叶某莲签订编号为2012年保字第003—3号的《保证/最高额保证合同》，为保证兆丰公司债权的实现，张某某、叶某莲自愿向兆丰公司提供保证担保。2012年4月17日，兆丰公司与雷某云签订编号为2012年保字第003—8号的《保证/最高额保证合同》，为保证兆丰公司债权的实现，雷某云自愿向兆丰公司提供保证担保。2012年4月17日，兆丰公司与万嘉公司签订编号为2012年保字第003—2号的《保证/最高额保证合同》，为保证兆丰公司债权的实现，万嘉公司自愿向兆丰公司提供保证担保。2012年4月17日，兆丰公司与赣通公司签订编号为2012年保字第003—4号的《保证/最高额保证合同》，为保证兆丰公司债权的实现，赣通公司自愿向兆丰公司提供保证担保。2012年4月17日，兆丰公司与赣宏公司签订编号为2012年保字第003—5号的《保证/最高额保证合同》，为保证兆丰公司债权的实现，赣宏公司自愿向兆丰公司提供保证担保。2012 年 4 月 17 日，兆丰公司与宏安公司签订编号为 2012 年保字第 003—7 号的《保证/最高额保证合同》，为保证兆丰公司债权的实现，宏安公司自愿向兆丰公司提供保证担保。上述七份合同均约定：担保的主债权为自 2012 年 4 月 17 日至 2012 年 7 月 16 日，在人民币 300 万元的最高余额内，兆丰公司依据主合同发放的所有贷款而享有的对主债务人的债权。保证方式为连带责任保证，保证范围包括主合同项下的债务本金、利息、逾期利息、复利、违约金、赔偿金、实现债权的费用和所有其他应付费用。保证期间为自主合同项下的借款期限届满之次日起两年，兆丰公司根据主合同之约定宣布借款提前到期的，则保证期间为自兆丰公司向借款人通知的还款日之次日起两年。

2012 年 9 月 29 日，兆丰公司通过胡某娥向罗某福分两笔分别转款 100 万元、200 万元。

江西省南昌市中级人民法院一审认为：一、兆丰公司与罗某福签订的《借款合同》，罗某福、侯某英、张某某、叶某莲分别向兆丰公司出具的《股东/董事或个人连带责任保证担保承诺书》，兆丰公司与罗某福签订的《抵押/最高额抵押合同》，兆丰公司与万嘉公司签订的《抵押/最高额抵押合同》，兆丰公司与赣通公司签订的《抵押/最高额抵押合同》，兆丰公司与罗某福、侯某英签订的《保证/最高额保证合同》，兆丰公司与张某某、叶某莲签订的《保证/最高额保证合同》，兆丰公司与雷某云签订的《保证/最高额保证合同》，兆丰公司与万嘉公司签订的《保证/最高额保证合同》，兆丰公司与赣通公司签订的《保证/最高额保证合同》，兆丰公司与赣宏公司签订的《保证/最高额保证合同》，兆丰公司与宏安公司签订的《保证/最高额保证合同》，均系各方当事人的真实意思表示，内容并不违反法律、行政法规的强制性规定，应认定为合法有效。兆丰公司在合同签订后，依约向罗某福转款 300 万元，罗某福在借款到期后未按约归还本息，已构成违约，对兆丰公司请求判令罗某福向兆丰公司偿还借款本金 300 万元的诉请，予以支持。对借款利息，双方签订的《借款合同》约定借款利率为月利率 2%，借款到期，罗某福未按约偿还的，自逾期之日起在原利率基础上加收 100% 的利息。对此，一审法院认为，双方当事人在借款合同中对借款利率的约定，已超过中国人民银行同期贷款利率的四倍，因此，对借款内的利率，应以 300 万元为基数按中国人民银行同期贷款利率的四倍计算（自 2012 年 9 月 29 日至 2012 年 12 月 28 日对应的同期同类贷款年利率为5.6%，四倍即22.4%），对逾期后的利率，应以300万元为基数按中国人民银行同期同类贷款利率的四倍计算（自2012年12月29日起至今对应的同期同类银行贷款年利率为6.15%，四倍即24.6%）。

对担保责任，罗某福、侯某英、张某某、叶某莲经一审法院合法传唤未到庭参加诉讼，亦未对《股东/董事或个人连带责任保证担保承诺书》提出异议，罗某福、侯某英、张某某、叶某莲、雷某云、万嘉公司、赣通公司、赣宏公司经一审法院合法传唤未到庭参加诉讼，亦未对《保证/最高额保证合同》提出异议，依据《中华人民共和国担保法》第十八条“当事人在保证合同中约定保证人与债务人对债务承担连带责任的，为连带责任保证。连带责任保证的债务人在主合同规定的债务履行期届满没有履行债务的，债权人可以要求债务人履行债务，也可以要求保证人在其保证范围内承担保证责任”的规定，对兆丰公司要求侯某英、张某某、叶某莲、雷某云、万嘉公司、赣通公司、赣宏公司对罗某福的上述借款本金及利息承担连带清偿责任的诉讼请求，予以支持。对兆丰公司要求宋某兰承担连带清偿责任的诉请，因兆丰公司与雷某云签订的《保证/最高额保证合同》，宋某兰并未在该合同上签名，其签名系雷某云代签，兆丰公司未提交证据证明雷某云与宋某兰之间的关系，也未提交证据证明雷某云的代签行为系受宋某兰的委托，该保证系出于宋某兰本人的真实意思表示，对兆丰公司的该项诉请，不予支持。对兆丰公司诉请的要求宏盛公司对上述借款本息承担连带清偿责任的诉请，因经司法鉴定，兆丰公司与宏盛公司签订的《保证/最高额保证合同》上宏盛公司的印章并非宏盛公司使用的印章，对兆丰公司的该项诉请，不予支持。对兆丰公司要求宏安公司对上述借款本息承担连带清偿责任的诉请，经兆丰公司与宏安公司提起的鉴定显示，该合同上所盖的印章虽与宏安公司登记备案的印章非同一枚印章，但宏安公司用该枚印章在公权力部门进行了使用，该印章仍为宏安公司公开使用的印章，对兆丰公司的该项诉请，予以支持。兆丰公司虽分别与罗某福、万嘉公司、赣通公司签订的《抵押/最高额抵押合同》，但上述抵押合同约定的抵押物并未办理抵押登记，依据《中华人民共和国物权法》第一百八十七条规定：“以本法第一百八十条第一款第一项至第三项规定的财产或者第五项规定的正在建造的建筑物抵押的，应当办理抵押登记。抵押权自登记时设立。”因本案用于抵押的财产并未办理抵押登记，对兆丰公司诉请的要求罗某福、万嘉公司、赣通公司提供的担保物优先受偿的请求不予支持。

据此，该院依照《中华人民共和国合同法》第一百九十六条、第二百零七条，《中华人民共和国担保法》第十八条、《中华人民共和国物权法》第一百八十七条、《最高人民法院关于人民法院审理借贷案件的若干意见》第六条、《中华人民共和国民事诉讼法》第一百四十四条之规定，于2015年11月16日作出（2014）洪民二初字第146号民事判决：一、罗某福在判决生效后十日内一次性向兆丰公司归还借款本金300万元及其利息（自2012年9月29日至2012年12月28日以300万元为基数按年利率22.4%计算，自2012年12月29日起至付清之日止以300万元为基数按年利率24.6%计算）。二、侯某英、张某某、叶某莲、雷某云、万嘉公司、赣通公司、赣宏公司、宏安公司对上述借款本息承担连带清偿责任。三、侯某英、张某某、叶某莲、雷某云、万嘉公司、赣通公司、赣宏公司、宏安公司承担责任后，有权向罗某福追偿。四、驳回兆丰公司的其他诉讼请求。如果未按本判决指定的期间履行给付金钱义务，应当依照《中华人民共和国民事诉讼法》第二百五十三条之规定，加倍支付迟延履行期间的债务利息。案件受理费40440元，保全费5000元，共计45440元，由罗某福、侯某英、张某某、叶某莲、雷某云、万嘉公司、赣通公司、赣宏公司、宏安公司共同承担。

宏安公司不服一审判决，向江西省高级人民法院提起上诉，请求：撤销一审判决书第二项，改判宏安公司对罗某福向兆丰公司的借款本息不承担连带责任或依法中止审理，移送公安机关处理。事实与理由：一、一审法院完全是在捏造事实。首先，宏安公司一审庭审时郑重地向一审法官作了说明：即宏安公司和本案借款人罗某福从来不相识，宏安公司自成立至今，也从没有与罗某福发生过任何业务往来。自始至终，宏安公司根本就不知道罗某福向兆丰公司借款，更不存在一审法院认定的2012年4月17日，兆丰公司与宏安公司签订了2012年保字第003—7号的《保证/最高额保证合同》。本案的真实情况是：宏安公司自始至终从没有为罗某福向兆丰公司的借款提供过任何形式的担保。宏安公司一审期间向一审法院提供的弋阳县公安局经侦大队办案人员在2015年2月17日对本案张某某做的讯问笔录证实，为了骗取借款，张某某私自雕刻了一枚“江西宏安房地产有限责任公司”的假印鉴，然后以这枚伪造的假印鉴，在兆丰公司为罗某福贷款所需要的担保文书即2012年保字第003—7号《保证/最高额保证合同》及其他手续上加盖了伪造的印鉴。本案在审理期间，一审法院对2012年保字第003—7号的《保证/最高额保证合同》上面加盖的印鉴的真实性进行了司法鉴定。江西神州司法鉴定中心出具的鉴定意见，明确了这份保证合同中的印章不是宏安公司的真实印章和法定备案的印章。这一鉴定意见和张某某的讯问笔录相互印证，充分证明了是本案的张某某等人为了骗取贷款，私刻印鉴。另外还有一个事实也需要说明：张某某为了骗取贷款，曾经用这枚假印章在另一起骗取兆丰公司400万元贷款的第138号案件当中，虚构宏安公司的意思表示，在弋阳县房管局骗取了几套商品房的他项权证。但一审法院认定是“宏安公司公开使用该枚印章（张某某私刻的假印章）在公权力部门进行了使用”。二、一审法院完全是枉法裁判。表现一：基于一样的事实，竟然做出截然不同两个判决。表现二：不依法中止审理，枉法裁判。

兆丰公司二审辩称，一、张某某的行为构成表见代理。张某某代理宏安公司与答辩人订立担保合同及最高额抵押合同时，提供了《江西宏安房地产开发有限责任公司章程》、宏安公司的贷款卡、《江西宏安房地产开发有限责任公司股东出资信息》《中华人民共和国组织机构代码证》《企业法人营业执照》及宏安公司的公章，在此种情况下，兆丰公司有理由相信张某某就是宏安公司的代表人，有权代理宏安公司签订相关的担保及抵押合同。二、关于印章的问题。张某某所使用的那枚宏安公司的公章虽然与宏安公司在公安机关备案的公章不一致，但是这两枚公章在实质上具有关联性，张某某所使用的这枚公章应该为宏安公司的备用章。首先，张某某多次使用宏安公司所称的“伪造印鉴”在弋阳县房管局等公共行政部门办理相关手续。张某某使用该枚公章在弋阳县房管局办理了兆丰公司为他项权利人的弋房他证弋阳县字第其他2012—088号他项权证，兆丰公司已经就该枚公章与宏安公司签订的《抵押/最高额抵押合同》中使用的公章进行一致性鉴定，鉴定结果表明张某某在弋阳县房管局办理他项权证时所用的公章与签订《抵押/最高额抵押合同》时所使用的公章系同一枚公章。其次，张某某多次使用此枚公章在弋阳县房管局办理产权证及他项权证，宏安公司作为公章的所有人未对此表示异议，可以证明宏安公司承认张某某对此枚公章的使用权，允许张某某以宏安公司的名义对外进行民事活动。最后，宏安公司的代理人在一审质证过程中也承认，宏安公司认可张某某使用该枚公章在房管局办理他项权证的行为，承认张某某办理的抵押权是有效的，那么就证明宏安公司已经在事实上认可了该枚公章与其在公安备案的公章具有同等效力。所以，该枚公章虽然与宏安公司在公安留底的公章虽然不一致，但是应该属于宏安公司的备用公章，具有与备案公章同等的法律效力。三、据了解在弋阳县当地张某某就代表了宏安公司。弋阳县弋江镇杭南长高速铁路客运专线协调领导小组出具的证明中明确了，“江西宏安房地产开发有限责任公司位于弋阳××××北街居委会城北汽车站的房屋及土地因高铁建设被征用，拆迁征地补偿款合计16940865.12元。江西宏安房地产开发有限责任公司拆迁补偿款领款人是张某某，付款方式为银行转账。”宏安公司的拆迁补偿款都是张某某代领的，由此足以证明在弋阳县当地就认为张某某代表的是宏安公司。宏安公司在张某某随意使用其名义从事民事活动时未予以制止，在长达数年的时间里明知张某某使用其公章在弋阳县房管局办理了大量的他项权证而不闻不问，甚至认可张某某办理他项权证的行为，现在又以张某某所使用的公章与其在公安机关备案的公章不一致为由拒绝承担担保责任，明显是故意推托以损害债权人利益。请求驳回上诉，维持原判。

宏盛公司二审辩称，一、在138号案件中，张某某伪造宏盛公司公章以及授权委托书，代表宏盛公司出庭，领取起诉状副本、传票、判决书等所有法律文书，导致宏盛公司一直未能出庭维护自己的权利，宏盛公司直到一审判决生效南昌市中级人民法院冻结723万元资金时才知情，并立即向上饶市公安局报案，现该案正在南昌市人民检察院再审抗诉审查中；同时审理张某某伪造印章罪的弋阳县人民法院也已向南昌市中级人民法院发函建议暂不予执行。而在本案中，由于宏盛公司已知情，并与一审法院取得联系，因而所有法律文书均由宏盛公司签收，并且积极出庭对事实予以澄清并申请印章鉴定，至于宏安公司被判决承担责任系因涉案印章虽与其备案印章不一致，但其存在对外公开使用涉案印章的行为，与我公司情形完全不同，因此最终法院在认定事实的基础上依法判决宏盛公司不承担责任是完全合法的。二、一审法院对《保证/最高额保证合同》上宏盛公司的印章并非宏盛公司使用的印章这一事实的认定，是在一审法院委托的具有资质的司法鉴定机构出具的鉴定意见的基础上认定的，具有充分依据。三、上饶市公安局委托的司法鉴定机构出具的鉴定意见为涉案《保证/最高额保证合同》上印章与宏盛公司备案印章不一致，张某某本人也亲口供述伪造我公司印章以及用以对外担保的事实。宏盛公司知晓张某某有伪造公章进行诈骗活动的行为后，第一时间向上饶市公安局报案，经申请上饶市公安局委托江西警察学院物证鉴定所对《保证/最高额保证合同》第7页加盖的“江西宏盛建业集团有限公司”印章与宏盛公司在工商局备案的印章进行鉴定，鉴定意见为“检材印章与样本印文不是同一印章所盖”。后因管辖问题将该案移送至江西省弋阳县公安局，2015年8月11日，上饶市公安局办案人员赴张某某羁押的弋阳县看守所依法对其进行了讯问，并制作讯问笔录。讯问笔录中张某某明确供述《保证/最高额保证合同》第7页加盖的“江西宏盛建业集团有限公司”字样的印章是其个人伪造，并供述其与宏盛公司没有任何关系，宏盛公司没有授权其刻制印章以及以公司名义对外担保。四、张某某伪造的宏盛公司公章一直在其自己手中，宏盛公司从不知情这枚印章的存在，更加没有公开使用过。上饶市公安局对张某某依法讯问过程中，其供述这枚印章是其个人伪造，之后一直在他自己手中，宏盛公司一直不知情，也没有接触过，后这枚印章被弋阳县纪委收走。五、张某某伪造宏盛公司公章的行为已经涉嫌构成伪造公司印章罪，且犯罪事实清楚，证据确实充分，弋阳县人民检察院已经就该犯罪行为向弋阳县人民法院依法追加起诉。因138号案件存在事实认定不清，证据不足以及程序违法等情况，为防止宏盛公司的合法权益受到损失，弋阳县人民法院了解情况后特向南昌市中级人民法院发出公函，建议南昌市中级人民法院对兆丰公司诉张某某等借款合同纠纷一案暂予中止执行，待刑事案件审结后再行处理。六、宏盛公司并不认识张某某，没有授权张某某以宏盛公司名义对外借款或对外担保等，其行为系违法犯罪行为，与宏盛公司没有任何关联。其次张某某对外担保的这笔借款，是由兆丰公司直接发放给罗某福，宏盛公司没有收到任何款项。事实上宏盛公司与兆丰公司、罗某福以及张某某在内的全部当事人均不认识，也没有任何经济往来和业务往来，没有为该笔借款提供担保的任何真实意思表示，完全是张某某的诈骗行为。综上，本案《保证/最高额保证合同》中的印章系张某某伪造，并非宏盛公司公开使用的印章，一审法院认定事实并无不当，其依法驳回兆丰公司对宏盛公司的诉讼请求具有充分的事实和法律依据。请求法院依法判决驳回宏安公司全部上诉请求，维持原判。

罗某福、侯某英、张某某、叶某莲、雷某云、宋某兰、万嘉公司、赣通公司、赣宏公司二审未作答辩。

二审期间各方当事人均未提交新证据。对一审法院查明的事实，二审法院予以确认。

江西省高级人民法院认为，本案二审的争议焦点为：1. 宏安公司应否对兆丰公司借款承担连带清偿责任；2. 本案应否中止审理。

第一，宏安公司应否对兆丰公司借款承担连带保证清偿责任，关键在于2012年保字第003—7号《保证/最高额保证合同》上宏安公司的公章对外是否具有公示效力，是否能够使兆丰公司对该印章形成合理信赖。根据一、二审查明事实，在弋阳××××北街居委会城北汽车站的土地开发过程中，张某某与宏安公司存在挂靠合作关系，张某某系以挂靠宏安公司的名义开发上述土地，并长期多次使用宏安公司印章从事经营活动及在弋阳县房管局等行政部门办理他项权证等。张某某在弋阳县房管局等行政部门办理他项权证等相关手续所使用的宏安公司印章与2012年保字第003—7号《保证/最高额保证合同》上宏安公司的印章一致。虽然宏安公司的该枚印章弋阳县公安机关认定为伪造，但张某某多次使用该枚公章从事经营活动，且该枚公章已为相关政府职能部门确认。因此，张某某挂靠宏安公司并使用该公司公章的行为对外具有公示效力，应推定宏安公司对于张某某使用该枚公章对外从事民事活动是知晓的，兆丰公司基于对该枚公章的合理信赖而与罗某福签订《借款合同》，并与宏安公司签订《保证/最高额保证合同》，兆丰公司的合理信赖利益应当得到保护。一审判决认定宏安公司承担连带清偿责任并无不当，应予维持。同理，基于合理信赖利益保护原则，张某某涉嫌伪造公司印章等罪，与宏安公司是否要承担连带保证责任并无关联，本案应适用“民刑分离”的原则，不应中止审理，宏安公司要求对本案中止审理没有事实与法律依据，不予支持。综上所述，宏安公司的上诉请求不成立，该院不予支持，依照《中华人民共和国民事诉讼法》第一百七十条第一款第一项之规定，该院于2016年7月15日作出（2016）赣民终321号民事判决：驳回上诉，维持原判。

本院审理本案期间，责成兆丰公司限期向本院提交案涉贷款的内部审贷程序的相关文件及公司相应的规章制度。在本院指定的期限内，兆丰公司向本院提交了署名为雷某云、时间为2017年10月10日的《罗某福300万元贷款的调查过程》的情况说明一份。经交由宏安公司质证，宏安公司对该份说明的真实性和合法性均不予认可。本院认为，兆丰公司提交的该份证据，并不符合本院的要求，本院对该份证据不予采信，兆丰公司应当承担举证不能的相应法律后果。

再审期间，各方当事人均未提供新的证据。

本院再审查明：自2012年1月起，兆丰公司与张某某之间即存在口头的借款合同关系，张某某共向兆丰公司借款6000万元。其中，2012年1月6日，兆丰公司通过胡某娥在中国建设银行的个人账户转款1200万元给张某某的个人账户，2012年1月9日，兆丰公司通过胡某娥在中国建设银行的个人账户转款4800万元给张某某的个人账户。张某某分22笔向胡某英归还了兆丰公司的借款本息4195.5512万元，分别为：2012年1月7日归还了270万元、2月3日归还了120万元、3月9日归还了50万元、3月12日归还了70万元、4月5日归还了585万元、4月11日归还了235万元、4月13日归还了940万元、4月14日归还了30万元、4月17日归还了348.4612万元、5月7日归还了122万元、5月9日归还了150万元、5月23日归还了5.09万元、6月18日归还了80万元、8月3日归还了80万元、8月21日归还了80万元、2013年3月1日归还了300万元、3月26日归还了150万元、4月1日归还了100万元、4月18日归还了150万元、4月19日归还了50万元、5月15日归还了150万元。2012年4月17日，兆丰公司与张某某签订一份书面的《借款合同》，约定张某某向兆丰公司借款4000万元，借款期限4个月，月利率为2%。为保障上述债权的实现，叶某莲向兆丰公司出具了《股东/董事或个人连带责任保证担保承诺书》，承诺为张某某向兆丰公司所借4000万元借款本息承担连带保证责任。同日，赣通公司向兆丰公司出具了《赣通公司股东/董事会决议（借款）》和《赣通公司股东/董事会决议（担保）》，张某某和叶某莲作为股东/董事在前述决议上签字，同意由赣通公司为张某某向兆丰公司所借4000万元借款本息承担连带保证责任。同日，赣通公司与兆丰公司签署了《保证/最高额保证合同》《抵押/最高额抵押合同》，承诺为张某某向兆丰公司的4000万元借款及利息、罚息承担连带保证责任，并以赣通公司名下位于辽宁省的土地使用权作为抵押。2012年5月30日，兆丰公司取得了抵押土地的他项权证。因张某某未依约归还借款，2013年5月27日，兆丰公司以张某某、叶某莲、赣通公司为被告，向一审法院提起诉讼。2014年4月30日，一审法院作出（2013）洪民二初字第137号民事判决，判令张某某向兆丰公司归还借款本金3056.0243万元及利息，叶某莲、赣通公司承担连带清偿责任，兆丰公司有权就赣通公司提供的抵押物折价或者以拍卖、变卖后的价款优先受偿。

在前述借款之外，2012 年4 月17 日，兆丰公司与张某某另行签订一份《借款合同》，约定张某某向兆丰公司借款400 万元，借款期限 3 个月，月利率为 2%。同日，叶某莲、雷某云、宋某兰、赣宏公司共同签署《保证/最高额保证合同》，承诺为张某某所欠兆丰公司400 万元借款本息承担连带保证责任。2012 年 4 月 17 日，宏盛公司、宏安公司、赣通公司共同向兆丰公司出具《股东/董事会决议（担保)》，张某某和叶某莲作为股东/董事在前述决议上签字，承诺为张某某所欠兆丰公司的400 万元借款本金、利息及罚息承担连带保证责任，担保期限自借款之日起至还清款项为止。同日，宏安公司与兆丰公司签订《保证/最高额保证合同》，约定宏安公司为张某某所欠兆丰公司 400 万元借款及利息、罚息承担连带保证责任，并另行签署《抵押/最高额抵押合同》，约定宏安公司将其名下的三套房产（弋房权证弋阳县字第××号、弋房权证弋阳县字第××号、弋房权证弋阳县字第××号）为上述借款本息提供抵押，并于2012 年9 月28 日办理了抵押登记手续，他项权证号为弋房他证弋阳县字第其他2012－088 号。2012 年9 月29 日，兆丰公司委托胡某娥将400 万元借款汇入张某某在中国建设银行的账户。因张某某未及时归还借款本息，2013 年5 月27 日，兆丰公司以张某某、叶某莲、雷某云、宋某兰、赣宏公司、赣通公司、宏盛公司、宏安公司为被告，向一审法院提起诉讼。2014 年3 月11 日，一审法院作出（2013）洪民二初字第138 号民事判决，判令张某某向兆丰公司归还借款本金400 万元及利息，叶某莲、雷某云、宋某兰、赣宏公司、赣通公司、宏盛公司、宏安公司就上述债务承担连带清偿责任，兆丰公司有权就宏安公司、赣通公司提供的抵押物折价或以拍卖、变卖后的价款优先受偿。

2014 年10 月8 日，张某某因涉嫌伪造印章罪被江西省玉山县公安局刑事拘留，2014 年10 月10 日变更为取保候审，后因涉嫌非法吸收公众存款罪于2014 年12 月 26 日被江西省弋阳县公安局刑事拘留，2015 年 1 月 30 日经弋阳县人民检察院批准并由弋阳县公安局执行逮捕。2015 年 12 月 21 日，弋阳县人民检察院以张某某犯非法吸收公众存款罪向弋阳县人民法院提起公诉，期间以贷款诈骗罪、伪造公司、企业印章罪追加起诉。2017 年 1 月 17 日，江西省弋阳县人民法院作出（2015）弋刑初字第 146 号刑事判决：张某某犯非法吸收公众存款罪、伪造公司、企业印章罪、骗取贷款罪，决定执行有期徒刑十一年，并处罚金 80 万元，依法追缴违法所得17758.085万元并返还给受害人，随案移送的赃物依法予以处理。其中，关于伪造公司、企业印章罪的犯罪事实为：2012年2月，张某某为了在兆丰公司办理贷款，在明知自己不是宏安公司股东的情况下，伪造了宏安公司印章，使用伪造的该公司印章在弋阳县房管局办理了房屋的他项权证抵押，并在抵押人处签了自己的名字，以宏安公司的名义担保在兆丰公司贷了两笔共计700万元的贷款，后因无钱归还贷款，致使法院查封了宏安公司的房产。此外，张某某为了达到向兆丰公司办理贷款或者释放抵押于上饶市农业银行信江支行、玉山县农村信用合作社的房产证的目的，分别伪造了宏盛公司、中国农业银行股份有限公司上饶信江支行、玉山县农村信用合作社印章各一枚。2017年3月31日，江西省上饶市中级人民法院作出（2017）赣11刑终53号刑事判决，维持了弋阳县人民法院关于张某某犯非法吸收公众存款罪、伪造公司、企业印章罪、骗取贷款罪，决定执行有期徒刑十一年，并处罚金80万元的判决主文。

另查明：2007年1月9日，叶金街、高某福、洪某根、全某忠、宣某、余某福、董某明共同制定宏安公司《章程》，规定公司注册资本2000万元，其中叶金街认缴840万元，占比42%；高某福、董某明、洪某根、全某忠分别出资240万元，占比各为12%；宣某出资200万元，占比10%。公司不设董事会，设执行董事一人，行使召集和主持股东会议、决定公司的经营计划和投资方案、代表公司签署有关文件等职权。2007年1月10日，弋阳县工商局核发了宏安公司的《企业法人营业执照》，法定代表人为叶金街。

在一审法院审理本案期间，弋阳县弋江镇杭南长高速铁路客运专线协调领导小组于2014年7月9日向一审法院出具《证明》：宏安公司位于弋阳××××北街居委会城北汽车站的房屋及土地因高铁建设被征用，拆迁征地补偿款合计16940865.12元。此款项分四次付清，最后一次付款时间是2012年4月24日。宏安公司拆迁补偿款领款人是张某某，付款方式为银行转账。

除上述事实外，原审判决认定事实属实，本院予以确认。

再审中，各方当事人争议的焦点问题为：张某某的行为是否构成表见代理，案涉保证合同对宏安公司是否发生效力。

本院认为，兆丰公司与罗某福签订《借款合同》，约定兆丰公司向罗某福提供300万元贷款，该《借款合同》是各当事人的真实意思表示，因《借款合同》中关于月利率为2%的内容超过了《最高人民法院关于人民法院审理借贷案件的若干意见》规定的上限，故原审判决在认定该《借款合同》有效的同时，将利率依法调整为中国人民银行同期贷款利率的四倍，符合法律规定，本院予以确认。就侯某英、张某某、叶某莲、雷某云、宋某兰、万嘉公司、赣通公司、赣宏公司等担保人的责任问题，因前述各该担保人均未对原审判决的相关内容提出异议，本院对此不再予以理涉，直接维持原审判决的相关认定。申请人宏安公司虽对原审判决关于宏盛公司不承担担保责任的认定提出异议，但其诉讼理由主要是针对原审判决就宏安公司、宏盛公司所提供的担保均系张某某伪造印章而为这一相似的事实作出了不同的责任认定，其核心诉求并非是要求宏盛公司承担担保责任，本院对原审判决关于宏盛公司不承担担保责任的认定部分，一并予以维持。就当事人争议的焦点问题，评判如下：

本案中，张某某挂靠在宏安公司名下，从事弋阳××××北街居委会城北汽车站的土地开发项目，但就案涉担保事宜，宏安公司不仅没有授权张某某为罗某福的借款向兆丰公司提供担保，且事先并未获悉此节事实，故依法应当认定张某某以宏安公司的名义与兆丰公司签订案涉《保证/最高额保证合同》的行为系无权代理。《中华人民共和国合同法》第四十八条第一款规定："行为人没有代理权、超越代理权或者代理权终止后以被代理人名义订立的合同，未经被代理人追认，对被代理人不发生效力，由行为人承担责任。"第四十九条规定："行为人没有代理权、超越代理权或者代理权终止后以被代理人名义订立合同，相对人有理由相信行为人有代理权的，该代理行为有效。"根据前述规定，在宏安公司拒绝追认案涉《保证/最高额保证合同》的情况下，只有张某某的行为构成表见代理，该保证合同的效果才能够归属于宏安公司并由其承担相应的法律责任。表见代理行为的本质是无权代理，认定无权代理人的行为构成表见代理则意味着本人必须承受其意思以外的他人决定的约束，有违当事人自主决定的民法基本原则，故立法将相对人的信赖利益保护限定在其善意无过失的场合。据此，在判断兆丰公司是否有理由相信张某某有代理权这一问题时，本院将从张某某是否具有表征代理权存在的外观、兆丰公司对相关的权利外观的信赖是否合理、宏安公司作为被代理人对该权利外观的存在是否具有可归责性及其程度这三个方面进行综合考量。

关于张某某是否具有以宏安公司名义为他人提供担保的代理权外观的问题。

《中华人民共和国公司法》第十六条规定：公司为他人提供担保，依照公司章程的规定，由董事会或者股东会、股东大会决议；公司章程对担保的数额有限额规定的，不得超过规定的限额。公司为公司股东或者实际控制人提供担保的，必须经股东会或者股东大会决议。前款规定的股东或者受前款规定的实际控制人支配的股东，不得参加前款规定事项的表决。该项表决由出席会议的其他股东所持表决权的过半数通过。由此可见，在公司为他人提供担保这一可能影响股东利益的场合，立法规定了公司机关决议前置程序以限制法定代表人的代表权限。在公司内部，为他人提供担保的事项并非法定代表人所能单独决定，其决定权限交由公司章程自治：或由公司股东决定，或是委诸商业判断原则由董事会集体讨论决定；在为公司股东或实际控制人提供担保的场合，则必须交由公司其他股东决定。这种以决议前置的方式限制法定代表人担保权限的立法安排，其规范意旨在于确保该担保行为符合公司的意思，不损害公司、股东的利益。据此，能够证明张某某享有以宏安公司名义为他人提供担保的代理权外观的证据，只能限于宏安公司的股东会决议或者执行董事的授权，或者是能够证明案涉担保行为确系宏安公司真实意思的其他相关证据。而在本案中，无论是张某某与宏安公司之间的挂靠关系，还是张某某因此而持有相关印章、文件的事实，均不足以表彰其代理权限的存在。首先，张某某挂靠宏安公司开发城北汽车站地产项目的事实，使得张某某享有以宏安公司名义对外开展与该房地产开发有关的通常经营业务的代理权外观，但该代理权外观并不能延展至为他人提供担保这一特别事项方面。本院注意到，弋阳县弋江镇杭南长高速铁路客运专线协调领导小组于2014年7月9日所出具的证明，是在一审法院审理本案期间发生，并非兆丰公司在签订保证合同时获知的事实。若以该节事后获知的事实来反推兆丰公司在签约时对张某某代理权限的判断，并不能令人信服。其次，兆丰公司称张某某签约时向其提供了宏安公司的章程、贷款卡、股东出资信息、组织机构代码证等相关材料，并持有宏安公司印章，张某某持有上述资料的确能够证明张某某与宏安公司存在某种关联。但考虑到本案中兆丰公司作为专业的放贷机构，其在接受赣通公司、赣宏公司、宏盛公司所提供的担保时，均要求张某某提供了相关的公司决议，说明其已经知道《中华人民共和国公司法》第十六条存在公司为他人提供担保的限制性规定。故兆丰公司在获得了宏安公司的章程、股东出资信息、组织机构代码证等证据材料后，已经实际知道张某某既非宏安公司的股东，也非宏安公司的法定代表人，仅凭借张某某持有印章、贷款卡及自称为宏安公司法定代表人的姐夫的口头说明，并不足以证明张某某享有相应的代理权外观。

关于兆丰公司对张某某代理权的信赖是否合理的问题。首先，从兆丰公司与张某某之间的交易历史来看，兆丰公司在签订担保合同时存在着要求提供公司相关决议文件的做法。在（2013）洪民二初字第137号案件中，兆丰公司在年初向张某某发放6000万元贷款后，因张某某未能全额归还，于2012年4月17日补签书面的借款合同并由张某某担任法定代表人的赣通公司提供担保，兆丰公司要求张某某和其妻叶某莲出具了《赣通公司股东/董事会决议（借款）》《赣通公司股东/董事会决议（担保）》两份书面文件，同意由赣通公司为张某某向兆丰公司所借4000万元借款本息承担保证责任。在（2013）洪民二初字第138号案件中，兆丰公司要求张某某提供了宏盛公司、宏安公司、赣通公司共同出具的《股东/董事会决议（担保）》。由此可见，兆丰公司在开展贷款业务时，已经认识到提供担保的行为须经公司机关决议，并非公司法定代表人所能单独决定。而在本案中，2015年2月17日张某某在公安机关的讯问笔录中供述称其曾经应兆丰公司的要求，向兆丰公司出具了他和其妻子叶某莲的股东会决议，并加盖了宏安公司的印章。但兆丰公司否认该决议的存在，并称其虽然曾经要求张某某提供宏安公司的股东会决议，但张某某告知其能够代表宏安公司签订合同，且宏安公司章程也未要求公司对外担保须经股东会或董事会同意，因此兆丰公司最终并未要求其提供决议。本院认为，因本案与（2013）洪民二初字第137号、（2013）洪民二初字第138号案件中的借款和担保合同均签订于2012年4月17日，兆丰公司关于其并未就本案借款要求张某某提供宏安公司决议的相关陈述，与其在138号案件中将宏安公司的决议作为证据提交的事实相互矛盾，本院不予采信。其次，张某某虽然持有宏安公司的印章，但兆丰公司作为实际知道法律对公司为他人提供担保存在须经公司机关决议的法定要求的专业贷款经营机构，应当知道公章不能等同于公司决议。在张某某所提交的材料既不能证明其系宏安公司的股东，又不能证明其系宏安公司的实际控制人的情况下，在2012年4月17日签订合同至2012年9月29日实际发放贷款这一长达五个多月的时间内，既未向宏安公司核实张某某的代理权限，亦未要求张某某出示委托书、公司决议等能够证明代理权限存在的证据，兆丰公司的行为既与其公司经营业务特性不符，也未尽通常情形下的注意义务。本案中，只要兆丰公司向宏安公司做一核实了解，就可以获悉张某某的行为系无权代理，由此可以认定，兆丰公司对张某某的无权代理行为至少属于因重大过失而不知。最后，关于138号案件中张某某利用私刻的宏安公司的公章办理抵押登记的事实能否用以证明本案中兆丰公司的合理信赖问题。本案借款、担保合同与138号案件中的借款和担保合同系于2012年4月27日同时签订，而弋阳县房管局办理抵押登记的时间是2012年9月28日。兆丰公司关于其基于对公权力部门的信任而相信张某某确实能够代表宏安公司提供担保的诉讼理由，理据不足，本院不予采信。原审判决以张某某使用的该枚印章已为相关政府职能部门确认，兆丰公司基于对该枚公章的合理信赖利益应当得到保护的认定，未能根据法律规定正确审查、认定公司为他人提供担保的代表和代理权限，仅以印章的真伪作为宏安公司是否应当承担责任的判断依据，对法律的理解并不正确，本院予以纠正。

关于宏安公司作为被代理人对张某某的行为是否具有可归责性的问题。本案中，宏安公司虽与张某某存在挂靠开发的关系，客观上使得张某某存在职务代理的授权外观，但第三人对该外观的合理信赖应当限于与工程开发相关的事务为宜。在与挂靠开发有关的事项范围内，张某某以宏安公司名义对外从事的法律行为，应当由宏安公司承受相应的法律后果。根据生效刑事判决认定的事实，张某某私刻宏安公司的印章系为用于其与兆丰公司之间的贷款担保事宜，本案中并无证据表明宏安公司同意张某某另行刻制印章、或者对张某某私刻其印章对外开展民事活动存在放任不管的情形。故原审判决关于张某某挂靠宏安公司并使用该公司公章的行为对外具有公示效力，应推定宏安公司对于张某某使用该枚公章对外从事民事活动是知晓的认定不当，本院予以纠正。虽然宏安公司在获悉对138号案件的判决后对该案中的抵押担保予以追认，该追认行为系其作为被代理人依法行使权利，不能由此延伸到对本案300万元贷款的担保，更不能以宏安公司另案执行程序中的事后追认行为得出本案贷款担保系有权代理的结论。兆丰公司关于宏安公司在已经认可该枚印章在抵押合同上的效力就不能选择性地主张本案担保合同上的印章无效的诉讼理由，并无相应的事实和法律依据，本院不予支持。

综上所述，本院认为，兆丰公司关于其有理由相信张某某有权代理宏安公司为他人作保的诉讼理由不能成立，本院不予支持。张某某的行为不构成表见代理，案涉保证合同对宏安公司不生效力。申请人宏安公司的申请理由成立，本院予以支持。原审判决认定事实和适用法律均有不当之处，本院予以纠正。依照《中华人民共和国合同法》第四十八条第一款、第四十九条、第一百九十六条、第二百零七条、《中华人民共和国担保法》第十八条、《中华人民共和国物权法》第一百八十七条、《中华人民共和国公司法》第十六条第一款、《最高人民法院关于人民法院审理借贷案件的若干意见》第六条、《中华人民共和国民事诉讼法》第二百零七条第一款、第一百七十条第一款第二项之规定，判决如下：

一、撤销江西省高级人民法院（2016）赣民终321号民事判决；

二、维持江西省南昌市中级人民法院（2014）洪民二初字第146号民事判决第一项、第四项；

三、变更江西省南昌市中级人民法院（2014）洪民二初字第146号民事判决第二项为：侯某英、张某某、叶某莲、雷某云、横峰县万嘉国际酒店有限公司、辽宁赣通置业有限公司、弋阳县赣宏房屋建筑工程有限公司对上述借款本息承担连带清偿责任；

四、变更江西省南昌市中级人民法院（2014）洪民二初字第146号民事判决第三项为：侯某英、张某某、叶某莲、雷某云、横峰县万嘉国际酒店有限公司、辽宁赣通置业有限公司、弋阳县赣宏房屋建筑工程有限公司承担责任后，有权向罗某福追偿。

一审案件受理费40440元，保全费5000元，共计45440元，由罗某福、侯某英、张某某、叶某莲、雷某云、横峰县万嘉国际酒店有限公司、辽宁赣通置业有限公司、弋阳县赣宏房屋建筑工程有限公司共同负担。二审案件受理费40440元，由南昌县兆丰小额贷款股份有限公司负担。

本判决为终审判决。

审判长：周伦军；审判员：王展飞、汪军；法官助理：李洁；书记员：王薇佳

二〇一七年十二月八日

专题十三

监护人为获取银行贷款，利用未成年人子女名下房产进行抵押，代未成年子女订立抵押合同，并承诺抵押合同不损害未成年子女利益，在获得银行贷款后，监护人又以抵押合同损害未成年子女利益为由，主张抵押合同无效的，不予支持

——华夏银行股份有限公司常熟支行诉陈某甲、常熟市天铭物资有限公司、陈某乙、龚某、陈某宇、江苏中欣投资实业有限公司、江苏常盛钢结构工程有限公司金融借款合同纠纷案

【裁判观点】

监护人为获取银行贷款，利用未成年人子女名下房产进行抵押，代未成年子女订立抵押合同，并出具抵押承诺书，承诺抵押合同不损害未成年子女利益，在获得银行贷款后，监护人又以抵押合同损害未成年子女利益为由，主张抵押合同无效的，不予支持。《中华人民共和国民法通则》第十八条第三款规定，监护人不履行监护职责或者侵害被监护人的合法权益的，应当承担责任。即便监护人代未成年子女订立抵押合同的行为损害了未成年子女的利益，也应由监护人承担相应责任，不能由此否定抵押合同效力并由合同相对人承担责任。

中华人民共和国最高人民法院

民事裁定书

案号（2017）最高法民申4061号

再审申请人（一审被告、二审上诉人）：陈某甲，男，2002年7月30日出生，汉族，住江苏省常熟市。

法定代理人：陈某乙（系陈某甲之父），住江苏省常熟市。

法定代理人：龚某（系陈某甲之母），住江苏省常熟市。

委托诉讼代理人：高峰，江苏凡创律师事务所律师。

委托诉讼代理人：施秋明，江苏凡创律师事务所实习律师。

被申请人（一审原告、二审被上诉人）：华夏银行股份有限公司常熟支行，住所地江苏省常熟市海虞北路58－1号。

负责人：邵岗，该支行行长。

委托诉讼代理人：张倩，女，华夏银行股份有限公司苏州分行工作人员。

委托诉讼代理人：张永泉，江苏新天伦律师事务所律师。

一审被告：常熟市天铭物资有限公司，住所地江苏省常熟市青龙路18号。

法定代表人：陈某乙，该公司董事长。

一审被告：陈某乙，男，1966年1月31日出生，汉族，住江苏省常熟市。

一审被告：龚某，女，1966年1月29日出生，汉族，住江苏省常熟市。

一审被告：陈某宇，女，1989年6月2日出生，汉族，住江苏省常熟市。

一审被告：江苏中欣投资实业有限公司，住所地江苏省常熟市虞景文华18幢。

法定代表人：龚佩芳，该公司董事长。

一审被告：江苏常盛钢结构工程有限公司，住所地江苏省常熟市支塘镇（任阳）蒋巷村。

法定代表人：常惠忠，该公司董事长。

再审申请人陈某甲因与被申请人华夏银行股份有限公司常熟支行（简称华夏银行常熟支行），一审被告常熟市天铭物资有限公司（简称天铭公司）、陈某乙、龚某、陈某宇、江苏中欣投资实业有限公司、江苏常盛钢结构工程有限公司金融借款合同纠纷一案，不服江苏省高级人民法院（2015）苏商终字第00601号民事判决，向本院申请再审。本院依法组成合议庭进行了审查，现已审查终结。

陈某甲申请再审称：本案符合《中华人民共和国民事诉讼法》第二百条第二项、第六项规定的情形，应予再审。主要事实和理由是：陈某乙、陈某甲等人与华夏银行常熟支行订立的两份最高额抵押合同中，涉及陈某甲财产部分应属无效，一、二审判决认定华夏银行常熟支行取得案涉房产的抵押权错误。案涉抵押合同订立时，陈某甲系未成年人，该合同系由其法定代理人陈某乙代为签署。其法定代理人以陈某甲的财产为天铭公司的债务提供抵押担保的行为，损害了陈某甲的利益，应属无效。一、二审判决应适用《中华人民共和国民法通则》《最高人民法院关于贯彻执行〈中华人民共和国民法通则〉若干问题的意见（试行)》的相关规定，认定案涉抵押合同涉及陈某甲财产部分无效。

华夏银行常熟支行提交意见称：案涉抵押合同有效。该抵押合同订立前，陈某乙、龚某出具了经过公证的承诺书，承诺监护人代陈某甲订立抵押合同不损害陈某甲的利益。华夏银行常熟支行有理由相信陈某乙、龚某以监护人身份代陈某甲订立案涉抵押合同未损害陈某甲利益。案涉抵押物办理了抵押登记，华夏银行常熟支行已取得抵押权。陈某乙、龚某为获取银行借款，以监护人身份代陈某甲订立抵押合同，在取得借款后，又主张抵押无效，系逃避债务行为，不应得到支持。陈某甲的再审申请应予驳回。

本院经审查认为：案涉最高额抵押合同订立时，陈某甲系限制民事行为能力人，龚某作为陈某甲的监护人，将案涉房产抵押事宜中监护人的相关职责全权委托其妹龚佩芳代为处理，包括签署相关法律文件。陈某甲之父陈某乙及其母龚某的委托代理人龚佩芳以监护人身份代陈某甲订立抵押合同并不违反法律禁止性规定。陈某甲虽为案涉房产的所有权人之一，但该房产系陈某甲父母出资购买，陈某甲亦由其父母抚养。陈某甲父母以该房产作为公司融资抵押担保，收益亦属于陈某甲父母所有，故不能当然认定该抵押担保行为损害陈某甲利益，且陈某甲亦未提供证据证实其利益受损的情形。《中华人民共和国民法通则》第十八条第三款规定，监护人不履行监护职责或者侵害被监护人的合法权益的，应当承担责任。即便监护人陈某乙、龚某代陈某甲订立抵押合同的行为损害了陈某甲的利益，法律也仅规定由监护人来承担相应责任，而非由此否定抵押合同效力并由合同相对人承担责任。此外，陈某甲的监护人陈某乙、龚某为获取银行贷款，利用未成年人陈某甲名下的财产进行抵押，并出具房地产抵押承诺书，承诺房地产抵押贷款的行为也是为了陈某甲的利益，保证该房地产作为抵押不损害陈某甲的合法利益。在获得贷款之后，陈某甲的监护人又以损害未成年人利益为由，主张抵押合同无效，属恶意抗辩，有违诚实信用原则。据此，一、二审法院认定案涉抵押合同有效，华夏银行常熟支行取得案涉房产抵押权，并无不当。陈某甲关于案涉抵押合同涉及其财产部分无效的理由，不能成立。

综上，陈某甲提出的再审事由不能成立，其再审申请不符合《中华人民共和国民事诉讼法》第二百条第二项、第六项规定的情形。依照《中华人民共和国民事诉讼法》第二百零四条第一款，《最高人民法院关于适用〈中华人民共和国民事诉讼法〉的解释》第三百九十五条第二款规定，裁定如下：

驳回陈某甲的再审申请。

审判长：汪军；审判员：周伦军、张爱珍；法官助理：魏佳钦；书记员：费斯嘉

二〇一七年十月三十日

专题十四

不当得利的善意受领人无现存利益的，不负返还责任

——南昌市市政建设有限公司诉刘某友、江西省福振路桥建筑工程有限公司建设工程合同纠纷案

【裁判观点】

不当得利法律制度的适用，应进一步精细化地区分责任构成和责任范围。就责任构成而言，应符合以下条件：民事主体一方取得利益；取得利益没有法律根据；取得利益致使民事主体他方受到损失。其中，因果关系的认定系属难点，除直接因果关系外，如在民事主体一方无法律根据取得利益，另一方收到损失之间，基于公平理念和社会一般观念足以认定存在牵连关系的，亦应认定因果关系成立，构成不当得利。就责任范围而言，我国现行民法未就原物毁损、灭失时不当得利受益人的返还义务范围作出规定，构成法律漏洞。从法律适用的方法论角度，可以类推适用物权法中有关占有关系中占有人和权利人之间的权利义务规则，加以填补。即在确定不当得利返还义务范围时，对现存利益和受领人的主观心理状态加以考量。区分受领人善意或者恶意，如受领人主观上是善意的，其返还义务的范围应以现存利益为限，没有现存利益的，不再负有不当得利的返还义务；如受领人主观上为恶意，即使没有现存利益，也不能免除其返还所受不当利益的义务。

中华人民共和国最高人民法院

民事判决书

案号（2017）最高法民再287号

再审申请人（一审被告、二审被上诉人）：南昌市市政建设有限公司。住所地：江西省南昌市东湖区洪都北大道989号。

法定代表人：徐旭，该公司董事长。

委托诉讼代理人：肖勇承，江苏同帆律师事务所律师。

委托诉讼代理人：詹洪水，江西一信律师事务所律师。

被申请人（一审原告、二审上诉人）：刘某友，男，1968年11月2日出生，汉族，住江西省南昌市南昌县。

被申请人（一审被告、二审上诉人）：江西省福振路桥建筑工程有限公司。住所地：江西省南昌市进贤县城胜利南路423号。

法定代表人：曹丽琴，该公司董事长。

委托诉讼代理人：杜红民，江西求正沃德律师事务所律师。

再审申请人南昌市市政建设有限公司（以下简称市政公司）因与被申请人刘某友、江西省福振路桥建筑工程有限公司（以下简称路桥公司）建设工程合同纠纷一案，不服江西省高级人民法院（2017）赣民终55号民事判决，向本院申请再审。本院于2017年7月20日作出（2017）最高法民申2181号民事裁定，提审本案。本院依法组成合议庭，开庭审理了本案。再审申请人市政公司的委托诉讼代理人肖勇承、詹洪水，被申请人刘某友，及被申请人路桥公司的委托诉讼代理人杜红民到庭参加诉讼，本案现已审理终结。

市政公司申请再审请求：1. 撤销江西省高级人民法院（2017）赣民终55号民事判决，维持江西省南昌市中级人民法院（以下简称南昌中院）（2016）赣01民初176号民事判决；2. 本案一审、二审、再审的诉讼费用由刘某友、路桥公司承担。事实与理由：（一）二审判决认定事实缺乏证据证明，且与多份生效判决查明和认定的事实相悖，裁判结果错误。1.（2015）洪刑二初字第14号刑事判决书、（2015）东民初字第1650号民事判决书、（2016）赣01民终130号民事判决书、（2016）赣01民初176号民事判决书查明：本案讼争的600万元的性质是辛国强犯罪的合同诈骗款，且已被辛国强实际占有，并不在市政公司处。2. 刘某友在一审业已认可讼争的600万元不在市政公司处，已经转给了江西博世强生物工程有限公司（以下简称博世强公司）。3. 二审判决在各方当事人均未提交新证据，也未提交相反证据推翻已为人民法院发生法律效力的裁判文书所确认的事实的情况下，仅凭另查明的“2014年5月12日路桥公司转给市政公司的款项用途为‘合同保证金’，次日市政公司转入博世强公司账号600万元的银行进账单中载明的是：‘进贤产业园道路排水工程投标工程金’”，认定“以刘某友、辛某强合伙体名义由路桥公司转出的600万元仍存放在市政公司，对该600万元，市政公司负有返还义务”，犯了“白马非马”的逻辑错误。（二）二审判决适用法律错误。1. 本案讼争的600万元，已经转入辛某强控制的博世强公司，最终被辛某强非法占有。市政公司并未因此获得任何不当利益。2. 刘某友诉讼请求的第一项是基于建设工程合同纠纷，第二项则属侵权之诉，诉讼类型和所依据的基础法律关系不同，依法不能合并审理。二审法院最终以不当得利为基础法律关系作出判决，与当事人所主张的案件性质不符。3. 即使二审判决关于不当得利法律关系的认定成立，其判令市政公司以600万元为本金自2014年5月13日起按年利率24%计算至返还款项之日，亦属适用法律错误。（三）直接返还责任和连带返还责任是不同概念。二审判决第三项改判市政公司返还刘某友合同保证金计人民币600万元及利息，路桥公司对该款项及利息承担连带返还责任，超出了刘某友的诉讼请求。

刘某友辩称：1.（2015）洪刑二初字第14号刑事判决书、（2016）赣01民终130号民事判决书均已认定，路桥公司转给市政公司的600万元合同保证金系刘某友所有，本案二审判决将其判归刘某友，认定事实正确。2. 路桥公司转给市政公司的600万元是合同保证金，市政公司转出博世强公司的600万元是进贤产业园道路排水工程投标保证金，两者性质不同。市政公司收取路桥公司600万元，无合同或法定事由，构成不当得利，应予返还。3. 市政公司收取和转出600万元进贤产业园道路排水工程投标保证金的行为，属违法违规操作，嗣后亦未向博世强公司追偿、查封，构成失职。综上，二审判决认定事实清楚，适用法律正确。市政公司的再审申请缺乏事实和法律依据，请求依法驳回其再审请求。

路桥公司辩称：1. 路桥公司依据辛某强的指示转付市政公司600万元合同保证金，系合同履行中的代付款项行为，该法律行为的后果应由作为辛某强合伙人的刘某友承担。路桥公司不应承担600万元合同保证金本息的返还责任。2. 2014年6月19日路桥公司出具给刘某友的承诺书是受欺诈形成，不是路桥公司的真实意思表示，不能据此认定路桥公司负有返还600万元及相应利息的责任。3. 市政公司的过错造成了本案讼争的600万元的诈骗损失，应由其承担返还该款项的责任。

刘某友向一审法院起诉请求：1. 判令路桥公司赔偿刘某友经济损失880万元及利息98万元（按照月息2分计算，暂计算至2015年2月5日）；2. 判令市政公司对路桥公司应承担的600万元及利息承担连带返还责任。

一审法院认定事实：2014年5月5日，路桥公司作为甲方与作为乙方的刘某友、案外人辛某强签订一份《项目施工管理目标责任书（承包合同书）》，合同约定："乙方作为G320国道进贤绕城新线B标段工程的实际承包方行使项目经理的权利和义务，代表甲方实施上述工程项目的施工管理。第一笔融资款到位后，优先偿还刘某友2000万元……等内容。"当天，刘某友通过自己的账户向路桥公司转入350万元，通过其妻子万某的账户向路桥公司转入750万元。2014年5月6日，刘某友通过自己的账户向路桥公司转入100万元，向路桥公司借800万元，共计2000万元。路桥公司于2014年5月5日向刘某友出具一张收条，收条写明："今收到刘某友人民币2000万元用于G320国道合同保证金。"2014年5月30日，刘某友通过自己的账户向路桥公司转入800万元，用于归还向路桥公司的800万元借款。刘某友陈述，其还向路桥公司支付了800万元借款的利息16万元。

路桥公司收到刘某友2000万元的转款后，于2014年5月12日将其中600万元转入市政公司。市政公司于次日将该600万元转入辛某强掌控的博世强公司。后该600万元用于辛某强个人债务归还以及其他支出。2014年6月12日，路桥公司将其中500万元转入案外人江西省百勤房地产开发公司用于购买南昌朝阳峰会写字楼，其余900万元分别转给了案外人黄某萍（300万元）、樊某（280万元）、范某辉（50万元）以及福振实业公司（350万元）。

刘某友在双方约定工程迟迟未开工的情况下，于2014年6月19日到市政公司对账，发现辛某强称将2000万元转款到市政公司的事实系虚假，于是前往路桥公司要求返还2000万元合同保证金。路桥公司于同日出具承诺书一份，载明："我公司中标承建的进贤G320绕城公路新线B标段，于2014年5月6日与刘某友、辛某强签订了内部承包协议，该工程保证金由刘某友向我公司交纳保证金2000万元，由于种种原因，该工程近期无法实施。故双方签订的内部协议也无法履行，因此本公司承诺于2014年6月23日退回刘某友保证金1200万元、2014年6月30日前归还800万元，以上款项的利息按月息2%及交退款的实际天数计息，亦于2014年6月底前付清。"该承诺书上，加盖了路桥公司的公章，黄玉福作为承诺人签名，还有辛某强的签名。路桥公司出具承诺书后，陆续向刘某友归还了1120万元。

由于剩余款项一直未归还，2014年9月15日，刘某友将辛某强扭送至南昌市公安局西湖分局朝阳派出所，并由南昌市公安局西湖分局经济犯罪侦查大队对此立案侦查。后由南昌市人民检察院以辛某强犯合同诈骗罪为由向南昌中院提起公诉。南昌中院于2015年9月29日作出（2015）洪刑二初字第14号刑事判决书，认定辛某强以非法占有为目的，在签订履行合同过程中虚构事实，隐瞒真相，诈骗他人钱财共计人民币880万元，数额特别巨大，其行为已经构成诈骗罪。依法判决辛某强犯合同诈骗罪，判处无期徒刑，剥夺政治权利终身，并处没收个人全部财产。

另，路桥公司于2015年以不当得利为由起诉市政公司，请求市政公司返还合同保证金600万元款项及利息，南昌市东湖区人民法院及南昌中院经过一审、二审，分别作出（2015）东民初字第1650号、（2016）赣01民终130号民事判决，驳回了路桥公司的诉讼请求。

一审法院认为，路桥公司根据2014年5月5日与刘某友签订《项目施工管理目标责任书（承包合同书）》，收到刘某友缴纳的2000万元合同保证金后，在明知该工程无法实施，双方之间内部承包协议无法履行的情况下，于2014年6月19日向刘某友出具承诺书表明其愿意归还该2000万元合同保证金。该承诺是路桥公司的真实意思表示，对其具有约束力。且路桥公司在出具承诺书后，依照约定履行了部分承诺，归还了1120万元工程履约保证金，但其余部分一直未予归还。现刘某友要求路桥公司返还其剩余合同保证金880万元及利息，符合法律规定，应予支持。路桥公司辩称该承诺书系刘某友欺诈情况下作出，系无效的民事行为，但并未提供充分的证据证明，亦未在法定限期申请撤销，故一审法院对此意见不予采信。路桥公司另辩称其中600万元转给市政公司是刘某友许可的行为，其对此不应当承担退回责任，刘某友对此予以否认。刘某友支付的系保证金，应当专款专用，路桥公司在未查实与市政公司签订了建设工程合同的情况下，擅自将600万元通过公司账户转给市政公司，其主张对此不承担返还责任，于法于理无据，一审法院对此不予支持。市政公司与刘某友之间并不存在直接的合同关系，也并未获得实际的利益，基于合同相对性原则，刘某友在本案主张要求市政公司承担连带责任并要求其返回相应款项，于法无据，一审法院对此不予支持。综上，一审法院依据《中华人民共和国民法通则》第一百一十一条、《中华人民共和国合同法》第一百零七条、第一百一十三条第一款之规定，于2016年11月16日作出

(2016）赣01民初176号民事判决：一、路桥公司在一审判决生效后十日内返还刘某友交纳的工程履约保证金计人民币880万元及利息（自2014年5月5日起按年利率24%计算至返还款项之日止)；二、驳回刘某友其他诉讼请求。如未按一审判决指定期间履行给付金钱义务，应当依照《中华人民共和国民事诉讼法》第二百五十三条之规定，加倍支付迟延履行期间的债务利息。案件受理费84101元，财产保全费5000元，合计89101元，由路桥公司负担。

刘某友不服一审判决，上诉请求：撤销一审判决第二项，改判市政公司对600万元合同保证金及利息承担连带返还责任。路桥公司不服一审判决，上诉请求：撤销一审判决第一项，改判路桥公司返还刘某友履约保证金人民币280万元，市政公司返还刘某友履约保证金600万元，改判市政公司与刘某友承担全部诉讼费用。

二审中，各方当事人均未提交新证据。

二审法院另查明：2014年9月10日市政公司的财务科长姚某文在南昌市公安局西湖分局所作的笔录中称，“2014年5月12日，我公司经营科的科长章某问我有一笔江西福振路桥公司打来的600万保证金到没到公司的账上……当时章某拿了一张我公司的‘请款单’要我把这600万转给江西博世强生物工程有限公司，转款用途是：进贤产业园道路排水工程投标保证金，当时我就提出疑问，投标保证金平时都是转到投标中心的，怎么这次转到公司去，当时章某解释这家公司是发标单位，可以这样转，因为我不是业务口的我不知道规定，况且我公司的徐旭总经理也在请款单上面签了字，后来我就把这600万转到了江西博世强生物工程有限公司。”2014年9月11日市政公司的法定代表人徐旭在南昌市公安局西湖分局所作的笔录中称，“今年5月初的时候，我公司分管业务的副总吕某和我说：辛某强找他谈有一个工程想和我公司合作去投标，资金由辛某强出，我们公司负责出面承接。当时我就同意了，就叫吕某具体去操作。到了今年5月13日，我公司的财务科长姚某文拿着一张我公司的‘请款单’找我签字，说要转一笔600万的投标保证金，因为这个事情5月初的时候吕某向我汇报过，我知道这个事情，我看请款单上有吕某的签字，当时我问了财务科长这600万到没到公司的账上，财务科长说钱到了公司的账上，我也就没多问就在上面签了字。辛某强和我和吕某都是原来市政开发公司的老同事。具体怎么会从福振路桥公司转600万来我不清楚，因为具体的事情都是由吕某办的。”

二审法院还查明：2014年5月12日路桥公司转给市政公司的款项用途为“合同保证金”，次日市政公司转入博世强公司账号600万元的银行进账单中载明的是：“进贤产业园道路排水工程投标保证金”。

二审法院查明的其他事实与一审一致。

二审法院认为，本案二审的争议焦点为：1. 路桥公司应否对受辛某强指示转出的600万元承担返还责任；2. 市政公司应否对该600万元及利息承担返还责任。

关于路桥公司应否对受辛某强指示转出的600万元承担返还责任的问题。二审法院认为，2014年5月5日，路桥公司作为甲方与作为乙方的刘某友、辛某强签订的《项目施工管理目标责任书（承包合同书）》，系一份刘某友、辛某强合伙挂靠资质的协议。刘某友将2000万支付给路桥公司，系代表刘某友、辛某强的合伙体支付。辛某强要求路桥公司转出600万元给市政公司的行为，应视为合伙体的行为。因此，路桥公司就其受辛某强的指示转出的600万元的行为不承担民事责任。

关于市政公司应否对该600万元向刘某友承担返还责任的问题。二审法院认为，刘某友、辛某强作为合伙体向市政公司转出600万元合同保证金，如果辛某强以合伙体名义通知市政公司转出该600万元给辛某强控制的公司，则应视为刘某友接收该款，市政公司无需再向刘某友返还该600万元。但根据市政公司法定代表人的笔录及相关银行进账单可知，市政公司认为其与辛某强合伙投标另一工程的投标保证金，并将600万元按辛某强指示以“投标保证金”的用途转到辛某强控制的公司。而以刘某友、辛某强合伙体名义由路桥公司转出的600万元仍存放在市政公司。对该600万元，市政公司负有返还义务，作为刘某友、辛某强两人合伙体之一的刘某友享有要求市政公司返还600万元保证金的权利，二审法院对市政公司认为刘某友不具有请求权基础的主张不予支持。市政公司辩称，其不存在过错，与刘某友的损失不存在法律上的因果关系，不构成侵权。对此，二审法院认为，路桥公司应刘某友、辛某强两人合伙体要求转600万元给市政公司，但市政公司与路桥公司以及刘某友、辛某强的两人合伙体之间并无任何合同关系或其他合法事由，此时市政公司与刘某友、辛某强两人合伙体之间形成的是不当得利关系，市政公司无论过错与否，均需返还这笔款项。

对于由路桥公司转入市政公司的600万元，路桥公司在将该600万元转出后，仍向刘某友出具书面承诺明确表示愿意返还，故应承担返还该款的连带责任。就返还的利息，路桥公司出具的承诺书中载明月息2分，应视为对返还金额利息的约定，路桥公司应履行该约定。鉴于本案实际，市政公司作为一家注册金额为1亿元，经验范围包括市政工程、道路、建筑工程的大型企业，无任何书面合同、合法事由受领路桥公司转入的600万元，故占有该600万元的利息应参照路桥公司的承诺计算，即月息2分。路桥公司主张其向刘某友出具的承诺书并非其真实意思表示，但未提供相应证据证明，二审法院不予支持。

综上，刘某友的上诉请求部分成立；路桥公司的上诉请求不能成立，应予驳回。二审法院依照《中华人民共和国民法通则》第九十二条、《中华人民共和国合同法》第八条、《中华人民共和国民事诉讼法》第一百七十条第一款第二项之规定，于2017年3月21日作出（2017）赣民终55号民事判决：一、撤销一审判决第二项；二、变更一审判决第一项为：路桥公司于本判决生效后十日内返还到刘某友交纳的工程履约保证金计人民币280万元以及利息（以280万元为本金自2014年5月5日起按年利率24%计算至返还款项之日止）；三、市政公司于本判决生效后十日内返还刘某友合同保证金计人民币600万元及利息（以600万元为本金自2014年5月13日起按年利率24%计算至返还款项之日止），路桥公司对该款项及利息承担连带返还责任；四、驳回刘某友的其他诉讼请求。如未按本判决指定的期间履行给付金钱义务，则应当依照《中华人民共和国民事诉讼法》第二百五十三条之规定，加倍支付迟延履行期间的债务利息。一审案件受理费84101元，财产保全费5000元，二审案件受理费133348.33元，合计222449.33元，由路桥公司负担111225元，市政公司负担111224.33元。

本院再审审理中，除市政公司主张2014年5月12日路桥公司转给市政公司的汇款凭证上仅记载“同城来账”，并没有关于款项用途为“合同保证金”的记载，路桥公司主张遗漏了2014年6月19日路桥公司承诺书的作出使得辛某强合同诈骗罪未能案发、诈骗行为得以继续的相关事实外，各方当事人对原审查明的其他事实没有异议。

本院再审审理中，各方当事人均未提供新的证据。

本院对原审查明的各方当事人没有异议的事实予以确认，对虽有异议但未提供充分证据予以证明的主张不予认定。

本院认为，本案再审审理的争议焦点为市政公司是否负有返还刘某友600万元不当得利的义务。该争议焦点项下，涉及不当得利的构成要件和法律效果两个层面的问题，其一，市政公司与刘某友之间是否构成不当得利；其二，市政公司是否因此负有返还刘某友600万元及相应利息的义务。分析如下：

（一）市政公司与刘某友之间是否构成不当得利

《中华人民共和国民法通则》第九十二条规定："没有合法根据，取得不当利益，造成他人损失的，应当将取得的不当利益返还受损失的人。"2017年10月1日起施行的《中华人民共和国民法总则》第一百二十二条基本沿袭了该条规定，"因他人没有法律根据，取得不当利益，受损失的人有权请求其返还不当利益。"根据上述规定，构成不当得利，应符合以下要件：民事主体一方取得利益；取得利益没有法律根据；取得利益致使民事主体他方受到损失。根据发生原因的不同，可以将不当得利划分为基于给付而生的不当得利，和基于给付之外的事由而生的不当得利两种基本类型。对于前者而言，是否构成不当得利，应就给付行为发生当时进行判断。

根据本案已查明的事实，市政公司系基于与辛某强合伙投标进贤产业园排水工程，于2014年5月12日收到自路桥公司处按照辛某强的指示转入的600万元投标保证金。其系出于对和辛某强形成合伙关系的信赖和基于合伙事务的执行而取得利益，但因该合伙关系为辛某强所虚构，系辛某强犯合同诈骗罪的一个环节，实际并不存在，故市政公司取得该600万元利益不具有合法原因。就刘某友而言，其于2014年5月5日、6日向路桥公司共计转入2000万元，以及与辛某强作为合伙体，要求路桥公司于2014年5月12日向市政公司转入600万元，均系受辛某强虚构市政公司为发包单位的进贤G320绕城公路工程所欺诈而缴纳的工程保证金，上述2000万元，嗣后仅被返还1120万元，其财产总额减少了880万元，其中的600万元损失，即系因路桥公司按照辛某强的指示转入市政公司而发生。就市政公司取得600万元利益和刘某友受到600万元损失的原因来看，前者是基于辛某强虚构的合伙投标进贤产业园排水工程，后者是基于辛某强虚构的进贤G320绕城公路工程，似乎不属于严格意义上的同一原因事实，但整体而言，前述两个虚构行为系辛某强同一合同诈骗犯罪活动的不同环节而已，基于公平理念和社会一般观念，应当认定两者之间具有实质上的牵连关系，足以成立因果关系。故，基于上述构成要件层面的分析，市政公司和刘某友之间成立不当得利。

（二）市政公司是否因此负有返还刘某友600万元及相应利息的义务

虽市政公司无法律根据取得600万元利益，致刘某友受到600万元损失，二者之间构成不当得利，但因市政公司在取得600万元的次日，即按照辛某强的指示将该600万元转出至辛某强掌控的博世强公司，就市政公司而言，其所获利益已不存在，是否仍应负有向刘某友返还600万元及相应利息的义务，还应在不当得利的法律效果层面，尤其在不当得利受益人的返还义务范围上予以检视。

就不当得利受益人的返还义务范围而言，现行法律中，除前述《中华人民共和国民法通则》第九十二条有“应当将取得的不当利益返还受损失的人”，《中华人民共和国民法总则》第一百二十二条有“受损失的人有权请求其返还不当利益”的规定外，并未针对受益人应当返还的不当利益的范围设置具体条文。《最高人民法院关于贯彻执行〈中华人民共和国民法通则〉若干问题的意见（试行）》第一百三十一条亦仅规定，“返还的不当利益，应当包括原物和原物所生的孳息。利用不当得利所取得的其他利益，扣除劳务管理费用后，应当予以收缴”，未规定在原物毁损、灭失或者因其他法律或者事实上的原因返还不能的情况下，应当返还的不当利益的范围如何确定。需要指出的是，并非所有法律未规定的事项，均当然地构成法律漏洞。所谓法律漏洞，是指违反立法计划导致法律规范的不完整性。是否构成法律漏洞应视此种未规定的事项是否违反了法律规范的目的，以及是否立法者出于立法技术等方面的考虑而有意不设置条文而定。不当得利法律关系中，如一旦构成不当得利即不问过错一概由受益人负全部返还义务，既欠缺法律依据，混淆了不当得利的构成要件和法律效果这两个本属不同层面的问题，也违反了不当得利调节财产价值不当移动的规范意旨和价值指向。故，现行法律未就原物毁损、灭失或者因其他法律或者事实上的原因返还不能时，受益人应当返还的不当利益的范围作出规定，已对法律适用造成困扰，构成法律漏洞。

具体而言，法律漏洞可以区分为开放的漏洞和隐蔽的漏洞，前者指针对某一事项欠缺法律规定，后者指虽有法律规定，但依据该规定的目的，不应适用于某一事项。在法律适用中，不同性质的法律漏洞，主要通过类推适用、目的论的限缩等不同方法加以填补。本案所涉事项系因法律未作规定而构成的开放的漏洞，应采用类推适用的方法来填补。即，对法律未规定的事项，参照、援引与其性质相类似的法律规定，加以适用。本案中，市政公司本身亦为辛某强合同诈骗犯罪活动的对象，其系基于对与辛某强合伙投标进贤产业园排水工程的信赖而收取并转出600万元。现无证据证明，市政公司对该合伙项目属辛某强虚构知情，亦无证据证明其对辛某强采取虚构市政公司为发包单位的进贤G320绕城公路工程，虚构与路桥公司、刘某友之间的内部承包、合伙关系，指示路桥公司向市政公司缴纳进贤G320绕城工程保证金600万元的方式诈骗刘某友的情形知情，其在对该600万元款项的收取、占有以及嗣后的转出上，主观上均为善意。市政公司作为善意受益人，在其收取的600万元已于次日转出、所获利益不存在的情况下，其对受损人刘某友所负返还义务的范围问题，在法律性质和基本权利义务结构上，与占有关系中占有人和权利人，尤其占有物毁损、灭失之际，权利人可向善意占有人主张的损害赔偿请求权问题，具有相似性，甚至会产生一定程度的竞合关系。《中华人民共和国物权法》第二百四十四条规定："占有的不动产或者动产毁损、灭失，该不动产或者动产的权利人请求赔偿的，占有人应当将因毁损、灭失取得的保险金、赔偿金或者补偿金等返还给权利人；权利人的损害未得到足够弥补的，恶意占有人还应当赔偿损失。"上述规定，与该法第二百四十二条关于"占有人因使用占有的不动产或者动产，致使该不动产或者动产受到损害的，恶意占有人应当承担赔偿责任"、第二百四十三条关于"不动产或者动产被占有人占有的，权利人可以请求返还原物及其孳息，但应当支付善意占有人因维护该不动产或者动产支出的必要费用"的规定，共同构成了占有人与权利人之间的权利义务规则。上述规则的体系解释表明，法律对占有关系进行调整时，无论占有人使用占有物时权利人的损害赔偿请求权，占有物毁损、灭失时权利人的损害赔偿请求权，抑或权利人对占有物的返还请求权，均区分占有人的主观心理状态，分别对善意占有人和恶意占有人赋予不同的权利义务、课以不同的责任方式和责任范围。如，占有物毁损、灭失场合下，权利人请求赔偿的，善意占有人仅负有返还因"毁损、灭失取得的保险金、赔偿金或者补偿金"的义务。同样地，不当得利关系中，亦应区分受益人的善意与否，确定不同的返还义务范围，如受益人主观上是善意的，其返还义务的范围应以现存利益为限，没有现存利益的，不再负有不当利益的返还义务；如受益人主观上为恶意，即使没有现存利益，也不能免除其返还所受不当利益的义务。事实上，这一结论，在比较法解释的层面上，亦能获得充分的支持。基于上述分析，本案中，市政公司作为善意受益人，因其在收到600万元的次日即将该款项转出，所受利益已不存在，不应向刘某友负有返还义务。二审判决关于市政公司无论过错与否均需返还600万元及其利息的认定，适用法律已有不当；在此之外还依据路桥公司对刘某友作出的“月息2分”的承诺来计算市政公司未返还款项的利息，认定事实更为错误，本院予以纠正。

综上，市政公司关于其不应承担返还不当得利义务的再审申请，具有事实和法律依据，本院予以支持。依照《中华人民共和国民事诉讼法》第二百零七条第一款、第一百七十条第一款第二项规定，判决如下：

一、撤销江西省高级人民法院（2017）赣民终55号民事判决；

二、维持江西省南昌市中级人民法院（2016）赣01民初176号民事判决。

本案一审案件受理费84101元，财产保全费5000元，合计89101元，由江西省福振路桥建筑工程有限公司负担。二审案件受理费133348.33元，由江西省福振路桥建筑工程有限公司负担79483元，刘某友负担53865.33元。

本判决为终审判决。

审判长：王展飞；审判员：周伦军、汪军；法官助理：刘牧晗；书记员：陈则羽

二〇一七年十二月二十七日

第三部分　夫妻共同债务

专题十五

债权人明知夫妻一方的借款并非用于夫妻共同生活的不应认定为夫妻共同债务

——林某、陈某晔与福建春秋文化发展有限公司民间借贷纠纷案

【裁判观点】

《最高人民法院关于审理涉及夫妻债务纠纷案件适用法律有关问题的解释》第三条规定，夫妻一方在婚姻关系存续期间以个人名义超出家庭日常生活需要所负的债务，债权人以属于夫妻共同债务为由主张权利的，人民法院不予支持，但债权人能够证明该债务用于夫妻共同生活、共同生产经营或者基于夫妻双方共同意思表示的除外。夫妻一方作为借款中间人向债权人出具借条，借款金额远超日常生活所需，借款款项实际由债权人转入与夫妻双方无关的第三方账户并由第三方支配使用，债权人知晓夫妻一方借款中间人的身份以及款项流转情况，应当认定其明知借款并非用于夫妻共同生活、共同生产经营，也并非基于夫妻双方共同意思表示，该借款不应认定为夫妻共同债务。

中华人民共和国最高人民法院

民事判决书

案号（2018）最高法民再20号

再审申请人（一审被告、二审被上诉人）：林某，男，1984年4月22日生，

汉族，住福建省福州市鼓楼区。

委托诉讼代理人：潘鹏飞，福建建达律师事务所律师。

再审申请人（一审被告、二审被上诉人）：陈某晔，女，1984年3月12日生，汉族，住福建省福州市鼓楼区。

被申请人（一审原告、二审上诉人）：福建春秋文化发展有限公司。住所地：福建省福州市鼓楼区五四路环球广场1705单元。

法定代表人：张瑞恩，该公司董事长。

委托诉讼代理人：张学京，福建至理律师事务所律师。

再审申请人林某、陈某晔因与被申请人福建春秋文化发展有限公司（以下简称春秋公司）民间借贷纠纷一案，不服福建省高级人民法院（2016）闽民终367号民事判决，向本院申请再审。本院于2017年12月7日作出（2017）最高法民申3979号民事裁定，提审本案。本院依法组成由审判员周伦军担任审判长、审判员马东旭、审判员张爱珍参加的合议庭公开开庭审理了本案。法官助理由李洁担任，书记员王薇佳担任法庭记录。再审申请人林某及其委托诉讼代理人潘鹏飞、再审申请人陈某晔、被申请人春秋公司的委托诉讼代理人张学京到庭参加诉讼。本案现已审理终结。

林某申请再审称：一、本案2000万元的实际借款人是上海鑫贸实业发展有限公司（以下简称鑫贸公司）、林某华和黄某锋，林某只是中间人。本案借款是春秋公司的实际控制人林某甲为谋取高额利差，希望林某介绍客户给其进行短期资金拆借业务，林某遂介绍了林某华、黄某锋及二人实际控制的鑫贸公司，林某华、黄某锋及鑫贸公司均出具了收条，也在《借款合同》中签字盖章予以确认。实际上，春秋公司还应持有林某华、黄某锋2014年7月给春秋公司的还款承诺。林某之所以会出具该借据，是因为春秋公司多次向林某华、黄某锋及鑫贸公司催款未果后，林某甲以应付股东询问为由，提供《借据》格式文本，请求林某以自己名义签署该《借据》，并承诺该《借据》仅作为帮助其应付春秋公司股东会追问的书面材料，林某认为该《借据》明确约定了失效条款，不会产生法律责任，才签署了该《借据》，并按林某甲要求将《借据》时间倒签为2013年3月11日。基于此，《借据》中才出现了借款汇入账户及账号、户名系盖章非手写、未约定利率或利息、特别约定“本借据正式失效日为款项汇入借款约定账户日”等不合理之处，一审中林某申请依法追加林某华、黄某锋及鑫贸公司为本案共同被告，未获准许。二审认定林某是借款人，缺乏事实依据。二、二审判决一方面认定《借据》是双方真实的意思表示，但该《借据》的最后一句“本借据正式失效日为款项汇入之日”作为整个《借据》不可分割的重要组成部分，却又被认定为不是双方的真实意思表示，显然是相互矛盾的。首先，如果双方对该约定有争议，根据《中华人民共和国合同法》第一百二十五条的规定，应当先进行文义解释。该条款的表述从文义上并没有任何歧义，该《借据》中“本借据正式失效日为款项汇入之日”乃是双方特殊的约定，可以证明申请人林某作为中间介绍人的身份。其次，基于以下事实该约定不可能是笔误：1. 民间借贷的交易习惯是以借款实际发放为借款合同生效的要件，而不是二审判决所称“双方约定款项到账之日为生效日更符合民间借贷交易习惯”；2. 春秋公司是一家从事文化产业的大型公司，聘有法律顾问，汇款也有财务把关，笔误一说不成立；3. 即使出现笔误，春秋公司也有足够的时间进行更正，《借据》落款时间2013年3月11日的次日3月12日还有600万元汇入指定账号，其当时完全可以马上更正，甚至要求林某重新签署《借据》后再出借600万元。在长达2年的时间内，春秋公司从未提出异议进行更正，也未要求林某重新签署《借据》；4. 该《借据》由林某出具，应当推定是林某的真实意思表示；5. 事实上，该《借据》系春秋公司的格式文本。在另案春秋公司与林某的230万元民间借贷纠纷中，春秋公司并未分多笔将款项汇入借款人账户，而是一笔款项直接汇入借款人账户，但是《借据》文本与本案相同，充分说明《借据》中的“本借据正式失效日为款项汇入借款约定账户日”并非用于约定多笔汇款后借据的生效（失效）问题，而是春秋公司和中间介绍人林某之间的特殊约定；6. 春秋公司以所谓“生效”与“失效”的首字母均为“SHX”为由，主张系笔误，但林某出具该《借据》时完全可能使用了其他输入法而不是拼音输入法，或不是只打首字；7. 如果春秋公司对该《借据》中的“失效”应为“生效”有重大误解，根据合同法的规定，应在签订《借据》后一年内向人民法院提起变更或撤销之诉，但春秋公司未在法律规定的时间内提起变更或撤销之诉。三、本案春秋公司提供的汇款凭证时间和汇款凭证内容也足以证明林某与春秋公司之间不存在真正的债权债务关系。首先，春秋公司提供的其向鑫贸公司的三张汇款凭证均备注“往来款”，如春秋公司所述属实，该笔汇款的资金用途应为“代林某借款给鑫贸公司”等相关备注。其次，《借据》落款时间系2013年3月11日，春秋公司首笔汇款600万元是在《借据》落款时间之前，充分说明春秋公司与鑫贸公司在此之前已存在资金往来关系。说明涉案2000万元系春秋公司与鑫贸公司的资金拆借，并非春秋公司出借给林某的款项。四、本案一审庭审中，林某申请了证人郑某出庭，二审庭审中林某请了证人林某、陈某出庭，这些证人的证言可以相互印证，足以证实春秋公司与林某华、黄某锋及鑫贸公司形成借贷法律关系，且明知债务人系林某华、黄某锋及鑫贸公司，而不是林某。综上，依据《中华人民共和国民事诉讼法》第二百条第二项、第六项之规定，请求撤销原判，依法改判驳回春秋公司的诉讼请求。

陈某晔申请再审称：一、春秋公司在与林某之间实际不存在债权债务关系的情况下，通过恶意诉讼使陈某晔承担巨额债务。首先，林某始终声明自己只是中间介绍人，因为《借据》有失效这一特殊约定，他才签字，并且真正借款方早在林某签订该《借据》之前，已和春秋公司签订借款合同，春秋公司于3月7日就汇往鑫贸公司600万元。其次，如果2000万元债权债务关系真实，事发当时春秋公司实际控制人林某甲夫妻俩（即林某的姑姑及姑丈）应通知陈某晔和林某共同签署《借据》，但他们一直到鑫贸公司的借款不能收回时才起诉陈某晔。最后，林某一审时曾向法院申请追加鑫贸公司、林某华和黄某锋为本案被告，春秋公司却不同意，说明其担心真正借款人到庭会使事实被查明。该案一审判春秋公司败诉，二审在春秋公司没有提供任何新证据，法院未介入调查或追加实际借款人为被告的情况下就推翻一审判决，不能使人信服。二、二审机械套用《最高人民法院关于适用〈中华人民共和国婚姻法〉若干问题的解释（二）》第二十四条，将本案巨额债务判为夫妻共同债务，明显错误。首先，陈某晔和林某婚姻关系存续期间保持经济独立。2000万元巨额款项由春秋公司直接转账至鑫贸公司，未经过陈某晔的账户，整件事在婚姻存续期间陈某晔均不知情，也没有和林某共同举债的合意。其次，所有款项均是春秋公司直接转账给鑫贸公司，公对公的转账，还是巨额款项，明显不是用于夫妻共同生活。再次，陈某晔已经向法庭提供了婚姻关系存续期间银行账户的所有流水，证明婚后双方共同生活期间，陈某晔未发生过购房、购车或者其他大额支出和举债，很明显，如此巨额款项从未用于夫妻双方共同生活，陈某晔更是不可能分享该所谓“债务”带来的收益。最后，陈某晔的工资用于家庭生活已经足够，根本无需对外借此巨款，如此巨款更是明显超出家庭生活所需。二审判决书第2页提到“春秋公司事实和理由：陈某晔身为林某的妻子，一直以来知情并享受该资金套利获得的额外收益”，但春秋公司从未举证证明陈某晔知情或享受过收益。因此，二审认为“陈某晔无证据证明春秋公司与林某明确约定本案债务属于林某个人债务或存在《中华人民共和国婚姻法》第十九条第三款规定的情形”属严重错误。最高人民法院民一庭答复《关于婚姻关系存续期间夫妻一方以个人名义所负债务的性质如何认定的问题请示》中称，“如果举债人的配偶举证证明所借债务并非用于夫妻共同生活，则其不承担偿还责任”，《福建省高级人民法院印发审判委员会关于婚姻关系存续期间夫妻一方以个人名义对外借款责任承担问题的会议纪要的通知》的规定，也说明人民法院对夫妻一方以个人名义借款判定为双方共同债务的前提必须是该借款用于夫妻双方共同生活。而本案2000万元款项从未用于共同生活。综上，依据《中华人民共和国民事诉讼法》第二百条第二项、第五项、第六项之规定，请求撤销原判，依法驳回春秋公司的诉讼请求。

春秋公司答辩称：一、二审法院认定林某出具《借据》系真实意思表示，是指林某向春秋公司借款并出具《借据》的行为是真实意思表示，与认定“失效日”系笔误，是“整体”和“部分”两个不同层面的概念，并不矛盾。如果存在《借据》失效的约定，与法律存在冲突，也与常理不符，故“失效”纯粹是“生效”的笔误。二、林某关于本案缘起的陈述没有事实依据。本案真实情况是林某原为工商银行福州市高桥支行行长，其利用工作上的便利掌握了客户资源和信息，利用为客户提供还贷所需“过桥资金”赚取高额利息差。本案2000万元的款项就是林某想赚取鑫贸公司的“过桥资金”利息而向春秋公司要求短期借款所致。春秋公司考虑到林某系春秋公司实际控制人林某甲的堂侄，且春秋公司长期在林某任职的银行办理贷款等金融业务。春秋公司出于对林某的信任，在没有任何担保的情况下按照林某的指示将款项汇入林某指定的鑫贸公司账户。春秋公司从未期望了解或获取林某与鑫贸公司之间可能存在的高额利息。春秋公司与鑫贸公司之间没有业务往来，也不了解鑫贸公司的实际控制人，春秋公司不可能在没有任何担保或抵押的情况下与鑫贸公司发生2000万元数额的借贷关系。三、春秋公司将款项出借给林某，林某再转借给鑫贸公司。鑫贸公司作为最终的借款人必然要承担还款义务，但其还款的对象是林某。法律规定债权可以由债权人决定转让，而债务的转让则需债权人同意。鑫贸公司签署借款合同只是林某与鑫贸公司共谋将林某所应当负担的2000万元债务转移给鑫贸公司，但该行为并不可能得到债权人即春秋公司的同意。四、林某辩称本案《借据》仅作为向春秋公司股东说明资金流向的材料、并非真实借据的辩解并不成立。林某作为成年人，且担任银行行长职务，是不会以自己名义替他人书写借据的。如确有其他实际借款人，也应当由实际借款人书写借据，而不需林某代劳。五、至于另案230万元民间借贷案件中出现的和本案类似格式的《借据》中也有“失效”字样笔误的问题，系春秋公司的实际控制人林某甲出于对自己堂侄林某的信任，导致对重复使用的《借据》版本并未认真审查所致。六、案涉《借据》中加盖了鑫贸公司的财务章亦属正常情况。鉴于鑫贸公司作为最终借款人，提供收款账户，为避免账号书写错误，直接加盖公司财务章较为方便、合理。七、本案二审法院判决陈某晔在夫妻共同财产范围内承担还款义务也属合理。陈某晔是福州银行高管，林某是工商银行行长，两人掌握的客户资源、资金资源都很丰富。如果他们有共同财产也是共同利用这些资源获得的。综上，请求驳回再审申请，维持原判。

春秋公司向一审法院起诉请求：1. 林某和陈某晔返还春秋公司借款2000万元；2. 林某和陈某晔从2013年5月11日起按未还借款金额的2%/月向春秋公司支付违约金至实际还清款项之日止（暂计至2015年3月11日为880万元）；3. 林某和陈某晔承担本案诉讼费。

福建省福州市中级人民法院一审查明：林某出具《借据》一份，主要内容为“本人兹向春秋公司借款人民币贰仟万元整。请将上述借款汇入户名上海鑫贸实业发展有限公司、账号31××× 10、开户行中国建设银行上海宝钢宝山支行。款到账之日起计算，借款期限2013年3月11日至2013年5月10日止，还款届满时未能还清本息，应按未还款的日千分之三付违约金，特立此据。本借据正式失效日为款项汇入借款约定账户日。”《借据》落款时间为2013年3月11日。春秋公司分别于2013年3月7日、3月11日、3月12日向鑫贸公司汇款600万元、800万元、600万元，共计2000万元，汇款凭证上载明“用途：往来款”。

本案一审审理中林某向一审法院递交《追加被告申请书》，申请追加鑫贸公司、林某华、黄某锋等为本案共同被告。春秋公司不同意林某的前述申请。

陈某晔与林某于2011年2月17日登记结婚，于2014年3月1日协议离婚。

一审法院认为：依据春秋公司提交的汇款凭证，案涉2000万元借款分别于2013年3月7日至3月12日汇入鑫贸公司账户。林某出具《借据》的落款时间为2013年3月11日，而在《借据》出具的当天及此前，春秋公司就已向案外人鑫贸公司汇款1400万元，且讼争《借据》最后载明“本借据正式失效日为款项汇入借款约定账户日”，民间借贷案件应以借款实际发放为借款合同生效的要件，合同中一般无须再约定生效日期，故春秋公司关于《借据》中“失效”实为“生效”系笔误的主张不能成立。结合讼争《借据》该项特殊约定，林某关于春秋公司出借款项时就已明知其不是实际借款人，仅是中间人的抗辩，可信度更高，予以采信。因春秋公司出借款项均已汇入指定账户，故依《借据》的该特殊约定，讼争《借据》已于2013年3月12日失效，不具有法律效力。春秋公司在出借款项时已明知讼争2000万元款项实际借款人并非林某，却仍依据已失效的《借据》诉请林某还款，并要求陈某晔承担共同还款责任，于法无据，不予支持。综上，该院依照《中华人民共和国民事诉讼法》第一百五十二条的规定，于2015年9月30日作出（2015）榕民初字第873号民事判决：驳回春秋公司的诉讼请求。本案一审案件受理费185800元，由春秋公司负担。

春秋公司不服一审判决，向福建省高级人民法院提起上诉，请求：1. 撤销一审判决，改判支持春秋公司一审的诉讼请求，由林某和陈某晔向春秋公司返还借款2000万元并支付利息880万元（暂计至2015年3月11日）；2. 一、二审诉讼费由林某与陈某晔承担。事实和理由：一、春秋公司与林某之间借贷关系独立完整，林某应当向春秋公司承担还款义务。1. 林某于2013年3月11日向春秋公司出具《借据》，约定其向春秋公司借款2000万元，《借据》体现的借款人是林某。2. 春秋公司分别于2013年3月7日、11日、12日向林某指定账户汇入600万元、800万元、600万元。3. 在《借据》出具当日，尚有600万元的借款未到账，因此《借据》最后约定：“本借据正式‘生效’日为款项汇入借款约定账户日。”但由于存在笔误，把“生效”误打印成了“失效”。这种错误在使用拼音输入法过程中是常见的事情。这种约定既解决了借款未全额到账的问题，也符合民间借贷案件应以借款实际发放为借款合同生效要件的惯例。4. 林某不是本案借款的中间人。林某以个人名义向春秋公司借款并出具《借据》，无证据证明林某曾向春秋公司披露或明示过存在其他实际借款人。即使林某事后在诉讼过程中披露存在所谓的实际借款人或借款委托人，也只能说明林某是借款受托人。根据《中华人民共和国合同法》第四百零三条的规定，春秋公司对林某主张权利是有法律依据的。二、本案借款时，陈某晔和林某是夫妻关系。林某在银行任职期间，利用手中的客户资源和银行的优势地位，向客户短期拆借资金用于高息放贷并从中牟取暴利的事实，陈某晔身为林某的妻子，一直以来知情并享受资金套利获得的额外收益。虽然林某与陈某晔已经领取离婚证，但陈某晔仍应与林某共同承担婚姻存续期间的共同债务。

林某答辩称：一、本案2000万元的实际借款人是鑫贸公司、林某华和黄某锋，林某只是中间人。本案借款是因春秋公司的实际控制人林某甲主动找林某联系，要求林某介绍客户进行短期拆借业务。林某遂介绍了黄某锋、林某华向春秋公司借款。本案实际借款人是林某华和黄某锋实际控制的鑫贸公司。二、《借据》中“本借据正式失效日为款项汇入借款约定账户日”的约定内容，不存在所谓“笔误”的说法。首先，若如春秋公司在上诉状中主张的，《借据》是林某出具的，那么《借据》关于失效约定的内容就体现林某的真实意思。因为林某并非实际借款人，该《借据》当时仅作为向春秋公司股东说明资金流向的材料，而不是真实的借据。其次，如果该《借据》系春秋公司提供，那么春秋公司作为一家从事文化教育方面的企业，已具备一定规模且内部制度健全，已聘请了常年法律顾问律师，而且其法定代表人及实际控制人均是有完全民事行为能力的成年人，有足够的审核判断能力，其竟然在一份2000万元巨额借款、全篇不足百字的《借据》中出现“没有认真核对借据，以致没有及时地发现和更改笔误”的情况，这是不可能的。事实上该《借据》系春秋公司提供的，《借据》中“本借据正式失效日为款项汇入借款约定账户日”约定的内容是当时双方的真实意思表示，根本不存在“笔误”的情况。三、春秋公司主张林某是借款“受托人”，应当举证相关“借款受托”的证据。综上，一审判决认定事实正确，请求驳回上诉，维持原判。

陈某晔答辩称：一、“本借据正式失效日为款项汇入借款人约定账户日”为特殊约定。一审判决关于林某是中间人的判定是正确的。首先，《借据》签署时间是2013年3月11日，而首笔资金600万元的汇款时间是2013年3月7日，且所有汇款凭证摘要均为“往来款”，这充分说明春秋公司早在借款之前就与实际借款人鑫贸公司存在往来关系，对鑫贸公司是知情的。其次，《借据》是春秋公司当时以要向股东会解释资金流向为由与林某签署的。春秋公司实际控制人林某甲、吴某禄分别是林某的姑姑及姑丈，出于堂姑侄情分，林某才签署了这份《借据》。也同时基于事实真相，在《借据》签署之时双方当事人就约定好基于林某中间人的身份，才有了《借据》中“失效日”的特殊约定。二、陈某晔对林某与春秋公司之间的2000万元借款行为，在两人婚姻关系存续期间完全不知情，且该笔借款也未用于婚后夫妻双方的共同生活。首先，该笔巨额借款从未经过陈某晔账户。其次，陈某晔并不认识春秋公司的法定代表人白某，也未在《借据》上签字。最后，2000万元的借款是由春秋公司直接汇入鑫贸公司，不是用于夫妻共同生活。陈某晔拥有稳定的职业和工资收入，经济独立，根本不需要依靠林某的工资，更别提是如此巨额借款维系生活。婚后夫妻双方共同生活期间，陈某晔也未发生购房、购车等大额支出或举债。综上所述，春秋公司对陈某晔的上诉请求缺乏法律依据，与事实不符，请求驳回其上诉。

二审中，各方当事人对一审查明的事实无异议，二审法院予以确认。

二审法院认为，本案二审争议焦点是：1. 春秋公司与林某之间是否存在民间借贷关系。2. 讼争借据当中所说的“本借据正式失效日为款项汇入之日”是否为双方的真实意思表示。对此，二审法院予以分析、认定如下：一、关于春秋公司与林某之间是否存在民间借贷关系的问题。二审法院认为，春秋公司与林某的《借据》系双方真实意思表示，未违反法律强制性规定，合法有效。春秋公司与林某之间构成民间借贷法律关系。春秋公司依约定分别于2013年3月7日、3日11日、3月12日向《借据》指定收款人鑫贸公司汇款600万元、800万元、600万元，共计2000万元，春秋公司履行了出借款项之义务。借款到期后，林某依约应承担还款义务。二、关于讼争《借据》当中所说的“本借据正式失效日为款项汇入之日”是否为双方的真实意思表示的问题。二审法院认为，第一，在借据中约定失效条款不符合民间借贷交易习惯。若借款一经到账，借据即失去效力，则没有签订借据之必要。第二，讼争借款2000万元的最后一笔款项600万元系于《借据》签订次日才汇入约定账户，故双方约定款到账之日为生效日更符合民间借贷交易习惯。第三，林某主张其只是中间人，实际借款人为鑫贸公司，但其未提供充分证据予以佐证，其所提供的两份《借款合同》均无春秋公司的盖章。因此，讼争《借据》的“本借据正式失效日为款项汇入之日”并非双方的真实意思表示。春秋公司关于“失效日”应为“生效日”的主张更符合客观事实，该院予以支持。《借据》中约定：“还款届满时未能还清本息，应按未还款金额的日千分之三付违约金”，现春秋公司自愿要求林某和陈某晔支付从2013年5月11日起按未还借款金额月2%支付违约金至实际还款之日止，系对其自身权利的处分，未违反法律规定，该院予以准许。

根据《最高人民法院关于适用〈中华人民共和国婚姻法〉若干问题的解释（二）》第二十四条的规定：“债权人就婚姻关系存续期间夫妻一方以个人名义所负债务主张权利的，应当按夫妻共同债务处理。但夫妻一方能够证明债权人与债务人明确约定为个人债务，或者能够证明属于婚姻法第十九条第三款规定情形的除外”。本案借款发生于林某与陈某晔夫妻关系存续期间，陈某晔亦无证据证明春秋公司与林某明确约定本案债务属于林某个人债务或存在《中华人民共和国婚姻法》第十九条第三款规定的情形。因此，陈某晔应对林某的债务在夫妻财产范围内承担共同偿还责任。

综上所述，春秋公司的上诉请求成立。该院依照《中华人民共和国民事诉讼法》第一百七十条第一款第二项之规定，于2017年4月28日作出（2016）闽民终367号民事判决：一、撤销福建省福州市中级人民法院（2015）榕民初字第873号民事判决；二、林某应于本判决生效之日起十日内偿还春秋公司借款本金2000万元及违约金（违约金按照月利率2%自2013年5月11日起计算至实际还款之日止）；三、陈某晔在夫妻财产范围内对林某的上述第二项债务承担共同清偿责任。一审案件受理费185800元、二审案件受理费185800元，均由林某、陈某晔共同负担。

本院再审期间，林某向本院提交了如下证据：1. 案外人林某伟名下中国工商银行62××39银行卡2013年4月2日至2013年4月18日银行流水清单，拟证明鑫贸公司于2013年4月18日通过上海廷合建材经营部将案涉借款部分利息50万元汇至林某伟的银行卡，当日林某伟将该50万元汇至林某甲的银行账号，春秋公司实际收取了鑫贸公司部分借款利息；2. 林某伟与林某2013年的飞行航班记录，拟证明林某伟与林某共同处理春秋公司借款相关事宜。对前述证据，春秋公司的质证意见为：1. 上海廷合建材经营部与春秋公司没有业务往来，不是案涉借款使用人，也不是借款人或出借人，与本案无关。林某伟将50万元汇给林某甲，系归还之前向林某甲的借款，与春秋公司无关；2. 飞行航班记录体现的是林某伟的个人行为，林某伟只是春秋公司的挂名股东，春秋公司没有委派林某伟处理与本公司有关的事务。如系公司委派，应当提供相应的报销凭证。陈某晔的质证意见为，同意林某的意见。就申请人林某提供的上述证据，本院认为，银行流水清单所体现的上海廷合建材经营部与林某伟、林某甲之间款项流转记录，仅显示了上海廷合建材经营部与林某伟、林某甲之间曾有款项往来，因无直接证据能够证明上海廷合建材经营部与鑫贸公司之间的关联，尚不足以证明春秋公司收取了鑫贸公司的借款利息。林某、林某伟的飞行航班记录虽然体现了两人行程，但即便林某与林某伟系受春秋公司委托前往上海处理案涉借款事宜，亦不能由此得出春秋公司不要求林某为案涉借款承担个人责任的结论。综上，本院对上述两份证据，不予采信。

本院经审理查明，原审判决认定事实属实，本院予以确认。

再审中，各方当事人争议的焦点问题为：1. 春秋公司与林某之间是否存在民间借贷关系；2. 案涉借款债务是否为夫妻共同债务，陈某晔是否应当承担共同清偿责任。就当事人争议的焦点问题，分述如下：

关于春秋公司与林某之间是否存在民间借贷关系的问题。本院认为，本案中，林某于2013年3月11日向春秋公司出具《借据》，载明其向春秋公司借款2000万元并要求将该款汇入鑫贸公司账户，春秋公司在该《借据》出具前后，分别于2013年3月7日、3日11日、3月12日向鑫贸公司账户汇款600万元、800万元、600万元，共计2000万元。即便如林某所称其系春秋公司和鑫贸公司之间民间借贷关系的中间介绍人，其出具《借据》的行为亦应认定构成债务加入行为，在春秋公司依约实际向鑫贸公司出借相应款项后，林某亦应依其承诺向春秋公司承担还本付息的义务。故原审判决关于林某与春秋公司之间构成民间借贷关系，林某应当承担2000万元借款还本付息责任的认定，并无不当。就《借据》所载“本借据正式失效日为款项汇入之日”的真实意思表示应当如何确定的问题。《中华人民共和国合同法》第一百二十五条第一款规定，当事人对合同条款的理解有争议的，应当按照合同所使用的词句、合同的有关条款、合同的目的、交易习惯以及诚实信用原则，确定该条款的真实意思。本案中，诉争《借据》明确约定了案涉民间借贷关系中双方当事人的地位、借款金额、收款账户、借期等内容，系构建本案双方当事人之间民间借贷法律关系的重要凭据。《借据》中对应语句若按“失效日”理解，则会推导出借款汇入指定收款人账户后，《借据》即失去效力的结论，那么本案《借据》将全无签订之必要，这一理解显然违背民间借贷的生活常识。故原审法院综合双方当事人对借款原委的陈述、民间借贷交易习惯，认定案涉《借据》中“本借据正式失效日为款项汇入之日”中的“失效日”应为“生效日”，更贴合本案民间借贷实际发生的真实情况，符合情理，于法有据，本院予以支持。林某关于《借据》中关于款项汇入日为借据失效日的诉讼理由，不符合日常生活的经验法则，本院不予支持。

关于案涉借款债务是否为夫妻共同债务，陈某晔是否应当在夫妻财产范围内承担共同清偿责任的问题。本院认为，《最高人民法院关于审理涉及夫妻债务纠纷案件适用法律有关问题的解释》第三条规定，夫妻一方在婚姻关系存续期间以个人名义超出家庭日常生活需要所负的债务，债权人以属于夫妻共同债务为由主张权利的，人民法院不予支持，但债权人能够证明该债务用于夫妻共同生活、共同生产经营或者基于夫妻双方共同意思表示的除外。本案中，案涉《借据》仅由林某作为借款人签名，且春秋公司并不否认林某作为借款中间人的身份，应当认定春秋公司明知该借款并非用于林某与陈某晔的夫妻共同生活、共同生产经营，也并非是基于其夫妻双方共同意思表示。春秋公司关于案涉借款构成林某、陈某晔的夫妻共同债务的诉讼主张，并无相应的事实和法律依据，本院不予支持。原审判决未考虑本案借款债务形成的具体经过、资金流向、借款用途等因素，认定案涉2000万元债务为夫妻共同债务不当，本院予以纠正。

综上，林某的申请理由不能成立，本院不予支持，陈某晔的申请理由部分成立，本院予以支持。原审判决认定事实和适用法律均有不当之处，本院予以纠正。依照《中华人民共和国合同法》第一百二十五条第一款、第一百九十六条、第二百一十条，《最高人民法院关于审理涉及夫妻债务纠纷案件适用法律有关问题的解释》第三条，《中华人民共和国民事诉讼法》第六十四条、第二百零七条第一款、第一百七十条第一款第二项之规定，判决如下：

一、维持福建省高级人民法院（2016）闽民终367号民事判决第一、二项；

二、撤销福建省高级人民法院（2016）闽民终367号民事判决第三项；

三、驳回福建春秋文化发展有限公司的其他诉讼请求。

如果未按本判决指定的期间履行给付金钱义务，应当按照《中华人民共和国民事诉讼法》第二百五十三条之规定，加倍支付迟延履行期间的债务利息。

一审案件受理费185800元、二审案件受理费185800元，均由林某负担。

本判决为终审判决。

审判长：周伦军；审判员：马东旭、张爱珍；法官助理：李洁；书记员：王薇佳

二〇一八年六月十九日

专题十六

夫妻一方作为债务加入人而承担的个人债务是否能作为夫妻共同债务

——徐某娟诉华某明、许某标、许某文、德金投资有限公司、北京清大德人科技有限公司、邓某云民间借贷纠纷案

【裁判观点】

夫妻一方所负债务或所做担保，未约定夫妻共同偿还，债权人亦不能证明该债务用于夫妻共同生活时，应当作为负债一方个人债务。但在具体案件中，应当充分考虑一方负债所涉背景、真实用途、对家庭的贡献以及生产经营关联等。如果该债务虽为夫妻一方所借或所加入，但是用于家庭经营或者使得家庭受益，应当认定为夫妻共同债务。在对夫妻债务关系上加重债权人举证责任的同时，人民法院也要注意审查该债务对家庭生产生活是否影响，防止债务人恶意转移财产逃避债务，切实保障债权人合法权益。

中华人民共和国最高人民法院

民事裁定书

案号（2017）最高法民申 1516 号

再审申请人（一审被告、二审上诉人）：徐某娟。

委托诉讼代理人：霍志剑，北京市雨仁律师事务所律师。

被申请人（一审原告、二审被上诉人）：华某明。

一审被告、二审上诉人：许某标。

原审被告：许某文。

原审被告：德金投资有限公司，住所地北京市海淀区西三环北路 87 号 12 层 1－1203 室。

法定代表人：盛德力，该公司经理。

原审被告：北京清大德人科技有限公司，住所地北京市海淀区广源闸 5 号 1 幢 7 层 701－226。

法定代表人：林志广，该公司经理。

原审被告：邓某云。

再审申请人徐某娟因与被申请人华某明、一审被告、二审上诉人许某标、原审被告许某文、德金投资有限公司（以下简称德金公司）、北京清大德人科技有限公司（以下简称德人公司）、邓某云民间借贷纠纷一案，不服江苏省高级人民法院（2016）苏民终947号民事判决，向本院申请再审。本院依法组成合议庭进行了审查，现已审查终结。

徐某娟申请再审称，原审判决符合《中华人民共和国民事诉讼法》第二百条第六项之规定，应予再审，请求撤销原审判决，发回重审或改判驳回华某明对徐某娟的诉讼请求。主要事实和理由如下：

一、最高人民法院《关于适用〈中华人民共和国婚姻法〉若干问题的解释（二）》（以下简称《婚姻法解释（二）》）第二十四条是以日常家事代理理论为法理基础，夫妻一方举债须不违反法律及公序良俗。该条规定的另一法理基础是，夫妻一方举债之目的通常系用于夫妻共同生活或家庭生产经营，夫妻另一方因一方的举债直接或间接获益，故可推定此类债务为夫妻共同债务。针对此点，最高人民法院民一庭针对地方法院的请示作出过明确答复。最高人民法院民一庭2014年对江苏省高级人民法院所作的［2014］民一他字第10号答复中规定，“如果举债人的配偶举证证明所借债务并非用于夫妻共同生活，则其不承担偿还责任”。最高人民法院民一庭2015年对福建省高级人民法院所作的［2015］民一他字第9号复函中规定，“夫妻一方对外担保之债不应当适用《婚姻法解释（二）》第二十四条的规定认定为夫妻共同债务。”可见，如果举债人之债务并非用于夫妻共同生活的，则不应认定为夫妻共同债务，其配偶不承担偿还责任。夫妻一方对外承担的是担保之债，则该债务不应认定为夫妻共同债务。分析其法理基础可知，夫妻一方对外承担担保责任，该债务系因担保约定而产生，并非因举债人获得债权人的金钱或利益，举债人的家人并未因此而获得任何利益，故此类型的债务不应当认定为夫妻共同债务。

二、本案中，许某标的“举债”并非因“借款”而产生，而是源于其个人的“债务加入”行为，未因此而获利。该行为特点与担保行为相同，均为“没有金钱取得，仅有义务承担”，依婚姻法原理，不能认定许某标因其债务加入的“举债”属于夫妻共同债务。根据法律常识，如此高额度的债务加入行为已完全超出日常家事代理的范畴。当时许某标“债务加入”并未与徐某娟进行过任何商议，仅为其个人行为，二人没有共同举债的合意。此外，华某明将诉争款项汇给了“目标公司”丰宁满族自治县明龙矿业有限公司及丰宁经联矿业有限公司，并没有支付给许某标，其自始没有从华某明处获过任何金钱或利益。此情形与“担保责任之债”完全相同。由于许某标没有因其“债务加入”获利，所以徐某娟作为许某标的前妻，自然也没有因此而获得任何利益。鉴于许某标在其“债务加入”过程中没有从债权人处取得过金钱利益，该债务之发生亦并非用于夫妻共同生活，因此可认定，本案情况根本不符合《婚姻法解释（二）》第二十四条规定之情形，故不能适用该条规定判由徐某娟承担本案的共同清偿责任。原审判决明显违背立法原意，属于适用法律错误，应当予以纠正。

华某明、许某标、许某文、德金公司、德人公司、邓某云均未提交答辩意见。

本院经审查认为，本案的争议焦点为徐某娟是否应对许某标个人债务加入而产生的债务承担共同偿还责任。根据《婚姻法解释（二）》第二十四条规定：“债权人就婚姻关系存续期间夫妻一方以个人名义所负债务主张权利的，应当按夫妻共同债务处理。但夫妻一方能够证明债权人与债务人明确约定为个人债务，或者能够证明属于婚姻法第十九条第三款规定情形的除外。夫妻一方与第三人串通，虚构债务，第三人主张权利的，人民法院不予支持。夫妻一方在从事赌博、吸毒等违法犯罪活动中所负债务，第三人主张权利的，人民法院不予支持。”《中华人民共和国婚姻法》第十九条第三款规定：“夫妻对婚姻关系存续期间所得的财产约定归各自所有的，夫或妻一方对外所负的债务，第三人知道该约定的，以夫或妻一方所有的财产清偿。”本案中，许某标承诺德金公司的债务由其负责清偿，系其加入到德金公司对华某明的债务中来，许某标成为华某明的债务人。此时许某标与徐某娟仍在婚姻关系存续期间，因此许某标对德金公司的债务属于婚姻关系存续期间夫妻一方的债务。从现有证据来看，华某明与许某标并未明确约定该债务系许某标个人债务，双方亦不存在恶意串通、违法犯罪或明知约定财产等情形，因此，根据上述法律规定，许某标对华某明的债务为其与徐某娟的夫妻共同债务。徐某娟主张许某标系债务加入人，并未直接向华某明借款，因此对华某明的举债其并未受益，该款项亦未用于夫妻共同生活，故不应当认定为夫妻共同债务。但本案中许某标并非债务担保行为，且主债务人德金公司原法定代表人许某文为许某标女儿，该公司与许某标、徐某娟均有密切关系。华某明与德金公司最初的《合作协议》即由许某标代表签字，许某标实际参与德金公司的经营活动，且徐某娟自称家庭经济事宜均由许某标包办，因此，华某明的债务并非与许某标、徐某娟无关，许某标在德金公司经营过程中的行为是婚姻关系存续期间的生产经营活动，由此可见对于华某明的举债已用于许某标、徐某娟夫妻共同生活，该债务应当作为许某标与徐某娟的夫妻共同债务，原审法院认定由徐某娟承担共同偿还责任正确，本院对此予以确认。

综上，徐某娟的再审申请并不符合《中华人民共和国民事诉讼法》第二百条第六项规定之情形，依照《中华人民共和国民事诉讼法》第二百零四条第一款，《最高人民法院关于适用〈中华人民共和国民事诉讼法〉的解释》第三百九十五条第二款规定，裁定如下：

驳回徐某娟的再审申请。

审判长：虞政平；审判员：江军、王展飞；法官助理：夏根辉；书记员：何燕

二〇一七年五月十一日

第四部分　物权纠纷

专题十七

质押监管人不履行或不完全履行监管义务造成质权人损失的，应当承担赔偿责任

——再审申请人厦门中远海运物流有限公司与被申请人招商银行股份有限公司福州白马支行合同纠纷案

【裁判观点】

（1）质押监管三方协议实际上包含两层法律关系：一是出质人与质权人之间的质押法律关系，二是质权人与监管人之间的委托保管法律关系。

（2）在动产质押法律关系中，质权只是实现主债权的担保，若约定质权所担保的债权最终不能完全实现，风险应当由债权人承担。

（3）监管人委托保管法律关系中应当承担的责任，不是质权人处置质物后，主债权仍不能清偿的风险，而是其没有履行监管义务造成质物短少的违约责任。

中华人民共和国最高人民法院
民事裁定书

案号（2018）最高法民申2872号

再审申请人（一审被告、二审上诉人）：厦门中远海运物流有限公司（原厦门中远物流有限公司）。住所地：福建省厦门市思明区鹭江道268号远洋大厦28A室。

法定代表人：董大欣，该公司执行董事。

委托诉讼代理人：沈浩，北京大成（南京）律师事务所律师。

委托诉讼代理人：梁琪，北京市天元律师事务所上海分所律师。

被申请人（一审原告、二审上诉人）：招商银行股份有限公司福州白马支行。住所地：福建省福州市台江区白马南路333号水口福州生产调度大楼。

负责人：林宗河，该支行行长。

委托诉讼代理人：陈武，福建合立律师事务所律师。

委托诉讼代理人：涂晓萍，福建合立律师事务所律师。

再审申请人厦门中远海运物流有限公司（以下简称中远公司）因与被申请人招商银行股份有限公司福州白马支行（以下简称招行白马支行）合同纠纷一案，不服福建省高级人民法院（2017）闽民终479号民事判决，向本院申请再审。本院依法组成合议庭进行了审查，现已审查终结。

中远公司申请再审称：（一）二审判决事实认定错误，招行白马支行对质物负有法定审核义务，不可转让给他方。《商业银行押品管理指引》第二十五条、第二十六条均要求商业银行对担保物品权属、变现能力等进行调查。所谓的"调查"便是要求商业银行对于质物的情况进行审慎调查，包括质物的数量和重量等。因此，招行白马支行对于福建柯米斯商贸有限公司（以下简称柯米斯公司）所提供的质物，负有法定的"审核"义务，其有义务确认柯米斯公司所提供的质物的数量和重量与《质物清单》一致。既然招行白马支行对质物有法定"审核"义务，就不能转让给他方。尽管本案二审法院调查获取的《福建银监局关于审查担保财产数量、重量等是否属于银行法定职责的复函》（以下简称《福建银监局复函》）中称："允许将部分贷前调查事项委托第三方代为办理"，但该说法的来源依据是《个人贷款管理暂行办法》，而该办法第三条明确规定适用的范围只是针对自然人贷款。本案的柯米斯公司并非自然人，不应适用上述条款。那么，在没有合法依据的情况下，商业银行对于非自然人的贷款人，仍应依法履行对质物的"审核"义务。《福建银监局复函》属于扩大解释，不应作为审判的依据。（二）招行白马支行的损失不应由中远公司一方承担，招行白马支行和柯米斯公司应对各自的过错承担责任。一审、二审中双方均确认过"移交监管时质物的数量、重量与人民法院进行司法拍卖时的实际数量、重量一致"，那么质物实际短缺的唯一原因就是柯米斯公司最初所提供的质物不符合约定。因此，柯米斯公司提供质物短缺，虚开质押清单，主观上具有明显过错，应当承担主要责任。而招行白马支行根据柯米斯公司提供的“增值税发票及密度确定重量”，既未实际清点，也未组织在场三方进行共同清点，便草率确认柯米斯公司所签署的《质押清单》。招行白马支行怠于履行质物审查义务，对于最终所造成的损失，同样存在过错，也应承担责任。二审判决虽对于各方的责任已经作出了区分和认定，但是最终的判决并没有体现这一认定。中远公司对于质物短缺造成招行白马支行的损失至多承担不超过30%的责任。（三）二审判决对于招行白马支行的损失认定错误，且超出招行白马支行的诉讼请求范围。本案讼争所涉及的法律关系是招行白马支行和中远公司之间的委托保管关系。招行白马支行的损失，是由于出质人提供的质物不足所致。而二审判决认定的损失，却是基于主合同债权没有完全受偿。二审判决将两个不同的法律关系混淆，并以主合同债权没有完全受偿作为委托监管法律关系一方违约的赔偿基础，逻辑上存在重大错误，从而导致错误的判决。中远公司坚持招行白马支行的损失按照法院司法拍卖的价格进行估算。招行白马支行在一审诉状中便是据此起诉。二审判决认定超越了招行白马支行的诉讼请求范围。（四）本案一审、二审判决遗漏了必须参加诉讼的当事人柯米斯公司，审判程序违法。本案的《动产质押监管合作协议》涉及招行白马支行、中远公司、柯米斯公司三方主体，各有不同的合同权利义务。案涉的质物是柯米斯公司提供，对于质物在柯米斯公司交付时的数量、重量以及如何交付等相关重要事实的查明，均离不开柯米斯公司。因此，即便招行白马支行起诉时未将柯米斯公司列为被告，一审、二审法院为查明案件事实也应依职权将柯米斯公司追加为第三人。而且，二审法院认定柯米斯公司对招行白马支行的损失承担法律责任。很显然，这剥夺了案外人柯米斯公司的诉讼权利。综上，中远公司依据《中华人民共和国民事诉讼法》第二百条第二项、第十一项的规定申请再审。

招行白马支行提交意见认为：1. 招行白马支行将核验质物的数量、重量等义务委托给中远公司，并不违反法律的规定，应当认定合法有效。2. 本案中，招行白马支行没有任何过错，不应当承担责任。二审法院判决质物的损失应当由中远公司承担100%的赔偿责任，综合权衡了诉讼各方的利益，判决结果正确。3. 柯米斯公司不是本案必要的共同诉讼人。一审、二审没有追加柯米斯公司作为本案的当事人，审判程序没有违法。中远公司在一审、二审审理中均未向法院申请追加柯米斯公司为本案第三人。实际上中远公司对柯米斯公司已足额出质是明知的。

中远公司在本案再审审查期间向本院提供一份新证据：《监管费用支付协议》。该份协议由中远公司和柯米斯公司于2011年9月9日签订，约定了中远公司因监管案涉质物每年收取70万元的质物监管费。招行白马支行经过质证，对该份证据的真实性、合法性、关联性没有异议。本院对该份证据予以确认。

本院经审查认为，本案再审审查的焦点问题为：1. 质物短少损失在各方当事人之间应如何分配；2. 二审判决是否超出当事人诉讼请求。

（一）关于质物短少损失在各方当事人之间应如何分配的问题

本案中，一审法院基于《动产质押监管合作协议》和质物实际处置情况，认定案涉质物短少损失35115847元；二审法院基于本案质押额度为8000万元的主债务本息，在处置质物后，尚余87678866.02元未清偿的主债权本息，并据此认定招行白马支行的损失。一审、二审的认定各有事实依据，但就本案而言，基于《动产质押监管合作协议》的约定，招行白马支行向中远公司主张损失赔偿的范围应当限于因监管质物短少造成的损失，且招行白马支行也是据此提起的相关诉讼请求。就此而言，一审法院对于损失范围的界定更符合本案事实和《动产质押监管合作协议》的约定。本案当事人的核心争议在于因质物短少的损失35115847元如何分担。

根据本案已经查明的事实，招行白马支行与柯米斯公司签订授信额度为8000万元的《授信协议》。为保障《授信协议》的履行，招行白马支行、柯米斯公司与中远公司三方签订《动产质押监管合作协议》。基于《动产质押监管合作协议》约定，二审法院认定“本案监管合作协议兼具委托、仓储和保管合同的特征”，有相应的事实依据。《动产质押监管合作协议》实际上包含两层法律关系：一是出质人柯米斯公司与质权人招行白马支行之间的质押法律关系，二是质权人招行白马支行与监管人中远公司之间的委托保管法律关系。

1. 就质押法律关系而言，质权人的主要权利是占有质物，并在债务人不履行到期债务时拍卖质物，并就所得价款优先受偿；质权人的主要义务则是妥善保管质物。质权人的权利义务均以对质物的占有为前提。根据《中华人民共和国物权法》第二百一十二条的规定，质权的有效设立以质物占有转移为要件。如果实际转移占有的质物与约定质物不一致的，根据《最高人民法院关于适用〈中华人民共和国担保法〉若干问题的解释》第八十九条的规定，约定的出质财产与实际移交的财产不一致的，以实际交付占有的财产为准，《动产质押监管合作协议》也有相应的约定。据此，不论柯米斯公司出质的实际财产与质物清单中所列财产有多大程度上的区别，质权仅在实际转移占有的质物上设立。质权人占有质物既可以自己实际占有，也可以委托他人代为占有。本案即属于招行白马支行委托中远公司代为占有、监管质物的情形。根据《动产质押监管合作协议》第4.1条关于"自《查询及出质通知书（附确认回执）》到达丙方（中远公司）并经丙方确认之日起，质物移交给至甲方（招行白马支行），质押生效。由丙方代理甲方占有质物，并按照本协议的规定履行监管责任"的约定，中远公司在对质押清单予以确认后，本案质权即有效设立在柯米斯公司实际交付、经由中远公司实际占有保管的质物之上，该部分质物通过后续拍卖和以物抵债变现22133402元。质权只是实现主债权的担保，若约定质权所担保的债权最终不能完全实现，风险应当由债权人承担。就本案而言，实际处置的质物与约定质物相比出现短少，该部分损失应当如何负担，需要进一步审查《动产质押监管合作协议》所涉的委托保管法律关系。

2. 就委托保管法律关系而言，为了加快交易速度，减轻债权人（质权人）对质物占有保管负担，交易实践中债权人往往与具有专业保管能力的第三人订立质物监管合同，代替自己占有并保管质物。这种委托监管合同只要出于当事人的真实意思表示，且不违反法律、行政法规的效力性强制性规定，应当认定为有效合同。一审、二审法院认定案涉《动产质押监管合作协议》系各方当事人真实意思表示，是合法有效的。本院予以确认。由此，双方当事人的权利义务范围应当依据合同约定予以分析判断。《动产质押监管合作协议》第3.1条约定，"质物设立质押时，甲方（招行白马支行）、乙方（柯米斯公司）向丙方（中远公司）发出《查询及出质通知书（附确认回执）》，将质物及设立质押的事实通知丙方，丙方验收货物无误后予以确认"，将验收质物的义务分配给了监管人；第4.3.4条约定，监管人应当"审核质物的品名、规格、数量、外包装状况，保证提货、换货后剩余质物的价值符合本合同2.5款的规定"；第4.3.5条约定，"每个工作日上午11点前，丙方应将前一日监管质物的进出库变化和库存信息包括库存质物的品名、规格、数量、货位等，按照《印鉴式样》中约定的传真号或电子邮箱号以传真方式或电子数据方式传送给甲方，并自行做好数据备份，丙方在监管人员变动时应及时书面通知甲方”；第4.3.6条约定，“丙方应当建立完善的出入库台账登记制度，登记、核实乙方提货或换货后的质物最低价值是否符合本合同2.5（款）的规定”，等等。从上述约定条款中可以看出，中远公司作为质物的占有、监管人既负有质物入库时审核查验义务，又负有质物日常保管查验义务。中远公司作为质物保管人未审慎核对实际质物与质物清单中的质物是否具有同一性，就签章确认质物清单，在出现质物短少时，根据《动产质押监管合作协议》第4.4条“丙方（中远公司）违反上述约定造成质物短损灭失，甲方质权落空导致质物价值不足质物最低价值的，承担不足部分的赔偿责任”的规定，中远公司应当对委托人招行白马支行承担违约责任，其责任范围依约应限于质物清单中应当移交的质物价值与实际变现及以物抵债后价值的差额，即质物短少损失35115847元。

至于中远公司主张招行白马支行负有对质物的法定审核义务未履行，是否影响中远公司上述责任承担的问题。经审查，中远公司的该主张主要根据《中华人民共和国商业银行法》第三十五条“商业银行贷款，应当对借款人的借款用途、偿还能力、还款方式等情况进行严格审查。商业银行贷款，应当实行审贷分离、分级审批的制度”；中国人民银行制定的《贷款通则》第二十七条“贷款调查：贷款人受理借款人申请后，应当对借款人的信用等级以及借款的合法性、安全性、盈利性等情况进行调查，核实抵押物、质物、保证人情况，测定贷款的风险度”；以及原中国银行业监督管理委员会制定的《商业银行押品管理指引》第二十五条“商业银行应明确抵押（出质）人需提供的材料范围，及时、全面收集押品相关信息和材料”；第二十六条“商业银行应对抵押（出质）人以及押品情况进行调查并形成书面意见，内容包括但不限于押品权属及抵质押行为的合法性、押品及其权属证书的真实性、押品变现能力、押品与债务人风险的相关性，以及抵押（出质）人的担保意愿、与债务人的关联关系等”的规定。综合分析上述规定，均是相关金融主管部门对银行系统的管理性规定，若当事人违反这些规定依法应承担相应的行政或者民事责任，但并不当然影响案涉《动产质押监管合作协议》的效力以及当事人依约应当承担的违约责任。而且，二审法院针对“审核抵押物或质物的数量、重量等是否为银行的法定义务，银行是否可以将该义务委托第三方履行”的问题，专门向中国银行业监督管理委员会福建监管局（以下简称福建银监局）去函咨询，福建银监局回函称：“在法律、规章以及银监会其他规范性文件没有明确禁止的情况下，只要没有将全部贷款调查事项委托第三方，银行可以将调查、审查担保财产数量、质量等内容委托第三方代为办理”。据此，招行白马支行作为质权人通过与中远公司签订协议的方式将质物的占有、保管交由专门的仓储管理机构代为办理，并不违反上述规定。中远公司主张招行白马支行对质物的法定审核义务不可转让给他方，但并未提供相应的依据足以推翻福建银监局的复函，本院不予认可。招行白马支行基于《动产质押监管合作协议》的约定，要求中远公司承担质物短少的损失，依据充分。

据此，中远公司在本案中应当承担的责任，不是基于招行白马支行作为质权人处置质物后，主债权仍不能清偿的风险，而是基于中远公司没有履行监管义务造成质物短少应当承担的违约责任。一审判决以质物清单中应当移交的质物与实际移交质物的差额作为招行白马支行的损失范围，即质物因短少造成损失35115847元，事实认定正确，但是没有区分两层法律关系中当事人不同的权利义务，判决招行白马支行承担其中50%的责任，显属不当。二审法院虽将结果作了纠正，但是仍然没有区分两层法律关系，并以质权人在处置质物后尚未实现的主债权本息作为损失赔偿基础，再根据各方当事人的过错程度并结合招行白马支行的诉讼请求，判决中远公司赔偿损失35115847元，又背离了《动产质押监管合作协议》的约定，亦属不当。本案中，根据《动产质押监管协议》的约定，因质物短少造成的损失35115847元应由中远公司承担，招行白马支行的法定审查义务不影响中远公司依约需承担的合同责任。故尽管二审判决对于损失范围的核算不确切，但案件实体处理结果对当事人责任负担并无实质影响。

（二）关于二审判决是否超出当事人诉求、是否遗漏必须参加诉讼的当事人柯米斯公司的问题

二审法院裁判并没有超出当事人的诉讼请求范围。招行白马支行向一审法院请求中远公司承担质物损失赔偿责任并立即向招行白马支行赔偿损失35115847元，一审法院也对此作出了相应裁判。尽管二审判决未能区分招行白马支行该笔担保债权未能全部实现的损失与质物短少造成的损失，但二审判决并未超出招行白马支行请求赔偿质物短少损失35115847元的诉请范围。中远公司认为二审判决

超出当事人的诉讼请求系对相关法律规定和上述事实的错误理解。二审法院对诉讼请求赖以存在事实基础的审查判断并不属于超出当事人诉讼请求进行裁判的情形。

至于柯米斯公司作为案涉贷款的债务人和出质人，是债务的最终责任承担人。招行白马支行在柯米斯公司未履行还款义务时已向法院另案起诉柯米斯公司，判决结果生效后已经进入执行阶段。本案中若再将柯米斯公司追加为当事人参加诉讼已经没有实际意义，而且本案是基于招行白马支行与中远公司因委托监管合同履行而产生的纠纷，不追加柯米斯公司参加本案诉讼并不影响案件的审理和责任的承担。因此，一审、二审法院未将柯米斯公司列为本案当事人并无不当。

综上，本案二审判决在认定事实上虽有瑕疵，但实体裁判结果并无不当。中远公司的再审申请不符合《中华人民共和国民事诉讼法》第二百条第二项、第十一项规定的情形。依照《中华人民共和国民事诉讼法》第二百零四条第一款，《最高人民法院关于适用〈中华人民共和国民事诉讼法〉的解释》第三百九十五条第二款的规定，裁定如下：

驳回厦门中远海运物流有限公司的再审申请。

审判长：贾清林；审判员：周伦军、马东旭；法官助理：黄哲雅；书记员：郑海虹

二〇一八年十一月二十六日

专题十八

在建工程抵押权的范围应当以不动产登记簿记载的内容为依据

——浙商金汇信托股份有限公司与浙江三联集团有限公司、三联控股集团有限公司、马某生、楼某珍、金华市华源置业有限公司金融借款合同纠纷案

【裁判观点】

在建工程抵押权是物权法规定的一种单独的抵押权类型，除当事人在抵押合同中另有约定外，其抵押物范围不仅包括国有建设用地使用权，还包括规划许可范围内已经建造的和尚未建造的建筑物。在建工程抵押权的登记方法，包括在抵押合同上作记载或者在房屋登记簿上作记载两种方式。在登记机关未设立房屋登记簿、亦未明确在抵押合同上记载在建工程抵押登记方法的情况下，因当事人的抵押合同及相关登记申请材料和登记机关出具的收件单等文件均已载明登记类型为在建工程抵押登记，且该等文件均在登记机关存档以备利害关系人查询，故应当认定登记机关在收件、审核时将此项业务作为在建工程抵押登记业务加以办理的行为，即完成了“记载”在建工程抵押登记的工作，在建工程抵押权即已依法设立。登记机关颁发的《在建工程抵押登记证明》的法律效果是使权利人取得了证明其权利状况的权属证书，在与登记簿的记载不一致的情况下，应当以登记机关的不动产登记为依据判断在建工程抵押物的范围。

中华人民共和国最高人民法院

民事判决书

案号（2018）最高法民再19号

再审申请人（一审原告、二审上诉人）：浙商金汇信托股份有限公司。

法定代表人：蓝翔。

委托诉讼代理人：蒋国良。

委托诉讼代理人：赵帅。

被申请人（一审被告、二审被上诉人）：浙江三联集团有限公司。

诉讼代表人：陆金才。

委托诉讼代理人：赵伟春。

一审被告：三联控股集团有限公司。

诉讼代表人：陆金才。

委托诉讼代理人：赵伟春。

一审被告：马文生。

一审被告：楼娟珍。

一审被告：金华市华源置业有限公司。

诉讼代表人：陆金才。

委托诉讼代理人：赵伟春。

再审申请人浙商金汇信托股份有限公司（以下简称金汇信托公司）因与被申请人浙江三联集团有限公司（以下简称三联集团公司）、一审被告三联控股集团有限公司（以下简称三联控股公司）、马文生、楼娟珍、金华市华源置业有限公司（以下简称华源置业公司）金融借款合同纠纷一案，不服浙江省高级人民法院（2016）浙民终718号民事判决，向本院申请再审。本院于2017年12月6日作出（2017）最高法民申4047号民事裁定，提审本案。本院依法组成由审判员周伦军担任审判长、审判员张爱珍、审判员汪军参加的合议庭公开开庭审理了本案。法官助理由李洁担任，书记员王薇佳担任法庭记录。再审申请人金汇信托公司的委托诉讼代理人蒋国良、赵帅，被申请人三联集团公司、一审被告三联控股公司、华源置业公司的诉讼代表人陆金才及委托诉讼代理人赵伟春到庭参加诉讼，一审被告马文生、楼娟珍经本庭合法传唤未到庭应诉，本院依法缺席审理。本案现已审理终结。

金汇信托公司申请再审称：一、案涉土地使用权整体应属于抵押权标的。（一）原审仅认定金汇信托公司对桂语山居（二期）在建工程的50套房屋享有抵押权，却未认定对该在建工程所坐落的土地使用权［即金市国用（2014）第103-02695号土地使用权］是否享有抵押权，违反了物权法规定的“地随房走”的基本原则，属于严重的判决内容遗漏，将造成后续执行混乱。（二）在认定土地使用权是否属于抵押权标的时，应明确土地使用权整体属于抵押权标的，而不是仅认定50套房屋对应的土地使用权属于抵押权标的。根据相关规定，在土地仅对应一个土地使用权证号的情况下，不能进行切割分别设定抵押权。（三）如仅认定50套房屋对应的土地使用权属于抵押权标的，不仅违背了当事人的意思表示，而且不利于抵押物价值利用最大化。本案中，各方签署的《抵押合同》［浙金信（抵）字HY-2014-016号-1］第1.2条明确约定："本合同项下的抵押物是指目标项目项下位于金华安地镇安地村地块的土地使用权及其上在建工程"。因此，提交登记的《抵押合同》已经明确约定了金市国用（2014）第103-02695号土地使用权整体属于当事人约定的抵押权范围。另外，当金汇信托公司已办理在建工程抵押登记后，无论该等在建工程抵押登记是包含在建工程整体还是部分在建工程，其所对应的土地使用权都无法再抵押给其他人。二、案涉在建工程整体应属于抵押权标的。（一）原审判决未认定金汇信托公司对于案涉在建工程整体（含已建及未建部分）享有抵押权，属于重大事实认定错误。1. 原审判决将50本他项权证作为判断权利的唯一依据，却没有依据当事人真实合意及实际的登记行为判断当事人所享有的权利范围。登记并非仅指他项权证。根据《中华人民共和国物权法》第十七条、《最高人民法院关于适用〈中华人民共和国担保法〉若干问题的解释（一）》第二条的规定，如要认定在建工程抵押权人享有抵押权益的，应当审查当事人所办理的登记手续及真实的权利文件，依据当事人的真实合意与实际的登记行为所指向的抵押物内容来明确本案的抵押登记范围。2. 本案中，根据当事人办理的抵押登记手续，抵押登记的类型就是在建工程抵押，其抵押的范围即应当包括金市国用（2014）第103-02695号土地使用权之上已经规划明确的全部在建工程。根据金华市房地产交易办证中心所公示的"在建工程抵押权设立登记申请材料要求"，金汇信托公司办理本案所涉在建工程抵押时，提交了公示要求列明的全套在建工程抵押登记材料，其中《抵押合同》第1.2条明确约定："本合同项下的抵押物是指目标项目项下位于金华安地镇安地村地块的土地使用权及其上在建工程"；合同第1.5条约定："除法律另有明确规定外，抵押期间抵押物上新增建筑物应列入本合同项下抵押物范围"。提交登记的《建设用地规划许可证》（地字第330702201200061号）及其附件《规划条件》和《红线图》《建设工程规划许可证》（建字第330702201300077号）及其附件《规划审定意见书》《建筑工程施工许可证》(33070220140115E201、33070220140115E301)均可以明确，双方提交登记的抵押权客体就是金市国用(2014)第103－02695号土地使用权上已经规划明确的全部在建工程。3. 登记机关根据行政操作习惯，就已完工的部分先行发放登记证明(即他项权证)。但此并不能被解释为登记机关仅做了部分抵押登记，行政机关的行为不能变更物权法制度，不能起到硬性拆分在建工程的效果。4. 本案相关事实也证明了双方登记的抵押权包含在建工程整体。在办理了部分抵押登记之后，三联集团公司为办理其商品房的预售而向金汇信托公司提交《解除抵押申请》，用于交给登记机关证明相关“房屋”已经解除抵押，其中包括之前已经办理出他项权证的“房屋”，还有尚未办理过他项权证的“房屋”。证明金汇信托公司对当前尚未建设完毕的在建工程也拥有抵押权。(二)原审判决仅认定金汇信托公司对50套“房屋”享有抵押权，更是对在建工程及其抵押的物权属性的重大误解，适用法律明显错误。1. 在建工程抵押权的范围依法包括建造中、已规划尚未建造的建筑物以及对应的土地使用权。根据《最高人民法院关于适用〈中华人民共和国担保法〉若干问题的解释》第四十七条、《城市房地产抵押管理办法》第三条第五款的规定，在建工程抵押的内容既包括已经在建的房屋，也包括尚未建造的部分。并且，结合《中华人民共和国物权法》第一百八十二条的规定，抵押人未将在建工程与土地使用权一并抵押的，应视为一并抵押。2. 在建工程是一个独立的物权概念，是由已完工部分和已经规划但尚未完工部分组成的整体，具有不可分性。从物权属性来认定，在建工程属于土地使用权上之添附，是一个不断增加物权内容的动态过程，其物权的内容随着不断地添附而增加，且本身是一个不可区分的整体。3. 学者的统一观点及既有判例亦明确在建工程的整体性及不可分性。江平、杨立新、崔建远等6位国内权威物权法专家出具的论证意见，均着重强调了在建工程的整体性、不可分性的固有属性。(2015)锡民终字第1149号案件等类似案例中也持上述主张。三、本案的社会影响及再审的必要性。在建工程抵押新近才出现，且其物权属性、登记方式等均未在现有法律、法规中明确规定，导致了一些地方的登记机构仅对在建工程完工部分发放他项权证。事实上，这类操作本身只是行政机构在缺乏法律明确指引情况下的一种折中做法，但如果法院在审判环节机械地将“他项权证”作为切分在建工程的依据，并作为判断抵押权登记的唯一标准，将导致很多在建工程抵押权事实上将无法实现或抵押权实现的范围大打折扣，从而扼杀了在建工程抵押这一已经被法律认可的抵押模式。综上，请求撤销二审判决及一审判决第二项，确认金汇信托公司对桂语山居（二期）的所有在建工程及上述在建工程占用范围内的土地使用权［即编号金市国用（2014）第103－02695号《国有土地使用权证》项下的土地］享有抵押权，并由三联集团公司承担一审、二审、再审的诉讼费用。

三联集团公司答辩称：一、案涉仅50套在建工程对应的土地使用权应属于抵押权标的，其他土地使用权对应其他在建工程，不属于本案抵押权标的物。（一）原审判决并未遗漏土地使用权是否属于抵押权标的。根据“地随房走”原则，50套在建工程所对应的土地使用权的抵押无需在判决书中予以列明，三联集团公司在原审中并未否定金汇信托公司对50套在建工程所对应的土地使用权享有优先受偿权。（二）除50套在建工程所对应的土地使用权外，金市国用（2014）第103－02695号土地使用权所规划的其他建筑物所对应的土地使用权不属于抵押权标的。1. 根据物权法的相关规定，不动产登记中土地使用权登记、房屋等建筑物或构筑物所有权登记、抵押权登记是属于不同类别项，土地使用权抵押登记、正在建造的建筑物抵押登记也属于不同类别项，不同类别项中确定了“房随地走、地随房走”的一并抵押登记原则，但不同类别项中所确定的“房随地走、地随房走”有不同的法理基础，法律后果并不相同，也不能等同。房随地走原则确定的结果是，办理抵押登记的土地上的建筑物全部一并抵押，地随房走原则确定的结果是，办理抵押登记的建筑物、在建建筑物所对应的土地一并抵押，未办理抵押登记的建筑物所对应的土地使用权未作抵押。2. 金汇信托公司以50套在建工程设定抵押之时只有一本土地使用权证得出整个土地使用权整体作为抵押权的逻辑错误。（三）认定50套在建工程对应的土地使用权属于抵押权标的符合当事人的意思表示，有利于抵押物价值利用的最大化。1. 在建工程及对应的土地使用权属于双方合同约定内容，系双方真实意思表示，双方实际并未按《抵押合同》第1.2条“本合同项下的抵押物是指目标项目位于金华安地镇安地村地块的土地使用权及其上在建工程”的约定办理土地使用权抵押登记，双方根据抵押物清单列明的99套及之后补充的17套办理抵押登记，其他的在建工程尚未完成抵押登记。2. 整体土地使用权因未办理抵押登记未取得抵押权。本案原审中三联集团公司已经举证证明金华市国土部门出具的查询记录中明确金汇信托公司未曾办理土地使用权抵押登记手续，土地使用权证作为“附记”在他项权证中记载不能作为所有在建工程抵押登记的依据。3. 本案抵押物在同一份合同中存在不同的约定，案涉《抵押合同》第1.2条约定，“本合同项下的抵押物是指目标项下位于金华安地镇安地村地块的土地使用权及其上在建工程”，而抵押物清单中又仔细罗列了具体的房号及抵押债权金额，抵押物范围应以合同具体约定的抵押物清单为准，且应当以权利人所持有的权利凭证为限，不应做扩大解释。二、案涉在建工程整体不属于抵押权标的，只有办理了抵押登记的50套房屋才是在建工程抵押权标的。（一）原审未认定案涉在建工程整体享有抵押权正确。1. 他项权证登记内容与当事人的合意及实际登记行为并不矛盾。他项权证登记内容与合同约定抵押物明细完全一致，《抵押合同》中明确抵押物的具体信息见抵押物清单，两份《抵押合同》共计抵押116套房产，由此可见双方的意思表示是以该116套房屋作为抵押物，因此金汇信托公司的优先受偿权应以抵押物清单为限，且不动产登记簿登记记载内容与他项权证内容并无差异。2. 金汇信托公司主张“抵押登记的类型就是在建工程抵押，其抵押的范围即应包括金市国用（2014）第103－02695号已经规划明确的全部在建工程”与合同约定不符，逻辑错误。双方是为在建工程办理抵押登记，而非先办理土地使用权抵押登记而涵盖在建工程。《抵押合同》第1.5条约定的“除法律另有明确规定外，抵押期间抵押物上新增建筑物应列入本合同项下抵押物范围”中所称“抵押物上新增建筑物”指的是已经办理抵押权登记的在建工程新增建筑物，而非土地使用权上的新增其他单元的在建工程，其他在建工程设定抵押需另行签订抵押合同。当事人向行政登记部门提供整体在建工程详细规划文件并非为明确抵押的在建工程的范围，而是申请办理其中任何一部分在建工程抵押登记时必须提供的材料。3. 登记机关办理他项权证的内容是根据双方合同约定的抵押物清单的内容及可办理抵押登记的建筑物状态来确定，并不存在对约定的抵押物未予以办理登记的情形。登记证明上的房号就是根据规划等内容来区分不同单位的在建工程。根据法律规定，2014年在建工程抵押权登记程序应当适用《中华人民共和国物权法》及《房屋登记办法》《房屋登记簿管理试行办法》的不动产登记簿制度，不适用《城市房地产抵押管理办法》的抵押合同记载制度。登记机关收取《信托贷款合同》《抵押合同》《国有土地使用权证》《建设用地规划许可证》《建设工程规划许可证》《建筑工程施工许可证》的目的是为了审查双方合同约定的抵押物清单中116套在建工程是否符合办理在建工程抵押登记的必备材料，收取这些材料并不等于完成登记，只有在审查符合登记条件并对在建工程实地勘查后载入不动产登记簿才完成登记，并发放他项权证，根据现场勘查尚未建成的房屋不符合在建工程抵押登记条件。三联集团公司提交的《解除抵押申请》并不能否定双方合同约定抵押物的范围及登记部门实际办理抵押登记物的范围。（二）原审认定金汇信托公司对50套在建工程享有抵押权正确。在建工程根据规划中许可材料可以区分单元，具有可分性，因此在办理在建工程抵押登记时以规划行政许可的材料及实际建造进程来登记并办理他项权证，以在建工程抵押并不能当然得出所有的在建工程抵押，抵押范围应当以当事人约定为限。三、金汇信托公司的主张与行政部门对其他购房户的备案或者预告登记相矛盾、权益相冲突，金汇信托公司应当先行向人民法院提起不动产登记部门撤销违法登记的行政诉讼。部分购房户的备案及预告登记在双方申请在建工程抵押登记之前，与金汇信托公司主张对全部在建工程及土地使用权享有抵押权相冲突，也与设立抵押登记后销售并登记的购房户的权益相冲突。四、本案不会产生不良社会影响。（一）案涉行政机构根据行政规划许可中确定的单位及实际已经在建的状况作在建工程登记簿登记并发放他项权证完全符合合同双方当事人的约定、法律的规定与实践，与其他登记机构根据抵押申请将所有在建工程或全部整体在建工程作为一本证登记并不矛盾。（二）案涉行政登记机构的登记做法及人民法院的认定更有利于发挥在建工程抵押贷款这一融资工具的功能，也更有利于市场的发展，符合金融规律。（三）本案金汇信托公司出现法律风险的根本原因不在于双方所争议的在建工程抵押物的范围，而是由于金汇信托公司没有把握好风险控制，将先前已经办理抵押登记的66套在建工程办理了抵押登记的注销登记，且没有将所销售的房款予以监控回收，且三联集团公司出现了破产情形。五、破产裁定后由管理人接管建造的在建工程部分及原抵押登记的在建工程添加部分不属于抵押权范围。至2015年8月12日浙江省金华市婺城区人民法院裁定受理重整，管理人接管时的房屋现状为：G5合计17层，房屋面未做，G6做到15层，16、17、18层及屋顶未做；G6、G7只做到6层；14#、15#、16#排屋已经结顶；13#、17#、18#、19#、20#、21#、22#、23#、25#、26#、27#排屋及酒店均未建造。因该部分系管理人向金华银行股份有限公司借款8000万元共益债务所建造。因此金汇信托公司主张二期土地及其上的所有在建工程为其抵押范围不能成立，金汇信托公司仅对50套在建工程及相对应的土地使用权享有优先受偿权。综上，原审判决认定事实清楚，适用法律正确，请求驳回金汇信托公司的再审请求。

一审被告三联控股公司、华源置业公司述称，同意三联集团公司的意见。

一审被告马文生、楼娟珍未提交书面意见。

2015年1月15日，金汇信托公司向浙江省杭州市中级人民法院提起诉讼，请求判令三联集团公司归还借款本息、三联控股公司、马文生、楼娟珍、华源置业公司承担连带清偿责任，金汇信托公司有权就抵押物、质押物优先受偿。后因三联集团公司、三联控股公司、华源置业公司先后被法院裁定进入破产重组、破产清算程序，金汇信托公司将其诉讼请求变更为：一、确认金汇信托公司对三联集团公司享有债权金额为291131079.36元。二、确认金汇信托公司对三联集团公司提供的编号为金华市国用（2006）第4-86679号土地使用权、编号为金市国用（2014）第103-02695号土地使用权及之上在建工程等抵押财产拍卖、变卖或以其他方式变现后的款项就前述债务优先受偿。三、确认金汇信托公司对三联集团公司提供的其持有的华源置业公司60%股权拍卖、变卖或以其他方式变现后的款项就前述债务优先受偿。四、确认三联控股公司、华源置业公司对前述三联集团公司291131079.36元的债务承担连带清偿责任。五、判令马文生、楼娟珍对三联集团公司应偿还的本金及利息254608312.88元（暂计算到2014年12月31日，之后按金汇信托公司和三联集团公司签订的《信托贷款合同》约定支付）承担连带清偿责任。六、本案诉讼费、财产保全费、律师费由三联集团公司、三联控股公司、马文生、楼娟珍、华源置业公司承担。

浙江省杭州市中级人民法院一审查明：2014年3月10日，金汇信托公司与三联集团公司签订了编号为浙金信（贷）字HY-2014-016号《信托贷款合同》一份，约定：金汇信托公司同意向三联集团公司提供1.95亿元的贷款，可分笔发放，资金专项用于三联桂语山居项目（二期）后续工程建设。未经贷款人书面同意，借款人不得擅自改变贷款用途，不得将信托贷款资金用于股权投资，不得将信托贷款资金用于其他违反国家政策、法律法规及金融监管规定的用途；每笔贷款期限均为20个月；贷款利息执行固定利率12.2%/年；当借款人严重违反贷款合同约定且足以影响贷款合同项下债权安全时，贷款人有权宣布贷款合同项下部分或全部贷款本金立即提前到期，提前收回部分或全部已发放的贷款，要求借款人按贷款合同约定的每笔贷款期限（20个月）计算和支付贷款利息，并通过各种形式向借款人立即追索。

2014年3月10日、12月11日，三联集团公司与金汇信托公司签署了编号分别为浙金信（抵）字HY-2014-016号-1、浙金信（抵）字HY-2014-016号-2、浙金信（抵）字HY-2014-016号-3的《抵押合同》三份，约定将三联集团公司开发建设的桂语山居项目（二期）在建工程以及该部分在建工程所对应的土地使用权、位于金华市回××街西侧、××以南、××以北的锦绣金华5#地块土地使用权［国有土地使用权证号为金华市国用（2006）第4-86679号］抵押给金汇信托公司，为其履行《信托贷款合同》项下的全部债务提供抵押担保。合同签订后，双方办理了在建工程抵押登记手续及金市他项（2014）第56号他项权证。

2014年7月22日，三联集团公司与金汇信托公司签署了编号为浙金信（质）字HY-2014-016号《质押合同》一份，三联集团公司将其持有的华源置业公司60%股权质押给金汇信托公司，为其履行《信托贷款合同》项下的全部债务提供质押担保，并办理了股权质押登记手续。

2014年3月10日、7月22日，三联控股公司、马文生、楼娟珍、华源置业公司分别与金汇信托公司签署了编号为浙金信（保）字HY-2014-016号-1、浙金信（保）字HY-2014-016号-2、浙金信（保）字HY-2014-016号-3的《保证合同》三份，约定三联控股公司、马文生、楼娟珍、华源置业公司为三联集团公司履行《信托贷款合同》项下的全部债务提供连带责任保证。

2014年3月13日，金汇信托公司成立了浙金·汇业16号三联桂语山居项目集合资金信托计划，并以信托计划项下信托资金于2014年3月13日、3月25日、3月26日、4月4日共向三联集团公司发放了1.95亿元的信托贷款。信托贷款发放后，因金汇信托公司在后续检查中发现，三联集团公司桂语山居项目（二期）一直未能按《信托贷款合同》约定的项目进度进行建设，项目实际进度严重落后于约定的项目进度，三联集团公司已有其他贷款协议项下的利息逾期支付事项，且已发生其他第三方起诉三联集团公司的诉讼。故金汇信托公司于2014年8月26日向三联集团公司寄送了《浙金·汇业16号三联桂语山居项目集合资金信托计划信托贷款提前到期及催款通知函》，宣布三联集团公司在《信托贷款合同》项下的信托贷款于2014年8月31日提前到期，并要求三联集团公司归还信托贷款本金1.95亿元、支付贷款利息40310257.23元。

在一审法院审理本案期间，浙江省金华市婺城区人民法院于2015年8月17日裁定受理了三联集团公司破产重整一案，浙江省杭州市中级人民法院于2016年3月10日受理了三联控股公司的破产重整申请。根据浙江省高级人民法院指定，将该案移送至浙江省金华市婺城区人民法院审理。2016年4月18日，浙江省金华市中级人民法院受理了浙江新东阳建设集团有限公司对华源置业公司的破产清算申请，并指令浙江省金华市婺城区人民法院审理。

浙江省杭州市中级人民法院一审认为，金汇信托公司与三联集团公司、三联控股公司、马文生、楼娟珍、华源置业公司分别签订的《信托贷款合同》及其补充协议、《抵押合同》《保证合同》《质押合同》是各方当事人真实意思表示，合法有效。金汇信托公司已按约履行了发放贷款的义务，因三联集团公司出现了合同约定的违约事由，金汇信托公司宣布贷款提前到期，要求三联集团公司返还贷款本金、支付利息，并主张行使抵押权、各保证人承担保证责任的诉讼请求，具有事实和法律依据。但金汇信托公司对自宣布贷款到期日即2014年9月1日起至合同约定贷款到期日止的利息重复计算，该院对此不予支持。金汇信托公司主张的抵押物优先受偿权，应以已办理抵押登记手续的范围为限。至于金汇信托公司对抵押物的优先受偿权，与购房者利益、工程价款优先权是否冲突，以及法院裁定受理三联集团公司破产重整前后在建工程价值如何区分等问题，均不属于案件审理及认定范围。华源置业公司虽已进入破产清算程序，但目前尚无证据表明其股权价值已为零，金汇信托公司要求行使股权质押优先受偿权的诉讼请求，该院予以支持。马文生、楼娟珍经合法传唤，无正当理由未到庭参加诉讼，视为对金汇信托公司主张的事实和诉讼请求放弃抗辩的权利。据此，该院依照《中华人民共和国合同法》第二百零五条、第二百零六条、第二百零七条，《中华人民共和国担保法》第十二条、第十八条、第二十一条第一款、第三十三条、第四十一条、第四十六条、第七十五条，《中华人民共和国企业破产法》第四十六条第二款以及《中华人民共和国民事诉讼法》第六十四条、第一百四十四条之规定，于2016年7月29日作出（2015）浙杭商初字第11号民事判决：一、确认金汇信托公司对三联集团公司、三联控股公司、华源置业公司享有本金 1.95 亿元、利息 59767898.2 元（贷款发放日至 2014 年 8 月 31 日止按年利率 12.2% 计算，2014 年 9 月 1 日至 2015 年 8 月 17 日止按年利率 24.4% 计算）、律师代理费 100000 元的债权，共计 254867898.2 元。二、确认金汇信托公司在前述第一项债务范围内对三联集团公司提供的抵押物（详见一审判决后附的抵押物清单）折价或以拍卖、变卖该财产的价款享有优先受偿权。三、确认金汇信托公司在前述第一项债务范围内对编号为（金南工商）股质登记设字（2014）第 0045 号《股权出质设立登记通知书》项下的出质股权折价或以拍卖、变卖该股权的价款享有优先受偿权。四、马文生、楼娟珍对三联集团公司借款本金 1.95 亿元、利息 59767898.2 元（暂计至 2015 年 8 月 17 日，2015 年 8 月 18 日至款项付清之日止的利息按年利率 24.4% 另行计付）、律师代理费 100000 元，暂共计 254867898.2 元承担连带清偿责任。上述款项应于本判决生效后十日内履行完毕。五、驳回金汇信托公司其他诉讼请求。一审案件受理费 1314842 元、财产保全申请费 5000 元，共计 1319842 元，由三联集团公司、三联控股公司、马文生、楼娟珍、华源置业公司负担。

金汇信托公司不服上述民事判决，向浙江省高级人民法院提起上诉，请求：1. 撤销一审判决第二项中关于确认金汇信托公司享有桂语山居（二期）在建工程抵押物优先受偿权范围的判决，并依法改判确认金汇信托公司对桂语山居（二期）土地使用权［编号金市国用（2014）第 103 - 02695 号］《国有土地使用权证》项下的土地使用权及其上所有在建工程依法享有优先受偿权。2. 二审诉讼费用由三联集团公司承担。事实和理由：一、一审判决认定金汇信托公司仅对附表列明的 50 套在建工程具有抵押权，这是对在建工程抵押的物权属性及相关法律规定的重大理解错误。1. 在建工程的物权属性为土地使用权上的添附，在建工程抵押包括已完工部分，也包括已经规划确定的将来要建设的物权整体，且具有不可分性。从物权属性而言，在建工程属于土地使用权上之添附，是不断增加物权内容的动态过程，其物权内容随着不断添附而增加。因此，在建工程对应的物权内容不仅仅包括已完工部分，亦应当包含已经规划确定的将来要建设的物权整体。故在建工程抵押的范围当然是既包括已完工部分，又包括已经规划确定的将来要建设的物权整体。并且，因在建工程的不可区分性，在建工程抵押本身亦不可区分。值得说明的是，在本案中，在建工程及抵押等物权概念及相关法律理解问题会对本案判决产生重要影响。因此，于本案上诉期间，金汇信托公司特别邀请了包括江平、杨立新、崔建远等6位国内物权法专家学者，其中不乏我国物权法起草小组的组长及核心成员。这些专家在论证意见中，均支持金汇信托公司的前述观点。该等专家意见虽不具有法律约束力，但是可以作为解释立法目的的重要参考依据。2. 我国现有的法律体系，也早已经明确了在建工程及在建工程抵押的前述属性。《最高人民法院关于适用〈中华人民共和国担保法〉若干问题的解释》第四十七条规定："以依法获准尚未建造的或者正在建造中的房屋或者其他建筑物抵押的，当事人办理了抵押物登记，人民法院可以认定抵押有效"。《城市房地产抵押管理办法》第三条第五款规定："本办法所称在建工程抵押，是指抵押人为取得在建工程继续建造资金的贷款，以其合法方式取得的土地使用权连同在建工程的投入资产，以不转移占有的方式抵押给贷款银行作为偿还贷款履行担保的行为"。以上两法规都通过对在建工程抵押的定义明确指明，在建工程抵押的内容是既包括已经在造的房屋，也包括尚未建造的部分。除此之外，我国《房屋登记办法》第六十条规定，申请在建工程抵押权设立登记的，应当提交的材料必须包含建设工程规划许可证。第六十二条规定，在建工程竣工并经房屋所有权初始登记后，当事人应当申请将在建工程抵押权登记转为房屋抵押权登记。上述规定实际上是对在建工程抵押的内容进行了再次明确，即规划明确的尚未建造的部分也属于抵押范围。如果在建工程抵押仅仅是包括抵押时已经造好的部分，那么该法规所明确的"在建工程竣工后，将在建工程抵押权登记转为房屋抵押权登记"将无从谈起。3. 既有的生效判例亦明确了前述在建工程及在建工程抵押的属性。如在（2015）锡民终字第1149号案件中，江苏省无锡市中级人民法院于生效判决中认为："涉案建筑物在2011年6月28日抵押设定时尚未完工，本院认为未完工部分应当属于抵押财产。在建工程是在一个总体设计范围内，由一个或者几个单项工程所组成，经济上实行统一核算，行政上实行统一管理的建设单位。作为一个建设项目，不应仅仅包括已完工部分"。本案中，一审法院在判决中仅认定金汇信托公司对附表列明的50套在建工程具有抵押权，实质上是混淆了在建工程与房屋所有权的物权属性，将在建工程整体进行了"创造性"的区分。这样的区分，不仅仅是对在建工程物权属性的根本误读，更是直接造成了金汇信托公司抵押权益的重大减损。值得提出的是，我国担保立法的宗旨是"保障债权实现"，债权人如同时作为抵押权人时，其地位在同等条件下优于债务人及担保人，在债权人的利益与债务人、担保人的利益发生冲突时，应以担保法立法宗旨为法律解释依据，债权人的利益应居于优先受保护的地位。二、一审法院对本案重大事实认定不清，更是简单地将50本他项权证认定为是金汇信托公司的抵押登记内容，直接造成了本案的重大误判。1. 根据物权法的规定，不动产物权以登记为效力要件。但是，一审法院却简单地将案件中的50本他项权证认定为全部抵押登记手续，更是将此作为认定金汇信托公司抵押权范围的唯一依据，忽视了对物权变动原因的审查。根据《中华人民共和国物权法》第十六条、第十七条等规定的内容，他项权证本就不是认定抵押权的唯一依据，其效力低于不动产登记簿等实际的登记行为。认定在建工程抵押权人享有的抵押权益，应当依据不动产登记簿及登记资料等综合进行判断。特别是应当着重审查当事人所办理的登记手续，以明确真实的抵押登记范围。2. 本案中，根据当事人办理的抵押登记手续，抵押登记的类型就是在建工程抵押，其抵押的范围即应当包括金市国用（2014）第103－02695号土地使用权上已经规划明确的全部在建工程。本案中已有证据可以明确，根据金华市房地产交易办证中心所公示的“在建工程抵押权设立登记申请材料要求”，当事人于办理在建工程抵押时，提交了公示要求列明的全套在建工程抵押登记材料。浙金信（抵）字HY－2014－016号－1《抵押合同》第1.2条已经明确约定：“本合同项下抵押物是指目标项目项下位于金华安地镇安地村地块的土地使用权及其上在建工程。”该《抵押合同》通过其附件清单，再一次明确抵押物为桂语山居项目（二期）在建工程，其所对应的土地使用权编号为金市国用（2014）第103－02695号。除抵押合同外，当事人更是根据公示要求，提交了整体在建工程的详细规划文件即《建设用地规划许可证》《建设工程规划许可证》《建筑工程施工许可证》，对进行抵押登记的在建工程的范围进一步明确为，本次在建工程抵押登记的范围即应当包括金市国用（2014）第103－02695号土地使用权上已经规划明确的总建筑面积为140826.28平方米的全部在建工程。包括9幢叠排（14#楼、15#楼、16#楼、17#楼、18#楼、19#楼、20#楼、21#楼、22#楼），4栋高层（G5楼、G6楼、G7楼、G8楼）；酒店部分包括14栋独栋客房，3栋花园客房，垃圾收集站和公厕。这些在建工程，都应当属于抵押登记所明确的抵押权范围。本案中的他项权证，属于不动产权属证书的一种，是权利人享有该不动产物权的证明，并不是判定物权设立的唯一依据，其效力更是低于不动产登记簿。3. 本案中的50本他项权证，实际是登记机关暂时就已经抵押在建工程中已经建成的部分进行证明，其不能用来否定金汇信托公司对于其他部分的已建工程及未建工程享有抵押权。因在办理抵押登记之时，案涉在建工程并没有全部竣工，因此，登记机关暂时就已经建成的部分在建工程，先向抵押权人即金汇信托公司出具他项权证，以满足金汇信托公司的权利证明的需求。因此，该等他项权证应当认定为是在当事人已经完成了全部在建工程的抵押登记手续的基础之上，登记机关单独就已经建成的部分再出具个别的证明文件，这些他项权证上所谓的一个个“房号”，并不是房屋权属证书上的“房号”，其并不具有物权上的区分效力，仅仅是用于空间的标示，不能反过来用来否定金汇信托公司已经享有的全部抵押权。不然，就会变成是行政机关通过简单出具几本他项权证，就起到可以变更物权法制度，甚至是硬性拆分在建工程的效果。4. 三联集团公司为办理其商品房的预售而向金汇信托公司提交了《解除抵押申请》，其申请解除抵押的不仅仅是之前已经办理抵押登记的在建工程，还有尚未办理过抵押登记的在建工程。该事实也证明金汇信托公司对在建工程整体享有抵押权。三、除在建工程外，一审法院在判决中未认定金汇信托公司对于金市国用（2014）第103－02695号土地使用权享有抵押权，亦属于对法律适用及事实认定的重大错误。1. 一审法院仅仅认定部分在建工程的抵押权后，没有按照地随房走的基本物权法原则认定土地使用权为抵押权范围。如前文所论述，根据本案事实及相关法律规定，金汇信托公司对于金市国用（2014）第103－02695号土地使用权上的全部规划的在建工程（包括尚未建设的工程）享有抵押权。那么，根据地随房走的原则，金市国用（2014）第103－02695号土地使用权当然亦整体属于抵押权的客体。2. 根据当事人办理的登记手续，土地使用权整体也属于抵押登记事项，已经完成了相应登记。浙金信（抵）字HY－2014－016号－1《抵押合同》第1.2条已经明确约定：“本合同项下抵押物是指目标项目项下位于金华安地镇安地村地块的土地使用权及其上在建工程”。金汇信托公司向登记部门提交的《抵押合同》已经明确约定了金市国用（2014）第103－02695号土地使用权属于抵押权范围。在金华市房地产交易办证中心已经颁发的他项权证的附注栏内，可以明显看到登记机关已经标明了“土地证号金市国用（2014）第103－02695号”土地使用权，该附注亦属于登记机关的登记内容。附记属于规定的“抵押权登记信息”，当然具有登记公示的效力。综上，请求依法改判支持金汇信托公司的上诉请求。

三联集团公司答辩称：一、金汇信托公司请求改判并确认其对桂语山居（二期）土地使用权及其上在建工程享有优先受偿权不能成立。1. 金汇信托公司优先受偿权的实现应当根据抵押合同约定所附“抵押物清单”为限。(1) 依据双方签署的浙金信（贷）字 HY－2014－016 号《信托贷款合同》第 1 条的定义和解释，抵押物指编号为浙金信（抵）字 HY－2014－016 号－1、－2《抵押合同》中桂语山居项目（二期）土地使用权与其上在建工程及锦绣金华 5#地块土地使用权。(2) 浙金信（抵）字 HY－2014－016 号－1、－2、－3《抵押合同》中第一条抵押物：1.2 抵押物清单、1.3 抵押物价值，明确抵押物的具体信息见本合同附件之“抵押物清单”，抵押物价值：详见抵押物清单，可以明确，具体抵押物应当以附件为准。根据双方的约定，金汇信托公司享有优先受偿权范围，应当以抵押物清单为限，即抵押物清单中列明的 116 套房产价值为限。该约定系当事人的真实意思表示，内容没有违反法律规定，也未损害第三人利益，应当予以确认。2. 根据《中华人民共和国物权法》第六条的规定，不动产物权的设立、变更、消灭，应当依照法律规定登记。《中华人民共和国担保法》《城镇国有建设用地使用权出让和转让暂行条例》等均规定以国有建设用地使用权抵押，必须办理抵押登记。三联集团公司已在金华市国土部门查询到相关证据，证明金汇信托公司未曾办理土地使用权抵押登记手续，故其不应当享有对国有土地使用权及其在建工程拍卖或者变现价值的优先受偿权。而且，信托贷款协议系格式合同文本，对抵押物清单的理解和解释，应当作限制性解释，应当以合同具体约定的抵押物清单中列明的房产为本案诉争实际抵押物，应当以权利人所持有的权利凭证为限，不扩大解释。二、如改判确认金汇信托公司对桂语山居（二期）土地使用权享有优先受偿权，有侵犯公共利益的可能。三联集团公司 2015 年 8 月 17 日裁定重整后，金汇信托公司的债权权利已经初步停止和确定。管理人进驻后，在多方面努力和浙江省金华市中级人民法院积极推进下，为了维护社会稳定，在管理人监督下进行了复工。管理人监管复工形成的共益债权和金汇信托公司所主张的土地权益及其在建工程优先受偿权必然存在冲突，从而侵害和影响社会稳定。请求支持金汇信托公司合理主张，驳回其上诉请求并维持原判。

二审审理期间，金汇信托公司提交了如下证据：证据 1，金华市房地产交易办证中心在金华市房地产交易管理网公示的“在建工程抵押权设立登记申请材料要求”一份；证据2、3，2014年3月12日、12月11日的《金华市房地产交易办证中心业务登记收件单》各一份，上述证据共同证明金汇信托公司所做的不动产登记为在建工程抵押登记，金汇信托公司已经根据金华市房地产交易办证中心的公示要求提交了在建工程抵押登记材料；证据4，《专家论证意见书》一份，证明在建工程的物权属性为土地使用权上之添附，其当然包含已经建设的、将来要建设的物权整体，在建工程抵押为当然的整体抵押。根据本案材料，金汇信托公司的抵押权应当涵盖金市国用（2014）第103－02695号土地使用权整体及其上的全部在建工程。三联集团公司质证认为，对证据1的真实性无法确认，因此也不能达到金汇信托公司的证明目的，抵押物的范围是否具有相应的优先受偿权的效力应以不动产登记部门的登记为准。对证据2、3的真实性无法确认，应以办理抵押登记的材料为准。对证据4的真实性无法确认，且专家意见只能是专家的个人观点，是否符合规定、是否真实有待法庭调查认证后方能成立。对前述证据，浙江省高级人民法院的认证意见为，证据1的真实性无法确认，不具备证据效力。证据2、3与三联集团公司在原审中提供的证据1相同，对该两份证据真实性予以认定，对其证明力将结合其它证据综合认定。证据4专家认证意见不属于证据范畴，不具备证据效力。金汇信托公司向二审法院申请调取金华市房地产交易办证中心于2014年3月12日、12月11日分别出具的《金华市房地产交易办证中心业务登记收件单》，因对证据2、3的真实性已予认定，故上述证据已无必要调取，根据《最高人民法院关于适用〈中华人民共和国民事诉讼法〉的解释》第九十五条的规定，不予准许。

三联集团公司未提交新的证据。

浙江省高级人民法院除对一审判决认定的事实予以确认外，另查明：浙金信（抵）字HY－2014－016号－1《抵押合同》约定，本合同项下的抵押物是指目标项目项下位于金华安地镇安地村地块的土地使用权及其上在建工程，抵押物具体信息见合同附件之“抵押物清单”。抵押物清单项下的抵押物明细中载明抵押物为桂语山居项目（二期）在建工程。在建工程抵押物清单载有14#、15#、16#排屋48套，G5#、G6#高层51套，共计商品房99套、建筑面积10338.06平方米。上述99套房产已办理了抵押登记。2014年3月13日取得了他项权证。浙金信（抵）

字 HY－2014－016 号－3《抵押合同》约定，抵押物为位于金华安地镇安地村地块的在建工程及其占用范围的土地使用权。具体信息见合同附件之抵押物清单。约定担保主债权为抵押的 17 套房产，对应的债权金额为 17172900 元，该 17 套房产于 2014 年 12 月 16 日办理了抵押登记手续，取得了他项权证。上述已办理抵押登记的 116 套商品房，其中 66 套，经金汇信托公司同意已解除抵押登记。金汇信托公司提供的桂语山居商品房他项权证，其中浙金信（抵）字 HY－2014－016 号－1《抵押合同》所涉抵押房产他项权证附记中均载明：土地证号金市国用（2014）第 103－02695 号，共计 99 套，债权数额 1.95 亿元，建筑面积 10 338.06 平方米。浙金信（抵）字 HY－2014－016 号－3《抵押合同》所涉抵押房产他项权证附记中均载明土地证号金市国用（2014）第 103－02695 号，此次抵押 17 套房产的债权数额总计 17172900 元。

浙江省高级人民法院二审认为，本案争议是金汇信托公司对案涉桂语山居项目（二期）享有优先受偿权的抵押物范围。金汇信托公司上诉主张其享有优先受偿权的范围为桂语山居项目地块的土地使用权及其上在建工程。对此，案涉抵押系在建工程抵押，根据《中华人民共和国物权法》第一百八十七条的规定，以本法第一百八十条第一款第一项至第三项规定的财产或第五项规定的正在建造也即以建筑物及其他地上附着物、建设用地使用权、土地承包经营权和正在建造的建筑物等不动产和不动产物权设定抵押的，应当办理抵押登记，抵押权自登记时设立。本案中，浙金信（抵）字 HY－2014－016 号－1《抵押合同》虽然约定抵押物为桂语山居项目（二期）项下位于金华安地镇安地村地块的土地使用权及其上在建工程，但至诉讼时，除已解除抵押的商品房外，办理抵押登记手续的仅有 50 套商品房，应当依法认定这些已办理抵押登记的房产设立了抵押权。金汇信托公司提出其申请办理的为案涉项目在建工程抵押，系登记机关原因导致未能办理其它土地使用权的抵押登记，故其享有优先受偿权的范围不以登记的抵押物为限，而应为桂语山居项目地块的土地使用权及其上在建工程。对此，根据《最高人民法院关于适用〈中华人民共和国担保法〉若干问题的解释》第五十九条的规定，当事人办理抵押登记手续时，因登记部门的原因致使无法办理抵押物登记，抵押人向债权人交付权利凭证的，可以认定债权人对该财产有优先受偿权。本案中，并无证据显示三联集团公司向金汇信托公司交付了土地使用权证，故金汇信托公司主张对桂语山居项目地块的土地使用权及其上在建工程享有优先受偿权，缺乏事实和法律依据。综上，金汇信托公司的上诉理由，无事实和法律依据，不能成立。原审判决认定事实基本清楚，适用法律正确。该院依照《中华人民共和国民事诉讼法》第一百七十条第一款第一项之规定，于2017年4月24日作出（2016）浙民终718号民事判决：驳回上诉，维持原判。二审案件受理费1314842元，由金汇信托公司负担。

在本院再审本案期间，三联集团公司向本院提交了以下证据：1. 2014年3月12日金华市房地产交易办证中心的《金华市房地产抵押登记申请表》及附清单、编号为201403120577号业务登记收件单、金华市规划局的地字第330702201200061号《建设用地规划许可证》、建字第330702201300077号《建设工程规划许可证》和《金华市建设工程规划审定意见书》，金华市凯宝土地房地产评估测绘成果书、金华市房地产交易办证收费预算单、2014年12月11日金华市房地产交易办证中心登记收件单及对应的《金华市房地产抵押登记申请表》及附清单、编号为201412110198号金华市房地产交易办证中心收费预算单、现场查看记录、金华市房地产抵押登记审核表，拟证明双方仅为116套在建工程办理抵押登记；2. 2018年3月2日金华市住房和城乡建设局关于桂语山居销售情况信息查询材料、2018年3月6日金华市国土资源局关于预告登记的信息查询材料，拟证明2014年3月12日办理抵押登记之前有24套房屋办理了销售备案登记，其中15套房屋办理了预告登记，2014年12月11日办理在建工程抵押登记之前合计有80套房屋办理了预告登记。金汇信托公司对第1组证据的真实性、合法性均无异议，但对其证明目的不予认可，对第2组证据的真实性没有异议，对合法性及证明目的不予认可。因双方当事人对前述证据的真实性均无异议，本院予以认可，对上述证据的证明力将结合本案事实查明部分和裁判理由一并予以阐述。

本院经再审查明：2012年6月18日，浙江省金华市规划局颁发地字第330702201200061号《建设用地规划许可证》，许可三联集团公司对浙江省金华市婺城区安地镇安地村124563㎡土地进行使用，用地项目名称为三联·桂语山居（暂定），用地性质为商业（旅馆业）、住宅。2013年12月18日，浙江省金华市规划局颁发建字第330702201300077号《建设工程规划许可证》，许可三联集团公司在上述土地上建设三联·桂语山居（二期），总建筑面积为140826.28㎡，其中计容积率面积85245.04㎡，不计容积率面积55581.24㎡。2014年3月10日，为筹措三联·桂语山居项目（二期）后续工程建设的资金，三联集团公司与金汇信托公司签订浙金信（贷）字HY-2014-016号《信托贷款合同》，除约定借款本金、利息、期限、违约责任等事项外，还约定贷款合同项下的担保物包括：编号为浙金信（抵）字HY-2014-016号-1《抵押合同》项下桂语山居（二期）的在建工程，为全部信托贷款债权提供担保；编号为浙金信（抵）字HY-2014-016号-2《抵押合同》项下金华市国用（2006）第4-86679号地块的土地使用权，为7000万元信托贷款债权提供担保。同时该合同第8.1.11条约定，鉴于抵押登记的相关政策，借款人承诺在贷款存续期间无条件配合贷款人办理在建工程的追加抵押登记手续。

2014年3月10日，三联集团公司与金汇信托公司签订浙金信（抵）字HY-2014-016号-2《抵押合同》，约定以位于回××街西侧、××以南、××以北的土地使用权［国有土地使用权证号为金华市国用（2006）第4-86679号］为上述信托贷款提供抵押担保。该合同2.1条及2.3条约定，担保的主债权为抵押人根据主合同之约定对借款人享有的本金为人民币7，000万元的信托贷款债权，担保范围包括贷款本金、利息、罚息、实现债权的费用等。次日，浙江省金华市国土资源局向金汇信托公司颁发该宗土地的他项权证，证号为金市他项（2014）第00056号，他项权利人为金汇信托公司，他项权利种类为国有土地使用权抵押，未记载权利范围。

2014年3月10日，三联集团公司与金汇信托公司签订浙金信（抵）字HY-2014-016号-1《抵押合同》，约定为上述《信托贷款合同》项下的1.95亿元信托贷款提供抵押担保。该合同第1.2条约定，本合同项下的抵押物是指目标项目项下位于金华安地镇安地村地块的土地使用权及其上在建工程。抵押物具体信息见本合同附件之“抵押物清单”。第1.5条约定，除法律另有明确规定外，抵押期间抵押物上新增建筑物应列入本合同项下抵押物范围。如抵押人与抵押权人协商一致，抵押物上的新增建筑物可不列入本合同项下抵押物范围，但抵押人承诺不将该等新增建筑物另行向除抵押权人之外的其他方进行抵押。第5.2条约定，若就抵押物换发新的权属文件或其他权利证书（明），导致本合同附件之“抵押物清单”或抵押权人收执的抵押权证书与上述新的权利证书（明）或登记机关的登记簿相关记载不一致的，抵押人不得以此为理由拒绝承担担保责任。如果根据贷款人或登记机关的要求需要重新签署抵押合同并办理抵押登记手续，则抵押人应予配合并共同办理相关手续。第5.3条约定，除法律另有明确规定外，抵押期间抵押物上新增建筑物列入本合同项下抵押物范围，抵押人有义务配合抵押权人办理相应的追加抵押登记手续。第11.1（1）条约定，抵押权的实现，可依法折价、变卖、拍卖抵押物，或在适用法律允许的范围内根据处分抵押物时的市场具体情况出售或以其他方式处分抵押物的全部或部分，并收取相关收益（为避免疑问，本合同附件之抵押物清单记载的或双方另行约定的抵押物价值无论是否记载于房地产抵押登记部门的登记簿，均不表明抵押物的最终价值，其最终价值为处分抵押物所得款项在扣除各项税费后的净额）。合同后附的“抵押物清单”载明，抵押物为抵押人开发的桂语山居（二期）在建工程以及该部分在建工程所对应的土地使用权，包括：14#楼、15#楼、16#楼联排房产48套，G5#楼、G6#楼高层房产51套，担保的债权总额为1.95亿元。

2014年3月12日，金汇信托公司与三联集团公司共同向浙江省金华市房地产交易办证中心申请办理在建工程抵押，提交了登记申请书、国有土地使用权证、土地未抵押未查封证明、抵押合同、信托贷款合同、建设工程规划许可证、项目备案通知书、规划审定意见书、总平面图、建设用地规划许可证、施工许可证、施工合同、现场查看记录、测绘报告等资料。2014年3月13日，浙江省金华市住房和城乡建设局为上述抵押物清单上记载的99套房产分别颁发《在建工程抵押登记证明》，其中“在建工程坐落”一栏均填写了具体的房号。

金汇信托公司向三联集团公司发放的1.95亿元贷款本金的时间分别为：2014年3月13日发放1.069亿元、2014年3月25日发放3640万元、2014年3月26日发放5000万元、2014年4月4日发放170万元，总计1.95亿元。

三联集团公司分别于2014年3月17日、4月1日、4月24日、5月26日向金汇信托公司提交《解除抵押申请》，以销售合同需要去房管局进行备案等为由，申请金汇信托公司对桂语山居二期项目中179套房屋出具解押证明。金汇信托公司向金华市房地产交易办证中心出具《证明》，载明：“因桂语山居二期项目开发建设资金需要，浙江三联集团有限公司将桂语山居二期在建工程抵押给我公司，贷款金额为人民币壹亿玖仟伍佰万元。现桂语山居二期项目已经开始预售，我公司同意浙江三联集团有限公司桂语山居二期以下房产进行销售、预抵押、合同备案等事宜”，并附具体清单。据此，金华市房地产交易办证中心允许上述179套房屋进行销售。前述三联集团公司申请解除抵押的179套房屋中，有66套在上述《抵押合同》所附的抵押物清单中，其余113套房屋均不在抵押物清单中。

2014年12月15日，三联集团公司与金汇信托公司签订浙金信（贷补）字HY－2014－016号－2《信托贷款合同之补充协议二》，约定根据《信托贷款合同》第8.1.11条关于“鉴于抵押登记的相关政策，借款人承诺在贷款存续期间无条件配合贷款人办理在建工程的追加抵押登记手续”的约定，追加相关房产的抵押担保，具体抵押物情况见浙金信（抵）字HY－2014－016号－3《抵押合同》。

2014年12月11日，三联集团公司与金汇信托公司签订浙金信（抵）字HY－2014－016号－3《抵押合同》，约定主债权为《信托贷款合同》项下享有的1.95亿元信托贷款债权，本次抵押的17套房产对应的债权金额为17172900元，抵押物为位于金华安地镇安地村地块的在建工程及其占用范围的土地使用权，具体信息见本合同附件之抵押物清单。抵押物清单上记载了土地使用证号、建设用地规划许可证、建设工程规划许可证、施工许可证及坐落位置，包括G5、G6、G7、G8高层共计17套房产。2014年12月11日，双方共同向金华市房地产交易办证中心申请办理在建工程抵押。2014年12月16日，浙江省金华市住房和城乡建设局为上述抵押物清单上记载的17套房产分别颁发《在建工程抵押登记证明》，其中“在建工程坐落”一栏均填写了具体的房号。

在本院再审本案期间，金汇信托公司向本院书面确认，对2014年3月12日办理抵押登记前已经售出的23套房屋及办理抵押登记后经其同意解封的179套房屋，不再主张优先受偿权。因G8－2－3A04号房屋同时列在登记前已售出和嗣后同意解封的179套房屋之中，故金汇信托公司放弃优先受偿权的房屋共计201套（详见后附的清单）。

在一、二审判决作出后，三联集团公司未经金汇信托公司同意销售了部分房产，并进行了备案登记以及预告登记。

另查明，2012年4月6日，浙江省住房和城乡建设厅、中国人民银行杭州中心支行、中国银行业监督管理委员会浙江监管局下发《关于进一步做好在建工程抵押权登记工作的若干意见》（浙建房〔2012〕28号），主要内容为：二、依法审核在建工程抵押权。房屋登记机构应当按照《物权法》、《房屋登记办法》、《城市房地产抵押管理办法》等规定，认真审核申请登记的在建工程抵押权，重点把握在建工程抵押权的合法性，以及抵押物本身的客观性和完整性。（一）抵押物应为抵押人有权处分的财产。对已领取商品房预售许可证的项目，房地产开发企业已经售出的商品房应予扣除。抵押当事人应当共同查询确认未售商品房的清单。在办理在建工程抵押权登记期间，房地产开发企业应当暂停销售商品房，房地产管理部门暂停办理合同备案手续。（二）抵押物应为在建工程完工部分或者可售部分。抵押物为在建工程完工部分的，在建工程抵押权申请登记时，房屋登记机构应当实地查看，对完工部分的记载，可以参照监理公司出具的工程进度证明。已领取《商品房预售许可证》的项目，抵押物可以是许可销售的全部房产。（三）抵押物应为在建工程连同其土地使用权整体。抵押当事人应当约定作为抵押物的在建工程范围（建筑物单体名称及已建层数，已具备房屋基本单元特征的可以直接约定房屋基本单元）。在建工程抵押的，其占用范围的土地使用权随之抵押。非房地产开发项目，在建工程占用范围的土地使用权可按宗地认定（分期建设的项目，国土资源部门同意土地分割并明确四至范围的，可按当期土地认定）；房地产开发项目，在建工程占用范围的土地使用权不作明示。三、努力优化在建工程抵押权登记程序。房屋登记机构应当按照《房屋登记办法》等规定，进一步明确在建工程抵押权登记的申报材料和审核条件，努力优化办事程序。（一）设立登记要与土地使用权抵押登记相衔接。（二）记载及发证方式要适应商品房动态销售的需要。为了方便在建工程抵押后的商品房销售，同时继续有效保护抵押权人的合法权利，房屋登记机构可以实行“在建工程抵押物清单”的管理办法。即：1. 房屋登记机构依据当事人约定的作为抵押物的在建工程范围，制作“在建工程抵押物清单”，该清单作为《在建工程抵押登记证明》的附件。2. 已登记的在建工程抵押权因商品房销售发生变更的，抵押权人与抵押人共同申请变更登记。对合同约定的担保债权数额不发生变化的，在变更登记审核完成后，仅换发新的“在建工程抵押物清单”，登记证明不作换发；对合同约定的担保债权数额发生变化的，应重新颁发在建工程抵押登记证明。实行“在建工程抵押物清单”办法的，应在登记证明附记栏对有关事项进行说明。

除上述事实外，原审判决认定的事实属实，本院予以确认。

再审中，各方当事人争议的焦点问题为：案涉在建工程抵押权是否依法设立、抵押物范围应当如何认定。

本院认为，案涉《信托贷款合同》及其补充协议、《抵押合同》《保证合同》《质押合同》均系各方当事人的真实意思表示，其内容不违反法律、行政法规的强制性规定，故原审判决关于上述合同合法有效的认定正确，本院予以维持。在前述合同签订后，金汇信托公司依约履行了贷款发放义务，三联集团公司在出现了合同约定的违约情形后，经金汇信托公司催告，并未履行还本付息的合同义务，三联控股公司、华源置业公司、马文生、楼娟珍作为保证人亦未依其承诺向金汇信托公司履行清偿义务，均应承担相应的违约责任。因债务人三联集团公司、保证人三联控股公司和华源置业公司在本案一审期间分别进入破产重整、破产清算程序，故原审判决将金汇信托公司对三联集团公司、三联控股公司、华源置业公司的债权确认为尚未归还的本金1.95亿元和截止2015年8月17日的利息，以及金汇信托公司为实现债权而支付的律师费10万元，金汇信托公司有权以三联集团公司质押的股权优先受偿的认定，符合法律规定，本院予以维持。就各方当事人争议的案涉在建工程抵押权是否依法设立、其范围如何认定这一焦点问题，以及三联集团公司提供的土地使用权抵押所担保的债权范围、马文生、楼娟珍的保证责任范围等问题，分述如下：

一、关于案涉在建工程抵押权是否依法设立及其抵押物范围的问题

本案中，金汇信托公司与三联集团公司签订的浙金信（抵）字HY－2014－016号－1、－3《抵押合同》中均明确约定，本合同项下的抵押物是指目标项目项下位于金华安地镇安地村地块的土地使用权及其上在建工程，抵押物具体信息见合同附件之“抵押物清单”。前述《抵押合同》后附的“抵押物清单”中分别列明了99套房产和17套房产。嗣后，双方共同向登记机关申请办理“在建工程抵押”的抵押登记手续，并提交了国有土地使用权证、土地未抵押未查封证明、建设工程规划许可证、建设用地规划许可证、施工许可证等办理在建工程抵押所需要的文件资料。登记机关受理后，为“抵押物清单”上记载的99套房产和17套房产分别颁发了《在建工程抵押登记证明》。《中华人民共和国物权法》第一百八十七条规定，以正在建造的建筑物抵押的，应当办理抵押登记，抵押权自登记时设立。由此，登记机关为案涉在建工程抵押权所办理的抵押登记手续，是仅限

于其已经发放《在建工程抵押登记证明》的“抵押物清单”中所记载的部分，还是包括抵押合同所约定的土地使用权及其上已经建造和尚未建造的部分，成为本案中认定抵押物范围所必须解决的关键问题。

关于在建工程抵押权的登记方法，《城市房地产抵押管理办法》第三十四条第二款规定：“以预售商品房或者在建工程抵押的，登记机关应当在抵押合同上作记载。抵押的房地产在抵押期间竣工的，当事人应当在抵押人领取房地产权属证书后，重新办理房地产抵押登记”。《房屋登记办法》第六十条规定：“申请在建工程抵押权设立登记的，应当提交登记申请书、申请人的身份证明、抵押合同、主债权合同、建设用地使用权证书或者记载土地使用权状况的房地产权证书、建设工程规划许可证，以及其他必要的材料”。第二十五条第三款规定：“预告登记、在建工程抵押权登记以及法律、法规规定的其他事项在房屋登记簿上予以记载后，由房屋登记机构发放登记证明”。根据前述规范性文件的规定，在建工程抵押权的登记方法，包括在抵押合同上作记载或者在房屋登记簿上作记载两种方式。关于权属证书与登记簿之间的关系，《中华人民共和国物权法》第十六条、第十七条规定，不动产登记簿是物权归属和内容的根据，不动产权属证书是权利人享有该不动产物权的证明，二者不一致的，除有证据证明不动产登记簿确有错误外，以不动产登记簿为准。根据这一法律规定，完成不动产物权公示的是不动产登记，登记机关为案涉116套房产分别颁发《在建工程抵押登记证明》的法律效果，是使得金汇信托公司取得了证明其权利状况的权属证书，判断本案中金汇信托公司在建工程抵押物的范围，应当以登记机关的不动产登记为依据。原审判决以登记机关向金汇信托公司颁发的《在建工程抵押登记证明》作为判断案涉在建工程抵押办理抵押登记手续的依据，混淆了不动产登记与权属证书之间的关系，本院予以纠正。

本院注意到，在案涉在建工程抵押登记办理之时，作为登记机关的浙江省金华市房地产交易办证中心并未实行房屋登记簿制度，且对在建工程抵押应当采用何种方法在抵押合同上记载亦不明确。本案中，浙江省金华市房地产交易办证中心在受理金汇信托公司和三联集团公司的在建工程抵押登记申请后，是根据浙江省住房和城乡建设厅、中国人民银行杭州中心支行、中国银行业监督管理委员会浙江监管局下发的《关于进一步做好在建工程抵押权登记工作的若干意见》（浙建房〔2012〕28号）的要求，采用“抵押物清单”的方式，将在建工程抵押物的范围限定在已完工部分或可售部分，并为在建工程中已完工部分或可售部分的每套房屋单独办理《在建工程抵押登记证明》。但这种登记方法并不能得出登记机关认为在建工程抵押物的范围仅限于已完工部分或可售部分这一结论。从登记机关对案涉179套房屋销售的解押登记手续办理情况来看，无论三联集团公司销售的房屋是否已经列入抵押物清单中，登记机关均要求三联集团公司取得金汇信托公司的同意证明。由此可见，本案中登记机关对在建工程抵押权的标的物范围的认识在逻辑上并不能一以贯之，其所理解的抵押物限定为在建工程完工部分或者可售部分，更多地是出于登记手段或技术的考量，随着工程建设阶段的发展，在建工程抵押权的抵押物范围随着完工部分或可售部分的增加而得到扩张。

本院认为，《中华人民共和国物权法》第五条规定：“物权的种类和内容，由法律规定”。在建工程抵押权作为《中华人民共和国物权法》所规定的民事权利，属于《中华人民共和国立法法》第八条第八项所规定的法律保留事项，其民事权利的内容不因任何他人的不当限制或错误理解而减损。从立法沿革的角度，在《中华人民共和国物权法》第一百八十条第一款第五项、第一百八十七条对“正在建造的建筑物”没有做出相反定义的情况下，应当遵从此前规范性文件中对“在建工程抵押”的理解。在《中华人民共和国物权法》颁行之前，《最高人民法院关于适用〈中华人民共和国担保法〉若干问题的解释》第四十七条规定：“以依法获准尚未建造的或者正在建造中的房屋或者其他建筑物抵押的，当事人办理了抵押物登记，人民法院可以认定抵押有效”。《城市房地产抵押管理办法》第三条第五款亦规定：“本办法所称在建工程抵押，是指抵押人为取得在建工程继续建造资金的贷款，以其合法方式取得的土地使用权连同在建工程的投入资产，以不转移占有的方式抵押给贷款银行作为偿还贷款履行担保的行为”。据此，在建工程抵押权作为一种单独的抵押权类型，除当事人在抵押合同中另有约定外，其抵押物范围不仅包括国有建设用地使用权，还包括规划许可范围内已经建造的和尚未建造的建筑物。本案中，浙金信（抵）字HY－2014－016号－1《抵押合同》第1.2条约定，本合同项下的抵押物是指目标项目项下位于金华安地镇安地村地块的土地使用权及其上在建工程。第1.5条约定，除法律另有明确规定外，抵押期间抵押物上新增建筑物应列入本合同项下抵押物范围。前述抵押合同的约定内容，符合司法解释和行政规章的规定。在登记机关未设立房屋登记簿、亦未明确在抵押合同上记载在建工程抵押登记方法的情况下，因前述抵押合同及相关登记申请材料和登记机关出具的收件单等文件均已载明登记类型为在建工程抵押登记，这些资料是登记机关存档备查的登记资料，利害关系人可通过查询档案资料的内容来获悉抵押物上的权利负担，故应当认定登记机关在收件、审核时将此项业务作为在建工程抵押登记业务加以办理的行为，即完成了“记载”在建工程抵押登记的工作，在建工程抵押权即已依法设立。至于登记机关嗣后是否向抵押权人发放权利证明，以及发放权利证明的时间、方式等事实，均不能成为判断抵押权人的权利是否依法成立的依据。且在本案中，三联集团公司作为抵押人，本身并非不动产物权公示制度的保护对象。不动产登记制度的规范趣旨，是为了保护以该不动产为交易客体的第三人的信赖利益和交易安全。三联集团公司破产管理人在接管之后，试图利用登记实务中的不同理解否定三联集团公司此前在自身财产上所设定的权利负担，明显有违诚信原则。

综上，本院认定，本案中金汇信托公司的在建工程抵押权已经依法设立，该抵押权所支配的抵押物范围，应当以抵押合同约定内容作为确定权利范围的依据。申请人金汇信托公司关于其在建工程抵押权的范围除在办理抵押登记前已经出售的房屋和办理抵押登记后经其同意出售的179套房屋及相应的土地使用权外，应当包括金市国用（2014）第103－02695号《国有土地使用权证》项下的其余国有土地使用权及其上在建工程，包括未完工的部分的申请理由成立，本院予以支持。被申请人三联集团公司关于案涉在建工程抵押权仅限于办理了《在建工程抵押登记证明》的50套房屋及其相应的土地使用权的诉讼理由，并无相应的事实和法律依据，本院不予支持。三联集团公司关于金汇信托公司的在建工程抵押权与其他购房户的权利相冲突，以及破产管理人接管后新增的建筑物不属于抵押权范围的诉讼主张，因不属于本案的审理范围，本院在本案中不予理涉。

顺予指出，根据本案的实际情况，案涉浙金信（抵）字HY－2014－016号－3《抵押合同》将担保范围限于1.95亿元中的17172900元并列明17套房屋作为抵押财产的做法，是基于该17套房屋已经符合登记实务中的抵押物能够特定化的要求而为，在本院已经认定金汇信托公司根据浙金信（抵）字HY－2014－016号－1《抵押合同》的约定，有权就信托贷款合同项下全部债权对案涉土地上规划许可建设的全部工程享有优先受偿权的情况下，该项登记构成重复抵押，不影响本案中对金汇信托公司的在建工程抵押权的标的物范围、优先受偿的主债权范围的认定。

二、关于三联集团公司提供的土地使用权抵押所担保的债权范围及马文生、楼娟珍的保证责任范围等问题

《最高人民法院关于〈中华人民共和国民事诉讼法〉适用的解释》第四百零五条规定："人民法院审理再审案件应当围绕再审请求进行。人民法院经再审，发现已经发生法律效力的判决、裁定损害国家利益、社会公共利益、他人合法权益的，应当一并审理"。本案中，虽然三联集团公司就金华市国用（2006）第4－86679号土地使用权抵押担保的主债权范围未提出抗辩，且马文生、楼娟珍亦未到庭应诉，但考虑到三联集团公司已经进入破产重整程序，金汇信托公司抵押权所担保的债权范围可能影响到其他债权人债权的公平受偿，且原审判决关于马文生、楼娟珍的保证责任范围的认定明显不当，故在当事人争议的焦点问题之外，本院依职权对三联集团公司提供的土地使用权的担保范围，以及马文生、楼娟珍的保证责任范围问题加以审理。

关于三联集团公司以金华市国用（2006）第4－86679号国有土地使用权抵押担保的债权范围问题。《中华人民共和国物权法》第一百七十三条规定："担保物权的担保范围包括主债权及其利息、违约金、损害赔偿金、保管担保财产和实现担保物权的费用。当事人另有约定的，按照约定"。根据案涉浙金信（抵）字HY－2014－016号－2《抵押合同》的约定，三联集团公司以其金华市国用（2006）第4－86679号国有土地使用权设定抵押，所担保的主债权为抵押人根据主合同之约定对借款人享有的本金为人民币7000万元的信托贷款债权，担保范围包括贷款本金、利息、罚息、实现债权的费用等。据此，金汇信托公司就金华市国用（2006）第4－86679号国有土地使用权所享有的抵押权的担保范围应当限制在合同约定的范围内。原审判决关于金汇信托公司就该抵押权在254867898.2元范围内享有优先受偿权的认定，并无相应的合同依据和法律依据，本院予以纠正。因金汇信托公司向三联集团公司发放的1.95亿元贷款系分四笔发放，且抵押合同对抵押权担保的主债权内容并未作出明确约定，考虑到三联集团公司已经进入破产重整的事实，为衡平金汇信托公司与其他债权人、参与三联集团公司破产重整的相关利益主体之

间的关系，本院认定，以第一笔1.069亿元中的7000万元作为该宗土地使用权抵押担保的主债权。由此，金汇信托公司以该宗土地使用权优先受偿的范围包括本金7000万元，加上该7000万元截止到2015年8月17日的利息为21624347.5元（以7000万元为基数自2014年3月13日至2014年8月31日按年利率12.2%计算期内利息为4056500元，以本息之和74056500元为基数自2014年9月1日至2015年8月17日按年利率24.4%计算逾期罚息为17567847.5元），以及律师代理费10万元，担保的债权总额总计为91724347.5元。

关于马文生、楼娟珍的保证责任范围问题。本案中金汇信托公司的债权范围因主债务人三联集团公司进入破产重整程序而确定为254867898.2元。马文生、楼娟珍作为保证人，基于保证债务的从属性，其所承担的债务范围不应大于主债务人。故原审判决在确认金汇信托公司对三联集团公司的债权利息计算截止到2015年8月17日人民法院受理破产重整申请之日止的同时，判令保证人马文生、楼娟珍在2015年8月18日之后继续按年利率24.4%向金汇信托公司继续支付利息至实际清偿之日止，明显缺乏法律依据，亦严重损害了保证人马文生、楼娟珍的合法权益，本院予以纠正。

综上，本院认为，申请人金汇信托公司的申请理由及诉讼请求部分成立，本院予以支持。原审判决认定事实和适用法律均有不当之处，本院予以纠正。依照《中华人民共和国物权法》第五条、第十六条、第十七条、第十八条、第一百七十三条、第一百七十九条、第一百八十条第一款第五项、第一百八十七条、《最高人民法院关于适用〈中华人民共和国担保法〉若干问题的解释》第四十七条、《中华人民共和国民事诉讼法》第二百零七条第一款、第一百七十条第一款第二项，《最高人民法院关于适用〈中华人民共和国民事诉讼法〉的解释》第四百零五条之规定，判决如下：

一、撤销浙江省高级人民法院（2016）浙民终718号民事判决；

二、维持浙江省杭州市中级人民法院（2015）浙杭商初字第11号民事判决第一项、第三项；

三、变更浙江省杭州市中级人民法院（2015）浙杭商初字第11号民事判决第四项为：马文生、楼娟珍对浙江三联集团有限公司254867898.2元债务承担连带清偿责任；

四、撤销浙江省杭州市中级人民法院（2015）浙杭商初字第11号民事判决第二项；

五、确认浙商金汇信托股份有限公司在91724347.5元债务范围内对浙江三联集团有限公司提供的编号为金华市国用（2006）第4－86679号《国有土地使用权证》项下的国有土地使用权折价或以拍卖、变卖该财产的价款享有优先受偿权；

六、确认浙商金汇信托股份有限公司在254867898.2元债务范围内对浙江三联集团有限公司提供的金华市建字第330702201300077号《建设工程规划许可证》项下已经建造和将要建造的建筑物以及金市国用（2014）第103－02695号《国有土地使用权证》项下的国有土地使用权，扣除201套房屋及对应的土地使用权（详见后附的清单）后的剩余部分折价或以拍卖、变卖该财产的价款享有优先受偿权；

七、驳回浙商金汇信托股份有限公司的其他诉讼请求。

如果未按本判决指定的期限履行金钱给付义务，应当按照《中华人民共和国民事诉讼法》第二百五十三条之规定，加倍支付迟延履行期间的债务利息。

一审案件受理费100元，财产保全费5000元，合计5100元，由浙江三联集团有限公司、三联控股集团有限公司、马文生、楼娟珍、金华市华源置业有限公司负担；二审案件受理费100元，由浙江三联集团有限公司负担（应由浙江三联集团有限公司负担的诉讼费用已由浙商金汇信托股份有限公司预交，该款由浙商金汇信托股份有限公司在实现抵押权时直接扣收）。

本判决为终审判决。

审判长：周伦军；审判员：张爱珍、汪军；法官助理：李洁；书记员：王薇佳

二〇一八年七月三十一日

附件：浙商金汇信托股份有限公司不享有优先受偿权的房屋清单

编号	房号	备案时间
浙商金汇信托股份有限公司同意解押房产		
1	14－2－201	2014年4月10日
2	14－3－102	2014年5月14日
3	14－4－101	2014年6月6日

续表

编号	房号	备案时间
4	14－4－102	2014 年 6 月 3 日
5	14－5－101	2014 年 7 月 8 日
6	14－5－102	2014 年 6 月 3 日
7	15－1－101	2014 年 7 月 8 日
8	15－1－102	2014 年 6 月 20 日
9	15－1－201	2014 年 7 月 8 日
10	15－2－101	2014 年 5 月 13 日
11	15－4－102	2014 年 6 月 3 日
12	15－5－101	2014 年 6 月 6 日
13	15－5－201	2014 年 6 月 6 日
14	15－6－101	2014 年 6 月 6 日
15	15－7－201	2014 年 6 月 3 日
16	16－1－101	2014 年 4 月 15 日
17	16－2－101	2014 年 4 月 16 日
18	16－2－102	2014 年 6 月 3 日
19	16－2－201	2014 年 6 月 3 日
20	16－3－101	2014 年 6 月 6 日
21	16－3－201	2014 年 4 月 10 日
22	16－4－101	2014 年 6 月 5 日
23	16－4－201	2014 年 6 月 3 日
24	G5－1001	2014 年 4 月 16 日
25	G5－1003	2014 年 6 月 26 日
26	G5－1004	2014 年 7 月 1 日
27	G5－104	2014 年 4 月 29 日
28	G5－1101	2014 年 4 月 15 日
29	G5－1104	2014 年 3 月 28 日
30	G5－1203	2016 年 4 月 26 日
31	G5－1204	2014 年 3 月 28 日
32	G5－1301	2014 年 6 月 25 日
33	G5－1304	2016 年 4 月 26 日
34	G5－13A01	2014 年 5 月 19 日

续表

编号	房号	备案时间
35	G5－13A02	2015年8月14日
36	G5－13A03	2014年4月4日
37	G5－13A04	2014年4月16日
38	G5－1603	2014年4月29日
39	G5－1604	2014年3月28日
40	G5－1704	2014年7月22日
41	G5－203	2014年7月22日
42	G5－204	2014年7月1日
43	G5－304	2014年4月15日
44	G5－3A01	2014年6月10日
45	G5－3A02	2014年4月15日
46	G5－501	2015年8月24日
47	G5－504	2014年5月15日
48	G5－602	2015年8月28日
49	G5－603	2014年7月22日
50	G5－701	2014年6月28日
51	G5－704	2015年8月19日
52	G5－801	2014年4月29日
53	G5－802	2014年6月25日
54	G5－803	2014年7月1日
55	G5－904	2014年6月23日
56	G6－1001	2014年4月15日
57	G6－1003	2014年7月8日
58	G6－1004	2014年4月28日
59	G6－1101	2014年7月2日
60	G6－1104	2014年7月17日
61	G6－1201	2014年4月23日
62	G6－1202	2014年6月25日
63	G6－1204	2014年6月25日
64	G6－1302	2014年4月16日
65	G6－13A01	2016年4月26日

续表

编号	房号	备案时间
66	G6－13A02	2014 年 4 月 22 日
67	G6－13A03	2015 年 8 月 17 日
68	G6－13A04	2016 年 4 月 26 日
69	G6－1501	2015 年 9 月 7 日
70	G6－1502	2014 年 7 月 22 日
71	G6－1503	2014 年 3 月 28 日
72	G6－1504	2014 年 6 月 23 日
73	G6－1602	2014 年 4 月 10 日
74	G6－1603	2014 年 4 月 15 日
75	G6－1604	2014 年 6 月 28 日
76	G6－1703	2014 年 6 月 28 日
77	G6－1704	2015 年 8 月 13 日
78	G6－17A02	2015 年 8 月 13 日
79	G6－201	2014 年 7 月 17 日
80	G6－202	2016 年 8 月 16 日
81	G6－203	2014 年 5 月 13 日
82	G6－204	2014 年 7 月 22 日
83	G6－303	2014 年 5 月 13 日
84	G6－304	2015 年 8 月 13 日
85	G6－3A01	2014 年 7 月 11 日
86	G6－3A02	2014 年 6 月 25 日
87	G6－3A04	2014 年 4 月 28 日
88	G6－501	2014 年 4 月 16 日
89	G6－503	2015 年 9 月 7 日
90	G6－504	2014 年 6 月 6 日
91	G6－601	2014 年 6 月 20 日
92	G6－602	2014 年 5 月 16 日
93	G6－603	2015 年 8 月 13 日
94	G6－604	2016 年 8 月 16 日
95	G6－701	2014 年 6 月 28 日
96	G6－702	2014 年 6 月 28 日

续表

编号	房号	备案时间
97	G6－703	2014 年 5 月 13 日
98	G6－704	2014 年 7 月 17 日
99	G6－801	2015 年 8 月 12 日
100	G6－802	2015 年 8 月 13 日
101	G6－803	2015 年 8 月 13 日
102	G6－804	2014 年 4 月 16 日
103	G6－902	2014 年 6 月 26 日
104	G6－903	2014 年 6 月 26 日
105	G6－904	2014 年 7 月 18 日
106	G7－1001	2014 年 5 月 15 日
107	G7－1002	2014 年 4 月 23 日
108	G7－1004	2014 年 6 月 20 日
109	G7－1101	2014 年 4 月 15 日
110	G7－1104	2017 年 8 月 28 日
111	G7－1201	2015 年 8 月 14 日
112	G7－1202	2014 年 6 月 28 日
113	G7－1203	2014 年 4 月 22 日
114	G7－1204	2014 年 5 月 8 日
115	G7－1301	2014 年 6 月 28 日
116	G7－1304	2014 年 7 月 22 日
117	G7－13A03	2014 年 7 月 18 日
118	G7－1504	2014 年 6 月 20 日
119	G7－1701	2014 年 3 月 14 日
120	G7－1704	2015 年 8 月 14 日
121	G7－17A02	2014 年 6 月 28 日
122	G7－17A04	2014 年 6 月 23 日
123	G7－202	2015 年 8 月 17 日
124	G7－304	2015 年 9 月 7 日
125	G7－3A02	2014 年 4 月 16 日
126	G7－3A04	2017 年 8 月 22 日
127	G7－504	2014 年 5 月 8 日

续表

编号	房号	备案时间
128	G7－602	2014年3月28日
129	G7－604	2014年4月4日
130	G7－701	2014年6月23日
131	G7－704	2014年7月2日
132	G7－802	2014年3月28日
133	G7－804	2014年7月21日
134	G7－901	2015年8月14日
135	G8－1－1002	2014年5月13日
136	G8－1－1101	2015年8月12日
137	G8－1－1102	2014年5月13日
138	G8－1－1202	2014年5月13日
139	G8－1－1302	2014年5月13日
140	G8－1－13A02	2014年5月13日
141	G8－1－1502	2014年5月15日
142	G8－1－1602	2014年5月13日
143	G8－1－1701	2014年5月13日
144	G8－1－202	2014年5月13日
145	G8－1－302	2014年5月13日
146	G8－1－3A02	2014年5月13日
147	G8－1－502	2014年5月13日
148	G8－1－602	2014年5月13日
149	G8－1－702	2014年5月13日
150	G8－1－802	2014年5月13日
151	G8－1－902	2014年5月13日
152	G8－2－1002	2016年4月26日
153	G8－2－1003	2014年6月4日
154	G8－2－1005	2014年5月27日
155	G8－2－1102	2014年7月22日
156	G8－2－1204	2016年4月26日
157	G8－2－1304	2016年4月26日
158	G8－2－205	2014年5月27日

续表

编号	房号	备案时间
159	G8－2－3A04	2014 年 2 月 11 日
160	G8－2－505	2014 年 7 月 1 日
161	G8－2－506	2015 年 8 月 12 日
162	G8－2－603	2014 年 6 月 21 日
163	G8－2－605	2014 年 5 月 27 日
164	G8－2－606	2015 年 8 月 12 日
165	G8－2－703	2015 年 8 月 12 日
166	G8－2－704	2015 年 8 月 12 日
167	G8－2－705	2016 年 4 月 26 日
168	G8－2－706	2016 年 4 月 26 日
169	G8－2－802	2014 年 7 月 24 日
170	G8－2－803	2014 年 7 月 22 日
171	G8－2－804	2015 年 8 月 13 日
172	G8－2－805	2016 年 4 月 26 日
173	G8－2－902	2014 年 7 月 22 日
174	G8－2－903	2015 年 8 月 12 日
175	G8－2－905	2015 年 8 月 12 日
176	G8－2－906	2015 年 8 月 12 日
177	G6－1002	尚未备案
178	G6－1601	尚未备案
179	G7－603	尚未备案
抵押登记前已销售房产		
180	15－2－102	2014 年 1 月 24 日
181	15－3－102	2014 年 1 月 24 日
182	15－4－101	2014 年 2 月 11 日
183	G5－1201	2014 年 2 月 11 日
184	G5－3A04	2014 年 2 月 11 日
185	G5－601	2014 年 2 月 12 日
186	G5－604	2014 年 1 月 23 日
187	G5－804	2014 年 2 月 11 日
188	G5－901	2014 年 2 月 12 日

续表

编号	房号	备案时间
189	G6 - 1102	2014 年 2 月 11 日
190	G6 - 1103	2014 年 2 月 11 日
191	G6 - 1303	2014 年 2 月 11 日
192	G6 - 1304	2014 年 1 月 23 日
193	G6 - 1702	2014 年 1 月 23 日
194	G6 - 301	2014 年 2 月 11 日
195	G6 - 302	2014 年 1 月 26 日
196	G6 - 502	2014 年 1 月 26 日
197	G7 - 13A02	2014 年 1 月 23 日
198	G7 - 1501	2014 年 1 月 26 日
199	G7 - 801	2014 年 2 月 11 日
200	G8 - 1 - 501	2014 年 1 月 23 日
201	G8 - 2 - 203	2014 年 2 月 11 日

专题十九

数人连带保证中一人虚假签名不影响其他保证人的保证责任

——再审申请人杭州世临客实业有限公司、浙江天之林控股有限公司、王某其与被申请人平安银行股份有限公司杭州萧山支行及一审被告李某金融借款合同纠纷案

【裁判观点】

（1）虽然从形式上看只有一个保证合同，但保证人有两人，且均对债权人的债权承担连带保证责任，实际有两个连带保证法律关系。其中一个法律关系出现瑕疵，并不影响另外一个法律关系的效力。

（2）连带保证人之一不承担保证责任并没有加重另一保证人的保证责任。债权人有权依据保证合同请求任何一个保证人承担保证责任。保证人以其今后代偿还主债务后不能对另一保证人行使追偿权为由对抗债权人的诉求，于法无据，不予支持。

中华人民共和国最高人民法院
民事裁定书

案号（2018）最高法民申3376号

再审申请人（一审被告、二审上诉人）：杭州世临客实业有限公司。住所地：浙江省杭州市萧山区宁围镇市心北路718号1号楼13－8室。

法定代表人：王某其，该公司董事长。

委托诉讼代理人：何锡锋，浙江天之林控股有限公司员工。

委托诉讼代理人：郝勇，北京恒都（上海）律师事务所律师。

再审申请人（一审被告、二审上诉人）：浙江天之林控股有限公司。住所地：浙江省杭州市萧山区宁围镇市心北路817号。

法定代表人：王某其，该公司董事长兼总经理。

委托诉讼代理人：何锡锋，该公司员工。

委托诉讼代理人：郝勇，北京恒都（上海）律师事务所律师。

再审申请人（一审被告、二审上诉人）：王某其，男，1965年3月13日出生，汉族，住浙江省杭州市萧山区。

委托诉讼代理人：何锡锋，浙江天之林控股有限公司员工。

委托诉讼代理人：郝勇，北京恒都（上海）律师事务所律师。

被申请人（一审原告、二审被上诉人）：平安银行股份有限公司杭州萧山支行。住所地：杭州市萧山区市心中路1018号。

负责人：陈光万，该支行行长。

委托诉讼代理人：蔡卫东，浙江天册律师事务所律师。

委托诉讼代理人：葛加敏，浙江天册律师事务所律师。

一审被告：李某，女，1969年9月20日出生，汉族，住浙江省杭州市萧山区。

再审申请人杭州世临客实业有限公司（以下简称世临客公司）、浙江天之林控股有限公司（以下简称天之林公司）、王某其因与被申请人平安银行股份有限公司杭州萧山支行（以下简称平安银行萧山支行）及一审被告李某金融借款合同纠纷一案，不服浙江省高级人民法院于2018年2月6日作出的（2018）浙民终16号民事判决，向本院申请再审。本院于2018年7月7日立案受理，依法组成合议庭进行审查，现已审查终结。

世临客公司、天之林公司、王某其申请再审称：1. 二审法院对于世临客公司、天之林公司、王某其所提供的证据认定错误，致使事实审查不清，判决错误。世临客公司、天之林公司、王某其在二审中已提供证据证明平安银行萧山支行同意对于世临客公司所贷之款转贷三年（不压贷、不抽贷），同意对罚息、复利予以减免，且平安银行萧山支行对于该证据的真实性无异议。但是二审法院依旧认为该证据尚不足以证明上述事实。世临客公司、天之林公司、王某其认为该证据已经平安银行萧山支行确认系其签署，二审法院应予认定。世临客公司、天之林公司、王某其在申请再审中提交一份新证据：2018年4月17日平安银行萧山支行签署萧供改纪要〔2018〕23号文件。该文件第一条明确规定“免除所欠贷款罚息、复利，积极帮扶企业并办理转贷”。故二审判决认定事实错误。2. 二审法院关于

“同一保证合同存在多个担保时，每个保证均是独立存在的担保。其中一个保证人的签名伪造只会导致该被伪造签名的保证人的保证关系不成立，不影响其他保证人”的认定适用法律错误。根据《中华人民共和国民法通则》第五十五条、《中华人民共和国民法总则》第一百四十三条的规定，民事法律行为应当具备意思表示真实的要件。本案中，最初的意思表示应为王某其与李某共为保证人，各自分担担保风险。而今李某在《保证担保合同》上的签字不是其本人签署，指纹不是其本人指纹，李某未被认定为保证人，如此就明显要加重王某其的保证责任，此情形足以致使王某其在签署这份合同时作出错误判断。王某其签署《保证担保合同》的意思表示不真实，应属无效。3. 一、二审法院认定《保证担保合同》有效，违反合同各方当事人第7.6条的约定：“本合同经各方当事人签署（若当事人为自然人，则本协议应由该当事人签字，若当事人为法人或其他组织，则本合同应由其有权签字人签字或加盖印章，并加盖公章）后生效。”一、二审法院对此条款视而不见，不采纳也不说明，违背基本事实。4. 二审法院关于“在主债权本金已经合法登记的情况下，登记的效力应及于合理的利息、违约金等其他费用”的认定不但于法无据，且违反《中华人民共和国物权法》第一百八十条、第一百八十七条的规定。本案中，抵押登记的债权范围很明确为10500万元，王某其提供的抵押担保范围亦为10500万元。合同约定和抵押登记不一致的应以抵押登记为准。综上，世临客公司、天之林公司、王某其依据《中华人民共和国民事诉讼法》第二百条第二项、第五项、第六项的规定申请再审。

平安银行萧山支行提交意见认为，世临客公司、天之林公司、王某其的再审申请缺乏事实和法律依据，应予驳回。

本院经审查认为，本案再审审查的焦点问题为：1. 二审判决未认定平安银行萧山支行同意减免罚息、复利是否有误；2. 李某在保证合同上的虚假签名是否影响保证合同的效力以及王某其的责任承担；3. 天之林公司提供抵押物所担保的债权范围应如何确定。

（一）关于二审判决未认定平安银行萧山支行同意减免罚息、复利是否有误的问题

世临客公司、天之林公司、王某其在一、二审中主张平安银行萧山分行同意对于世临客公司所贷之款转贷三年（不压贷、不抽贷），对罚息、复利减免的主要

证据是杭州市萧山区供给侧结构性改革工作领导小组的一份《会议纪要》［萧供改纪要（2017）14号］，但经查该《会议纪要》内容，并无明确的减免案涉贷款罚息、复利的内容，其中第二条只是载明："由平安银行萧山支行牵头，会同企业和相关银行及小额贷款公司，建议围绕企业关于请求区政府供改办协调帮扶企业的申请报告给予帮扶"的内容。尽管世临客公司、天之林公司在其提交给萧山区人民政府的申请报告中，有关于请求平安银行萧山分行同意对于所贷之款转贷三年（不压贷、不抽贷），对罚息、复利予以减免的内容，但该部分内容并未转化为《会议纪要》的内容，也无平安银行萧山支行的其他书面承诺或者确认，平安银行萧山分行亦不予认可。故一、二审法院未予支持世临客公司、天之林公司、王某其的该项主张并无不当。

至于世临客公司、天之林公司、王某其在再审申请中又提供了杭州市萧山区供给侧结构性改革工作领导小组办公室《关于浙江天之林控股有限公司有关问题专题协调会议纪要》［萧供改纪要（2018）23号］作为再审新证据的问题。经查，该份会议纪要是于2018年4月17日作出的，而本案二审判决的时间为2018年2月6日，显然是在二审判决后当地政府部门又组织相关企业单位进行协调后的结果，不能据此认定二审判决认定事实和适用法律有误。至于平安银行萧山分行是否基于该协调作出了减免世临客公司所贷之款罚息、复利的承诺，以及［萧供改纪要（2018）23号］能否作为双方部分执行和解的依据，可在二审判决实际执行过程中协调解决。

（二）关于李某在保证合同上的虚假签名是否影响保证合同的效力以及王某其的责任承担的问题

本院认为，案涉保证合同不因其他保证人签名不实导致无效，进而影响在保证合同真实签名的保证人的责任。首先，本案从形式上看只有一个保证合同，但保证人有两人，且均对债权人的债权承担连带保证责任，实际有两个连带保证法律关系。其中一个法律关系出现瑕疵，并不影响另外一个法律关系的效力。李某在保证合同上没有签名，不影响平安银行萧山支行与王某其保证合同的效力。王某其再审申请认为，李某不承担保证责任足以致使王某其在签署保证合同时做出错误判断。然而王某其并没有提供证据证明其提供的保证依赖于另一保证人李某的保证，王某其所担保的主债务人天之林公司，其法定代表人是王某其，与王某其更具利益直接相关性。因此，王某其主张其应当免除保证责任亦不符合《中华人民共和国担保法》第三十条所规定的保证责任免除事由。其次，李某不承担保证责任并没有加重王某其的保证责任。根据案涉《保证担保合同》约定，王某其、李某承担的是连带责任保证，平安银行萧山分行有权依据《中华人民共和国担保法》第十二条的规定要求任何一个保证人承担保证责任。王某其以其今后代偿还主债务后不能对李某行使追偿权为由对抗平安银行的诉求，于法无据，不予支持。

（三）关于天之林公司提供抵押物所担保的债权范围如何确定的问题

抵押担保物权的设立与其担保的范围处于不同层面。根据《中华人民共和国物权法》第一百八十七条的规定，不动产抵押权自登记时设立。抵押权设立后其所担保的债权范围应当根据《中华人民共和国担保法》第一百七十三条及当事人的约定予以确定。本案案涉房屋抵押权已经房屋登记机关登记，抵押权已经依法设立。之后，平安银行萧山支行再行发放10500万元的贷款，并作为办理抵押登记时的债权数额，符合客观实际。当债务人世临客公司出现违约时，平安银行萧山支行有权依据《中华人民共和国物权法》第一百七十三条的规定及《房屋抵押变更协议》的约定，主张抵押担保的范围及于利息、复利、罚息及实现债权的费用，一、二审判决结果并无不当。

综上，世临客公司、天之林公司、王某其的再审申请不符合《中华人民共和国民事诉讼法》第二百条第一项、第二项规定的情形。依照《中华人民共和国民事诉讼法》第二百零四条第一款，《最高人民法院关于适用〈中华人民共和国民事诉讼法〉的解释》第三百九十五条第二款规定，裁定如下：

驳回杭州世临客实业有限公司、浙江天之林控股公司、王某其的再审申请。

审判长：贾清林；审判员：周伦军、马东旭；法官助理：　　；书记员：郑海虹

二〇一八年九月二十日

专题二十

债权人直接通过公告方式向保证人主张权利时不能产生主张权利的法律效果

——陈某海与陈某、胡某娟、淮安市浩宇科技有限公司、张某全、淮安鼎宇科技有限公司民间借贷纠纷案

【裁判观点】

本案再审判决阐明债权人在保证期间内向保证人主张权利的方式。我国法律仅规定债权人在保证期间内得向保证人主张权利，但具体应以何种方式主张权利，法律未有明确规定。债权人是否在保证期间内依法向保证人主张权利，直接决定了债权人和保证人之间的债权债务关系能否真正建立。本案根据学说上的通常理解及司法实践中的一贯司法尺度，阐明在连带责任保证中，债权人向保证人主张权利的方式，可以参照《中华人民共和国民法通则》第一百四十条的规定，认定债权人在保证期间内以提起诉讼、申请仲裁、采用直接、委托或公告送达清收通知书等方式向保证人主张权利，或者保证人自行认诺愿意承担保证责任的，都可以产生解除保证期间、开始计算诉讼时效的法律效果。债权人在保证期间内以公告方式向保证人主张权利，应符合三个前提条件：1. 保证人下落不明；2. 公告的内容需有主张权利的意思表示；3. 公告的媒体应当是国家级或者保证人住所地省级有影响的媒体。债权人不符合上述条件采取公告方式主张权利的，不产生主张权利的法律效果，以此来衡平债权人和保证人之间的利益关系。

中华人民共和国最高人民法院

民事判决书

案号（2017）最高法民再178号

再审申请人（一审被告、二审上诉人）：陈某海。

委托诉讼代理人：尚国先。

被申请人（一审原告、二审被上诉人）：陈某。

委托诉讼代理人：王蓬涛。

被申请人（一审被告、二审上诉人）：胡某娟。

委托诉讼代理人：李雨其。

被申请人（一审被告、二审上诉人）：淮安市浩宇科技有限公司。住所地：江苏省淮安市淮阴区松江路136号（淮阴工业园区）。

法定代表人：胡某娟。

委托诉讼代理人：李雨其。

被申请人（一审被告、二审上诉人）：张某全。

委托诉讼代理人：李雨其。

再审申请人陈某海因与被申请人陈某、胡某娟、淮安市浩宇科技有限公司（以下简称浩宇公司）、张某全、淮安鼎宇科技有限公司（以下简称鼎宇公司）民间借贷纠纷一案，不服江苏省高级人民法院（2016）苏民终261号民事判决，向本院申请再审。本院于2017年3月27日作出（2017）最高法民申466号民事裁定，提审本案。本院依法组成由审判员周伦军担任审判长、审判员毛宜全、张爱珍参加的合议庭公开开庭审理了本案。法官助理由李洁担任，书记员钱莹担任法庭记录。再审申请人陈某海及其委托诉讼代理人尚国先、被申请人陈某的委托诉讼代理人王蓬涛、被申请人胡某娟、浩宇公司、张某全的共同委托诉讼代理人李雨其到庭参加诉讼。本案现已审理终结。

陈某海申请再审称：一、二审判决认定的450万元主债权金额缺乏证据证明。原审中陈某提交的两份银行转账凭证均为复印件，总金额为370万元，并非其所主张的450万元。二、二审判决对主债务人认定有误。陈某海是为胡某娟的个人债务提供担保，而案涉借款均打入张某全个人账户用于偿还浩宇公司的银行贷款，应当根据实际履行情况确定本案借贷关系的主债务人。三、二审判决对陈某以公告方式向陈某海主张权利的效力认定有误。由于保证合同是单务、无偿合同，根据举轻以明重的原则，债权人在保证期间内向保证人行使债权应适用诉讼时效的有关规定，《最高人民法院关于审理民事案件适用诉讼时效制度若干问题的规定》中关于利用媒体公告主张权利的法定条件应适用于保证期间。陈某海在保证期间内正常在银行上班，不存在公告送达所必须的“受送达人下落不明，或者用其他方式无法送达”的前提条件，所以陈某所发公告不具有法律效力，陈某海的保证债务因超过六个月保证期间而免除。四、陈某海一审答辩期内向法院提交的有关主债务人对陈某海进行虚假陈述、涉嫌虚开巨额增值税发票骗取银行贷款且和陈某合谋欺诈陈某海的证据，法庭未组织质证。五、刊登公告的行为并非法律行为，陈某应当举证证明其本人亲自办理或委托他人办理公告的事实，但不能采取事后追认的方式。综上，原审判决认定事实和适用法律均有错误，请求：1. 撤销江苏省高级人民法院（2016）苏民终261号民事判决和江苏省淮安市中级人民法院（2015）淮中民初字第00098号民事判决；2. 驳回陈某对陈某海的诉讼请求。

被申请人陈某答辩称：一、关于主债权金额，陈某已经提交相关打款记录证明主债权为450万元。二、关于保证期间内主张权利的问题，二审关于陈某以公告方式主张权利的理解正确，陈某已经在法律规定的期间内要求陈某海承担责任。且在保证期间内陈某及其委托人员均到陈某海处要求其承担责任，并要求其在担保函中重新签字确认，由于陈某海一直拒绝，陈某才不得已采取公告方式。综上，一、二审认定事实清楚，适用法律正确，请求驳回再审申请，维持原判决。

被申请人张某全答辩称：一、主债权金额缺乏证据证明，虽然借条是450万元，但陈某实际转账为370万元，80万元的差额是借款所付费用；该笔借款已经通过现金偿还180万元、银行转账偿还90万元，实际欠款仅剩100万元。二、胡某娟是以浩宇公司法定代表人名义在借条上签字，应由浩宇公司承担还款责任，胡某娟本人不应当承担责任。三、张某全作为浩宇公司的股东及实际控制人，在借条上签字是代表浩宇公司提供担保，张某全本人不应当承担责任。四、借款时向陈某明确是用于偿还浩宇公司欠工商银行的贷款，且所借款项经由张某全账户汇入浩宇公司账户实际用于偿还贷款，所以应当由浩宇公司承担还款责任，胡某娟和张某全不应承担担保责任。

被申请人胡某娟与浩宇公司共同答辩称：一、胡某娟不是借款人，胡某娟是作为浩宇公司的法定代表人在借款协议上签字，借款人仅浩宇公司一方。借款协议上明确约定是流动资金，胡某娟个人并不需要流动资金，且该370万元借款实际用于归还浩宇公司欠工商银行的贷款。二、本案实际借款本金为370万元，陈某一审中出具的打款凭证即为370万元。三、张某全已经归还的270万元应认定为本金。

被申请人鼎宇公司未答辩。

陈某向一审法院起诉请求：1. 胡某娟及浩宇公司共同偿还陈某借款本金450万元及自2013年4月18日至实际还款之日止的四倍银行贷款利息，并承担日千分之五的逾期付款违约金；2. 张某全、鼎宇公司、陈某海对借款本息承担连带给付责任；3. 浩宇公司、张某全、鼎宇公司、陈某海承担本案诉讼费用。

江苏省淮安市中级人民法院一审查明：2013年4月18日，胡某娟因经营需要，向陈某借款450万元，双方签订借款协议一份，约定：借款期限自2013年4月18日至2013年4月28日，逾期还款，从借款之日起，按银行同期贷款利率四倍计付利息至付清之日，并按欠款金额每日千分之五标准承担逾期付款违约金。保证人自愿为借款提供连带担保，保证期间为借款期限届满（或展期届满）之日起两年。胡某娟及浩宇公司在借款人一栏中签名、盖章。张某全、鼎宇公司为借款提供连带责任保证。同日，陈某海向陈某出具担保函，内容为：胡某娟（张某全）于2013年4月18日向陈某借款肆佰伍拾万元人民币，对该借款本金，本人承担连带责任保证。借款协议签订当日，陈某通过中国工商银行分三次向张某全账户汇款450万元，胡某娟、张某全向陈某出具收到450万元收据一张，浩宇公司在收据上加盖公章。后因胡某娟，浩宇公司未能按期还款，2013年8月10日，张某全向陈某出具承诺书，承诺：2013年8月12日至8月16日期间还清借款本金，最迟在2013年9月18日还清借款本金。由于借款到期，在索款无果的情况下，陈某于2013年10月28日在《淮海商报》上对保证人陈某海进行公告，内容为：你为淮安浩宇科技有限公司胡某娟向陈某借款450万元予以担保，现该借款逾期未还，请你履行担保责任，代为偿还借款。

一审法院另查明，2013年半年期中国人民银行贷款年利率为5.6%。

一审中，胡某娟、浩宇公司、张某全主张，借款事实发生后先后通过银行偿还陈某本息180万元，给付现金约90万元，合计270万元，并于庭后提供76万元的银行凭证：1. 2013年5月9日江苏淮安农村商业银行由张某全提取人民币4万元的取款凭条一份；2. 2013年5月4日通过中国工商银行由董志远账户汇款至陈某账户10万元业务凭证一份；3. 2013年5月9日通过中国工商银行由董志远账户汇款至陈某账户8万元业务凭证一份；4. 2013年5月16日昆山农村商业银行金额为10万元的活期存款凭条一份；5. 2013年6月19日张某全通过中国工商银行汇款至陈某账户7万元；6.2013年7月31日张某全在中国工商银行存款19万元；7.2013年7月31日张某全通过中国工商银行汇款至陈某账户8万元；8.2013年8月16日张某全通过中国工商银行汇款至陈某账户10万元。

江苏省淮安市中级人民法院一审认为，双方当事人于2013年4月18日签订的借款合同，系当事人真实意思表示，合法有效，对当事人均有法律约束力。胡某娟、浩宇公司向陈某借款450万元，有借条和陈某打款记录予以证明，事实清楚，证据充分，予以确认。胡某娟、浩宇公司主张已还款270万元，仅提供部分银行打款记录，其中由张某全直接打款给陈某及通过第三方打款给陈某的款项43万元，陈某予以认可，且其中大部分系由张某全直接支付给陈某，事实清楚，予以认定，对另33万元的银行存、取款凭证，陈某不予认可，胡某娟、浩宇公司亦未能提供相应的收条佐证，应承担举证不能的法律后果，故对胡某娟、浩宇公司主张该33万元用于本案还款的理由，不予采纳。对胡某娟、浩宇公司主张的现金支付90万元的事实，因在限定的举证期限届满后未能提供证据证明，对该主张不予采纳。胡某娟、浩宇公司的上述43万元的还款，当事人未作约定，应依据先付息后还本的原则进行处理。当事人约定的借款利率，未超出法律规定的同期中国人民银行贷款利率四倍限额，应予准许，截止2013年10月18日，借款利息为504000元（450万×0.056÷12×4倍×6个月），扣除胡某娟、浩宇公司支付的43万元，尚欠借款利息74000元，后续利息以同期中国人民银行贷款利率四倍计算至判决给付之日止。陈某主张胡某娟、浩宇公司还应承担违约金，因陈某没有证据证明其因胡某娟、浩宇公司未及时还款而产生其它直接损失，依据损失补偿原则，在已经支持陈某要求较高利息的基础上，对陈某要求胡某娟、浩宇公司支付违约金的诉讼请求，不予支持，张某全、鼎宇公司为借款本息提供连带责任保证，且约定保证期限为借款期限届满或展期届满计算两年，本案借款2013年4月28日到期，陈某于2015年4月24日提起本案诉讼，未超出当事人约定的保证期间，张某全、鼎宇公司应承担保证责任。陈某海提供保证时未约定保证方式，根据《中华人民共和国担保法》第十九条“当事人对保证方式没有约定或者约定不明确的，按照连带责任保证承担保证责任”的规定，故应认定陈某海为连带责任保证，连带责任保证人与债权人未约定保证期间的，债权人有权自主债务履行期届满之日起六个月内要求保证人承担保证责任。陈某在借款到期的六个月内，以公告方式向陈某海主张还款，应认定陈某在保证期间内向陈某海主张还款，故陈某海应当承担保证责任。根据陈某海出具给陈某的担保函，其在该函件中言明保证范围为借款本金，陈某接受了该函件，视为当事人协商一致，当事人有约定的应从约定，故陈某海仅对借款本金承担保证责任。陈某海辩称未见证借贷双方履行借款合同，其不承担保证责任的主张，因借款事实经法院审查成立，即使陈某海未见证双方交付事实，并不影响其保证合同的效力。综上，该院作出（2015）淮中民初字第00098号民事判决：一、胡某娟、浩宇公司于判决生效后十五日内一次性偿还陈某借款本金450万元及利息74000元（利息计算至2013年10月18日，后续利息自2013年10月19日至本判决确认给付之日止，按照同期中国人民银行贷款利率四倍计算）；二、张某全、鼎宇公司对上述借款本息承担连带还款责任。陈某海对450万元借款本金承担连带还款责任；三、驳回陈某的其他诉讼请求。一审案件受理费42800元，由胡某娟、浩宇公司负担38520元，陈某负担4280元。

胡某娟、浩宇公司、张某全不服一审判决，向江苏省高级人民法院提起上诉。上诉请求：撤销一审判决，发回重审或查明事实后依法改判。事实和理由主要为：一、一审中，胡某娟、浩宇公司、张某全出示了八份证据，证明已经归还借款180万元，给付现金90万元，陈某未到庭质证，仅是陈某的代理人庭后否定现金还款的事实。一审法院仅凭陈某的代理人庭后的谈话笔录就否认胡某娟、浩宇公司、张某全现金还款的事实，属于认定事实错误。二、对胡某娟、浩宇公司、张某全归还的款项，一审应当按照先还本金、后还利息的原则进行确定，认定归还的是案涉借款的本金。三、胡某娟、浩宇公司、张某全已经向陈某归还33万元，有银行凭证可以证明。一审法院对该33万元银行凭证，既没有与陈某核实，也未予以认定。因此，胡某娟、浩宇公司、张某全尚欠陈某的借款本金为180万元（450万元－270万元），综上，一审判决认定事实错误，请求二审传唤陈某到庭查明事实，如陈某未到庭，应改判驳回陈某起诉。陈某答辩称：胡某娟、浩宇公司、张某全的上诉理由不能成立，一审中陈某的起诉是其真实意思表示。至于胡某娟和浩宇公司还款的部分，一审判决认定的事实清楚，如果胡某娟、浩宇公司、张某全认为有其他还款，可以向法庭提交证据。

陈某海不服一审判决，向江苏省高级人民法院提起上诉。上诉请求：依法改判陈某海不承担保证责任。事实和理由主要为：一、一审原告陈某的起诉状签名与案涉借款主合同的签名不一，明显不是同一人所签。因此，本案原告主体不适格。二、本案的证据《公告》因不具备法律规定的形式要件，不具有法律效力。因此，陈某向陈某海主张担保责任已经超过法定的期限，陈某海不应承担担保责任。陈某答辩称：陈某一审的起诉是本人真实意思表示。关于本案陈某海的担保问题，一审判决查明的事实清楚，陈某海的担保责任未超过诉讼时效。胡某娟、张某全、浩宇公司答辩称：同意陈某海的上诉意见，陈某海不承担本案借款的担保责任。

江苏省高级人民法院对一审判决经审理查明的事实予以确认。二审另查明，陈某因涉嫌经济犯罪，于2013年9月9日被公安机关刑事拘留，2013年10月15日被取保候审。

江苏省高级人民法院二审认为，一、案涉2013年4月18日的借款合同合法有效，对各方当事人均具有约束力。关于胡某娟、浩宇公司、张某全上诉提出的已还款33万元的理由，经查，案涉33万元，胡某娟、浩宇公司、张某全一审仅提供了33万元的银行存、取款凭证，并未能提供相应的陈某收到该33万元的证据予以佐证，且陈某也不认可收到该33万元，故胡某娟、浩宇公司、张某全应承担举证不能的法律后果，一审法院对胡某娟、浩宇公司、张某全主张该33万元用于本案还款的理由，未予支持，并无不当。因胡某娟、浩宇公司、张某全并未提供证据证明已与陈某就已还款金额作为本金计算达成一致，故根据《最高人民法院关于适用〈中华人民共和国担保法〉若干问题的解释（二）》第二十一条的规定，对胡某娟、浩宇公司、张某全已还款部分按照先付息后还本的原则进行处理。二、陈某海在2013年4月18日出具的担保函中已经明确为案涉借款提供连带责任担保，但该担保函并未明确连带责任的保证期间，故根据《中华人民共和国担保法》第二十六条的规定，陈某海为案涉借款提供连带责任保证的期间为自主债务履行期届满之日起六个月内，也即自2013年4月29日起至2013年10月29日止。陈某于2013年10月28日在淮安市《淮海商报》上刊登公告，要求陈某海承担案涉借款的担保责任，应当认定陈某的行为符合《最高人民法院关于适用〈中华人民共和国担保法〉若干问题的解释》第三十四条第二款“连带责任保证的债权人在保证期间届满前要求保证人承担保证责任的，从债权人要求保证人承担保证责任之日起，开始计算保证合同的诉讼时效”的规定，陈某于2015年4月24

日向法院起诉请求陈某海承担保证责任，并未超出《中华人民共和国民法通则》第一百三十五条规定的两年诉讼时效。陈某海在二审中提出陈某刊登公告的《淮海商报》系淮安日报社主办的副刊性报纸，不属于法律规定的国家或省级有影响的媒体，且陈某海并非下落不明，故陈某刊登公告的行为不产生法律效力，陈某海不应承担担保责任，然而《最高人民法院关于审理民事案件适用诉讼时效制度若干问题的规定》第十条的规定解决的是民事诉讼中的诉讼时效在什么条件下产生中断的问题，而《最高人民法院关于适用〈中华人民共和国担保法〉若干问题的解释》第三十四条第二款所解决的是连带责任保证的债权人应当在保证期间届满前向保证人主张权利的问题，两个法律规定解决的是两个不同的问题，既不矛盾，也不冲突。且《最高人民法院关于适用〈中华人民共和国担保法〉若干问题的解释》第三十四条第二款也并未规定债权人必须要在国家级或省级有影响的媒体刊登公告主张权利。因此，陈某海的上述上诉理由，不能成立，应不予支持。关于陈某在《淮海商报》上刊登公告是否是其真实意思表示的问题。根据二审法院依职权向公安机关调取的材料，可以证明陈某因涉嫌经济犯罪于2013年9月9日被公安机关刑事拘留后，已于2013年10月15日被取保候审且于当日释放，故陈某在2013年10月15日之后已经被解除强制措施，不存在被限制人身自由的问题。同时，在2016年6月7日二审法院组织的听证中，陈某本人也到庭陈述在《淮海商报》上刊登公告的行为系其本人的真实意思表示。因此，陈某海的该项上诉理由也不能成立，一审法院判决陈某海对案涉450万元借款本金承担连带还款责任，并无不当。综上，该院作出（2016）苏民终261号民事判决：驳回上诉，维持原判。二审案件受理费42800元，由胡某娟、浩宇公司负担38520元，由张某全负担2996元，由陈某海负担1284元。

再审庭审中，陈某申请倪某、刘某出庭作证，拟证明其在保证期间内曾经向陈某海主张过权利。证人倪某陈述称，2013年夏天他曾经陪陈某到昆山银行办公室找陈某海，在张某全出车祸后其也让陈某海找张某全沟通还钱事宜，还曾经和董永春一起找陈某海签署担保函，但被陈某海拒绝。证人刘某陈述称，2013年5、6月份曾经多次找陈某海要钱。对证人倪某、刘某的陈述，陈某海不予认可。本院经审查，证人倪某系陈某的连襟董某军的朋友，也曾经在董某军的担保公司工作过，证人刘某系陈某的朋友，在陈某出借的450万元款项中有110万元左右是由刘某出资，故两人均属于与陈某有利害关系的证人，在没有其他证据予以佐证且陈某海不予认可的情况下，其证言不能单独作为认定案件事实的依据，陈某关于其在保证期间内曾经以公告以外的方式要求陈某海承担担保责任的诉讼主张，事实依据不足，本院不予认定。

本院再审查明：陈某海原系江苏昆山农村商业银行股份有限公司淮阴支行行长，在2013年10月29日之前，陈某海一直正常上班、履职。该行为其缴纳养老保险费用的时间截止到2013年11月。2014年3月26日，该行办理工商变更登记手续，行长更换为吴以慧。

另查明：2017年4月27日，因淮安鼎宇科技有限公司的破产财产分配完结，淮安市洪泽区人民法院作出（2016）苏0829民破3号之六民事裁定书，裁定终结该公司的破产程序。2017年6月5日，淮安市洪泽区市场监督管理局作出的《公司准予注销登记通知书》［（08290177）公司注销〔2017〕第0506001号］载明，淮安鼎宇科技有限公司已经该局注销登记。

除前述事实外，原审判决认定的事实属实，本院予以确认。

再审中，各方当事人争议的焦点问题为：陈某在保证期间内以公告方式向保证人陈某海主张权利是否符合法律规定。

本院认为，本案中，胡某娟、浩宇公司与陈某签订的借款协议约定，由陈某出借450万元，期限自2013年4月18日至2013年4月28日，张某全作为保证人提供连带责任保证。该借款协议是各当事人的真实意思表示，内容不违反法律、行政法规的强制性规定，故原审判决关于该借款协议合法有效的认定正确，本院予以维持。陈某海《担保函》中承诺就胡某娟（张某全）向陈某的450万元借款承担连带保证责任，但未约定保证期间。《中华人民共和国担保法》第二十六条规定："连带责任保证的保证人与债权人未约定保证期间的，债权人有权自主债务履行期届满之日起六个月内要求保证人承担保证责任。在合同约定的保证期间和前款规定的保证期间，债权人未要求保证人承担保证责任的，保证人免除保证责任。"《最高人民法院关于适用〈中华人民共和国担保法〉若干问题的解释》第三十四条第二款规定："连带责任保证的债权人在保证期间届满前要求保证人承担保证责任的，从债权人要求保证人承担保证责任之日起，开始计算保证合同的诉讼时效"。据此，原审判决关于本案中陈某海的保证责任期间为主债务履行期届满之日起六个月，至2013年10月29日届满的认定正确，本院予以维持。

关于陈某于2013年10月28日在《淮海商报》上刊登公告要求陈某海承担担保责任是否构成在保证责任期间内向其主张了权利的问题。本院认为，保证合同是保证人和债权人约定，在主债务人不履行债务时，由保证人承担代为履行或连带责任的协议。由保证人系为他人负责这一特点所决定，保证合同依法成立并不意味着在债权人和保证人之间建立了真实的保证债权债务关系，保证合同的成立仅为债权人设立了要求保证人承担代偿责任的期待权。保证责任是否真正产生，一方面取决于主债务人是否依约清偿债务，同时还取决于债权人是否在保证期间内依法定方式向保证人主张了权利，这也是学说上公认保证债务为或然债务的理由所在。从法律制度发生史的角度，保证期间系为维护保证人利益而设，其正当化的基础在于诚信原则和公平理念，所追求的目的是避免保证人无止境地处于承担责任的不利状态或长期处于随时可能承担责任的不确定状态。因此，在主债务履行期限届满后，如果主债务人不履行债务，保证期间是债权人能够向保证人主张权利的最长期限，如果债权人未在保证期间内依法主张权利，保证期间的经过将产生消灭保证责任的法律效果。因债权人是否在保证期间内依法向保证人主张权利，直接决定了债权人和保证人之间的债权债务关系能否真正建立，对双方当事人的基本民事权利存在重大影响，必须严格遵守法律文本可能的文义射程，对这一问题加以评判。关于保证期间内债权人向保证人主张权利的方式，根据《中华人民共和国担保法》第二十五条第二款和第二十六条第二款之规定：在一般保证，债权人必须以对主债务人提起诉讼或申请仲裁的方式要求主债务人承担责任；在连带责任保证，债权人必须“要求保证人承担保证责任”。就债权人应当以何种方式“要求保证人承担保证责任”这一问题，学说上一般认为，《中华人民共和国担保法》第二十六条中“要求保证人承担保证责任”的表述与《中华人民共和国民法通则》第一百四十条规定诉讼时效中断情形所使用的“当事人一方提出要求”的意义相若，可以相互参照。在既往的司法实践中，最高人民法院民事审判第二庭于2002年11月22日在《最高人民法院对〈关于担保期间债权人向保证人主张权利的方式及程序问题的请示〉的答复》（〔2002〕民二他字第32号）中就这一问题统一过司法尺度。该答复函明确，债权人向保证人主张权利的方式包括“提起诉讼”和“送达清收通知书”等，其中“送达”既可由债权人本人送达，也可以委托公证机关送达或公告送达（在全国或省级有影响的报纸上刊发清收债权公告）。根据上述学说和我院一贯的司法尺度，在连带责任保证中，债权人向保证人主张权利的方式，可以参照《中华人民共和国民法通则》第一百四十条关于"诉讼时效因提起诉讼、当事人一方提出要求或者同意履行义务而中断。从中断时起，诉讼时效期间重新计算"之规定，认定债权人在保证期间内以提起诉讼、申请仲裁、采用直接、委托或公告送达清收通知书等方式向保证人主张权利，或者保证人自行认诺愿意承担保证责任的，都可以产生解除保证期间、开始计算诉讼时效的法律效果。就公告送达方式的适用条件，《最高人民法院关于审理民事案件适用诉讼时效制度若干问题的规定》（法释〔2008〕11号）第十条第一款第四项规定："当事人一方下落不明，对方当事人在国家级或者下落不明的当事人一方住所地的省级有影响的媒体上刊登具有主张权利内容的公告的，但法律和司法解释另有特别规定的，适用其规定"。据此，债权人在保证期间内以公告方式向保证人主张权利应当符合以下三个条件：第一，保证人下落不明，债权人无法采用其他直接送达的方式向其主张权利。这一前提要件表明，债权人要求保证人承担责任的意思表示，原则上必须由保证人实际受领或能够实际受领方能发生法律效力，只有在因保证人下落不明的原因导致无法受领的情况下，才能以公告送达这一拟制受领的方式主张权利。第二，公告的内容需有主张权利的意思表示。第三，公告的媒体应当是国家级或者保证人住所地省级有影响的媒体。本案中，被申请人陈某和申请人陈某海均一致认可，在保证期间内，保证人陈某海一直在其任职的单位正常上班和履职，故本案中并不存在因陈某海下落不明导致债权人无法在保证期间内向其主张权利的情形，且从陈某选择的公告媒体来看，《淮海商报》亦并非省级有影响力的媒体。故本案中被申请人陈某以在《淮海商报》上刊登公告的方式向保证人主张权利，不符合法律规定，依法不能产生主张权利的法律效果。被申请人陈某关于其在保证期间内亲自、委托他人到陈某海处要求其承担责任的诉讼主张，事实依据不足，本院不予采信。原审判决关于《最高人民法院关于审理民事案件适用诉讼时效制度若干问题的规定》中关于公告送达的规定不适用于保证期间的认定，系对法律和司法解释规定的错误理解，本院予以纠正。申请人陈某海关于其并未处于下落不明、导致陈某无法向其主张权利的状态，陈某所发公告不具有法律效力，其不应承担保证责任的申请理由成立，本院予以支持。

此外，在本案审理范围的确定方面，《最高人民法院关于适用〈中华人民共和国民事诉讼法〉的解释》第四百零五条规定："人民法院审理再审案件应当围绕再审请求进行"。因胡某娟并未就原审判决申请再审，在本院已经认定陈某海不应承担保证责任的情况下，就当事人之间关于本案主债权本金数额、胡某娟是否为借款关系的主债务人等问题，本院不再予以审理。在当事人的列置方面，因一审被告鼎宇公司的破产清算程序已经终结，且依法办理了注销登记手续，根据《最高人民法院关于适用〈中华人民共和国民事诉讼法〉的解释》第三百二十二条之规定，针对鼎宇公司的诉讼程序依法应当终结，故本院不再将鼎宇公司列为本案的当事人。

综上，申请人陈某海的申请理由成立，本院予以支持。原审判决认定事实基本清楚，但因适用法律错误，导致案件实体处理结果不当，本院予以纠正。本院依照《中华人民共和国担保法》第二十六条第二款、《中华人民共和国民事诉讼法》第二百零七条第一款、第一百七十条第一款第二项之规定，判决如下：

一、撤销江苏省高级人民法院（2016）苏民终261号民事判决；

二、变更江苏省淮安市中级人民法院（2015）淮中民初字第00098号民事判决第二项为：张某全对上述借款本息承担连带还款责任；

三、维持江苏省淮安市中级人民法院（2015）淮中民初字第00098号民事判决第一项、第三项。

一审案件受理费42800元，按一审判决执行；二审案件受理费42800元，由胡某娟、浩宇公司、张某全负担21400元，由陈某负担21400元。

本判决为终审判决。

审判长：周伦军；审判员：毛宜全、张爱珍；法官助理：李洁；书记员：钱莹

二〇一七年六月二十八日

专题二十一

以担保债权实现为目的的股权转让，其性质为股权让与担保。债务人未能清偿到期债权的，债权人不得径行取得股权、而应清算

——修水县巨通投资控股有限公司诉福建省稀有稀土（集团）有限公司、江西巨通实业有限公司合同纠纷案

【裁判观点】

1. 让与担保是大陆法系德、日等国经由判例、学说所形成的一种非典型的担保方式。我国经济活动和担保实务中亦多有运用。2015 年 9 月 1 日施行的《最高人民法院关于审理民间借贷案件适用法律若干问题的规定》第二十四条在司法解释层面上对让与担保制度的规范和调整。我国司法实践亦应对让与担保予以回应和肯认。

2. 当事人之间虽签订股权转让协议，具有变更股权的外观，但依据协议约定的权利义务内容及实际履行情况，转让目的、交易结构、股东权利行使等方面，均具有不同于单纯的股权转让特点，而系以股权转让的方式实现担保债权的目的，符合让与担保基本架构的，其性质应认定为股权让与担保。

3. 让与担保是否违反物权法定原则的问题，已在物权法定原则的立法本意以及习惯法层面上得以解释；债务人为担保其债务将担保物的权利转移给债权人，使债权人在不超过担保目的的范围内取得担保物的权利，是出于真正的效果意思而作出的意思表示，不构成虚伪意思表示；而回避流质契约条款可能发生的不当后果，亦可为让与担保实现时清算条款的约定或强制清算义务的设定所避免。债务人未能依约清偿债务的，债权人不得径行取得股权。

中华人民共和国最高人民法院

民事判决书

案号（2018）最高法民终 119 号

上诉人（原审被告）：修水县巨通投资控股有限公司。住所地：江西省修水县

工业园吴都工业区。

法定代表人：刘典平，该公司董事长。

委托诉讼代理人：徐桂元，黑龙江大公律师事务所律师。

委托诉讼代理人：张红梅，广东圣天平律师事务所律师。

被上诉人（原审原告）：福建省稀有稀土（集团）有限公司。住所地：福建省福州市鼓楼区省府路1号20号楼。

法定代表人：郑震，该公司董事长。

委托诉讼代理人：金光辉，北京市中伦律师事务所律师。

委托诉讼代理人：陈莹，福建联合信实律师事务所律师。

原审第三人：江西巨通实业有限公司。住所地：江西省九江市武宁县万福经济技术开发区。

法定代表人：黄长庚，该公司董事长。

委托诉讼代理人：周晓娟，福建联合信实律师事务所律师。

上诉人修水县巨通投资控股有限公司（以下简称修水巨通）因与被上诉人福建省稀有稀土（集团）有限公司（以下简称稀土公司）及原审第三人江西巨通实业有限公司（以下简称江西巨通）合同纠纷一案，不服福建省高级人民法院（2017）闽民初8号民事判决，向本院提起上诉。本院于2018年1月25日立案后，依法组成合议庭，于2018年5月23日召开庭前会议，2018年5月24日公开开庭进行了审理。上诉人修水巨通的法定代表人刘典平、委托诉讼代理人徐桂元，被上诉人稀土公司的委托诉讼代理人金光辉、陈莹，原审第三人江西巨通的委托诉讼代理人周晓娟到庭参加诉讼。本案现已审理终结。

修水巨通上诉请求：1. 撤销一审判决，改判驳回稀土公司的诉讼请求；2. 本案一审、二审诉讼费用由稀土公司承担。事实与理由：（一）修水巨通、稀土公司、江西巨通三方于2013年9月5日签订的《关于江西巨通实业有限公司48%股权转让的股权转让协议》（以下简称《股权转让协议》），其性质为担保合同。1. 修水巨通向中铁信托有限责任公司（以下简称中铁信托）借款须提供担保，《股权转让协议》已载明股权转让目的是由稀土公司向中铁信托提供质押担保。一审判决否认《股权转让协议》是担保合同无事实和法律依据。2.《股权转让协议》在提供质押担保的基础上，所附解除条件是修水巨通依约偿还债务，且修水巨通在解除条件成就的情况下，即有权行使解除权，稀土公司对此不享有任何抗辩权。（二）稀土公司不正当阻止《股权转让协议》解除条件的成就，根据《中华人民共和国合同法》（以下简称合同法）第四十五条的规定，应视为解除条件已成就。根据《股权转让协议》约定，稀土公司办理股权转移登记的行为本质也是设定质押担保。客观上，在约定还款期限内，修水巨通及刘典平只有通过向第三方再质押或依法转让股权才得以融资偿还债务。但稀土公司与其一致行动人厦门三虹钨钼股份有限公司（以下简称厦门三虹）实施了以下非法行为：拒绝向修水巨通提供其将48%股权质押给中铁信托的质押担保合同；违背修水巨通借款急于偿还债务的意图，迫使修水巨通同意厦门三虹扣收江西巨通项目合作款4.57亿元，代江西省修水香炉山钨业公司扣除欠款2.33亿元，代扣刘典平个人所得税与修水巨通企业所得税2.1亿元；拒绝召开股东会与董事会从而拒绝公开年终结算与股东分红；转移隐藏江西巨通财务会计档案资料；通过伪造股东会决议，非法增资扩股稀释其他股东股权；未经股东会决议擅自将江西巨通发包给其他人经营；拒绝修水巨通和刘典平对案涉48%股权重新评估的正当要求；拒绝修水巨通及刘典平通过融资偿还8亿元债务，不当阻止修水巨通行使解除权；对股东及土地资源部门隐瞒已探明的真实矿产资源储量；恶意做大开发利用方案，从而将修水巨通及刘典平引入的战略投资者拒之门外。上述行为不正当阻止了《股权转让协议》解除条件的成就，依法应视为合同解除条件已成就，修水巨通有权行使合同解除权。（三）稀土公司委托福建中兴资产评估房地产土地估价有限责任公司于2015年3月15日作出的闽中兴评字（2015）第MA008号《评估报告》（以下简称《评估报告》）未经江西巨通公司全体股东同意、认可，依法不生效力。当利害关系人对该评估结果提出异议时，应由评估机构予以纠正、或者各方协商另行委托、或者通过司法途径予以纠正，一审判决径行采信该《评估报告》并作为稀土公司受让案涉股权的有效证据，缺乏法律依据。（四）根据合同法第五十二条第二项的规定，《股权转让协议》因“增资扩股”等相应条款侵害除稀土公司与厦门三虹以外的江西巨通其他股东的利益而无效。（五）现有证据表明，江西巨通名下的矿产资源潜在经济价值超过3000亿元，即稀土公司非法占有的股权及增资扩股后的股权价值至少可达1000亿元以上。依据公平原则，修水巨通请求确认《股权转让协议》与稀土公司非法占有股权行为无效，合法有据。

稀土公司辩称，(一)《股权转让协议》的性质为股权转让合同，而非担保合同。1.《股权转让协议》项下当事人真实的意思表示为股权转让。稀土公司签订《股权转让协议》购买案涉股权系为实施资源战略储备而进行的经营行为，而非修水巨通所称的反担保行为。《股权转让协议》的条款内容、股东会决议等相关文件所使用的词句以及后续履行情况等，均表明当事人的真实意思表示为股权转让。(1)《股权转让协议》中涵盖了包括基准日、目标股权转让、转让标的、转让价款的确定和支付、变更登记、税费承担及违约责任等股权转让的基本条款，其中多个条款明确使用了“转让……股权”的表述；修水巨通、江西巨通的股东会决议、各股东授权代理人办理案涉股权转让变更登记的授权书中均明确修水巨通同意转让其持有的江西巨通48%股权，稀土公司同意受让。(2)《股权转让协议》签订后，稀土公司已依约作为股东记载于江西巨通的公司章程，被登记为股东，且已经行使了股东权利，并实际参与了江西巨通的经营管理，足以证明当事人的真实意思表示为股权转让。(3)《股权转让协议》对于未来可能对江西巨通进行增资扩股的预先考虑和安排，以及在后续协议履行过程中股东实际增资行为均体现了当事人的真实意思表示为股权转让。2. 修水巨通关于《股权转让协议》系为稀土公司提供反担保，该协议性质为担保合同的主张与事实不符。(1)《股权转让协议》中无任何关于修水巨通转让案涉股权系为向稀土公司提供反担保的表述，双方亦未就此进行过任何磋商和合意。(2)《担保和反担保协议》第3.2.1条对反担保的方式有明确约定，仅为刘典平和邹某英共同及分别地向稀土公司提供不可撤销的无限连带保证，不包括转让案涉股权在内。(3) 修水巨通关于稀土公司受让案涉股权系为就修水巨通的债务向中铁信托提供质押担保的主张，有违正常逻辑。(二)《股权转让协议》是各方当事人的真实意思表示，不违反法律、行政法规的强制性规定，应为合法有效。1.《股权转让协议》作为股权转让合同，合法有效。即使将其认定为担保合同，其项下约定了非典型担保方式，亦应依据契约自由原则，认可其效力。2.《股权转让协议》中的增资条款仅为当事人基于对江西巨通日后生产经营发展对增资安排的约定，是否实现还有待江西巨通股东会决议，不直接产生增资的法律后果，不会因此侵害其他股东的利益而无效。即使该增资条款无效，根据合同法第五十六条规定及该协议第14.3条约定，亦不影响协议其他部分的效力。3. 稀土公司依据《股权转让协议》第3.1.1条，委托评估机构对案涉股权进行了评估，无须经修水巨通及江西巨通其他股东另行同意，且稀土公司已将《评估报告》提交福建省国资委评审备案。修水巨通虽声称《评估报告》结果不实，但并未提供证据证明。况且，修水巨通在本案中并未就案涉股权转让款的确定及支付事宜提出主张，《评估报告》结果是否公允，不属于本案的审理范围，亦不应因此影响《股权转让协议》的效力。（三）稀土公司基于合法有效的《股权转让协议》取得案涉股权应受法律保护。退一步讲，即使将《股权转让协议》视为担保合同，由于当事人明确约定通过评估方式确定股权转让价款金额，并需根据稀土公司代偿款项数额按照多退少补原则补足差额，而非由稀土公司当然地直接取得案涉股权，该清算条款并不损害修水巨通的合法权益，不因此产生流质的效果，稀土公司由此获得案涉股权仍应受到法律保护。（四）修水巨通主张《股权转让协议》无效的同时主张该协议解除条件成就，声称稀土公司所谓恶意阻止解除条件成就的行为，以及所称其及刘典平只有通过向第三方再质押或依法转让股权才得以融资到资产偿还债务等主张，既自相矛盾，亦未提供证据证明，还与合同约定及事实不符，不能成立。（五）《股权转让协议》合法有效，案涉股权已交割完毕，稀土公司亦已实际行使股东权利。稀土公司提起本案诉讼实属无奈，请求维持一审判决，避免国有资产流失。

江西巨通述称，（一）修水巨通在上诉状中将原审第三人江西巨通列为被上诉人，有违民事诉讼法的相关规定，江西巨通作为本案被上诉人的诉讼主体不适格。（二）《股权转让协议》已成立并生效，其项下交易已经完成。一审判决认定事实清楚，适用法律正确，修水巨通的上诉请求依法应予驳回。

稀土公司向一审法院起诉请求：1. 判决确认稀土公司、修水巨通和江西巨通于2013年9月5日签订的《股权转让协议》及其项下的股权转让交易合法有效，稀土公司基于该协议取得的江西巨通股权归稀土公司所有；2. 判决修水巨通向稀土公司支付因本案支出的全部律师费用（包括本案所有诉讼程序的律师费用，暂计第一审诉讼程序的律师费用金额为4710726元）；3. 判决由修水巨通承担本案全部诉讼费用。

一审法院认定事实：1. 2013年9月5日，江西巨通作出《股东会决议》，全体股东一致同意修水巨通的股权对外转让；其他股东书面确认放弃优先购买权。同日，出让方修水巨通作出《股东会决议》，全体股东一致同意转让其在江西巨通中的48%股权。

2.2013年9月5日，稀土公司、修水巨通与江西巨通签订《股权转让协议》。协议约定，修水巨通持有江西巨通的48%股权，并同意按本协议之规定向稀土公司转让讼争股权。各方同意以2013年9月5日作为股权转让的基准日。

协议第2.3.1条“背景情况”约定：(1) 中铁信托与修水巨通已经或者将签订一份或多份《流动资金借款合同》（合称《借款合同》，作为本协议附件）。根据《借款合同》之规定，中铁信托向修水巨通提供本金不超过8亿元的贷款。(2) 中铁信托和稀土公司已经或将根据《借款合同》的份数签订一份或多份《权利质押合同》（合称《质押合同》，作为本协议附件）。根据《质押合同》，稀土公司将其在本协议下目标股权转让后持有的江西巨通48%股权出质给中铁信托，为修水巨通履行《借款合同》项下的义务向中铁信托提供股权质押担保。(3) 中铁信托和稀土公司已经或将根据《借款合同》的份数签订一份或多份《保证合同》（合称《保证合同》，作为本协议附件），根据《保证合同》，稀土公司为修水巨通履行《借款合同》项下的义务和责任向中铁信托提供连带责任保证担保。(4) 修水巨通、刘典平、邹某英和稀土公司签订了《担保和反担保协议》，根据该协议之规定，修水巨通应向稀土公司支付担保费，刘典平、邹某英应为修水巨通在该协议项下的义务和责任向稀土公司承担无限连带保证责任。

协议第2.3.2条“解除条件”约定：各方同意，本协议项下的目标股权转让是附解除条件的股权转让。在《借款合同》项下贷款期限届满或提前到期时（以较早者为准），如以下解除条件全部具备的，修水巨通和稀土公司均有权要求解除本协议，将目标股权恢复至本协议生效之前的状态。届时，各方应给予一切必要的协助和配合：

(1) 修水巨通按时足额向中铁信托清偿了《借款合同》项下的一切债务；

(2) 未发生稀土公司须为修水巨通承担质押担保责任或保证责任的任何情形；

(3) 修水巨通向稀土公司按时足额付清了《担保和反担保协议》项下的担保费，且该协议及其附件《刘典平及其关联方欠款情况》所述应付给厦门三虹、江西省修水县神威矿冶有限公司、江西巨通及其各自的关联方的款项本息已经付清。

为免疑义，如上述解除条件满足时，如江西巨通已按协议第2.4条之规定增资扩股的，稀土公司返还的股权应为增资扩股后其持有的江西巨通股权，而非本协议项下的目标股权。

协议第2.3.3条“解除条件未能满足”约定：如第2.3.2条所述解除条件未能满足的，修水巨通无权终止或解除本协议；但稀土公司既有权要求继续履行本协议的全部或部分内容，也有权要求终止或解除本协议的全部或部分内容。即：届时，稀土公司既有权要求实际受让部分或全部（具体比例视稀土公司的要求而定）目标股权，也有权拒绝受让任何比例的目标股权；如稀土公司仅实际受让部分目标股权的，修水巨通应立即将未受让的目标股权对应的股权转让价款全额退给稀土公司。届时，稀土公司还有权要求修水巨通清偿届时所欠的相应债务（包括但不限于担保费和因稀土公司为修水巨通承担质押担保责任或保证责任而产生的债务等）。

在上述情形发生时，如江西巨通已按第2.4条之规定增资扩股的，稀土公司有权要求将届时持有的江西巨通股权全部或部分返还给修水巨通，并要求修水巨通清偿届时所欠稀土公司相应的债务（包括但不限于担保费和因稀土公司为修水巨通承担质押担保责任或保证责任而产生的债务等）。

除非本协议另有规定，任何一方不得擅自终止或解除本协议及本协议项下的股权转让。

3.2013年9月5日，稀土公司、修水巨通、刘典平签订《担保和反担保协议》，约定：（1）修水巨通将其持有的江西巨通48%股权转让给稀土公司之相关事宜，修水巨通、稀土公司和江西巨通于2013年9月5日签署了《股权转让协议》。（2）中铁信托已经或拟与修水巨通签署一份或多份《流动资金借款合同》。根据借款合同中铁信托向修水巨通提供本金不超过8亿元的贷款。（3）应修水巨通和中铁信托要求，为保证中铁信托实现其在借款合同项下的债权：A. 稀土公司以其持有的江西巨通48%股权出质给中铁信托，为修水巨通向中铁信托提供股权质押担保，为此中铁信托与稀土公司已经或将根据借款合同的份数签署《权利质押合同》；B. 稀土公司为修水巨通向中铁信托提供连带责任保证担保。（4）修水巨通、刘典平等向稀土公司提供连带责任保证。该合同对于担保费用进行了约定，修水巨通、刘典平向稀土公司支付了担保费1600万元。

4.2013年9月6日，中铁信托与修水巨通签订《流动资金借款合同》，约定中铁公司向修水巨通提供不低于8亿元的借款，由稀土公司提供48%股权质押和连带责任担保。中铁信托依合同向修水巨通履行了合同约定的义务。

5. 2013 年 9 月 6 日，江西巨通完成了股权变更登记，将合同标的 48% 股权变更到稀土公司名下。

6. 股权转让后，江西巨通作出决议，全体股东一致同意修改江西巨通章程。稀土公司参与了江西巨通的经营管理，行使股东权利。

7. 《流动资金借款合同》借款履行期间届满后，修水巨通无力偿还债务，稀土公司代偿债务，代偿的本金及利息总额为 918444444. 43 元。

一审法院认为，本案的争议焦点为：1. 讼争的《股权转让协议》的效力问题；2. 稀土公司基于《股权转让协议》是否取得讼争的股权；3. 稀土公司要求修水巨通承担本案诉讼费用及律师费用理由能否成立；4. 本案是否应当驳回稀土公司的起诉。

（一）关于讼争的《股权转让协议》的效力问题

1. 关于本案合同的性质。一审法院认为，根据本案的证据，《股权转让协议》《流动资金借款合同》（合同编号：中铁［2013］货字 289 号）、《担保与反担保协议》三份合同具有内在的联系，构成一个整体。虽然修水巨通将讼争股权转让给稀土公司，但稀土公司受让修水巨通股权后，将股权为修水巨通的借款作为质押担保，并订立了相关合同。从《股权转让协议》约定的内容看，修水巨通将股权变更至稀土公司名下后，“如解除条件未能满足的，修水巨通无权终止或解除本协议；但稀土公司既有权要求继续履行本协议的部分或全部内容，也有权要求终止或解除本协议的部分或全部内容”。现稀土公司主张全部继续履行合同。因此，本案讼争合同不仅有质押担保的内容，而且约定有在条件成就时受让讼争股权的内容。当稀土公司为修水巨通代偿债务后，在稀土公司主张继续履行合同的情况下，稀土公司可以受让讼争股权。因此，本案讼争股权转让合同不是典型合同。各方当事人按照合同约定履行相应义务。修水巨通关于本案讼争合同系担保合同的抗辩理由不能成立。

2. 关于讼争股权转让合同是否违反禁止流质的规定。一审法院认为，讼争合同约定与流质条款有严格的区别。本案讼争股权转让合同约定的担保实现方式与流质条款不同。本案中对于股权转让对价系以稀土公司决定受让股权后以合同约定的基准日确定。而流质条款的债权人是当然地取得股权，并不负有对标的股权的清算义务。因此，修水巨通认为本合同系流质条款的抗辩主张不能成立。本案股权转让未违反法律法规关于禁止流质的规定。

3. 关于讼争股权转让合同是否违反国有资产管理法律法规。一审法院认为，修水巨通认为股权转让协议违反了国有资产管理相关法律法规的规定而引用的法律和行政法规均为管理性的强制规范，不能作为认定合同无效的法律根据，修水巨通以股权转让合同违反国有资产管理规定而无效的抗辩理由没有法律根据。该抗辩理由不能成立。

综上，本案讼争《股权转让协议》系有效合同。

（二）关于稀土公司基于《股权转让协议》是否取得讼争的股权问题

一审法院认为，在稀土公司代偿债务后，讼争合同转化为股权转让合同，根据合同约定稀土公司有权获得股权。讼争股权亦变更登记在稀土公司名下，且变更了公司章程。稀土公司实际行使了股东权利，参与了公司经营管理。《股权转让协议》第5.1.1条规定："除非稀土公司另行书面明示豁免，本协议项下股权转让在第4.2款所述变更登记手续办妥时即告成交。"根据该规定，本案讼争股权已成交，属于稀土公司。

（三）关于稀土公司要求修水巨通承担本案的诉讼费用及律师费用理由能否成立的问题

一审法院认为，虽然《股权转让协议》第13.3条约定，凡因本协议引起的或与之有关的任何争议，若争议诉诸仲裁或诉讼，败诉方须承担的费用包括但不限于评估费用、鉴定费用、证据保全费用、财产保全费用、仲裁费用、诉讼费用、执行费用以及胜诉方的律师费用和其他合理费用，但是稀土公司没有提供已经支付了该律师代理费的证据。因此稀土公司该主张不成立。

（四）关于本案是否应当驳回稀土公司的起诉的问题

一审法院认为，虽然稀土公司在本案之前以相同的当事人、相同诉讼请求、相同事实提起诉讼，但该案因与修水巨通其他股东起诉的本案讼争股权转让协议无效的案件，在案件事实、当事人上相同，诉讼请求亦为了对抗已有的诉讼，系重复起诉，所以，一审法院驳回了稀土公司的起诉。但在一审法院驳回稀土公司起诉后，修水巨通其他股东自行撤回了起诉。在修水巨通其他股东撤回起诉后，稀土公司再次起诉，因没有了前述案件，不存在重复起诉的问题，所以稀土公司的起诉符合民事诉讼法规定的起诉条件。修水巨通认为稀土公司不能再起诉的抗辩没有法律根据。

综上所述，一审法院认为，《股权转让协议》各方当事人具有相应的民事行为能力，意思表示真实，内容未违反法律、行政法规的强制性规定，系有效合同，本案股权转让按约已成交。稀土公司的部分诉讼请求成立，应予支持。据此，经一审法院审判委员会讨论决定，根据《中华人民共和国合同法》第五十二条、第六十条及《中华人民共和国公司法》第七十一条、第七十三条的规定，判决：1. 确认稀土公司、修水巨通、江西巨通于2013年9月5日签订的《股权转让协议》为有效合同；2. 确认稀土公司享有江西巨通48%股权；3. 驳回稀土公司的其他诉讼请求。一审案件受理费4569079.44元，由修水巨通负担。

本院二审中，除修水巨通对一审判决查明事实中第1点“出让方修水巨通作出《股东会决议》，全体股东一致同意转让其在江西巨通中的48%股权”持有异议，认为股东叶某花、黄某在《股东会决议》上签字是基于相信该协议的目的是提供担保而非转让股权之外，各方当事人对一审查明的其他事实均无异议。本院对当事人无异议的事实予以确认。

本院二审期间，当事人围绕上诉请求依法提交了证据，本院组织当事人进行了证据交换和质证。

修水巨通提交以下新的证据：证据1：厦门钨业股份有限公司（以下简称厦门钨业）、厦门三虹、江西巨通主要股权关系图，拟证明稀土公司、厦门三虹、厦门钨业、江西巨通在本案中是共同利益方和一致行动人；2.《世界最大钨矿诞生记》，拟证明江西巨通名下的武宁县大湖塘钨矿已探明储量为106万吨，案涉股权潜在价值在1000亿元以上；3.《福建省稀有稀土（集团）有限公司关于要求召开江西巨通公司股东会的函》，拟证明稀土公司对外声称厦门三虹、厦门钨业系其一致行动人；4. 厦门钨业基本情况介绍，拟证明厦门钨业钨精矿原料缺口达40000吨；5.《关于收购江西巨通32.36%股权关联交易的公告》，拟证明稀土公司、厦门三虹、厦门钨业与昆山海峡发展基金（有限合伙）作为一致行动人的行为和目的是通过最大限度取得江西巨通的股权，从而为厦门钨业创造持久稳定的原料基地；6. 刘典平证人证言，拟证明2012年修水巨通与案外投资人中航投资控股股份有限公司达成协议，以21亿元收购修水巨通持有的江西巨通35%股权，后被厦门三虹不当阻挠未果，刘典平不认可稀土公司委托出具的《评估报告》，稀土公司嗣后对江西巨通进行增资扩股未经全体股东同意；7. 黄某证人证言，拟证明其代表江西巨通的股东之一武宁天力实业有限公司在《股东会决议》上签字系出于担保目的，不认可稀土公司委托出具的《评估报告》，稀土公司嗣后对江西巨通进行的增资扩股亦属非法；8. 叶某花证人证言，拟证明其代表江西巨通的股东之一江西卓新矿业有限公司在《股东会决议》上签字系出于担保目的，不认可稀土公司委托出具的《评估报告》，稀土公司嗣后对江西巨通进行增资扩股亦属非法；9. 叶某证人证言，拟证明厦门三虹、厦门钨业以不允许召开董事会的方式干预江西巨通经营管理；10. 划款指令书 11 份，拟证明案涉 8 亿元借款资金来源于稀土公司的自有资金，资金去向受稀土公司控制并未用于偿还修水巨通的债务。二审庭审中，经修水巨通申请，黄某、叶某花、叶某三位证人出庭作证，当庭陈述证言与修水巨通提交的书面证人证言一致。黄某、叶某花同时亦均认可《股东会决议》上其签名的真实性。

稀土公司发表质证意见称，不认可证据 1、证据 2、证据 4、证据 6、证据 7、证据 8、证据 9 的真实性、合法性和关联性。认可证据 3、证据 5、证据 10 的真实性、合法性和关联性，但不认可修水巨通的证明目的，其中证据 3《福建省稀有稀土（集团）有限公司关于要求召开江西巨通公司股东会的函》所载“我司一致行动人”是指福建省潘洛铁矿有限责任公司，而非厦门三虹、厦门钨业，该函件可证明稀土公司已积极行使股东权利，参与了江西巨通的经营管理；证据 5《关于收购江西巨通 32.36% 股权关联交易的公告》，可证明稀土公司的真实意思表示即为收购案涉股权，并对股权价值进行了评估；证据 10 划款指令书上载明付款人名称为修水巨通，签章处除有修水巨通的财务专用章外，还有黄某作为经办人签字，所载款项的支付均系修水巨通自行确定付款对象和金额，修水巨通向江西巨通、稀土公司、福建联合信实律师事务所支付的几笔款项，均在修水巨通与稀土公司签订的《担保与反担保协议》第 1.2 条中有明确约定。

江西巨通对修水巨通提交的新的证据的质证意见，同稀土公司。

稀土公司提交江西省九江市中级人民法院（2016）赣 04 行终 13 号行政判决书作为新的证据，拟证明案涉股权已依法变更登记至稀土公司名下，该变更登记的合法性已经生效法律文书确认。

修水巨通发表质证意见称，该份行政判决书所涉事项是股东变更登记行为合法与否，与本案中股权转让的性质及当事人所应承担的法律责任无涉。

江西巨通认可稀土公司所提交新证据的真实性、合法性和关联性。

本院对修水巨通提交的证据3、证据5、证据10予以采信；对证据1、证据2、证据4，因与本案不具关联性，不予采信；对证据6，因刘典平作为修水巨通的法定代表人与其证人身份冲突，不予采信；对证据7、证据8、证据9所涉黄某、叶某花、叶某三位证人证言，结合全案证据综合判断。对稀土公司提交的江西省九江市中级人民法院（2016）赣04行终13号行政判决书，因与本案所涉民事法律关系不具有关联性，不予采信。

本院认为，本案二审争议焦点为：1. 案涉《股权转让协议》的性质和效力应如何认定；2. 稀土公司能否取得江西巨通48%的股权；3. 江西巨通是否应列为本案二审被上诉人。

（一）关于案涉《股权转让协议》的性质和效力应如何认定的问题

1. 关于案涉《股权转让协议》的性质

修水巨通上诉称，《股权转让协议》的性质为担保合同，修水巨通转让股权的目的系向稀土公司提供反担保，由稀土公司就修水巨通所负债务向中铁信托提供质押担保和连带责任保证。修水巨通在依约偿还债务后有权解除《股权转让协议》，将所涉股权恢复至其名下。稀土公司则辩称，《股权转让协议》的性质为股权转让，协议条款内容、股权变更登记及其已经实际行使股东权利等事实均可佐证。

本院认为，就立法例考察，让与担保是大陆法系德、日等国经由判例、学说所形成的一种非典型的担保方式。我国经济活动和担保实务中亦多有运用。2015年9月1日施行的《最高人民法院关于审理民间借贷案件适用法律若干问题的规定》第二十四条关于"当事人以签订买卖合同作为民间借贷合同的担保，借款到期后借款人不能还款，出借人请求履行买卖合同的，人民法院应当按照民间借贷法律关系审理，并向当事人释明变更诉讼请求。当事人拒绝变更的，人民法院裁定驳回起诉。按照民间借贷法律关系审理作出的判决生效后，借款人不履行生效判决确定的金钱债务，出借人可以申请拍卖买卖合同的标的物，以偿还债务。就拍卖所得的价款与应偿还借款本息之间的差额，借款人或者出借人有权主张返还或补偿”的规定，系在司法解释层面上对让与担保制度的规范和调整。

本案中，修水巨通与稀土公司之间关于《股权转让协议》是担保合同抑或股权转让的性质之争，系让与担保司法认定中的常见争议。通常所谓的让与担保，是指债务人或第三人为担保债务人的债务，将担保标的物的所有权等权利转移于担保权人，而使担保权人在不超过担保之目的范围内，于债务清偿后，担保标的物应返还于债务人或第三人，债务不履行时，担保权人得就该标的物优先受偿的非典型担保。作为一种权利移转型担保，让与担保是以转让标的物权利的方式来达成债权担保的目的，包含让与和担保两个基本要素。这两个基本要素的存在，使得司法实践中对让与担保的定性争议集中在担保抑或转让的性质之争上，存在着区分困难。本院认为，案涉《股权转让协议》在性质上应认定为让与担保。理由如下：

第一，稀土公司与修水巨通之间存在债权债务关系。2013 年 9 月 5 日，修水巨通与稀土公司签订《股权转让协议》，该协议第 2.3.1 条“背景情况”约定，中铁信托与修水巨通签订《借款合同》，向修水巨通提供 8 亿元的融资贷款；为担保修水巨通履行《借款合同》项下的义务和责任，稀土公司与中铁信托签订《质押合同》《保证合同》，向中铁信托提供股权质押担保和连带责任保证；同时，修水巨通、刘典平、邹某英与稀土公司签订《担保和反担保协议》，向稀土公司提供反担保。前述所涉协议均已签订并实际履行，稀土公司作为修水巨通所负借款债务的担保人及反担保权人，对修水巨通享有将来债权。如修水巨通将来未依约偿还借款债务，稀土公司作为担保人承担担保责任后，对修水巨通享有追偿权。需要指出的是，虽该债权系具有不特定性的将来债权，但在让与担保的设定中，被担保债权不以已经存在的现实债权为必要，将来变动中的不特定债权，亦可成为担保对象。

第二，债务人修水巨通与债权人稀土公司之间具有转让案涉股权的外观。《股权转让协议》标题中采用了“转让”的用语，并在第 2 条、第 3 条、第 4 条分别约定了转让安排、转让价款和变更登记等事项。2013 年 9 月 5 日，修水巨通作出《股东会决议》，全体股东一致同意转让其在江西巨通的 48% 股权。同日，江西巨通作出《股东会决议》，全体股东一致同意修水巨通的股权对外转让，其他股东书面确认放弃优先购买权。虽修水巨通上诉主张，其股东在《股东会决议》上签字，目的系出于提供担保而非转让，但并未否定《股东会决议》上签字的真实性。2013年9月6日，目标公司江西巨通完成股权变更登记，案涉48%股权变更登记在稀土公司名下。案涉股权转让，在转让人和受让人等各方当事人之间已经达成合意、符合公司法上有限公司股权转让的条件和程序，并已经公示、变更登记至受让人名下，在外观上实现了权利转移。

第三，案涉股权虽已变更登记至稀土公司名下，但该转让系以担保债权实现为目的，稀土公司作为名义上的股权受让人，其权利范围不同于完整意义上的股东权利，受担保目的等诸多限制。(1) 案涉股权转让与借款债务是否清偿、担保责任承担与否密切关联。《股权转让协议》第2.3.1条约定，该协议应与《借款合同》《质押合同》《保证合同》以及《担保与反担保协议》作整体考量。(2) 案涉股权转让附有解除条件，无论条件满足与否，均有目标股权恢复至修水巨通名下的可能。《股权转让协议》第2.3.2条、第2.3.3条约定，案涉股权转让附有解除条件，在修水巨通按时足额向中铁信托清偿了《借款合同》项下的债务，未发生稀土公司为修水巨通承担质押担保责任或保证责任的情况，修水巨通向稀土公司按时足额付清了《担保与反担保协议》项下的担保费，且《担保与反担保协议》及其附件所述应付款项本息已经付清时，修水巨通、稀土公司均享有合同解除权，将目标股权恢复至本协议生效之前的状态。在上述解除条件未满足时，稀土公司作为受让人仍有权要求终止或解除本协议的全部或者部分内容，其拒绝受让目标股权的，修水巨通应返还相应转让价款，并清偿所欠相应债务。(3) 案涉股权转让价款受合同是否解除、稀土公司是否承担保证责任代为清偿借款本息等因素影响，并未确定。《股权转让协议》第3.1.1条、第3.1.2条约定，案涉股权的转让价款在协议签订时并未确定，须待修水巨通未清偿债务、合同解除条件未满足，且稀土公司决定受让目标股权后，委托具备资质的资产评估机构对目标股权价值进行评估。且评估价值并非就是目标股权的转让价款，尚需依据评估价值是否超出10亿元、稀土公司是否代修水巨通垫付《借款合同》项下利息等情形予以确定。(4) 稀土公司作为受让人，其股东权利的行使受到诸多限制。《股权转让协议》第2.3.4条约定，在合同解除条件满足与否之前，目标股权对应的未分配利润不作实际分配；第4.3条约定，协议生效后，目标公司的高级管理人员中原由修水巨通委派、推荐或者选任的人士，暂时保持不变，在修水巨通未清偿债务、合同解除条件未成就且稀土公司选择受让股权后，才改由稀土公司依其持股比例选派。

综上，《股权转让协议》在转让目的、交易结构以及股东权利等方面，均具有不同于单纯的股权转让的特点，其权利义务内容及实际履行情况，符合让与担保的基本架构，系以股权转让的方式实现担保债权的目的，其性质应认定为股权让与担保。

2. 关于《股权转让协议》的效力问题

修水巨通上诉主张，《股权转让协议》名为转让实为担保，各方当事人具有通谋的虚伪意思表示，应为无效。稀土公司辩称其真实意思表示即为股权转让，《股权转让协议》合法有效。

本院认为，对让与担保效力的质疑，多集中在违反物权法定原则、虚伪意思表示和回避流质契约条款之上。其中违反物权法定原则的质疑，已在物权法定原则的立法本意以及习惯法层面上得以解释，前述《最高人民法院关于审理民间借贷案件适用法律若干问题的规定》第二十四条的规定，即属对让与担保的肯定和承认；而回避流质契约条款可能发生的不当后果，亦可为让与担保实现时清算条款的约定或强制清算义务的设定所避免。至于让与担保是否因当事人具有通谋的虚伪意思表示而无效，应在现行法律规定以及当事人意思表示这两个层面来检视。就现行法律规定而言，《中华人民共和国合同法》第五十二条规定："有下列情形之一的，合同无效：（一）一方以欺诈、胁迫的手段订立合同，损害国家利益；（二）恶意串通，损害国家、集体或者第三人利益；（三）以合法形式掩盖非法目的；（四）损害社会公共利益；（五）违反法律、行政法规的强制性规定。"该条规定并未将单纯的通谋虚伪意思表示列为合同无效的法定情形。《中华人民共和国民法总则》第一百四十六条则规定，"行为人与相对人以虚假的意思表示实施的民事法律行为无效。以虚假的意思表示隐藏的民事法律行为的效力，依照有关法律规定处理。"根据该条规定，如当事人之间存在通谋的虚假意思表示，基于该虚假意思表示实施的民事法律行为应为无效。由此，让与担保是否无效的关键在于，当事人是否具有通谋的虚假意思表示。对此，实践中多有误解，认为让与担保中，债务人将标的物权利转移给债权人，仅仅属于外观形式，其真实意思是在于设定担保，故为双方通谋而为虚假的转移权利的意思表示，应为无效。但事实上，在让与担保中，债务人为担保其债务将担保物的权利转移给债权人，使债权人在不超过担保目的的范围内取得担保物的权利，是出于真正的效果意思而做出的意思表示。尽管其中存在法律手段超越经济目的的问题，但与前述禁止性规定中以虚假的意思表示隐藏其他法律行为的做法，明显不同，不应因此而无效。

本案中，《股权转让协议》约定了转让标的、转让价款、变更登记等事项，江西巨通、修水巨通均就股权转让事宜作出股东会决议，案涉股权亦办理了变更登记手续，具备股权转让的外在表现形式。修水巨通虽提供黄某、叶某花等证人证言，拟证明其同意转让案涉股权的目的在于提供担保，但此种事实恰恰符合让与担保以转移权利的手段实现担保债权目的的基本架构，不构成欠缺效果意思的通谋的虚假意思表示，其据此主张《股权转让协议》无效，于法无据。且《股权转让协议》第3.1条约定了清算条款，不违反流质条款的禁止性规定。故，《股权转让协议》系各方当事人通过契约方式设定让与担保，形成一种受契约自由原则和担保经济目的的双重规范的债权担保关系，不违反法律、行政法规的禁止性规定，应为合法有效。

（二）关于稀土公司能否取得江西巨通48%的股权的问题

修水巨通上诉主张，稀土公司恶意阻却《股权转让协议》解除条件的成就，应视为该条件已成就，其有权解除该协议。稀土公司委托出具的《评估报告》严重低估案涉股权价值，嗣后对江西巨通进行增资扩股亦属非法，不能取得江西巨通48%的股权。稀土公司辩称，稀土公司已代修水巨通清偿了9.2亿元债务，《股权转让协议》约定的解除条件不能成就。稀土公司依约委托资产评估机构对案涉股权价值进行了评估，并对价值差额部分另有处理，稀土公司能够取得现已登记在其名下的江西巨通48%的股权。

本院认为，修水巨通虽上诉主张稀土公司具有恶意阻却《股权转让协议》解除条件成就的行为，但并未提供充分证据予以证明，不能成立。修水巨通未能依约清偿债务，不享有解除协议、使目标股权恢复至其名下的权利。需要指出的是，虽江西巨通48%股权已在2013年9月6日变更登记至稀土公司名下，但此时的变更登记仅具让与担保设定中的权利转移外观，无论依据《股权转让协议》的约定抑或让与担保制度的基本原理，稀土公司享有完整意义上的股权，尚待所担保债权的清偿状态以及让与担保的实现方式而确定。一般而言，让与担保有归属清算型和处分清算型两种实现方式，前者指让与担保权人将标的物予以公正估价，标的物估价如果超过担保债权数额的，超过部分的价额应交还给让与担保设定人，标的物所有权由让与担保权人取得；后者指让与担保权人将标的物予以拍卖、变卖，以卖得价金用以清偿债务，如有余额则返还给债务人，具体采取何种实现方式，可由当事人依意思表示一致选择。《股权转让协议》第2.2.2条、第2.3.3条、第3.1.1条、第3.2.2条约定，若修水巨通未依约清偿债务、解除条件未满足的，稀土公司有权选择实际受让全部或部分目标股权，并指定具备相应资质的资产评估机构对目标股权价值进行评估，从而确定股权转让价款，在比较股权转让价款和稀土公司代偿债务金额的基础上，双方本着多退少补的原则支付差额。上述约定表明，案涉让与担保的实现方式即为归属清算型。根据本案已查明事实，借款合同履行期间届满后，修水巨通无力偿还债务，稀土公司已代偿本金及利息总金额为918444444.43元。《股权转让协议》解除条件未满足，稀土公司在有权并已实际决定受让全部目标股权，并依约指定资产评估机构出具《评估报告》、对股权价值进行了评估的基础上，能够取得江西巨通48%的股权。至于《评估报告》是否依据《股权转让协议》约定确定评估基准日、是否完整考虑江西巨通及其下属公司的价值、是否客观体现所涉矿产资源储量，属评估结果及因此而确定的股权转让价款是否公平合理的问题。鉴于稀土公司在本案中的诉讼请求主要为要求确认《股权转让协议》及其项下的股权转让合法有效，其因此享有江西巨通48%的股权，修水巨通亦未就股权转让价款提出反诉，故该问题不属于本案审理范围，不足以影响稀土公司取得江西巨通48%的股权。修水巨通可就股权转让价款问题另诉处理。

（三）关于江西巨通是否应列为本案二审被上诉人的问题

江西巨通述称，其在原审中的地位为无独立请求权第三人，一审判决亦未判令其承担民事责任，不应列为本案二审被上诉人。

本院认为，《最高人民法院关于适用〈中华人民共和国民事诉讼法〉的解释》第八十二条规定："在一审诉讼中，无独立请求权的第三人无权提出管辖异议，无权放弃、变更诉讼请求或者申请撤诉，被判决承担民事责任的，有权提起上诉。"基于权利义务对等原则，江西巨通作为未直接承受第一审判决中权利义务的无独立请求权第三人，不应列为被上诉人。且修水巨通在二审中亦未请求江西巨通承担民事责任，故对江西巨通应按原审诉讼地位予以列明。

综上所述，修水巨通的上诉请求，缺乏事实和法律依据，不能成立。一审判决关于《股权转让协议》的性质认定虽有说理不足之处，但实体处理结果并无不当。依照《中华人民共和国民事诉讼法》第一百七十条第一款第一项规定，判决如下：

驳回上诉，维持原判。

二审案件受理费4569079.44元，由修水县巨通投资控股有限公司负担。

本判决为终审判决。

审判长：王展飞；审判员：郭清国、周伦军；法官助理：刘牧晗；书记员：陈则羽

二〇一八年十一月二十一日

第五部分 合同纠纷

专题二十二

股权收益权转让及回购协议的性质应当据实判定

——北京天悦投资发展有限公司诉安信信托股份有限公司、北京天域新城房地产开发有限公司、王某瑛、黄某海合同纠纷案

【裁判观点】

虽有“买入返售”之名，但根据合同约定的具体条款以及协议实际履行情况能够确定信托公司并无买入及承担相应风险真实意思的，应根据合同条款所反映的当事人的真实意思，并结合其签订合同的真实目的以及合同的实际履行情况等因素，综合认定股权收益权转让及回购协议的性质。

中华人民共和国最高人民法院

民事判决书

案号（2017）最高法民终907号

上诉人（原审被告）：北京天悦投资发展有限公司。住所地：北京市朝阳区来广营东路8号天域新城大厦三层。

法定代表人：王君瑛，该公司执行董事。

委托诉讼代理人：靳恒伟，该公司员工。

委托诉讼代理人：付敏，北京市天咨律师事务所律师。

被上诉人（原审原告）：安信信托股份有限公司。住所地：上海市控江路

1553号—1555号A座301室。

法定代表人：王少钦，该公司董事长。

委托诉讼代理人：夏毅斌，上海安智杰律师事务所律师。

委托诉讼代理人：蔡晶晶，上海安智杰律师事务所律师。

原审被告：北京天域新城房地产开发有限公司。住所地：北京市朝阳区来广营东路天域新城大厦一层。

法定代表人：王君瑛，该公司执行董事。

委托诉讼代理人：路宇，北京市天咨律师事务所律师。

委托诉讼代理人：付敏，北京市天咨律师事务所律师。

原审被告：王君瑛，女，1962年10月13日出生，汉族，住北京市海淀区。

委托诉讼代理人：路宇，北京市天咨律师事务所律师。

委托诉讼代理人：付敏，北京市天咨律师事务所律师。

原审被告：黄北海，男，1953年10月7日出生，汉族，住北京市海淀区。

委托诉讼代理人：路宇，北京市天咨律师事务所律师。

委托诉讼代理人：付敏，北京市天咨律师事务所律师。

上诉人北京天悦投资发展有限公司（以下简称天悦公司）因与被上诉人安信信托股份有限公司（以下简称安信公司）及原审被告北京天域新城房地产开发有限公司（以下简称天域公司）、王君瑛、黄北海合同纠纷一案，不服上海市高级人民法院（2016）沪民初26号民事判决，向本院提起上诉。本院受理后依法组成合议庭，公开开庭进行了审理。上诉人天悦公司的委托诉讼代理人靳恒伟、付敏，被上诉人安信公司的委托诉讼代理人夏毅斌、蔡晶晶，原审被告天域公司、王君瑛、黄北海的委托诉讼代理人路宇、付敏到庭参加诉讼。本案现已审理终结。

天悦公司上诉请求：1. 部分撤销一审判决第一项，改判天悦公司向安信公司归还借款本金258937953.04元；2. 部分撤销一审判决第二项，改判天悦公司按照同期银行贷款利率的50%支付资金占用费；3. 撤销一审判决第三项，改判驳回安信公司关于赔偿律师费的诉讼请求；4. 一、二审诉讼费由安信公司承担。事实和理由：一审判决认定事实不清，适用法律错误，审理程序违法。（一）天悦公司与安信公司签订的《股权收益权转让及回购协议》及《股权质押合同》无效。天悦公司因经营需要向案外人盛京银行股份有限公司北京分行（以下简称盛京银行北京分行）申请贷款，盛京银行北京分行授信后，为规避金融监管，通过第三人上海凯盟投资发展有限公司（以下简称凯盟公司）与安信公司设立虚假信托，再由安信公司与天悦公司签订《股权收益权转让及回购协议》。《股权收益权转让及回购协议》名为股权收益权转让及回购，实为借贷，规避了信托公司不得向房地产企业发放贷款的信贷政策限制以及金融机构不得高利放贷的限制，属于以合法形式掩盖非法目的。所谓的股权收益权转让及回购协议系各方通谋虚伪表示，表示行为无效，应当以被掩盖的真实意思表示来确定法律关系的性质及效力。《股权收益权转让及回购协议》项下的资金来源于盛京银行北京分行而非凯盟公司，违反了《中华人民共和国商业银行法》（以下简称商业银行法）第四十三条关于银行不得从事信托投资的禁止性规定。盛京银行北京分行以不得设立信托的财产设立信托，且信托目的违法，根据《中华人民共和国信托法》（以下简称信托法）第六条、第七条及第十一条第一项、第三项的规定，本案信托无效。盛京银行与凯盟公司恶意串通，套取金融机构资金又高利转贷给天悦公司，且天悦公司事前知情，凯盟公司与天悦公司间的民间借贷合同无效。《股权收益权转让及回购协议》无效，从合同《股权质押合同》亦无效。（二）天悦公司应向安信公司归还借款本金258937953.04元，而非支付股权收益权回购价款320375000元，一审法院对其差额部分计61437046.96元认定错误，违背公平原则。由于天悦公司名下监管账户由安信公司及盛京银行北京分行实际控制，天悦公司没有取得借款支配权，不能自主支配该账户上的资金，案涉借款汇入天悦公司监管账户并非借款的交付，借款交付应以资金从监管账户转出为准。盛京银行北京分行将符合约定用途作为放款条件，也表明交付借款是附条件的，在条件满足之前并未发生交付的行为和法律效果。本案安信公司实际交付借款时间为2014年8月12日，交付本金为258722500元。安信公司滥用商业上的优势地位，违背诚实信用原则，要求天悦公司从2013年10月23日至2014年6月25日通过资金转出转入方式向其支付利息款计41277500元，天悦公司并未实际占有使用该资金，而是用安信公司的钱支付其要求的利息。安信公司通过上述操作实现了从本金中预扣利息的目的，损害了天悦公司的利益，根据相关法律规定，预扣的利息应从本金中扣除，以实际出借金额计算本息。（三）一审法院对违约金认定错误。因《股权收益权转让及回购协议》无效，其违约金条款亦无效，依照《中华人民共和国合同法》（以下简称合同法）规定，应当相互返还并根据双方过错分担损失。本案贷款的委托人实际是盛京银行北京分行，其损失仅是贷款利息损失。由于天悦公司与安信公司对协议无效均有过错，按照平均过错，天悦公司可以承担银行贷款利率一半的损失。现有证据足以证明安信公司实际可能发生的损失仅为7.2%，即使《股权收益权转让及回购协议》有效，也存在违约金约定过高的情形，应予适当调整，考虑到资金出借方规避监管的目的和双方的过错，应综合认定年息为6%，以符合公平原则。一审法院参照民间借贷最高利息限额作出的本案20%违约金适当的认定，忽略了金融贷款和民间借贷在功能和管理上的区别，不利于遏制银行及信托公司等金融机构的违法行为。（四）安信公司起诉的请求权基础不存在，且其始终未变更诉讼请求，一审法院应当驳回其起诉。安信公司起诉的请求权基础是股权收益权合同纠纷，请求支付的是股权收益权回购价款及违约金，并非借款本金和利息。但天悦公司与安信公司之间实际上是借贷关系，并非股权收益权转让和回购关系。一审法院对此没有予以释明，安信公司亦未变更诉讼请求和请求权基础。一审法院应当参照《最高人民法院关于审理民间借贷案件适用法律若干问题的规定》（以下简称民间借贷司法解释）第二十四条第一款的规定，驳回安信公司的起诉。（五）一审法院应当追加委托人凯盟公司和盛京银行北京分行作为第三人而未予追加，遗漏了当事人，本案应当发回重审。案涉信托并未有效设立，本案的法律关系是民间借贷关系，安信公司与委托人凯盟公司和盛京银行北京分行之间仅为普通的委托合同关系。安信公司虽然以自己的名义与天悦公司签订合同，但天悦公司在订立合同时知道安信公司与委托人之间的代理关系，该合同直接约束委托人和天悦公司。天悦公司在订立合同时明确知晓盛京银行北京分行是实际贷款人，故凯盟公司及盛京银行北京分行是本案的主体，应当由盛京银行北京分行提起诉讼或者追加盛京银行北京分行为第三人。安信公司仅为委托人的代理人，不是本案适格当事人，无权单独提出针对天悦公司的诉讼。为了查明事实，明确权利义务关系，天悦公司请求追加委托人凯盟公司和盛京银行北京分行为第三人参加诉讼。此外，案涉资金是否来源于盛京银行是本案的关键事实，一审法院不予调查取证，理由不能成立，程序违法。（六）安信公司主张的律师费不应予以支持。因《股权收益权转让和回购协议》无效，其关于律师费的约定自然无效，天悦公司无须向安信公司支付任何律师费。安信公司的律师费没有依据且明显不合理，一审法院酌定数额过高。

安信公司辩称，一审法院认定事实清楚，适用法律并无不当，请求二审法院判决驳回天悦公司的上诉请求，维持原判。（一）案涉《股权收益权转让及回购协议》《股权质押合同》不违反法律、行政法规的强制性规定，也不存在以合法形式掩盖非法目的的情形，合法有效。一审庭审中天悦公司已认可《股权收益权转让及回购协议》及《股权质押合同》等合同的真实性、合法性。《股权收益权转让及回购协议》符合《信托公司管理办法》第十九条规定的“买入返售”信托资金管理模式，属于信托公司正常的业务经营活动。《股权收益权转让及回购协议》《股权质押合同》《抵押合同》《保证合同》《账户监管协议》以及天悦公司一审提供的《安盈（五十八）期天域新城股权收益权单一指定用途资金信托合同》均明确案涉信托的委托人为凯盟公司，证明天悦公司知晓信托委托人为凯盟公司，信托资金由凯盟公司委托给安信公司。信托法、商业银行法未否定银信合作业务的法律效力，银信合作业务合法有效。（二）天悦公司提出的预扣利息应当从本金中扣除、其应向安信公司归还的借款本金为258937953.04元的主张缺乏事实和法律依据。《股权收益权转让及回购协议》对于转让及回购标的、款项支付方式、计算公式等各项权利义务均已作出明确约定，天悦公司在一审庭审中予以充分认可。天悦公司于2013年9月18日从安信公司处实际收到转让款3亿元，自2013年10月22日始持续使用该款项对外支付货款。天悦公司申请支付货款、材料款后，收款方与第三方以及第三方与天悦公司之间交易的基础法律关系及款项性质安信公司不得而知。天悦公司系先获取转让价款，再按照协议约定支付回购溢价款，属于标准的先付后用，本金未产生任何扣除。即使按照天悦公司主张的借款法律关系，天悦公司于2014年8月前支付的利息也不能冲抵偿还本金。（三）天悦公司提出的一审法院对违约金认定错误的主张，与事实不符且无法律依据。安信公司按照转让价款的年20%收取违约金符合双方合同约定，一审法院参照民间借贷司法解释支持安信公司提出的违约金主张，适用法律并无不当。天悦公司认为安信公司实际可能发生的损失为7.2%，其依据为案涉信托合同的约定。信托合同第7.1.2约定预计受益人的预期信托收益率为7.2%/年，但该收益仅系对将来可能产生收益的预先估计，并不代表受益人的最终收益。当信托实际收益高于预估时，受托人仍有义务将全部信托财产及其收益按信托合同给付受益人。所以即使信托合同约定了预期收益率，并不能因此认为受托人以资金名义管理信托财产时的实际损失或收益不能大于该预期收益率。(四) 天悦公司提出的一审法院应当驳回安信公司起诉的主张，与事实不符且无法律依据。一审法院基于安信公司诉讼请求判决天悦公司支付股权收益权回购价款及逾期付款违约金符合事实，适用法律正确。(五) 天悦公司提出的一审法院遗漏当事人、本案应发回重审的主张，与事实不符。2017 年 1 月 3 日一审法院询问双方“是否还有追加第三人必要性和目的”，天悦公司等明确回答“没有”。本案事实清晰，合同关系明确，并无追加任何第三人的必要。(六) 天悦公司提出的律师费不应得到支持的主张与事实不符。《股权收益权转让及回购协议》第十一条明确约定天悦公司未按照本协议的约定支付回购价款，应当承担安信公司追偿回购价款和实现抵押权、质权所发生的费用，包括并不限于诉讼费、评估费、执行费、律师费、差旅费等。安信公司要求天悦公司承担律师费有明确的合同依据。

天域公司、王君瑛、黄北海未陈述意见。

安信公司向一审法院起诉请求：1. 天悦公司支付股权收益权回购价款 320375000 元；2. 天悦公司支付逾期付款违约金（以 3 亿元为基数，自 2015 年 6 月 20 日起至实际支付之日止，按 20% 年利率计算）；3. 天悦公司赔偿律师费 5980000 元；4. 就上述债务，安信公司对天悦公司质押的股权折价、拍卖、变卖所得价款优先受偿；5. 就上述债务，安信公司对天域公司的抵押财产折价、拍卖、变卖所得价款优先受偿；6. 王君瑛、黄北海对上述债务承担连带保证责任。

一审法院认定事实：（一）相关合同签订及登记。1. 2013 年 9 月 4 日，天悦公司与安信公司签订《股权质押合同》一份。该合同约定，天悦公司因采购材料需要，与凯盟公司协商，由凯盟公司将自有资金委托给安信公司，设立资金信托，并根据委托人指令向天悦公司支付股权转让款。天悦公司以其持有天域公司 100% 股权提供质押担保，担保范围为全部支付义务，包括违约金和律师费。同日各方办理了质押登记。2. 2013 年 9 月 18 日，天悦公司与安信公司签订《股权收益权转让及回购协议》一份。该合同约定，安信公司以其受托信托财产，受让天悦公司持有的天域公司 100% 股权对应的股权收益权。转让价格为 3 亿元，转让期限自 2013 年 9 月 18 日至 2015 年 9 月 17 日。在满足协议约定的全部付款条件 2 个工作日内支付转让款至天悦公司在盛京银行北京分行的银行账户（尾号为 6329）。转让期满，天悦公司应当归还全部转让款并支付回购溢价款。溢价款=基本价款×13.5%/年×转让期限起始日至转让期满日/360。回购溢价款具体由信托报酬、信托收益、监管费三部分构成。其中，信托报酬自“信托成立后10个工作日”开始按季支付，金额固定，但最后一笔的计算则以实际收到的信托资金为基数，以年0.3%的利率，自天悦公司实际收到信托资金之日（含该日）起计算至信托期限届满之日。信托收益则以实际收到的信托资金为基数，以年7.2%的利率，自天悦公司实际收到信托资金之日（含该日）起按季结算。监管费则以实际收到的信托资金为基数，以年6%的利率，自天悦公司实际收到信托资金之日（含该日）起按季结算。上述费用支付至安信公司开设在盛京银行北京分行的账户（尾号为1696）。支付转让款的条件之一为抵押合同签订并取得权利证明文件。该合同还约定，违约金以应支付股权收益权转让款为基数，按年利率20%计付。该合同还约定，天悦公司应当承担追偿所发生的律师费。3.2013年9月18日，天悦公司、安信公司和案外人盛京银行北京分行签订《账户监管协议》一份。该合同约定，安信公司委托盛京银行北京分行对前述合同约定的转让款的安全进行监管，资金使用按《资金使用计划》进行监管。《资金使用计划》记载的具体用途为“采购建筑材料”需支付款项3亿元。4.2013年9月18日，王君瑛与安信公司签订《保证合同》一份。该合同约定，为上述股权收益转让合同项下全部债务提供连带保证，且不论是否存在其他担保；保证范围为全部债务，包括违约金和律师费。5.2013年9月18日，黄北海与安信公司签订《保证合同》一份。该合同约定，为上述股权收益转让合同项下全部债务提供连带保证，且不论是否存在其他担保；保证范围为全部债务，包括违约金和律师费。6.2014年8月8日，天悦公司与安信公司签订《抵押合同》一份。该合同约定，天悦公司以坐落于北京市来广营东路南国营东郊农场天域新城大厦土地使用权和在建工程为上述股权收益转让合同项下全部债务提供抵押担保，担保范围为全部支付义务，包括违约金和律师费。同日，各方设定了抵押登记，记载存续期间为“2015年9月17日止”，但双方未办理续抵押登记。

（二）安信公司支付转让款。2013年9月18日，安信公司分两次向天悦公司账户（尾号为6329）付款3亿元。

（三）天悦公司支付款项。1. 天悦公司首次从监管账户动用转让款。2013年

10月22日，天悦公司以支付货款名义通过自己的银行账户（尾号为6329）向案外人北京金大宇商贸有限公司支付1110万元。2. 天悦公司收到案外人款项。2013年10月23日，北京金大宇商贸有限公司以支付货款名义向天悦公司支付200万元。同日，北京金宇博祥商贸公司以支付货款名义，向天悦公司账户支付了200万元和100万元。同月24日，北京金宇博祥商贸公司以支付货款名义，向天悦公司支付600万元、200万元。同日，北京金大宇商贸有限公司以支付货款名义，向天悦公司支付290万元。以上款项均进入天悦公司银行账户（尾号为6337）。同年12月24日，天悦公司以支付货款名义向案外人北京华夏亿通商贸有限公司支付1020万元。此后数日，天悦公司陆续收到北京金宇博祥商贸公司支付的款项。3. 天悦公司向安信公司支付相关款项。2013年10月23日，天悦公司向安信公司支付500万元。同月24日，天悦公司向安信公司支付5462500元。2013年12月30日，天悦公司向安信公司支付710万元。2013年12月30日，天悦公司向安信公司支付3025000元。2014年3月25日，天悦公司向安信公司支付8845000元。2014年5月30日，天悦公司向安信公司支付150万元。2014年6月24日，天悦公司向安信公司支付700万元。同年6月24日，天悦公司向安信公司支付3345000元。2014年9月19日，天悦公司向安信公司支付10235000元。同年12月18日，天悦公司向安信公司支付10125000元。

（四）天悦公司欲使用资金遭监管行拒绝。2014年5月初，天悦公司以口头方式向盛京银行北京分行提出动用账户内资金以支付土地转让款，盛京银行北京分行以用途不符合监管合同为由，拒绝其使用资金的请求。

（五）安信公司签订律师委托合同并支付费用。2016年5月16日，安信公司与安智杰律师事务所签订委托合同，该合同约定安智杰律师事务所代理本案（一审阶段），律师费为598万元。2016年5月31日，安信公司向该律师事务所支付598万元。

（六）相关信托合同。2013年8月，案外人凯盟公司与安信公司签订信托合同一份。该合同约定“预计受益人的预期信托收益率为7.2%/年”。

一审法院认为，（一）主合同的性质和效力。法院在判断合同的性质与效力时，不会在意当事方、行业、监管部门对交易所冠的标签或名称，而是从合同内容、交易行为着手调查该交易的真实性质，而后依据法律加以判断。系争《股权收益权转让及回购协议》主要约定了两个方向相反的交易。第一次是由安信公司向天悦公司支付3亿元资金，以之购买天悦公司持有的天域公司100%的股权收益权；第二次是天悦公司向安信公司支付3亿元及按每年13.5%计算的溢价款，以之回购前述股权收益权。上述两次交易究竟属于真实的买卖，还是以买卖方式移转标的物的所有权，而以价金名义通融金钱，需综合考量如下因素：一是标的物可否在法律上、事实上进行转让；二是标的物事实上是否已经转让；三是买受人是否实际承担取得标的物后的风险；四是买受人对出卖人有无追索权；五是出卖人、买受人有无赎回标的物的权利或义务；六是出卖人对标的物有无剩余价值追索权；七是买卖标的物的实际交易价格和市场公允价格比较；八是当标的物为未来应收账款时，买受人是否实际取得应收账款的管理和控制权。

从本案来看，双方约定的转让标的物是股权收益权。按合同约定，其所指的收益包括出售股权取得的股息红利、转让款。股息红利与股东投票权、剩余财产分配权、知情权等类似，均是民事主体基于股东身份所依法享有的权利。如准许上述权利与股东身份分离并单独让与，将会导致非股东可以向公司主张上述各项权利。这显然不符合公司法的基本立法目的。是故，当法律没有规定上述权利可以脱离股东身份单独让与时，即使当事人以合同方式约定转让，亦不可能发生法律上的效力。系争合同约定收益权中的股息红利转让属自始客观不能，双方当事人不可能实际转让该部分收益权。况且，系争合同第10.2条还约定，协议履行期间天悦公司作为持有天域公司全部股权的股东“不得以任何形式分配利润”。显见，双方当事人缔约时即无意将股权可能产生的股息红利作为买卖的标的物。但系争合同约定的转让标的股权产生的收益，与之不同。根据系争合同约定，此收益是指天悦公司作为股东将来与他人订立股权转让合同后产生的应收账款。基于转让合同产生的应收账款，无论是现在的还是未来的，都应该被视为一种合同权利。根据合同法相关规定，债权可以进行转让，所以系争合同约定转让的标的物中的未来应收账款转让存在法律上、事实上进行真实转让的可能性。

根据合同法有关买卖合同的相关规定，当标的物交付至买受人后，其风险应当由买受人承担。是故，如以应收账款作为买卖标的物的，买受人取得债权后，即应承担债权能否实际清偿的风险，不论盈亏均不得要求出卖人补足。但根据系争合同的交易安排，出卖人天悦公司在约定时间负有以固定的价格购回标的物的义务，而买受人安信公司收回最初转让款的同时获得表现为固定收益的溢价款。这样的交易结构，使得安信公司根本无需承担股权收益权的任何风险，即使收益为零，其亦可以通过回购取得固定收益。为确保安信公司取得股权收益权后不会受到任何风险，出让人天悦公司提供了质押担保，天域公司、王君瑛、黄北海则提供抵押和保证作为增信措施。综合上述因素考量后，可以认定双方当事人的真实交易目的在于通过出卖而后回购的方式，以价金名义通融金钱。

合同法第一百二十四条规定："本法分则或者其他法律没有明文规定的合同，适用本法总则的规定，并可以参照本法分则或者其他法律最相类似的规定。"系争合同不属于合同法分则规定的有名合同，故在适用法律时，应当根据上述法律规定，适用总则的规定，并参照合同法分则中最相类似的借款合同的相关规定处理。安信公司是信托公司，其系作为信托受托人为管理信托资金而签订的系争合同。上述信托财产并非安信公司的自有财产，现也无证据证明该资金来源于银行、证券等其他金融机构，故上述交易应当参照民间借贷司法解释处理。

一审法院注意到，根据《信托公司管理办法》《信托公司集合资金信托计划管理办法》等信托业监管规定，在具体的信托计划项下，信托公司可以采用"买入返售"的信托资金管理模式。信托公司采用资产收益权转让暨回购的方式管理信托资金，与信托贷款业务存在区别。如果采用前种模式进行交易时，信托公司作为买受人真实承担标的物转让的风险并享有收益，且不实际要求回购获取固定收益的，此时即使买受人获得的收益高于年利率36%，也不宜适用民间借贷利率上限的有关规定。反之，即使合同约定了资产收益权转让可能产生的极高收益归属信托公司，但信托公司根本无意于去谋取此种收益，而旨在通过回购获取固定收益的，则上述标的物转让及风险负担的约定就有可能被法院认定为双方为规避法律有关民间借贷利率上限的措施。否则，任何民间资金都可以籍由信托公司签订转让暨回购合同，预设一个根本无意去履行的风险收益条款，取得超过年利率36%的固定收益，实现规避司法解释有关利率限制的目的。

合同法第五十二条第五项规定，违反法律、行政法规的强制性规定的合同无效。因《关于信托公司房地产信托业务风险提示的通知》不是法律和行政法规，所以即使如天悦公司、天域公司、王君瑛、黄北海所称系争合同违反了该通知，亦不导致合同因此无效。天悦公司、天域公司、王君瑛、黄北海有关合同无效的抗辩，一审法院不予采纳。

综上，《股权收益权转让及回购协议》系双方当事人真实意思表示，依法成立并生效。双方当事人均应恪守约定履行，违约的应当按约承担继续履行、赔偿损失等违约责任。

（二）天悦公司应支付的本息金额。安信公司现要求天悦公司支付回购价款中的基本价款，其实质就是归还借款本金。在约定的转让期限届满后，天悦公司应当按约归还。

民间借贷司法解释第二十六条规定："借贷双方约定的利率未超过年利率24%，出借人请求借款人按照约定的利率支付利息的，人民法院应予支持。"安信公司交付借款后即有权根据合同约定计收利息。系争合同第6.3条约定，回购溢价款以基本价款为基数，以年利率13.5%从转让期限起始日至转让期限届满的计算公式名义上是回购溢价款，但其实质即是借款利息的计算公式。因上述约定的利率低于年利率24%，故安信公司要求返还转让款本金并按上述公式计算支付利息的诉讼请求，应予支持。

至于天悦公司、天域公司、王君瑛、黄北海有关安信公司在约定的抵押尚未办理登记前支付转让款属于违约行为，溢价款应当延迟至抵押办理完毕开始起算，对应转让期限应当顺延等抗辩，因与双方的合同约定以及实际履行情况相悖，一审法院不予采纳。首先，前述合同的签订时间、转让款支付日和合同约定的转让期限起始日都是2013年9月18日。系争合同第六条有关溢价款的计算存在分别以转让款支付日和转让期限起始日为起算点的两种用词不同的表述。只有当转让款支付日是2013年9月18日时，两种表述的计算结果才不会出现矛盾。故有理由相信，当事人在签订合同时即有意图在2013年9月18日支付转让款同时开始计算转让期限。其次，3亿元作为巨额资金进入天悦公司银行账户，即使安信公司未及时告知，按常理银行也会通过电话、短信、邮件等方式及时通知，天悦公司也完全可以通过电话银行、网上银行、柜台查询等方式获知自己账户资金变动情况。天悦公司、天域公司、王君瑛、黄北海有关天悦公司直至一个月后才知晓款项到账的抗辩，明显有悖常理。最后，如天悦公司认为，在条件不满足的情形下放款有损其权利，完全可以在知晓资金到账后提出异议，退还转让款，并不支付转让费。但事实上，天悦公司于2013年10月23日开始支付溢价款，其于2014

年3月20日出具承诺函商请的是“三季度利息”支付事宜，天悦公司还书面承诺保证按时偿还信托借款及收益。而此时，抵押登记仍未办理。从天悦公司上述行为来看，其不但知晓了转让款已进入自己的银行账户且抵押登记未办理，也是同意按时按约支付溢价款的。如其及时提出异议，安信公司可以收回借款待抵押办理后再交付，或者采用放弃抵押担保、解除合同等做法，以避免损失发生。天悦公司于诉讼时才对付款时间提出异议，要求扣减相应利息并顺延借款期限，有悖于诚信。综合考虑上述因素，一审法院认为安信公司要求将2013年9月18日作为合同约定的“实际收到信托资金之日”起算借款利息（溢价款）的意见，符合该日交付转让款的客观事实和合同约定，应予支持。

天悦公司、天域公司、王君瑛、黄北海有关转让款进入其银行账户后不能实际使用，故应当扣减对应利息（溢价款）的抗辩，缺乏合同依据和事实依据，一审法院亦不予采纳。首先，《股权收益权转让及回购协议》第五条约定，转让款用于采购建筑材料，天悦公司不得用于其它用途。天悦公司在收到借款（转让款）后要求转为大额存款、理财产品的要求，不符合上述合同约定的使用用途。安信公司或监管人盛京银行北京分行不予同意，符合合同约定，并无不当。此外，天悦公司、天域公司、王君瑛、黄北海无任何证据证明其提出的符合合同约定用途的用款请求遭安信公司或监管人拒绝，故其上述抗辩一审法院不予采信。

一审审理中，天悦公司、天域公司、王君瑛、黄北海明确表示对安信公司根据合同约定计算得出本金和利息（回购价款含溢价款）的计算公式和结果没有异议。故安信公司诉讼请求第一项、第二项符合合同约定，一审法院予以支持。

（三）违约金金额。民间借贷司法解释第三十条规定：“出借人与借款人既约定了逾期利率，又约定了违约金或者其他费用，出借人可以选择主张逾期利息、违约金或者其他费用，也可以一并主张，但总计超过年利率24%的部分，人民法院不予支持。”系争合同未约定逾期利息，但其第6.1条、第11.1条约定了逾期支付后的违约金及其计算方式，且约定的年利率20%低于上述司法解释规定的利率上限，故安信公司要求按约支付违约金的诉讼请求，应予支持。天悦公司、天域公司、王君瑛、黄北海提出了违约金过高要求调整的抗辩，与前述司法解释相悖，一审法院不予采纳。

（四）律师费。安信公司为本案委托律师参加诉讼，并已实际支付一审案件律师费为各方不争之事实。系争合同约定实现追偿的律师费由天悦公司承担，但并未约定具体金额或计算方式。上述约定如果明确，且又不违反法律法规的，当事人也就应当按约承担责任。但如果一份合同仅约定律师费、差旅费、交通费由违约方承担，通常就不能被视为约定明确而要求违约方全额承担。比如交通费，就可以有飞机、火车、出租车等不同交通工具可以选择，同一交通工具又有不同价格的座位可以选择。法院通常应当根据具体案情，酌情确定费用是否合理最终加以确定。同理，如律师费采模糊方式约定即可全额要求违约方承担，守约方就有可能完全不顾合理性、必要性，聘请尽可能多、尽可能贵的律师，使得损失不必要地扩大。是故，天悦公司、天域公司、王君瑛、黄北海有关律师费的抗辩一审法院予以采纳。安信公司有关律师费的损失，由一审法院酌情加以确定。

在具体酌定时，一审法院考量了三个因素。一是，委托合同签订时当地的政府指导价。依据2016年时有效的《上海市律师服务收费政府指导价标准》的规定，聘请律师作为委托人进行诉讼的价格可以采用计件（最高1.2万元）、计时（每小时3000元）和按标的额比例收费等多种方式。采用这三种计算方法得出的结论相差悬殊。二是，我国不实行强制律师代理制度，委托律师诉讼并非实现债权之必须。守约方支出律师费获得了法律服务，违约方并未从此种法律服务中获益。三是，衡量本案争议金额、案件难易、庭审次数和时长以及当地法官、检察官、律师的年平均收入情况。比如，案件标的额可能是决定律师费金额的一个重要因素，但并非全部。本案虽然标的额巨大，但双方仅就其中一小部分存在争议，要求违约方承担全额计收的律师费就显失公平。又如，当市场普遍采取竞价方式选择律师，市场价格通常低于政府指导价格时，要求违约方按政府指导价格中较高标准承担，也有失公平。综合考虑后，一审法院酌情确定天悦公司应当承担的律师费为120万元。

（五）担保。各方当事人所签订的股权质押合同、抵押合同均系各方当事人真实意思表示，依法成立并生效。天悦公司、天域公司亦办理了相应的质押和抵押登记，质押、抵押依法发生法律效力。安信公司作为质押权人、抵押权人有权要求行使抵押权、质押权以清偿上述债务。

虽然抵押登记记载存续期间为“2015年9月17日止”，但《中华人民共和国物权法》（以下简称物权法）第二百零二条对抵押权的司法保护期间规定为：“主债权诉讼时效期间”，故当事人或登记机关对担保物权的约定或登记的担保期间与上述法律规定不符的，不能产生法律效力。天悦公司、天域公司、王君瑛、黄北海有关抵押存续期间已过，抵押权消灭的抗辩，与法相悖，一审法院不予采纳。

安信公司与王君瑛、黄北海分别所签保证合同，系各方当事人的真实意思表示，依法成立并生效。该合同约定保证期间为主债务履行期限届满两年。安信公司于保证期间提起本次诉讼，故其有权要求保证人承担保证责任。系争保证合同明确约定保证人为全部债务提供连带保证，且不论是否存在其他担保，故王君瑛、黄北海应当按约承担连带保证责任。

综上所述，安信公司的全部诉讼请求一审法院均予以支持，但其第三项诉讼请求仅酌情支持部分。一审法院依照合同法第一百二十四条、第二百零七条，民间借贷司法解释第三十条，物权法第一百七十条、第一百九十五条、第二百一十九条、第二百零二条、第二百二十九条，《中华人民共和国担保法》第二十六条规定，判决：一、天悦公司应于判决生效之日起十日内支付安信公司股权收益权回购价款人民币320375000元；二、天悦公司应于判决生效之日起十日内支付安信公司自2015年6月20日（含当日）起至实际清偿之日止（当日不计）的逾期付款违约金（以股权转让回购价款人民币3亿元为基数，按年利率20%，按实际清偿金额分段计付）；三、天悦公司应于判决生效之日起十日内支付安信公司律师费损失人民币120万元；四、安信公司有权对天悦公司持有的天域公司的股权行使质押权（股权出质设立登记通知书号〔2013〕第00003224号），以清偿上述判决第一项、第二项、第三项所确定的债务；五、安信公司有权对天域公司坐落于北京市朝阳区来广营东路南国营东郊农场天域新城大厦的不动产（在建工程及土地使用权）行使抵押权（权证号京朝他项〔2014〕第00351号），以清偿上述判决第一项、第二项、第三项所确定的债务；六、王君瑛、黄北海就第一项、第二项、第三项所确定的天悦公司应承担的给付义务，向安信公司承担连带清偿责任，王君瑛、黄北海承担责任后有权向天悦公司追偿；七、安信公司其余部分的诉讼请求不予支持。如果未按判决指定的期间履行给付金钱义务，应当依照《中华人民共和国民事诉讼法》第二百五十三条规定，加倍支付迟延履行期间的债务利息。案件受理费人民币1961908.33元、申请费人民币5000元，合计人民币1966908.33元，由安信公司负担人民币24420.62元，天悦公司、天域公司、王君瑛、黄北海共同负担人民币1942487.71元。

本院二审期间，当事人围绕上诉请求依法提交了证据。本院组织当事人进行了证据交换和质证。

天悦公司提交了五组证据：证据一，盛京银行《风险管理意见》传真件（业务编号：资2013081601）1份，用以证明：1. 案涉信托是盛京银行有意安排，目的是获取高额利息和逃避监管；2. 盛京银行既是信托合同隐名的委托人，又要求将信托财产管理权授权给自己，不满足信托的构成要件，信托合同不能成立；3. 盛京银行将办理有效抵押作为信托出账的条件。证据二，东亚银行、渤海银行、宁夏银行、重庆银行等商业银行资金监管业务公开收费标准（4家商业银行官网下载），用以证明：1. 其他银行从事资金监管所收取的服务费仅为0.1% -2%/年之间，而盛京银行的监管手续费却高达6%/年，相当于银行的贷款利率，间接证明了案涉资金来源于盛京银行；2. 委托人凯盟公司愿意将接近一半的收益让渡给盛京银行，绝不是因为盛京银行的资金监管服务，而是因为盛京银行是资金的提供者；3. 受托人安信公司承担着主要的信托资产管理义务却仅获得信托报酬为0.3%/年，而作为信托管理辅助人的盛京银行却获得安信公司20倍的收益，这种喧宾夺主的反常做法也能说明盛京银行在整个交易中处于主导地位；4. 天悦公司接受如此高的利息安排，说明天悦公司在整个融资交易中没有任何话语权，只能被动接受不合理的安排。证据三，盛京银行北京分行2016年5月18日向法院出具的《担保函》复印件1份，用以证明盛京银行不仅是资金的监管方，也是交易的主导者。证据四，天悦公司2014年3月20日向盛京银行北京分行出具的《承诺函》复印件1份、盛京银行结算业务申请书复印件1份，用以证明：1. 天悦公司有强烈的资金需求，但无法使用监管账户资金，原因是抵押未办理；2. 所谓的“溢价款”实际上是利息，盛京银行对此是明知的；3. 盛京银行收到承诺函后将用于偿还利息的资金以货款的名义从监管账户中划出，后又转回清偿利息，所谓的支付货款的用途是不真实的。证据五，百度搜索及网络平台上关于北京天悦国际学校（以下简称天悦学校）违法办学及诉讼情况的消息，用以证明安信公司采用不正当的手段，企图损害天悦公司声誉，利用网络蓄意制造舆论压力和社会影响力，进而干扰正常的司法审判。

针对天悦公司举示的上述证据，安信公司质证认为，证据一没有原件，对其真实性、合法性、关联性不予认可；对证据二收费标准的真实性、合法性、关联性不予认可；对证据三《担保函》的真实性和合法性认可，关联性不予认可，盛京银行北京分行出具的《担保函》是在诉讼中安信公司申请诉讼保全涉及的相关材料，与对方无关；证据四《承诺函》是安信公司在一审提交的证据，一审中已经过质证且得到双方承认，该函是天悦公司单方盖章，对其认为的溢价款实际是利息的主张，安信公司不予认可；对证据五天悦公司违法办学及诉讼情况的真实性、合法性、关联性认可，但不能证明是安信公司所为，天悦学校系非法办学，其使用的土地是本案合同抵押的土地，未经安信公司同意，不得用于其他用途。天域公司、王君瑛、黄北海对天悦公司举示的上述证据没有意见。

安信公司提交了两组证据：证据一，2017 年 2 月 20 日上海市长宁公证处公证书［(2017) 沪长证字第 837、838、839 号］3 份，用以证明：1. 天悦学校的主办单位为天悦公司；2. 天悦学校在其官方网站及微信上对外公开招生；3. 天悦学校的校址为北京市朝阳区来广营东路 8 号，天域公司将上述土地提供给天悦公司投资办学严重违反其与安信公司签署的《抵押合同》的约定，严重违背诚实信用原则；证据二，2017 年 9 月 30 日北京市朝阳区教育委员会信访请求不予受理告知书（京朝教访受告字〔2017〕165 号）1 份、微信截图 1 组，用以证明天悦学校尚未取得合法办学的审批许可，主管部门已约谈该校举办方代表，并向其下发责令限期整改通知书、责令停止办学通知书；截止 2017 年 12 月 10 日，天悦学校仍在其微信公众号上持续发布学校动态。天悦公司的行为既严重违约，违背诚信，又涉嫌非法经营或非法集资犯罪。

针对安信公司举示的上述证据，天悦公司质证认为，对真实性、合法性、关联性均不认可。证据一天悦学校行为与本案没有任何关联性，盛京银行对项目进行了调查，安信公司对天悦公司的学校项目是明知的。天悦学校是授信贷款的条件，现在安信公司又到处举报天悦公司，违反了诚实信用原则。证据二没有提及安信公司，不知道是律师的行为还是安信公司的行为；安信公司进行信访，律师费由天悦公司承担，没有合同和法律依据。天域公司、王君瑛、黄北海认为，安信公司承认举报行为是其做的，其举报损害了天悦公司的还款能力。

本院对当事人二审举示证据的认证意见为：1. 天悦公司举示的《风险管理意见》（业务编号：资 2013081601）传真件，并非原件，安信公司对其真实性、合法性、关联性不予认可，且该件无时间、无签字签章，也没有显示相关银行的名称，不能予以采信。2. 天悦公司举示的东亚银行、渤海银行、宁夏银行、重庆银行等商业银行资金监管业务公开收费标准，与本案没有直接关联，亦不能证明案涉资金来源于盛京银行，对该组证据不予采信。3. 天悦公司举示的盛京银行北京分行《担保函》，安信公司认可其真实性，对其真实性予以确认，但该证据不能证明盛京银行是交易的主导者。4. 天悦公司举示的《承诺函》业经一审质证，安信公司认可其真实性，本院予以确认，但对“溢价款”的性质，应结合本案合同中当事人的约定予以认定。5. 天悦公司举示的天悦学校违法办学及诉讼情况的消息，安信公司虽认可其真实性，但否认系其所为，该组证据与本案无关，亦不足以证明系安信公司发布，对该组证据不予采信。6. 安信公司举示的公证书，天悦公司对其真实性、合法性、关联性均不认可，天悦学校的办学情况与认定本案事实及确定当事人责任没有直接关系，对该组证据不予采信。7. 安信公司举示的信访请求不予受理告知书、微信截图，与认定本案事实及确定当事人责任没有直接关系，对该组证据亦不予采信。

二审庭审结束后，天悦公司提交了《企业信用信息查询记录》及《企业关联关系图谱》两份材料，用以证明：1. 安信公司、凯盟公司和盛京银行均系关联公司，安信公司与凯盟公司实际控制人均是高某国；2. 盛京银行与凯盟公司、天悦公司利用上述关联关系进行恶意串通，将对天悦公司3亿元授信贷款提供给凯盟公司，并通过安信公司提供的虚假信托通道，以股权收益权转让与回购信托计划的名义高利转贷给天悦公司；3. 盛京银行获得6%/年的监管费，凯盟公司获得7.2%/年的信托收益，安信公司获得0.3%/年的管理费；4. 凯盟公司非法套取银行信贷资金进行高利转贷的行为因违反民间借贷司法解释第十四条的规定而无效。本院将上述两份材料转交给了安信公司。安信公司提交书面意见认为，该两份材料系在二审法庭调查和辩论终结后提交，已超过法定举证期限，亦不属于二审新的证据，不应予以质证；即使应予质证，其亦与本案无关，无法证明安信公司与凯盟公司、盛京银行系关联关系，安信公司与凯盟公司的实际控制人系高某国，亦无法实现天悦公司举示该证据的其他证明目的。本院认为，根据《最高人民法院关于民事诉讼证据的若干规定》第四十一条第二项和第四十二条第二款的规定，当事人提交的二审程序中的新的证据，应为一审庭审结束后新发现的证据。当事人在二审程序中提供新的证据的，应当在二审开庭前或者开庭审理时提出。天悦公司二审庭后提交的盛京银行、凯盟公司、安信公司、上海国之杰投资发展有限公司企业信用信息公示报告及其自行制作的企业关联关系图谱，均不属于二审程序中的新的证据，亦未在二审开庭前或者开庭审理时提出，且即使采信亦不能达到其证明目的，本院不予采纳。

经审理查明，一审法院查明的事实属实，本院予以确认。

二审期间，天悦公司提交调查取证申请书，请求本院调取盛京银行股份有限公司（以下简称盛京银行）风险控制中心于2013年8月16日作出的《风险管理意见》和2013年9月3日《授信审查委员会会议纪要》[2013年第244号（总第863号）]的原件，认为该证据能够证明安信公司提供给天悦公司的资金实际是盛京银行北京分行的资金，安信公司系受盛京银行北京分行的委托向天悦公司提供资金，影响到本案法律关系的认定。本院基于其申请，依法向盛京银行调取该两份文件。2018年5月28日，盛京银行向本院提交两份文件复印件及其《情况说明》。经核对，天悦公司于2017年1月18日以第六组证据向一审法院提交且经质证的两份文件复印件与盛京银行提交本院的一致，故天悦公司在一审以复印件提交的上述盛京银行风险控制中心《风险管理意见》（业务编号：资2013081600）和《授信审查委员会会议纪要》可以作为认定本案相关事实的证据。

《授信审查委员会会议纪要》题述“关于北京分行向天悦公司授信事宜的会议纪要”，主要内容为，经表决同意北京分行向天悦公司授信人民币30000万元，业务种类为流动资金贷款，期限为24个月，利率执行同期基准利率上浮30%，担保方式为抵押、质押加保证，抵押物为天域公司所开发建设的天域新城大厦项目在建工程及国有土地使用权，质押物为天悦公司持有的天域公司的100%股权，保证人为王君瑛、黄北海。该纪要同时记载了要求北京分行建立贷款发放专户和还款准备金专户，确保信贷资金按照规定用途使用，确保贷款按期收回等议定内容。《风险管理意见》（业务编号：资2013081600）系盛京银行风险控制中心向该行信贷管理部出具，主要内容为，经总行授信审查委员会审议批准，同意北京分行向天悦公司授信人民币30000万元，期限2年，利率执行同期基准利率上浮30%，担保方式为抵押、质押加保证，在《授信审查委员会会议纪要》的基础上，结合你部的《授信风险审查意见》提出如下风险管理意见：1. 请你部监督分行，要求分行密切关注申请人经营情况和天域新城大厦建设情况，抵押物天域新城大厦项目四证、自有资金证明等项目手续齐全，在建工程及土地使用权可办理有效抵押登记作为授信条件。2. 请你部监督分行，要求申请人出具并承诺：（1）抵押项目土地上形成在建工程具备条件时序时追加为此笔授信抵押物。（2）抵押物若出租，需签订三方协议，归集租金收入至还款专户，确保我行抵押权实现及授信资金按期收回。（3）抵押物无任何经济纠纷，并出具书面证明材料，确保抵押物无其他瑕疵，防范法律风险。3. 请你部监督分行，要求申请人在真实商品交易背景下办理授信业务，严格执行贷款新规的管理要求，确保授信资金用途按约定用途使用。

盛京银行《情况说明》的内容为，1. 该两份文件均系我行内部文件，系我行内部商量对外授信管理及履行内部流程的文件，仅在我行内部流转，不具有对外法律效力。2. 该两份文件不代表我行对天悦公司授信完成，我行与其并未签订授信合同、放款协议、质押、抵押担保协议等，所以我行并未对天悦公司完成授信。3. 天悦公司已通过安信信托另行完成融资，我行并未直接或间接向天悦公司进行资金发放。该《情况说明》系二审庭审结束后出具，不影响本案基本事实的认定，故本院未组织当事人质证，亦不作为本案的证据使用。

本院认为，本案当事人争议的焦点问题是：（一）案涉《股权收益权转让及回购协议》的性质和效力应如何确认，案涉担保合同是否有效；（二）天悦公司应承担的各类款项支付责任应如何确定；（三）安信公司是否有权提起本案诉讼，本案应否追加凯盟公司、盛京银行北京分行作为第三人参加诉讼，一审法院是否存在程序违法问题。

（一）关于案涉合同的性质和效力

1. 案涉《股权收益权转让及回购协议》的性质。人民法院认定民事合同的性质，应根据合同条款所反映的当事人的真实意思，并结合其签订合同的真实目的以及合同的实际履行情况等因素，进行综合判断。安信公司主张案涉《股权收益权转让及回购协议》项下的业务类型属于使用信托财产而从事的“买入返售”业务，符合《信托公司管理办法》第十九条规定的信托财产管理运用或处分方式。然根据“买入返售”的应有之义，该信托资金管理业务模式分为买入、返售两个阶段，包含信托公司向合同相对方买入资产、信托公司将该资产返售给该合同相对方的两个转让合同关系。“买入返售”模式的每个阶段，均应符合合同法规定的买卖合同的构成要件。本案中,《股权收益权转让及回购协议》主要包括安信公司以 3 亿元对价购买天悦公司持有的天域公司 100% 的股权收益权,以及安信公司将该股权收益权以特定对价即 3 亿元和每年 13.5% 的溢价款返售给天悦公司两部分内容,在形式上符合《信托公司管理办法》规定的"买入返售"模式。但根据《股权收益权转让及回购协议》约定的具体条款以及协议实际履行情况判断,安信公司并无买入案涉标的股权收益权并承担相应风险的真实意思。第一,《股权收益权转让及回购协议》第一条虽约定标的股权收益权系指收取并获得标的股权的预期全部收益的权利,包括但不限于经营、管理、处置股东分红、转让标的股权产生的所有收益,以及因标的股权产生的其他任何收益,但协议第十条又特别约定安信公司受让标的股权收益权后,天悦公司持有的标的股权仍由其负责管理,天悦公司如收到标的股权收益,应在三个工作日内将其全部收益转入安信公司指定账户。安信公司仅间接获得天悦公司经营、管理、处置、转让标的股权等所产生的收益,并不参与能够产生收益的标的股权的经营管理。第二,《股权收益权转让及回购协议》虽约定安信公司有权获得天悦公司经营管理标的股权产生的收益,但协议第十条又约定协议履行期内天悦公司不得以任何形式分配利润。协议第七条还约定天悦公司应与安信公司签订《股权质押合同》将标的股权质押给安信公司,该标的股权事实上亦实际出质给安信公司,限制了天悦公司通过处置、转让标的股权产生收益的可能。第三,《股权收益权转让及回购协议》第二条约定的标的股权收益权转让对价并无符合市场价值的证明,协议第六条又约定安信公司向天悦公司返售的标的股权收益权对价系直接在其支付的买入对价基础上增加固定比例的溢价款,安信公司并不承担买入标的股权收益权期间的风险。由上,《股权收益权转让及回购协议》在实质上并非《信托公司管理办法》规定的"买入返售"合同,安信公司关于合同性质的主张不能成立。根据《股权收益权转让及回购协议》的具体约定,并结合天域公司、王君瑛、黄北海为天悦公司履行协议提供担保的事实,天悦公司的主要合同目的在于向安信公司融通资金,安信公司的主要合同目的在于向天悦公司收取相对固定的资金收益,一审法院认定双方当事人的真实交易目的在于通过出卖而后回购的方式以价金名义融通金钱,具有事实和法律依据。因案涉《股权收益权转让及回购协议》不属于合同法规定的有名合同,一审判决根据协议性质参照合同法分则中最相类似的借款合同的相关规定处理，适用法律正确。

2. 案涉《股权收益权转让及回购协议》及其担保合同的效力。第一，天悦公司通过与安信公司签订《股权收益权转让及回购协议》的形式融通资金，合同目的合法，不属于合同法第五十二条第三项规定的“以合法形式掩盖非法目的”的合同无效情形。第二，天悦公司举示的盛京银行《风险管理意见》等证据仅能说明该行曾就盛京银行北京分行向天悦公司授信事宜进行过研究，提出过风险管理意见并形成相应会议纪要，但并不能证明盛京银行北京分行完成了对天悦公司的授信，更不足以证明案涉《股权收益权转让及回购协议》项下的资金来源于盛京银行北京分行。天悦公司主张盛京银行与凯盟公司恶意串通，套取金融机构资金又高利转贷，缺乏事实和法律依据。《股权收益权转让及回购协议》“鉴于”部分已明确安信公司系受凯盟公司的委托管理信托资金，并无违反商业银行法第四十三条关于银行不得从事信托投资规定的情形。第三，现有证据不能证明本案《股权收益权转让及回购协议》项下的业务系由盛京银行北京分行以不得设立信托的财产设立信托，从而违反了信托法的相关规定；本案亦无证据证明《股权收益权转让及回购协议》存在合同法第五十二条第五项规定的“违反法律、行政法规的强制性规定”的合同无效情形。案涉《股权收益权转让及回购协议》及《股权质押合同》《保证合同》《抵押合同》均系当事人真实意思表示，均依法成立并发生法律效力。天悦公司关于《股权收益权转让及回购协议》及其担保合同无效的主张不能成立。一审法院认定《股权收益权转让及回购协议》及《股权质押合同》《保证合同》《抵押合同》有效，各方当事人均应依约履行协议，适用法律正确，本院予以维持。

（二）关于本案天悦公司应承担的各类款项支付责任

1. 天悦公司应支付的本息。安信公司要求天悦公司支付的回购价款中的基本价款在实质上属于归还借款本金。在《股权收益权转让及回购协议》约定的回购时间届至时，天悦公司应当予以归还。安信公司要求天悦公司支付的回购价款中的溢价款在实质上属于支付借款利息。安信公司交付借款后即有权根据协议约定计收利息。因安信公司以信托财产从事对外融通资金业务，该信托财产既非其自有财产，也无证据证明该资金来源于银行、证券等其他金融机构，应参照民间借贷相关规定处理。《股权收益权转让及回购协议》第六条约定回购溢价款以基本价款为基数从转让期限起始日至转让期限届满之日以年利率 13.5% 计算，该约定年利率未超过应参照适用的民间借贷司法解释第二十六条规定的人民法院应予支持的最高年利率 24%，天悦公司应按照协议约定的年利率 13.5% 计付利息。本案中，安信公司于 2013 年 9 月 18 日分两次向天悦公司账户（尾号为 6329）付款 3 亿元，该付款本金与《股权收益权转让及回购协议》约定相符，付款期限亦与《股权收益权转让及回购协议》约定的转让期限起始日为同一天。即便安信公司支付该 3 亿元款项时《股权收益权转让及回购协议》第七条约定的关于“《抵押合同》已签署并生效且安信公司已取得相关权利证明文件”的付款条件尚未成就，亦属于安信公司自愿放宽对天悦公司的付款条件，不能据此否定安信公司向天悦公司实际付款的事实。至于安信公司付款后，天悦公司应如何使用该款项，应遵循双方之间的具体约定。《股权收益权转让及回购协议》第五条约定，天悦公司应严格将转让款用于公司采购建筑材料，不得用于其他用途。安信公司有权对天悦公司标的股权收益权转让项目的资金账户及资金使用进行监管。本案并无证据证明天悦公司提出的符合合同约定用途的用款请求遭到安信公司或监管人的拒绝。天悦公司要求推迟起算溢价款的计算时间并在本金中扣减其已经实际支付的溢价款的主张，缺乏事实和法律依据。一审中，天悦公司、天域公司、王君瑛、黄北海均明确表示对安信公司根据协议约定计算得出本金和利息（回购价款含溢价款）的计算公式和结果没有异议，一审法院依据安信公司诉请的数额判决天悦公司支付本息 320375000 元，具有事实和法律依据。

2. 天悦公司应支付的违约金。《股权收益权转让及回购协议》没有约定转让期限届满后的逾期利息，而于第十一条约定了天悦公司逾期付款的违约金计算方式，即以天悦公司应付的标的股权收益权转让价款为基数，从逾期付款之日起以年利率 20% 计算。参照民间借贷司法解释第三十条的规定，出借人与借款人既约定了逾期利率，又约定了违约金或者其他费用，出借人可以选择主张逾期利息、违约金或者其他费用，也可以一并主张，但总计超过年利率 24% 的部分，人民法院不予支持。因《股权收益权转让及回购协议》约定的逾期违约金低于上述司法解释规定的利率上限，一审判决支持安信公司要求按约支付违约金的诉讼请求，具有事实和法律依据。天悦公司基于《股权收益权转让及回购协议》及其约定的违约金条款均无效的认识，主张应根据双方过错分担损失，无事实和法律依据。

3. 天悦公司应支付的律师费。天悦公司主张不应支付律师费，主要理由是认为《股权收益权转让及回购协议》及其约定的律师费承担条款均无效。但如前所述，因《股权收益权转让及回购协议》合法有效，其中关于律师费承担的条款亦为双方当事人的真实意思表示。安信公司一审委托律师参加诉讼并已产生律师费。一审法院综合考虑委托合同签订时当地的政府指导价以及本案的争议金额、案件难易、庭审次数和时长等因素，根据本案具体案情，酌情确定天悦公司应当承担的律师费为120万元，并无不当，本院予以维持。

（三）关于一审法院审理本案是否存在程序违法的问题

1. 安信公司是否有权提起本案诉讼。安信公司作为《股权收益权转让及回购协议》及担保合同的当事人，是协议相关权利义务的直接享有人和承担者。安信公司实际履行了《股权收益权转让及回购协议》约定的义务，有权提起本案诉讼要求天悦公司、天域公司、王君瑛、黄北海等依约承担相应责任，是本案的适格原告。一审法院对此认定无误，适用法律正确。

2. 本案是否应追加凯盟公司、盛京银行北京分行作为第三人。凯盟公司系委托安信公司管理信托财产的委托人，仅基于《资金信托合同》在其与安信公司之间发生信托合同关系，与本案并无直接关联，与天悦公司亦不存在权利义务关系，无需追加为本案第三人参加诉讼。至于盛京银行北京分行，仅曾有向天悦公司授信的意思，没有证据证明该授信已经完成，更不能证明案涉《股权收益权转让及回购协议》项下的信托资金来源于盛京银行北京分行，故其在本案中亦不应被追加为第三人参加诉讼。

3. 本案应否驳回安信公司的起诉。《股权收益权转让及回购协议》及其担保合同合法有效，安信公司依据协议约定起诉要求天悦公司支付协议项下款项并承担违约责任，要求天域公司、王君瑛、黄北海等承担相应的担保责任，具有事实和法律依据。一审判决虽对《股权收益权转让及回购协议》的性质依法作出了不同的认定，但并不影响安信公司对天悦公司等被告提出的诉讼主张，亦不影响各方当事人的实体权利，安信公司无需变更其诉讼请求。一审法院依据对《股权收益权转让及回购协议》性质的认定以及协议约定的具体内容，在实体上支持安信公司的诉讼请求并无不当。

此外，从盛京银行《授信审查委员会会议纪要》及《风险管理意见》（业务编号：信2013081600）的内容看，即使调取其原件亦不能实现天悦公司关于案涉《股权收益权转让及回购协议》项下的资金来源于盛京银行北京分行的证明目的。一审法院未依照天悦公司的申请调取该证据材料，不影响本案基本事实的认定。天悦公司以此主张一审法院程序违法的理由亦不能成立。

综上，天悦公司的上诉请求不能成立，应予驳回。一审判决认定事实清楚，适用法律正确，应予维持。依照《中华人民共和国民事诉讼法》第一百七十条第一款第一项规定，判决如下：

驳回上诉，维持原判。

二审案件受理费354985.23元，由上诉人北京天悦投资发展有限公司负担。

本判决为终审判决。

审判长：王旭光；审判员：王展飞、张爱珍；法官助理：张乾；书记员：李娜

二〇一八年十月二十九日

专题二十三

对于合同性质的认定，不能仅依据合同的表现形式进行判断，还应注意审查合同中权利义务的设置、合同的实际履行状况、合同的真实目的等综合判断

——济南铁路经营集团有限公司远行运贸分公司、江苏澳洋顺昌股份有限公司与浙江融钢钢铁股份有限公司确认合同无效纠纷案

【裁判观点】

《最高人民法院关于审理民间借贷案件适用法律若干问题的规定》第十五条规定："原告以借据、收据、欠条等债权凭证为依据提起民间借贷诉讼，被告依据基础法律关系提出抗辩或者反诉，并提供证据证明债权纠纷非民间借贷行为引起的，人民法院应当依据查明的案件事实，按照基础法律关系审理。"该条明确了民间借贷案件审理过程中，应遵照债权形成的基础法律关系进行审理的规则。反之亦然，在其他案件中若发现基础法律关系与相关债权凭证的记载不符，亦应当按照基础法律关系进行审理。本案即属于此种情况，对于合同性质的认定，不能仅依据合同的表现形式进行判断，还应注意审查合同中权利义务的设置、合同的实际履行状况、合同的真实目的等综合判断。对于合同效力的认定，则应依据《中华人民共和国合同法》第五十二条及相关司法解释的规定进行审查。

中华人民共和国最高人民法院

民事裁定书

案号（2017）最高法民申428号

再审申请人（一审原告、二审上诉人）：济南铁路经营集团有限公司远行运贸分公司。

负责人：徐保安。

委托诉讼代理人：石琛。

委托诉讼代理人：陈阳。

再审申请人（一审被告、二审被上诉人）：江苏澳洋顺昌股份有限公司。

法定代表人：沈学如。

委托诉讼代理人：齐姣。

委托诉讼代理人：杨仪芳。

被申请人（一审被告、二审被上诉人）：浙江融钢钢铁股份有限公司。

法定代表人：张宏。

委托诉讼代理人：杜关洪。

再审申请人济南铁路经营集团有限公司远行运贸分公司（以下简称济南铁路运贸分公司）、江苏澳洋顺昌股份有限公司（以下简称江苏澳洋公司）因与被申请人浙江融钢钢铁股份有限公司（以下简称浙江融钢公司）确认合同无效纠纷一案，不服上海市高级人民法院（2015）沪高民二（商）终字第43号民事判决，向本院申请再审。本院依法组成合议庭进行了审查，现已审查终结。

济南铁路运贸分公司申请再审称，原审判决存在《中华人民共和国民事诉讼法》第二百条第二项规定的情形，应予再审。理由如下：（一）原审认定事实不清，证据不足。原审判决认定本案以钢材连环购销为形式，实质形成了企业间的融资借贷法律关系，江苏澳洋公司与浙江融钢公司针对融资行为早已达成的一致意思表示。浙江融钢公司高买低卖的行为也印证了签订《年度购销合同》《采购代理协议》的目的就是为了融资。江苏澳洋公司在履约过程中放任买卖合同风险，扩张己方权利边界，加重相对方义务负担的行为不符合买卖合同的法律特征和交易习惯，其从一开始就是以融资目的与浙江融钢公司进行了磋商。济南铁路运贸分公司并非《代理采购协议》缔约主体，对江苏澳洋公司与浙江融钢公司的具体约定并不知情。结合原审判决，江苏澳洋公司既可以根据《委托代理协议》向浙江融钢公司索赔垫付货款、代理费及主张违约责任，又可依据《年度购销合同》向济南铁路运贸分公司主张违约责任，其所垫付的购买款项2640万元均可获得保障。《代理采购协议》明确了借贷双方融资的具体安排，比如约定了1.67%的代理费，限定了借款人浙江融钢公司的具体义务，同时又通过《年度购销合同》将济南铁路运贸分公司的责任锁定，以保障江苏澳洋公司出借资金的安全。江苏澳洋公司表示对融资不知情不能成立，其与浙江融钢公司串通无疑。根据《合同法》

第五十二条、《最高人民法院关于审理民间借贷案件适用法律若干问题的规定》第十一条之规定，江苏澳洋公司与浙江融钢公司串通损害济南铁路运贸分公司的利益，两份《年度购销合同》自始无效。原审判决无视证据中足以证明江苏澳洋公司与浙江融钢公司事先商定好通过贸易模式进行融资并欺骗济南铁路运贸分公司进入交易以降低江苏澳洋公司资金风险的事实，属于《中华人民共和国民事诉讼法》第二百条第二项规定的情形，应予撤销。（二）原审判决违法采纳有程序瑕疵的证据，认定事实错误。江苏澳洋公司向济南铁路运贸分公司发送的《函》，能够反映整个融资交易中江苏澳洋公司应当对济南铁路运贸分公司汇入浙江融钢公司的款项承担全部责任。然而，江苏澳洋公司却在诉讼中否认该《函》的真实性。一审对《函》上印章的真实性委托司法鉴定，以江苏澳洋公司在诉讼中提交的营业执照复印件、授权委托书、证据目录为“供比对样本”，但未调取江苏澳洋公司在工商管理部门备案的公章样本，缺少最直接、有效、真实的“供比对材料”。鉴定意见指出《函》中公章与“供比对材料”公章不一致，但根本无法证明哪一个公章才是真实的，不能证明《函》上的公章为不真实的公章。因此，原审判决无视鉴定程序的瑕疵，未采信《函》的内容，对江苏澳洋公司《函》中所承诺的责任不予认定，属于《民事诉讼法》第二百条第二项所规定的情形，应予撤销。

江苏澳洋公司针对济南铁路运贸分公司的再审申请发表意见称，（一）2012年11月江苏澳洋公司并没有以名为贸易实为融资进行过商谈。江苏澳洋公司都是按照正常购销合同进行接触，没有出借资金的非法目的，没有和济南铁路运贸分公司及浙江融钢公司达成融资的一致意见。（二）《年度购销合同》并非闭合，而是背靠背的连环买卖。浙江融钢公司虽说是融资，但其并未将该意图告知江苏澳洋公司。济南铁路运贸分公司的证人刘某陈述其明知融资目的。济南铁路运贸分公司没有证据证明浙江融钢公司和江苏澳洋公司存在串通行为。（三）江苏澳洋公司没有出具过2012年12月19日的《函》，《函》中内容对江苏澳洋公司无约束力，且经鉴定公章不是江苏澳洋公司加盖。原审鉴定是按照法定程序鉴定，鉴定机构合法，鉴定样本都是各方一致认可同意的，程序合法，结论正确。检材样本中还有济南铁路运贸分公司提供的样本《联络函》，原审不予重新鉴定正确。

浙江融钢公司针对济南铁路运贸分公司的再审申请发表意见称，原审判决应予维持，再审申请的情况在原审中都有明确表述，济南铁路运贸分公司新观点只是公章的鉴定问题，但一审鉴定没有不妥。江苏澳洋公司在法院提交的公章都是使用的公章，以此为检材并无不当。

江苏澳洋公司申请再审称，原审判决存在《中华人民共和国民事诉讼法》第二百条第二项、第六项规定的情形，应予再审。理由如下：（一）原判决认定基本事实缺乏证据证明。原审未能查明事实，虽作出合同有效判决，但认定合同性质为借贷错误。江苏澳洋公司与济南铁路运贸分公司签订的 YH－01－1285《年度购销合同》是合法有效的买卖合同，并不存在以合法形式掩盖非法目的的无效情形，也不是企业间借贷合同。1. 江苏澳洋公司与济南铁路运贸分公司《年度购销合同》的签订、履行都是按照正常的钢材购销业务进行的。2. 江苏澳洋公司完全没有出借资金的非法目的，更没有和济南铁路运贸分公司、浙江融钢公司达成过融资的一致意见。3. 江苏澳洋公司对济南铁路运贸分公司与浙江融钢公司之间签订的《年度购销合同》并不知情，更不了解其签订合同的目的。4. YH－01－1285 号《年度购销合同》之所以没有走货的原因是因为济南铁路运贸分公司的违约行为造成的，江苏澳洋公司并没有事先进行过任何的安排，更没有不走货的意思表示。5. 江苏澳洋公司与浙江融钢公司签订的《代理采购协议》与案涉两份《年度购销合同》并非是闭合的，而是背靠背的连环买卖。6. 济南铁路运贸分公司在一审、上诉状和二审庭审中的主张自相矛盾，都不可信。济南铁路运贸分公司在二审诉讼中完全推翻其在一审中的所有证据、陈述、观点，是为逃避法律责任的伎俩。根据民事诉讼法禁止反言的原则其主张不应得到支持。可见，无论从合同内容还是从合同订立、履行乃至诉讼中表达出来的主观意愿看，均体现双方之间建立买卖合同关系，并不能推导出双方之间为借贷合同关系。（二）原判决适用法律确有错误。济南铁路运贸分公司的诉讼请求是确认两份《年度购销合同》无效，并不涉及《代理采购协议》，但原审法院却将审理重点放在审查《委托代理协议》上，并错误认为江苏澳洋公司在履约过程中放任买卖合同风险，扩张己方权利边界，加重相对方义务负担的行为不符合买卖合同的法律特征和交易习惯。实际上，《代理采购协议》的两方签署的本意即为代为购买钢材，此种操作符合交易惯例，关于履约保证金及代理费的收取也符合行业惯例。本案不涉及民间借贷，根本不适用《最高人民法院关于审理民间借贷案件适用法律若干问题的规定》。

济南铁路运贸分公司针对江苏澳洋公司的再审申请发表意见称，我方不认为以贸易形式达到借贷目的就是违法的。但因为意思表示不真实，两份买卖合同无效。《中华人民共和国民法总则》第一百四十六条有此规定，该法虽然还没有正式实施，但可以借鉴。借贷关系虽然有效但与我方无关，我方不是借贷关系的主体。

浙江融钢公司针对江苏澳洋公司的再审申请发表意见称，（一）浙江融钢公司尊重一、二审判决认定的事实和法律适用。（二）浙江融钢公司是借款人。代理人曾去济南协商此事，济南铁路运贸分公司和江苏澳洋公司关于浙江融钢公司的还款途径是有协商的。目前为止，我方认为本案有调解可能。（三）原审判决明确本案实质是借贷关系，但表象是买卖关系，最终确认买卖合同有效是正确的。

本院经审查认为，关于原审判决对案涉合同性质及效力的认定是否缺乏证据证明及适用法律错误的问题。依据原审查明的事实，2012年12月20日，浙江融钢公司与济南铁路运贸分公司、济南铁路运贸分公司与江苏澳洋公司之间签订了案涉两份《年度购销合同》，约定浙江融钢公司向济南铁路运贸分公司出售冷轧卷，济南铁路运贸分公司将相同冷轧卷出售给江苏澳洋公司。2013年1月28日，江苏澳洋公司与浙江融钢公司签订《代理采购协议》，约定浙江融钢公司委托江苏澳洋公司向济南铁路运贸分公司代理采购冷轧卷，并明确将江苏澳洋公司与济南铁路运贸分公司签订的《年度购销合同》作为《代理采购协议》的组成部分。按照上述合同约定，浙江融钢公司一方面向济南铁路运贸分公司出售冷轧卷，一方面委托江苏澳洋公司向济南铁路运贸分公司购买相同的冷轧卷，形成了自买自卖。对此，浙江融钢公司陈述签订上述协议的目的就是为了融资。济南铁路运贸分公司申请再审期间亦陈述签订合同时，其已经知道钢材买卖业务不真实，只是给江苏澳洋公司和浙江融钢公司作资金通道。江苏澳洋公司虽主张其与济南铁路运贸分公司签订的YH－01－1285号《年度购销合同》为真实的买卖合同，但是该YH－01－1285号《年度购销合同》为江苏澳洋公司与浙江融钢公司签订的《代理采购协议》中的组成部分。《代理采购协议》虽约定由江苏澳洋公司代理采购冷轧卷，但江苏澳洋公司向济南铁路运贸分公司采购过程中的履约责任和风险均由浙江融钢公司承担。江苏澳洋公司还收取履约保证金和代理费，且约定即使济南铁路运贸分公司延期交货，浙江融钢公司仍需在规定的四个月内向江苏澳洋公司付清全部货款，产生的风险和责任亦由浙江融钢公司承担，浙江融钢公司仍需支付代理费。根据《代理采购协议》的上述约定，江苏澳洋公司是否能够从济南铁路运贸分公司处采购到冷轧卷，不影响其向浙江融钢公司索赔垫付款，不影响其主张保证金和代理费，江苏澳洋公司的权利义务实际与冷轧卷无关，仅与其垫付的款项有关。依照上述合同约定内容及各方陈述意见，江苏澳洋公司无论三方履约情况如何，均可依据《代理采购协议》向浙江融钢公司主张垫付款、代理费，或依据《年度购销合同》向济南铁路运贸分公司主张违约责任。因此，根据本案已查明事实，原审判决认定两份《年度购销合同》与《代理采购协议》系紧密连接、不可分割的整体，三方当事人以钢材连环购销为形式，实质形成了企业间融资借贷法律关系，且认定具有法律效力，并不缺乏证据证明。在济南铁路运贸分公司诉讼请求的基础和实质与原审法院所查明的事实不一致的情况下，原审判决驳回其诉讼请求，适用法律并无不当。融资借贷法律关系中，各方当事人的诉讼地位及责任承担等问题，可另行解决。关于原审判决对案涉《函》的内容不予采信是否缺乏证据证明的问题。依据原审查明的事实，一审对《函》中印章进行鉴定时，济南铁路运贸分公司向法院提供了江苏澳洋公司向济南铁路运贸分公司出具的《联络函》作为可比对样本。2015年6月15日，司法鉴定科学技术研究所司法鉴定中心出具的《司法鉴定科学技术研究所司法鉴定中心鉴定意见书》认为检材上的江苏澳洋公司印文与样本上的印文不是同一枚印章盖印形成。因此，原审判决对案涉《函》的内容不予采信，并不缺乏证据证明。综上，济南铁路运贸分公司、江苏澳洋公司申请再审的理由均不成立，本案不应再审。依照《中华人民共和国民事诉讼法》第二百零四条第一款，本院《最高人民法院关于适用〈中华人民共和国民事诉讼法〉的解释》第三百九十五条第二款的规定，裁定如下：

驳回济南铁路经营集团有限公司远行运贸分公司、江苏澳洋顺昌股份有限公司的再审申请。

审判长：马东旭；审判员：毛宜全、王展飞；法官助理：曹健；书记员：陈桢

二〇一七年四月十八日

专题二十四

存在牵连关系的合同应当综合判定当事人之间的权利义务

——谢某宝、迪凯集团股份有限公司、杭州金兰置业有限公司诉陈某甲、浙江科特汽配股份有限公司、浙江科特创业投资有限责任公司、陈某乙合同纠纷案

【裁判观点】

在当事人之间存在多个民事合同而非单一民事合同时，如果多个民事合同之间存在牵连关系，如总体框架协议与其项下每单业务合同之间的上下统摄的层级关系、多份相对独立而又在整体上能够构成一个大合同框架的左右照应的并列关系、多份合同在形式上相对独立但需要相互配合履行才能实现当事人整体意思表示的环环相扣的关联关系等，则除了需要考察每份合同的具体条款外，还应当根据该多份合同构成的整体框架关系、体现的当事人真实合同目的以及具体履行情况等综合确定当事人之间的权利义务。

中华人民共和国最高人民法院
民事判决书

案号（2017）最高法民终477号

上诉人（原审原告）：谢某宝，男，1964年1月8日出生，汉族，住浙江省杭州市下城区丽景西苑4幢1单元1501室。

委托诉讼代理人：陈月棋，北京中伦（杭州）律师事务所律师。

委托诉讼代理人：郭恒，北京中伦（杭州）律师事务所律师。

上诉人（原审原告）：迪凯集团股份有限公司。住所地：浙江省杭州市江干区丹桂街8号汉嘉大厦802室。

法定代表人：谢某宝，该公司董事长。

委托诉讼代理人：陈月棋，北京中伦（杭州）律师事务所律师。

委托诉讼代理人：郭恒，北京中伦（杭州）律师事务所律师。

上诉人（原审原告）：杭州金兰置业有限公司。住所地：浙江省杭州市余杭区良渚街道金家渡村。

法定代表人：谢某宝，该公司董事长。

委托诉讼代理人：陈月棋，北京中伦（杭州）律师事务所律师。

委托诉讼代理人：郭恒，北京中伦（杭州）律师事务所律师。

被上诉人（原审被告）：陈某甲，女，1975年9月26日出生，汉族，住浙江省杭州市下城区三塘南村13幢1单元501室。

委托诉讼代理人：卓广平，浙江天册律师事务所律师。

委托诉讼代理人：傅林涌，浙江天册律师事务所律师。

被上诉人（原审被告）：浙江科特汽配股份有限公司。住所地：浙江省杭州市余杭区塘栖镇工业园区。

法定代表人：陈某乙，该公司董事长。

委托诉讼代理人：卓广平，浙江天册律师事务所律师。

委托诉讼代理人：傅林涌，浙江天册律师事务所律师。

被上诉人（原审被告）：浙江科特创业投资有限责任公司。住所地：浙江省杭州市余杭区塘栖宏磻村。

法定代表人：陈某乙，该公司董事长。

委托诉讼代理人：卓广平，浙江天册律师事务所律师。

委托诉讼代理人：傅林涌，浙江天册律师事务所律师。

被上诉人（原审被告）：陈某乙，男，1977年9月3日出生，汉族，住浙江省杭州市西湖区香墅4幢5号。

委托诉讼代理人：卓广平，浙江天册律师事务所律师。

委托诉讼代理人：傅林涌，浙江天册律师事务所律师。

上诉人谢某宝、迪凯集团股份有限公司（以下简称迪凯集团公司）、杭州金兰置业有限公司（以下简称金兰置业公司）因与被上诉人陈某甲、浙江科特汽配股份有限公司（以下简称科特汽配公司）、浙江科特创业投资有限责任公司（以下简称科特创投公司）、陈某乙合同纠纷一案，不服浙江省高级人民法院（2015）浙商初字第12号民事判决，向本院提起上诉。本院于2017年7月3日立案后，依法组成合议庭，开庭进行了审理。上诉人谢某宝、迪凯集团公司、金兰置业公司及其委托诉讼代理人陈月棋、郭恒，被上诉人陈某甲、科特汽配公司、科特创投公司、陈某乙的委托诉讼代理人卓广平、傅林涌到庭参加诉讼。本案现已审理终结。

谢某宝、迪凯集团公司、金兰置业公司上诉请求：1. 撤销浙江省高级人民法院（2015）浙商初字第12号民事判决；2. 改判确认双方当事人于2013年10月8日签订的《债权转让及合作建房协议》及相关合同附件（即2013年10月8日《确认及承诺函》、2013年10月8日《借款合同》、2013年11月6日《合作建房协议》）无效；3. 改判陈某甲、科特汽配公司、科特创投公司、陈某乙共同返还谢某宝31618万元并赔偿谢某宝损失18654.43万元，暂总计50272.43万元（损失以31618万元为基数，按年利率27.2%的标准暂计算至2015年12月14日，此后应计算至判决确定履行之日止）；4. 一、二审诉讼费用由陈某甲、科特汽配公司、科特创投公司、陈某乙承担。事实和理由：（一）一审判决认定事实错误。本案实质系谢某宝与陈某甲、科特汽配公司、科特创投公司之间的债权转让法律关系，因债权不存在，《债权转让及合作建房协议》无效或不成立。一审判决对双方当事人的真实意思、法律关系、交易主体等认定错误。1. 一审判决认定案涉协议的真实意思表示系陈某甲、科特汽配公司、科特创投公司向谢某宝转让对浩然置业公司的投资权益，该协议与东迪投资公司将其持有的浩然置业公司股权转让给迪凯集团公司一并构成陈某甲、科特汽配公司、科特创投公司退出对浩然置业公司投资的综合方案，没有事实和法律依据。2. 一审判决认定谢某宝在签署《债权转让及合作建房协议》时应该知晓债权已不存在并列入资本公积金的事实，缺乏事实和法律依据。3. 一审判决认定证据存在错误和遗漏。（二）一审判决适用法律错误。1. 一审判决否定谢某宝一方关于《债权转让及合作建房协议》无效的主张，缺乏法律依据。谢某宝一方主张《债权转让及合作建房协议》因债权不存在而无效，一审判决以案涉协议的真实意思表示并非债权转让为由予以否定，但该论断没有明确的法律依据。谢某宝一方主张《债权转让及合作建房协议》因符合《中华人民共和国合同法》第五十二条规定的合同无效情形，即因陈某甲一方恶意隐瞒、欺诈行为损害国家税收利益、第三人利益和社会公共利益而无效，一审判决以谢某宝一方未提供有效证据证明少缴税款、税收问题与协议效力认定无关为由予以否定，明显错误。2. 一审判决不支持谢某宝一方返还款项的诉请，适用法律错误。一审判决仅以谢某宝一方关于协议无效的主张不能成立而认定其主张返还款项的诉请无事实和法律依据，犯了以偏概全的逻辑错误。谢某宝一方确认《债权转让及合作建房协议》及相关附件无效的诉请与返还款项、赔偿损失的诉请系两个独立的诉请，返还款项的诉请并不依附于确认无效的诉请而存在，两者有各自独立的请求权基础。一审法院已认定案涉债权不存在，即陈某甲、科特汽配公司、科特创投公司对浩然置业公司不享有债权，《债权转让及合作建房协议》项下的合同标的不存在，无论协议是否成立、是否有效，均应当支持谢某宝一方关于返还款项、赔偿损失的诉请。（三）一审法院存在程序违法及遗漏认定案件关键事实的情形。1. 一审法院程序违法。第一，一审中谢某宝一方主张本案法律关系为债权转让关系，《债权转让及合作建房协议》无效，但一审法院未依法释明告知谢某宝一方可以变更诉讼请求，而直接认定案涉协议标的为投资权益，法律关系为投资权益转让关系，否定谢某宝一方协议无效的主张。第二，一审中谢某宝一方提交了专家辅助人出庭申请书及相应证明材料，申请专家辅助人出庭就案件涉及的会计及税收等专业问题提出意见。一审法院对谢某宝一方的申请置之不理。2. 一审判决遗漏案件关键事实。《债权转让及合作建房协议》约定债权转让款为14100万元，但谢某宝实际支付债权转让款17200万元，并诉请返还包括该款在内的全部款项。陈某甲一方认为谢某宝仅支付14100万元债权转让款，其余3100万元非债权转让款而是其他交易款项。一审判决虽认可谢某宝支付17200万元款项证据的真实性，却没有查明其中双方争议的3100万元是否属于协议项下的交易款项，一审法院简单驳回谢某宝一方返还款项的诉请，实际上剥夺了谢某宝另案主张的权利。

陈某甲、科特汽配公司、科特创投公司、陈某乙辩称，一审判决对主要事实认定清楚，适用法律准确，谢某宝、迪凯集团公司、金兰置业公司的上诉理由缺乏事实和法律依据，不能成立，请求予以驳回。事实和理由：（一）一审判决对《债权转让及合作建房协议》界定清楚，该协议系陈某甲一方退出对浩然置业公司投资的一揽子方案，一审判决驳回谢某宝一方关于协议因转让债权不存在而应认定无效的主张依法有据。案涉协议项下交易的标的是当时陈某甲一方在浩然置业公司持有的包含债权及股权权益在内的全部投资权益，即便如谢某宝一方所述债权已转为资本公积，但对浩然置业公司而言非债即股，在陈某甲一方退出对浩然置业公司的全部投资时，当然会将债权和股权权益等一并计入交易总价格，交易标的实质上并无变化。（二）一审判决适用法律正确。《债权转让及合作建房协议》不存在《中华人民共和国合同法》第五十二条规定的任何一项无效情形。谢某宝一方提出的履行案涉协议处置债权可能导致税务问题，与其提出的案涉协议因债权不存在而无效的主张自相矛盾。本案处理的是合同效力问题，与合同履行中的税务问题并无关联，而且案涉协议自签署并经各方当事人部分履行迄今，事实上从未发生任何涉税问题。谢某宝一方提出的该协议无效的主张无法成立。（三）谢某宝一方提起本案诉讼的真正目的，是迫使陈某乙在（2015）杭余民初字第559号案中作出妥协退让，延付甚至少付其在该案中应返还的合作建房款项14418万元及相应资金占用费，并滥用诉讼程序拖延诉讼，非法转移被法院保全的财产。

谢某宝、迪凯集团公司、金兰置业公司向一审法院起诉请求：1. 确认谢某宝、迪凯集团公司、金兰置业公司与陈某甲、科特汽配公司、科特创投公司、陈某乙于2013年10月8日签订的《债权转让及合作建房协议》及相关合同附件无效；2. 陈某甲、科特汽配公司、科特创投公司、陈某乙共同返还谢某宝31618万元并赔偿谢某宝损失18654.43万元，暂总计50272.43万元（损失以31618万元为基数，按年利率27.2%的标准暂计算至2015年12月14日，此后应计算至判决确定履行之日止）；3. 判令本案全部诉讼费用均由陈某甲、科特汽配公司、科特创投公司、陈某乙共同承担。

一审法院认定事实：（一）2013年10月8日，谢某宝、迪凯集团公司、金兰置业公司与陈某甲、科特汽配公司、科特创投公司、陈某乙签订《债权转让及合作建房协议》一份，约定，鉴于：（1）协议签署之日，陈某甲、科特汽配公司及科特创投公司合计对浩然置业公司享有本金金额12000万元的债权，其中陈某甲债权本金1150万元、科特汽配公司2800万元、科特创投公司8050万元；（2）陈某甲系持有东迪投资公司46.51%股权的股东，东迪投资公司在协议签订时持有浩然置业公司43%的股权，陈某甲及其他股东同意拟将东迪投资公司所持浩然置业公司股权转让给迪凯集团公司；（3）谢某宝系迪凯集团公司的实际控制人，迪凯集团公司系金兰置业公司的全资股东；（4）……协议相关方就相关事项约定：

1. 债权转让。陈某甲、科特汽配公司、科特创投公司将各自对浩然置业公司所享有的全部债权本金合计12000万元及相关的从属权利转让给谢某宝，债权的转让价格共计14100万元，该股权转让价格可根据本协议第4.1条项下的约定进行调整，如债权转让价格根据第4.1条项下的规定调整，则以调整后的价格作为债权转让价格。债权转让款的支付约定为协议签署后三日内，谢某宝将款项支付至陈某甲、科特汽配公司、科特创投公司账户或各自指定的账户；债权的交付转移时间为谢某宝支付全部债权转让款之日，由债权转让方和迪凯集团公司就本协议项下的债权转让事项通知浩然置业公司。

2. 合作建房及合作建房项下的房产转让。陈某乙与金兰置业公司就迪凯运河印象项目进行合作建房。在协议签署后10日内，谢某宝作为出借方向陈某乙提供14418万元的无息借款，陈某乙在收悉上述借款后5日内向金兰置业提供14418万元的合作建房资金用于项目的开发建设。金兰置业公司与陈某乙在本协议外再另行签署一份合作建房协议。基于合作建房条件，陈某乙享有项目一号楼总建筑面积16020平方米合作建设的房屋（标的房屋），在项目取得预售证后5日内，金兰置业公司须与陈某乙就标的房屋根据协议约定签订《商品房买卖合同》，房屋买卖单价为9000元/㎡。在陈某乙向金兰置业公司支付了合作建房资金之日起的12个月内，谢某宝应以18000元/㎡的价格（净价）受让陈某乙购买的全部标的房屋；在前述期间标的房屋尚未过户至陈某乙名下的，谢某宝仍应按上述期间向陈某乙付清上述购房款，在房屋过户至陈某乙名下后，再由陈某乙将房屋过户给谢某宝。基于上述约定，不论如何，谢某宝届时应确保陈某乙就标的房屋转让获得税后9000元/㎡的房屋净转让收益。如金兰置业公司未能在协议约定期限内与陈某乙就标的房屋签订《商品房买卖合同》，或者未在本协议或《商品房买卖合同》约定的期限内办妥房屋产权证及土地使用权证的，陈某乙有权解除本协议项下合作建房约定或已签署的《商品房买卖合同》，金兰置业公司须在30日内向陈某乙返还全部合作建房资金并按10%的年利率向陈某乙支付资金占用费。

3. 借款提供。在协议签署后10日内，谢某宝应向陈某乙提供一笔本金额为14418万元的借款。上述借款为无息借款，由谢某宝划付至陈某乙指定的银行账户，谢某宝同意陈某乙以其在本协议下受让标的房产的出售款向谢某宝归还借款。借款期限为陈某乙收到谢某宝支付的借款本金之日起至陈某乙收到标的房屋的全部出售款之日届满10日，谢某宝不得要求陈某乙提前归还借款。

4. 债权转让价格的调整机制及相关事项。各方确认，协议约定的债权转让价格14100万元系基于合作建房协议、借款交易等全部履行情况下的价格，如迪凯集团公司或谢某宝就上述合作建房及合作建房项下的房屋转让交易未能按时全部履行完成（包括谢某宝未能向陈某乙购买标的房屋并按时付清购房款的），或谢某宝未能按时向陈某乙提供借款，则将债权转让价格直接调整为28518万元。调整后的债权转让价格扣除谢某宝已付的债权转让款之后的金额（差额为14418万元）应由谢某宝根据陈某甲、科特汽配公司及科特创投公司通知的日期支付给陈某甲、科特汽配公司及科特创投公司或者各自的指定账户（陈某甲、科特汽配公司及科特创投公司中的任何一方有权代表其他方收取全部的款项）。迪凯集团公司对谢某宝的前述付款义务承担连带责任保证，并同时作为谢某宝的共同履约人。如果谢某宝和/或迪凯集团公司付清了调整后的债权转让款，则协议关于标的房屋的转让交易或借款事宜可以不再进行。

5. 其他事项。为本协议之目的，陈某甲、科特汽配公司、科特创投公司及陈某乙系关联方关系。各方充分理解并确认，本协议下的债权转让、房产转让、借款提供以及东迪投资公司拟将所持浩然置业公司的股权转让给迪凯集团公司等交易系经各方商定后的一揽子的交易，也是作为陈某乙及陈某甲、科特汽配公司、科特创投公司退出对浩然置业公司投资的一个综合性合理解决方案。各方确认，本协议下的上述债权转让价格（包括调整后的债权转让价格）、金兰置业公司向陈某乙转让房屋的房产转让价格、谢某宝向陈某乙提供借款的价格（无息），以及谢某宝向陈某乙购买标的房屋的价格，均是各方充分协商后确定的并为各方所自愿接受的价格，并且该等价格各方认为完全合理、公允，各方将来不会对前述价格提出异议。陈某甲同意将东迪投资公司所持浩然置业公司的股权转让给迪凯集团公司系基于本协议约定的事项得到有效履行。如果本协议约定事项最终未能有效履行，迪凯集团公司应将从东迪投资公司受让的浩然置业公司股权按原转让价格转回东迪投资公司；陈某甲可要求迪凯集团公司将其从东迪投资公司受让的浩然置业公司的股权按照陈某甲原通过东迪投资公司间接持有的浩然置业公司的权益按照迪凯集团公司受让的价格转回给陈某甲……

（二）2013年10月8日，谢某宝代表本人并作为迪凯集团公司的实际控制人向陈某乙出具确认及承诺函一份，确认并承诺：如根据上述《债权转让及合作建房协议》第2.3.4条的约定，金兰置业公司向陈某乙返还了合作建房资金（本金额为14418万元）及相应的资金占用费后（或由迪凯集团公司为金兰置业公司承担了前述付款义务后），同意免除陈某乙向谢某宝偿还上述借款合同下的全部借款，而作为谢某宝与陈某乙共同处理浩然置业公司相关股权、债权事宜而向陈某乙支付的补偿款（该补偿金额考虑了陈某乙和关联方通过股权转让放弃了对浩然置业公司开发项目的预期可得收益，以及陈某乙的关联方对浩然置业公司长达5年的债权资金投入等），或者作为谢某宝根据上述《债权转让及合作建房协议》第4.2.1条的规定向陈某甲、科特汽配公司及科特创投公司支付的债权转让款的差额（并由陈某乙转付前述三方）。

（三）2013年10月10日，陈某甲、科特汽配公司、科特创投公司向浩然置业公司发送债权转让通知书一份，通知浩然置业公司将陈某甲、科特汽配公司、科特创投公司各自对浩然置业公司享有的债权1150万元、2850万元、8050万元全部转让给迪凯集团公司，谢某宝作为债权受让人在通知书上签字。浩然置业公司在通知书上加盖印章，确认已收到上述关于债权转让的通知，该债权转让通知已对其生效，债权人变更为谢某宝。

（四）2013年10月8日，陈某乙与谢某宝按上述《债权转让及合作建房协议》关于借款的约定签订借款合同一份，对《债权转让及合作建房协议》中约定的谢某宝向陈某乙出借14418万元款项的事项进行确认。2013年10月11日，谢某宝通过银行转账方式向陈某乙交付借款。

（五）2013年11月6日，陈某乙与金兰置业公司按上述《债权转让及合作建房协议》约定另行签订了《合作建房协议》，对《债权转让及合作建房协议》中约定的合作建房的内容进行确认。2013年10月16日，陈某乙按《合作建房协议》约定向金兰置业公司交付合作建房款14418万元。

（六）陈某甲原系持有东迪投资公司46.5%股权之股东，2013年10月9日，东迪投资公司与迪凯集团公司签订股权转让协议，将其持有的浩然置业公司43%的股权转让给迪凯集团公司，转让价格为4300万元，并于2013年10月9日完成股权工商变更登记，上述股权已变更过户至迪凯集团公司名下。

（七）陈某甲、科特创投公司、科特汽配公司及陈光富自2008年4月30日至2013年10月16日期间向浩然置业公司汇入款项共计16290万元，浩然置业公司自2008年8月13日至2013年10月16日期间向陈某甲、科特创投公司、科特汽配公司及陈光富汇出款项合计4290万元。2012年2月6日，陈某甲、科特创投公司、科特汽配公司分别与浩然置业公司签订协议书，约定，为支持浩然置业公司的经营发展，陈某甲、科特创投公司、科特汽配公司均同意放弃截止到2012年1月31日对浩然置业公司的债权共计12000万元。同日，陈某甲、科特创投公司、科特汽配公司分别向浩然置业公司出具通知，确认不再要求浩然置业公司归还上述放弃的债权。2012年12月25日，浩然置业公司召开临时股东会并形成决议，决议内容如下：因公司经营需要，公司股东决定按其出资比例将原拨入公司的借款转作向公司追加项目资本，金额合计62500万元，增资后，公司注册资本不变，追加投入的62500万元列入公司资本公积，并约定在本公司清算前不撤资。其中，陈某甲投入资本公积金的金额为12500万元。谢某宝作为浩然置业公司的股东在上述决议上签字确认。

一审法院认为：本案争议焦点在于案涉《债权转让及合作建房协议》是否应认定无效及陈某甲、科特汽配公司、科特创投公司、陈某乙是否应返还谢某宝款项并赔偿损失。

（一）关于案涉《债权转让及合作建房协议》是否因转让的债权实际不存在而应认定无效的问题。双方签订的《债权转让及合作建房协议》包括债权转让及受让、合作建房及合作建房项下的房产转让、借款提供、债权转让价格的调整机制及相关事项、其他事项五部分内容，但协议签订的背景陈述中包括陈某甲系浩然置业公司的间接股东，同意陈某甲作为持股46.51%股东的东迪投资公司拟将其持有的浩然置业公司43%股权转让给迪凯集团公司的内容，协议第5.2.1条更进一步明确约定，各方均确认案涉协议项下的债权转让、房产转让、借款提供以及东迪投资公司拟将所持浩然置业公司的股权转让给迪凯集团公司等交易系各方商定后的一揽子交易，也是作为陈某甲、科特汽配公司、科特创投公司、陈某乙退出对浩然置业公司投资的综合性的合理解决方案。结合一审法院查明的东迪投资公司已于2013年10月9日将其持有的浩然置业公司43%的股权以4300万元的价格转让给迪凯集团公司，并于同日完成工商变更登记的事实，应认定双方签订案涉协议的真实意思表示系陈某甲、科特汽配公司、科特创投公司、陈某乙向谢某宝转让对浩然置业公司投资权益，该协议与东迪投资公司将其持有的浩然置业公司之股权转让给迪凯集团公司一并构成陈某甲、科特汽配公司、科特创投公司、陈某乙退出对浩然置业公司投资的综合方案。

各方对陈某甲、科特创投公司、科特汽配公司自2008年4月30日至2013年10月16日期间先后向浩然置业公司汇入款项共计16290万元、后续收回4290万元的事实不持异议，尽管陈某甲、科特创投公司、科特汽配公司于2012年2月6日通过分别与浩然置业公司签订协议书、发送通知的方式，确认不再要求浩然置业公司归还上述债权，但后续浩然置业公司于2012年12月25日召开临时股东会并形成决议，将浩然置业公司股东原先按其出资比例向公司出借的款项转为公司资本公积金，其中陈某甲、科特创投公司、科特汽配公司向浩然置业公司出借的款项12500万元亦转为浩然置业公司的资本公积金，浩然置业公司股东会决议附页也列明当时持有浩然置业公司20%股份的陈某甲转为资本公积金的债权金额为12500万元，据此，应认定陈某甲、科特创投公司、科特汽配公司向浩然置业公司投入的款项已转为陈某甲对浩然置业公司的出资并列入浩然置业公司的资本公积金。

尽管案涉《债权转让及合作建房协议》约定转让的债权已因转为陈某甲对浩然置业公司的出资并列入浩然置业公司的资本公积金而实际并不存在，但因作为陈某甲、科特汽配公司、科特创投公司、陈某乙12000万元投资权益附着物的相应浩然置业公司20%股权已转让给迪凯集团公司，谢某宝作为迪凯集团公司的大股东及法定代表人，在浩然置业公司于2012年12月25日形成股东会临时决议将浩然置业公司股东原先按其出资比例向公司出借的款项转为公司资本公积金之时也系浩然置业公司的股东，并在临时股东会决议上签字，在此情形下，应认定其在签署案涉《债权转让及合作建房协议》受让协议约定的债权时应该知晓陈某甲、科特汽配公司、科特创投公司、陈某乙对浩然置业公司的债权已转为陈某甲对浩然置业公司的出资并列入浩然置业公司资本公积金的事实，谢某宝、迪凯集团公司、金兰置业公司在知晓上述事实的情况下，签署案涉《债权转让及合作建房协议》，并由谢某宝作为大股东和法定代表人的迪凯集团公司受让陈某甲通过东迪投资公司间接持有的浩然置业公司20%股权，相应商业交易系双方真实意思表示，考虑到陈某甲通过东迪投资公司间接持有的浩然置业公司20%股权已经以2000万元的交易对价转让并过户至迪凯集团公司名下，陈某甲、科特汽配公司、科特创投公司、陈某乙对浩然置业公司投资形成的权益实际已转让至谢某宝、迪凯集团公司、金兰置业公司一方名下，现谢某宝、迪凯集团公司、金兰置业公司再行主张案涉《债权转让及合作建房协议》因转让的债权实际不存在而应认定无效，其主张明显与其签订案涉协议时的真实意思表示不符，相应主张不能成立。

（二）关于案涉《债权转让及合作建房协议》是否因违反《中华人民共和国合同法》第五十二条之规定而应认定无效的问题。谢某宝、迪凯集团公司、金兰置业公司主张案涉协议的实际履行可能导致国家税收损失，损害国家、集体或者第三人利益或损害社会公共利益，并据此主张协议无效。但谢某宝、迪凯集团公司、金兰置业公司并未就陈某甲、科特汽配公司、科特创投公司、陈某乙在履行《债权转让及合作建房协议》中存在少缴税款之事实提供有效证据予以证明，谢某宝、迪凯集团公司、金兰置业公司主张的税收问题与案涉《债权转让及合作建房协议》的效力认定亦无关联，其主张案涉《债权转让及合作建房协议》无效之理由无事实和法律依据，相应主张不能成立。

因谢某宝、迪凯集团公司、金兰置业公司关于案涉协议无效之主张不能成立，其据以主张陈某甲、科特汽配公司、科特创投公司、陈某乙返还款项之诉请无事实和法律依据，亦不予支持。

综上，谢某宝、迪凯集团公司、金兰置业公司的诉讼请求无事实和法律依据，一审法院依据《中华人民共和国民事诉讼法》第六十四条第一款之规定，判决驳回谢某宝、迪凯集团公司、金兰置业公司的诉讼请求；一审案件受理费2555422元，由谢某宝、迪凯集团公司、金兰置业公司负担。

本院二审期间，当事人围绕上诉请求提交了证据，本院组织当事人进行了证据交换和质证。谢某宝、迪凯集团公司、金兰置业公司举示如下证据：1. 2013年10月10日《债权转让通知书》一份，用以证明陈某甲、科特汽配公司、科特创投公司、陈某乙一审举示的证据3《债权转让通知书》与本案没有关联；2. 迪凯集团公司章程及章程修正案一组，用以证明迪凯集团公司股东情况，谢某宝在2013年10月8日占38.6864%股份，目前占45.7814%股份。陈某甲、科特汽配公司、科特创投公司、陈某乙举示浩然置业公司2012年度《审计报告》（南方审字〔2013〕1108号）复印件一份，该《审计报告》记载浩然置业公司2012年度资本公积一栏为空，用以证明浩然置业公司未将包括陈某甲一方所持有的1.25亿元债权在内的所有股东方债权列入资本公积，谢某宝一方所称的列入资本公积仅是浩然置业公司内部账目调整，不影响股东在浩然置业公司的权益，不导致债权消灭。

陈某甲一方质证认为，谢某宝一方举示的《债权转让通知书》下半部分缺失，对真实性、关联性有异议；对迪凯集团公司章程及章程修正案形式上的真实性无异议，但对其与案涉协议效力的关联性有异议。谢某宝一方质证认为，陈某甲一方举示的《审计报告》不是新证据，对真实性有异议，其与谢某宝一方一审证据9《审计报告》矛盾，而一审中陈某甲一方对该证据并无异议。

本院认证意见为：1. 谢某宝一方举示的《债权转让通知书》与陈某甲一方一审举示的《债权转让通知书》在债权转让人、债权本金以及落款处打印的债权受让人、日期和行文格式均相同。两者不同之处在于，陈某甲一方举示的《债权转让通知书》体现了债权受让人的变化过程，通知书上半部分主文记载案涉债权全部转让给迪凯集团公司，落款处打印债权受让人为谢某宝，并由谢某宝签字确认；通知书下半部分债务人接收通知书回执联，写明浩然置业公司收到该通知，并确认债权人变更为谢某宝。谢某宝一方举示的《债权转让通知书》缺失债务人接收通知回执联部分，通知书主文及落款处均显示债权受让人为谢某宝。因两份通知书最终确认的债权受让人均为谢某宝，谢某宝一方一审中认可陈某甲一方举示的《债权转让通知书》形式上的真实性，并述称该通知书拟定的背景是当初陈某甲一方原考虑将债权转让给迪凯集团公司，故谢某宝一方举示的《债权转让通知书》不足以否定陈某甲一方举示的《债权转让通知书》与本案的关联性，亦不足以推翻一审法院据此认定的相关事实。2. 陈某甲一方对谢某宝一方举示的迪凯集团公司章程及章程修正案形式上的真实性没有异议，本院对其关于谢某宝持股情况相关事实的记载予以确认。3. 由于陈某甲一方举示的《审计报告》为复印件，且谢某宝一方对其真实性不予认可，本院对该《审计报告》不予采信。

本院经审理查明：（一）2012 年 2 月 6 日，陈某甲、科特汽配公司、科特创投公司分别与浩然置业公司签订协议书约定，为支持浩然置业公司的经营发展，陈某甲、科特汽配公司、科特创投公司均同意放弃截止到 2012 年 1 月 31 日对浩然置业公司的债权，分别为 1150 万元、2800 万元、8550 万元，共计 12500 万元。同日，陈某甲、科特创投公司、科特汽配公司分别向浩然置业公司出具通知，确认不再要求浩然置业公司归还上述放弃的债权。

（二）2013 年 10 月 8 日《债权转让及合作建房协议》第 1.2 条“债权转让及价格支付”项下 1.2.1 约定：“经各方协商并综合考虑了本协议第 2 条项下的合作

建房、合作建房项下的房产转让交易以及东迪投资公司拟将所持浩然置业公司的股权转让给迪凯集团公司等各项交易，陈某甲、科特汽配公司及科特创投公司同意上述债权的合计转让价格为人民币14100万元，……但前述债权转让价格可能将根据本协议第4.1条项下的规定被调整，如债权转让价格根据第4.1条项下的规定被调整，则调整后的价格作为本协议下的债权转让价格。”

（三）2013年10月8日，陈某乙与谢某宝按《债权转让及合作建房协议》关于借款的约定签订借款合同一份，对《债权转让及合作建房协议》中约定的谢某宝向陈某乙出借14418万元款项的事项进行确认。2013年10月16日，谢某宝通过银行转账方式向陈某乙交付借款14418万元。

（四）2013年11月6日，陈某乙与金兰置业公司按《债权转让及合作建房协议》约定另行签订了《合作建房协议》，对《债权转让及合作建房协议》中约定的合作建房内容进行确认。《合作建房协议》第4条“合作建设资金的筹集”项下第1条约定，“2013年10月16日（合作建房款到位日）前，乙方（陈某乙）应向甲方（金兰置业公司）指定账户支付合作建房款人民币14418万元。”2013年10月16日，陈某乙通过交通银行交付合作建房款14418万元。交通银行现金借款单（收入凭证）显示，收款单位为迪凯集团公司，收款账号为331065910018010060826，款项来源为“合作建房款”。

（五）迪凯集团公司章程及修正案记载，迪凯集团公司原名迪凯股份有限公司，2013年3月18日更名为迪凯集团股份有限公司。谢某宝持有迪凯集团公司股份占比情况如下：2008年4月20日，34.433%；2008年8月25日，36.573%；2009年3月2日，40.007%；2009年10月10日，41.0067%；2010年3月26日，41.3133%；2012年4月28日，38.6864%；2017年6月16日，45.7814%。谢某宝始终为迪凯集团公司第一大股东。

除上述事实外，一审法院查明的其他事实属实，本院予以确认。

本院认为，（一）关于案涉《债权转让及合作建房协议》的性质。《债权转让及合作建房协议》“鉴于”部分（2）强调，协议签订的背景之一是“陈某甲系持有东迪投资公司46.51%股权的股东，东迪投资公司在协议签订时持有浩然置业公司43%的股权，陈某甲及其他股东同意拟将东迪投资公司所持浩然置业公司股权转让给迪凯集团公司”。该协议第5.2.1条约定，“本协议各方充分理解并确认，本协议下的债权转让、房产转让、借款提供以及东迪投资公司拟将所持浩然置业公司的股权转让给迪凯集团公司等交易系经各方商定后的一揽子的交易，也是作为陈某乙及陈某甲、科特汽配公司、科特创投公司退出对浩然置业公司投资的一个综合性合理解决方案。”该协议第5.3.1条约定，“陈某甲同意将东迪投资公司所持浩然置业公司的股权转让给迪凯集团公司系基于本协议约定的事项得到有效履行。如果本协议约定事项最终未能有效履行，迪凯集团公司应将从东迪投资公司受让的浩然置业公司股权按原转让价格转回东迪投资公司；陈某甲可要求迪凯集团公司将其从东迪投资公司受让的浩然置业公司的股权按照陈某甲原通过东迪投资公司间接持有的浩然置业公司的权益按照迪凯集团公司受让的价格转回给陈某甲。”根据上述约定内容及双方当事人履行情况，案涉协议虽然名为《债权转让及合作建房协议》，但其实质系陈某甲一方通过向谢某宝一方转让股权及其他投资性权益的方式退出对浩然置业公司投资的综合性方案。无论陈某甲一方对浩然置业公司的1.2亿元投资的表现形式是否由“债权”转变为“资本公积”，无论谢某宝对该转变是否知晓，均不影响案涉协议的性质。一审法院认定双方签订案涉协议的真实意思表示系陈某甲、科特汽配公司、科特创投公司、陈某乙向谢某宝转让其对浩然置业公司的投资权益，该协议与东迪投资公司将其持有的浩然置业公司之股权转让给迪凯集团公司一并构成陈某甲、科特汽配公司、科特创投公司、陈某乙退出对浩然置业公司投资的综合方案，具有事实和法律依据。谢某宝、迪凯集团公司、金兰置业公司关于案涉协议系债权转让的上诉主张不能成立。

（二）关于案涉《债权转让及合作建房协议》及其相关合同附件的效力。2013年10月8日，谢某宝、迪凯集团公司、金兰置业公司与陈某甲、科特汽配公司、科特创投公司、陈某乙签订《债权转让及合作建房协议》。《债权转让及合作建房协议》“鉴于”部分（3）确认“谢某宝系迪凯集团公司的实际控制人，迪凯集团公司系金兰置业公司的全资股东”，协议第1.1.3条确认“陈某甲、科特汽配公司及科特创投公司就上述债权转让系一致行动人”，协议第5.1.1条明确“为本协议之目的，陈某甲、科特汽配公司、科特创投公司及陈某乙系关联方关系，并为一致行动人及利益共同体；陈某乙可以代表前述其他各方行事，并可以代表前述其他各方享有、行使本协议下的权利和利益”。基于双方各当事人签署协议前后的系列行为及协议约定的内容，《债权转让及合作建房协议》及其相关合同附件系双方各当事人在平等协商基础上基于自愿原则签订的民事协议。协议的主要内容包括“债权转让”“合作建房”“借款”等，双方当事人对合同标的、价款、履行方式、违约处理等约定明确，合同要件完备。《债权转让及合作建房协议》业经双方各当事人签字盖章，具备法律规定的合同成立要件，符合双方当事人的真实意思表示，亦无证据证明存在《中华人民共和国合同法》第五十二条规定的合同无效情形。至于协议所涉转让标的实际存在与否，并不影响协议的生效；案涉交易在履行中可能涉及的税费问题，属于税收行政机关主管的范围，应由税收行政机关依法予以处理，亦不影响案涉协议的效力。

根据本案查明的事实，《债权转让及合作建房协议》所涉及的浩然置业公司的股权已经通过双方之间的交易安排，转让过户至迪凯集团公司名下。陈某甲一方将协议所涉及的其对浩然置业公司的1.2亿元“债权”向谢某宝一方转让，属于与上述股权一并让渡给谢某宝一方，以彻底退出对浩然置业公司的投资。由于债权与资本公积都对应于案涉转让的股权，无论案涉1.2亿元债权是否转变为资本公积，其均系所转让投资权益的一部分，伴随股权转让一并构成陈某甲一方退出对浩然置业公司投资的综合方案。谢某宝一方主张“因该1.2亿元债权已经转变为资本公积，所转让的债权已不存在，案涉协议应为无效”，与事实和法律不符。一审法院认定《债权转让及合作建房协议》及其相关合同附件有效，对谢某宝一方关于确认案涉协议无效，以及要求陈某甲一方返还已支付款项并赔偿损失的诉讼请求不予支持，有充分的事实和法律依据。

（三）关于一审法院在审理本案中是否存在程序违法的问题。首先，谢某宝一方于本案诉请确认案涉《债权转让及合作建房协议》无效，并要求陈某甲一方返还其已经支付的款项并赔偿损失；陈某甲一方在一审答辩及质证中对协议的背景及性质均作出介绍，并认为谢某宝一方“曲解合同内容为‘债权转让’”。一审法院在听取双方当事人围绕该争议所发表意见的基础上，对案涉合同性质予以审查、认定并无不当。《最高人民法院关于民事诉讼证据的若干规定》第三十五条第一款规定，诉讼过程中，当事人主张的法律关系的性质或者民事行为的效力与人民法院根据案件事实作出的认定不一致的，人民法院应当告知当事人可以变更诉讼请求。据此，当事人对“法律关系的性质或者民事行为的效力”主张不当，法官应当就其“可以变更诉讼请求”事项予以告知。然本案谢某宝一方的基础诉讼请求是确认案涉协议无效，在协议有效且陈某甲一方已经履行了合同义务的情况下，案涉协议的性质如何并不会对其诉讼请求是否需要变更带来影响，更不会妨碍其诉讼权利的行使。此种情形显属适用上述规定的例外。也就是说，在“当事人主张的法律关系的性质或者民事行为的效力与人民法院根据案件事实作出的认定不一致”但并不因此导致其诉讼请求存在不当的情况下，只要法官赋予了当事人就相关事实及法律适用表明意见的机会，即为依法妥当履行了保障当事人诉讼权利的职责。谢某宝一方在一审中始终坚持案涉协议无效的主张，且在一审法院对案涉协议性质作出认定后仍然坚持既有的诉讼请求并向本院提起上诉，无论在一审还是二审，均围绕其诉讼请求充分发表了自己的意见，相关诉讼权利已经得到了充分保障，其关于一审法院未依法告知可以变更诉讼请求、程序违法的上诉理由不能成立。其次，案涉协议是否因违反税收规定而无效属于法律适用问题，应由人民法院依法予以认定。谢某宝一方于一审申请专家辅助人出庭，是为了证明案涉协议的履行存在税务问题。在案涉协议并不会因当事人违反税收规定而导致无效的情况下，当事人是否存在税务问题、专家辅助人是否出庭等对审查案涉协议的效力并无影响，一审法院对其申请不予准许，并无不当。此外，一审法院系就《债权转让及合作建房协议》效力及协议项下已付款项应否返还问题进行审查并作出相关事实认定，双方当事人在案涉协议之外发生的款项往来并不属于本案的审理范围，谢某宝一方提出的一审法院遗漏认定案件关键事实的相关上诉主张亦不能成立。如果谢某宝一方认为其向陈某甲一方支付款项中包括不属于本案所涉转让款的其他交易款项，可以另行主张权利。

综上所述，谢某宝、迪凯集团公司、金兰置业公司的上诉请求不能成立，应予驳回；一审判决认定事实清楚，适用法律正确，应予维持。依照《中华人民共和国民事诉讼法》第一百七十条第一款第一项规定，判决如下：

驳回上诉，维持原判。

二审案件受理费2555422元，由上诉人谢某宝、迪凯集团股份有限公司、杭州金兰置业有限公司负担。

本判决为终审判决。

审判长：王旭光；审判员：周伦军、汪军；法官助理：张乾；书记员：李娜

二〇一八年七月七日

专题二十五

在向第三人履行的合同中，合同债权并不发生转移，债务人向债权人承担违约责任，而非向第三人承担违约责任

——安徽祥兴建设工程有限公司与南昌航空大学、江西天马投资置业有限公司债权转让合同纠纷案

【裁判观点】

本案涉及向第三人履行合同与债权转让合同的区别。《中华人民共和国合同法》第六十四条规定："当事人约定由债务人向第三人履行债务的，债务人未向第三人履行债务或者履行债务不符合约定，应当向债权人承担违约责任。"在向第三人履行的合同中，合同债权并不发生转移，债务人向债权人承担违约责任，而非向第三人承担违约责任。具体到本案中，约定债务人南航大学向第三人祥兴公司履行支付义务，并不引起《引资协议》合同主体的变更，债权人仍然是天马公司，南航大学对天马公司要求其终止向祥兴公司支付款项亦不持异议。审判实践中向第三人履行和债权转让的情况较为复杂，应注意审查区别，准确判断处理三方的权利义务关系。

中华人民共和国最高人民法院

民事裁定书

案号（2017）最高法民申1060号

再审申请人（一审原告、二审上诉人）：安徽祥兴建设工程有限公司。

法定代表人：倪渐东。

委托诉讼代理人：鲁建军。

被申请人（一审被告、二审被上诉人）：南昌航空大学。

法定代表人：罗胜联。

委托诉讼代理人：刘建华。

委托诉讼代理人：余丹。

被申请人（一审被告、二审被上诉人）：江西天马投资置业有限公司。

法定代表人：喻天亮。

再审申请人安徽祥兴建设工程有限公司（以下简称祥兴公司）因与被申请人南昌航空大学（以下简称南航大学）、江西天马投资置业有限公司（以下简称天马公司）债权转让合同纠纷一案，不服江西省高级人民法院（2016）赣民终426号民事判决，向本院申请再审。本院依法组成合议庭进行了审查，现已审查终结。

祥兴公司申请再审称，原审判决存在《中华人民共和国民事诉讼法》第二百条第二项、第六项规定的情形，应予再审。理由如下：（一）天马公司向南航大学出具的《关于将我公司投资贵校学生公寓的收益全部支付给桐城市祥兴建筑工程有限公司第五项目部的函》（以下简称《收益支付函》）真实意思表示为债权转让，而非“委托收款”。1. 标题中“全部支付”一词表明南航大学除了向祥兴公司支付全部投资收益外，不再向天马公司支付，概括了债权转让的事实。2.《收益支付函》的内容确定了债权转让的主体、明确了债权转让的事实基础、概括了债权转让的数额、表明了债权转让的目的、强调了债权转让的法律后果、表达了债权转让的真实意思，符合债权转让的法律特征。3.《收益支付函》已履行了通知南航大学的法定义务，依法已经发生法律效力。4. 天马公司所谓“委托收款”与《收益支付函》的本意不符、与客观事实不符。函中“委托贵校将该回报直接支付给桐城市祥兴公司第五项目部”，是委托南航大学付款，而不是委托祥兴公司收款。“我公司向贵校承诺：此函为唯一的、合法的委托函”证明《收益支付函》是唯一的、不可撤销的，符合债权转让的通知不得撤销的规定。祥兴公司收到南航大学所付投资收益后也从未向天马公司转付过款，天马公司也没向祥兴公司要求转付。（二）大量证据印证了本案属于债权转让关系。1. 2008年4月29日天马公司与南航大学、九江市公交集团建筑安装工程公司三方签订的《补充协议书》，完善了债权转让后的各方责任。2. 2011年11月24日、2012年4月16日南航大学向江西省丰城市人民法院（以下简称丰城法院）提出的两份《协助执行异议书》和14份向都赤兵付款凭证，印证南航大学对债权转让的事实是确认的。《协助执行异议书》载明：“2008年4月29日天马公司已将其在我校的投资回报收益全部转让给了桐城市祥兴建筑工程有限公司第五项目部都某兵，即天马公司在我校已无到期债权”“综上，我校认为，天马公司现在我校不存在任何可支配收入或是到期债权。”另外，南航大学提交的14份付款凭证，证明债权转让通知生效后已得到实际履行。3. 江西省宜春市中级人民法院（以下简称宜春中院）（2012）宜中执复字第14号生效裁定书已认定债权转让的事实。该裁定认定，投资回报款收取及归属已明确约定归祥兴公司所有，因此丰城法院执行该投资回报款不当。南航大学的执行异议得到宜春中院的支持，债权转让的事实已得到法院生效裁决的认定。

南航大学提交意见称，（一）我校已履行支付投资回报款的义务。2005年10月12日我校与天马公司签订《关于引资建设南昌航空工业学院前湖校区第四期学生公寓的协议书》（以下简称《引资协议》）。2006年1月17日我校与九江市公交集团建筑安装工程公司签订《工程施工合同》。2008年4月28日天马公司向我校出具《收益支付函》。2008年4月29日我校与天马公司、九江市公交集团建筑安装工程公司共同签订《补充协议书》。2007年至2010年，我校均按照协议或天马公司签署的函件要求，支付了投资回报款。2011年的投资回报款由丰城法院强制执行提取140万元，当年我校还按约定向祥兴公司支付了54万元回报款。2016年二审判决生效后，我校协助东湖区人民法院提取156.156万元，协助青云谱区人民法院提取179.029万元。（二）祥兴公司称“2011年11月24日、2012年4月16日南航大学向丰城法院提交的两份《协助执行异议书》和14份向都某兵付款凭证，印证南航大学对债权转让的事实是确认的”与事实不符。来往函件仅是告知相关事宜，这些书证不代表南航大学支持祥兴公司或天马公司任何一方对债权的主张。过去几年南航大学对多家法院协助执行的要求提出异议，是为了既履行法律义务又规避法律风险。

本院经审查认为，关于原审判决认定本案不存在债权转让行为是否缺乏证据证明及适用法律错误的问题。依据原审查明的事实，2008年4月28日天马公司向南航大学出具的《收益支付函》载明：“我公司在投资贵校19－20栋学生公寓过程中，由于当时银行贷款一直未下来，为确保学生公寓建设的进度，向桐城市祥兴建筑工程有限公司第五项目部拆借了大量资金。现我公司决定，将投资贵校19－20栋学生公寓的全部收益3500万元的余额3250万元用于归还桐城市祥兴建筑工程有限公司第五项目部，并委托贵校将该回报直接支付给桐城市祥兴建筑工程有限公司第五项目部。具体还款进度和数量按我公司与贵校2005年10月签订的投资协议及2008年4月签订的补充协议执行，即每年十一月底回报194.4444万元，共计18年。我公司向贵校承诺：此函为唯一的、合法的委托函。我公司今后无权再要求贵校支付给我公司学生公寓收益。”2008年4月29日南航大学、天马公司、九江市公交集团建筑安装工程公司签订的《补充协议书》载明：“在《引资协议》未终止之前，甲方（南航大学）同意按乙方（天马公司）委托授权书指定的账户，并依照《引资协议》约定的每期回报款额和回报款支付时间将投资回报款支付给乙方指定的唯一收款人（即桐城市祥兴建筑工程有限公司第五项目部都某兵）。但甲方的这一支付行为并不意味《引资协议》中乙方主体的变更，乙方仍然是《引资协议》的权利和义务主体。”上述《收益支付函》和《补充协议书》记载的内容表明，天马公司委托南航大学向祥兴公司第五项目部以支付投资收益款的形式，偿还天马公司向祥兴公司第五项目部拆借的资金，祥兴公司与南航大学之间并未产生直接的债权债务关系。且《补充协议书》进一步明确南航大学的支付行为并不意味《引资协议》中天马公司主体的变更，其仍然是《引资协议》的权利和义务主体。

此后，南航大学根据《收益支付函》的要求将天马公司的投资收益款在2008年后支付给祥兴公司至2011年。2012年9月19日天马公司向南航大学出具《函告》，要求终止《收益支付函》，从2012年起恢复向天马公司的付款，南航大学对此亦不持异议。直至2013年12月3日，天马公司与南航大学签订《南昌航空大学学生公寓19号楼、20号楼建设工程决算总价确认书》，由此进一步表明天马公司并未退出《引资协议》中确立的合同关系，天马公司与南航大学之间的债权债务关系并未发生转移。

同时，在天马公司委托南航大学向祥兴公司第五项目部付款期间，南航大学向丰城法院提交的《协助执行异议书》仅是其单方陈述，并未得到天马公司的认可。在本案审查期间，南航大学明确否认提出执行异议是对债权转让的确认。且2012年8月29日宜春中院（2012）宜中执复字第14号执行裁定书中“投资回报款收取及归属已有明确约定。因此，丰城法院执行该投资回报款不当”的表述，亦未确认债权转让的事实。

根据《中华人民共和国合同法》第六十四条“当事人约定由债务人向第三人

履行债务的，债务人未向第三人履行债务或者履行债务不符合约定，应当向债权人承担违约责任”的规定，本案中约定债务人南航大学向第三人祥兴公司履行支付义务，并不引起《引资协议》合同主体的变更，债权人仍是天马公司。南航大学对天马公司要求其终止向祥兴公司支付款项不持异议，虽对祥兴公司的权益有影响，但因祥兴公司不是《引资协议》当事人，其作为接受债务履行的第三人，有权依据其他法律关系向天马公司主张权利。因此，祥兴公司关于案涉《收益支付函》符合债权转让特征且已实际履行的主张，缺乏相应事实依据。原审判决认定本案不存在债权转让行为，并不缺乏证据证明，判决驳回祥兴公司的诉讼请求，适用法律并无不当。

综上，祥兴公司申请再审的理由均不成立，本案不应再审。依照《中华人民共和国民事诉讼法》第二百零四条第一款，《最高人民法院关于适用〈中华人民共和国民事诉讼法〉的解释》第三百九十五条第二款的规定，裁定如下：

驳回安徽祥兴建设工程有限公司的再审申请。

审判长：马东旭；审判员：毛宜全、周伦军；法官助理：曹健；书记员：陈桢

二〇一七年四月二十八日

专题二十六

双务合同履行过程中，双方均存在违约行为导致合同无法继续履行，一方当事人请求人民法院适用合同关于单方违约情形下违约责任承担的约定判令对方承担违约责任的，不应支持

——九江雅格泰大酒店有限公司诉九江世惠科技服务有限公司、江西金誉酒店管理有限公司房屋租赁合同纠纷案

【裁判观点】

（1）当事人在双务合同履行过程中均存在一定的违约行为导致合同无法继续履行，一方当事人请求人民法院适用合同关于单方违约情形下违约责任承担的约定判令对方承担违约责任的，人民法院不应支持。

（2）依法成立的合同双方应当按照合同约定和诚实信用原则行使权利、履行义务，不得擅自变更或解除合同。

中华人民共和国最高人民法院
民事判决书

案号（2017）最高法民再227号

再审申请人（一审原告、反诉被告，二审上诉人）：九江雅格泰大酒店有限公司，住所地江西省九江市庐山区长虹大道28号。

法定代表人：刘淑萍，该公司董事长。

委托诉讼代理人：李新，北京市康达律师事务所律师。

委托诉讼代理人：李卫红，北京市诺恒律师事务所律师。

被申请人（一审被告、反诉原告，二审上诉人）：九江世惠科技服务有限公司，住所地江西省九江市庐山区长虹大道286号长虹现代城905室。

法定代表人：姜立人，该公司董事长。

委托诉讼代理人：黄志萍，女，该公司股东。

被申请人（一审被告、反诉原告，二审上诉人）：江西金誉酒店管理有限公司，住所地江西省九江市庐山区长虹大道28号。

法定代表人：姜立人，该公司董事长。

委托诉讼代理人：黄志萍，女，该公司股东。

再审申请人九江雅格泰大酒店有限公司（简称雅格泰公司）因与被申请人九江世惠科技服务有限公司（简称世惠公司）、江西金誉酒店管理有限公司（简称金誉公司）房屋租赁合同纠纷一案，不服江西省高级人民法院（2015）赣民二终字第24号民事判决，向本院申请再审。本院于2017年5月19日作出（2017）最高法民申1056号民事裁定，提审本案。本院依法组成合议庭，开庭审理了本案。再审申请人雅格泰公司的法定代表人刘淑萍，委托诉讼代理人李新、李卫红，被申请人世惠公司、金誉公司的法定代表人姜立人，委托诉讼代理人黄志萍到庭参加诉讼。本案现已审理终结。

雅格泰公司申请再审请求：1. 撤销（2015）赣民二终字第24号民事判决；2. 维持（2013）九中民一初字第10号民事判决第一项；3. 撤销（2013）九中民一初字第10号民事判决第三、四、五、六、七项；4. 改判世惠公司和金誉公司按照合同约定向雅格泰公司连带给付自2011年10月26日起至酒店交还时止拖欠的租金及利息（其中，2011年10月26日至2014年7月31日租金标准为每年300万元，2014年8月1日至2017年7月31日租金标准为每年315万元；自合同约定的租金支付时间起，参照商业银行一年期贷款基准利率6.15%的四倍标准计付利息至租金付清为止）；5. 改判世惠公司和金誉公司连带赔偿雅格泰公司财产损失1500万元；6. 驳回世惠公司和金誉公司的全部诉讼请求；7. 本案一、二审案件受理费、保全费、鉴定费由世惠公司和金誉公司承担。本院再审庭审前，雅格泰公司向本院申请变更再审请求为：1. 撤销（2015）赣民二终字第24号民事判决；2. 维持（2013）九中民一初字第10号民事判决第一、三项；3. 改判世惠公司、金誉公司于判决生效之日起将酒店按现状交还给雅格泰公司；4. 撤销（2013）九中民一初字第10号民事判决第四、五、六、七项；5. 改判世惠公司、金誉公司连带赔偿雅格泰公司财产损失1500万元；6. 驳回世惠公司、金誉公司全部诉讼请求；7. 本案一、二审案件受理费、保全费、鉴定费由世惠公司、金誉公司承担。事实和理由：（一）世惠公司根本违约，一、二审法院未支持雅格泰公司关于依法解除其与世惠公司订立的租赁合同的诉讼请求错误。1. 雅格泰公司自2011年8月30日起，多次发函要求世惠公司报送装修方案，并对其装修行为提出异议。世惠公司2012年3月9日才将装修方案报送雅格泰公司，雅格泰公司2012年3月12日书面答复世惠公司不同意该装修方案。世惠公司未经雅格泰公司同意，擅自对酒店进行装修改造的行为构成根本违约。2. 案涉租赁合同明确约定了具体的租赁区域，世惠公司对酒店一层大堂公共区域、四层健身房等租赁范围以外的区域进行改造装修，构成根本违约。3. 世惠公司与金誉公司系两个独立的民事主体，世惠公司未经雅格泰公司同意，以金誉公司名义租赁经营酒店，违反租赁合同约定，构成违约。4. 根据租赁合同约定，2个月的免租金期从装修方案批准之日起算，世惠公司的装修方案未经雅格泰公司批准，故其不享有免租金期，且世惠公司以往来款名义抵扣150078.98元租金缺乏事实依据。一、二审法院认定世惠公司享有2个月免租金期、未逾期支付租金错误。5. 世惠公司未按租赁合同约定履行雅格泰公司与第三方的租赁合同，导致相关第三方被迫解除合同，并向雅格泰公司提出索赔。世惠公司此行为也构成违约。6. 世惠公司拆除了九江雅格泰大酒店的招牌，违反了租赁合同关于世惠公司在经营过程中须维护九江雅格泰大酒店整体商业形象的约定，损害了雅格泰公司商业信誉。（二）根据合同约定和相关司法解释规定，世惠公司根本违约导致租赁合同解除的，保证金不予退还，世惠公司擅自装修造成的损失由其自行承担，世惠公司应赔偿因其擅自装修给雅格泰公司造成的3000多万元损失。一、二审法院认定雅格泰公司违约，判令雅格泰公司双倍赔偿世惠公司保证金和折旧后的装修款，认定事实和适用法律错误。

世惠公司、金誉公司辩称：（一）世惠公司、金誉公司不构成根本违约。1. 世惠公司、金誉公司对酒店进行装修改造的行为未违反合同约定。雅格泰公司董事长刘淑萍口头同意了世惠公司、金誉公司的装修方案，并要求尽快动工。世惠公司、金誉公司已在2011年8月底多次发函催促雅格泰公司就装修方案作出答复，但其未予回复。雅格泰公司称世惠公司2012年3月9日才报送装修方案，与事实不符。2. 世惠公司、金誉公司未超面积使用租赁区域。雅格泰公司提供给世惠公司、金誉公司的电子版图纸中，四楼均为棋牌室和会议室，而棋牌室在世惠公司承租范围内，且合同也未约定四楼健身房不在租赁范围内。雅格泰公司在财产交接时，已将所有健身器材全部移交给世惠公司、金誉公司。酒店一层大堂公共区域虽未列入租赁范围，但世惠公司、金誉公司对该公共区域的使用，符合租赁合同的真实意图。3. 雅格泰公司关于世惠公司以金誉公司名义经营酒店构成违约的主张，缺乏法律依据。世惠公司依据租赁合同关于“乙方以自己的公司独立经营该租赁物”的约定，成立金誉公司经营酒店，不违反合同约定。雅格泰公司收取金誉公司支付的保证金、与金誉公司办理财产交接等行为证明雅格泰公司在租赁合同履行初期，对由金誉公司经营酒店是认可的。4. 雅格泰公司关于世惠公司拖欠2011年11月、12月租金的主张，缺乏事实依据。即便雅格泰公司不承认存在2个月的免租金期，根据合同关于先交租金的约定，雅格泰公司出具的租金发票日期也可以证明世惠公司2011年11月、12月的租金已交。5. 雅格泰公司关于世惠公司未按约履行其与第三方合同的主张不成立。雅格泰公司与第三方的合同中，10份合同正常履行完毕，2份合同因第三方违约在先而解除，世惠公司、金誉公司已发函给雅格泰公司，就解除合同原因进行说明，并承诺由世惠公司、金誉公司承担解除合同的法律责任。（二）在世惠公司未构成根本违约的情形下，雅格泰公司单方提出解除合同，构成违约，应当承担违约责任。综上，世惠公司、金誉公司请求依法驳回雅格泰公司的再审申请。

雅格泰公司向江西省九江市中级人民法院（以下简称九江中院）起诉请求：1. 世惠公司返还租赁物；2. 世惠公司支付的200万元保证金不予返还；3. 世惠公司继续交付租金695714.98元，并承担逾期付款违约金329028.65元；4. 世惠公司对租赁物进行的装修无偿归雅格泰公司所有，并赔偿雅格泰公司损失800万元；5. 世惠公司将酒店主楼四楼、一楼点菜大厅、大堂、楼顶九江雅格泰大酒店招牌恢复原样；6. 本案诉讼费用由世惠公司承担。九江中院于2012年4月10日作出（2012）九中民一初字第9号民事判决。雅格泰公司不服，提起上诉后，江西省高级人民法院于2012年12月3日作出（2012）赣民二终字第26号民事裁定，以原判决认定事实不清、证据不足为由，将案件发回重审。

发回重审后，雅格泰公司向一审法院申请变更诉讼请求为：1. 解除雅格泰公司与世惠公司订立的租赁合同；2. 世惠公司返还租赁物；3. 世惠公司支付的200万元保证金不予返还；4. 世惠公司赔偿雅格泰公司损失800万元；5. 世惠公司将酒店主楼四楼、一楼点菜大厅、大堂及楼顶九江雅格泰大酒店招牌恢复原样；6. 世惠公司承担本案全部诉讼费用。2013年12月16日，雅格泰公司向一审法院申请变更诉讼请求为：1. 确认雅格泰公司单方解除租赁合同合法有效，判令世惠公司承担违约责任；2. 世惠公司向雅格泰公司返还全部租赁物；3. 世惠公司支付的 200 万元保证金不予退还；4. 世惠公司对租赁物进行的装修无偿归雅格泰公司所有，并赔偿雅格泰公司损失 800 万元（最终金额以司法认定的实际损失为准）；5. 世惠公司将酒店主楼四楼、一楼点菜大厅、大堂、楼顶九江雅格泰大酒店招牌等恢复原样；6. 本案全部诉讼费用由世惠公司承担。世惠公司、金誉公司于 2013 年 10 月 16 日向一审法院提起反诉，请求：1. 确认雅格泰公司构成根本违约；2. 解除案涉租赁合同；3. 雅格泰公司按合同约定，双倍赔偿世惠公司、金誉公司保证金和折旧后的装修款（经专业机构评估）；4. 雅格泰公司赔偿世惠公司、金誉公司因雅格泰公司单方解除合同所导致的预期利润损失，具体按行业利润标准计算；5. 反诉案件诉讼费由雅格泰公司承担。一审法院认定事实：2011 年 7 月 20 日，雅格泰公司作为甲方，世惠公司作为乙方，签订一份《租赁合同》，约定：1. 本合同项下的租赁物为九江雅格泰大酒店主楼的客房部、会议室、VIP 俱乐部（清空）、棋牌室和原精品厅、中旅办、点菜大厅、安利出租房、附楼四层区域。甲方将已出租的大堂吧、珠宝店、租车和洗车行交乙方管理，租金归乙方所有。对上述出租物业，乙方应继续履行，直至合同终止，之后由乙方自行处置。2. 甲方于 2011 年 8 月 1 日将租赁物交付乙方，租期 10 年；甲方为乙方提供 2 个月的免租金期（含装修期），乙方须在承租后 2 个月内对酒店内外部进行装修，装修方案报甲方审批后方可动工，自装修方案获甲方批准之日起计算 2 个月的免租金期。3. 第一年至第三年的租金为每年 300 万元（2011 年 8 月 1 日至 2014 年 7 月 31 日）；第四年至第六年的租金为每年 315 万元（2014 年 8 月 1 日至 2017 年 7 月 31 日）；第七年至第九年的租金为每年 330 万元（2017 年 8 月 1 日至 2020 年 7 月 31 日）；第 10 年的租金为 345 万元；租金每季度交纳一次，先交后租；第一笔租金在 2011 年 7 月 25 日之前交付，其他季度的租金应在该季度租期开始的前 5 日交纳。4. 乙方在订立本合同一周内向甲方指定账户交纳履约保证金 200 万元，合同期满无违约行为，甲方无息退还给乙方；保证金按约支付之日起本合同生效。5. 甲方收到保证金后向乙方提供该物业的全部图纸（含电子版），乙方应在接手物业后 2 个月内开始动工装修，装修资金为 1000 万元，一年内完成全部改造，并在甲方配合下确保四星复审过关。因乙方原因未能通过四星复审，甲方处乙方 10 万元罚款。装修费用报甲方备案，如乙方投入资金未达到上述标准视为违约。6. 经营活动中须维护九江雅格泰大酒店的整体商业形象。乙方须继续履行甲方在订立本合同前已订立的与酒店经营有关的合同直至终止。7. 乙方以自己的公司独立经营该租赁物。甲方应尊重乙方的经营权，不干涉乙方的正常经营活动。在合同期内，乙方可以根据经营需要寻求合作或出租（除客房、会议室）部分场地，经营与酒店配套项目。8. 乙方在办公区域为甲方提供2间办公室，董事长办公室和712室供刘董自用。乙方未经甲方同意，不得向第三方转让客房、会议室经营主体。9. 因乙方原因提前终止合同，或因乙方违约导致甲方解除合同，乙方应在30天内腾空并返还租赁物，保证金不予退还。乙方逾期搬迁，应支付占有期间的租金及其他费用。10. 如甲方违约造成乙方无法履行本合同，则甲方双倍赔偿乙方押金和折旧后的装修款（经专业机构评估）。如乙方违约则押金不退，所有装修无偿归甲方，另按折旧后的装修款（经专业机构评估）赔付现金给甲方。乙方如未按期交纳租金、费用等，逾期后除交清欠款外，每日按欠款总额的5‰交纳违约金。乙方逾期交纳租金，经甲方催缴超过15天视为违约，甲方有权无条件解除本合同，且保证金不予退还。任何一方违约，违约方应无条件向对方赔偿因违约造成的损失。在履行合同过程中对争议的处理，应本着友好协商的办法解决，协商不成，任何一方均可以向租赁物所在地人民法院起诉。11. 根据乙方要求，酒店其他出租物业可一并交由乙方管理，租金由甲方收取，因酒店应收款的处理尚需时日，双方可商定过渡期，另订立补充协议委托乙方管理。本合同自双方签字盖章、乙方保证金按期到账后生效等。2011年7月25日，金誉公司经工商核准登记成立，法定代表人为姜立人，股东为姜某人（持股90%）及其妻子黄某萍（持股10%）。同年8月，金誉公司办理股东变更登记，变更股东为世惠公司（持股60%）、姜某人（持股36%）、黄某萍（持股4%）。2011年7月25日，姜某人从其个人账户转款30万元至刘某萍个人账户；同年7月27日，金誉公司通过九江银行转款200万元至刘某萍个人账户；同年8月4日，世惠公司通过案外人张某芬汇款45万元至刘某萍个人账户。上述款项支付后，雅格泰公司出具收款收据，确认收到200万元保证金，雅格泰公司另出具9张面额总计75万元的房租发票，载明出票日期2011年9月20日的三张、10月20日的三张、11月20日的三张。收到世惠公司200万元保证金后，雅格泰公司向其移交酒店及酒店平面图。2011年8月18日，雅格泰公司致函世惠公司，内容为："江西金誉酒店管理有限公司与我公司无任何关系，请贵公司按合同签约单位与我公司联系工作事宜。"次日，世惠公司以金誉公司名义致函雅格泰公司，表明其与金誉公司股东成员及股份比例情况完全一致，由金誉公司承担案涉租赁合同中的全部权利和义务。2011 年 8 月中旬，设计师贺某飞完成酒店装修改造设计，与姜某人一起向刘某萍讲解设计方案并提交设计图纸。同年 8 月 23 日，姜某人陪同刘某萍参观已完成装修改造的 701 室样板房。同年 8 月 27 日，世惠公司开始对酒店进行装修改造，并以金誉公司名义致函雅格泰公司，内容为："我司已将大堂、客房、会议室装修图纸交予贵方批示，其中大堂装修图纸已交贵司多日，客房样板房已请贵司领导参观并提出建议。请贵司尽快给予正面答复。"在该函的下方，金誉公司注明函件自发出 24 小时内应给予答复，否则视为同意并接受函件内容。与此同时，世惠公司也开始对酒店进行装修改造。2011 年 8 月 28 日、29 日，世惠公司以金誉公司名义多次致函雅格泰公司，要求其尽快对装修方案予以答复。8 月 30 日，雅格泰公司致函世惠公司，内容为："贵公司现对客房进行装修，装修图纸、方案还未报我司审核批准，请先停工，批准后方可动工。"2011 年 11 月 1 日，雅格泰公司向世惠公司送达一份《工作联系函》，内容为："依据双方 2011 年 7 月 20 日签订的合同，乙方在经营活动中，须维护九江雅格泰大酒店的整体商业形象，因此'九江雅格泰大酒店'名称不得更改，否则由此带来的一切后果由贵公司承担！"同日，金誉公司以一份《工作联系函》回复雅格泰公司，内容为："我司已收到贵司 11 月 1 日的回复函件。依据双方 2011 年 7 月 20 日签订的《租赁合同》第六条第一款、第二款规定，我司有权对酒店重新命名，如贵司坚持我司使用不带金誉字样的酒店名称，我司将最终确认使用'金誉国际酒店'名称，至于贵司提出的'须维护九江雅格泰大酒店的整体商业形象'，我司正是出于尊重该条款的内容，所以提议使用兼顾双方的'金誉雅格泰酒店'名称，但贵司不同意，我司无法履行该条款义务，责任不在我司。"另案涉酒店交付世惠公司租赁使用后，世惠公司将酒店大楼楼顶及正门上方的九江雅格泰大酒店招牌更换为金誉国际酒店招牌，并重新设置酒店客服电话的彩铃。在与世惠公司订立合同后不久即 2011 年年底，雅格泰公司因出售酒店大楼与南昌商人袁某龙进行协商，但未果。2012 年 2 月 2 日，雅格泰公司致函世惠公司，要求解除租赁合同，返还租赁物，同时追究世惠公司的违约责任。因世惠公司对解除合同有异议，雅格泰公司于同年2月14日将世惠公司、金誉公司诉至法院，形成本案诉讼。诉讼中，九江市价格认证中心接受一审法院委托，对酒店装修改造形成的资产以及被拆除的部分工程价值进行评估，并出具九价认鉴字［2014］10号《金誉国际酒店装修工程等资产及被拆除的雅格泰酒店工程项目价格评估报告》（以下简称评估报告），以2014年4月10日为估价基准日，确定金誉公司对酒店装修改造投入的资产的评估现值为6844951元；酒店被拆除的工程项目价值评估为467078元。其中，四楼餐厅装修工程评估现值532800.78元，厨房设备评估现值128760元，餐饮用具评估现值30515.25元；2013年12月安装的153台空调评估现值296064元；四楼被拆工程价值165368.35元（包括材料搬运、垃圾清运、措施费、管理费合计19%）；被拆的九江雅格泰大酒店招牌价值为95200元（包括材料搬运、垃圾清运、措施费、管理费合计19%）。一审法院判决：一、解除雅格泰公司与世惠公司于2011年7月20日订立的租赁合同；二、世惠公司、金誉公司于判决生效之日起30日内将酒店交还给雅格泰公司，并按照九江市价格认证中心出具的评估报告载明的评估项目进行移交，其中，装修改造部分按现状交付，动产按照品名、规格型号、数量交付；三、世惠公司、金誉公司于判决生效之日起30日内按照合同约定向雅格泰公司支付自2014年1月1日起至酒店交还时止的租金及利息（其中2014年1月1日至同年7月31日租金标准为每年300万元，2014年8月1日至2017年7月31日租金标准为每年315万元；自合同约定的租金支付时间起参照商业银行一年期贷款基准利率6.15%计付利息至租金付清时止）；四、世惠公司于判决生效之日起30日内赔偿雅格泰公司260568.35元；五、雅格泰公司于判决生效之日起30日内给付世惠公司15192485.24元；六、驳回雅格泰公司的其他诉讼请求；七、驳回世惠公司的其他反诉请求。

雅格泰公司不服一审判决，上诉请求：维持一审判决第一项、第二项；将第三项改判为世惠公司、金誉公司按照合同约定向雅格泰公司连带给付自2014年1月1日起至酒店交还时止的租金及利息（利息自合同约定的租金支付时间起参照商业银行一年期贷款基准利率6.15%的四倍标准计付利息至租金付清时止）；将第四项改判为世惠公司赔偿雅格泰公司损失4888290.35元；将第五项改判为雅格泰公司无需向世惠公司返还保证金及补偿款；对雅格泰公司被拆毁的装饰工程及设施设备损失进行重新评估，并根据损毁情况，判令世惠公司赔偿；世惠公司、金誉公司承担一、二审全部诉讼费用。世惠公司、金誉公司不服一审判决，上诉请求：撤销一审判决第三、四、七项，改判支持世惠公司、金誉公司诉讼请求。二审法院认定的事实与一审法院认定的事实一致。二审法院认为：鉴于双方当事人均要求解除案涉租赁合同，故对双方当事人一致同意解除合同的意思表示予以确认。（一）关于世惠公司以金誉公司名义经营酒店是否构成违约问题。合同约定世惠公司以自己的公司独立经营租赁物，该约定从字面上理解并没有特别限制必须是合同相对方世惠公司自身经营，也可以理解为世惠公司以自己的公司经营。根据一审法院查明的事实，世惠公司与金誉公司的股东结构、法定代表人均相同，均是姜某人实际控制的公司，世惠公司以金誉公司名义经营酒店并没有违反合同约定。此外，从合同实际履行情况来看，保证金支付主体是金誉公司，往来函件也均是世惠公司与金誉公司共同发出，世惠公司与金誉公司虽然为两个独立的法人，但实际控制人均为姜某人，经营主体并没有实质性变化。对此，一审法院认定世惠公司未违约，并无不当，应予维持。（二）关于世惠公司对酒店装修改造是否违约问题。租赁合同约定，世惠公司须在租后2个月内对酒店内、外部进行装修；方案、图纸须报雅格泰公司审批后方可动工；世惠公司在接收物业后2个月内开始动工装修，装修资金为1000万元，一年内完成全部改造，并在雅格泰公司配合下确保四星复审过关。现双方主要争议的是世惠公司是否在装修方案经雅格泰公司批准后开始动工装修。从租赁合同关于世惠公司装修义务的约定来看，世惠公司需在接收物业后2个月内开始动工装修。作为承租方，装修是合同约定的义务，也是其应有的权利。结合合同关于装修的约定来看，世惠公司必须在承租后2个月内对酒店进行装修改造，且要达到一定的装修标准。装修方案报雅格泰公司审批的主要目的并非免除世惠公司装修义务，而是雅格泰公司对装修方案监督以便达到装修标准。雅格泰公司一方面主张外墙未装修、装修投入不到1000万元、装修未达到四星级标准，另一方面又认为世惠公司在未经其批准的情况下装修构成违约。如果依据雅格泰公司主张必须经其批准才能装修，与合同赋予世惠公司装修权利以及限定其2个月内装修的义务和装修应达到的标准均存在冲突。从双方就装修往来函件以及证人证言来看，装修方案已经报送雅格泰公司，雅格泰公司法定代表人刘某萍也已参观装修样板房，并明知装修的事实，但并未提出具体意见。从合同目的实现来看，物业在未装修的情况下无法对外开展经营活动，在世惠公司已经报送装修方案且装修没有存在重大瑕疵，雅格泰公司亦未就装修给出具体异议的情况下，世惠公司开始装修并不违反合同约定。一审法院认定世惠公司装修行为不构成违约，并无不当。（三）关于世惠公司是否存在超出租赁区域装修，占用租赁区域外部分场地的违约行为问题。合同约定租赁物的具体范围是九江雅格泰大酒店主楼的客房部、会议室、VIP俱乐部（清空）、棋牌室和原精品厅、中旅办、点菜大厅、安利出租房、附楼四层区域。合同同时约定酒店正常运行的设施设备交由世惠公司管理并保持完好，损坏由世惠公司出资维修；雅格泰公司将已出租的大堂吧、珠宝店、租车和洗车行交世惠公司管理，租金归世惠公司所有等。第一，关于大堂部分是否超租赁区域问题。雅格泰公司订立合同系为了将酒店交由世惠公司租赁经营，酒店正常经营必然涉及大堂区域的管理，且大堂大部分都由世惠公司承租，酒店总台及其他空余场所虽未列举为租赁区域，但因其属于酒店公共场所，无法单独隔离为独立场所。因此，从合同目的出发，世惠公司对酒店大堂的整体使用并装修符合租赁经营的目的。一审法院认定该行为不违反合同约定，并无不当。第二，关于对健身房的装修改造是否超出租赁区域问题。合同约定的租赁范围并不包括健身房，世惠公司在未征得出租人同意的情况下擅自将健身房改造为餐厅确属不当，应当认定为未按合同履行义务，雅格泰公司该点上诉理由成立。（四）关于世惠公司是否未按期交纳租金以及是否构成违约问题。第一，关于2012年第一季度租金少交195714.98元是否构成违约的问题。世惠公司主张扣减占用场地费45636元，一审法院以证据不足未予支持，并无不当。对世惠公司在租金中冲抵继续履行与酒店经营有关的合同费用150078.98元，一审法院对其中实际消费发生的费用16630元予以扣减，对尚未实际发生的扣减未予支持并无不当。但根据《中华人民共和国合同法》第九十九条规定，当事人抵扣债务须是到期债务，且应事先通知对方。本案世惠公司主张抵扣的费用并非对方确认且到期实际发生的。双方合同中亦没有关于抵扣的约定，故世惠公司抵扣行为既没有法律依据亦没有合同依据，一审法院认定世惠公司对尚未发生的费用进行抵扣的行为不违约不当，世惠公司应按合同约定交付房租而不能径行抵扣债务。第二，关于免租金期的问题。租赁合同约定，雅格泰公司为世惠公司提供2个月的免租金期（含装修期）。从合同约定看，对租赁房屋进行装修是承租方世惠公司必须履行的合同义务，给予2个月免租金期是雅格泰公司的承诺，现在双方争议的是2个月免租金期的条件是否成就，也即装修方案是否经雅格泰公司批准。结合合同约定的装修条款看，世惠公司必须在承租后2个月内对酒店进行装修改造，且要达到一定的装修标准。装修方案报雅格泰公司审批的主要目的并非免除世惠公司装修义务，而是对装修方案进行监督以便达到装修标准，四星复审通过。合同约定雅格泰公司提供的2个月的免租金期（含装修期）是雅格泰公司给予的承诺，约定从雅格泰公司批准方案之日起算只是从何时开始起算，而非给予免租金期的先决条件。本案事实是世惠公司承租房屋后已经对酒店进行了装修，只是在装修经营过程中，双方产生矛盾，雅格泰公司于2012年2月向法院提起诉讼，要求解除合同。从世惠公司实际装修的事实以及合同确定给予的2个月免租金期的约定，结合雅格泰公司开具发票日期，一审法院认定本案合同存在2个月免租金期，世惠公司不拖欠2011年11月、12月租金，并无不当。第三，2013年前三季度租金交纳是否违约的问题。2013年第一季度租金晚交35天，2013年10月8日世惠公司通过一审法院交纳2013年第二、三季度租金150万元。一审法院认定因雅格泰公司未开具发票，故世惠公司可以迟延支付租金。开具发票是出租人雅格泰公司的附随义务，并非合同主义务，且合同亦没有约定租金的支付与开具发票之间系对等给付关系，世惠公司以此作为延期支付租金的抗辩理由不能成立。由于雅格泰公司2012年2月就向法院提起诉讼要求解除合同，本案租赁关系一直处于待定状态，且世惠公司也将租金交至法院，世惠公司在诉讼期间未按时交纳租金的行为不应视为违约。（五）关于世惠公司拆除九江雅格泰大酒店招牌是否构成违约问题。租赁合同约定世惠公司在经营活动中须维护九江雅格泰大酒店整体形象。虽然合同赋予世惠公司自主经营租赁物的权利，但本案是为期10年的租赁经营而非转让经营，世惠公司在未得到雅格泰公司同意的情况下拆除九江雅格泰大酒店招牌，重新冠名为金誉国际酒店，更改酒店电话彩铃，确实会误导消费者认为九江雅格泰大酒店不再存在。该行为虽未损害雅格泰公司名誉但确实属于未能按合同约定维护九江雅格泰大酒店整体形象的不当履行行为。（六）关于雅格泰公司对第三方承担的违约损失应否由世惠公司承担问题。虽然订立合同的第三方就合同解除问题出庭作证，但就损失是否实际发生、损失具体构成以及雅格泰公司是否实际支付等，雅格泰公司均未能举证证明，一审法院对此不予审理，释明雅格泰公司可另行主张权利，并无不当。（七）关于雅格泰公司单方提出解除合同是否构成违约问题。合同约定雅格泰公司在不影响承租人经营的情况下有权出售租赁物，故其在租期内出售酒店大楼行为并不当然构成违约。本案中，虽然世惠公司存在一些不当履行行为，但并未构成根本违约，且不影响出租人合同目的的实现，故雅格泰公司不享有法定的合同解除权，亦不享有合同约定的解除权。雅格泰公司本可就世惠公司违约行为导致的损失主张赔偿或者要求对方对不当履行行为予以纠正，但其却在订立合同不到半年的时间内，在世惠公司已经开始投入资产进行装修，对酒店经营做好各方面准备时，就双方履行过程中产生的一些矛盾不当行使合同解除权，影响世惠公司租赁经营，其行为应当认定构成违约。（八）关于评估报告问题。一审法院委托九江市价格认证中心就世惠公司对酒店装修改造及投入形成的资产和酒店部分被拆项目的现值进行评估，并出具了评估报告。世惠公司、金誉公司对该评估报告不持异议，雅格泰公司就评估报告提出异议，并在二审期间申请补充鉴定。二审期间，法院委托进行补充鉴定，由于雅格泰公司明确表示无法提供鉴定机构需要的补充鉴定材料，补充鉴定未能进行。鉴于此，对一审法院就评估报告作出的认定，二审法院予以确认。（九）关于装修补偿问题。世惠公司基于经营需要将健身房改造成餐厅并未得到雅格泰公司的同意，故合同解除之后，雅格泰公司无需就此予以补偿。世惠公司为此添置的厨房设备、餐饮用具等应自行处理。另外，世惠公司拆除健身房并改造成餐饮区，在一定程度上破坏了酒店整体布局，世惠公司应当就此予以补偿。关于空调的问题，雅格泰公司上诉主张世惠公司赔偿酒店中央空调，但其并未补充提供证据证实中央空调已被拆除或损坏，对其该项主张不予支持。酒店一层大堂属于租赁区域，世惠公司对其进行改造装修不违反合同约定，雅格泰公司应当对此予以补偿。一审法院根据评估报告确认世惠公司投入的各项资产合计评估现值为6844951元，扣除四楼餐厅装修工程评估现值532800.78元，厨房设备评估现值128760元，餐饮用具评估现值30515.25元，2013年12月安装的153台空调现值296064元，世惠公司装修损失为5856810.97元。同时，雅格泰公司因健身房改造（被拆价值165368.35元）及九江雅格泰大酒店招牌被拆（被拆价值95200元）损失合计260568.35元。上述损失认定并无不当，二审法院予以确认。雅格泰公司二审主张装修未达到1000万元标准，要求世惠公司承担违约责任，其该项上诉请求已经超出了一审诉讼请求的范围，根据《最高人民法院关于适用〈中华人民共和国民事诉讼法〉的解释》第三百二十三条、第三百二十八条规定，该请求不属于二审审理范围，二审法院不予审查。（十）关于世惠公司、金誉公司主张的经营损失及工龄补偿金问题。世惠公司、金誉公司未对其主张的经营损失与雅格泰公司干扰行为存在因果关系进行举证，且本案是合同引起的赔偿纠纷，干扰经营导致其损失属于侵权损害赔偿，与本案并非同一法律关系，世惠公司、金誉公司可另行主张。至于工龄补偿金，由于合同尚未解除，工龄补偿金亦涉及劳动合同的认定，故一审法院认定世惠公司、金誉公司可待合同解除后，再就实际支付的工龄补偿金另行主张权利，亦无不当。（十一）关于各自违约责任承担问题。根据《中华人民共和国合同法》第一百二十条规定，当事人双方都违反合同的，应当各自承担相应的责任。由于雅格泰公司不当行使合同解除权致使合同无法履行，应根据合同违约责任的约定，双倍赔偿世惠公司保证金和折旧后的装修款，共计15192485.24元。同时由于世惠公司在履行合同过程中亦存在不当履行行为，应当向雅格泰公司赔偿装修损失260568.35元。虽然雅格泰公司行使合同解除权不当，但由于世惠公司一直使用租赁物，尽管因诉讼无法正常经营，其仍应当按约支付租金及相应的利息。二审法院依据合同的约定，根据各自的违约程度，综合考量各方的损失，平衡双方利益，酌情认定相互间应承担的违约责任。对世惠公司、金誉公司主张预期利益的诉讼请求，因世惠公司本身也存在不当履行行为且要求解除合同，且法院已按合同约定支持了双倍返还的违约金，故对其该项主张不予支持。综上，二审法院经审判委员会讨论决定，依照《中华人民共和国民事诉讼法》第一百七十条第一款第一项的规定，判决：驳回上诉，维持一审判决。

本院再审查明：1. 世惠公司、金誉公司于2016年10月7日起停止经营案涉酒店。2. 根据九江市价格认证中心出具的评估报告，世惠公司因装修投入酒店的各项资产评估重置总价为9208369元；总体上各大类资产折旧年期平均为8年，九江市价格认证中心2014年出具评估报告时平均已计提折旧年期为2年，即2012年3月－2014年3月；如酒店正常续用，继续计提折旧的年折旧费率为12.5%；酒店四楼餐厅包括拆除项目在内的装修工程项目重置总价为1043809元，厨房设备重置价为160950元，餐饮用具重置价为40687元，2013年12月安装的153台空调重置价为370080元。

本院再审查明的其他事实，与一、二审法院认定的事实一致。

本院再审认为，本案当事人争议的焦点问题是：1. 雅格泰公司解除合同的行为是否合法。2. 双方当事人之间是否存在承担违约责任问题；如存在，应如何承担。

（一）关于雅格泰公司解除合同的行为是否合法问题。雅格泰公司与世惠公司订立的关于九江雅格泰大酒店的租赁合同，系双方真实意思表示，内容不违反法律、行政法规的强制性规定，合法有效，对双方具有法律约束力。雅格泰公司与世惠公司应按照合同约定和诚实信用原则行使权利、履行义务，不得擅自变更或解除合同。雅格泰公司再审主张，世惠公司未经雅格泰公司同意，擅自对酒店进行装修改造的行为构成根本违约；世惠公司对酒店一层大堂公共区域、健身房等租赁范围以外的区域进行改造装修，构成根本违约；世惠公司未经其同意，以金誉公司名义租赁经营酒店，构成违约；世惠公司的装修方案未经雅格泰公司批准，不享有2个月免租金期，且世惠公司以往来款名义抵扣150078.98元租金缺乏事实依据，其行为构成逾期支付租金的违约行为；世惠公司未按租赁合同约定履行雅格泰公司与第三方订立的租赁合同，构成违约；世惠公司拆除了九江雅格泰大酒店招牌，违反了合同关于世惠公司在经营过程中须维护九江雅格泰大酒店整体商业形象的约定；因世惠公司根本违约，雅格泰公司有权解除合同，其解除合同的行为符合法律规定。世惠公司对雅格泰公司的主张均不予认可，认为雅格泰公司解除合同的行为既无合同依据，也无法律依据。

1. 关于世惠公司对酒店装修改造是否构成根本违约问题。《中华人民共和国合同法》第六十条第二款规定，当事人应当遵循诚实信用原则，根据合同的性质、目的和交易习惯，履行协助义务。从雅格泰公司与世惠公司订立租赁合同的目的，以及双方在合同中关于免租金期、装修时间、装修方案报批等约定分析，世惠公司对酒店进行装修既是履行合同义务，也是行使对酒店的经营权。合同关于装修方案报雅格泰公司审批的约定，对雅格泰公司来说，既是权利，也是义务，其应当及时对世惠公司报送的装修方案进行审批。在世惠公司提交装修方案，并邀请雅格泰公司法定代表人刘某萍参观装修样板房之后，雅格泰公司虽对装修行为提出异议，但对装修方案一直未予明确答复、提出修改意见，不履行审批义务，违反了上述法律关于履行协助义务的规定。因此，虽然世惠公司在装修方案未获雅格泰公司批准的情况下即对酒店进行全面装修，违反了合同约定，但雅格泰公司不及时履行审批义务，也违反了诚实信用原则。双方在酒店装修问题上，均有一定过错。雅格泰公司关于世惠公司未经其同意，擅自对酒店进行装修改造，构成根本违约的主张，与本案事实不符，本院不予支持。

2. 关于世惠公司是否超出租赁区域装修及构成根本违约问题。租赁合同虽未明确将酒店一层大堂公共区域列入租赁范围，但酒店大堂是酒店客房及相关物业正常经营必不可少的场所，且大堂大部分由世惠公司承租，双方未对大堂公共区域作出其他约定，该区域的水电及日常维护亦由世惠公司一并承担，故世惠公司对酒店大堂的整体使用并装修符合租赁经营的合同目的，该行为不构成违约。根据租赁合同约定，世惠公司承租范围并不包含健身房，世惠公司未经雅格泰公司同意擅自将其改造为餐厅，系超出租赁范围进行装修改造的行为，违反了合同约定，但该行为属可整改情形，并不会导致租赁合同无法继续履行，且合同也未约定雅格泰公司可以据此解除合同，故该行为不构成根本违约。雅格泰公司关于该行为构成根本违约的主张，不能成立。

3. 关于世惠公司以金誉公司名义租赁经营酒店是否违约问题。租赁合同约定，世惠公司以自己的公司独立经营租赁物。世惠公司与金誉公司虽为两个独立法人，但实际控制人均为姜某人，酒店由金誉公司经营管理，经营主体并无实质性变化，也不损害雅格泰公司利益。从合同实际履行情况看，合同约定的200万元保证金也系金誉公司支付，雅格泰公司接收并认可了合同保证金已支付的事实。因此，世惠公司承租酒店后，将酒店交由其控股的金誉公司经营，不应认定为违约行为。雅格泰公司关于世惠公司以金誉公司名义经营酒店构成违约的主张，不能成立。

4. 关于世惠公司是否存在逾期支付租金的违约行为问题。租赁合同约定，雅格泰公司为世惠公司提供2个月的免租金期，自装修方案批准之日起算。从合同的这一约定以及房屋租赁市场习惯做法来分析，该2个月的免租金期的约定，系保障承租方享有的装修期间免交租金的权利。虽然双方约定了免租金期自装修方案批准之日起算，但在世惠公司已报送装修方案，雅格泰公司对装修方案不予审批的情况下，世惠公司主张享有并行使2个月的免租金期的权利，应予支持。世惠公司在合同订立后及时支付了一个季度租金，并于2011年8月开始报批装修方案并进行装修，故2个月免租金期计算为2011年8月至12月中的任意2个月，世惠公司均不存在逾期支付2011年11月、12月租金的问题。关于世惠公司以往来款名义抵扣150078.98元租金问题。经查，上述抵扣款项中，16630元已在(2013)九中民一初字第55号民事案件审理过程中由雅格泰公司、世惠公司、金誉公司共同确认为预付款客户实际消费金额。剩余133448.98元，世惠公司主张系雅格泰公司在酒店出租前收取的客户消费定金，因该费用涉及雅格泰公司将酒店出租给世惠公司前的遗留问题，租赁合同对预付款客户的消费问题亦未作明确约定，且世惠公司曾就上述抵扣事项告知雅格泰公司，雅格泰公司也未就此与世惠公司进行协商，给予明确答复，故世惠公司以往来款名义抵扣租金的行为，可不认定为逾期支付租金的违约行为。综上，雅格泰公司关于世惠公司构成逾期支付租金的违约行为的主张，亦不能成立。

5. 关于世惠公司是否按约履行雅格泰公司与第三方合同问题。因雅格泰公司未能提供证据证实其与相关第三方合同解除系因世惠公司过错所致或世惠公司明确表示不再履行上述合同，故其以第三方解除合同为由，主张世惠公司违约，缺乏事实依据。

6. 关于世惠公司是否损害雅格泰公司商业形象问题。租赁合同约定世惠公司在经营活动中，须维护九江雅格泰大酒店的整体商业形象。在世惠公司更换九江雅格泰大酒店招牌过程中，雅格泰公司向其提出异议，并表示在保持九江雅格泰大酒店招牌原状的前提下，同意将其招牌置于酒店楼顶的其他位置，但世惠公司以无其他合适位置放置其招牌为由，执意将九江雅格泰大酒店招牌替换成金誉国际酒店招牌。在案涉合同为租赁合同这一前提下，虽合同赋予世惠公司自主经营租赁物的权利，但其未经雅格泰公司同意，擅自拆除九江雅格泰大酒店招牌，违反了合同关于租赁期间世惠公司应当维护九江雅格泰大酒店整体形象的约定。

综上，世惠公司履约过程中具有一定的违约行为，但其行为不足以导致合同目的不能实现，不构成根本违约，也不符合双方在合同中约定的解除合同的条件。对合同约定不明、双方发生争议的事项，雅格泰公司可与世惠公司进一步协商予以明确；对世惠公司履约过程中出现的违约行为，雅格泰公司可依法、依约要求世惠公司予以纠正、赔偿损失。雅格泰公司不应在未与世惠公司充分沟通协商，法定和约定的合同解除条件均未成就，不具备合同解除权的情形下，向世惠公司发送解除合同的通知，要求解除合同。雅格泰公司单方提出解除合同，违反了

《中华人民共和国合同法》第八条关于当事人应当按照约定履行自己的义务，不得擅自变更或解除合同的规定，构成违约。

鉴于雅格泰公司于2012年2月2日向世惠公司发出解除租赁合同的通知，世惠公司、金誉公司在案件审理过程中，于2013年10月16日提起反诉，请求法院判决解除租赁合同，本案应认定世惠公司与雅格泰公司于2013年10月16日就解除合同达成了一致意见，案涉租赁合同于当日解除。

（二）关于违约责任问题。雅格泰公司与世惠公司在租赁合同中约定，如出租方违约造成承租方无法履行合同，则出租方双倍赔偿承租方押金和折旧后的装修款；如承租方违约则押金不退，所有装修无偿归出租方，另承租方按折旧后的装修款赔付现金给出租方。从责任的承担方式、后果程度等分析，该约定的违约责任属于单方违约情形下，合同相对方应承担的责任。在合同双方均有违约行为的情形下，适用该约定确定违约责任，不仅不符合合同当事方的真实意思表示，而且会导致显失公平的后果。本案因雅格泰公司与世惠公司在履约过程中对合同约定不够明确的事项未能进行友好协商处理，产生矛盾，导致合同最终解除，双方均有违约行为，故不应适用上述约定来确定违约责任承担。因此，对雅格泰公司关于依据上述约定判决世惠公司对酒店的装修无偿归雅格泰公司所有，世惠公司按折旧后的装修款数额赔付现金给雅格泰公司，200万元保证金不予退还的诉讼请求，以及世惠公司、金誉公司关于按上述约定判决雅格泰公司双倍赔偿世惠公司、金誉公司保证金和折旧后的装修款的诉讼请求，本院均不予支持。《中华人民共和国合同法》第一百二十条规定："当事人双方都违反合同的，应当各自承担相应的责任。"本案应根据雅格泰公司与世惠公司都存在违约行为的实际情况，依据该条法律规定，确定案涉租赁合同解除后，双方各自应承担的法律责任。

1. 关于租赁物及保证金、装修价值的返还问题。《中华人民共和国合同法》第九十七条规定："合同解除后，尚未履行的，终止履行；已经履行的，根据履行情况和合同性质，当事人可以要求恢复原状、采取其他补救措施，并有权要求赔偿损失。"雅格泰公司关于世惠公司将租赁物九江雅格泰大酒店按现状返还的请求，符合上述法律规定，本院予以支持。因金誉公司也是实际控制酒店的主体，故其也应承担返还酒店的责任。同时，雅格泰公司也应就世惠公司为履行合同所交的200万元保证金以及酒店装修价值进行返还。因装修无法返还实物，故雅格泰公司应以折价现金的方式返还世惠公司折旧后的装修价值。该部分装修价值指合同履行期间世惠公司对合同约定的租赁区域范围内的酒店客房等进行装修的价值，不包括世惠公司超出租赁区域范围装修的价值，以及其在合同解除后安装空调的价值。酒店大堂虽有部分区域不属于租赁范围，但根据前述分析，世惠公司就该部分区域进行装修使用并不违反合同约定，故对该部分装修价值，雅格泰公司也应予以返还。就案涉装修的价值，一审法院委托九江市价格认证中心进行了评估，该中心出具了评估报告。雅格泰公司虽对评估报告不认可，但其未能提供补充鉴定所需的证据材料，也未能提供证据证实评估报告不应采信。故本案可依据该评估报告确定相应装修的价值。依据九江市价格认证中心出具的评估报告，2012 年 3 月世惠公司投入酒店装修的各项资产重置总价为 9208369 元；合同履行期间世惠公司对合同约定的租赁区域范围内的酒店客房、大堂等进行装修的重置价为 7592843 元，即在重置总价基础上，扣除四楼餐厅装修工程重置价 1043809 元、厨房设备重置价 160950 元、餐饮用具重置价 40687 元、租赁合同解除后安装的 153 台空调重置价 370080 元；按平均 8 年折旧年期，年折旧费率为 12.5%，平均每日折旧 2600.29 元［7592843（元）÷8（年）÷365（日）］。雅格泰公司应以折价现金的方式，将酒店交还当日酒店装修价值返还世惠公司，即以 7592843 元为基数，从 2012 年 3 月 1 日起，按每日折旧减少 2600.29 元，计算至酒店返还雅格泰公司之日。

2. 关于合同解除后酒店返还前的租金损失、装修折旧损失承担问题。因雅格泰公司与世惠公司均有违约行为，对案涉租赁合同解除均有过错，故双方对合同解除后酒店返还前的租金损失、装修折旧损失，应予以分担。综合考虑合同解除后世惠公司仍继续经营酒店至 2016 年 10 月 7 日、合同解除必然导致世惠公司预期可得利润损失等因素，可按各承担 50% 比例来确定雅格泰公司与世惠公司对该两部分损失的分担责任。租金损失部分的具体数额可参照合同关于租金的约定来确定，即 2014 年 1 月 1 日至同年 7 月 31 日租金标准为每年 300 万元，2014 年 8 月 1 日至 2017 年 7 月 31 日租金标准为每年 315 万元，2017 年 8 月 1 日至 2020 年 7 月 31 日租金标准为每年 330 万元。因自合同解除之日至 2013 年 12 月 31 日的租金损失问题，双方当事人已通过另案予以解决，故本院在本案中对此不再处理，本案租金损失自 2014 年 1 月 1 日起计算至酒店实际返还之日止。装修折旧损失指合同履行期间世惠公司对合同约定的租赁区域范围内的酒店客房、大堂等进行的装修自租赁合同解除日至酒店交还雅格泰公司日期间的折旧损失。依据九江市价格认证中心出具的评估报告，该部分装修每日折旧减少2600.29元，装修折旧损失自2013年10月16日计算至实际返还酒店之日止。

3. 关于健身房改造成餐厅及九江雅格泰大酒店招牌被拆所造成损失承担问题。世惠公司在未经雅格泰公司同意的情况下，将不属于其租赁经营区域的健身房改造成餐厅，并将九江雅格泰大酒店的招牌拆除，侵害了雅格泰公司合法权益。世惠公司应当自行承担健身房改造装修成餐厅的相关费用，并应赔偿雅格泰公司健身房改造及九江雅格泰大酒店招牌被拆造成的相应损失。世惠公司为餐厅添置的厨房设备、餐饮用具等，由其自行处置。依据九江市价格认证中心出具的评估报告，健身房被拆部分损失为165368.35元，九江雅格泰大酒店招牌被拆损失95200元，共计260568.35元。

4. 关于空调损失承担问题。世惠公司在案涉租赁合同履行期间，先后于2011年9月安装了6台分体空调、2012年1月安装了25台分体空调；在租赁合同解除后，又于2013年12月安装了153台分体空调。对于合同解除前安装31台空调，因系世惠公司在合同履行期间进行装修改造而配置，雅格泰公司应对该部分空调折旧价值及折旧损失承担相应责任。该部分价值及损失已计入装修价值和装修折旧损失。对于2013年10月租赁合同解除后，世惠公司安装的153台分体空调，应由其自行承担相关费用。关于雅格泰公司主张的世惠公司未经其同意，擅自拆除酒店中央空调问题，因雅格泰公司未能提供证据证实酒店中央空调已被拆除或损坏，故对其请求世惠公司赔偿该部分损失，本院不予支持。雅格泰公司如有新的证据证明该部分损失，可依法另行主张。

5. 关于世惠公司、金誉公司主张的其他损失问题。租赁合同约定，世惠公司在合同履行期内可根据经营需要，寻求合作或出租除客房、会议室外部分场地，经营与酒店配套项目，故世惠公司将酒店大堂部分区域出租给案外人经营超市符合合同约定。关于世惠公司主张的因租赁合同解除导致其与案外人订立的出租超市场地的合同解除问题，因其未能提供证据证实其赔付了案外人损失，故对其要求雅格泰公司赔偿该部分损失，本院不予支持。世惠公司如有新的证据证明该部分损失，可依法另行主张。关于世惠公司、金誉公司主张的员工服装损失问题，因员工服装属于低值易耗品，且无法交由他人再次使用，故不宜作为资产移交雅格泰公司，应由世惠公司、金誉公司自行处理。对世惠公司、金誉公司主张的经营损失，综合考虑其未能提供充分证据证实及前述各项损失分担情况，本院不予支持，应由世惠公司、金誉公司自行承担。对世惠公司、金誉公司主张的员工工龄补偿金损失，因其未能提供证据证实该部分损失实际发生，故本院亦不予支持。

综上所述，雅格泰公司的部分再审请求成立，本院予以支持。依照《中华人民共和国合同法》第六条、第八条、第六十条、第九十三条、第九十七条、第一百二十条，《中华人民共和国民事诉讼法》第二百零七条第一款、第一百七十条第一款第二项，《最高人民法院关于适用〈中华人民共和国民事诉讼法〉的解释》第四百零七条第二款规定，判决如下：

一、撤销江西省高级人民法院（2015）赣民二终字第24号民事判决、江西省九江市中级人民法院（2013）九中民一初字第10号民事判决；

二、确认九江雅格泰大酒店有限公司与九江世惠科技服务有限公司订立的关于九江雅格泰大酒店的租赁合同于2013年10月16日解除；

三、九江世惠科技服务有限公司、江西金誉酒店管理有限公司于本判决生效之日起30日内将九江雅格泰大酒店交还给九江雅格泰大酒店有限公司，并按照九江市价格认证中心出具的《金誉国际酒店装修工程等资产及被拆除的雅格泰酒店工程项目价格评估报告》载明的评估项目进行移交，酒店装修改造部分按现状交付，动产按照品名、规格型号、数量交付；

四、九江雅格泰大酒店有限公司返还九江世惠科技服务有限公司折旧后的酒店装修价值，即以7592843元为基数，按每日折旧减少2600.29元，自2012年3月1日起计算至酒店交还九江雅格泰大酒店有限公司之日的剩余款额；

五、九江雅格泰大酒店有限公司返还九江世惠科技服务有限公司保证金200万元；

六、九江世惠科技服务有限公司于本判决生效之日起30日内，参照租赁合同关于租金的约定，赔偿九江雅格泰大酒店有限公司自2014年1月1日起至酒店交还之日止的租金损失的50%，其中2014年1月1日至2014年7月31日为87.5万元［3000000（元）÷12（月）×7（月）×50%］，2014年8月1日至2017年7月31日为472.5万元［3150000（元）×3（年）×50%］，2017年8月1日至酒店交还之日按每日4520.55元［3300000（元）÷365（日）×50%］计算；

七、九江世惠科技服务有限公司赔偿九江雅格泰大酒店有限公司健身房改造及九江雅格泰大酒店招牌被拆损失260568.35元；

八、九江雅格泰大酒店有限公司赔偿九江世惠科技服务有限公司酒店装修折旧损失的50%，即按每日1300.15元［2600.29（元）×50%］，自2013年10月16日计算至实际返还酒店之日止；

九、驳回九江雅格泰大酒店有限公司的其他诉求请求；

十、驳回九江世惠科技服务有限公司的其他反诉请求；

十一、驳回江西金誉酒店管理有限公司的反诉请求。

如果未按本判决指定的期间履行给付金钱义务，应当依照《中华人民共和国民事诉讼法》第二百五十三条规定，加倍支付迟延履行期间的债务利息。

一审本诉案件受理费259925元，保全费5000元，反诉案件受理费77833.17元，鉴定费70000元，共计412758.17元，由九江雅格泰大酒店有限公司负担307738元，由九江世惠科技服务有限公司、江西金誉酒店管理有限公司负担105020.17元。二审案件受理费278196.3元，由九江雅格泰大酒店有限公司负担166673元，由九江世惠科技服务有限公司、江西金誉酒店管理有限公司负担111523.3元。

本判决为终审判决。

审判长：汪军；审判员：毛宜全、周伦军；法官助理：魏佳钦；书记员：费斯嘉

二〇一七年八月十六日

专题二十七

合同解除权的默示放弃应设定严格的认定标准

——顾某、汪某恒、江苏瑞豪置业有限公司与盐城市大丰区人民政府、盐城市大丰区国土资源局建设用地使用权出让合同纠纷案

【裁判观点】

1. 建设用地使用权出让合同是出让方为实现社会公共利益或者行政管理目标，在法定职责范围内，与公民、法人或者其他组织协商订立的，具有行政法上权利义务内容的合同，具有行政协议的属性。根据现行法律，尤其《最高人民法院关于适用〈中华人民共和国行政诉讼法〉若干问题的解释》第十四条、第十五条第二款的规定，在合同性质界定和诉讼程序适用上，在认定建设用地使用权出让合同具备行政协议属性的前提下，仍应尊重当事人的意思自治，遵循当事人选择适用并已经进行的民事诉讼程序。

2. 合同解除权的放弃应设定严格的认定标准，除法律有明确规定或者当事人有明确约定外，不得仅以单纯的沉默推定解除权人放弃解除权。以解除权人默示的行为推定其放弃解除权的，亦应严格加以把握。只有解除权人对债务人依据合同约定全面履行给付义务的行为予以受领的，才构成对解除权的放弃，以实现契约严守的诚实信用。

中华人民共和国最高人民法院
民事调解书

案号（2016）最高法民终822号

上诉人（原审原告）：江苏瑞豪置业有限公司。住所地：江苏省盐城市大丰区工农路南侧泰华公司沿滨西苑综合楼。

法定代表人：顾权，该公司总经理。

委托诉讼代理人：陈扬，江苏亿诚律师事务所律师。

委托诉讼代理人：周亮，江苏亿诚律师事务所律师。

上诉人（原审原告）：顾某，男，1965年12月5日出生，汉族，住海南省海口市美兰区人民大道东路74号八菱大厦B403室5。

委托诉讼代理人：陈扬，江苏亿诚律师事务所律师。

委托诉讼代理人：周亮，江苏亿诚律师事务所律师。

上诉人（原审原告）：汪某恒，男，1944年10月19日出生，汉族，住江苏省盐城市亭湖区东关巷2号1幢302室。

委托诉讼代理人：陈扬，江苏亿诚律师事务所律师。

委托诉讼代理人：周亮，江苏亿诚律师事务所律师。

上诉人（原审被告）：盐城市大丰区人民政府。住所地：江苏省盐城市大丰区大华东路1号。

法定代表人：宋勇，该区区长。

委托诉讼代理人：黄海明，该区法制办公室副主任。

委托诉讼代理人：刘爱君，江苏刘爱君律师事务所律师。

被上诉人（原审被告）：盐城市大丰区国土资源局。住所地：江苏省盐城市大丰区幸福西大街9号。

法定代表人：商明星，该局局长。

委托诉讼代理人：陈晓兵，该局法规监察科科长。

委托诉讼代理人：刘爱君，江苏刘爱君律师事务所律师。

上诉人江苏瑞豪置业有限公司（以下简称瑞豪公司）、顾某、汪某恒因与上诉人盐城市大丰区人民政府（以下简称大丰区政府）、被上诉人盐城市大丰区国土资源局（以下简称大丰区国土局）建设用地使用权出让合同纠纷一案，不服江苏省高级人民法院（2014）苏民初字第00035号民事判决，向本院提起上诉。本院于2016年12月29日立案后，依法组成合议庭，公开开庭进行了审理。上诉人顾某及其与上诉人瑞豪公司、汪某恒的委托诉讼代理人陈扬、周亮，上诉人大丰区政府的委托诉讼代理人黄海明、刘爱君，被上诉人大丰区国土局的委托诉讼代理人陈晓兵、刘爱君到庭参加诉讼。

瑞豪公司、顾某、汪某恒上诉请求：1. 撤销一审判决第四项，改判支持瑞豪公司、顾某、汪某恒的其他诉讼请求；2. 将一审判决第二项、第三项的付款时间改为“合同解除之日”，并判令大丰区政府从合同解除之日起至判决确定的付款日期止，对一审判决第二项的土地出让金及其利息（计算至合同解除之日）和第三项的违约金，按照中国人民银行同期同类贷款基准利率上浮50%支付逾期付款违约金；3. 判令大丰区政府承担本案相关诉讼费用。事实与理由：（一）大丰区政府应当赔偿瑞豪公司在所涉民间借贷中承担的高于中国人民银行同期同类贷款基准利率的利息损失，一审判决认定该损失超出大丰区政府可预见范围，与客观事实不符。（二）本案适用违约金条款，损失赔偿数额应计算至损失得到弥补之日，一审判决仅计算至合同解除之日缺乏事实和法律依据。（三）退一步讲，即使前述理由都不成立，大丰区政府也应在合同解除之日即返还土地出让金及其孳息，并支付违约金，否则应依法支付逾期付款违约金。一审判决指定的履行日期有误，亦对逾期付款违约金构成遗漏。

大丰区政府、大丰区国土局共同答辩称：（一）一审判决第四项客观公正。瑞豪公司主张为支付土地出让金而向多个自然人借款13643.2万元并承担每年15%的利息，缺乏事实和法律依据。瑞豪公司已缴纳的土地出让金属于投资人应当认缴的项目资本金。受让方取得并支付土地出让金的来源和方式不应属于大丰区政府在订立合同时可以预见的范畴。（二）一审判决判令违约金计算至合同解除之日合法有据，但判令大丰区政府支付37555136元违约金缺乏事实和法律依据。（三）一审判决判令大丰区政府于判决发生法律效力之日起十五日内返还土地出让金未违反法律规定，更未遗漏所谓逾期付款违约金。在人民法院未作出生效裁判之前，出让合同是否解除，大丰区政府是否负有支付违约金等责任尚不确定。综上，瑞豪公司、顾某、汪某恒的上诉请求缺乏事实和法律依据。

大丰区政府上诉请求：1. 依法撤销一审判决，改判确认出让合同未解除，双方应继续履行，因延期交付土地给瑞豪公司、顾某、汪某恒造成的损失由人民法院依法裁判；2. 本案诉讼费用由瑞豪公司、顾某、汪某恒承担。事实与理由：（一）一审判决确认出让合同于2014年11月8日解除缺乏事实和法律依据。瑞豪公司在解除合同条件成就后，仍然要求并接受大丰区政府继续履行合同，主动申请分割宗地，进行分期开发、委托设计、开工建设等行为，能够证实其已经放弃合同解除权。2014年7月21日、9月24日瑞豪公司已先后两次向大丰区政府致函解除合同，如果认定瑞豪公司享有法定解除权，出让合同应于2014年7月21日即已经解除。（二）一审判决判令大丰区政府返还土地出让金15143.2万元及利息，缺乏事实和法律依据。瑞豪公司解除权消灭后，解除合同的通知不发生合同解除的效力，且出让合同具备继续履行的基础和条件。大丰区政府依据出让合同约定取得土地出让金系合法占有，且未获利，不应承担法定孳息。（三）一审判决判令大丰区政府向瑞豪公司支付37555136元违约金，缺乏事实和法律依据。出让合同第三十二条约定了两种不同的违约责任，在合同解除情形下，应适用其中的定金条款而非违约金条款，且定金已足以弥补实际损失。

瑞豪公司、顾某、汪某恒共同答辩称：（一）一审判决确认出让合同于2014年11月8日解除合法有据。瑞豪公司多次催告大丰区政府履行交付土地义务，明确表示保留退地和索赔权利，从未放弃合同解除权。大丰区政府将瑞豪公司先行办理分期开发手续、进行施工设计及建造售楼处等行为理解为其已放弃合同解除权，缺乏事实和法律依据。2014年7月21日、9月24日的函件，均系瑞豪公司以协商方式向大丰区政府提出希望解除合同的想法，磋商无果后，至2014年11月7日瑞豪公司才通过公证方式发送合同解除通知书。（二）一审判决判令大丰区政府返还土地出让金及利息合法有据。根据《中华人民共和国合同法》（以下简称合同法）第九十七条的规定，作为合同解除的后果之一，“恢复原状”自应包括返还出让金本金及法定孳息的法律后果。（三）大丰区政府关于违约金计算错误的主张不能成立。大丰区政府主张出让合同解除后只能适用定金条款而不能适用违约金条款，于法无据。违约金应以瑞豪公司已支付的土地出让金总额为计算基数，持续计算至大丰区政府实际返还土地出让金之日。且大丰区政府未就其违约金过高的主张提交任何证据，应承担举证不能的不利后果。

大丰区国土局述称，同意大丰区政府的上诉主张。

瑞豪公司、顾某、汪某恒向一审法院起诉请求：1. 确认顾某、汪某恒与大丰区政府签订的出让合同，瑞豪公司、顾某、汪某恒与大丰区国土局签订的补充协议均已被解除。2. 判令大丰区政府、大丰区国土局返还土地出让金15143.2万元及法定孳息（其中5000万元从2012年12月13日起算，10143.2万元从2013年2月1日起算，均按中国人民银行同期同类贷款基准利率计算至实际返还之日止，暂计算至2014年11月18日为17159240元）。3. 判令大丰区政府、大丰区国土局按出让合同的约定支付违约金（以15143.2万元为基数，按照每日0.5‰的标准，从2013年6月30日起计算至土地出让金实际返还之日止，暂计算至2014年11月

18 日为 38312296 元），并承担 3028.64 万元的定金责任。4. 判令大丰区政府、大丰区国土局赔偿实际损失中超出上述违约金的其他损失（暂计算至 2014 年 11 月 18 日的其他损失为 13785251 元）。5. 判令大丰区政府、大丰区国土局承担本案的全部诉讼费用。

一审法院认定事实：（一）2012 年 11 月 16 日，大丰区政府发布《江苏省盐城市大丰国土资源局 12 月 6 日至 12 月 18 日挂牌出让六幅（2012）5－10 号国有土地使用权公告》，以挂牌方式出让位于大丰区城东新区春柳路西侧的地块。出让公告载明的该地块基本情况和相关要求：编号 2012－D－5 原部队地块，出让面积 67920 平方米，用途住宅、商业，供地条件净地，竞买保证金 5000 万元。顾某、汪某恒在规定时间内于 2012 年 12 月 13 日向大丰区国土局缴纳竞买保证金 5000 万元，后在竞价中以最高价 16460 万元竞得该宗土地。

（二）2012 年 12 月 18 日，经公证，顾某、汪某恒与大丰区政府签订一份出让合同，该合同第六条约定，出让人同意在受让人按本合同第八条之规定缴清土地成交款后于 2013 年 6 月 30 日前将出让宗地交付给受让人，出让人同意在交付土地时该宗地应达到宗地外三通，即通水、通电、通路及宗地内场地自然平整。第八条约定，受让人在土地成交后 50 日内缴清本宗地国有土地使用权全部出让价款，可享受出让成交价款 8% 的政策优惠即 1316.8 万元，实际需缴纳出让金 15143.2 万元。第九条约定，本合同项下宗地的定金为 5000 万元，定金抵作土地出让价款。第三十二条约定，受让人按本合同约定支付国有建设用地使用权出让价款的，出让人必须按照本合同约定按时交付出让土地。由于出让人未按时提供出让土地而致使受让人本合同项下宗地占有延期的，每延期一日，出让人应当按受让人已经支付的国有建设用地使用权出让价款的 0.5‰向受让人给付违约金，土地使用年限自实际支付之日起算。出让人延期交付土地超过 60 日，经受让人催交后仍不能交付土地的，受让人有权解除合同，出让人应当双倍返还定金，并退还已经支付的国有建设用地使用权出让价款的其余部分，受让人并可请求出让人赔偿损失。

（三）2013 年 1 月 25 日，顾某、汪某恒设立瑞豪公司，注册资本金 2000 万元。2 月 1 日，瑞豪公司向大丰区国土局缴纳了剩余的 10143.2 万元土地出让金。该款项加上顾某、汪某恒之前缴纳的保证金 5000 万元，已按约支付了全部土地出让价款共计15143.2万元。

（四）2013年3月7日，大丰区国土局与瑞豪公司、顾某、汪某恒签订一份补充协议，约定大丰区国土局同意将顾某、汪某恒竞标取得的原部队地块办到瑞豪公司名下，土地出让金由瑞豪公司负责支付，顾某、汪某恒对瑞豪公司支付土地出让金承担无限连带责任。

（五）2013年5月16日，因某部队在案涉地块临近交地时间仍未搬迁，瑞豪公司向大丰区国土局发出《关于请求尽快交付原部队地块的报告》，要求大丰区国土局严格履行出让合同，尽快完成腾地交地义务。6月30日，出让合同约定的交地期限届满，但大丰区政府、大丰区国土局未能履行交付案涉地块的义务。8月8日，瑞豪公司向大丰区国土局递交《关于请求尽快履行交付原部队地块的报告》，请求大丰区国土局进行协调，尽快履行交付案涉地块，并给予经济补偿。

（六）2013年12月5日、12月24日，经瑞豪公司申请，并经大丰区发改委分别核准，案涉地块建设项目分为一、二期开发。12月27日，瑞豪公司领取了《建设用地规划许可证》。2014年1月7日，瑞豪公司办理了建设用地项目供地手续，并于1月21日领取了《建设用地批准书》。1月24日，瑞豪公司申请办理土地使用权登记手续。1月27日，瑞豪公司领取了案涉地块的《国有土地使用权证》。

（七）2014年3月20日、4月22日，瑞豪公司先后向大丰区政府递交《关于明确原部队地块交地时间和对我司经济损失予以补偿的紧急请求》《关于再次要求明确原部队地块交地时间和对我司经济损失予以补偿的请示》，要求大丰区政府对何时交地作出明确答复，如果2014年6月底前仍不能交付土地，瑞豪公司将退回土地，并依法追索相关直接和间接经济损失。

（八）2014年4月10日，瑞豪公司根据大丰区发改委核准批复，申请将案涉地块国有土地使用权分割登记。4月17日，瑞豪公司分别领取了分割后的一、二期《国有土地使用权证》。5月13日，瑞豪公司领取《建设工程规划许可证》。7月1日，瑞豪公司领取《建筑工程施工许可证》。瑞豪公司就案涉项目一期工程进行了施工建设，截止起诉之日，一期工程的售楼部主体工程已完工。

（九）2014年7月21日，瑞豪公司、顾某、汪某恒委托江苏腾飞苑律师事务所致函大丰区政府称，因你单位违约给顾某、汪某恒和瑞豪公司造成特别巨大经济损失，故要求解除双方所签合同，返还受让人土地总费用15647万元和资金占用成本2007万元，并支付日万分之五的违约金，赔偿目前已经发生的各项前期工程费和管理费用、税金等小计1477万元。大丰区政府接函后表示做好协调工作。9月24日，瑞豪公司向大丰区政府递交《关于就原部队地块项目提起诉讼的函》，明确表示如果大丰区政府在9月30日前仍不给出明确的赔偿解决方案，瑞豪公司将正式向法院提起诉讼。10月31日，经公证，瑞豪公司向大丰区政府、大丰区国土局递交《关于2012－D－05地块的催告函》，要求在接到函件之日起七日内交付符合合同约定的出让宗地，并按照出让合同第三十二条的约定支付迟延交付土地的违约金，否则将采取法律措施。11月7日，经公证，瑞豪公司、顾某、汪某恒向大丰区政府、大丰区国土局发出合同解除通知书，明确即日起解除顾某、汪某恒与大丰区政府签订的出让合同及2013年3月7日瑞豪公司、顾某、汪某恒与大丰区国土局签订的补充协议。次日，大丰区政府收到该解除通知书。

一审法院另查明：（一）2012年1月4日，盐城市人民政府与某部队签订一份搬迁协议，约定按照先建后迁的原则组织实施。新建部队设施共需经费3730万元，由盐城市人民政府承担（由大丰区政府落实），于开工前一次性划拨到部队指定账号。经上级批准建设，新址征地和动迁完成并办理土地使用权证，资金一次性到位后一年内完成工程建设；工程完工验收合格，部队在3个月内完成部署调整后，将原地块移交盐城市。11月12日，大丰区国土局作出《关于批准收回国有土地使用权决定书》，经大丰区政府批准决定收回某部队的国有土地使用权，根据城市规划重新组织利用。截止瑞豪公司、顾某、汪某恒起诉之日，案涉地块南部和北部的营房等军事设施仍未拆除。

（二）瑞豪公司、顾某、汪某恒主张的实际损失主要包含以下三部分：1. 瑞豪公司因案涉房地产项目发生的运营管理费用损失。2015年9月1日，瑞豪公司、顾某、汪某恒向一审法院提出司法鉴定申请，要求对瑞豪公司自2013年1月25日起至2014年11月7日止发生的运营管理费用进行专项审计。经双方确认，一审法院委托江苏利安达兴业会计师事务所有限公司（以下简称利安达公司）进行司法鉴定。利安达公司于2016年4月18日出具《专项审计报告》，鉴定意见为：自2013年1月1日起至2014年11月7日止，瑞豪公司运营管理费用为6357023.96元。8月8日，利安达公司对《专项审计报告》作出补充鉴定意见：

自2013年1月1日起至2014年7月28日止，瑞豪公司运营管理费用5411365.86元。2. 瑞豪公司因案涉房地产项目所发生的前期开发费用损失。瑞豪公司、顾某、汪某恒提交合同、发票、银行付款凭证等证据，证明其为开发案涉房地产项目已支付税费等各类费用共计2626.37万元。3. 瑞豪公司为开发案涉房地产项目所发生的对外融资成本利息损失。瑞豪公司主张其为开发案涉房地产项目以年息15%分别向多个自然人借款本金合计15143.2万元，截止2014年12月31日需要支付利息41301586.65元。经一审法院在庭审中释明，瑞豪公司、顾某、汪某恒明确表示，如果其主张的违约金及定金请求只能选择其中的一项，其主张大丰区政府、大丰区国土局按照每日0.5‰标准计算的违约金。

一审法院认为，（一）关于瑞豪公司、顾某、汪某恒主张解除出让合同及补充协议能否成立的问题。大丰区政府以挂牌方式出让案涉国有建设用地使用权，顾某、汪某恒在缴纳5000万元竞买保证金并以最高价16460万元竞得案涉土地使用权后，与大丰区政府签订出让合同。该出让合同系双方真实意思表示，不违反法律、行政法规的禁止性规定，应认定有效。顾某、汪某恒为开发案涉房地产项目专门设立了瑞豪公司，并与大丰区国土局签订补充协议。从该补充协议内容看，大丰区国土局代表大丰区政府同意顾某、汪某恒将案涉土地使用权变更至瑞豪公司名下，由瑞豪公司继续履行出让合同约定的给付土地出让金的义务。可见，顾某、汪某恒基于出让合同的权利义务已通过补充协议，依法概括转让给瑞豪公司承继，瑞豪公司已取代顾某、汪某恒成为出让合同的受让人。虽然在补充协议中约定，剩余土地出让金的给付由顾某、汪某恒承担连带担保责任，但并不因此影响瑞豪公司作为受让人的资格。该补充协议仅涉及受让人的变更，不能因出让人的违约行为而导致该变更行为的解除，故瑞豪公司、顾某、汪某恒要求解除该补充协议，不予支持。

合同法第九十四条规定："当事人一方迟延履行主要债务，经催告后在合理期限内仍未履行，对方当事人可以解除合同。"本案中，双方在出让合同第六条约定，大丰区政府应在2013年6月30日前将案涉地块交付给受让人，并在交付土地时该地块应达到"三通一平"。在合同履行过程中，瑞豪公司多次催告大丰区政府履行义务，但案涉地块上的部队直至2014年7月仍未能搬迁，大丰区政府已构成违约。2014年7月21日，瑞豪公司委托江苏腾飞苑律师事务所致函大丰区政府时，虽表明了欲解除双方所签合同的意愿，但此后双方就合同履行的事宜仍继续进行磋商，并且瑞豪公司在2014年10月31日还向大丰区政府、大丰区国土局递交了《关于2012－D－05地块的催告函》，要求在接到函件之日起七日内交付符合合同约定的净地。实际上，瑞豪公司、顾某、汪某恒直至2014年11月7日才经公证正式向大丰区政府、大丰区国土局发出解除合同通知书，明确即日起解除出让合同及补充协议。故瑞豪公司行使法定解除权时间应认定为2014年11月7日。

本案合同标的为建设用地使用权，涉及资金数额大，履行周期长，瑞豪公司于2014年11月7日行使法定解除权不能认定为已超过合同法规定的合理期限。大丰区政府、大丰区国土局主张瑞豪公司已放弃解除权，案涉合同应当继续履行，但未提供瑞豪公司明确表示放弃解除权的证据予以证明。瑞豪公司在表明其解除合同意愿后与大丰区政府继续磋商的行为，亦不应认定为其通过行为表明默示地放弃了法定解除权，故大丰区政府、大丰区国土局主张瑞豪公司已放弃解除权的抗辩意见不能成立。大丰区政府于2014年11月8日收到该解除合同通知书，案涉出让合同已于该日解除。合同法第九十七条规定："合同解除后，尚未履行的，终止履行；已经履行的，根据履行情况和合同性质，当事人可以要求恢复原状、采取其他补救措施，并有权要求赔偿损失。"因此，在出让合同解除后，大丰区政府应当向瑞豪公司返还收取的土地出让金15143.2万元，并支付该款项自给付之日起至实际返还之日止的利息。其中，5000万元自2012年12月13日的次日起计算利息，10143.2万元自2013年2月1日的次日起计算利息。如造成瑞豪公司其他损失的，还应当赔偿损失。

（二）关于瑞豪公司、顾某、汪某恒主张的损失应如何认定的问题。因大丰区政府违约导致出让合同解除，故瑞豪公司有权依据违约金条款向大丰区政府主张违约责任。案涉出让合同同时约定了违约金条款和定金条款。根据合同法第一百一十六条关于"当事人既约定违约金，又约定定金的，一方违约时，对方可以选择适用违约金或者定金条款"之规定，一审法院对瑞豪公司、顾某、汪某恒在庭审中明确表示的优先适用违约金条款，予以准许。双方在出让合同第三十二条约定，出让人未按时提供出让土地而致使受让人占有使用延期的，每延期一日，出让人应当按受让人已支付出让价款的0.5‰给付违约金。瑞豪公司、顾某、汪某恒主张该违约金应当计算至大丰区政府实际返还土地出让金之日。对此，一审法院认为，该约定系为督促大丰区政府按时履行交付土地义务而专门设立的违约金，故其适用范围不得任意扩张。本案中，合同解除后导致大丰区政府交付土地义务终止以及返还土地出让金义务产生，尽管大丰区政府返还土地出让金的法定义务与交付土地的约定义务之间存在逻辑上的承接关系，但两者在义务来源、内容、目的等方面均存在明显区别，故不能认为两者仅属于义务形式的转换而具有同质性，并将违约金条款延伸涵盖至大丰区政府返还土地出让金义务。因案涉出让合同已于2014年11月8日解除，大丰区政府的交付土地义务已于该日终止，瑞豪公司、顾某、汪某恒主张大丰区政府继续按照合同约定支付违约金已丧失法律基础，故大丰区政府延期交地应支付违约金的时间，应当计算至合同解除之日即2014年11月8日。因出让合同的当事人为瑞豪公司和大丰区政府，故根据合同的相对性规则，应由大丰区政府按照合同约定返还土地出让金并支付瑞豪公司违约金共计37555136元（15143.2万元×0.5‰×496天）。

合同法第一百一十三条规定："当事人一方不履行合同义务或者履行合同义务不符合约定，给对方造成损失的，损失赔偿额应当相当于因违约所造成的损失，包括合同履行后可以获得的利益，但不得超过违反合同一方订立合同时预见到或者应当预见到的因违反合同可能造成的损失。"本案中，瑞豪公司、顾某、汪某恒主张的实际损失由瑞豪公司的运营管理费用、案涉房地产项目的前期开发费用、为开发案涉房地产项目的对外融资成本等三部分组成。对于瑞豪公司的运营管理费用，经鉴定为6357023.96元。对此，大丰区政府、大丰区国土局虽有异议，但未能提供足以推翻该鉴定意见的相应证据，故一审法院对该鉴定意见予以采信。对于案涉房地产项目的前期开发费用，一审法院认为，瑞豪公司、顾某、汪某恒为证明其已投入的前期开发费用，提交了有关合同、银行付款凭证、发票等证据，依据充分，除其主张的20万元"风水"咨询费以及合同解除后新增运营管理费用516万元外，皆系瑞豪公司为履行案涉出让合同而支出的合理费用，共计2090.37万元。对于瑞豪公司主张的融资成本利息损失，一审法院认为，瑞豪公司提交的证据不足以证明其就案涉项目开发实际支付了其主张的融资成本，且对建设用地使用权出让合同的出让方而言，受让方取得案涉地块资金的来源不属于其在订立合同时应当考虑的范畴，瑞豪公司主张其通过民间借贷产生的融资成本，不能认定为大丰区政府在订立合同时应当预见的损失。故瑞豪公司、顾某、汪某恒要求大丰区政府按照15%的年利率赔偿其利息损失不能成立。综上，对瑞豪公司、顾某、汪某恒主张的前两部分损失费用总计2726.07万元，予以认定。

案涉出让合同中关于违约金计算方式的约定，系双方当事人自愿协商订立的，理应诚实履行。双方在订立出让合同时，对合同履行期限应有合理预期，大丰区政府违约应承担的违约金数额未超出当事人订立合同时应当预见的范围，也未明显高于瑞豪公司因违约行为所遭受的合理损失。考虑到瑞豪公司对合同履行的期待利益等因素，该合理损失应包括但不限于瑞豪公司的运营管理费用，以及案涉房地产项目的前期开发费用等实际支出费用。因此，大丰区政府以数额过高为由主张调减违约金，依据不足，亦与双方订立合同时约定违约金的目的相悖，不予支持。在违约金已能够弥补实际损失的情况下，瑞豪公司、顾某、汪某恒再要求大丰区政府赔偿"其他经济损失"，不能成立，不予支持。

综上，瑞豪公司、顾某、汪某恒部分诉讼请求成立。一审法院依据合同法第八条、第九十四条、第九十六条、第九十七条、第一百零七条、第一百一十三条、第一百一十四条之规定，于2016年9月21日作出（2014）苏民初字第00035号民事判决：（一）确认《国有建设用地使用权出让合同》于2014年11月8日解除。（二）大丰区政府于本判决发生法律效力之日起十五日内向瑞豪公司返还土地出让金15143.2万元及利息（其中，5000万元自2012年12月14日至实际返还之日；10143.2万元自2013年2月2日至实际返还之日，均按照中国人民银行同期同类贷款基准利率计算）。（三）大丰区政府于本判决发生法律效力之日起十五日内向瑞豪公司支付违约金37555136元。（四）驳回顾某、汪某恒、瑞豪公司的其他诉讼请求。

本院受理本案后，于2017年1月12日、19日两次召开庭前会议，对于下列事项作了明确：（一）双方当事人二审中均不提交新的证据。（二）对于一审判决认定的事实，双方当事人均不持异议。（三）双方当事人对于一审判决关于出让合同已经于2014年11月8日解除以及本案应适用出让合同违约金条款的认定予以认可，同意不再作为本案争议焦点，并确认本案争议焦点为：1. 违约金计算的截止时间应如何认定；2. 瑞豪公司主张为开发案涉房地产项目以15%年息对外融资借款，其中超出中国人民银行同期同类贷款基准利率部分的利息是否应计入实际损失；3. 土地出让金及利息和违约金的给付时点，是从出让合同解除之日起算，还是从一审判决指定的履行期间届满之日起算。

本院对一审查明的事实予以确认。

二审另查明，2015年8月26日，盐城市人民政府下发盐政发［2015］119号《盐城市人民政府关于调整大丰行政区划的通知》，撤销县级大丰市，设立盐城市大丰区。

经本院当庭主持调解，双方当事人就本案争议事项达成调解协议。

本院认为，第二审人民法院审理当事人不服一审判决提起上诉的案件，应当围绕上诉人与被上诉人的诉辩主张，就第一审人民法院的裁判是否错误进行审查。《中华人民共和国民事诉讼法》第九十三条规定："人民法院审理民事案件，根据当事人自愿的原则，在事实清楚的基础上，分清是非，进行调解"。基于调解要在事实清楚、分清是非基础上进行的规定和二审的审查要求，以及本案的处理关涉社会公共利益的情形，本院在对调解协议效力进行审查确认的同时，就一审判决相关事实认定和法律适用问题评判如下：

（一）关于案涉出让合同的性质问题。建设用地使用权出让合同是出让方为实现社会公共利益或者行政管理目标，在法定职责范围内，与公民、法人或者其他组织协商订立的，具有行政法上权利义务内容的行政协议。虽然一审法院将本案作为民事案件予以受理，但符合当时的法律规定，且依据《最高人民法院关于适用〈中华人民共和国行政诉讼法〉若干问题的解释》第十四条"人民法院审查行政机关是否依法履行、按照约定履行协议或者单方变更、解除协议是否合法，在适用行政法律规范的同时，可以适用不违反行政法和行政诉讼法强制性规定的民事法律规范"以及第十五条第二款"原告请求解除协议或者确认协议无效，理由成立的，判决解除协议或者确认协议无效，并根据合同法等相关法律规定作出处理"的规定，案涉出让合同定性为行政协议，仍应适用合同法等民事法律规范予以调整，并不影响本案的实体裁判结果，加之双方当事人亦未就出让合同性质产生争议，故一审法院适用合同法等相关民事法律规范作出裁判正确。

（二）关于补充协议的性质及合同主体的问题。补充协议系大丰区国土局代表大丰区政府订立，该协议第一条至第三条约定，顾某、汪某恒经大丰区国土局同意将其竞得的案涉建设用地使用权登记至瑞豪公司名下，由瑞豪公司履行支付剩余土地出让金的义务，并由顾某、汪某恒对瑞豪公司支付剩余土地出让金承担无限连带责任。据此，可以认定案涉补充协议包含以下两部分内容：一是将顾某、汪某恒在出让合同项下的权利义务概括移转给瑞豪公司，二是顾某、汪某恒对瑞豪公司支付剩余土地出让金的债务构成债的加入。由于补充协议自签订生效之时即发生出让合同项下权利义务概括移转的法律后果，且根据本案已查明事实，在补充协议签订前，即2013年2月1日，瑞豪公司已支付剩余的10143.2万元出让金，加上顾某、汪某恒之前缴纳的5000万元保证金，案涉土地出让金已全部支付完毕，加之瑞豪公司、顾某、汪某恒在上诉中亦主张，顾某、汪某恒缴纳的5000万元保证金系属瑞豪公司支付的土地出让金，已转化为顾某、汪某恒与瑞豪公司之间的借款关系。故，补充协议的权利义务已因履行完毕而告终止，顾某、汪某恒基于补充协议的履行而不再是案涉建设用地使用权出让法律关系的权利义务主体，不应具备本案原告主体资格。一审判决判令大丰区政府向瑞豪公司返还相关款项正确。

（三）关于一审判决确认案涉出让合同已解除是否正确的问题。由于大丰区政府超过合同约定期限并经催告后未能履行交付案涉土地的义务，瑞豪公司根据出让合同第三十二条约定以及合同法第九十四条规定，既享有约定合同解除权，也享有法定解除权。瑞豪公司在本案起诉和一审审理过程中，同时主张约定解除权和法定解除权，故一审法院适用法定解除权的规定确认出让合同已经解除并无不当。合同解除权是在符合法定或者约定条件时，赋予合同一方当事人的形成权，其行使将导致既存合同关系废止，对当事人之间的权利义务会产生巨大影响，故其放弃须经解除权人明示，除法律有明确规定或者当事人有明确约定外，不得仅以单纯的沉默推定解除权人放弃解除权。同样，以解除权人默示的行为推定其放弃解除权的，也应严格加以把握。解除条件成就后，解除权人未行使解除权，而是催告债务人继续履行，并对债务人依据合同约定全面履行给付义务的行为予以受领的，才构成对解除权的放弃。本案中，瑞豪公司虽实施将土地使用权证分割登记在其名下并进行了相关施工设计及建造售楼处等行为，但并不因此而变更出让合同中关于大丰区政府负有交付“三通一平”净地义务的约定，亦不能认定为大丰区政府对其交付义务的全面履行，故一审判决认定瑞豪公司并未以行为方式默示地放弃解除权并确认案涉出让合同解除正确。此外，瑞豪公司虽于2014年7

月21日委托江苏腾飞苑律师事务所致函大丰区政府表明其欲解除合同的意愿，但大丰区政府接到函件后表示做好协调工作，此后双方就合同履行事宜继续磋商，故瑞豪公司2014年7月21日的致函行为，系就出让合同与大丰区政府进行协商解除，而非系依据合同法第九十三条第二款、第九十四条的规定行使解除权。对于一审判决关于出让合同于2014年11月8日解除的认定，二审中双方当事人均表示认可，本院予以确认。

在对相关争议焦点进行法庭调查和辩论的基础上，经本院主持调解，由大丰区政府作为甲方，瑞豪公司作为乙方，大丰区国土局作为丙方，顾某、汪某恒作为丁方，自愿达成如下协议：

（一）各方一致同意，涉及编号为2012－D－05地块的《国有建设用地使用权出让合同》予以解除，不再继续履行。

（二）甲方返还乙方土地出让金15143.2万元，并按年息9.9%标准计算补偿乙方相应的利息损失6009.5万元（其中，5000万元利息损失自2012年12月14日起算至2017年1月20日；10143.2万元利息损失自2013年2月2日起算至2017年1月20日）。

（三）甲方向乙方支付违约金37555136元。

（四）上述第二、三条所涉款项合计249082136元，于2017年1月26日前由甲方一次性向乙方支付。

（五）乙方收到上述第二、三条所涉款项后五日内（法定假日除外）向甲方移交1号楼（售楼部）包括所有规划、设计、施工图纸及土地使用权证在内的全部资料、权证，并完成办理土地使用权证注销登记手续。

（六）如甲方不能按照上述第四条约定付款，则需对延期付款部分，按照中国人民银行同期同类贷款基准利率的四倍向乙方支付逾期付款违约金。

（七）二审案件受理费用甲乙双方各自承担，一审诉讼费用1448836元，由甲方负担1079069元，此款于2017年1月26日前由甲方向乙方支付，其余款项由乙方承担。

（八）本协议一式四份，甲乙丙丁各执一份。各方余无纠葛。

（九）本调解协议经各方当事人签名或者盖章，经人民法院审查确认后即具有法律效力。

上述协议，不违反法律规定，本院予以确认。

二审案件受理费 1618603 元，由盐城市大丰区人民政府负担 1348836 元，减半收取 674418 元；由江苏瑞豪置业有限公司负担 269767 元，减半收取 134883.5 元。

本调解书经各方当事人签收后，即具有法律效力。

审判长：江必新；审判员：王旭光、王展飞；法官助理：刘牧晗；书记员：王雪

二〇一七年一月二十四日

专题二十八

附解除条件的合同，其解除的发生不依赖于当事人的意思表示，当合同约定的解除条件成就时合同自行失效

——中科恒源科技股份有限公司与无锡尚德太阳能电力有限公司、江西顺风光电投资有限公司、平罗中电科能源有限公司买卖合同纠纷案

【裁判观点】

《中华人民共和国合同法》第四十五条规定了附解除条件的合同，第九十三条、第九十四条规定了当事人的合同解除权。第四十五条规定的附解除条件的合同，其解除的发生不依赖于当事人的意思表示，无需当事人再有何种意思表示，当合同约定的解除条件成就时合同自行失效。而第九十三条、第九十四条规定的合同解除是指合同有效成立后，依赖于当事人的意思表示（包括行使解除权），使合同关系消灭，这里解除合同的条件可能是约定的，也有可能是法定的。而本案《补充协议》中“如果EPC合同不能签订，则原合同（《太阳能组件销售合同》）签订的基础不存在，原合同终止履行”的约定应当属于《中华人民共和国合同法》第四十五条规定的附解除条件的约定。

中华人民共和国最高人民法院

民事判决书

案号（2017）最高法民终805号

上诉人（原审被告、反诉原告）：无锡尚德太阳能电力有限公司。

法定代表人：张伏波。

委托诉讼代理人：王璟。

被上诉人（原审原告、反诉被告）：中科恒源科技股份有限公司。

法定代表人：向军。

委托诉讼代理人：刘兴华。

委托诉讼代理人：黄百瑜。

原审第三人：江西顺风光电投资有限公司。

法定代表人：史建敏。

委托诉讼代理人：段新军。

原审第三人：平罗中电科能源有限公司。

法定代表人：史建敏。

委托诉讼代理人：段新军。

上诉人无锡尚德太阳能电力有限公司（以下简称无锡尚德公司）因与被上诉人中科恒源科技股份有限公司（以下简称中科恒源公司）、原审第三人江西顺风光电投资有限公司（以下简称江西顺风公司）、平罗中电科能源有限公司（以下简称平罗中电科公司）买卖合同纠纷一案，不服江苏省高级人民法院2017年7月3日作出的（2016）苏民初51号民事判决，向本院提起上诉。本院于2017年10月10日立案后，依法组成合议庭，开庭进行了审理。上诉人无锡尚德公司的委托诉讼代理人王璟，被上诉人中科恒源公司的委托诉讼代理人刘兴华、黄百瑜，原审第三人江西顺风公司和平罗中电科公司共同的委托诉讼代理人段新军到庭参加诉讼。本案现已审理终结。

无锡尚德公司上诉请求：1. 撤销原判，驳回中科恒源公司的全部诉讼请求；2. 支持无锡尚德公司的反诉请求，判决中科恒源公司赔偿无锡尚德公司经济损失246636763元；3. 一、二审诉讼费由中科恒源公司承担。事实和理由：（一）一审判决认为130兆瓦发包行为不能构成中科恒源公司与无锡尚德公司之间《太阳能组件销售合同》的基础，系认定事实错误。1. 江西顺风公司子公司平罗中电科公司已经基于无锡尚德公司与中科恒源公司签订的《太阳能组件销售合同》以及《补充协议》等合同的相关约定，在2014年5月与中科恒源公司签订《130兆瓦EPC总承包合同》，即向中科恒源公司发包了130兆瓦光伏工程。该130兆瓦光伏工程属于《太阳能组件销售合同》及《补充协议》中约定的江西顺风公司向中科恒源公司发包200兆瓦光伏电站工程的重要组成部分。2.《太阳能组件销售合同》及《补充协议》约定，江西顺风公司及其子公司需向中科恒源公司发包200兆瓦光伏电站工程且签订EPC合同，这一事件是中科恒源公司向无锡尚德公司采购光伏组件的基础。一审判决在认可了130兆瓦发包行为系客观事实的前提下，提出该《130 兆瓦 EPC 总承包合同》中约定光伏组件由发包方平罗中电科公司提供，这与《2014 年光伏电站项目合作协议》约定组件由承包方中科恒源公司提供不符。据此，一审判决否定了 130 兆瓦发包行为构成《太阳能组件销售合同》基础的可能性与正当性。但《太阳能组件销售合同》不予解除之条件系江西顺风公司及其子公司需向中科恒源公司发包光伏电站工程项目且签订 EPC 合同，其中并未将 EPC 合同中组件采购主体作为判断解除条件成就与否的因素。同时必须指出的是，无锡尚德公司并非《130 兆瓦 EPC 总承包合同》的主体，该合同的约定对无锡尚德公司没有任何约束力。（二）一审判决认定“中科恒源公司主张解除《太阳能组件销售合同》有相应解除权”且认定“《太阳能组件销售合同》所附解除条件于 2015 年 1 月 1 日成就”，并以此判决无锡尚德公司承担违约责任错误。1.《太阳能组件销售合同》及《补充协议》中对合同终止的约定属于附条件的法律行为，并未设置当事人的解除权，亦不存在任意一方可以解除合同的意思表示。中科恒源公司单方通知无锡尚德公司解除合同的行为，不发生解除合同的法律效力。此外，中科恒源公司关于合同何时解除的陈述自相矛盾，实为回避问题。一方面其“主张涉案合同于 2014 年 8 月份解除”，另一方面又声称：“一审判决认为该合同在 2014 年 12 月 31 日解除”，并辩称：“我方（中科恒源公司）认为不论何时解除，并不妨碍中科恒源公司要求无锡尚德公司返还货款的权利，何时解除只是对违约金的计算不同而已”。中科恒源公司在发回重审中未变更诉讼请求，即“主张销售合同以及补充协议于 2014 年 8 月 29 日《解除合同通知书》送达之日起解除并自该日起支付违约金”，一审法院径直作出与中科恒源公司诉讼请求不符的判决，违反法定程序。2. 中科恒源公司故意促成《太阳能组件销售合同》及其《补充协议》约定的合同终止条件的成就，以逃避其应承担的合同责任，主观上有明显恶意。根据《中华人民共和国合同法》第四十五条第二款的规定：“当事人为自己的利益不正当地阻止条件成就的，视为条件已成就；不正当地促成条件成就的，视为条件不成就”。中科恒源公司擅自毁约显属“不正当地促成条件成就”的恶意行为。3. 本案所涉《2014 年光伏电站项目合作协议》已经履行，平罗中电科公司已经向中科恒源公司发包并签署 EPC 合同，《太阳能组件销售合同》终止条件并不成就。作为《太阳能组件销售合同》的当事人无锡尚德公司在履行合同过程中没有任何过错，不存在任何违约。退一步讲，即使经法院审理后综合考虑认定涉案《太阳能组件销售合同》无法继续履行应当终止，无锡尚德公司的退款义务亦应得到合理、公平的确定，而不能径直以2015年1月1日作为《太阳能组件销售合同》解除日期，更不应以此日期起算判令无锡尚德公司承担违约金。一审判决酌定按照中国人民银行同期同类贷款基准利率的4倍计算违约金及利息，该利率远大于双方约定的15%。（三）一审法院在无锡尚德公司提供大量充分证据证明为履行《太阳能组件销售合同》而备料，并因中科恒源公司违约解除《太阳能组件销售合同》而产生差价、资金占用等巨额损失的情况下，却作出“无锡尚德公司并未举证证明其针对《太阳能组件销售合同》进行了相关备货生产”的错误认定，于理于法不符，应予纠正。1. 江西顺风公司子公司平罗中电科公司已经于2014年5月与中科恒源公司签订《130兆瓦EPC总承包合同》并实际发包和开始依约履行该EPC合同。《太阳能组件销售合同》的解除条件已经因江西顺风公司与中科恒源公司实际履行《2014年光伏电站项目合作协议》而消灭。中科恒源公司擅自于2014年8月向无锡尚德公司发《解除合同通知书》已构成违约，应承担违约赔偿责任。2. 无锡尚德公司在收到中科恒源公司依约支付的2.06亿元预付款后，为了依约履行合同约定的分批交货义务以及大额组件合同备货交货惯例，必须按照合同约定准备货源、采购原材料等，为此已经产生了前期投入和成本。《太阳能组件销售合同》交货日期未具体确定是大额合同具体履行期限问题，并不能说明供货方不能履行合同或者违反了先合同义务。合同设立预付款的目的正是为准备原材料、组织生产线等使合同更好地得到履行。根据《中华人民共和国合同法》第四十二条第三项之规定，一方当事人违背诚实信用原则，给对方造成损失的，应当承担损害赔偿责任。据此，中科恒源公司擅自发解除函的违约行为给无锡尚德公司造成巨大经济损失，应承担相应的缔约过失责任和违约赔偿责任。（四）一审法院没有审查EPC合同的履行情况，武断认定合同终止，甚至将合同无法履行的责任强加给平罗中电科公司，没有事实依据。原发回重审裁定明确要求应查明是否存在第三人向中科恒源公司发包200兆瓦光伏工程的行为，并查明合同履行情况。此外，发回重审的裁定还要求应查明无锡尚德公司基于合理信赖准备货源而产生的损失，但一审没有查明。

中科恒源公司辩称，一审判决认定事实清楚，适用法律正确，请求维持原判。事实和理由：（一）《130兆瓦EPC总承包合同》不能构成2014年200兆瓦光伏电站项目的组成部分。江西顺风公司和无锡尚德公司有关联关系，2013 年 12 月 23 日签订的《2014 年光伏电站项目合作协议》《太阳能组件销售合同》，以及 2013 年 12 月 24 日的《补充协议》是一个整体。无锡尚德公司在原一审、二审中都承认《太阳能组件销售合同》是附解除条件的合同，第一个条件是江西顺风公司应在 2014 年内发包项目，第二个条件是中科恒源公司必须采购无锡尚德公司的产品并将成品用到江西顺风公司的项目中去，两个条件同时具备才能成就合同。一审中已经查实《130 兆瓦 EPC 总承包合同》的签订和履行情况，该合同组件是平罗中电科公司提供，这与原协议中组件由中科恒源公司提供相违背。该《130 兆瓦 EPC 总承包合同》的签订不能实现《太阳能组件销售合同》的目的。（二）130 兆瓦光伏电站项目上已经发生矛盾，中科恒源公司的工人被强行赶离现场，此种情况下，2014 年 8 月 22 日中科恒源公司向无锡尚德公司寄送《解除合同通知书》是及时维护自身权益的行为。中科恒源公司基于信赖，期待江西顺风公司能够将工程项目发包给中科恒源公司承包。无锡尚德公司没有提供证据证明未能与江西顺风公司签订承包合同的责任在于中科恒源公司，中科恒源公司不构成违约。（三）无论《太阳能组件销售合同》是在 2014 年 8 月 25 日解除，还是在 2015 年 1 月 1 日解除，无锡尚德公司均应返还货款并承担责任。一审判决对中科恒源公司主张的违约金没有支持，没有代替中科恒源公司行使诉讼权利。一审判决认定合同自 2015 年 1 月 1 日解除是有依据的。（四）中科恒源公司因支付巨额货款已经负债，无锡尚德公司故意拖延司法程序，浪费司法资源，现在又主张违约金过高，事实上一审判决已经酌情考虑了违约金过高的问题。（五）无锡尚德公司主张的可得利益损失毫无事实依据，其申请中止审理亦无事实及法律依据。《130 兆瓦 EPC 总承包合同》与 200 兆瓦光伏电站合同完全没有关系。

江西顺风公司和平罗中电科公司述称，一审判决认定事实错误，判决结果不公正。事实和理由：本案因为中科恒源公司违约擅自停工导致《130 兆瓦 EPC 总承包合同》无法履行。但是一审未调查就认定平罗中电科公司另行发包导致了合同终止，将过错归责于第三人，并认为中科恒源公司有合同解除权，不符合客观事实。

中科恒源公司向一审法院起诉请求：1. 无锡尚德公司退还已收中科恒源公司货款 2.06 亿元及利息（以 2.06 亿元为基数，按照中国人民银行同期贷款利率从 2014 年 3 月 31 日起计算至判决确定的给付之日止）；2. 无锡尚德公司向中科恒源公司支付违约金（从2014年8月29日起至延期退款60日内，违约金以已付合同款为基数，按日万分之五计算；延期超过60日，无锡尚德公司支付3090万元违约金）；3. 诉讼费用由无锡尚德公司负担。

无锡尚德公司向一审法院反诉请求：1. 中科恒源公司赔偿无锡尚德公司经济损失246636763元；2. 中科恒源公司承担本案的全部诉讼费用、保全费用。

一审法院认定事实：2013年12月23日，江西顺风公司与中科恒源公司签订《2014年光伏电站项目合作协议》，约定江西顺风公司或江西顺风公司项目公司作为发包方，采用EPC合同模式，将项目的建设交由中科恒源公司实施；中科恒源公司作为工程建设总承包方，依据合同约定及相关法律司法解释的规定履行义务；具体的EPC合同及合同所涉及的细节，由双方协商后共同制定、签署；中科恒源公司必须选用江西顺风公司指定无锡尚德公司的组件产品，应用于江西顺风公司项目，组件产品质量责任由江西顺风公司承担；江西顺风公司在2014年内向中科恒源公司发包的EPC总承包项目规模为200兆瓦，如果中科恒源公司承建速度和质量能满足江西顺风公司要求，江西顺风公司同意可以在200兆瓦基础上增加发包规模。协议同时约定，“EPC”是指光伏电站项目建设中，承包人完成设计、采购、施工，将可以实际投入运营的光伏电站交付给发包方的行为；“组件”指太阳能电池片或由激光机切割开的不同规格的太阳能电池组合在一起构成发电单元。协议还就保密、不可抗力、争议解决等作了约定。

同日，中科恒源公司与无锡尚德公司签订《太阳能组件销售合同》，约定中科恒源公司向无锡尚德公司采购太阳能组件；采购的太阳能组件金额总计9亿元；其中，型号STP245－20/Wd太阳能组件数量80兆瓦，单价4.5元/瓦，总价3.6亿元，型号STP250－20/Wd太阳能组件数量120兆瓦，单价4.5元/瓦，总价5.4亿元；中科恒源公司分三次向无锡尚德公司支付合同价款，第一次付款，即合同价款的28%，由中科恒源公司在合同签订后的5个工作日内以现金或承兑汇票支付，无锡尚德公司在收到预付款5个工作日内，根据双方约定开始分批供货；太阳能组件交货时间，由双方在合同签订后协商确定。合同还就其他事项作了约定。

2013年12月24日，中科恒源公司与无锡尚德公司签订《补充协议》，对《太阳能组件销售合同》作补充约定：组件单价由4.5元/瓦变更为按同期市场价格确定；合同总价包含运费；单价变更后，合同总价做相应变更；《太阳能组件销售合同》的签订建立在江西顺风公司及其子公司同意将其储备的200兆瓦地面光伏电站交由中科恒源公司做工程总承包、并签订《工程建设总承包（EPC）合同》基础上，如果《工程建设总承包（EPC）合同》不能签订，则《太阳能组件销售合同》签订基础不存在，该合同终止履行；合同终止后，无锡尚德公司退还已经支付的合同价款及同期银行贷款利息，其中利息计算的起算时间为2014年3月31日；无锡尚德公司不退还合同款时，每延期1日，向中科恒源公司支付已付合同款万分之五的违约金，延期超过60日，向中科恒源公司支付已付合同款总额15%的违约金。

2013年12月24日，中科恒源公司向无锡尚德公司汇款3600万元。同年12月31日前，无锡尚德公司收到中科恒源公司44张承兑汇票，金额合计1.7亿元。

2014年8月22日，中科恒源公司向无锡尚德公司寄送《解除合同通知书》一份，载明：依照《补充协议》第三条的约定，特函告：一、解除双方于2013年12月23日签订的《太阳能组件销售合同》以及于2013年12月24日签订的《补充协议》。二、无锡尚德公司在收到该通知书后3日内，立即无条件向中科恒源公司一次性退还所收货款并支付以所收货款为基数计取的同期银行贷款利息。三、无锡尚德公司如未依约退还上述货款并支付利息，则应依照《补充协议》承担相应违约责任。该邮件于2014年8月25日由无锡尚德公司签收。

一审另查明，无锡尚德公司于2013年3月20日经江苏省无锡市中级人民法院裁定进入破产重整程序。2013年11月15日，该院作出（2013）锡破字第5-2号民事裁定，裁定批准无锡尚德公司重整计划，终止重整程序。

一审再查明，无锡尚德公司确认：在2015年1月7日，其法定代表人为史建敏，股东为顺风控股公司和顺风中国公司；江西顺风公司法定代表人为史建敏，股东为顺风中国公司。一审法院于2015年1月15日查询无锡尚德公司工商登记资料，显示无锡尚德公司法定代表人于2014年3月11日变更为史建敏，股东是顺风控股公司和顺风中国公司。

一审还查明，2014年5月20日，江西顺风公司的子公司和项目公司平罗中电科公司作为业主方、中科恒源公司作为总承包方签订《130兆瓦EPC总承包合同》，载明："鉴于业主方拟建造中电科平罗二期30MWp、三期50MWp、四期50MWp光伏电站工程……双方就本建设工程施工项目协商一致，签订本合同"。合同总价款为人民币（大写）伍亿贰仟叁佰玖拾万元整（￥52390万元）（含税价)，即固定综合单价为：4.03元/瓦（组件除外）。(工程量清单见本合同附件)。附件八合同工程量清单第一部分光伏场区所列太阳能电池组件栏备注：“总容量130.2263MW业主提供”。该合同6.2条业主方提供的材料和工程设备部分约定，“业主方不提供材料和工程设备，若双方约定合同中有业主方提供的材料和工程设备，总承包应承担业主方供货设备或材料的卸车和场内二次运输等工作”。6.2.1条规定，“业主方提供部分材料和工程设备的：光伏组件。”

在宁夏回族自治区石嘴山市中级人民法院审理的（2014）石民初字第150号案件，即康学山诉西安东庆公司、平罗中电科公司侵权责任纠纷一案中，西安东庆公司提交《EPC总承包合同》、平罗中电科公司二期30MWp、三期50MWp、四期50MWp光伏电站项目EPC总承包合同部分内容、平罗中电科公司130MWp光伏并网电站动工建设报道等证据，拟证明：该项目早于2014年3月25日由原承建方进场开工建设，西安东庆公司作为总承包方于2014年8月1日与平罗中电科公司签订《EPC总承包合同》，接手该项目，8月8日生效，8月19日进场施工。平罗中电科公司在该案中对西安东庆公司所提交的上述证据的真实性、合法性、关联性以及证明目的均无异议。

2015年7月8日，中科恒源公司以平罗中电科公司为被申请人向上海仲裁委员会申请仲裁，请求裁决由平罗中电科公司向其支付工程款及利息、场地看护费用及利息、其他损失共计33509981.74元（计算期间暂定至2015年7月9日)，具体金额以裁决认定的期间和金额为准；由平罗中电科公司承担全部仲裁费用及其他因仲裁活动而产生的费用。主要事实和理由是，《130兆瓦EPC总承包合同》签订后，中科恒源公司在没有收到任何费用的情况下投入大量资金，进行了项目的整体设计、组织工程及设备的招投标工作并完成了项目的场地平整工作。但平罗中电科公司以资金短缺为由拒绝按照合同支付工程款，中科恒源公司催款无果，被迫于2014年7月暂停工程施工。后平罗中电科公司组织人力强占项目B、D标段施工现场并选定新的施工企业对该两标段进行施工。

一审争议焦点：1. 中科恒源公司主张解除《太阳能组件销售合同》是否有相应的解除权，如果有，《太阳能组件销售合同》的解除时间是何时。2. 如果中科恒源公司属于有解除权而主张解除《太阳能组件销售合同》，无锡尚德公司支付的违约金及利息应当如何确定。3. 如果中科恒源公司不具有《太阳能组件销售合同》的解除权，那么无锡尚德公司主张中科恒源公司赔偿损失的项目和金额应如何确定。

一审法院认为，一、中科恒源公司主张解除《太阳能组件销售合同》有相应的解除权，《太阳能组件销售合同》的解除时间是2015年1月1日。

1. 根据《太阳能组件销售合同》及《补充协议》，中科恒源公司与无锡尚德公司签订《太阳能组件销售合同》的基础是江西顺风公司及其子公司同意在2014年将200兆瓦地面光伏电站交由中科恒源公司做工程总承包并签订《工程建设总承包（EPC）合同》，而《太阳能组件销售合同》约定的主要内容就是中科恒源公司向无锡尚德公司购买太阳能组件，这一内容与中科恒源公司、江西顺风公司在同一天所签订的《2014年光伏电站项目合作协议》相互对应，即中科恒源公司必须选用江西顺风公司指定无锡尚德公司的组件产品应用于前述合作协议所涉江西顺风公司及其子公司项目。据此，《补充协议》所载《太阳能组件销售合同》签订基础所指向的江西顺风公司及其子公司交由中科恒源公司做工程总承包的《工程建设总承包（EPC）合同》，应是指中科恒源公司作为承包方负责完成采购的材料包括太阳能光伏组件的EPC合同。需要指出的是，《2014年光伏电站项目合作协议》指定必须选用无锡尚德公司的组件产品以及无锡尚德公司得以在上述合作协议签订的同一天即与中科恒源公司签订《太阳能组件销售合同》，是与江西顺风公司和无锡尚德公司的股东均包括顺风中国公司、法定代表人均为史建敏，即江西顺风公司与无锡尚德公司存在关联关系直接相关的；而中科恒源公司在与无锡尚德公司签订《太阳能组件销售合同》后在短短8天之内即向无锡尚德公司预付巨额货款2.06亿元，亦是基于其与江西顺风公司所签订的《2014年光伏电站项目合作协议》中关于其须选用无锡尚德公司组件产品的约定。

2. 本案中，无锡尚德公司及江西顺风公司、平罗中电科公司均主张2014年5月20日中科恒源公司与平罗中电科公司所签订的《130兆瓦EPC总承包合同》即属于上述《补充协议》所指《工程建设总承包（EPC）合同》项下的合同。对此，一审法院认为，尽管平罗中电科公司系顺风中国公司的子公司，上述《130兆瓦EPC总承包合同》的签订时间也是在2014年，合同主体、签订时间、工程项目均能够与中科恒源公司、江西顺风公司所签订的《2014年光伏电站项目合作协议》对应一致，但是该《130兆瓦EPC总承包合同》所约定的合同价款中明确组件除外，并在合同其他条款中明确太阳能光伏组件由平罗中电科公司提供，这与《2014年光伏电站项目合作协议》关于组件由中科恒源公司向无锡尚德公司采购并用于江西顺风公司项目的约定完全不同，即中科恒源公司在《130兆瓦EPC总承包合同》中作为承包方并不负责采购太阳能组件，根据合同约定其从业主方所获得合同价款中也明确不包括太阳能组件部分，故该《130兆瓦EPC总承包合同》的签订及履行并不构成中科恒源公司与无锡尚德公司之间《太阳能组件销售合同》的基础，无锡尚德公司及江西顺风公司、平罗中电科公司以《130兆瓦EPC总承包合同》抗辩主张中科恒源公司无权主张解除《太阳能组件销售合同》，缺乏事实依据，依法不应予以支持。

3. 如前所述，一方面，2014年5月20日《130兆瓦EPC总承包合同》并不构成《补充协议》所载《太阳能组件销售合同》的签订基础；另一方面，根据江西顺风公司的子公司平罗中电科公司在另案中对相关证据材料的确认，平罗中电科公司在2014年8月1日已经就《130兆瓦EPC总承包合同》所涉工程项目另行与其他承包方签订EPC合同，该其他承包方于2014年8月19日进场施工，换言之，平罗中电科公司与中科恒源公司至迟在2014年8月19日已经实际终止履行《130兆瓦EPC总承包合同》。而根据中科恒源公司向上海仲裁委员会所提交的仲裁申请书，中科恒源公司与平罗中电科公司就此并非没有争议。据此，在中科恒源公司已经根据《2014年光伏电站项目合作协议》约定，与无锡尚德公司签订《太阳能组件销售合同》并预付巨额货款，而时至2014年8月，江西顺风公司及其子公司仍没有按照《2014年光伏电站项目合作协议》将地面光伏电站项目向中科恒源公司发包、没有与中科恒源公司签订内容包括由中科恒源公司负责采购太阳能光伏组件的《工程建设总承包（EPC）合同》的情形下，江西顺风公司的子公司平罗中电科公司与中科恒源公司就其他地面光伏电站项目的EPC合同又产生争议并实际终止履行，此时，中科恒源公司于2014年8月22日向无锡尚德公司发出《解除合同通知书》并于2014年8月25日提起诉讼，主张无锡尚德公司按照《补充协议》的约定退还货款，并不存在不正当促成《太阳能组件销售合同》解除条件成就的意图。而另一方面，无锡尚德公司、江西顺风公司、平罗中电科公司在本案中除了提出了前述已经一审法院论证不成立的抗辩主张，即无锡尚德公司、江西顺风公司、平罗中电科公司认为《130兆瓦EPC总承包合同》即属于《2014年光伏电站项目合作协议》项下EPC合同，故中科恒源公司主张解除《太阳能组件销售合同》没有依据之外，并没有提交证据证明江西顺风公司及其子公司存在将其他光伏电站项目向中科恒源公司发包的意向，或合同因为中科恒源公司提出解除《太阳能组件销售合同》以及提起本案之诉而没有能够实际签订或履行。综上，无锡尚德公司关于中科恒源公司存在不正当促成解除条件成就情形的主张，无事实依据，依法不应予以支持。

4. 根据前述第1点分析，《太阳能组件销售合同》所附解除条件是江西顺风公司及其子公司与中科恒源公司不能在2014年内签订中科恒源公司作为承包方负责完成采购的材料包括太阳能光伏组件的200兆瓦地面光伏电站项目《工程建设总承包（EPC）合同》。在本案诉讼期间，无论是无锡尚德公司，还是江西顺风公司、以及江西顺风公司的子公司平罗中电科公司均未举证证明江西顺风公司及其子公司或者项目公司在2014年内与中科恒源公司签订了上述合同，故《太阳能组件销售合同》所附解除条件于2015年1月1日成就。

二、关于无锡尚德公司支付的违约金及利息应当如何确定的问题

1. 依据《补充协议》关于《太阳能组件销售合同》终止后无锡尚德公司应当退还已付合同价款的约定，无锡尚德公司应当向中科恒源公司返还2.06亿元货款。至于中科恒源公司关于江西顺风公司及其子公司不可能在2014年8月22日后与中科恒源公司签订《工程建设总承包（EPC）合同》《太阳能组件销售合同》所附解除条件已于2014年8月22日成就的主张，与一审法院上述关于《太阳能组件销售合同》所附解除条件于2015年1月1日成就的认定不符，不应予以支持。

2. 中科恒源公司主张，依据《补充协议》的约定，无锡尚德公司应当支付利息及违约金，其中利息自2014年3月31日起，以2.06亿元为基数按照中国人民银行同期贷款基准利率计算至判决确定的给付之日止，违约金自2014年8月29日起计算，延期退款超过60日的，按已付合同款总额15%确定违约金。上述利息主张符合《补充协议》约定，但违约金起算日主张则与约定不符，如前所述，《太阳能组件销售合同》自2015年1月1日解除，故违约金计算应当以2015年1月1日为起算日。至判决作出之日，无锡尚德公司迟延退款已超过60日，按照《补充协议》约定，违约金数额应为已付合同款总额的15%即3090万元。虽然无锡尚德公司在本案中就其所提出的即使经法院审理后确定《太阳能组件销售合同》

终止，其退款义务亦应得到合理确定的具体理由并不成立，但鉴于《太阳能组件销售合同》约定违约金过高，且无锡尚德公司已经就退款提出了抗辩主张，一审法院综合合同履行情况等因素，酌定将2015年1月1日起算的利息部分及违约金调整为，自2015年1月1日起至实际给付之日止，以2.06亿元为基数，按照中国人民银行同期同类贷款基准利率的4倍计算违约金及利息，但按照该标准计算的违约金及利息不得超过3090万元，超过3090万元的，自超过之日起至实际给付之日止，以2.06亿元为基数，按照中国人民银行同期同类贷款基准利率计算利息。

三、无锡尚德公司关于中科恒源公司应当赔偿损失的反诉主张不能成立。

如前所述，中科恒源公司主张其对于《太阳能组件销售合同》有相应的解除权，并不构成违约。无锡尚德公司主张，中科恒源公司单方通知解除合同，造成无锡尚德公司为履行《太阳能组件销售合同》采购原材料的差价损失、资金占用损失、向原材料供应商违约损失以及太阳能组件低价转售损失、可得利益损失。然而，依据《太阳能组件销售合同》以及《补充协议》的约定，中科恒源公司向无锡尚德公司采购太阳能组件，建立在江西顺风公司及其子公司在2014年内向中科恒源公司发包EPC总承包项目且约定中科恒源公司作为承包方负责完成采购的材料包括太阳能光伏组件基础上，双方并未约定具体供货日期。且无锡尚德公司并未举证证明其针对《太阳能组件销售合同》进行了相关备货生产，故无锡尚德公司主张中科恒源公司赔偿其所诉实际损失及可得利益损失，无事实依据，依法不应予以支持。

综上，《太阳能组件销售合同》所附解除条件于2015年1月1日成就，无锡尚德公司应当返还中科恒源公司2.06亿元货款，并支付违约金及相应利息。无锡尚德公司关于中科恒源公司应当赔偿损失的反诉请求不应支持。依照《中华人民共和国合同法》第四十五条第一款、第一百一十四条第一款、第二款，《中华人民共和国民事诉讼法》第一百四十二条之规定，判决如下：一、无锡尚德公司于判决生效后十日内向中科恒源公司返还货款2.06亿元，并支付相应利息及违约金（自2014年3月31日起至2014年12月31日止，以2.06亿元为基数，按照中国人民银行同期同类贷款基准利率计算利息；自2015年1月1日起以2.06亿元为基数，按照中国人民银行同期同类贷款基准利率的4倍计算违约金及利息至3090万元；自超过前述 3090 万元之日起至实际给付之日止，以 2.06 亿元为基数，按照中国人民银行同期同类贷款基准利率计算利息)。二、驳回中科恒源公司其他诉讼请求。三、驳回无锡尚德公司反诉诉讼请求。如未按判决指定的期间履行给付金钱义务，应当依照《中华人民共和国民事诉讼法》第二百五十三条之规定，加倍支付迟延履行期间的债务利息。本诉案件受理费 1071800 元，由无锡尚德公司负担，中科恒源公司预交的本诉案件受理费 4541800 元由一审法院退还中科恒源公司，无锡尚德公司于判决生效之日起十日内向一审法院交纳本诉案件受理费 1071800 元；反诉案件受理费 1274984 元，减半收取为 637492 元，由无锡尚德公司负担。上述无锡尚德公司应向一审法院交纳的本诉案件受理费 1071800 元以及一审法院应向无锡尚德公司退还的反诉案件受理费中的剩余部分 637492 元冲抵后，无锡尚德公司于判决生效后十日内向一审法院交纳案件受理费 434308 元。

本院二审期间，无锡尚德公司、江西顺风公司、中科恒源公司未提交新证据，平罗中电科公司围绕上诉请求依法提交了证据。本院组织当事人进行了证据交换和质证。

平罗中电科公司提交证据：1.（2014）沪仲案字第 1874 号案件中的《增加仲裁请求申请书》。拟证明中科恒源公司在该仲裁案中自认不具有承包合同所需的资质，且认为该合同因此而无效，进而证明本案所涉《130 兆瓦 EPC 总承包合同》产生纠纷未能履行的责任和过错在于中科恒源公司，一审判决将责任归于平罗中电科公司是错误的。2.（2015）沪仲案字第 1024 号《变更仲裁请求申请书》。拟证明中科恒源公司要求平罗中电科公司支付各项费用，该请求明显超出《130 兆瓦 EPC 总承包合同》约定的费用范围且不符合相关合同价款的支付条件，进而证明正是因为中科恒源公司在履约过程中提出无理要求导致《130 兆瓦 EPC 总承包合同》无法履行。无锡尚德公司质证称，对上述证据真实性、合法性、关联性予以认可。中科恒源公司质证称，上述证据材料不属于新证据，且与本案无关联性。本院认为该组证据不属于新证据，且与本案缺乏关联性。

二审庭审中，中科恒源公司对一审查明的事实无异议，无锡尚德公司对一审查明的事实有异议，江西顺风公司、平罗中电科公司同意无锡尚德公司对一审查明事实提出的异议。1. 无锡尚德公司认为《太阳能组件销售合同》中未有“交货时间由双方在合同签订后协商确定”的约定。经查，《太阳能组件销售合同》第 5.1 条对此有明确约定。2. 无锡尚德公司认为一审认定“平罗中电科公司在该案中对西安东庆新能源有限公司所提交的上述证据的真实性、合法性、关联性以及证明目的均无异议”是错误的。经查，宁夏回族自治区石嘴山市中级人民法院（2014）石民初字第150号民事判决中明确认定“平罗中电科公司在该案中对西安东庆新能源有限公司提交以上所有证据的真实性、合法性、关联性以及证明目的均无异议”。3. 无锡尚德公司认为中科恒源公司在另案中单方提交证据拟证明的事实以及单方陈述的事实不能作为本案查明的事实。经查，一审判决客观引述中科恒源公司在另案中所作的陈述并无不当。综上，无锡尚德公司、江西顺风公司、平罗中电科公司对一审查明事实提出的异议均不能成立，本院对一审查明的事实予以确认。

本院认为，本案二审争议焦点为：1.《太阳能组件销售合同》的解除条件是否成就，解除时间如何确定。2. 如合同解除条件成就，无锡尚德公司应负担的利息及违约金如何确定。3. 无锡尚德公司主张的损失赔偿如何确定。

《中华人民共和国合同法》第四十五条规定：“当事人对合同的效力可以约定附条件。附生效条件的合同，自条件成就时生效。附解除条件的合同，自条件成就时失效。当事人为自己的利益不正当地阻止条件成就的，视为条件已成就；不正当地促成条件成就的，视为条件不成就。”本案中，《补充协议》约定：“如果EPC合同不能签订，则原合同（《太阳能组件销售合同》）签订的基础不存在，原合同终止履行”。依照上述法律规定，该约定属于附解除条件的约定。

一、关于《太阳能组件销售合同》解除条件是否成就，解除时间如何确定的问题

（一）《130兆瓦EPC总承包合同》不构成《太阳能组件销售合同》履行的基础；2014年度江西顺风公司及其子公司未能将200兆瓦地面光伏电站工程发包给中科恒源公司并签订《工程建设总承包（EPC）合同》。

2013年12月23日，江西顺风公司与中科恒源公司签订《2014年光伏电站项目合作协议》，约定江西顺风公司在2014年内向中科恒源公司发包EPC总承包项目规模为200兆瓦，中科恒源公司必须选用江西顺风公司指定的无锡尚德公司组件产品，应用于江西顺风公司项目。2013年12月23日、24日，中科恒源公司与无锡尚德公司签订《太阳能组件销售合同》及《补充协议》，约定中科恒源公司向无锡尚德公司采购200兆瓦太阳能组件，该《太阳能组件销售合同》的签订是

建立在江西顺风公司及其子公司，同意将其储备的200兆瓦地面光伏电站交由中科恒源公司做工程总承包，并签订《工程建设总承包（EPC）合同》基础之上，如《工程建设总承包（EPC）合同》不能签订，则《太阳能组件销售合同》签订的基础不存在，该合同终止履行。截至2013年12月31日，中科恒源公司向无锡尚德公司支付2.06亿元。据此，上述合同相互对应、紧密关联，2014年内江西顺风公司将200兆瓦的地面光伏电站项目发包给中科恒源公司，则中科恒源公司必须购买无锡尚德公司的组件产品应用于该项目；而中科恒源公司向无锡尚德公司采购200兆瓦太阳能组件，则江西顺风公司及其子公司必须将200兆瓦地面光伏电站项目发包给中科恒源公司并签订《工程建设总承包（EPC）合同》，否则《太阳能组件销售合同》终止。另外，《2014年光伏电站项目合作协议》中对"EPC"的含义有明确约定，承包人的承包范围是包含设计、采购、施工等各个方面的，结合上述系列协议中各方的意思表示及合同目的，可以确定江西顺风公司及其子公司发包给中科恒源公司的项目及双方拟签订的《工程建设总承包（EPC）合同》，理应是包含"由中科恒源公司负责采购太阳能组件"这一要件的。现中科恒源公司依照上述协议，以无锡尚德公司未依约供货、江西顺风公司未能与其签订《工程建设总承包（EPC）合同》为由，主张《太阳能组件销售合同》及《补充协议》已经解除，请求无锡尚德公司退还货款、支付违约金等。因此，江西顺风公司及其子公司是否将200兆瓦地面光伏电站交由中科恒源公司做工程总承包并签订《工程建设总承包（EPC）合同》，成为判断《太阳能组件销售合同》解除条件是否成就的关键。

本案中，无锡尚德公司、江西顺风公司、平罗中电科公司均主张2014年5月20日中科恒源公司与平罗中电科公司签订的《130兆瓦EPC总承包合同》即属于《补充协议》项下江西顺风公司及其子公司将200兆瓦地面光伏电站交由中科恒源公司做工程总承包所签订的《工程建设总承包（EPC）合同》。然而，《130兆瓦EPC总承包合同》约定的"固定综合单价"中明确表述组件除外，在合同其他条款及合同工程量清单等附件中亦多次明确表述光伏组件由业主方平罗中电科公司提供。该《130兆瓦EPC总承包合同》虽然是江西顺风公司子公司与中科恒源公司签订，但该合同中并未约定由中科恒源公司负责采购太阳能组件，不符合《补充协议》项下所应签订的《工程建设总承包（EPC）合同》的约定，不构成《太阳能组件销售合同》履行的基础。除此之外，无锡尚德公司、江西顺风公司、平罗中电科公司未能提供证据证明2014年度江西顺风公司及其子公司将200兆瓦地面光伏电站交由中科恒源公司做工程总承包并签订《工程建设总承包（EPC）合同》。

（二）中科恒源公司不存在不正当促成《太阳能组件销售合同》解除条件成就的情形。

根据各方的诉辩主张，此节关键在于判断2014年8月22日中科恒源公司向无锡尚德公司发出《解除合同通知书》及其随后提起诉讼的行为，是否阻碍了江西顺风公司及其子公司将200兆瓦地面光伏电站发包给中科恒源公司并签订《工程建设总承包（EPC）合同》。

本案中，按照无锡尚德公司、江西顺风公司、平罗中电科公司的主张，其认为《130兆瓦EPC总承包合同》已经是在履行《补充协议》项下签订《工程建设总承包（EPC）合同》的约定；而《130兆瓦EPC总承包合同》履行过程中，双方却发生了争议，最终该合同所涉工程项目由平罗中电科公司于2014年8月1日另行发包给其他承包方进行施工。此种情况下，无锡尚德公司、江西顺风公司、平罗中电科公司未有证据证明江西顺风公司及其子公司计划另行将200兆瓦地面光伏电站项目发包给中科恒源公司并签订《工程建设总承包（EPC）合同》，以及该发包计划确因中科恒源公司发出《解除合同通知书》或提起诉讼而未能付诸实施。因此，无锡尚德公司、江西顺风公司、平罗中电科公司未有证据证明中科恒源公司存在不正当促成解除条件成就的情形。

综上，无锡尚德公司、江西顺风公司、平罗中电科公司未能举证证明江西顺风公司及其子公司于2014年内与中科恒源公司签订了200兆瓦《工程建设总承包（EPC）合同》；未能举证证明中科恒源公司不正当促成了《太阳能组件销售合同》解除条件的成就，因此，一审判决认定《太阳能组件销售合同》解除条件已于2015年1月1日成就，并无不当。

二、关于无锡尚德公司应负担的利息及违约金如何确定的问题

《补充协议》中就利息和违约金的计算进行了约定：1. 原合同（《太阳能组件销售合同》）终止后，卖方（无锡尚德公司）退还已经支付的合同价款及同期银行贷款利息，其中利息计算的起算时间为2014年3月31日。2. 卖方不退还合同款时，每延期一日，向买方（中科恒源公司）支付已付合同款万分之五的违约金，延

期超过60天，向买方支付已付合同款总额的百分之十五的违约金。据此，中科恒源公司主张利息以2.06亿元为基数，按照中国人民银行同期贷款利率，从2014年3月31日起算，符合协议约定。而违约金的计算问题，因《太阳能组件销售合同》属于附解除条件的合同，根据前述分析，该合同的解除条件于2015年1月1日成就，因此，中科恒源公司主张从2014年8月29日起计算违约金不符合协议约定，一审判决认定从2015年1月1日起计算违约金正确。一审判决综合合同履行情况等因素，酌定将2015年1月1日起算的利息部分及违约金予以调整亦无不当。

三、关于无锡尚德公司主张的损失赔偿如何确定的问题

无锡尚德公司主张平罗中电科公司与中科恒源公司签订的《130兆瓦EPC总承包合同》属于履行《补充协议》项下签订《工程建设总承包（EPC）合同》的行为，但该主张已经前述论证不能成立。该《130兆瓦EPC总承包合同》的履行状况不能作为本案中无锡尚德公司损失赔偿的依据。本案审理过程中，无锡尚德公司以正在审理的另案中涉及《130兆瓦EPC总承包合同》为由申请中止审理本案，该中止审理的申请同样不能成立，本院不予准许。

依据《2014年光伏电站项目合作协议》《太阳能组件销售合同》《补充协议》的约定，中科恒源公司向无锡尚德公司采购太阳能组件的基础是江西顺风公司及其子公司在2014年内向中科恒源公司发包包含“由中科恒源公司负责采购太阳能组件”的光伏电站项目并签订《工程建设总承包（EPC）合同》。根据前述论证，中科恒源公司向无锡尚德公司采购太阳能组件的基础并不存在。因此，一审判决对无锡尚德公司主张的损失赔偿不予支持并无不当。

综上所述，上诉人无锡尚德公司的上诉请求不能成立，应予驳回；一审判决结果并无不当，应予维持。依照《中华人民共和国民事诉讼法》第一百七十条第一款第一项的规定，判决如下：

驳回上诉，维持原判。

二审案件受理费1709292元，由无锡尚德太阳能电力有限公司负担。

本判决为终审判决。

审判长：马东旭；审判员：周伦军、王展飞；法官助理：曹健；书记员：刘伟腊

二〇一八年四月十七日

专题二十九

合伙合同的效力认定及解除的法律后果

——再审申请人林某曾与被申请人陈某河、林某合伙协议纠纷案

【裁判观点】

本案根据《股东协议》约定的内容以及实际履行情况，把握法律规定的合伙合同所具有的共同出资、共同经营、共享利润的特征，认定《股东协议》为合伙合同。在合同效力认定方面，探寻合同本身所反映的真实意思，与合同能否实际履行以及合同履行行为可能承担的法律后果区分开来，认定合伙合同合法有效。在当事人诉求处理方面，认定本案合伙属协议合伙，未形成合伙组织，合伙主体仅为三人，作为合伙人的陈某河、林某提出解除《股东协议》，将导致原为三人的合伙仅剩林某曾一人，本案合伙势必解散或终止。依据法律的规定和合伙事务事实上已不能继续履行的实际情况，判令解除《股东协议》，终止双方的权利义务关系。

值得注意的是，在本案的处理方式上，因本案涉及合伙事项，在民法通则及民通意见就合伙另有规定的情形下，即便案涉《股东协议》无效，亦不能简单就合伙合同无效后的处理适用《中华人民共和国合同法》第五十八条的规定，判决对因合同取得的财产予以返还，或者折价补偿。因此，二审判决认定合同无效，并判决林某曾与陈某河、林某互相返还案涉投资款及收益款，适用法律不当。

中华人民共和国最高人民法院
民事判决书

案号（2017）最高法民再228号

再审申请人（一审被告、二审被上诉人）：林某曾，男，1967年8月19日出生，汉族，住福建省福清市。

委托诉讼代理人：王峰，北京市天同（南京）律师事务所律师。

委托诉讼代理人：俞雅琪，北京市天同（南京）律师事务所律师。

被申请人（一审原告、二审上诉人）：陈某河，男，1968 年 12 月 23 日出生，汉族，住福建省福清市。

委托诉讼代理人：黄德陆，上海锦天城（福州）律师事务所律师。

委托诉讼代理人：严进，上海锦天城（福州）律师事务所律师。

被申请人（一审原告、二审上诉人）：林某，女，1964 年 1 月 30 日出生，汉族，住福建省福清市。

委托诉讼代理人：李亚兰，黑龙江龙电律师事务所律师。

委托诉讼代理人：严进，上海锦天城（福州）律师事务所律师。

再审申请人林某曾因与被申请人陈某河、林某合伙协议纠纷一案，不服福建省高级人民法院（2016）闽民终 695 号民事判决，向本院申请再审。本院以（2017）最高法民申 1978 号民事裁定提审本案后，依法组成合议庭公开开庭进行了审理。再审申请人林某曾及其委托诉讼代理人王峰、俞雅琪，被申请人陈某河及其委托诉讼代理人黄德陆，被申请人林某及其委托诉讼代理人李亚兰，被申请人陈某河、林某的共同委托诉讼代理人严进到庭参加了诉讼。本案现已审理终结。

陈某河、林某向一审法院福建省福州市中级人民法院提起诉讼称：陈某河、林某与林某曾三方于 2010 年 11 月 16 日签订了《股东协议》，约定陈某河、林某入股投资林某曾总额为 2.3 亿元的浑源县东泥沟煤矿（以下简称东泥沟煤矿）项目，入股金额陈某河 8000 万元占股份 35%，林某 5000 万元占股份 22%，林某曾 1 亿元占股份 43%。该协议还约定，林某曾负责具备开工条件所需的排土场、煤场、开采所需的爆破材料，解决理顺与政府各相关部门，相邻各矿以及当地村民的关系和生产经营。后陈某河、林某依约向林某曾支付了入股款。然而，《股东协议》签订后长达近五年的时间，林某曾一直未办理东泥沟煤矿项目的初步设计、环评、采矿许可证，其仅向陈某河、林某提供了一份浑政字（2010）37 号山西省浑源县人民政府（以下简称浑源县政府）《关于山西浑源东邦露天煤业有限责任公司调整井田的报告》。该报告仅是浑源县政府向山西省大同市人民政府（以下简称大同市政府）申请将原关闭的部分煤矿资源作为山西浑源东邦露天煤业有限责任公司（以下简称东邦公司）的补充资源。林某曾并未提供该申请经大同市政府批准的文件。因此，东泥沟煤矿不具备开采的合法手续，林某曾未能依据《股东协议》的约定使东泥沟煤矿具备开采条件，已经构成根本违约，《股东协议》的目的不能实现。故请求判令：（一）解除陈某河、林某与林某曾三方于2010年11月16日签订的《股东协议》；（二）林某曾立即向陈某河返还合作项目投资款8000万元及从起诉之日起的资金占用费（按照中国人民银行同期贷款基准利率计算）；（三）林某曾立即向林某返还合作项目投资款5000万元及从起诉之日起的资金占用费（按照中国人民银行同期贷款基准利率计算）；（四）案件受理费、保全费、评估费由林某曾承担。

一审法院查明：2010年8月15日，浑源县政府向大同市政府提交浑政字（2010）37号《关于山西浑源东邦露天煤业有限责任公司调整井田的报告》，申请将东泥沟煤矿作为东邦公司的补充资源。2010年11月16日，陈某河、林某（乙方）与林某曾（甲方）就东泥沟煤矿合作事宜签订《股东协议》，约定“乙方入股投资甲方总额为贰亿叁仟万元煤矿项目，入股金额（乙方其中陈某河捌仟万元，股份35%；林某伍仟万元，股份22%），林某曾壹亿元，占股份43%。”该协议还约定“甲方负责具备开工条件所需的排土场、煤场、开采所需的爆破材料，解决理顺与政府各相关部门，相邻各矿以及当地村民的关系和生产经营；乙方出纳财务管理、煤炭销售，支付采矿工程款，生产管理开支、流动资金、甲方负责监督配合；甲方负责该项目的整体管理配合，收取的入股金主要用于该项目的初步设计、环评、土地征用、采矿价款等相关费用的支付”。后陈某河、林某分别向林某曾陆续支付了8000万元、5000万元，林某曾亦分别向陈某河、林某出具《收条》，确认收到上述款项。此后，双方在东泥沟煤矿进行煤矿开采，并已经销售取得利润。截止2012年4月份，陈某河、林某共分得款项4413万元。东泥沟煤矿于2012年4月停产。

一审法院认为：（一）案涉《股东协议》中虽有“股东”二字，但协议内容中未涉及任何与公司或股权有关的约定，陈某河、林某在庭审中亦无法明确其所主张的股东为何公司之股东，故该“股东”非公司法意义上的股东。协议内容中均体现陈某河、林某与林某曾双方共同出资，共同经营东泥沟煤矿项目并分享收益，故《股东协议》应认定为双方当事人之间达成的合伙协议，该协议系双方真实意思表示，合法有效，双方均应依约履行。（二）陈某河、林某作为完全民事行为能力主体，在缔约时负有审慎义务。浑源县政府于2010年8月15日出具的《关于山西浑源东邦露天煤业有限责任公司调整井田的报告》中明确将案涉东泥沟煤矿作为东邦公司的补充资源，此后双方于2010年11月16日签订《股东协议》，故在双方缔约之时陈某河、林某应当明知林某曾并不享有东泥沟煤矿的合法采矿权，陈某河、林某主张其在未审查林某曾是否真实享有采矿权的情况下即将巨额款项汇付林某曾，不符合常理。《股东协议》中未约定林某曾负有办理东泥沟煤矿的初步设计、环评、采矿许可证的义务，亦未涉及东泥沟煤矿的采矿权转让问题，故可以认定双方订立《股东协议》成立合伙体的目的仅为双方在明知东泥沟煤矿现有权属的情况下，共同经营煤矿并取得收益。现陈某河、林某已确认其实际收到分红款4413万元的事实，《股东协议》的合同目的已经实现。至于该煤矿能否成功办理开采手续，属于各合伙人应共同承担的商业风险，故陈某河、林某以林某曾未办理合法开采手续，致使合同目的无法实现为由，主张解除案涉《股东协议》及其在庭后提交的补充意见中提出的关于双方之间的采矿权转让行为违反法律规定，《股东协议》无效，林某曾应返还投资款的诉讼主张，均缺乏事实依据，且该两项诉请所依据的事实理由自相矛盾。（三）陈某河、林某以合伙协议纠纷提起本案诉讼，在庭审中亦明确其第二、三项诉请的前提为请求退伙，故依据《最高人民法院关于贯彻执行〈中华人民共和国民法通则〉若干问题的意见（试行）》（以下简称民法通则意见）第五十四条关于“合伙人退伙时分割的合伙财产，应当包括合伙时投入的财产和合伙期间积累的财产，以及合伙期间的债权和债务”的规定，在合伙体财产未经清算的情况下，陈某河、林某负有证明合伙具体财产数额的举证责任。现陈某河、林某简单地以双方组成合伙体时的出资数额为依据主张分割财产，依据不足，不予支持。陈某河、林某可待收集相应证据后，另行主张权利。一审法院依照《中华人民共和国民法通则》（以下简称民法通则）第三十条、第三十一条，民法通则意见第五十四条，《中华人民共和国民事诉讼法》（以下简称民事诉讼法）第一百五十二条规定，判决如下：驳回陈某河、林某的全部诉讼请求。案件受理费691800元，由陈某河、林某负担。

陈某河、林某不服该判决，向二审法院福建省高级人民法院提起上诉，请求：（一）撤销一审判决，改判确认陈某河、林某与林某曾于2010年11月16日签订的《股东协议》无效；（二）改判林某曾退还陈某河支付的入股金8000万元，并自入股金支付之日起至实际还款之日止按照银行同期贷款利率计算赔偿损失；（三）改判林某曾退还林某支付的入股金5000万元，并自入股金支付之日起至实际还款之日止按照银行同期贷款利率计算赔偿损失；（四）本案一、二审诉讼费由林某曾承担。理由：（一）本案《股东协议》的标的涉及无采矿证的煤矿非法开采和非法转让，损害国家利益、违反法律强制性规定，依法应认定为无效合同，一审判决认定该协议合法有效，适用法律错误。（二）林某曾不是东泥沟煤矿的权益人，也不是该煤矿的权益人东邦公司的股东或实际控制人，其签订涉及部分转让及共同开采该煤矿的《股东协议》属于无权处分，且未经权益人授权和追认，依法导致该协议无效。（三）《股东协议》无效，林某曾应依法返还陈某河、林某支付的入股金1.3亿元并赔偿损失。

林某曾辩称：（一）陈某河、林某二审增加、变更诉讼请求缺乏法律依据。其上诉请求确认《股东协议》无效与一审诉讼请求不一致；请求“自入股金支付之日起至实际还款之日止按照银行同期贷款利率计算赔偿损失”，亦与一审中诉请的“资金占用费从一审的起诉之日起算”不一致。（二）一审判决认定《股东协议》合法有效正确。（三）陈某河、林某请求返还入股金没有法律及合同依据。本案属合伙关系，陈某河、林某与林某曾合伙共同经营合伙项目。合伙项目的盈利与亏损均由全体合伙人按照出资比例或协议的约定承担风险责任，在没有清算的情况下，不存在由一方合伙人支付另一合伙人所谓的入股金。综上，请求驳回陈某河、林某的上诉，维持原判。

二审中，对一审法院认定的事实，除陈某河、林某认为没有写明陈某河、林某分得的4413万元是按比例分配的，以及煤矿停产的原因系被政府叫停外，对其他事实各方均无异议。对各方当事人无争议的事实，二审法院予以确认。

二审法院认为：本案二审的争议焦点是《股东协议》的效力。陈某河、林某与林某曾签订的《股东协议》约定“陈某河、林某入股投资林某曾总额为2.3亿元的东泥沟煤矿项目，入股金额：其中陈某河8000万元占股份35%，林某5000万元占股份22%，林某曾1亿元占股份43%”。该协议还约定“林某曾负责具备开工条件所需的排土场、煤场、开采所需的爆破材料，解决理顺与政府各相关部门，相邻各矿以及当地村民的关系和生产经营。陈某河、林某负责财务管理、煤炭销售，支付采矿工程款，生产管理开支、流动资金，林某曾负责监督配合。林某曾负责该项目的整体管理配合，收取的入股金主要用于该项目的初步设计、环评、土地征用、采矿权价款等相关费用的支付”。上述“陈某河入股投资8000万元占股份35%，林某5000万元占股份22%以及收取的入股金主要用于采矿权价款等费用支付”等相关权利义务的约定表明，陈某河、林某的投资款中已经包含采矿权价款，该协议是名为双方合作经营，实为采矿权购买及权益分配。且依据2010年8月15日浑源县政府向大同市政府出具的浑政字（2010）37号《关于山西浑源东邦露天煤业有限责任公司调整井田的报告》，诉争《股东协议》签订前，浑源县政府已将该协议约定的标的即东泥沟煤矿作为补充资源提供给案外人东邦公司。林某曾并非本案东泥沟煤矿的采矿权人，其也未提供证据证明已经有权方授权或事后追认取得了合法的采矿权。因为采矿权的买卖及权益分配行为未经依法批准，违反《中华人民共和国合同法》（以下简称合同法）第五十二条第五项、《中华人民共和国矿产资源法》（以下简称矿产资源法）第六条之法律强制性规定，依法应认定为无效合同。鉴于《股东协议》无效，林某曾取得陈某河的投资款8000万元和林某的投资款5000万元应返还给陈某河、林某。同理，陈某河、林某分得的4413万元款项也应返还给林某曾。《股东协议》因违反法律、行政法规的强制性规定而无效的主要过错责任在林某曾，根据合同法第五十八条之规定，林某曾应赔偿陈某河、林某因此所遭到的损失。陈某河、林某的损失主要是投资款资金占用损失，故陈某河、林某关于林某曾应按照银行同期贷款利率向其支付损失赔偿的主张，应予支持。鉴于陈某河、林某一审诉讼请求主张损失赔偿的起算点从起诉之日起计算，陈某河、林某二审变更为损失赔偿的起算点从入股金支付之日起计算，不予支持。陈某河、林某起诉时间为2015年7月3日，因此，赔偿的起算点应为2015年7月3日。综上，林某曾应退还陈某河支付的投资款8000万元和林某支付的投资款5000万元，并赔偿自2015年7月3日起至款项还清之日止按照银行同期贷款利率计算相应的资金占用费损失。同时，陈某河、林某也应返还林某曾4413万元。综上，陈某河、林某的上诉请求部分成立。二审法院依照合同法第五十二条第五项、第五十八条，矿产资源法第六条，民事诉讼法第一百七十条第一款第二项的规定，判决如下：（一）撤销福州市中级人民法院（2015）榕民初字第1281号民事判决；（二）林某曾于判决生效之日起十日内返还陈某河投资款8000万元并赔偿资金占用费损失（按照中国人民银行同期贷款基准利率计算，从2015年7月3日起计至款项还清之日止）；（三）林某曾于判决生效之日起十日内返还林某投资款5000万元并赔偿资金占用费损失（按照中国人民银行同期贷款基准利率计算，从2015年7月3日起计至款项还清之日止）；（四）陈某河、林某于判决生效之日起十日内返还林某曾款项4413万元；（五）驳回陈某河、林某的其他诉讼请求。一审案件受理费691800元，由林某曾负担484260元，陈某河、林某负担207540元；二审案件受理费691800元，由林某曾负担484260元，陈某河、林某负担207540元。

本院再审中，林某曾的诉讼请求是：（一）撤销福建省高级人民法院（2016）闽民终695号民事判决；（二）维持福建省福州市中级人民法院（2015）榕民初字第1281号民事判决；（三）改判陈某河、林某负担本案一审、二审全部诉讼费用。事实与理由：案涉《股东协议》名为“股东”协议，实为林某曾、陈某河、林某三人之间达成的共同出资、共享收益、共担风险的合伙协议。该协议是三方真实意思表示，且不违反法律法规的效力性强制性规定，应属合法有效。陈某河、林某在未经清算的情况下，要求林某曾返还其全部投资款并赔偿其所谓的损失，违反了合伙体共担风险的基本原则，其诉讼请求没有事实和法律依据。二审判决认定《股东协议》约定的采矿权转让未经批准而无效，且无效的全部过错在于林某曾，认定事实及适用法律错误。（一）案涉《股东协议》未约定任何涉及采矿权转让的内容，仅是关于合伙体内部事务的约定，属典型的个人合伙协议。二审判决认定《股东协议》的性质为采矿权转让合同，认定案件基本事实缺乏证据证明、适用法律错误。1.《股东协议》未约定采矿权转让的内容，协议的内容和实际履行完全符合个人合伙共同出资、共同经营、共享收益、共担风险的特征。采矿权转让是在民事主体之间以转让、处分采矿权为内容的法律行为。而案涉《股东协议》既未约定林某曾需将采矿权全部或部分转让给陈某河、林某，也未约定林某曾以采矿权入伙，没有涉及采矿权转让的内容。可见，案涉《股东协议》的签订和履行，不会导致东泥沟煤矿采矿权发生权利主体变更或变相变更的法律后果。相反，《股东协议》约定林某曾、陈某河、林某三人各自的入伙金额，以及所占合伙份额的比例，并约定各方在合伙期间承担的工作内容、负责的具体合伙事宜，符合民法通则第三十条关于个人合伙的定义。《股东协议》签订后，林某曾、陈某河、林某三人按约共同进行东泥沟煤矿的开采和经营，其中，陈某河、林某负责煤矿的开挖现场管理、财务管理及煤炭销售管理等具体工作，林某曾也依约承担了煤矿现场清理、私采单位搬迁等具体合伙经营的具体工作。2012年4月，三方就东泥沟煤矿开采所获利润还进行了分红。因此，《股东协议》是个人之间的合伙协议。2.《股东协议》的性质为个人合伙协议，系各方当事人真实的意思表示，陈某河、林某在一审程序中亦明确认可。3. 二审判决以《股东协议》约定林某曾收取的入股金主要用于“该项目的初步设计、环评、土地征用、采矿权价款等相关费用的支付”为理由，将《股东协议》认定为名为双方合作经营，实为采矿权购买及权益分配，没有事实和法律依据。《股东协议》虽然约定了合伙人入伙资金将用于购买采矿权，但是这一约定是合伙人内部对合伙事务的约定，以及对入伙资金用途的约定，不涉及采矿权本身，客观上也不发生采矿权转让的效果。《股东协议》中涉及采矿权的内容，是合伙体的将来行为和目标。各合伙人决定设立合伙的内部行为即《股东协议》本身，并不能直接等同于或认定为合伙体购买采矿权，二者主体存在本质区别。（二）《股东协议》合法有效，不存在无效情形。二审判决以《股东协议》违反法律强制性规定和林某曾无权处分为由，认定《股东协议》无效，适用法律错误。1.《股东协议》不存在法律规定的无效情形，应属合法有效。（1）《股东协议》中有关入伙资金将用于项目初步设计、环评、土地征用、采矿权价款支付的约定，以及陈某河、林某对合伙事务的直接参与等事实，证明陈某河、林某在签订《股东协议》时，明知东泥沟煤矿当时尚未办理正式的采矿许可手续。(2) 合伙经营期间虽然未正式取得采矿权即进行开采，但这是因为山西煤矿行业特定的历史原因造成的。东泥沟煤矿实际是政府为弥补林某曾在另一个煤矿的亏损而补偿给林某曾的，为方便办理采矿权手续而挂在东邦公司名下。林某曾为获得政府许可经营煤矿，曾向当地财政部门缴纳了200万元管理费。这说明东泥沟煤矿的经营活动获得了当地政府的批准，并没有损害国家利益，也没有损害第三人利益。(3) 本案不存在非法目的。《股东协议》的目的是以合伙方式经营东泥沟煤矿项目，合伙的设立并不受到国家政策和法律的限制，且东泥沟煤矿的经营实际上获得了当地政府的允许。(4) 虽然合伙的经营项目涉及矿产资源，但《股东协议》本身并没有采矿权转让的内容。而且合伙体对外行为的效力、法律后果，应与合伙人设立合伙体的内部行为及其效力加以区分，即合伙体对外的经营项目和活动是否经主管部门批准，并不影响合伙协议本身的效力。故《股东协议》并未违反法律强制性规定。2. 矿产资源法第六条规定不属于效力性强制性规定，即便违反，《股东协议》亦不应认定为无效。3.《股东协议》系个人合伙协议，并不涉及采矿权转让，不存在是否有权处分的问题。二审判决以《股东协议》无权处分为由，认定协议无效，缺乏法律依据。（三）陈某河、林某交付给林某曾的1.3亿元资金是入伙投资款，属合伙财产而非支付给林某曾个人的款项。合伙体的经营行为已实际发生，并产生了盈亏，合伙财产的范围已不局限于或简单等同于各合伙人的入伙投资款。因此，二审判决判令林某曾向陈某河、林某返还全部投资款并赔偿资金占用费损失，无事实和法律依据，亦不符合合伙共负盈亏的原则，明显不当。1. 陈某河、林某交付给林某曾的1.3亿元资金属合伙财产，实际亦由林某曾用于合伙事务的处理。虽然陈某河、林某投入的1.3亿元资金由林某曾收取，但是这些资金不是林某曾根据合伙协议获得的款项，而是陈某河、林某作为合伙人入伙而投入的资金，已经转化为合伙人共有的合伙财产。陈某河、林某在一审庭审中当庭增加请求分割合伙财产2.3亿元的诉讼请求，亦说明陈某河、林某对其投入的1.3亿元资金性质系合伙财产是清楚和认可的。林某曾收取陈某河、林某入伙投资款后，并未将资金据为己有，而是用于合伙经营，用于征地、搬迁和补偿原三家私自采矿单位等合伙事务的处理，足见入伙投资款的合伙财产属性。2.《股东协议》目的已经实现，且林某曾不存在违约行为，陈某河、林某以合伙目的因林某曾违约行为无法实现为由，要求解除《股东协议》、返还全部投资款，无事实依据。《股东协议》成立合伙的目的是共同经营东泥沟煤矿。《股东协议》签订后，东泥沟煤矿开始生产销售，林某曾、陈某河和林某亦获得了分红。据此，《股东协议》的合同目的已经实现。同时，林某曾不存在违约行为，《股东协议》并未约定办理东泥沟煤矿采矿权手续属于林某曾的义务，该煤矿无法办理正式的采矿权手续，应属于各合伙人共同承担的政策风险和商业风险，故本案不存在符合法定或约定的协议解除情形。况且，合伙协议不存在解除之说，即便无法继续经营，亦应退伙，而非解除。3. 无论因何种原因导致合伙终止，其法律后果应为合伙财产的结算或清算，而非简单的入伙投资款的返还。民法通则意见第五十四条规定，合伙人退伙时分割的合伙财产，应当包括合伙时投入的财产和合伙期间积累的财产，以及合伙期间的债权债务。本案合伙体已经实际经营，产生了盈亏，亦可能存在债权债务。因此，即便陈某河、林某要求退伙，其法律后果也不会发生入伙投资款的全部返还，而是对包括入伙投资款在内的全部合伙财产进行结算或清算。陈某河、林某在分享过合伙收益之后，又要求返还全部投资款及赔偿资金占用费损失，无事实和法律依据，亦违反了诚信原则。而且，因合伙事务尚未了结，合伙财产尚未结算，故合伙关系亦不宜终止。一审判决认定陈某河、林某请求退伙并简单地以双方组成合伙体时出资数额为依据要求分割财产的主张，依据不足，不予支持是正确的。而二审判决判令林某曾将陈某河、林某投入合伙资金全部返还，实际上使得陈某河、林某抽回全部合伙投资，不承担经营期间的任何风险，合伙经营的全部风险由林某曾一人承担，违反了个人合伙共担风险的原则，导致各合伙人利益失衡，有失公平。

陈某河、林某答辩称：双方对案涉基本事实无争议，争议的问题在于对《股东协议》法律性质和效力，以及对陈某河、林某支付给林某曾的1.3亿元款项的性质认定。(一)《股东协议》是双方约定先进行东泥沟煤矿的部分份额转让，再基于转让后形成的合伙关系，对东泥沟煤矿进行合伙开采，该协议绝不是单纯的合伙关系。陈某河、林某从不否认《股东协议》约定有双方合伙的内容，但同样也不能否认该协议涉及的是东泥沟煤矿的部分份额转让。并且，双方的合伙是发生在部分份额转让完成之后，是以该部分份额转让完成为前提的。《股东协议》第一条即清楚体现了双方对东泥沟煤矿进行57%份额转让的意思表示。《股东协议》第一条第1项约定“乙方入股投资甲方总额为贰亿叁仟万元煤矿项目”，第3项约定“乙方根据甲方提供如有不足1000亩开挖地，乙方按1000亩计算合计2.3亿元，如超过1000亩数量部分，低于现有价，按实际成本价甲乙双方共同有权享受”。上述表述虽有诸多语病，但仍清楚体现了2.3亿元是林某曾提供的东泥沟煤矿1000亩开挖地的作价金额，并约定如不足1000亩也按照1000亩计算，如超过1000亩也是双方共享。显然，陈某河、林某支付的1.3亿元是二人为取得林某曾所提供的该煤矿57%份额的对价，也就是转让款。如果按照林某曾的主张，该1.3亿元不是转让款，而是投入合伙的合伙财产，则双方对合伙体的资产投入为，林某曾投入价值2.3亿元的煤矿，陈某河、林某投入1.3亿元的资金。也就是说，合伙体的总资产应当是3.6亿元，林某曾的合伙份额则约为64%，陈某河、林某的合伙份额则约为36%，显然这和《股东协议》中约定的林某曾43%，陈某河、林某合计57%的合伙比例是无法对应的。因此，虽然《股东协议》上没有转让二字，但从合同文义上，体现了林某曾转让东泥沟煤矿57%份额给陈某河、林某的真实意思。综上，《股东协议》第一条约定的就是东泥沟煤矿57%份额的转让。《股东协议》第二条才是转、受让双方就上述转让完成后所形成的合伙事务的具体约定。(二)《股东协议》所约定的事项，无论是转让，还是合伙开采无证煤矿，都属于标的物违法乃至犯罪行为，依法应认定为无效合同。煤炭资源属于国家所有，必须依法申请，取得采矿许可证，才能进行开采，否则属于法律禁止的乱采、滥挖破坏煤炭资源的行为。基于《股东协议》约定的转让及合伙开采标的即东泥沟煤矿始终属于未取得采矿许可证的无证煤矿。因此，无论该协议被认定为何种性质的合同，均应依法认定为无效合同。(三)陈某河、林某支付给林某曾的1.3亿元是东泥沟煤矿57%份额的转让款，并非合伙财产，在《股东协议》认定无效的情况下，林某曾收取的该转让款应予以退还。林某曾主张该1.3亿元是陈某河、林某作为合伙人入伙而投入的资金，已转化为合伙财产，不能成立。首先，陈某河、林某支付给林某曾的1.3亿元是东泥沟煤矿57%份额的转让款；其次，林某曾在一审诉讼中亦认可陈某河、林某支付的1.3亿元是股权转让款，双方当事人对此已达成了一致的合意；再次，就煤矿开采过程，双方均未另行投入资金，煤矿开采成本都是直接从销售收入中开支的，不存在林某曾将该1.3亿元作为开采成本投入合伙的可能。最后，林某曾以《股东协议》第二条第3项的约定主张该1.3亿元转化为合伙财产也不成立。依照该约定，煤矿发生上述条款约定的费用，应当由林某曾在其收取的1.3亿元转让款中支出，但该约定并不意味着1.3亿元将转化为合伙财产。该约定只是说明1.3亿元是林某曾按照该矿已经取得采矿许可证的标准收取的转让款，也就是该煤矿作价2.3亿元是包含了应当完成的“初步设计、环评、土地征用、采矿权价款”在内，因此，协议才约定后续如果有相关开支应由林某曾负责。而无论林某曾之后是否实际将部分款项花费用于上述相关用途，都不会改变合伙财产仍然只有作价2.3亿元东泥沟煤矿，该1.3亿元只是林某曾收取的转让款的事实。综上，本案《股东协议》为无采矿许可证煤矿的部分份额转让，及基于该部分份额转让后的合伙开采协议。该协议因标的物违法，即标的物为无证煤矿而应认定为无效合同。林某曾依据《股东协议》收取的1.3亿元为该无证煤矿57%份额的转让款，在合同无效情况下，应依法判决退还，并赔偿由此造成受让人的损失。二审判决虽在相关事实认定和法律适用方面存在一定瑕疵，但不改变其判决结果的正确，因此，请求驳回林某曾的再审申请，维持二审判决。

再审庭审中，双方当事人对二审法院查明的事实无异议，本院予以确认。

庭审中，林某曾提交了四组证据材料作为新证据，拟证明林某曾收取的1.3

亿元资金大部分已用于办理和处理征地拆迁、补偿东泥沟煤矿原有的三家私挖矿主李旗荣、沈斌、郝继光等合伙事务。第一组证据是2011年1月—6月林某曾银行账户流水；第二组证据是林某曾向李某荣、沈某、郝某光、杨某（杨某系郝某光合伙人）支付款项的银行转账凭证及收条。林某曾提交上述证据的目的是证明其向东泥沟煤矿原有的三家私挖矿主李某荣、沈某、郝某光支付补偿费用合计6228万元，其中向李某荣支付2700万元，向沈某支付2000万元，向郝某光和杨某支付1528万元。经质证，陈某河、林某对上述证据的真实性及证明效力均不予认可。林某曾提交的第三组证据，是其支出的征地拆迁费1795万元的借款单、收条等，以及存款明细单、短信截屏。该组证据拟证明东泥沟煤矿停产后仍有看矿人员，林某曾向陈某河的哥哥陈某转款44000元用于支付看矿人员的工资。陈某河、林某对该组证据的真实性予以认可，但对其证明效力不予认可。林某曾提交的第四组证据是林某平出具的证人证言。对于该证据，陈某河、林某以证人未出庭作证为由不予认可。

本院再审补充查明：（一）2011年1月起，双方当事人对东泥沟煤矿开始开采生产。自2012年4月中旬，因当地政府有关监管部门通知不能再生产，东泥沟煤矿至今处于停产状态。但双方当事人一直安排留守人员共同看守该煤矿，当地政府对该煤矿未有新的处理意见。（二）本案审查询问中，陈某河陈述，其与林某负责工程和销售；财务上，工程款三个人同时签字就可以使用，项目款使用双方都知道，搬迁款项部分是销售煤炭后支付。林某曾陈述，其系占东邦公司5%股份的股东，其就经营东泥沟煤矿向当地政府交纳了220万元的款项。陈某河陈述该款系在停产之后才支付。

本院再审认为：（一）关于《股东协议》的性质问题。1. 从《股东协议》约定的内容分析，三方当事人系就案涉东泥沟煤矿的合作事宜约定共同出资、共同经营，并共享收益。(1)《股东协议》第一条投资项目中的第1项约定了三方共同投资东泥沟煤矿项目的投资种类、总投资额，以及各自的投资额及占比。三方对东泥沟煤矿的投资种类分别是，林某曾以其签约时控制的东泥沟煤矿投资，陈某河、林某以现金投资；三方对合伙经营项目的总投资额约定为2.3亿元，其中，陈某河、林某分别投入8000万元和5000万元现金，林某曾投资的东泥沟煤矿折价为1亿元；三方约定对合伙项目投资占比分别为陈某河占35%、林某占22%、林某曾占43%。(2)《股东协议》第二条、第三条约定了双方各自分工，共同生产、共同经营。协议第二条约定，林某曾负责具备开工条件所需的排土场、煤场、开采所需的爆破材料，解决理顺与政府各相关部门、相邻各矿以及当地村民的关系和生产经营，负责煤矿项目的整体管理配合，收取的入股金主要用于该项目的初步设计、环评、土地征用、采矿权价款等相关费用的支付，负责提供销售所需的一切手续；陈某河、林某负责财务管理、煤炭销售、支付采矿工程款、生产管理开支、流动资金，负责严格管理生产经营过程所发生的成本费用，作好报表清单、专款专用。协议第三条约定，任何一方不独自决定重大事务，包括土石方单价、煤炭单价等，均需共同商讨决定。(3)《股东协议》第一条第3项约定各方共享收益，即对本案煤炭项目开采地超出1000亩的部分，由各方按成本价共同享受利益。2. 从《股东协议》的履行情况看，三方当事人亦实际共同经营了东泥沟煤矿，并共享了经营收益。(1) 本案审查期间，林某曾陈述三方共同对《股东协议》中约定的1000亩开挖地进行了丈量，煤矿场地所涉搬迁也是三方共同负责；陈某河陈述场地搬迁费用是煤炭销售后支付的。(2) 陈某河陈述，其与林某负责工程和销售，财务上三个人同时签字就可以使用。(3) 三方自2011年1月起共同对东泥沟煤矿进行了开采、销售，并已取得利润，至2012年4月，陈某河、林某共分得利润4413万元，林某曾分得3387万元。(4) 本案审查及再审中，就东泥沟煤矿的现状，双方当事人均陈述自停产后一直由双方留守人员共同看守。根据民法通则第三十条、第三十四条规定，个人合伙是指两个以上公民按照协议，各自提供资金、实物、技术等，合伙经营、共同劳动；个人合伙的经营活动，由合伙人共同决定，合伙人有执行和监督的权利。无论是陈某河、林某与林某曾签订《股东协议》的约定内容，还是该协议的实际履行情况，均体现的是法律规定的合伙合同所具有的共同出资、共同经营、共享利润的特征。本案《股东协议》应认定为合伙合同。

《股东协议》签订时，东泥沟煤矿由林某曾实际控制，但尚未取得采矿权，协议中有关陈某河、林某入股投资林某曾总额为2.3亿元煤矿项目，入股金额陈某河8000万元，股份35%；林某5000万元，股份22%；林某曾1亿元，股份43%的约定，系三方对合伙开发东泥沟煤矿的投资总额及各方在总投资额中占比的约定，有关“收取的入股金主要用于该项目的初步设计、环评、土地征用、采矿权价款等相关费用的支付”的约定，系指合伙人共同出资的资金应当用于东泥沟煤矿经营中的成本支出，包括将来取得采矿权时的费用支付，属于三方对合伙经营东泥沟煤矿中合伙资金如何具体使用于合伙事务的约定。二审判决依上述约定认定《股东协议》属于名为合作经营，实为采矿权购买及权益分配，适用法律不当。

（二）关于《股东协议》的效力问题。《股东协议》主要内容涉及陈某河、林某、林某曾三方合作开发东泥沟煤矿，具体包括三方合伙投资总额、各自投资比例、投资款项用途，以及三方合作开发中各方权利义务等，上述内容不违反法律和行政法规的禁止性规定，故《股东协议》应当确认为有效合同。至于能否实际取得东泥沟煤矿的采矿权证，是《股东协议》履行中的问题。合伙各方在尚未取得采矿权证的情形下即进行无证开采，则属于《股东协议》履行中的行为，虽应承担相应法律后果，但不影响《股东协议》的效力。二审判决认定《股东协议》系采矿权转让，进而依照矿产资源法第六条规定认定该协议无效，适用法律不当。

（三）关于陈某河、林某的诉讼请求应否予以支持问题。陈某河、林某一审中诉请解除本案《股东协议》，判令林某曾返还陈某河、林某合作项目投资款1.3亿元及利息。由于本案合伙属协议合伙，未形成合伙组织，合伙主体仅为三人，作为合伙人的陈某河、林某提出解除《股东协议》，将导致原为三人的合伙仅剩林某曾一人，本案合伙势必解散或终止。因此，如同陈某河、林某一审陈述其诉讼请求的逻辑前提是退伙，上述诉讼请求的实质应是以解除《股东协议》的方式终止合伙，进而实现退伙的目的。根据民法通则意见第五十二条规定，合伙人退伙，书面协议有约定的，按书面协议处理；书面协议未约定的，原则上应予准许。本案中，《股东协议》对退伙事项没有约定，各方合伙经营的东泥沟煤矿一直未取得采矿许可证，且该煤矿自2012年4月起因当地政府通知不得生产后至今一直处于停产状态。故依据上述法律规定以及结合《股东协议》的履行情况，对于陈某河、林某提出解除《股东协议》的诉讼请求，本院予以准许。

《股东协议》解除后，合伙终止。但因《股东协议》已经履行，陈某河、林某原投入合伙事务的资金已经转化为合伙财产，由合伙各方共同共有。根据民法通则意见第五十四条规定，合伙人退伙时分割的合伙财产，应当包括合伙时投入的财产和合伙期间积累的财产，以及合伙期间的债权和债务。因此，陈某河、林某退伙导致合伙终止后，在全体合伙人未对合伙财产及合伙债权债务清算前，陈某河、林某不能主张由林某曾退还其原投入合伙事务的资金。也即只有在三方对合伙财产清算后，陈某河、林某才可依据合同约定或法律规定请求分割合伙财产。故陈某河、林某在本案中主张由林某曾直接返还已投入合伙项目的合伙款，缺乏法律依据，本院不予支持。

顺予指出，合同法第一百二十三条规定，“其他法律对合同另有规定的，依照其规定。”故在民法通则及民法通则意见就合伙另有规定的情形下，即便案涉《股东协议》无效，亦不能简单就合伙合同无效后的处理适用合同法第五十八条的规定。

综上，案涉《股东协议》系合伙合同，且合法有效。二审判决认定《股东协议》名为双方合作经营实为采矿权购买及权益分配，进而认定合同无效，并判决林某曾与陈某河、林某互相返回案涉投资款及收益款，适用法律不当，本院予以纠正。一审判决关于《股东协议》性质与效力的认定正确，认为陈某河、林某不能直接主张返还投资款而应先行清算亦无不当。但在陈某河、林某明确请求退伙，且本案合伙事务事实上已不能继续的情形下，一审判决未支持陈某河、林某关于解除《股东协议》的请求不当，本院予以纠正。依照《中华人民共和国民法通则》第三十条、《最高人民法院关于贯彻执行〈中华人民共和国民法通则〉若干问题的意见（试行）》第五十四条、《中华人民共和国民事诉讼法》第二百零七条第一款、《最高人民法院关于适用〈中华人民共和国民事诉讼法〉的解释》第四百零七条的规定，判决如下：

一、撤销福建省高级人民法院（2016）闽民终695号民事判决及福建省福州市中级人民法院（2015）榕民初字第1281号民事判决；

二、解除陈某河、林某与林某曾于2010年11月16日签订的《股东协议》；

三、驳回陈某河、林某的其他诉讼请求。

本案一审案件受理费691800元，由林某曾负担276720元，陈某河、林某负担415080元；二审案件受理费691800元，由林某曾负担276720元，陈某河、林某负担415080元。

本判决为终审判决。

审判长：王旭光；审判员：王展飞、张爱珍；法官助理：潘琳；书记员：陈新雨

二〇一八年二月十日

专题三十

涉及公共政策的金融监管规定是审查合同效力的考量因素

——江苏省国际信托有限责任公司诉中国农业银行股份有限公司昆明分行合同纠纷案

【裁判观点】

（1）对于涉及公共政策的监管规定，作为金融机构的当事人须在签订、履行同业业务合同时予以严格遵守，人民法院亦应在审查相关合同效力时，按照《中华人民共和国合同法》第五十二条的规定予以充分的考量。

（2）商事主体依约承担的差额补充义务，虽具有增信担保的作用，但并非担保法意义上的保证担保行为。

中华人民共和国最高人民法院
民事判决书

案号（2017）最高法民终478号

上诉人（一审原告）：江苏省国际信托有限责任公司。住所地：江苏省南京市长江路2号22－26层。

法定代表人：胡军，该公司董事长。

委托诉讼代理人：张之珂，北京大成（广州）律师事务所律师。

委托诉讼代理人：凌永琴，北京大成（广州）律师事务所律师。

上诉人（一审被告）：中国农业银行股份有限公司昆明分行（原中国农业银行股份有限公司云南省分行营业部）。住所地：云南省昆明市人民中路1号。

负责人：高捍，该分行行长。

委托诉讼代理人：彭卿，北京天同（天津）律师事务所律师。

委托诉讼代理人：王晓雨，北京市天同律师事务所律师。

上诉人江苏省国际信托有限责任公司（以下简称江苏信托公司）与上诉人中国农业银行股份有限公司昆明分行（以下简称农行昆明分行）因合同纠纷一案，

不服江苏省高级人民法院（2015）苏商初字第00029号民事判决，向本院提起上诉。本院依法组成合议庭，公开开庭进行了审理。上诉人江苏信托公司的委托诉讼代理人张之珂、凌永琴，上诉人农行昆明分行的委托诉讼代理人彭卿、王晓雨到庭参加诉讼。本案现已审理终结。

江苏信托公司上诉请求：1. 撤销江苏省高级人民法院（2015）苏商初字第00029号民事判决第二项，改判农行昆明分行向江苏信托公司支付自2014年12月11日起至实际付款日止的逾期违约金（以一审判决第一项确定的农行昆明分行应付的特定资产收益权转让价款本金、溢价款、逾期溢价款及违约金的总额为基数，按照每日万分之三的标准计算）；2. 判令本案一、二审诉讼费用由农行昆明分行承担。事实和理由：一审判决认定江苏信托公司向农行昆明分行主张的逾期违约金存在重复计算且明显过高的情形，没有事实和法律依据，适用法律错误。（一）江苏信托公司和案外人张家港绿园置业有限公司（以下简称绿园置业公司）之间约定的溢价款、违约金，与江苏信托公司和农行昆明分行之间约定的逾期违约金，系两个不同的主体分别基于两个不同的法律关系各自对江苏信托公司发生违约行为而产生，两者的法律性质、所基于的法律关系、所涉及的法律主体均不同，不存在重复计算的问题。案涉《转让协议》是双方当事人的真实意思表示，没有违反法律、行政法规的强制性规定，双方均应严格遵守，人民法院亦应充分尊重商事主体之间的意思自治。（二）江苏信托公司与农行昆明分行通过《转让协议》约定的逾期违约金，按照农行昆明分行应付的特定资产收益权转让价款总金额每日万分之三的标准计算，年化后仅约10.95%，合法、合理，不存在明显过高的问题。一审法院依据《中华人民共和国合同法》（以下简称合同法）第一百一十四条的规定对该逾期违约金不予支持，适用法律错误，并将导致农行昆明分行无须就其拒绝或迟延支付转让价款的违约行为承担任何违约后果，不符合权利义务相对应原则，违背当事人合同本意。

农行昆明分行辩称，（一）江苏信托公司主张的违约金存在重复计算，不应予以支持。江苏信托公司不能同时主张《特定资产收益权回购合同》（以下简称《回购合同》）和《转让协议》项下的违约金，因为其在两个合同项下的义务均为转让案涉特定资产收益权，不可能同时向两个不同主体履行同一标的转让义务。在江苏信托公司已选择向农行昆明分行行权的情况下，不能再主张《回购合同》

项下的违约金。即使江苏信托公司主张的违约金系基于不同合同约定而产生，但两项违约金的计算天数和计算本金存在重复，且最终均由农行昆明分行承担。（二）江苏信托公司主张的违约金明显过高，应予调整。《回购合同》项下约定的违约金为0.5%/日，即年利率180%；《转让协议》项下的违约金为0.03%/日，即年利率10.8%。因本案存在重复计算，农行昆明分行最终承担的违约金利率为190.8%，显属约定过高。同时，本案名为转让实为借贷，江苏信托公司的损失仅限于资金逾期支付所带来的利息损失，而并无其他损失。根据合同法第一百一十四条的规定，本案违约金应当根据当事人的请求予以调整。江苏信托公司的上诉请求及理由缺乏事实和法律依据，应予驳回。

农行昆明分行上诉请求：1. 撤销江苏省高级人民法院（2015）苏商初字第00029号民事判决第一项，改判驳回江苏信托公司的诉讼请求；2. 判令本案诉讼费用由江苏信托公司承担。事实和理由：（一）一审判决认定《转让协议》属于债权转让合同，内容不违反法律、行政法规的强制性规定，与事实不符，适用法律不当。1.《转让协议》系案涉信托交易框架的组成部分，为《张家港东方新天地特定资产收益权项目单一资金信托合同》（以下简称《单一资金信托合同》）的附件，并非债权转让合同，本案纠纷应为营业信托纠纷，应适用《中华人民共和国民法通则》、合同法、《中华人民共和国信托法》（以下简称信托法）以及相关金融政策法规。《转让协议》与《回购合同》《房地产抵押合同》《保证合同》构成整个信托交易框架下的一部分，转让的特定资产收益权系信托财产，受信托法调整；收益权信托财产的设定基于其系与所有权相关的财产权利，江苏信托公司未向农行昆明分行转让任何债权，没有对应的债务人及债权数量、金额，一审判决认定案涉特定资产收益权属于合同债权无事实和法律依据；案涉“债权转让”的本质是收购不良资产，未经监管部门批准；绿园置业公司与江苏信托公司之间并无转让及回购特定资产收益权的真实意思，农行昆明分行与江苏信托公司之间也无转让特定资产收益权的合意，应认定本案构成借贷及担保法律关系。2. 案涉信托模式因信托目的、信托行为违法而无效，导致《转让协议》无效，《转让协议》本身亦无效。绿园置业公司与江苏信托公司间转让、回购特定资产收益权的行为，违反国家金融政策，且该信托“名为买卖、实为借贷”，信托目的违反法律和国家政策，本案信托无效并导致《转让协议》无效；案涉《转让协议》系“名为转让，实为担保”，农行昆明分行作为商业银行分支机构未取得总行授权，违反《中华人民共和国担保法》（以下简称担保法）第十条、第二十九条的强制性规定，其提供的担保系“隐性担保”，违反国家金融政策。一审判决仅适用合同法认定《转让协议》合法有效，适用法律错误。（二）即使《转让协议》有效，农行昆明分行也有权拒绝支付价款。1. 案涉抵押权对应的主债权是特定资产收益权回购请求权，而江苏信托公司并未将该回购请求权转让给农行昆明分行，农行昆明分行不能根据《转让协议》的约定取得案涉特定资产的抵押权。在价款支付后抵押权随回购义务一并消灭，农行昆明分行合同目的无法实现。2. 案涉特定资产收益权在转让时并不存在，无法向农行昆明分行转让。江苏信托公司转让特定资产收益权时已过信托有效期，东方新天地的销售、租金等收入已不存在；案涉特定资产收益权不确定，不符合信托法意义上的独立性特性，不能作为转让标的。3. 一审判决认定《转让协议》已对双方履行合同义务的顺序作出明确安排与约定不符。《转让协议》并未约定履行顺序，在江苏信托公司无法按约转让抵押权的情况下，农行昆明分行有权行使同时履行抗辩权拒绝对方的履约请求；因江苏信托公司未先行向抵押人提起诉讼或将抵押权随主债权一并转让，农行昆明分行拒绝支付价款并不违背《转让协议》约定。4. 本案交易违反金融监管政策存在严重瑕疵，应根据交易各方的过错确定交易失败后的风险负担，一审判决将全部风险及责任归于农行昆明分行，显失公平。（三）即使农行昆明分行应向江苏信托公司支付特定资产收益权转让价款，一审判决对于价款的认定也于法无据，与事实不符。1. 江苏信托公司主张的转让价款不确定，应按照合同有关条款或交易习惯确定，对同一特定资产收益权的转让不应高于《回购合同》约定的价款，转让价款应为本金加溢价款部分，不应包含违约金。2. 应付未付溢价款应扣除其中所含的中国农业银行股份有限公司昆明双龙支行（以下简称农行双龙支行）1%/年的中介服务费用。3. 江苏信托公司诉求的违约金涉及两种不同法律关系及合同条款，其只能择一寻求救济，在江苏信托公司依据《转让协议》主张违约金后，《回购合同》项下的违约金条款不再适用；江苏信托公司未予转让《回购合同》项下的权利义务，《回购合同》不适用于农行昆明分行；在江苏信托公司依据《转让协议》提出主张前，对农行昆明分行不存在本金及溢价款“应付未付”的问题，且农行昆明分行无违约行为，不应承担违约责任；即使特定资产收益权转让价款中包括违约金，也应以农行昆明分行确认的本金、溢价款为基数，以中国人民银行同期贷款基准利率为标准计算，一审判决在计算溢价款的同时又按日千分之五计算远超法定最高24%年利率的违约金，并对农行双龙支行的中介服务费用计算违约金，不符合事实和法律规定，也显失公平。（四）一审判决驳回了江苏信托公司1亿余元的诉讼请求，却判由农行昆明分行承担全部案件受理费，于法无据。

江苏信托公司辩称，（一）《转让协议》是债权转让合同，本案是债权转让纠纷，并非信托纠纷。1.《转让协议》的转让标的特定资产收益权是一种合同请求权，其权利属性为债权。2. 本案是受托人江苏信托公司与信托以外的第三人农行昆明分行之间的转让合同关系，不符合信托法上信托关系的法律特征，不应与江苏信托公司和广州证券有限责任公司（以下简称广州证券公司）之间的信托关系混为一谈。3.《转让协议》不属于信托合同的任何构成要素，《单一资金信托合同》对案涉债权转让不产生任何影响，本案不受信托法调整。4.《转让协议》中并无农行昆明分行对江苏信托公司提供履约担保的内容，不符合担保法规定的担保人仅在债务人不履行到期债务的情况下才承担担保责任的特征，不构成法律意义上的担保。（二）《转让协议》是当事人真实意思表示，内容不违反法律、行政法规的强制性规定，合法有效。1. 特定资产收益权作为交易客体不存在法律障碍。特定资产收益权是对特定资产行使某项所有权权能产生的将来金钱债权，《特定资产收益权转让合同》（以下简称《转让合同》）明确约定了案涉特定资产收益权的行使期间、权利内容及边界，属于确定的财产权利，应得到司法保护；江苏信托公司依法取得并有权处分案涉特定资产收益权；《单一资金信托合同》仍在有效期内，基础资产的所有权人没有发生变更，资产收益权的权利内容仍客观存在，且绿园置业公司也未依约履行给付义务，故特定资产收益权仍处于有效存续状态，可供合法交易。2.《转让合同》《转让协议》不是借贷合同，不存在合同法规定的无效事由。《转让合同》《回购合同》《转让协议》均为交换特定资产收益权和货币的民事法律关系，绿园置业公司将特定资产收益权转让给江苏信托公司的目的虽然是融资，但合同目的不能等同于合同性质，上述合同的性质并非借贷合同；案涉特定资产收益权买入返售的交易模式符合《信托公司管理办法》第十九条等监管规定，并已经过监管部门的审查和认可，不属于变相发放信托贷款，相关合同均应有效；农行昆明分行受让案涉特定资产收益权并非为同业投资业务提供隐性担保，且金融监管规定未禁止金融机构之间以非标准化资产为标的进行转让，江苏信托公司与农行昆明分行之间就特定资产收益权为标的进行的债权转让业务，没有违反当时以及其后出台的金融监管政策；基于维护交易安全和金融秩序稳定的原则，应维护案涉交易模式和合同的法律效力。（三）《转让协议》明确约定了双方的履行顺序，农行昆明分行无权拒绝支付转让款。1.《转让协议》明确约定了农行昆明分行履行付款义务是抵押权转让的前提。2. 江苏信托公司代为行使抵押权并非农行昆明分行履行付款义务的条件。目前江苏信托公司对绿园置业公司的抵押权有效存续，在农行昆明分行付清转让款之后，江苏信托公司将《回购合同》项下债权及抵押权一并转让给农行昆明分行，其可以通过主张抵押权实现其受让的债权，若届时抵押权不能变更登记至其名下，或不能实现对抵押物的处置权，江苏信托公司将依约以自己的名义代其行使抵押权，但该义务不构成其拒绝支付转让价款的理由。（四）《转让协议》约定的转让价款是明确、具体的。1. 特定资产收益权转让价款本金、未付溢价款、未付溢价款违约金、逾期溢价款均可通过合同约定的计算方式确定。2. 农行昆明分行提出的转让价款不包括违约金、中介费、信托报酬，以及违约金过高等理由均不成立。《转让协议》明确约定应付未付溢价款的违约金计入特定资产收益权转让价款；农行昆明分行不是信托关系当事人，不享有信托合同当事人的各项抗辩权，其主张扣除中介费、信托报酬没有理据；未付溢价款的违约金计算标准合法合理，以转让款本金为基数计算，违约金仅占转让价款本金的8.41%，加上逾期溢价款的溢价率14.4%，也未超过转让款本金的24%，不存在过高的情形。（五）《转让协议》约定转让价款包括实现特定资产收益权的费用，其中即包括诉讼费，农行昆明分行构成根本违约，根据《诉讼费用交纳办法》第二十九条的规定，理应承担全部诉讼费用。一审法院判令其承担全部诉讼费用，符合双方合同约定，维护了守约方的合法权益，也是法院自由裁量权的正当体现。农行昆明分行的上诉没有事实和法律依据，应予驳回。

江苏信托公司向一审法院起诉请求：1. 农行昆明分行立即向江苏信托公司支付特定资产收益权转让价款总金额（暂计至2015年8月31日为人民币1333198533元，其中包括转让价款本金11亿元，溢价款50746666.67元，违约金182451866.7元）；2. 农行昆明分行按上述特定资产收益权转让价款总金额的0.03%/天向江苏信托公司支付逾期违约金至给付之日（自2014年12月11日起暂计至2015年8月31日为105189364.3元)；3. 农行昆明分行承担本案全部诉讼费用。

一审法院认定事实：（一）2012年12月6日，江苏信托公司与绿园置业公司签订《转让合同》〔编号为XY（2012－167）DFXTD〕，内容为：1. 特定资产是指绿园置业公司持有的坐落于张家港市××××南的“东方新天地”中的面积为65690.91平方米的房产，土地证编号为〔张国用（2012）字第XX号〕、〔张国用（2012）字第XX号〕、〔张国用（2012）字第XX号〕，对应的房产编号为〔张房权证杨字第××号〕、〔张房权证杨字第××号〕、〔张房权证杨字第××号〕；特定资产收益是指《单一资金信托合同》有效期内，因开发建设、经营、管理、处分特定资产而产生的销售收入、租金收入等和因此等收入产生的其他任何现实收益；特定资产收益权是指获得特定资产收益的权利。2. 绿园置业公司同意按照本合同约定的条件向江苏信托公司转让特定资产收益权，转让价款为12亿元，自江苏信托公司支付转让价款之日起，特定资产收益权即归江苏信托公司所有。3. 绿园置业公司有义务根据本合同及《履约准备金账户管理协议》的约定，在转让特定资产收益权后保证特定资产收益权的所有收益划付至绿园置业公司在农行双龙支行开立的履约准备金账户。

（二）2012年12月6日，江苏信托公司与绿园置业公司签订《回购合同》〔编号为XY（2012－168）DFXTD〕，内容为：1. 本合同回购标的为依据《转让合同》江苏信托公司持有的特定资产收益权。2. 绿园置业公司回购特定资产收益权的期限为两年，自江苏信托公司依据《转让合同》向绿园置业公司支付特定资产转让价款之日（以下简称回购起始日）起计算，回购价款包括转让价款本金和溢价款两部分，其中转让价款本金为江苏信托公司按照《转让合同》向绿园置业公司支付的特定资产转让价款，溢价款为按照初始转让价款和9.6%/年的溢价率以及回购期限计算得出的款项。本合同所称转让价款本金余额＝江苏信托公司按照《转让合同》向绿园置业公司支付的特定资产转让价款金额－绿园置业公司已经向江苏信托公司支付的转让价款本金数额。3. 溢价款的计价方式：（1）溢价款支付日为每年的6月20日、12月20日及回购期限届满之日。溢价款支付日为法定节假日的，则顺延至下一个工作日。绿园置业公司应在该日或之前将已发生的溢价款支付给江苏信托公司。（2）溢价款根据转让价款本金余额进行分段计算。绿园置业公司应按照以下约定支付回购价款：①每年6月20日及12月20日应支付：转让价款本金余额×9.6%×自回购起始日（含）或上期支付溢价款之日（含）至当期支付溢价款之日（不含）止实际存续天数/360；②回购期限届满之日应支付：转让价款本金余额+转让价款本金余额×9.6%×上期支付溢价款之日（含）至回购期限届满之日（不含）止实际存续天数/360。4. 本合同项下转让价款本金和溢价款的偿还，由绿园置业公司以《转让合同》项下特定资产提供抵押担保。5. 绿园置业公司未按本合同约定偿还回购价款，也未与江苏信托公司签订延期回购协议，或所延期限届满仍未偿还回购价款，江苏信托公司有权催收回购价款，并自逾期之日起溢价率在本合同约定的基础上加收50%。6. 若绿园置业公司未按时足额向江苏信托公司支付溢价款，则绿园置业公司应按照违约金额0.5%/日向江苏信托公司支付违约金，并赔偿江苏信托公司损失。

（三）2012年12月1日，农行昆明分行出具负责人授权委托书，内容为：兹委托苏某军为代理人，办理下列事项：以农行昆明分行名义与江苏信托公司签订以下合同：1.《转让协议》〔合同编号：XY（2012－166）YNZY〕，2.《转让协议》〔合同编号：XY（2012－171）DFXTD〕。受托人办理上述事项在法律上所产生的权利、义务均由农行昆明分行享有和承担。委托期限：自2012年12月1日至2012年12月7日。该授权委托书上加盖农行昆明分行公章，并由负责人杨某刚签字。

（四）2012年12月6日，江苏信托公司与农行昆明分行签订《转让协议》〔合同编号：XY（2012－171）DFXTD〕，内容为：鉴于根据江苏信托公司与绿园置业公司签订《转让合同》的约定，江苏信托公司以人民币12亿元购买绿园置业公司持有的坐落于张家港市××××南的“东方新天地”中65690.91平方米的房产对应的收益权，并由绿园置业公司按照《回购合同》的约定进行回购。江苏信托公司依据《转让合同》向绿园置业公司支付特定资产收益权转让价款之日以下简称“回购起始日”。双方同意按照本协议的约定，将江苏信托公司拥有的《转让合同》项下的特定资产收益权转让给农行昆明分行。双方就特定资产收益权转让事宜达成约定如下：一、江苏信托公司同意按照本协议约定向农行昆明分行转让特定资产收益权，农行昆明分行同意按照本协议约定受让特定资产收益权。二、除不可抗力外，农行昆明分行应于《转让合同》及《回购合同》项下的特定资产收益权回购到期日（即回购起始日起满两年之日，如果回购提前到期，即为回购提前到期当日，以下简称回购到期日）前两日内（含回购到期日）受让江苏信托公司拥有的特定资产收益权，农行昆明分行应支付的特定资产收益权的转让价款为截至本条上述回购到期日绿园置业公司应付未付的转让价款本金以及截至农行昆明分行实际支付转让价款之日绿园置业公司应付未付的溢价款、违约金、江苏信托公司实现特定资产收益权的费用等。三、自农行昆明分行支付完毕上述转让价款之日起，江苏信托公司在《转让合同》项下相应的特定资产收益权及相应的抵押权自动全部转让给农行昆明分行，江苏信托公司应当配合农行昆明分行办理抵押权的变更登记。在本协议约定的回购日到期或提前到期前，如江苏信托公司持有的绿园置业公司提供的抵押物被司法机关查封、冻结、保全或采取其他司法强制措施的，致江苏信托公司应转让给农行昆明分行的抵押权不能办理抵押权变更登记手续至农行昆明分行名下或农行昆明分行不能实现对抵押物的处置权的，江苏信托公司应以自身名义代农行昆明分行主张、实现抵押权，并将取得的抵押物处置价款于取得日后三个工作日内无偿转让给农行昆明分行；如果江苏信托公司以自身名义提出的代农行昆明分行主张、实现抵押权的请求不被司法机关支持或认可，江苏信托公司无须承担任何责任。四、农行昆明分行承诺将本协议第二条约定的转让价款于回购到期日前两日内（含回购到期日）一次性划入江苏信托公司指定的银行账户：户名江苏省国际信托有限责任公司；开户银行中国农业银行股份有限公司昆明双龙支行；账号24×××37。……七、如江苏信托公司按照本协议约定受让特定资产收益权前，绿园置业公司已按照《转让合同》及《回购合同》的约定支付了全部转让价款本金、溢价款及其他应付款项，则江苏信托公司和农行昆明分行不再履行本协议项下的特定资产收益权转让权利义务。八、除不可抗力外，如农行昆明分行未按照本协议的约定向江苏信托公司按时支付特定资产收益权转让价款，即视为农行昆明分行违约，农行昆明分行应向江苏信托公司支付逾期违约金，违约金额=农行昆明分行应付的特定资产收益权转让价款总金额×0.03%/天×逾期天数。十、江苏信托公司和农行昆明分行承诺并确认已获得签署本合同所必须的内部授权，不违反适用于江苏信托公司或农行昆明分行的法律、法规、政策和公司章程等规定。若一方违反内部章程和内部的其他规定而签署本合同，因此而产生的责任由该方承担，该方不得以此为由对抗本合同项下责任的承担和义务的履行。十二、双方之间关于本协议的一切争议，双方可协商解决；协商不成的，任何一方均应向本协议签订地的人民法院起诉。本协议签订地为江苏省南京市玄武区长江路88号。该协议上乙方落款栏内由农行昆明分行盖章并由其授权代表副总经理苏某军签字。《转让合同》《回购合同》作为《转让协议》的附件。

（五）2012年12月11日，江苏信托公司向绿园置业公司支付12亿元。江苏信托公司分别于2012年12月12日、2013年6月8日、2013年12月8日、2014年10月13日向绿园置业公司出具利息通知单。绿园置业公司分别于2012年12月20日、2013年6月20日、2013年12月19日、2014年6月20日向江苏信托公司支付288万元、5824万元、5856万元、5824万元，合计17792万元。2014年10月13、14日，绿园置业公司分别向江苏信托公司支付51533333.33元、51546666.67元。

（六）2014年10月17日，农行双龙支行向江苏信托公司发出《关于张家港绿园置业有限公司准备金账户的情况说明》，载明：2014年10月13、14日绿园置业公司监管账户（账号24××××78）分别转账51533333.33元、51546666.67元入信托扣收账户（江苏信托公司24XXX37），两笔资金在2014年10月16日均已按江苏信托公司电汇凭证转账。

（七）2014年10月21日，江苏信托公司向绿园置业公司发《函》称：绿园置业公司未在2014年10月13日前向履约准备金账户存入不少于人民币2亿元的回购价款本金及相应溢价款系违约行为，严重侵害了委托人的合法权益。

（八）2014年11月14日，农行双龙支行向江苏信托公司发出《关于张家港绿园置业有限公司准备金账户的情况说明》，载明：截止2014年11月5日绿园置业公司监管账户（账号24××××78）账户余额71737.33元。

（九）2015年5月11日，江苏世纪同仁律师事务所接受江苏信托公司委托，向农行昆明分行邮寄《张家港东方新天地特定资产收益权项目律师函》和《云南志远大厦特定资产收益权项目律师函》，并申请江苏省南京市石城公证处出具（2015）宁石证经内字第3103号《公证书》对两份邮寄函件内容及邮寄单据进行保全公证。2015年5月25日，农行昆明分行向江苏世纪同仁律师事务所发出《复函》确认，农行昆明分行收悉江苏信托公司发来的律师函，但认为其与江苏信托公司已就云南志远、绿园置业信托项目的解决方案达成初步意向并进入实质性磋商、报批阶段，其中对绿园置业项目采取由江苏信托公司确认并转让债权的模式解决。

（十）2012年12月6日，江苏信托公司与广州证券公司签订《单一资金信托合同》，由广州证券公司向江苏信托公司交付信托资金12亿元，江苏信托公司将信托资金用于受让特定资产收益权，并通过收取回购价款等方式，为广州证券公司获取信托收益。该合同第一条明确以下主要内容：（五）项目公司，指绿园置业公司；（六）转让合同，指江苏信托公司受委托人指定与项目公司签署的编号为［XY（2012－167）DFXTD］的《转让合同》；（七）回购合同，指江苏信托公司受委托人指定与项目公司签署的编号为［XY（2012－168）DFXTD］的《回购合同》；……（九）特定资产收益，是指“信托生效之日起至项目公司向受托人付清回购合同项下全部应付款项之日，开发建设、经营、管理、处分特定资产而产生的销售收入、租金收入等和因此等收入产生的其他任何现实收益。”（十）特定资产收益权，是指“受托人根据转让合同约定获得特定资产收益的权利。”……第七条“信托期限”（一）约定，本合同项下的信托资金的信托期限为两年，自信托生效日起计算。本信托自委托人按照本合同约定交付信托资金之日起成立并生效。第二十二条约定，委托人已经确知并同意本合同附件的内容，并且同意受托人签署作为本合同附件的全部文件。

（十一）2012年12月6日，江苏信托公司与绿园置业公司签订编号为DYDB（2012－056）DFXTD的《房地产抵押合同》，就绿园置业公司以特定资产即位于江苏省张家港市XXXX路1号1幢101室、201室、301室共三层建筑物及其对应的国有土地使用权为其履行特定资产收益权回购义务向江苏信托公司提供抵押担保事宜达成一致协议。

（十二）2012年12月6日，江苏信托公司与昆明螺狮湾投资发展股份有限公司（以下简称螺狮湾公司）、绿园置业公司签订编号为BZDB（2012－056）DFXTD的《保证合同》，就螺狮湾公司为绿园置业公司履行回购义务向江苏信托公司提供连带责任保证担保事宜达成一致协议。

（十三）2012年12月6日，江苏信托公司与农行双龙支行签订编号为XY（2012－184）DFXTD的《咨询服务顾问协议》，就农行双龙支行为江苏信托公司在“张家港东方新天地特定资产收益权项目单一资金信托”项下提供咨询服务之事宜达成协议，并约定由江苏信托公司向农行双龙支行支付咨询服务顾问费。2012年12月7日，绿园置业公司、江苏信托公司、螺狮湾公司、农行双龙支行签订编号为XY（2012－170）DFXTD的《履约准备金账户管理协议》，就履约准备金账户的开立、监管、划扣等事宜达成协议。后江苏信托公司向农行双龙支行支付了咨询服务顾问费1200万元。

一审法院开庭审理中，江苏信托公司和农行昆明分行一致确认，绿园置业公司以其名下特定资产为其履行回购义务向江苏信托公司提供的抵押物已经依法办理抵押登记手续，截至一审庭审之日不存在被司法查封之情形。

一审法院对双方有争议的证据和事实，认定如下：

（一）江苏信托公司向一审法院提交中国农业银行股份有限公司云南省分行（以下简称农行云南分行）于2012年11月26日向农行昆明分行出具的编号为农银云字［2012］157号的《授权书》，内容为，省分行营业部：兹授权你部代表我行与江苏信托公司签署编号为“XY（2012－166）YNZY”“XY（2012－171）DFXTD”的转让协议。农行昆明分行认为该授权书上农行云南分行的印章系伪造，农行昆明分行为此提交农行云南分行委托昆明锦康司法鉴定中心于2014年12月1日出具的昆锦司［2014］文鉴字第45号《印章印文鉴定意见书》，鉴定意见为，检材即编号为农银云字［2012］157号的《授权书》复印件上的农行云南分行公章与农行云南分行提交的样本印章文本不一。但因农行昆明分行系依法领取金融经营许可证的银行分支机构，其对于2012年12月1日农行昆明分行出具的负责人授权委托书的真实性、2012年12月6日《转让协议》上农行昆明分行的公章及授权代表苏某军签名的真实性均已认可，故案涉《转让协议》的签订系农行昆明分行自主决策后作出的正常经营行为，农行昆明分行在签约时是否取得农行云南分行的授权属于其银行内部规范管理的范畴，不应据此认定其无权签订《转让协议》。且昆锦司［2014］文鉴字第45号《印章印文鉴定意见书》是依据农行云南分行单方提交的农银云字［2012］157号的《授权书》复印件作为检材及自行提交的印章样本进行鉴定，江苏信托公司对此不予认可，故该鉴定意见不足以采信，亦与本案无关联性，对农行昆明分行的证明目的不予采信。

（二）农行昆明分行另提交绿园置业公司2012年12月12、13日出具的《用款说明》及中国农业银行转账支票2张，主张绿园置业公司是螺狮湾公司的实际控制人，绿园置业公司已将案涉特定资产收益转让款用于支付螺狮湾公司的项目土地款。但因江苏信托公司已经依约向绿园置业公司支付案涉特定资产收益转让款12亿元，绿园置业公司在收到款项后如何实际安排、使用该款项，系其自身经营行为，而并非是基于江苏信托公司的要求安排资金用途，故绿园置业公司使用资金的具体流向与本案无关联性。

（三）农行昆明分行确认绿园置业公司归还了2014年6月21日之前12亿元本金对应的全部溢价款合计17792万元，但对于绿园置业公司在2014年10月13、14日支付的两笔款项用于偿付特定资产收益权转让价款本金1亿元及该1亿元本金对应的溢价款，不予认可。而2014年10月13日江苏信托公司共计向绿园置业公司发出两张利息通知单，分别载明：本金5000万元，自2014年6月20日至2014年10月13日的利息1533333.33元，合计51533333.33元；本金5000万元，自2014年6月20日至2014年10月14日的利息1546666.67元，合计51546666.67元；绿园置业公司分别于2014年10月13日、14日向江苏信托公司支付51533333.33元、51546666.67元，该两笔5000万元所对应的利息是依据利息通知单上注明的9.6%年利率计算得出的溢价款1546666.67元、1533333.33元，故应当认定绿园置业公司已经向江苏信托公司归还了1亿元本金及该本金所对应的溢价款。农行昆明分行就此提出的异议缺乏事实依据，不予采纳。

一审法院认为，（一）江苏信托公司和农行昆明分行就案涉特定资产收益权签订的《转让协议》属于债权转让合同，内容不违反法律、行政法规的强制性规定，应认定为合法有效。

1. 关于案涉《转让协议》的法律性质。广州证券公司与江苏信托公司之间签订《单一资金信托合同》，由信托委托人广州证券公司将信托财产委托给信托受托人江苏信托公司，以江苏信托公司的名义为特定目的进行管理或处分，因此在广州证券公司和江苏信托公司之间成立信托法律关系。为了处理信托事务和管理信托资产，江苏信托公司与绿园置业公司签订《转让合同》《回购合同》，由江苏信托公司支付转让对价，取得绿园置业公司特定资产的收益权，并约定了绿园置业公司在指定期限的回购义务。同时，江苏信托公司与农行昆明分行签订《转让协议》，约定如绿园置业公司在约定的期限届满时未履行回购义务，则由江苏信托公司将特定资产收益权转让给农行昆明分行。江苏信托公司基于《转让合同》取得的特定资产收益权是对特定资产行使所有权权能而产生的金钱债权，其权利性质属于合同债权。故案涉《转让协议》虽与信托法律关系有一定关联，但《转让协议》本身所约定的权利义务内容是针对特定资产收益权这一合同债权达成的约定，根据双方转让收益权、支付价款的交易方式，该《转让协议》具有权利转让的性质，故本案案由应当确定为债权转让纠纷。农行昆明分行与江苏信托公司之间并不成立委托处置信托财产的法律关系，故农行昆明分行抗辩认为本案属于营业信托纠纷，缺乏法律依据。案涉《转让协议》条款之中并无农行昆明分行对江苏信托公司提供履约担保的约定内容，并非法律意义上的保证合同，故农行昆明分行主张《转让协议》实为保证合同，亦无法律依据。

2. 关于《转让协议》的法律效力。合同法第七十九条规定，“债权人可以将合同的权利全部或者部分转让给第三人，但有下列情形之一的除外：（一）根据合同性质不得转让；（二）按照当事人约定不得转让；（三）依照法律规定不得转让。”本案中，江苏信托公司是依法批准成立的非银行金融机构，农行昆明分行是依法设立并领取营业执照的商业银行的分支机构，双方均具备金融业务经营资质，有独立的财产开展相关的金融业务。双方当事人之间签订《转让协议》所涉及的特定资产收益权属于可以依法转让的债权标的，协议内容不违反法律、行政法规的禁止性规定，不存在依据合同法第五十二条应认定为合同无效的情形，故案涉《转让协议》应认定为合法有效。农行昆明分行主张本案实质为向房地产开发企业变相发放流动性资金贷款，故《转让协议》应为无效的抗辩理由，于法无据。

（二）农行昆明分行到期未履行支付转让价款的义务已构成违约，江苏信托公司有权依据《转让协议》的约定向其主张权利。

1. 依据《转让协议》第二条约定，在《转让合同》《回购合同》项下回购到期日前两日（含回购到期日）内，农行昆明分行应向江苏信托公司支付特定资产收益权的转让总价款，农行昆明分行应支付的特定资产收益权的转让价款为截至本条上述回购到期日绿园置业公司应付未付的转让价款本金以及截至农行昆明分行实际支付转让价款之日绿园置业公司应付未付的溢价款、违约金、江苏信托公司实现特定资产收益权的费用等。本案中，江苏信托公司依照《转让合同》约定于2012年12月11日向绿园置业公司支付特定资产收益权转让价款12亿元，《回购合同》项下回购到期日为自2012年12月11日起计算满两年之日即2014年12

月 11 日，而绿园置业公司在此日并未依照《回购合同》的约定如约履行回购义务。则农行昆明分行应当依照其与江苏信托公司之间《转让协议》的约定于 2014 年 12 月 11 日内向江苏信托公司支付特定资产收益权的转让总价款，但截至本案起诉之日仍未履行，已构成违约。农行昆明分行主张特定资产的现实收入没有归集到履约准备金账户，故特定资产收益权已不存在。特定资产收益权系基于合同相对方之间依法设立的债权请求权，该特定资产收益权所针对的债权能否实现属于债权清偿范畴，而债权能否全部清偿存在不确定的商业风险，但此并未超出双方当事人签订《转让协议》时的合理安排和风险预期，故债权不能实现清偿并不由此导致权利本身自始丧失。农行昆明分行已经知晓特定资产收益权不能实现的法律风险，应当自行承担后果。另一方面，绿园置业公司履约准备金账户中特定资产的现实资金余额不足以满足约定的回购款项金额要求，证实《转让协议》第二条约定的适用情形已经现实发生，农行昆明分行应当依约履行合同义务。故农行昆明分行的该抗辩理由，不符合合同约定。

2. 江苏信托公司、农行昆明分行均确认绿园置业公司为向江苏信托公司担保履行《回购合同》提供了不动产抵押，且已经依法办理抵押登记。《中华人民共和国物权法》（以下简称物权法）第一百九十二条规定，“抵押权不得与债权分离而单独转让或者作为其他债权的担保。债权转让的，担保该债权的抵押权一并转让，但法律另有规定或者当事人另有约定的除外。”故抵押权应随主债权转让而转移，不能单独转让。依据案涉《转让协议》第三条的约定，农行昆明分行在向江苏信托公司付清转让总价款之后，前述抵押权与特定资产收益权才一并转让，江苏信托公司负有配合办理抵押权变更登记手续或者代农行昆明分行实现抵押权权益的义务。但在《转让协议》已经对双方履行合同义务的先后顺序作出明确安排的情形下，且不存在行使不安抗辩权的情形时，农行昆明分行应当依照约定先行向江苏信托公司支付转让总价款。农行昆明分行以抵押权不能实现为由拒绝支付特定资产收益权的转让价款，既缺乏事实依据，亦不符合合同约定的本意。

3.《转让合同》《回购合同》作为《转让协议》的附件，证实江苏信托公司、农行昆明分行均认可在绿园置业公司未能依约履行回购义务时，江苏信托公司有权要求农行昆明分行受让特定资产收益权。《转让协议》第七条约定，若绿园置业公司付清《回购合同》项下所有应付未付款项，则《转让协议》终止履行。而现有证据证实绿园置业公司仅支付了部分回购价款，《回购合同》并未得到全面、适当的履行，江苏信托公司在《回购协议》中设定的合同目的已经无法实现，故《转让协议》不存在终止履行情形，江苏信托公司有权依据《转让协议》第二条的约定，选择直接要求农行昆明分行支付转让总价款。

（三）农行昆明分行应当向江苏信托公司支付转让价款、逾期违约金，但对于《转让协议》第八条中每日万分之三的违约金不应支持。

依据《转让协议》第二条及第八条约定，农行昆明分行应向江苏信托公司支付的转让总价款是《回购合同》项下应付未付之相关款项，包括转让价款本金、溢价款、违约金及江苏信托公司实现债权之费用等。江苏信托公司在本案诉讼请求主张的款项具体组成如下：1. 截至回购到期日 2014 年 12 月 11 日绿园置业公司应付未付的转让价款本金 11 亿元。2. 截至回购到期日 2014 年 12 月 11 日绿园置业公司应付未付溢价款，以转让价款本金余额 11 亿元为基数，自 2014 年 6 月 21 日至 2014 年 12 月 11 日共计 173 天，按照 9.6% 的年利率计算，即 11 亿元 × 9.6% ×173 天/360 天 =50746666.67 元。3. 截至农行昆明分行实际支付转让价款之日（暂计至 2015 年 8 月 31 日）绿园置业公司应付未付违约金：（1）以绿园置业公司应付未付回购价款本金 11 亿元为基数，自 2014 年 12 月 11 日暂计至 2015 年 8 月 31 日共 263 天，溢价款按照年利率 9.6% 上浮 50% 计算，即 11 亿元 × 9.6% ×1.5 ×263 天/360 天 = 115720000 元，该款项实质为逾期之后的溢价款；（2）以绿园置业公司应付未付的溢价款 50746666.67 元为基数，自 2014 年 12 月 11 日暂计至 2015 年 8 月 31 日共 263 天，按照违约金额 0.5%/日计算，即 50746666.67 元 ×0.5%/天 ×263 天 =66731866.67 元。以上两项合计 182451866.7 元。4. 依据《转让协议》第八条约定，截至农行昆明分行给付之日（暂计至 2015 年 8 月 31 日），农行昆明分行应支付的逾期违约金以农行昆明分行应付未付转让价款总金额即上述 1 – 3 项款项合计金额 1333198533 元为基数，自 2014 年 12 月 11 日起暂计至 2015 年 8 月 31 日共 263 天，按照逾期金额 0.03%/日计算，即 1333198533 元 ×263 天 ×0.03%/天 =105189364.3 元。

上述 1 – 3 项款项均属于江苏信托公司、绿园置业公司之间的《回购合同》中关于本金、溢价款及溢价款违约责任的约定，亦属于江苏信托公司、农行昆明分行之间《转让协议》第二条中所包含的款项，上述费用均应支持，因江苏信托公司明确诉讼标的金额是暂计算至起诉之日，故对于2014年12月11日逾期之后的溢价款和违约金均应计算至实际给付之日。第4项款项是依照《转让协议》第八条约定即以上述1－3项金额总和为基数，依照每日万分之三的标准计算的违约金，但是考虑本案当中对逾期溢价款的违约金已经上浮50%以年利率14.4%计算及期内应付溢价款50746666.67元的违约金已经依照0.5%/天计算，故江苏信托公司依据《转让协议》第八条约定计算的违约金确实存在重复计算且违约金数额明显过高的情形。合同法第一百一十四条规定："当事人可以约定一方违约时应当根据违约情况向对方支付一定数额的违约金，也可以约定因违约产生的损失赔偿额的计算方法。约定的违约金低于造成的损失的，当事人可以请求人民法院或者仲裁机构予以增加；约定的违约金过分高于造成的损失的，当事人可以请求人民法院或者仲裁机构予以适当减少。"因案涉《转让协议》第八条约定的违约金存在重复计算且确属明显过高，农行昆明分行已经向一审法院申请调整，故酌定对于江苏信托公司主张的该项违约金请求，不予支持。

综上，一审法院认为，江苏信托公司的部分诉讼请求具有事实和法律依据，应予支持。依照合同法第六十条、第七十九条、第一百零七条、第一百一十四条之规定，判决：（一）农行昆明分行于判决生效后十日内向江苏信托公司支付特定资产收益权转让价款本金11亿元和溢价款50746666.67元（截止2014年12月11日）、逾期溢价款（自2014年12月11日起至实际给付之日止以11亿元为基数，按照年利率14.4%计算）、违约金（自2014年12月11日起至实际给付之日止以50746666.67元为基数，按照每日千分之五的标准计算）；（二）驳回江苏信托公司的其他诉讼请求。如果未按判决指定的期限履行上述给付金钱义务，应当依照《中华人民共和国民事诉讼法》第二百五十三条之规定，加倍支付迟延履行期间的债务利息。案件受理费7233739.49元，由农行昆明分行负担。江苏信托公司已预交的案件受理费7233739.49元由一审法院退回，农行昆明分行应负担的案件受理费7233739.49元于判决生效后十日内向一审法院交纳。

本院二审期间，农行昆明分行围绕上诉请求提交了证据，本院组织当事人进行了证据交换和质证。农行昆明分行举示2012年12月6日《广州证券公司－穗通3号定向资产管理合同》、2014年2月26日《〈广州证券公司－穗通3号定向资产管理合同〉补充协议3》、2014年9月26日《〈广州证券公司－穗通3号定向资产管理合同〉补充协议4》各一份，用以证明《广州证券公司－穗通3号定向资产管理合同》与本案《转让合同》《回购合同》《转让协议》均于2012年12月6日签订，体现了本案的交易架构；其投资范围从固定投资收益类产品扩大到资产收益权、债权等，属于违规投资特定资产收益权，且特定资产收益权与债权是分开的。江苏信托公司质证认为，上述证据不属于新证据且均为复印件，对其真实性无法确认，且与本案争议没有关联性，不能否定《转让协议》的独立性。本院认为，江苏信托公司的质证意见成立，对农行昆明分行举示的上述证据不予采信。

本院经审理查明，《单一资金信托合同》第五条“信托财产”约定，“（一）本合同项下信托财产系指委托人在本合同规定期限内，按照约定方式向受托人交付的信托资金，以及该信托资金在信托设立后，在受托人管理和处分过程中衍生的全部资产及收益”；“（五）委托人交付给受托人的信托资金形式是人民币，金额为（大写）人民币壹拾贰亿元整”。第六条“信托目的”约定，“委托人将合法拥有的资金委托给受托人，受托人按信托原则，根据委托人的要求，将本信托项下的信托资金用于受让目标项目特定资产收益权，并通过收取回购价款等方式，为受益人获取信托收益”。第八条“信托财产的管理”约定，“（一）本信托是委托人确定管理方式的信托，委托人同意受托人将本合同项下的信托资金用于受让本合同第一条第（十）项下的特定资产收益权”。第二十二条“其他约定”明确：《转让合同》《回购合同》《转让协议》《房地产抵押合同》《保证合同》等文件的复印件为《单一资金信托合同》的附件。

《回购合同》第八条“甲方（江苏信托公司）的权利和义务”约定，“5.在乙方（绿园置业公司）按照本合同约定支付全部回购价款完毕之前，甲方有权向任何第三方转让其在《转让合同》项下的全部或部分权利义务。甲方转让其在《转让合同》项下的权利义务的，无须征得乙方同意，且转让后，乙方应对该转让的受让方承担根据本合同应对甲方承担的一切义务，并对该转让的受让方享有根据本合同对乙方享有的一切权利。”

另查明，中国农业银行股份有限公司云南省分行营业部于2018年1月5日更名为中国农业银行股份有限公司昆明分行，其负责人变更为高捍。

除上述事实外，一审查明的其他事实属实，本院予以确认。

本院认为，根据一审判决和双方当事人的上诉、答辩情况，本案二审争议的焦点，涉及案涉《单一资金信托合同》与作为其附件的《转让协议》等合同的关系，《转让协议》的性质、效力，农行昆明分行应否支付转让价款，一审判决认定的转让价款及违约金是否符合当事人约定和法律规定，以及一审案件受理费负担是否合法等方面的问题。

（一）关于案涉《单一资金信托合同》与作为其附件的《转让协议》等合同的关系。根据本案查明的事实，2012 年 12 月 6 日，广州证券公司与江苏信托公司签订《单一资金信托合同》，约定由广州证券公司向江苏信托公司交付信托资金 12 亿元，江苏信托公司将信托资金用于受让特定资产收益权，并通过收取回购价款等方式，为受益人获取信托收益；广州证券公司已经确知并同意《转让合同》《回购合同》《转让协议》《房地产抵押合同》《保证合同》等《单一资金信托合同》附件的内容，并且同意江苏信托公司签署作为《单一资金信托合同》附件的全部文件。同日，江苏信托公司分别与绿园置业公司签订《转让合同》《回购合同》《房地产抵押合同》，与农行昆明分行签订《转让协议》，与农行双龙支行签订《咨询服务顾问协议》，与螺蛳湾公司、绿园置业公司签订《保证合同》。可见，江苏信托公司分别与绿园置业公司、农行昆明分行、螺蛳湾公司签订相关合同，是为了履行《单一资金信托合同》，完成信托事务，实现信托目的。《转让合同》《回购合同》《房地产抵押合同》《保证合同》《转让协议》等合同作为《单一资金信托合同》的附件，系广州证券公司与江苏信托公司信托交易框架的组成部分。依照《单一资金信托合同》与《转让合同》的约定，基于广州证券公司的委托，江苏信托公司以其自己名义将 12 亿元信托资金支付给绿园置业公司，同时受让了绿园置业公司的特定资产收益权。信托法第十四条第二款规定，“受托人因信托财产的管理运用、处分或者其他情形而取得的财产，也归入信托财产。”《单一资金信托合同》第五条亦约定，信托财产包括信托资金在信托设立后，在受托人管理和处分过程中衍生的全部资产及收益。据此，由江苏信托公司处分案涉 12 亿元信托资金而取得的特定资产收益权系信托财产。农行昆明分行上诉理由中关于案涉《转让协议》系《单一资金信托合同》附件，与附件所列其他合同一起构成整个信托交易框架下的一部分，所转让的特定资产收益权系信托财产的主张成立。

但亦应指出的是，第一，依照《单一资金信托合同》第二十二条的约定，其附件所列合同之所以作为附件，只是表明委托人广州证券公司知晓并同意江苏信托公司运用其交付的信托资金开展相关的信托业务。附件所列合同并非《单一资金信托合同》的从合同，而是江苏信托公司为完成信托事务，经广州证券公司同意与不同当事人签订的各自独立的合同。故本案中江苏信托公司与农行昆明分行讼争的《转让协议》，虽然构成信托交易框架的一部分，但与《单一资金信托合同》之间不存在主从关系。第二，对于《单一资金信托合同》的效力，自应适用信托法第十一条、合同法第五十二条等法律法规的规定进行审查，但《单一资金信托合同》的效力并不必然影响包括案涉《转让协议》在内的作为《单一资金信托合同》附件的各个独立合同的效力。因此，《单一资金信托合同》的效力问题不是本案的审理范围。第三，信托行为的实施会导致信托财产的形态发生变化。本案中，《单一资金信托合同》项下的12亿元信托资金是信托财产，《转让协议》所转让的特定资产收益权亦是信托财产。无论受托人如何管理运用或处分信托财产，因信托财产发生变动而形成之新的形态的财产仍归属于信托财产，此乃信托法为保护委托人利益而设立的特殊规则。而前述规则仅能被适用于界定信托财产构成范围的场合，而不能作为界定以信托财产为标的之合同性质的依据，更不能由此将所有涉及信托财产的合同一概认定为信托合同。是故，对于农行昆明分行上诉理由中有关信托合同因目的、行为违法而无效的主张，本院于本案不予理涉；农行昆明分行关于案涉特定资产收益权系信托财产因而《转让协议》系信托合同的观点，无事实和法律依据，本院不予采纳。

（二）关于《转让协议》的性质。对于当事人讼争合同性质的认定，要基于合同条款的字面含义，从合同约定的具体权利义务关系出发，揭示当事人的真实意思，依照法律规定予以综合判断。在对本案诉争的《转让协议》这类商事合同进行解释时，更应观照蕴含于当事人缔约目的之中的商业考量与经济逻辑，反映商事合同不同于民事消费合同的风险分担和治理机制等特点，以维护交易秩序，促进商业活动发展。

依照《转让协议》鉴于部分及第一条载明的内容，江苏信托公司与农行昆明分行签订《转让协议》的目的，是转让江苏信托公司基于《转让合同》取得的特定资产收益权，该特定资产收益权是获得因开发建设、经营、管理、处分特定资产而获得销售收入、租金收入等和因此等收入获得其他任何现实收益的权利。与此同时，鉴于江苏信托公司与绿园置业公司通过签订《转让合同》《回购合同》同时成立特定资产收益权转让和回购法律关系，且在《回购合同》中就江苏信托公司转让特定资产收益权后绿园置业公司应对受让人承担《回购合同》项下的义务作出了特别约定，结合江苏信托公司与农行昆明分行将《回购合同》与《转让合同》一并列为《转让协议》的附件，并将绿园置业公司应付未付回购溢价款、违约金计入转让价款，以及江苏信托公司承诺向农行昆明分行转让为担保回购债权而设立的抵押权的事实，应当认定《转让协议》一并将江苏信托公司基于《回购合同》享有的回购债权及相应的抵押权纳入了转让范围。由此，《转让协议》的转让客体具有集合性，既包括特定资产收益权，也包括回购债权及相应的抵押权。

依照《转让协议》第二条的约定，除不可抗力外，农行昆明分行应于《转让合同》及《回购合同》项下的特定资产收益权回购到期日前两日内，受让江苏信托公司拥有的特定资产收益权；农行昆明分行应支付的转让价款为，截至回购到期日绿园置业公司应付未付的转让价款本金，以及截至农行昆明分行实际支付转让价款之日绿园置业公司应付未付的溢价款、违约金、江苏信托公司实现特定资产收益权的费用等。结合《转让协议》第三条关于自农行昆明分行支付完毕转让价款之日起，江苏信托公司在《转让合同》项下相应的特定资产收益权及相应的抵押权自动全部转让给农行昆明分行，第七条关于绿园置业公司依约支付全部转让价款本金、溢价款及其他应付款项，则江苏信托公司与农行昆明分行不再履行《转让协议》项下的特定资产收益权转让相关权利义务，以及第八条关于除不可抗力外，如农行昆明分行未按照约定向江苏信托公司按时支付转让价款即视为违约等合同条款的约定，农行昆明分行取得特定资产收益权及其回购债权和相应抵押权的对价，是向江苏信托公司支付绿园置业公司应付未付的转让价款本金、溢价款及违约金等款项，且该款项应当在特定资产收益权回购到期日前两日内支付。在《转让协议》系《单一资金信托合同》附件的背景下，《转让协议》对于农行昆明分行受让相关权利的对价及其支付方式、解除条件和违约责任的约定，于《转让合同》与《回购合同》而言，显然具有一种分担风险，强化信托财产投资安全的增信作用。也就是说，在特定资产收益权回购到期日前两日内，农行昆明分行即应向江苏信托公司支付绿园置业公司应付未付的相关款项，江苏信托公司的此项付款请求权对应构成的农行昆明分行的差额补充义务，在功能上具有担保江苏信托公司债权实现的作用。

由上，江苏信托公司与农行昆明分行签订的《转让协议》系混合合同，双方各自承诺负担的给付义务分别构成不同的合同关系，其一是转让特定资产收益权及其回购债权和相应抵押权的债权转让法律关系，其二是具有增信担保作用的差额补充法律关系。江苏信托公司和农行昆明分行基于《转让协议》约定各自负担不同类型的主给付义务，以对价关系而结合且不可分离，共同形成相互依赖的权利义务关系。因双方各自负担的给付义务不属于同一合同类型，故《转让协议》并非法律规定的有名合同。鉴于当事人讼争的法律关系是复合的且不具有典型性，本案案由应当确定为合同纠纷。一审判决将案涉《转让协议》认定为单一的债权转让，进而将案由确定为债权转让合同纠纷不当，本院予以纠正。

需要指出的是，《转让协议》约定由农行昆明分行承担的是特定资产收益权回购到期日之前的差额补充义务。上述义务属农行昆明分行作出的支付承诺，相对于被补充之债权具有独立性，农行昆明分行届期即应如数支付相应款项。此与通常具有从属性、补充性的保证担保不同，并不是在绿园置业公司不履行其回购义务时才由农行昆明分行向江苏信托公司依约履行债务或者承担责任。故其虽然具有增信担保的作用，但并非担保法意义上的保证担保行为。农行昆明分行上诉理由中主张《转让协议》“名为转让实为担保”，理据不足，本院不予支持。

（三）关于《转让协议》的效力。本案中，农行昆明分行主张《转让协议》因违反金融监管政策而无效。此项主张能否成立，应围绕国家金融监管政策的实施，依照合同法第五十二条的规定进行审查。

金融安全是国家安全的重要组成部分，金融制度是经济社会发展中重要的基础性制度。为防范化解重大金融风险，深化整治金融业市场乱象，国家近年来发布实施了一系列重要金融政策和监管措施。《中国人民银行、中国银行业监督管理委员会、中国证券监督管理委员会、中国保险监督管理委员会、国家外汇局关于规范金融机构同业业务的通知》（银发［2014］27号，以下简称《同业业务通知》），《中国银行业监督管理委员会关于进一步深化整治银行业市场乱象的通知》（银监发［2018］4号，以下简称《整治市场乱象通知》）及其附件《进一步深化整治银行业市场乱象的意见》《2018年整治银行业市场乱象工作要点》《中国人民银行、中国银行保险监督管理委员会、中国证券监督管理委员会、国家外汇管理局关于规范金融机构资产管理业务的指导意见》（银发［2018］106号，以下简称《资管业务指导意见》）等金融监管文件，均规定了对违规开展涉及影子银行和交叉金融产品风险业务具体的监管与查处措施，明确将商业银行“为非标准化债权资产或股权性融资提供直接或间接、显性或隐性的担保或回购承诺”作为整治工作重点。对于此类涉及公共政策的监管规定，作为金融机构的当事人须在签订、履行同业业务合同时予以严格遵守，人民法院亦应在审查相关合同效力时，按照合同法第五十二条的规定予以充分的考量。

《同业业务通知》第十八条规定，“金融机构于通知发布之日前开展的同业业务，在业务存续期间内向中国人民银行和相关监管部门报告管理状况，业务到期后结清。”《进一步深化整治银行业市场乱象的意见》第七条规定，“要新老划断，对于存量业务，区分问题性质、产生原因和造成后果等情况，给予一定的消化期和过渡期，差别化处置；对于整治银行业市场乱象工作开展以后（2017年5月1日后）的新增业务，严格按照法律法规进行规范，依法查处。”《资管业务指导意见》第二十九条规定，“按照‘新老划断’原则设置过渡期，确保平稳过渡。过渡期为本意见发布之日起至2020年底，对提前完成整改的机构，给予适当监管激励。过渡期内，金融机构发行新产品应当符合本意见的规定；为接续存量产品所投资的未到期资产，维持必要的流动性和市场稳定，金融机构可以发行老产品对接，但应当严格控制在存量产品整体规模内，并有序压缩递减，防止过渡期结束时出现断崖效应。”据此，在整治金融市场乱象的过程中，监管机关对存量业务与新增业务采取新老划断的差别化处置政策，存量业务应在过渡期内予以清理并在到期后结清。

本案《转让协议》系于2012年12月6日签订，所涉业务在上述金融监管文件出台之前即已存在。江苏信托公司提起本案诉讼，请求农行昆明分行履行《转让协议》并承担违约责任，属于清理存量业务。现行金融监管政策允许《转让协议》这一类的存量业务合同继续履行，有助于稳定相关市场预期，维护金融市场交易安全，也表明由此可能产生的金融风险处于可控制的范围之内，不构成合同法第五十二条规定的损害社会公共利益等合同无效的情形。一审判决认定《转让协议》有效正确，本院予以维持。农行昆明分行提出的《转让协议》因违反金融监管政策而无效的主张，缺乏事实和法律依据，本院不予支持。

此外，江苏信托公司并无实质审查农行昆明分行上级银行农行云南分行印章真伪的注意义务。在农行昆明分行已提供上级银行授权文件，且在《转让协议》上的相应签章及其负责人出具的授权文件均为真实的情形下，即使其上级银行授权文件上的印章系伪造，江苏信托公司亦有理由相信农行昆明分行有权开展案涉业务。《转让协议》第十条亦约定，合同一方违反内部章程和内部的其他规定而签署本合同，因此而产生的责任由该方承担，该方不得以此为由对抗本合同项下责任的承担和义务的履行。农行昆明分行开展案涉交易应否取得其上级银行的授权并非法律、行政法规明确规定的事项，其不得以银行内部管理规定对抗与其交易的善意相对人，亦不能据此否定《转让协议》的效力。与此同时，因《转让协议》不是担保合同，农行昆明分行签订《转让协议》并非作为法人分支机构对外提供担保，本案无需适用担保法第十条、第二十九条关于限制企业法人分支机构对外提供担保的规定，并以之审查《转让协议》的效力。由上，农行昆明分行以其未获得上级银行授权对外提供担保为由主张《转让协议》无效，无事实和法律依据，本院不予支持。

（四）关于农行昆明分行应否支付转让价款的问题。根据合同法第六十条第一款的规定，当事人应当按照约定全面履行自己的义务。《转让协议》第二条约定，农行昆明分行应在回购到期日前两日内向江苏信托公司支付转让价款。农行昆明分行应严守合同，诚信履行。

如前所述，《转让协议》的转让客体既包括特定资产收益权，也包括回购债权及相应的抵押权。《回购合同》约定江苏信托公司有权在绿园置业公司支付全部回购价款前，将其在《转让合同》项下的权利义务转让给第三方而无须征得后者的同意；转让后，绿园置业公司应对上述第三人承担根据《回购合同》应对江苏信托公司承担的义务，并享有相应的权利。江苏信托公司在二审答辩状中亦明确表示，其将在农行昆明分行付清转让款后，把《回购合同》项下债权及抵押权一并转让给农行昆明分行。本案中，由于绿园置业公司尚未依照《回购合同》的约定向江苏信托公司足额支付回购价款，《回购合同》项下的权利义务并未消灭，为担保回购债权的实现而设立的抵押权亦未灭失。农行昆明分行向江苏信托公司足额支付转让价款系清偿《转让协议》项下债务，《回购合同》项下的债权债务关系并不因农行昆明分行清偿其他合同项下的债务而终止。农行昆明分行主张抵押权因转让价款的支付而消灭，并无相应的合同依据和法律依据。由此，农行昆明分行取得案涉抵押权并无事实上或法律上的障碍，其签订《转让协议》的合同目的可以实现。农行昆明分行以无法实现合同目的为由拒绝履行《转让协议》，缺乏事实和法律依据，本院不予支持。

根据《转让合同》第一条的约定，特定资产收益权的内容包括对坐落于张家港市XX南的“东方新天地”中的面积为65690.91平方米房产进行开发建设、经营、管理、处分而产生的销售收入、租金收入等和因此等收入产生的其他任何现实收益。上述约定明确了特定资产收益权的数量、权利内容和边界，已使特定资产收益权明确和特定。农行昆明分行关于案涉特定资产收益权不确定的主张不能成立。在绿园置业公司实际予以回购前，江苏信托公司拥有的案涉特定资产收益权仍然存在，并不因《回购合同》约定的两年回购期限的经过而丧失。《转让合同》将特定资产收益的范围约定为《单一资金信托合同》的有效期内产生的各种现实收益，亦非指特定资产收益权在两年的信托期限届满后自行消灭。因此，江苏信托公司可以管理、使用及处分案涉特定资产收益权，案涉特定资产收益权依法可以转让。农行昆明分行关于江苏信托公司已不再享有特定资产收益权，无法转让的主张，亦不能成立。需要指出的是，特定资产收益权系合同债权，双方在签订《转让协议》时对其有明确的界定，其能否实现取决于债务人是否履行合同义务等多重因素，存在一定的商业风险。即使案涉特定资产收益无法实现，亦不影响特定资产收益权的存在，更不影响农行昆明分行按照《转让协议》的约定向江苏信托公司履行支付转让价款的义务。农行昆明分行作为金融机构，在订立《转让协议》时应能预见合同债权不能实现的风险，其与江苏信托公司自愿签订《转让协议》意味着双方已对特定资产收益权不能实现的风险进行了适当分配。农行昆明分行以特定资产收益权系不良资产、不存在、继续履行《转让协议》显失公平等为由拒付转让价款，亦缺乏事实和法律依据，本院不予支持。

《转让协议》第三条约定，“自乙方（农行昆明分行）向甲方（江苏信托公司）支付完毕上述转让价款之日起，甲方在《转让合同》项下相应的特定资产收益权及相应的抵押权自动全部转让给乙方”，故农行昆明分行应先向江苏信托公司履行支付转让价款的义务，然后请求江苏信托公司履行转让特定资产收益权及其回购债权和相应抵押权的义务。根据合同法第六十七条的规定，当事人互负债务，有先后履行顺序，先履行一方未履行的，后履行一方有权拒绝其履行要求。农行昆明分行主张其与江苏信托公司并未约定履行的先后顺序，进而主张同时履行抗辩权，认为在江苏信托公司未先行行使抵押权或将抵押权随主债权一并转让的情形下其可拒付转让价款，没有事实依据，本院不予支持。因农行昆明分行未按照约定先履行支付转让价款的义务，江苏信托公司有权行使先履行抗辩权，拒绝转让回购债权及相应抵押权，亦可拒绝先行向绿园置业公司主张抵押权。

农行昆明分行在不享有相应履行抗辩权的情形下，未按照《转让协议》的约定于回购到期日前二日内向江苏信托公司支付转让价款，已构成违约。合同法第一百零七条规定，“当事人一方不履行合同义务或者履行合同义务不符合约定的，应当承担继续履行、采取补救措施或者赔偿损失等违约责任”。合同法第一百零九条规定，“当事人一方未支付价款或者报酬的，对方可以要求其支付价款或者报酬”。因此，农行昆明分行应向江苏信托公司支付转让价款。一审判决支持江苏信托公司提出的农行昆明分行支付转让价款的诉讼请求正确，本院予以维持。

（五）关于一审判决认定的转让价款及违约金是否符合《转让协议》约定和法律规定的问题。《转让协议》第二条约定，转让价款为“截至本条上述回购到期日绿园置业应付未付的转让价款本金以及截至乙方实际支付转让价款之日绿园置业应付未付的溢价款、违约金、甲方实现特定资产收益权的费用等”。绿园置业公司应付转让价款本金、溢价款及违约金的数额，均可根据《回购合同》第三条、第十一条的约定通过计算进行确定。截至回购到期日绿园置业公司未付的转让价款本金、溢价款及违约金的数额，亦可根据绿园置业公司实际履约情况确定。故江苏信托公司与农行昆明分行约定的转让价款具体明确，可以履行。农行昆明分行主张转让价款约定不明，没有事实依据，其主张根据合同法第六十一条的规定按照合同有关条款或交易习惯确定案涉特定资产收益权的转让价款，理据不足。同时，《回购合同》并未约定绿园置业公司应付溢价款包括农行双龙支行的中介服务费，《转让协议》亦未约定农行昆明分行向江苏信托公司支付的溢价款应扣除农行双龙支行的中介服务费，故农行昆明分行主张其向江苏信托公司支付的溢价款应扣除农行双龙支行的中介服务费，无事实依据。与此同时，农行昆明分行主张其不应向江苏信托公司支付绿园置业公司应付未付的违约金，显与《转让协议》第二条的约定相背。由上，本院对农行昆明分行提出的上述主张均不予支持。一审判决确定的转让价款符合江苏信托公司与农行昆明分行的约定，本院予以维持。

江苏信托公司与绿园置业公司签订的《回购合同》第十一条“违约责任”第2项约定，“若乙方（绿园置业公司）未按时足额向甲方（江苏信托公司）支付溢价款，则乙方应按照违约金额0.5%/日向甲方支付违约金，并赔偿甲方损失。”江苏信托公司与农行昆明分行签订的《转让协议》第八条约定，“除不可抗力外，如乙方（农行昆明分行）未按照本协议的约定向甲方（江苏信托公司）按时支付特定资产收益权转让价款，即视为乙方违约，乙方应向甲方支付逾期违约金，违约金额=乙方应付的特定资产收益权转让价款总金额×0.03%/天×逾期天数。”《回购合同》与《转让协议》分别约定的上述违约金条款，在行为主体、违约事实及违约金额计算方法等方面均不相同，各自形成相互独立的违约责任。但根据《转让协议》的约定，案涉转让价款的计算方式为：转让价款=至回购到期日绿园置业公司应付未付转让价款本金+至农行昆明分行实际给付转让价款之日绿园置业公司应付未付溢价款+至农行昆明分行实际给付转让价款之日绿园置业公司应付未付违约金。由此，本应由绿园置业公司承担的违约金，亦作为转让价款的一部分构成了农行昆明分行的合同义务。农行昆明分行关于本案存在违约金重复计算的主张不能成立。

违约金的基本功能是填补损失。合同法第一百一十四条第二款规定，“约定的违约金低于造成的损失的，当事人可以请求人民法院或者仲裁机构予以增加；约定的违约金过分高于造成的损失的，当事人可以请求人民法院或者仲裁机构予以适当减少。”依照《转让协议》的合同目的，在农行昆明分行承担的差额补充义务具有担保功能的情形下，农行昆明分行对江苏信托公司承担给付义务的范围应以绿园置业公司尚未清偿的债务范围为限。至回购到期日止，绿园置业公司尚未清偿的债务范围已经确定，农行昆明分行承担的差额补充义务范围也由此确定。在此之后，农行昆明分行依照《转让协议》第二条的约定，应向江苏信托公司支付的截至其实际付款之日绿园置业公司应付未付溢价款的违约金，已能够起到填补江苏信托公司损失的作用。江苏信托公司在此基础上还请求农行昆明分行依照《转让协议》第八条的约定，以全部应付转让价款总额为基数计付违约金，导致违约金数额过高。一审法院依照合同法第一百一十四条第二款的规定，酌定对其此部分诉讼请求不予支持，并无不当。江苏信托公司关于一审判决不支持其逾期付款违约金请求于法不当的主张，理据不足，本院不予支持。与此同时，在一审判决对江苏信托公司要求农行昆明分行支付逾期违约金的诉请未予支持的情形下，江苏信托公司向农行昆明分行收取期内溢价款的违约金，即使加上期外溢价款且仅以转让价款本金为基数进行计算，所能获得的年化收益率约为22%，不存在过分高于造成的损失的情形。农行昆明分行将一审判决未予支持的《转让协议》约定违约金的年化利率与《回购合同》约定期内溢价款违约金的年化利率简单相加，主张本案违约金年利率高达190.8%，且于二审继续请求减少其应向江苏信托公司支付的绿园置业公司期内溢价款的违约金，无事实和法律依据，本院不予支持。

（六）关于诉讼费用的负担。根据《诉讼费用交纳办法》第二十九条的规定，诉讼费用由败诉方负担，部分胜诉、部分败诉的，根据案件的具体情况决定当事人各自负担的诉讼费用数额。本案一审判决支持了江苏信托公司要求农行昆明分行支付转让价款的诉讼请求，但对其要求农行昆明分行支付逾期违约金的部分诉讼请求未予支持，该未予支持部分所对应的案件受理费，应由江苏信托公司负担。故农行昆明分行、江苏信托公司应按照一审判决支持江苏信托公司的诉请金额与未予支持部分的比例，分担案件受理费。一审判决判令农行昆明分行承担全部诉讼费用有失妥当，本院予以纠正。

综上所述，江苏省国际信托有限责任公司的上诉请求不能成立；中国农业银行股份有限公司昆明分行的上诉请求，除诉讼费用负担的部分主张外，亦不能成立。一审判决认定事实清楚，针对当事人实体诉求所作的裁判适用法律正确。依照《中华人民共和国民事诉讼法》第一百七十条第一款第一项规定，判决如下：

驳回上诉，维持原判。

一审案件受理费7233739.49元，由江苏省国际信托有限责任公司负担529003.66元，由中国农业银行股份有限公司昆明分行负担6704735.83元。江苏省国际信托有限责任公司已预交的一审案件受理费7233739.49元，由江苏省高级人民法院退回6704735.83元；中国农业银行股份有限公司昆明分行应负担的一审案件受理费6704735.83元，于判决生效后十日内向江苏省高级人民法院交纳。

二审案件受理费7233739.49元，由江苏省国际信托有限责任公司负担

529003.66 元，由中国农业银行股份有限公司昆明分行负担 6704735.83 元。江苏省国际信托有限责任公司已预交的二审案件受理费 567746.82 元，由本院退回 38743.16 元；中国农业银行股份有限公司昆明分行已预交的二审案件受理费 7233739.49 元，由本院退回 529003.66 元。

本判决为终审判决。

审判长：王旭光；审判员：王展飞、张爱珍；法官助理：张乾；书记员：李娜

二〇一八年九月五日

专题三十一

民营企业投资参与政府融资平台土地一级开发，约定以土地挂牌出让溢价收入分成的方式获取投资回报的，应为合法有效

——江苏亿佳房地产开发有限公司诉淮安市清江浦城市资产经营有限公司、淮安市清江浦区人民政府合资、合作开发房地产合同纠纷案

【裁判观点】

政府融资平台引入社会资金参与土地一级开发，约定根据土地开发上市后的交易价格确定投资方的利润分配比例，由投资方承担土地出让价格不能弥补投资成本的风险，应认定双方的法律关系为合伙关系。政府融资平台根据土地出让价格来确定投资方的收益，仅是确定收益的一种计算方法，政府全额收取了土地摘牌方交纳的土地出让金后，再根据财政预算依法向政府融资平台划转资金，由政府融资平台以自有资金向投资方支付收益，不应据此认为该约定构成变相挤占土地出让金而无效。政府融资平台应遵循诚实信用原则，根据合同约定履行付款义务。

中华人民共和国最高人民法院
民事判决书

案号（2017）最高法民再288号

再审申请人（一审原告、二审上诉人）：江苏亿佳房地产开发有限公司。住所地：江苏省淮安市漕运西路88号。

法定代表人：廖家明，该公司总经理。

委托诉讼代理人：王兴元，江苏博事达律师事务所律师。

委托诉讼代理人：周巍，江苏博事达律师事务所律师。

被申请人（一审被告、二审被上诉人）：淮安市清江浦城市资产经营有限公司（原淮安市清河城市资产经营有限公司）。住所地：江苏省淮安市清河新区教育文

化体育社区图书馆六楼。

法定代表人：熊紫文，该公司董事长。

委托诉讼代理人：宋崇迪，江苏道文律师事务所律师。

委托诉讼代理人：陈二华，江苏道文律师事务所律师。

被申请人（一审被告、二审被上诉人）：淮安市清江浦区人民政府（原淮安市清河区人民政府）。住所地：江苏省淮安市淮海南路268号。

法定代表人：张笑，该区区长。

委托诉讼代理人：张扬，江苏道文律师事务所律师。

再审申请人江苏亿佳房地产开发有限公司（以下简称亿佳公司）因与被申请人淮安市清江浦城市资产经营有限公司（以下简称城市资产公司）、淮安市清江浦区人民政府（以下简称清江浦区政府）合同纠纷一案，不服江苏省高级人民法院（2015）苏民终字第00244号民事判决，向本院申请再审。本院于2017年7月20日作出（2017）最高法民申2336号民事裁定，提审本案。本院依法组成合议庭，开庭审理了本案。再审申请人亿佳公司的委托诉讼代理人王兴元、周巍，被申请人城市资产公司的委托诉讼代理人宋崇迪、陈二华，被申请人清江浦区政府的委托诉讼代理人张扬到庭参加诉讼，本案现已审理终结。

亿佳公司申请再审请求：1. 撤销江苏省高级人民法院（2015）苏民终字第00244号民事判决，依法确认2010年6月27日《西安路10号盖克斯公司地块旧城改造项目土地整理合作框架协议》（以下简称《西安路合作协议》）及2012年3月29日《协议书》有效，支持亿佳公司的全部诉讼请求；2. 本案一审、二审的诉讼费用由城市资产公司、清江浦区政府承担。事实与理由：（一）亿佳公司提供的两份《规划设计合同》和六张设计费发票，不但能够证明亿佳公司实际支出的事实，而且能够证明亿佳公司对案涉地块进行前期设计的事实。原审判决仅将上述证据作为认定损失事实的证据，并未作为认定案件性质的证据，应当视为新的证据。（二）原审判决关于《西安路合作协议》为“亿佳公司向资产公司出借3000万元供其完成土地整理，而亿佳公司在该土地挂牌竞拍中根据成交价格获得不特定的回报”的认定，有违协议内容和客观事实，适用法律错误。该协议的本质是由亿佳公司负责前期土地整理和后期开发的全部资金并享受部分收益和承担全部亏损，属投资土地整理和开发房地产行为，不具有民间借贷的特征。（三）原审判决以“奖励”源自土地出让收益，《协议书》中约定的2997万元奖励款也是国家的土地出让收益为由，认定相关约定属变相减免土地出让金、挤占挪用土地收益的行为，与本案基本事实和案件性质不符，适用法律错误。1. 根据《国有土地使用权出让收支管理办法》第十条、第十三条、第十五条，及国发【2001】15号《国务院关于加强国有土地资产管理的通知》第二条第五款规定，并不禁止在征收管理后对前期土地开发进行奖励和补偿，相应的奖励和补偿不属于减免和挪用土地出让金及土地收益的行为。2. 该奖励款虽然来源于土地收益，但属于地方财政而非中央财政的范围，和国家利益不具有关联性。3. 城市资产公司系商事主体，在其取得土地收益款后，相应款项的性质不再是土地出让金和土地收益而是项目收入。亿佳公司作为投资主体介入前期土地整理符合国家的相关政策，在承担风险的前提下和城市资产公司约定收益分配不违反相关国家政策。(四) 案涉项目由清江浦区政府拆迁后用于商业开发，不属于社会公益项目。城市资产公司是平等的私法主体，不能代表国家和社会公共利益。原审判决认为协议约定损害了国家和社会公共利益，有违立法本意；其以国发【2001】15号《国务院关于加强国有土地资产管理的通知》作为认定协议无效的依据，亦有违法律适用规则。(五) 原审判决认定协议无效，已经给付亿佳公司的1250万元应当返还，但未将亿佳公司已经缴纳的2371145.8元税款扣减，依据不足。(六) 清江浦区政府是案涉土地出让及收益主体，城市资产公司是土地整理主体，双方之间存在事实上的合伙关系。且从相关领导的批复内容看，清江浦区政府已经构成了对案涉城市资产公司债务的加入。原审判决认定清江浦区政府不应承担责任，缺乏事实和法律依据。

城市资产公司辩称：1.《西安路合作协议》具有借贷和土地使用权出让合同的双重性质。因城市资产公司不具备土地出让的主体资格，有违《中华人民共和国城市房地产管理法》第十五条、《中华人民共和国城镇国有土地使用权出让和转让暂行条例》第十一条的规定，该协议应为无效。2. 亿佳公司和城市资产公司不具备土地整理的主体资格，《西安路合作协议》中的奖励条款构成无权处分、恶意串通损害第三人利益，应为无效。且双方并未实际进行土地整理，亿佳公司不应取得所谓的奖励。3. 即使《西安路合作协议》有效，亿佳公司应得到相应的土地整理收益，该协议及嗣后于2012年3月29日签订的《协议书》中约定的2997万元奖励款数额亦明显失衡，应予调整。4. 2010 年 7 月 5 日城市资产公司退还亿佳公司的 2000 万元，系基于人民剧场地块旧城改造项目合作开发框架协议产生，该款项是否具有利息损失不属于本案审理范围；《西安路合作协议》中约定的 100 万元履约保证金系参加土地出让竞拍的保证金，与土地整理无关，因亿佳公司主动放弃竞拍，该款项的利息损失不应由城市资产公司负担；亿佳公司支出的规划设计费与案涉土地整理无关，不应属于本案审理范围，其缴纳的 2371145.8 元税款系之前拿到部分奖励后缴纳的税收，并非损失。上述费用均不应由城市资产公司承担。综上，原审判决认定事实清楚，适用法律正确。亿佳公司的再审申请缺乏事实和法律依据，请求依法驳回。

清江浦区政府辩称：清江浦区政府并非《西安路合作协议》《协议书》的签订主体，不应作为本案当事人。亿佳公司关于清江浦区政府构成债务加入以及清江浦区政府与城市资产公司具有事实上的合伙关系的主张，缺乏事实和法律依据。原审判决认定事实清楚，适用法律正确，应予维持。

亿佳公司向一审法院起诉请求：1. 判令城市资产公司支付亿佳公司 1747 万元及违约金 7075500 元（暂计算至 2014 年 8 月 20 日），并由城市资产公司承担本案诉讼费用；2. 清江浦区政府对上述债务承担连带责任。

一审法院认定事实：2009 年 12 月 14 日，亿佳公司和城市资产公司签订《人民剧场地块旧城改造项目合作开发框架协议》（以下简称《人民剧场合作协议》），亿佳公司按约定于当日向城市资产公司汇款 5000 万元，但该协议未得到实际履行。

2010 年 6 月 27 日，亿佳公司与城市资产公司签订《西安路合作协议》，协议约定：亿佳公司与城市资产公司合作对淮安市清河区西安路 10 号盖克斯公司地块进行综合履行开发，该地块占地面积 51. 85 亩。出让方式具体采用净地挂牌方式，经亿佳公司与城市资产公司双方协商确定该地块土地整理成本为 160 万元/亩，拆迁及安置费用由城市资产公司负责，建设过程中产生的税、费由亿佳公司承担。关于亿佳公司的收益，双方约定为该项目地块挂牌竞拍中，若亿佳公司以低于或等于协议约定的价格摘牌，成交后按土地出让合同规定缴纳土地出让金。如果该项目地块被亿佳公司或他人以高于土地整理成本即 160 万元/亩以上摘牌，城市资产公司同意按超出土地整理成本价即 160 万元/亩以上部分区财政净收益的 75% 奖励给亿佳公司，并在10个工作日内结清。协议签订后，亿佳公司依约与城市资产公司合作完成上述地块综合改造开发，使该地块成为净地。2010年7月5日，城市资产公司归还了亿佳公司2000万元。在挂牌竞拍中，由于价格超过160万元/亩，亿佳公司未能摘牌取得土地的开发权。事后，城市资产公司仅支付了250万元的奖励款，并于2011年3月4日又归还了亿佳公司3000万元。亿佳公司提出城市资产公司未按约履行75%奖励收益款，双方遂于2012年3月29日签订了《协议书》，进一步明确亿佳公司应获改造收益为2997万元。因城市资产公司前期已付250万元，城市资产公司应再付2747万元，于2012年4月、5月、6月三个月付清该款，如不按期付款，则按未付金额日万分之四支付违约金。上述协议签订后，城市资产公司又陆续向亿佳公司支付了1000万元，尚欠1747万元未予支付。亿佳公司多次向城市资产公司索要未果，遂向一审法院提起本案诉讼。

一审法院认为，本案一审的争议焦点为：一、清江浦区政府作为本案被告主体是否适格。二、亿佳公司与城市资产公司签订的协议效力如何认定，亿佳公司要求城市资产公司给付奖励收益款理由是否成立。

一、关于清江浦区政府作为本案被告主体是否适格

一审法院认为，《中华人民共和国民法通则》第八十四条第一款规定，债是按照合同的约定或者依照法律的规定，在当事人之间产生了特定的权利和义务关系。享有权利的人是债权人，负有义务的人是债务人。本案系亿佳公司与城市资产公司因签订合资、合作开发房地产合同产生的特定的权利和义务关系，清江浦区政府并未参与该合同的签订，未与亿佳公司和城市资产公司达成任何协议，也不存在投资和参与分配等，根据合同的相对性原理，清江浦区政府作为本案被告主体资格不适格。亿佳公司将清江浦区政府作为被告提起诉讼并要求其承担责任无法律依据，应予驳回。

二、关于亿佳公司与城市资产公司签订的协议效力如何认定，亿佳公司要求城市资产公司给付奖励收益款理由是否成立

一审法院认为，国发【2001】15号《国务院关于加强国有土地资产管理的通知》第二条第五款规定，要进一步加强国有土地收益的征收和管理，任何单位和个人均不得减免和挤占挪用土地出让金、租金等土地收益。对于低价出让、租赁土地，随意减免土地价，挤占挪用土地收益，造成国有土地资产流失的，要依法

追究责任。本案中，《西安路合作协议》中“按超出土地整理成本价即160万元/亩以上部分区财政净收益的75%奖励”的约定与上述政策相悖，损害了国家利益，该协议应属无效合同。亿佳公司请求判决城市资产公司支付1747万元及违约金7075500元，于法无据。城市资产公司要求确认该协议无效的抗辩理由成立，一审法院予以采信。但城市资产公司要求返还已付奖励款1250万元，因已另案诉讼，故在本案中不予理涉。鉴于亿佳公司系经营性公司，本着有付出有回报的市场经济理念，根据《最高人民法院关于民事诉讼证据的若干规定》第三十五条规定，诉讼过程中，当事人主张的法律关系的性质或者民事行为的效力与人民法院根据案件事实作出的认定不一致的，人民法院应当告知当事人可以变更诉讼请求。一审庭审中，经一审法院释明，亿佳公司明确表示愿意变更诉讼请求，要求城市资产公司赔偿其损失。故一审法院对其出资5000万元酌定按中国人民银行公布的银行同期贷款利率标准的4倍计算资金占用费损失。由于亿佳公司与城市资产公司签订《西安路合作协议》无效，城市资产公司作为国有资产管理公司，对合同无效应负主要责任，亿佳公司亦应承担相应的责任。据此，一审法院酌定城市资产公司按5000万元的银行同期贷款利率标准的3倍计算损失数额向亿佳公司赔偿，对按5000万元的银行同期贷款利率标准的1倍计算的损失由亿佳公司自行承担。

综上，一审法院依照《中华人民共和国民法通则》第八十四条第一款、《中华人民共和国合同法》第五十二条第二项、《中华人民共和国民事诉讼法》第一百四十二条之规定，于2015年2月10日作出（2014）淮中民初字第0184号民事判决：一、城市资产公司于一审判决生效后十日内给付亿佳公司资金占用费（以2000万元为本金，自2009年12月14日至2010年7月5日，按中国人民银行公布的银行同期贷款利率标准的3倍计算。以3000万元为本金，自2009年12月14日至2011年3月4日按中国人民银行公布的银行同期贷款利率标准的3倍计息）；二、驳回亿佳公司的其他诉讼请求。如果债务人未按判决指定的期间履行给付金钱义务，应当依照《中华人民共和国民事诉讼法》第二百五十三条之规定，加倍支付迟延履行期间的债务利息。一审案件受理费164528元，保全费5000元，合计169528元，由亿佳公司负担69528元，城市资产公司负担100000元。

亿佳公司不服一审判决，上诉请求：改判支持亿佳公司的全部诉讼请求。

二审法院认定事实：2009年12月4日，城市资产公司与亿佳公司的法定代表人俞宽怀签订了《人民剧场合作协议》。其余确认一审法院查明的事实。

二审法院另查明：2010年12月2月，案涉土地发布拆迁公告，拆迁人为淮安市土地储备中心，拆迁期限为2010年12月2日至2011年2月28日。案涉土地于2011年1月18日经挂牌出让成交，最终成交总价为1.212亿元，每亩单价为336.85万元。

一审诉讼过程中，城市资产公司陈述已付给亿佳公司的1250万元的资金来源于公司自有资金。

城市资产公司认为其与亿佳公司签订的合同因违法而无效，于2014年11月28日向江苏省淮安市中级人民法院起诉，要求确认双方之间的《西安路合作协议》《协议书》无效，并返还已支付的1250万元款项。该案因本案审理处于中止诉讼阶段。

二审法院还查明：亿佳公司支付给城市资产公司的2000万元自2009年12月14日至2010年7月5日，按中国人民银行同期同档贷款利率4倍标准计算的利息为2395400元；3000万元自2009年12月14日至2011年3月4日，按中国人民银行同期同档贷款利率4倍标准计算的利息为8175833元，合计10571233元。

二审法院认为，本案二审的争议焦点为：一、《西安路合作协议》《协议书》效力应如何认定；二、城市资产公司应如何承担责任；三、清江浦区政府应否承担责任；四、一审审理程序是否违法。

一、关于《西安路合作协议》《协议书》效力的问题

二审法院认为，从《西安路合作协议》的主要内容看，城市资产公司负责案涉地块“净地挂牌出让”前的拆迁、土地整理工作，亿佳公司向资产公司缴纳3000万元（100万元作为履约保证金、2900万元作为前期土地整理费用），城市资产公司在土地挂牌出让成交后10个工作日内将该款不计息退还给亿佳公司，双方协商确定该土地整理成本为160万元/亩，拆迁及安置等费用全部由城市资产公司负责，与亿佳公司无关。如果亿佳公司在土地挂牌竞拍中以低于或等于土地整理成本160万元/亩摘牌，则按土地出让合同约定交纳土地出让金；如果该地块被亿佳公司或他人以高于土地整理成本160万元/亩摘牌，城市资产公司同意按超出土地整理成本160万元/亩以上部分区财政净收益的75%奖励给亿佳公司。简而言

之，《西安路合作协议》是亿佳公司向资产公司出借3000万元供其完成土地整理，而亿佳公司在该土地挂牌竞拍中根据成交价格获得不特定的回报。《西安路合作协议》约定的“奖励”源自土地出让收益，《协议书》中约定的2997万元奖励款也正是应由国家获得的该地块的土地出让收益。这种变相减免土地出让金、挤占挪用土地收益的行为明显损害了国家利益和社会公共利益，不应得到法律的支持，因此，《西安路合作协议》《协议书》均应认定无效。

二、关于城市资产公司应如何承担责任的问题

二审法院认为，《中华人民共和国合同法》第五十八条规定，合同无效或者被撤销后，因该项合同取得的财产，应当予以返还；不能返还或者没有必要返还的，应当折价补偿。有过错的一方应当赔偿对方因此所受到的损失，双方都有过错的，应当各自承担相应的责任。本案中，城市资产公司作为国有资产管理公司，明知不应变相减少土地出让收益，损害国家利益与社会公共利益，其先后与亿佳公司签订了《人民剧场合作协议》《西安路合作协议》《协议书》等三份协议，一再承诺以政府的财政收入作为奖励款给予亿佳公司，过错明显，故城市资产公司对于合同无效给亿佳公司造成的损失应承担赔偿责任。二审中，亿佳公司提供证据证明其为履行上述三份协议产生了设计费用、公司运营费用、融资利息损失，因此，城市资产公司对于上述损失应予赔偿。经二审法院审核，亿佳公司的设计费用为1666000元；融资利息损失按中国人民银行同期同档贷款利率的4倍计算为10571233元；亿佳公司提供的公司运营费用虽为1919328元，但其提供相关凭证系单方制作，部分凭证缺乏必要的正规发票予以佐证，对其真实性无法全部认定，但鉴于亿佳公司设立后必然产生一定的办公费用、运营成本，故二审法院酌情认定50万元；对于亿佳公司主张的税款2371145.81元，该税款系依照税法规定，向国家缴纳，不应认定为亿佳公司的损失。综上，亿佳公司的损失总额为12737233元，该款应由城市资产公司赔偿，但鉴于城市资产公司已经给付亿佳公司1250万元，该款项属于亿佳公司依据无效合同而取得的财产，依法应予返还。折抵后，城市资产公司仍应支付亿佳公司237233元。对于亿佳公司要求在1250万元基础上另行支付1747万元以及利息的上诉请求，二审法院不予支持。一审判决未考虑城市资产公司已经支付的1250万元款项的事实，在此基础上判决资金占用利息不当，二审予以纠正。

三、关于清江浦区政府应否承担责任的问题

二审法院认为，首先，本案所涉协议均系城市资产公司与亿佳公司签订，清江浦区政府并未参与合同的签订，亦无履行合同的行为，并非合同当事人。其次，城市资产公司虽为清江浦区政府所属的国有公司，但城市资产公司有独立法人资格，法定注册资本1亿元，能够独立承担民事责任，无须清江浦区政府承担连带责任。最后，清江浦区政府在亿佳公司书写的信件及报告上作出批示，是由于亿佳公司向清江浦区政府及相关负责人信访。清江浦区政府相关负责人的批示行为，仅是一种履行行政管理职能的行为，而非履行民事合同行为，不能因此认定清江浦区政府加入了本案债务。综上，亿佳公司以清江浦区政府为本案被告，要求其承担民事责任，二审不予支持。

四、关于一审审理程序是否违法的问题

二审法院认为，一审法院在诉讼中对于合同效力已向亿佳公司进行释明，并不存在程序违法的情形，亿佳公司的该上诉理由不能成立。

综上，亿佳公司的上诉请求均不能成立，二审法院不予支持。一审判决城市资产公司给付亿佳公司资金占用费不当，二审法院予以纠正。二审法院依照《中华人民共和国合同法》第五十二条、第五十八条，《中华人民共和国民事诉讼法》第一百七十条第一款第二项规定，于2016年11月20日作出（2015）苏民终字第00244号民事判决：一、撤销江苏省淮安市中级人民法院（2014）淮中民初字第0184号民事判决；二、城市资产公司于判决发生法律效力之日起十日内支付亿佳公司237233元；三、驳回亿佳公司的其他诉讼请求。如果未按照判决指定的期间履行给付金钱义务，应当依照《中华人民共和国民事诉讼法》第二百五十三条规定，加倍支付迟延履行期间的债务利息。一审案件受理费164528元，保全费5000元，合计169528元，由亿佳公司负担160000元，城市资产公司负担9528元。二审案件受理费164528元，由亿佳公司负担160000元，城市资产公司负担4528元。

本院再审审理中，各方当事人对原审查明的事实均无异议，本院予以确认。

除亿佳公司认为其在二审中提交的两份《规划设计合同》和六张设计费发票，虽经质证但未据此认定其系案涉项目合资合作方而应作为新的证据外，各方当事人在本院再审审理中均未提交新的证据。

本院再审认为，本案再审审理的争议焦点为：一、《西安路合作协议》的性质应如何认定；二、《西安路合作协议》《协议书》的效力应如何认定；三、城市资产公司支付给亿佳公司的款项数额应如何认定；四、清江浦区政府是否属于本案适格被告。

一、关于《西安路合作协议》的性质应如何认定的问题

亿佳公司主张，《西安路合作协议》具有投资土地整理和开发房地产的性质；城市资产公司则主张，该协议具有借款合同和土地使用权出让合同的双重性质。

本院认为，合同的性质应当结合合同约定的具体权利义务内容和合同目的予以认定。《西安路合作协议》第一条即明确，双方系合作整理改造案涉地块。其中，亿佳公司出资3000万元作为前期土地整理费用，城市资产公司负责案涉地块的拆迁和土地整理工作。同时，亿佳公司取得投资收益是以案涉项目地块被亿佳公司或他人以高于土地整理成本即160万元/亩以上摘牌为条件，而该条件能否成就并不确定。且根据原审查明的事实，亿佳公司的3000万元投资款系其以年利率22%的利息对外融资而来，如前述条件不能成就，则亿佳公司不仅无法获得收益，还须承担对外融资的利息损失，加之双方还有案涉项目地块如无他人参与竞拍或流拍时应由亿佳公司摘牌的约定，故亿佳公司须承担案涉项目的经营风险，而非一定能够享有投资收益。综上，亿佳公司与城市资产公司签订的《西安路合作协议》，属于合作从事城市土地整理项目的协议，双方共享收益，共担风险。由于《民事案件案由规定》对于此类合同未作规定，本案案由应确定为合同纠纷。二审判决关于《西安路合作协议》是亿佳公司向资产公司出借3000万元供其完成土地整理，而亿佳公司在该土地挂牌竞拍中根据成交价格获得不特定的回报以及本案案由为合资、合作开发房地产合同的认定，均有不当，本院予以纠正。

二、关于《西安路合作协议》《协议书》的效力应如何认定的问题

《西安路合作协议》第五条约定，如果该项目地块被乙方（即亿佳公司）或他人以高于土地整理成本即160万元/亩以上摘牌，甲方（即城市资产公司）同意按照超出土地整理成本价即160万元/亩以上部分区财政净收益的75%奖励给乙方，作为乙方参与项目前期土地整理的收益。《协议书》将上述约定的奖励款明确为2997万元。其中对“甲方同意按照超出土地整理成本价即160万元/亩以上部分区财政净收益的75%奖励给乙方”这一约定内容的理解，构成该协议效力认定的焦点。

本院认为，前述“甲方同意按照超出土地整理成本价即160万元/亩以上部分区财政净收益的75%奖励给乙方”的约定，属双方当事人的真实意思表示，系对亿佳公司在满足条件下所获收益的一种计算方式，并非土地出让主体对土地出让金的处分，不违反法律、行政法规的强制性规定。且根据原审查明的事实，案涉项目地块由案外人以336.85万元/亩的价格摘牌，并无证据证明存在变相减免土地出让金的情形。城市资产公司已经支付给亿佳公司的1250万元收益款，来源于城市资产公司的自有资金。城市资产公司作为参与市场活动的平等民事主体，享有独立的法人财产，有权自行决定如何使用其自有资金，其与亿佳公司签订协议，合作进行土地整理，约定收益分配和风险负担，与国家利益和社会公共利益无涉。原审判决以前述约定属于变相减免土地出让金、挤占挪用土地收益的行为，损害了国家利益和社会公共利益为由，认定《西安路合作协议》无效，缺乏事实和法律依据。

双方于2012年3月29日签订《协议书》，对《西安路合作协议》所约定收益款的具体数额、支付方式和逾期支付违约责任进一步予以明确。该协议亦属双方真实意思表示，其内容不违反法律、行政法规的强制性规定，合法有效。且城市资产公司在该协议签订后，已经陆续向亿佳公司支付了1000万元收益款，现以协议无效为由拒绝继续履行，有违诚实信用原则，本院不予支持。

三、关于城市资产公司支付给亿佳公司的款项数额应如何认定的问题

《最高人民法院关于民事诉讼证据的若干规定》第三十五条第一款规定：“诉讼过程中，当事人主张的法律关系的性质或者民事行为的效力与人民法院根据案件事实作出的认定不一致的，不受本规定第三十四条规定的限制，人民法院应当告知当事人可以变更诉讼请求。”本案中，一审法院虽于庭审中询问亿佳公司是否变更诉讼请求，但在亿佳公司当庭及庭后均未提出明确具体的变更后的诉讼请求的情况下，径以亿佳公司已经支付的5000万元的中国人民银行公布的银行同期贷款利率4倍来计算损失，并未依法正确履行释明义务。二审法院虽将该问题作为争议焦点之一列明，但未充分查明、论证，仅以一审庭审中曾作了询问为由认定一审审理程序合法，亦有不当。本院认为，仍应以亿佳公司起诉状中列明的请求为依据，确认其在本案中的诉讼请求。

由于《西安路合作协议》《协议书》均为合法有效，且《协议书》系对《西

安路合作协议》所约定收益款的具体数额、支付方式和逾期支付违约责任的进一步明确，城市资产公司应依照《协议书》来履行付款义务。城市资产公司已支付1250万元，尚欠1747万元应予支付。关于逾期付款违约金的起算时间，《协议书》约定，就签订协议时的2747万元欠付款，城市资产公司应分三次分别于2012年4月25日、5月25日、6月25日付清，但至今仍欠1747万元，故违约金应结合城市资产公司于协议签订后支付1000万元的时间节点和相应欠付款数额计算，但因亿佳公司诉讼请求仅主张按照1747万元自2012年4月25日起算，属对期限利益的放弃，故本院根据亿佳公司的诉讼请求，确定1747万元欠付款违约金的起算时间为2012年4月25日。关于违约金的计算标准，《协议书》约定，城市资产公司如不能按时付款，则按未付金额支付日万分之四的违约金。《协议书》约定的违约金计算标准并未超出中国人民银行公布的银行同期贷款利率的4倍，且城市资产公司虽主张依据《协议书》约定将导致双方利益失衡，但并未提供证据予以证明，本院不予采纳。

至于亿佳公司主张的设计费用、公司运营费用、融资利息等各项损失，因《西安路合作协议》《协议书》合法有效，上述费用系亿佳公司作为案涉土地整理项目的合作方，基于对合作项目的投资而支出的必要费用；已经缴纳的2371145.8元税款，根据《协议书》中关于“乙方须在清河区交所得税等税金”的约定，亦应由亿佳公司负担。亿佳公司关于应一并支持其人民剧场旧城改造项目相关损失的主张，已经超出其诉讼请求的范围，本院不予理涉。

四、关于清江浦区政府是否属于本案适格被告的问题

清江浦区政府并非《西安路合作协议》《协议书》的合同主体，亿佳公司亦无证据证明城市资产公司与清江浦区政府之间存在事实上的合伙关系。清江浦区政府相关负责人在亿佳公司信访报告上作出批示的行为，不构成民事法律关系上的债务加入。故，亿佳公司以清江浦区政府为被告，要求其承担民事责任，于法无据，本院不予支持。

综上所述，《西安路合作协议》《协议书》合法有效，当事人双方应予恪守。亿佳公司关于城市资产公司应向其支付1747万元及违约金的再审请求成立，本院予以支持。其关于要求清江浦区政府承担连带责任的再审请求，缺乏事实和法律依据，本院不予支持。依照《中华人民共和国民事诉讼法》第二百零七条第一款、

第一百七十条第一款第二项规定，判决如下：

一、撤销江苏省高级人民法院（2015）苏民终字第00244号民事判决、江苏省淮安市中级人民法院（2014）淮中民初字第0184号民事判决；

二、淮安市清江浦城市资产经营有限公司于本判决发生法律效力之日起十日内向江苏亿佳房地产开发有限公司支付1747万元及违约金（以1747万元为基数，按照日万分之四的标准自2012年4月25日起计算至实际支付之日止）；

三、驳回江苏亿佳房地产开发有限公司的其他诉讼请求。

如果未按本判决指定的期间履行给付金钱义务，应当依照《中华人民共和国民事诉讼法》第二百五十三条规定，加倍支付迟延期间的债务利息。

本案一审案件受理费164528元，保全费5000元，二审案件受理费164528元，合计334056元，由淮安市清江浦城市资产经营有限公司负担。

本判决为终审判决。

审判长：王展飞；审判员：张爱珍、汪军；法官助理：刘牧晗；书记员：陈则羽

二〇一八年一月二十三日

专题三十二

地方政府向企业提供集体土地用于开发建设，双方为此签订的民事合同无效，地方政府对该合同无效存在过错的，应当承担相应赔偿责任

——江苏桠溪影视文化传播有限公司诉南京市高淳区桠溪镇人民政府、南京市高淳区桠溪镇瑶宕社区村民委员会、南京市高淳区桠溪镇穆家庄社区村民委员会合同纠纷案

【裁判观点】

（1）我国实行土地用途管制制度，《中华人民共和国土地管理法》第十一条第二款明确规定，农民集体所有的土地用于非农业建设的，由县级人民政府登记造册，核发证书，确认建设用地使用权。违反该规定，利用农民集体所有的土地进行开发建设的民事合同无效。

（2）地方政府作为负有监督农民集体所有的土地合法使用职责的行政机关，违法向企业提供农民集体所有的土地进行开发建设，存在过错的，应当承担相应的赔偿责任。

中华人民共和国最高人民法院
民事裁定书

案号（2018）最高法民申4097号

再审申请人（一审被告、二审上诉人）：南京市高淳区桠溪镇人民政府，住所地江苏省南京市高淳区桠溪镇。

法定代表人：陈亭，该镇人民政府镇长。

委托诉讼代理人：陈贵荣，江苏镜湖律师事务所律师。

委托诉讼代理人：曾山岸，江苏镜湖律师事务所律师。

被申请人（一审原告、二审被上诉人）：江苏桠溪影视文化传播有限公司，住所地江苏省南京市高淳区瑶池山庄401－406号。

法定代表人：曹雯，该公司总经理。

一审被告：南京市高淳区桠溪镇瑶宕社区村民委员会，住所地江苏省南京市高淳区桠溪镇瑶宕村。

法定代表人：王春水，该村民委员会主任。

一审被告：南京市高淳区桠溪镇穆家庄社区村民委员会，住所地江苏省南京市高淳区桠溪镇穆家庄。

法定代表人：芮三伢，该村民委员会主任。

再审申请人南京市高淳区桠溪镇人民政府（简称桠溪镇政府）因与被申请人江苏桠溪影视文化传播有限公司（简称桠溪影视公司），一审被告南京市高淳区桠溪镇瑶宕社区村民委员会、南京市高淳区桠溪镇穆家庄社区村民委员会合同纠纷一案，不服江苏省高级人民法院（2017）苏民终2096号民事判决，向本院申请再审。本院依法组成合议庭进行了审查，现已审查终结。

桠溪镇政府申请再审称：本案符合《中华人民共和国民事诉讼法》第二百条第二项、第四项规定的情形，应予再审。主要事实和理由是：（一）原审判决关于临建二区工程造价的认定错误。桠溪影视公司未提交原始的建设工程施工合同、审计报告等资料证明临建二区的建设情况，亦未能举证证明所谓的施工单位、监理单位与该工程的关联。鉴定机构也是根据桠溪影视公司补绘的图纸资料进行鉴定，并在结论中明确该部分工程造价为不确定的造价。（二）原审判决认定桠溪影视公司2006年至2014年期间的经营损失为5493568.63元错误。桠溪影视公司2006年签订案涉投资合作协议和土地租赁合同，当年发生的财务支出并非履行案涉合同产生的损失。且上述合同已于2012年经法院判决确认无效，故桠溪影视公司2012年至2014年的财务支出不应认定为因履行案涉合同所产生的损失。服装费、招待费等不是必须发生的费用，是桠溪影视公司放任扩大的损失。（三）原审判决认定部分事实的主要证据未经质证。1. 审计机构未对桠溪影视公司的预付账款737293元所涉全部客户发出询证函，且所发询证函及对方回函确认的资料未经质证。2. 审计机构在审计桠溪影视公司2007年至2011年财务支出时，仅根据桠溪影视公司单方提供的财务资料进行审计、作出结论，未审查财务资料的真实性、合法性，该财务资料也未得到桠溪镇政府的确认。同时，在桠溪镇政府书面提出质证申请后，原审法院未通知鉴定人到庭接受质询。故该审计报告不应作为认定事实的依据。(四) 原审法院判令柘溪镇政府就案涉投资合作协议无效承担80%责任错误。案涉投资合作协议明确约定案涉土地作为拍摄电视剧的外景基地，但柘溪影视公司进行违规、违法建设，其应对该合同无效承担主要责任。柘溪镇政府未对柘溪影视公司违法用地行为进行及时制止和纠正，只应承担次要责任。

本院经审查认为：(一) 关于临建二区工程造价的认定问题。临建二区在原审法院委托鉴定过程中虽已不存在，但柘溪影视公司提交了现场照片及建设方、监理方、施工方补签的工程签证单等证据，原审法院据此并结合柘溪影视公司对临建二区搭建原因的合理解释以及柘溪镇政府认可临建二区的位置在本案租赁土地的红线范围内等事实，认定临建二区确曾存在，并将相应的工程造价计入柘溪影视公司在建工程损失，并无不当。柘溪镇政府虽对该部分造价提出异议，但未能提供足以反驳的证据。

(二) 关于经营损失的认定问题。原审法院依据审计报告，并综合考虑柘溪影视公司在投资合作协议签订前以及被确认无效后存在前期筹备以及善后工作等情况，将案涉投资合作协议签订当年即2006年及协议被确认无效后的2012年至2014年期间柘溪影视公司符合财务制度的支出，计入柘溪影视公司的经营损失，并无不妥。服装费、招待费等系案涉项目运营中真实发生的费用，柘溪镇政府虽主张上述费用系柘溪影视公司放任扩大的损失，但未能提供证据证实上述费用存在不合理之处。故其该项主张，不应支持。

(三) 关于原审判决是否存在认定事实的主要证据未经质证问题。案涉审计报告系审计机构在对柘溪影视公司财务资料进行审核后出具，并交由各方当事人质证。关于审计报告中载明的柘溪影视公司预付账款737293元，审计机构向大额客户进行了询证，对该账款的真实性进行了审核，并根据一审法院要求，作出了书面说明。关于柘溪影视公司2007年至2011年期间财务支出所依据的财务资料，柘溪镇政府在一审时已对其真实性、合法性提出异议，但未能提供证据推翻审计结论。由此，柘溪镇政府关于原审判决存在认定部分事实的主要证据未经质证情形的主张，不能成立。

(四) 关于案涉双方责任比例分担问题。柘溪镇政府作为负有监督案涉农村集体土地合法使用职责的行政机关，在明知柘溪影视公司租用土地系用于投资建设的情况下，仍然违法将案涉农村集体土地出租给柘溪影视公司使用，且多次函告桠溪影视公司要求加快工程建设进度。原审法院认定其应当对案涉投资合作协议无效承担主要责任，判令其对桠溪影视公司因该合同无效所致损失承担80%的赔偿责任，亦无不当。

综上，桠溪镇政府提出的再审事由均不能成立，其再审申请不符合《中华人民共和国民事诉讼法》第二百条第二项、第四项规定的情形。依照《中华人民共和国民事诉讼法》第二百零四条第一款、《最高人民法院关于适用〈中华人民共和国民事诉讼法〉的解释》第三百九十五条第二款规定，裁定如下：

驳回南京市高淳区桠溪镇人民政府的再审申请。

审判长：汪军；审判员：王展飞、张爱珍；法官助理：魏佳钦；书记员：费斯嘉

二〇一八年九月十四日

第六部分　建设工程纠纷

专题三十三

当事人在诉讼中达成的结算协议应当作为建设工程价款的认定依据

——江苏南通二建集团有限公司诉连云港市远通房地产开发有限公司建设工程施工合同纠纷案

【裁判观点】

建设工程施工合同纠纷案件中，双方当事人庭外自行委托第三方对工程价款进行审计并出具审计报告，经双方共同确认的，应视为双方对工程价款达成了结算协议，一方反悔但未能提供证据证明该结算协议存在无效或可撤销情形的，人民法院不应支持。

中华人民共和国最高人民法院
民事判决书

案号（2017）最高法民终20号

上诉人（原审被告）：连云港市远通房地产开发有限公司，住所地江苏省连云港市连云区院前路西、栖霞路南（栖霞路139号东方海逸豪园C#4层）。

法定代表人：孙坠州，该公司董事长。

委托诉讼代理人：陈玉春，男，该公司总经理。

委托诉讼代理人：刘超，北京市两高律师事务所律师。

被上诉人（原审原告）：江苏南通二建集团有限公司，住所地江苏省启东市人民中路683号。

法定代表人：杨晓东，该公司董事长。

委托诉讼代理人：周月萍，北京市中伦（上海）律师事务所律师。

委托诉讼代理人：纪晓晨，北京市中伦（上海）律师事务所律师。

上诉人连云港市远通房地产开发有限公司（以下简称远通公司）因与被上诉人江苏南通二建集团有限公司（以下简称南通二建）建设工程施工合同纠纷一案，不服江苏省高级人民法院（2014）苏民初字第8号民事判决，向本院提起上诉。本院于2017年1月19日立案后，依法组成合议庭，开庭进行了审理。上诉人远通公司的委托诉讼代理人陈玉春、刘超，被上诉人南通二建的委托诉讼代理人周月萍、纪晓晨到庭参加诉讼。本案现已审理终结。

远通公司上诉请求：1. 撤销一审判决，改判驳回南通二建的诉讼请求或裁定发回重审；2. 本案一、二审诉讼费用由南通二建承担。事实和理由：（一）案涉施工合同无效。1. 南通二建将案涉东方海逸豪园工程违法转包给不具有资质的个人黄某、钱某施工。2. 案涉工程是连云港市危旧房片区改造项目，是政府的重点工程，应进行公开招标，但未公开招标。（二）案涉工程质量不合格，南通二建拒不整改，远通公司有权停止支付工程款。一审法院在工程款支付条件未成就的情况下，判令远通公司支付南通二建工程款错误。南通二建迟延交付远通公司8615.5万元工程款增值税发票，也造成远通公司无法支付工程款。（三）远通公司已向一审法院提供案涉工程质量不合格的证据，南通二建不认可，应由其提起工程质量鉴定申请。一审法院以远通公司撤回工程质量鉴定申请推定工程质量合格错误。（四）连云港德晖工程项目管理咨询有限公司（以下简称德晖公司）出具的工程结算审计报告不能作为案涉工程结算依据。1. 德晖公司不具备建设工程造价资质，工程造价鉴定超出其经营范围。2. 德晖公司在其出具的《关于东方海逸豪园项目工程造价咨询情况说明》《关于东方海逸豪园项目工程造价咨询情况的补充说明》中均自认工程造价咨询报告有误。3. 根据建设工程司法鉴定程序规范，建设工程造价鉴定应进行现场勘验，德晖公司出具工程结算审计报告未经现场勘验程序，违反法律规定。4. 远通公司与南通二建2014年10月25日签订的《连云港东方海逸豪园项目相关事宜的备忘》第六条约定："如双方对德晖公司的造价审计结果达不成一致的，按高院的要求将工程造价审核与鉴定主持处理。"现双方对审计结果意见不一致，德晖公司出具的报告不应作为结算依据。（五）一审法院判令远通公司支付南通二建利息，缺乏事实和法律依据。案涉工程付款条件尚未成就，不存在利息。《连云港“东方海逸豪园”商谈备忘录》是远通公司受黄某、钱某停工要挟被迫与南通二建签订的，其中关于2495万元利息的约定违法无效。双方关于欠款利息按年利率15%计付的约定违反了《最高人民法院关于审理建设工程施工合同纠纷案件适用法律问题的解释》第六条关于垫资利息计算标准不得高于中国人民银行发布的同期同类贷款利率的规定，一审法院按此约定判令远通公司支付利息错误。（六）南通二建不享有建设工程价款优先受偿权。《最高人民法院关于建设工程价款优先受偿权问题的批复》规定，建设工程承包人行使优先权的期限为六个月，自建设工程竣工之日或者建设工程合同约定的竣工之日起计算。案涉工程工期延误是南通二建违法转包导致施工能力不足引起的，工期不应顺延，应以施工合同约定的竣工日期2013年1月21日作为建设工程价款优先受偿权行使期限的起算点，南通二建起诉时已经超过六个月，不再享有优先受偿权。另案涉工程质量不合格，南通二建关于支付工程款的诉请不应得到支持，自然也就不存在优先受偿权。（七）一审法院程序违法。一审法院未处理远通公司提出的回避申请和复议申请，径行判决错误。远通公司向一审法院申请调查黄某、钱某是否南通二建员工，申请对形成南通二建与远通公司之间所有往来函件上南通二建章印的公章真伪进行鉴定，申请证人徐某出庭作证，一审法院均不予准许，违反法律规定。

南通二建辩称：（一）黄某、钱某是南通二建的员工，南通二建在一审中已提交相关证据证实案涉工程不存在违法转包情形，施工合同有效。（二）案涉工程地基、主体结构已经验收合格。远通公司在诉讼前从未提过工程存在质量问题，在一审诉讼期间双方进行土建和安装的施工界面确认、签署退场协议书、完成退场及现场移交的过程中，也未提及。一审法院组织听证时，远通公司撤回质量鉴定申请，并确认不再就质量问题申请鉴定或提出异议。因此，远通公司已无权以工程未经验收、存在质量问题为由拒付工程款。（三）案涉工程结算审计报告是诉讼过程中远通公司和南通二建共同委托德晖公司对工程造价进行审计后出具的，双方均在该报告书中的《工程结算审定单》上签字、盖章予以确认，该报告可以作为案涉工程结算依据。（四）一审法院认定的欠付工程款利息合法有据。远通公司与南通二建在2014年4月29日签订的《连云港“东方海逸豪园”商谈备忘录》中约定了截至2014年4月28日的欠付工程进度款利息金额，双方在《东方海逸豪园总承包合作协议》及施工合同中对按年利率15%计算欠付工程进度款利息作了约定。（五）南通二建在工程价款范围内依法享有优先受偿权。远通公司与南通二建在《连云港“东方海逸豪园”商谈备忘录》中约定将案涉工程竣工日期调整为2014年8月28日，后双方在一审庭审中确认2014年9月18日为合同终止日，南通二建于2014年6月起诉主张建设工程价款优先受偿权，从合同约定的竣工日期或双方确定的合同终止日起算，均未超过六个月。综上，南通二建认为一审判决认定事实清楚、适用法律正确，请求驳回上诉，维持原判。

南通二建向一审法院起诉请求：1. 案涉建设工程施工合同终止履行。2. 远通公司支付工程款213072608元及利息26366983.33元（截至2014年4月28日已确认利息为2495万元；以7992万元为基数，从2014年4月29日起算，计算至起诉日，以年利率15%计算为1416983.33元；以工程结算款为基数，按年利率15%计算，从起诉日起算，应计算至生效判决确定的给付之日止）。3. 南通二建在远通公司欠付213072608元范围内就东方海逸豪园项目享有折价、拍卖的优先受偿权。4. 远通公司支付南通二建施工机械、临时设施、周转材料及人员停工窝工及进退场等损失（暂计至2014年6月10日为5368554.68元，应计算至实际退场之日）。5. 远通公司支付南通二建未完工程可得利润损失130万元。6. 远通公司承担南通二建律师费、担保成本损失共计110万元。7. 本案诉讼费由远通公司承担。一审诉讼过程中，南通二建以对双方尚存争议的安装工程价款、停窝工和进退场损失、可得利益损失、律师费及担保成本损失，将另案主张为由，书面申请撤回上述第4-6项诉讼请求，变更上述第2、3项诉讼请求为：判令远通公司支付南通二建工程款139840044.43元及利息（截至2014年4月28日已确认利息为2495万元，以7992万元为基数，自2014年4月29日起算，计算至起诉日，以年利率15%计算为1416983.33元；以139840044.43元为基数，按年利率15%计算，从起诉日起算，应计算至实际支付之日），并判决南通二建在远通公司欠付全部工程款范围内就东方海逸豪园项目折价、拍卖所得价款享有建设工程价款优先受偿权。

一审法院认定事实：2010年9月19日，远通公司（甲方）与南通二建（乙方）签订《东方海逸豪园总承包合作协议》，约定：甲方“东方海逸豪园”整体项目建筑安装费约2.5亿元左右，由乙方总承包建设；该项目建设工程禁止乙方对外转包和分包；如果甲方不能按合同约定时间支付工程进度款，需提前20天书面通知乙方，由乙方借款，未付部分的工程进度款利息按乙方内部借贷款利率标准支付（参乙方借贷文件，但年利率不高于15%）等。2011年6月1日，双方就“东方海逸豪园”小区工程签订一份建设工程施工合同，约定：工程内容是桩基、地下室、超市、住宅楼，南通二建承包范围是土建（含桩、不含进户安全门、楼梯防火门、楼宇安全门、中空断桥铝合金门窗及阳台门窗）、安装（不含消防、智能系统、小区全部红外线、高清监控系统）；开工日期2011年6月1日，竣工日期2013年1月21日；工程质量标准为合格（要求达到优质结构）等。该施工合同第三部分专用条款约定：项目经理钱某为项目负责人；至结构封顶时，发包人须支付70%的工程款（未按合同约定未付部分的工程进度款利息按承包人内部贷款利息标准由发包人承担，但折算后的年利率不超过15%）；双方2010年9月19日签订的《东方海逸豪园总承包合作协议》作为该合同的组成部分，具有同等法律效力等。2011年12月1日，远通公司向南通二建发出中标通知书，载明中标范围、中标价等。2011年12月3日，双方签订一份建设工程施工备案合同，约定合同价款暂定为中标价18257.67537万元，开工日期2011年12月3日，竣工日期2013年8月3日。该备案合同约定的其余内容与2011年6月1日双方订立的施工合同均相同。2011年12月4日，双方签订一份施工合同补充协议，约定通过邀请招标所定的中标价、备案合同及工程清单不作为双方结算依据，结算仍按双方约定的方法执行，合同工期以2011年6月1日签订的施工合同为准等。2012年7月11日，双方签订《总承包补充协议》，重新调整了南通二建的承包范围，约定部分项目由远通公司另行发包。因远通公司按照第一阶段付款节点一次性付款有困难，双方于2012年8月1日签订《补充协议书》，约定第一阶段工程款分批支付；延期支付的工程进度款，执行总承包施工合同的相关条款，除上述改动的支付进度款约定外，仍执行2010年9月19日总承包合作协议、2011年12月3日建设工程施工合同中关于工程款支付的约定等。2012年11月16日，南通二建向远通公司发出苏通二建字（2012）第26号“工程暂停令”，以远通公司未按约支付到期进度款、负债严重等为由，要求自2012年11月25日起阶段性停工15天。远通公司2012年11月19日收到该停工令后，其时任法定代表人陈玉春签署意见“不同意停工，关于资金支付等问题公司将尽快复函”。2012年11月20日，远通公司向南通二建回函称不同意停工，承诺在11月30日前尽量支付工程款500万元－1000万元，确保春节前支付工程款8000万元等。2013年2月20日，双方形成一份会议纪要，确认工程款已支付9037万元，尚欠3463万元（实际欠工程款待三月底工程量及造价核准后计算为准）等。后南通二建继续施工。2013年4月27日，德晖公司接受远通公司的委托，作出《施工图预算审核报告》。该报告对工程预算造价审核结果为3146.823107万元，并注明此预算初审结果仅作为节点工程款参考依据。2014年4月22日，南通二建向远通公司发出《特急函告》，称远通公司如果在2014年4月30日前还不支付工程进度款，南通二建将从5月1日起停工，直至付清拖欠应付钱款（总计10110万元）后，双方再确定竣工日期；2014年5月30日前，远通公司不履行书面承诺支付拖欠款项（80%工程进度款和全额利息）总计8544万元，南通二建将终止合同的履行。2014年4月24日，远通公司复函称，工程款已在积极筹备中，将南通二建作为重点付款单位，远通公司售房款将交给中国长城资产管理公司监管，确保工程款优先支付。2014年4月29日，双方签订《连云港“东方海逸豪园”商谈备忘录》，约定：远通公司承诺于2014年5月15日之前支付南通二建120万元工程款，后续根据南通二建完成的工程量支付相应工程款；远通公司再三要求施工外墙真石漆，并承诺于2014年5月20日前支付欠付的外墙真石漆工程款120万元，尚余300万元于2014年6月30日前付清；远通公司承诺水电安装工程款于2014年5月20日前先支付200万元用于购买电线、电箱等设备，剩余款项自外墙开工之日起30天内支付；截至2014年4月28日已拖欠南通二建工程款7992万元、利息2495万元，为减少南通二建为本项目垫资及融资利息负担，远通公司承诺于2014年7月20日前确保支付南通二建3000万元工程款，如果房屋销售好，将再增加付款额度，剩余结欠工程款4992万元，利息2495万元于2014年8月15日前付清；工程竣工时间调整为2014年8月28日，双方对此前工期相关问题再无任何争议，互不追究等。因远通公司未能按照2014年4月29日备忘录约定付款，南通二建于2014年5月16日致函远通公司称，若远通公司在2014年5月20日前仍未按前述备忘录约定的节点和金额付清已到期的款项，南通二建将直接依法解除合同，由此造成的全部责任由远通公司承担。此函由邮政快递于2014年5月17日下午送达远通公司。后南通二建于2014年6月10日向一审法院起诉。2014年9月18日，一审庭审中，远通公司同意终止双方的建设工程施工合同。2014年11月13日，双方签订《退场协议书》。同年11月14日，双方签订《“东方海逸豪园”分项工程相关事宜补充协议》。同年11月17日，南通二建从案涉工程施工现场全部撤离，现场由远通公司接管。截至2014年10月26日，双方确认远通公司就案涉工程已付南通二建工程款总额为13535.5万元。远通公司在诉讼过程中申请对案涉工程施工质量进行鉴定后，又以双方当事人于2014年11月14日就外墙干挂花岗岩等事宜达成《“东方海逸豪园”分项工程相关事宜补充协议》为由，向一审法院撤回了工程质量鉴定申请，工程质量鉴定委托终止。本案一审诉讼过程中，南通二建申请对其已完工程造价进行鉴定，远通公司同意鉴定。双方当事人在一审法院主持下摇号确定江苏中恒工程造价咨询有限公司为造价鉴定机构。后双方当事人庭外自行共同委托德晖公司对南通二建退场前已完工程量进行审核。德晖公司于2014年11月14日出具连德咨（2014）第025号《东方海逸豪园A、B、C、D、E楼、超市及地下室工程结算审计报告》。该咨询报告载明，经与双方当事人核对确认，案涉工程退场前已完工程量确定为287388082.64元，其中土建结算价275575044.43元，安装结算价11813038.21元。远通公司、南通二建的经办人于2014年11月14日在该审计报告中的《工程结算审定单》上签字并加盖了双方单位公章。2015年10月，南通二建向一审法院申请撤回了工程造价鉴定申请，一审法院终止鉴定委托，并确定已发生的鉴定费用5万元由申请鉴定一方南通二建负担。一审法院认为，本案争议焦点为：1. 案涉施工合同效力如何认定；2. 经德晖公司审价、双方当事人2014年11月14日签字盖章的《工程结算审定单》能否作为本案结算依据；3. 远通公司以工程未经竣工验收合格、存在施工质量问题为由拒付全部工程款能否成立；4. 如果远通公司应向南通二建支付工程款，则利息计算标准及起算时间如何确定；5. 南通二建是否享有建设工程价款优先受偿权。关于焦点一，本案“东方海逸豪园”项目是远通公司投资的商业项目，不属于《中华人民共和国招标投标法》第三条及国家计委3号令《工程建设项目招标范围和规模标准规定》规定的强制招标投标范围。双方2010年9月19日签订的总承包合作协议、2011年6月1日签订的施工合同，均是双方真实意思表示，合法有效。双方2011年12月3日签订的备案合同，只在开工时间、竣工时间上略有不同，其他内容与此前的约定并无二致。双方在2011年12月4日施工合同补充协议中明确约定，备案合同仅为政府要求的备案使用，不作为结算依据，结算仍按双方约定的方法执行，合同工期按照2011年6月1日施工合同为准。2012年7月11日，双方签订总承包协议补充协议，重新调整了南通二建的承包范围。远通公司主张案涉施工合同存在没有资质的实际施工人借用南通二建名义的情形而无效，但远通公司的举证并不足以证明其主张。远通公司主张合同无效的理由均不成立。依法成立的合同，对当事人具有法律约束力。当事人应当按照约定履行自己的义务，不得擅自变更或者解除合同。南通二建起诉要求终止合同，远通公司在第一次庭审时同意终止合同，并保留向南通二建追究违约责任的权利。因远通公司未在本案中提起反诉，本案审理不涉及远通公司追究南通二建的违约责任。一审法院确认双方建设工程施工合同关系于2014年9月18日终止。关于焦点二，本案诉讼过程中，双方当事人于2014年11月5日确认南通二建已完土建、水电安装工程施工界面，同月13日达成《退场协议书》，同月17日完成退场交接，现场由远通公司接管。双方还庭外自行共同委托造价咨询单位德晖公司对南通二建退场前已完工程量进行审核，德晖公司2014年11月14日作出工程结算审计报告，同日双方当事人及德晖公司均在该报告书中的《工程结算审定单》上签字、盖章确认。尽管德晖公司工程造价咨询企业资质等级只有乙级，根据原建设部2006年颁布的《工程造价咨询企业管理办法》第十九条的规定，只能从事工程造价5000万元人民币以下的各类建设项目的工程造价咨询业务，但是，本案双方当事人明知德晖公司的资质级别，在诉讼前远通公司就已委托德晖公司对案涉工程节点进度款进行审核，进入诉讼后双方仍庭外共同委托德晖公司审核南通二建退场前已完工程量，并且双方当事人2014年11月14日又在德晖公司出具的咨询报告书中的《工程结算审定单》上签字、盖章确认，现远通公司以德晖公司资质不足为由否认该咨询报告及《工程结算审定单》的效力明显有违诚信，不应得到支持。且《最高人民法院关于适用〈中华人民共和国合同法〉若干问题的解释（一）》第四条规定，合同法实施以后，人民法院确认合同无效，应当以全国人大及其常委会制定的法律和国务院制定的行政法规为依据，不得以地方性法规、行政规章为依据。《工程造价咨询企业管理办法》不属于人民法院可以确认合同无效的依据。双方当事人签字、盖章确认的《工程结算审定单》应视同结算协议，可以作为定案证据。但需要指出的是，工程结算审定单所列土建结算价 275575044.43 元，安装结算价 11813038.21 元，德晖公司工程结算审计报告在说明部分逐项列出“已经施工但本次审计未计入部分”“安装工程中部分未完成工作含在已完工程量的定额中，本次审计应扣减未扣减的工作内容”。南通二建变更第 2 项诉讼请求所撤回另行解决的请求中已包括上述报告书说明部分所列的全部有争议遗留问题的款项。同时，该报告书后附的 2014 年 11 月 5 日《3.141 亿元预算价中土建工程实际调整的项目》注明“干挂石材没有完工，工程量按照全算，本次审核作为单列项目”。双方在同日达成的《“东方海逸豪园”分项工程相关事宜补充协议》中还约定“南通二建施工的外墙干挂花岗岩进入第一阶段工程结算，对未完成的花岗岩收边由南通二建继续施工完成，工程质量达到合格再付工程款，并以连云港市质量监督站验收为准”。因当事人未举证证明外墙干挂花岗岩已具备约定付款条件，故该单项工程款应暂留。鉴于南通二建变更诉讼请求第 2 项依据的是工程结算审定单所列土建部分工程结算款 275575044.43 元（含外墙干挂花岗岩结算价 6318492.47 元），减去双方确认截至 2014 年 10 月 26 日远通公司就本案诉争工程已付南通二建工程款总额 13535.5 万元，再扣除南通二建 2014 年 10 月 25 日自愿承担维修费 38 万元（注：此款远通公司从欠付工程款中扣除直接支付给维修施工方江苏五尊幕墙工程有限公司），本案远通公司欠付南通二建土建部分工程结算款应认定为 133521551.96 元。关于焦点三，《最高人民法院关于审理建设工程施工合同纠纷案件适用法律问题的解释》第十条第一款规定：“建设工程施工合同解除后，已经完成的建设工程质量合格的，发包人应当按照约定支付相应的工程价款；已经完成的建设工程质量不合格的，参照本解释第三条规定处理。”本案双方施工合同终止后，远通公司以已完工程质量不合格为由拒付工程款，一审法院根据远通公司的申请启动了工程质量鉴定。在鉴定机构初次勘验现场后，远通公司又以双方当事人就干挂花岗岩部分达成 2014 年 11 月 14 日补充协议为由，申请撤回工程质量鉴定申请。从协议内容看，双方约定的“工程质量达到合格再付工程款，并以连云港市质量监督站验收为准”仅指外墙干挂花岗岩，而非南通二建全部已完工程。本案系在工程没有全部竣工的情况下提前终止合同，双方 2014 年 11 月 17 日完成退场交接后，远通公司已着手后续施工，目前仅凭远通公司举证的照片和公证书不足以认定南通二建已完工程施工质量不合格，远通公司以此为由拒付全部工程款不应得到支持。关于焦点四，双方当事人在总承包合作协议和施工合同中均约定，未付合同约定支付的工程进度款利息按南通二建内部贷款利率标准由远通公司承担，年利率不超过15%。这是双方对工程款利息的约定，欠付工程款利息应当按约定的年利率15%计算。本金的确定及利息起算时间分两种情形：(1）结算款。双方在2011年6月11日施工合同中约定，结算后的工程价款自竣工决算报告完成之日起90天内全部付清。双方当事人在本案诉讼过程中于2014年11月14日在工程结算审定单上签字、盖章确认，故应从90天后的2015年2月12日起以土建工程结算款133521551.96元为本金，按年利率15%计算到实际支付之日的利息。(2）进度款。双方在2014年4月29日的备忘录中确认，截至2014年4月28日远通公司已拖欠南通二建工程款7992万元、利息2495万元。因此，本案可以认定远通公司截至2014年4月28日已拖欠南通二建工程进度款7992万元、利息2495万元，欠付进度款利息按年利率15%自2014年4月29日计算至2015年2月11日为9463233.33元（注：进度款7992万元逐笔扣除远通公司2014年5月4日付20万元，5月9日付5万元，5月10日付20万元，5月13日付20万元，5月15日付40万元，5月16日付20万元，以及扣除2014年10月25日南通二建自愿承担的维修费38万元，分段计息。即以7992万元为本金自2014年4月29日至2014年5月4日利息199800元；以7972万元为本金自2014年5月5日至2014年5月9日利息166083.33元；以7967万元为本金2014年5月10日利息33195.83元；以7947万元为本金自2014年5月11日至2014年5月13日利息99337.5元；以7927万元为本金自2014年5月14日至2014年5月15日利息66058.33元；以7887万元为本金2014年5月16日利息32862.5元；以7867万元为本金自2014年5月17日至2014年10月25日利息5310225元；以7829万元为本金自2014年10月26日至2015年2月11日利息3555670.83元)。因此，截至2015年2月11日，远通公司共欠南通二建工程进度款利息34413233.33元。关于焦点五，《中华人民共和国合同法》第二百八十六条规定，发包人未按照约定支付价款的，承包人可以催告发包人在合理期限内支付价款。发包人逾期不支付的，除按照建设工程的性质不宜折价、拍卖的以外，承包人可以与发包人协议将该工程折价，也可以申请人民法院将该工程依法拍卖。建设工程的价款就该工程折价或者拍卖的价款优先受偿。《最高人民法院关于建设工程价款优先受偿权问题的批复》第四条规定，建设工程承包人行使优先权的期限为六个月，自建设工程竣工之日或者建设工程合同约定的竣工之日起计算。虽然2011年6月1日双方签订的施工合同约定竣工日期为2013年1月21日，但该合同也约定发包人不能按约支付工程进度款而影响工程进度可以顺延工期。最终双方在2014年4月29日签订的《连云港“东方海逸豪园”商谈备忘录》中确认本工程的竣工时间为2014年8月28日。因此，从双方在合同履行过程中变更约定的竣工时间起算，南通二建起诉行使优先受偿权没有超过法定期限，其主张在远通公司欠付全部工程款范围内就其施工的工程折价、拍卖所得价款享有优先受偿权，符合法律规定，依法应予支持。综上，一审法院依照《中华人民共和国合同法》第八条、第九十三条第一款、第二百八十六条，《最高人民法院关于审理建设工程施工合同纠纷案件适用法律问题的解释》第十条第一款，《最高人民法院关于建设工程价款优先受偿权问题的批复》第四条，《中华人民共和国民事诉讼法》第九条的规定，判决：一、南通二建与远通公司之间就连云港“东方海逸豪园”项目的建设工程施工合同于2014年9月18日终止履行。二、远通公司于判决发生法律效力之日起十日内向南通二建支付工程款133521551.96元及利息（其中工程进度款利息截至2015年2月11日合计34413233.33元；从2015年2月12日起，以工程款133521551.96元为本金，按年利率15%计算利息至实际支付之日）。三、南通二建在远通公司欠付全部工程款本金范围内就连云港东方海逸豪园项目折价、拍卖所得价款享有建设工程价款优先受偿权。四、驳回南通二建其他诉讼请求。如果未按判决指定的期间履行给付金钱义务，应当依照《中华人民共和国民事诉讼法》第二百五十三条之规定，加倍支付迟延履行期间的债务利息。案件受理费1107163元、保全费5000元，合计1112163元（南通二建已预交1282841元），由南通二建负担101438元，远通公司负担1010725元。南通二建多交的1181403元在判决生效后由一审法院退还，远通公司应承担的部分于判决生效之日起十日内向一审法院交纳。鉴定费5万元（南通二建已交），由南通二建负担。

本院二审期间，当事人围绕上诉请求依法提交了证据。本院组织当事人进行了证据交换和质证。

一审法院认定德晖公司作出的《施工图预算审核报告》对工程预算造价审核结果为3146.823107万元错误，应为31462.823107万元，本院对此予以纠正。对一审法院查明的其他案件事实，双方当事人均无异议，本院予以确认。

本院认为，综合远通公司与南通二建诉辩意见，本案二审双方当事人争议焦点为：1. 案涉施工合同是否合法有效；2. 案涉工程施工质量是否合格；3. 案涉工程款是否具备付款条件；4. 德晖公司出具的工程结算审计报告能否作为案涉工程价款结算依据；5. 远通公司应否支付南通二建工程款利息，一审法院判令远通公司按年利率15%支付南通二建工程款利息是否适当；6. 南通二建对案涉工程是否享有建设工程价款优先受偿权。

（一）关于案涉施工合同是否合法有效。远通公司主张南通二建将案涉工程违法转包给不具有资质的实际施工人黄某、钱某，虽然其提供证据证明案涉工程款有部分付至黄某、钱某个人账户及南通二建子公司账户，但南通二建对此付款行为予以认可，且南通二建在一审时已提交证据证明两人系该公司工作人员，远通公司在案涉工程施工过程中以及在一审期间签订《连云港“东方海逸豪园”备忘录》时，也认可黄某、钱某系南通二建工作人员，故一审法院对远通公司的该项主张不予支持，并无不当。本院对其该项上诉意见，不予采纳。二审期间，为证明黄某、钱某并非南通二建工作人员，远通公司申请调取黄某、钱某等人工资发放的财务账簿、劳动合同等证据材料。鉴于以上分析，根据《最高人民法院关于适用〈中华人民共和国民事诉讼法〉的解释》第九十五条“当事人申请调查收集的证据，与待证事实无关联、对证明待证事实无意义或者其他无调查收集必要的，人民法院不予准许”的规定，本院对远通公司的该项申请，不予准许。远通公司申请对南通二建与远通公司所有往来函件中南通二建的章印与南通二建在工商行政机关备案的章印是否一致进行鉴定，以证明黄某、钱某伪造南通二建印章，南通二建存在违法转包行为，但南通二建对双方函件中其章印的真实性予以确认，故即便该章印与南通二建在工商行政机关备案的章印不一致，也不能认定黄某、钱某伪造南通二建印章以及南通二建将案涉工程违法转包给黄某、钱某。因此，对远通公司的该项申请，本院亦不予准许。远通公司提交的《连云港市市区危旧房片区（棚户区）改造工作领导小组办公室文件》，不能证明案涉工程属于《中华人民共和国招标投标法》第三条第一款规定的必须进行招标的工程项目，故其关于案涉工程未进行公开招标、施工合同无效的上诉理由，亦不能成立。

（二）关于案涉工程施工质量是否合格。远通公司在与南通二建就案涉工程签订《退场协议书》及办理退场交接时未提出南通二建施工质量不合格，案涉工程在南通二建退场后已有其他施工人进场施工，且远通公司向一审法院提交工程质量鉴定申请后又撤回申请，并在一审法院组织听证中确认对工程质量不再提出异议，之后其又提出案涉工程施工质量不合格，有违诚信原则。其在二审中提交的《公证书》《工程暂停令》《监理工程师通知单（质量控制类）》《监理工程师通知单（安全文明类）》等也不能证明案涉工程施工质量不合格。故对其关于案涉工程施工质量不合格的上诉主张，本院不予支持。

（三）关于案涉工程款是否具备付款条件。远通公司关于案涉工程质量不合格的上诉理由不能成立，其以工程质量不合格为由，提出不应支付工程款的主张，自然亦不能成立。开具并交付工程款发票属于南通二建履行本案合同的附随义务，并非法定或双方当事人约定的工程款支付条件，更不会导致远通公司无法依约支付工程款，故远通公司关于南通二建迟延交付远通公司8615.5万元工程款增值税发票，导致其无法支付工程款的上诉理由，无事实和法律依据。由此，一审法院认定案涉工程款具备支付条件并判令远通公司支付工程款，并无不当。

（四）关于德晖公司出具的工程结算审计报告能否作为案涉工程价款结算依据。一审诉讼前，远通公司已委托德晖公司对案涉工程节点进度款进行审核。一审诉讼中，南通二建申请对案涉工程造价进行鉴定，一审法院依法委托江苏中恒工程造价咨询有限公司对案涉工程造价进行鉴定。在鉴定过程中，远通公司、南通二建又与德晖公司自行签订《江苏省建设工程造价咨询合同》，共同委托德晖公司对案涉工程造价进行结算审核。同时，南通二建向一审法院撤回了工程造价鉴定申请。因德晖公司是工程造价咨询乙级企业，不具有对案涉工程进行造价审核的资质等级，一审法院专门就此向远通公司、南通二建进行了释明，双方承诺不就德晖公司资质问题提异议。德晖公司出具案涉工程结算审计报告后，双方在该报告的工程结算审定单上签字、盖章予以确认。该工程结算审定单，是双方在德晖公司对工程造价进行审核的基础上，对案涉工程价款达成的结算协议，系双方的真实意思表示，不违反法律规定，双方应当依此结算工程价款。在签订结算协议后，远通公司又出尔反尔，以德晖公司不具有对案涉工程进行造价审核的资质等级为由，主张其出具的咨询报告不能作为结算依据。一审法院对其该项主张不予支持，并无不当。现远通公司上诉再次提出德晖公司不具备资质等级，其出具的咨询报告不能作为结算依据的意见，本院不予采纳。德晖公司对案涉工程造价进行审核并出具审计报告，系基于远通公司与南通二建的共同委托，并非一审法院委托，不属于司法鉴定，故远通公司关于德晖公司出具审计报告未进行现场勘验，违反司法鉴定程序规范的上诉理由，不能成立。远通公司二审时提交了德晖公司出具的《东方海逸豪园项目工程造价咨询情况说明》《关于东方海逸豪园项目工程造价咨询情况的补充说明》，证明德晖公司此前出具的工程结算审计报告内容有误，不能作为工程价款结算依据，但该两份说明系德晖公司应远通公司单方要求而作出，德晖公司作出说明前并未组织双方当事人对说明中调整的价款进行核算、确认，两份说明上亦无审核案涉工程造价的注册造价工程师的签字或盖章，且对核减工程价款亦未提出明确可信的依据。因此，该两份说明不能推翻双方此前达成的结算协议。对远通公司的该项主张，本院不予支持。远通公司二审时申请证人徐某出庭，证明德晖公司出具的工程结算审计报告有错，但徐某无注册造价工程师资质，并非德晖公司、远通公司或南通二建的工作人员，且其也未参加案涉工程造价审核，本院对其证言不予采信。

（五）关于案涉工程款利息。远通公司与南通二建在《东方海逸豪园总承包合作协议》中约定，如果远通公司不能按合同约定时间支付工程进度款，需提前二十天书面通知南通二建，由南通二建借款，未付部分的工程进度款利息按南通二建内部借款利率标准支付，但年利率不得高于15%。一审庭审中，远通公司自认“双方达成一致的是如果我方没有办法支付工程款，我方责任是承担年利率15%的利息”。远通公司与南通二建在《连云港“东方海逸豪园”商谈备忘录》中确认，截止2014年4月28日，远通公司已拖欠南通二建工程款7992万元、利息2495万元。一审法院根据上述约定和自认，认定远通公司应付的工程款利息，并无不当。远通公司提出《连云港“东方海逸豪园”商谈备忘录》系受黄某、钱某停工要挟被迫签订，欠付2495万元利息的约定无效，缺乏证据证明。本案双方当事人在合同中约定的利息，以及一审法院判令远通公司支付南通二建的利息均系欠付工程进度款、工程结算款利息，并非垫资利息，故远通公司提出的双方以年利率15%计算工程款利息的约定，违反了《最高人民法院关于审理建设工程施工合同纠纷案件适用法律问题的解释》第六条关于当事人约定的垫资利息计算标准不得高于中国人民银行发布的同期同类贷款利率的规定，一审法院按此约定判令远通公司支付利息错误的上诉理由，不能成立。

（六）关于南通二建对案涉工程是否享有建设工程价款优先受偿权。《最高人民法院关于建设工程价款优先受偿权问题的批复》第四条规定，建设工程承包人行使优先受偿权的期限为六个月，自建设工程竣工之日或者建设工程合同约定的竣工之日起算。远通公司和南通二建在《连云港“东方海逸豪园”商谈备忘录》中约定将案涉工程竣工时间调整为2014年8月28日。南通二建于2014年6月10日向一审法院提起诉讼，主张建设工程价款优先受偿权，符合上述法律规定的行使期限。远通公司关于应以双方在施工合同中约定的竣工日期2013年1月21日作为案涉建设工程价款优先受偿权行使期限的起算点，南通二建行使该项权利已超出法律规定期限的上诉理由，无事实和法律依据。

关于远通公司提出的一审法院对其回避申请未予处理的问题，经查，远通公司在一审庭审中确认不申请合议庭成员回避，庭审后又提出回避申请，且其申请的事由不符合法律规定，故一审法院对其回避申请未予支持，并无不当。一审法院综合本案事实和证据情况，对远通公司关于调取黄某、钱某劳动合同、工资发放账簿等证据的申请，关于鉴定形成远通公司与南通二建之间往来函件上南通二建章印的公章真伪的申请，关于证人徐某出庭作证的申请，未予准许，并不违反法律规定。远通公司提出的一审法院对其上述申请不予准许违反法定程序的上诉理由，不能成立。

综上所述，连云港市远通房地产开发有限公司的上诉请求不能成立，应予驳回；一审判决认定事实清楚，适用法律正确，应予维持。依照《中华人民共和国民事诉讼法》第一百七十条第一款第一项规定，判决如下：

驳回上诉，维持原判。

二审案件受理费881473.93元，由连云港市远通房地产开发有限公司负担。

本判决为终审判决。

审判长：汪军；审判员：毛宜全、马东旭；法官助理：魏佳钦；书记员：吕倩

二〇一七年四月十七日

专题三十四

当事人对工程款付款时间没有约定或约定不明，建设工程未交付，工程价款也未结算的，欠付工程款利息应从当事人起诉之日计付

——中建七局第二建筑有限公司诉邳州汉华商贸有限公司、徐州安泰顺房地产开发有限公司建设工程施工合同纠纷案

【裁判观点】

建设工程施工合同纠纷案件中，欠付工程款利息从应付工程价款之日计付。当事人对工程款付款时间没有约定或者约定不明，且建设工程未交付，工程价款也未结算的，当事人起诉之日视为应付款时间。

中华人民共和国最高人民法院

民事裁定书

案号（2018）最高法民申3946号

再审申请人（一审原告、二审上诉人）：中建七局第二建筑有限公司，住所地安徽省合肥市瑶海区大通路51号。

法定代表人：吴建英，该公司董事长。

委托诉讼代理人：王文德，江苏泰和律师事务所律师。

委托诉讼代理人：蒋宜贯，江苏泰和律师事务所律师。

被申请人（一审被告、二审被上诉人）：邳州汉华商贸有限公司，住所地江苏省邳州市世纪大道北侧。

法定代表人：于宏，该公司董事长。

被申请人（一审被告、二审被上诉人）：徐州安泰顺房地产开发有限公司，住所地江苏省邳州市运河镇坝头村。

法定代表人：刘军，该公司执行董事。

一审第三人：莫某春，男，1964年9月9日出生，住江苏省南京市秦淮区。

再审申请人中建七局第二建筑有限公司（以下简称中建七局二公司）因与被

申请人邳州汉华商贸有限公司（以下简称邳州汉华公司）、徐州安泰顺房地产开发有限公司（以下简称安泰顺公司），一审第三人莫某春建设工程施工合同纠纷一案，不服江苏省高级人民法院（2017）苏民终225号民事判决，向本院申请再审。本院依法组成合议庭进行了审查，现已审查终结。

中建七局二公司申请再审称：本案符合《中华人民共和国民事诉讼法》第二百条第二项规定的情形，应予再审。主要事实和理由是：（一）二审法院认定莫某春施工部分工程款尚不具备结算条件错误，案涉工程已具备全面结算条件。1. 中建七局二公司已按照政府协调会要求解决了案涉工程农民工工资及所欠材料款项的问题，并按照其与邳州汉华公司签订的《建设工程施工合同》《补充协议书》约定履行了相应义务。2. 工程款对账的义务主要在邳州汉华公司，但其自签订案涉合同至今并未要求对账及结算工程款。3.《补充协议书》虽约定莫某春代领的工程款由发包人、承包人、莫某春三方核实后予以确认，但不能据此推定在联系不上莫某春的情况下就不能对账。4. 邳州汉华公司关于莫某春已领取2286万元工程款的主张证据不足，二审判决关于因莫某春未能到庭参加诉讼确认其实际领取的款项，导致其实际施工部分工程款不具备结算条件的认定错误。（二）原审法院未判令安泰顺公司与邳州汉华公司就案涉工程款及利息承担共同给付责任错误。1. 安泰顺公司是案涉项目的开发主体、所有权人，与邳州汉华公司在管理、人事、财务方面存在混同。2. 邳州汉华公司是在安泰顺公司安排下与中建七局二公司签订合同的壳公司，并无实际资产。安泰顺公司在向中建七局二公司出具的函件中承诺愿意为案涉工程中邳州汉华公司所有责任和义务承担连带保证责任，属于债务加入行为，是债务的相对方。（三）案涉工程总造价为29691238元，扣除已支付的相关款项，邳州汉华公司和安泰顺公司实际欠付中建七局二公司工程款28898980元。邳州汉华公司和安泰顺公司应当支付尚欠的工程款及利息，工程款利息应当自2011年4月26日起算。

安泰顺公司提交意见称：（一）案涉工程先由莫某春施工，2010年6月后由中建七局二公司施工，故中建七局二公司仅有权主张其施工部分的工程款，无权主张案涉工程全部工程款，且莫某春施工部分的工程款，邳州汉华公司已经支付完毕。莫某春出具的关于2286万元的收条足以证明邳州汉华公司向其支付工程款的真实性。（二）即便莫某春施工部分工程款未结清、中建七局二公司有权结算案涉工程全部工程款，也必须按照《补充协议书》约定，经过邳州汉华公司、中建七局二公司、莫某春三方对账后方能进行结算，未经对账不具备结算条件。（三）安泰顺公司不应对案涉工程款承担共同给付责任。1. 安泰顺公司仅是保证人，因保证合同无效，其仅需承担相应的赔偿责任。安泰顺公司并无债务加入的意思表示。2. 邳州汉华公司和安泰顺公司之间不存在法人人格混同。3. 安泰顺公司并非案涉工程发包人、受益人和所有权人，也非案涉建设工程施工合同主体。综上，安泰顺公司请求驳回中建七局二公司的再审申请。

本院经审查认为：（一）关于莫某春施工部分工程款是否具备结算条件问题。根据中建七局二公司与邳州汉华公司签订的《邳州商业中心一期工程交接情况》，案涉工程2010年5月前由莫某春实际施工，后由中建七局二公司接手施工。关于莫某春施工部分的工程款，中建七局二公司与邳州汉华公司签订的《补充协议书》第四条约定，莫某春代领的工程款由莫某春、邳州汉华公司、中建七局二公司三方核实后予以确认。邳州汉华公司主张莫某春已领取工程款2286万元，并提供了莫某春向其出具的收条予以证明，但中建七局二公司不予认可。二审法院为查明该事实，通知莫某春到庭参加诉讼，但莫某春无故缺席，二审法院无法确认莫某春实际领取的款项。在此情形下，二审法院认定因三方尚未按照《补充协议书》约定对莫某春实际领取的工程款部分进行确认，莫某春施工部分工程款尚不具备结算条件，并明确中建七局二公司可待各方对账确定应付款后另行主张权利，并无不当。中建七局二公司关于案涉工程已具备全面结算条件，二审法院认定莫某春施工部分工程尚不具备结算条件错误的理由，不能成立。

（二）关于安泰顺公司应否对邳州汉华公司欠付工程款及利息承担共同给付责任问题。邳州汉华公司系案涉工程的发包人，中建七局二公司虽主张安泰顺公司系案涉项目开发主体、所有权人，并与邳州汉华公司在管理、人事、财务方面存在混同，但未提供证据予以证实。安泰顺公司向中建七局二公司出具的《担保函》载明，安泰顺公司愿意对邳州汉华公司在案涉建设工程施工合同中约定的邳州汉华公司所有责任和义务承担连带担保责任，但该函并未载明安泰顺公司具有债务加入的意思表示。中建七局二公司主张安泰顺公司出具《担保函》的行为属于债务加入行为，缺乏事实和法律依据。中建七局二公司关于安泰顺公司应对邳州汉华公司欠付的工程款及利息承担共同给付责任的主张，不能成立。因案涉建设工程施工合同无效，担保合同亦无效。安泰顺公司出具《担保函》之前，参与了案涉工程的前期筹备等工作，对案涉工程为”三无”工程系明知，对担保合同无效具有过错。原审法院根据其过错程度，依据《最高人民法院关于适用〈中华人民共和国担保法〉若干问题的解释》第八条规定，判令安泰顺公司就案涉债务对中建七局二公司承担相应责任，并无不妥。

（三）关于邳州汉华公司欠付中建七局二公司工程款数额及利息问题。如前所述，莫某春施工部分工程款尚不具备结算条件，中建七局二公司可待各方对账后另行主张权利。对于中建七局二公司施工部分工程，经一审法院委托鉴定，该部分工程造价为2598231元（不含屋面部分钢筋及模板造价）。扣除邳州汉华公司已付的工程款20万元，原审法院认定邳州汉华公司尚欠中建七局二公司工程款2398231元，并无不妥。《最高人民法院关于审理建设工程施工合同纠纷案件适用法律问题的解释》第十八条规定:”利息从应付工程价款之日计付。当事人对付款时间没有约定或者约定不明的，下列时间视为应付款时间：（一）建设工程已实际交付的，为交付之日；（二）建设工程没有交付的，为提交竣工结算文件之日；（三）建设工程未交付，工程价款也未结算的，为当事人起诉之日。”本案中，邳州汉华公司与中建七局二公司对工程款付款时间没有明确约定，案涉工程未交付，工程价款也未结算，原审法院据此认定欠付工程款利息应从中建七局二公司起诉之日即2013年8月8日起算，亦无不当。中建七局二公司关于邳州汉华公司实际欠付中建七局二公司工程款28898980元，利息应自2011年4月26日起算的主张，不能成立。

综上，中建七局二公司提出的再审事由不能成立，其再审申请不符合《中华人民共和国民事诉讼法》第二百条第二项规定的情形。依照《中华人民共和国民事诉讼法》第二百零四条第一款，《最高人民法院关于适用〈中华人民共和国民事诉讼法〉的解释》第三百九十五条第二款规定，裁定如下：

驳回中建七局第二建筑有限公司的再审申请。

审判长：汪军；审判员：王展飞、张爱珍；法官助理：魏佳钦；书记员：费斯嘉

二〇一八年八月三十日

专题三十五

建设工程价款优先受偿权行使期限的起算点，不应早于当事人之间约定的工程价款支付期限

——东方建设集团有限公司诉江苏多米诺塑胶制造有限公司、中国银行股份有限公司淮安分行建设工程施工合同纠纷案

【裁判观点】

从本案建设施工合同的签订和履行的实际情况来看，在涉案建设工程实际竣工之日起算满6个月的期限届满前，由于合同双方未完成工程决算，对工程总价款及需要支付的余款数额均未确定，施工方客观上尚不便主张支付剩余工程价款和行使建设工程价款优先受偿权。因此，认定建设工程价款优先受偿权行使期限的起算点，不应早于当事人之间约定的工程价款支付期限，符合《中华人民共和国合同法》第二百八十六条的立法本意。

中华人民共和国最高人民法院

民事裁定书

案号（2017）最高法民申356号

再审申请人（一审第三人、二审被上诉人）：中国银行股份有限公司淮安分行，住所地江苏省淮安市清河区淮海北路9号。

负责人：蔡陈军，该分行行长。

委托诉讼代理人：李爱军，该行工作人员。

委托诉讼代理人：袁仕祥，江苏兴宇律师事务所律师。

被申请人（一审原告、二审上诉人）：东方建设集团有限公司，住所地浙江省诸暨市暨阳街道环城东路728号。

法定代表人：斯友锋，该公司董事长。

被申请人（一审被告、二审被上诉人）：江苏多米诺塑胶制造有限公司，住所

地江苏省淮安经济技术开发区水渡口大道227号。

法定代表人：蔡善国，该公司董事长。

再审申请人中国银行股份有限公司淮安分行（以下简称中行淮安分行）因与被申请人东方建设集团有限公司（以下简称东方公司）、江苏多米诺塑胶制造有限公司（以下简称多米诺公司）建设工程施工合同纠纷一案，不服江苏省高级人民法院（2016）苏民终5号民事判决，向本院申请再审。本院依法组成合议庭进行了审查，现已审查终结。

中行淮安分行申请再审称，（一）原审判决认定的事实缺乏证据证明。1. 认定涉案工程总价款为5098.937668万元缺乏确实、充分的证据。东方公司起诉时是基于江苏华建工程项目管理咨询有限公司（以下简称华建公司）出具的《工程结算审定单》中载明的金额5098.937668万元，但在一审诉讼中该公司向法院出具书面声明，称其“结论数据尚未经过我公司内部复核与审查，并非我公司出具的最终咨询成果报告”。2. 认定尚欠工程款1173.937668万元同样缺乏充分证据，并与已有证据相冲突。（二）原审判决适用法律错误。《最高人民法院关于建设工程价款优先受偿权问题的批复》（法释〔2002〕16号）第4条明确规定“建设工程承包人行使优先权的期限为六个月，自建设工程竣工之日或者建设工程合同约定的竣工之日起计算”。二审判决却对此列举出两种规定，认为建设工程价款优先受偿权应从债权应受清偿时起算，实际上根据《中华人民共和国合同法》第二百八十六条规定，发包人未按照约定支付价款的，承包人可以催告发包人在合理期限内支付价款。发包人逾期不支付的，承包人才可主张工程款优先受偿权。本案中东方公司没有催告发包人，无权主张优先受偿权。（三）二审审理程序方面存在不当，诉讼费用承担不合理、不合法。原审上诉人东方公司在上诉状中明确认为工程款优先受偿权应在工程竣工后的6个月内行使，但是二审判决不采用东方公司和中行淮安分行共同的观点，自行创设一个理由应属审理程序不当。东方公司起诉和上诉均是基于2013年11月26日所谓主张优先权的《函》来主张本案工程款优先受偿权的，但该《函》经鉴定为假，二审判决中行淮安分行承担鉴定费4万元显属不当。（四）新证据证明东方公司有多枚印章，不能排除中行淮安分行持有的《建设工程施工合同》上东方公司签章的真实性。东方公司称多米诺公司提供给中行淮安分行的其与东方公司签订的《建设工程施工合同》上加盖的东方公司的印章不是东方公司的，但中行淮安分行可提供东方公司就涉案工程在有关部门备案材料上签章与东方公司自称的印章也不一致，由此可证明东方公司不止使用一枚印章。即东方公司没有证据排除中行淮安分行持有的《建设工程施工合同》上东方公司签章的真实性，进而证明东方公司以汇入的工程款超过其应得进度款，因而构成不当得利，故应予返还的理由不能成立。综上，本案符合《中华人民共和国民事诉讼法》第二百条第一、二、六项规定的情形，应予再审。

被申请人东方公司、多米诺公司未提交书面意见。

本院经审查认为，本案焦点问题是：（一）原审判决对于涉案建设工程的总价款和已付款数额认定是否正确；（二）东方公司对涉案建设工程未支付的剩余价款是否享有优先受偿权。

（一）关于原审判决对于涉案建设工程的总价款和已付款数额认定是否正确的问题。鉴于多米诺公司、东方公司作为涉案工程的建设方和施工方，对华建公司出具的《工程结算审定单》中审定的5098.937668万元工程总价款均予以认可，原审据此确认该数额为涉案建设工程总价款并无不当。关于多米诺公司已付工程价款数额，中行淮安分行主张，东方公司收到多米诺转款后向多米诺公司返还的1400万元，应计入已付工程款数额。本院认为，由于多米诺公司、东方公司均认可该1400万元未包含在已付工程款数额内，且相关转账记录证实该1400万元确于收款当日返还给了多米诺公司。在中行淮安分行没有证据证明东方公司、多米诺公司恶意串通的情形下，对多米诺公司、东方公司双方的自认行为应予确认，故中行淮安分行关于多米诺公司欠付东方公司的剩余工程价款应扣除东方公司已返还的1400万元的再审申请主张不能得到支持。

（二）关于东方公司对涉案建设工程未支付的剩余价款是否享有优先受偿权的问题。东方公司与多米诺公司之间签订的《建设工程施工合同》第26.2条约定，工程竣工并经有关部门进行验收达到合同规定的质量标准后工程价款应付至合同造价的85%，剩余工程款的95%到决算后支付。本案建设工程实际竣工日期为2013年7月11日，截止2014年1月30日多米诺公司已经支付合同约定的4444.2万元总价款中的3925万元，已经超过合同约定的进度款。工程决算于2014年12月5日完成，多米诺公司、东方公司共同确定工程总价款为5098.937668万元。东方公司于2014年12月18日起诉要求多米诺公司支付剩余工程价款并主张优先受偿权。本院认为，从本案建设施工合同的签订和履行的实际情况来看，在涉案建设工程实际竣工之日起算满6个月的期限（2014年1月11日）届满前，由于合同双方未完成工程决算，对工程总价款及需要支付的余款数额均未确定，东方公司客观上尚不便向多米诺公司主张支付剩余工程价款和行使建设工程价款优先受偿权。原审认为本案建设工程价款优先受偿权行使期限的起算点，不应早于当事人之间约定的工程价款支付期限，并依照《中华人民共和国合同法》第二百八十六条规定，认定东方公司行使建设工程剩余价款优先受偿权未超过期限并无不妥。

此外，中行淮安分行申请再审时虽陈述有“新证据”可以证明东方公司同时拥有多枚印章，但未明确提交该证据材料。本院经审查认为，即使中行淮安分行所主张的其持有的《建设工程施工合同》上东方公司的签章为真实，综合全案现有证据，亦不足以推翻原审判决。

综上，中行淮安分行的再审申请不符合《中华人民共和国民事诉讼法》第二百条第一、二、六项规定的情形。依照《中华人民共和国民事诉讼法》第二百零四条第一款、《最高人民法院关于适用〈中华人民共和国民事诉讼法〉的解释》第三百九十五条第二款规定，裁定如下：

驳回中国银行股份有限公司淮安分行的再审申请。

审判长：毛宜全；审判员：王展飞、张爱珍；法官助理：吴之翔；书记员：宋文天

二〇一七年五月二十六日

第七部分 商事合同

专题三十六

商事独家销售代理合同的认定及违约责任分担

——上海飞蕾科技有限公司诉富士医疗器材（上海）有限公司、富士胶片（中国）投资有限公司合同纠纷案

【裁判观点】

独家代理合同是当前商事活动中较为常见的代理关系，但如何认定独家代理合同的法律性质以及如何区分商事代理与普通民事代理之间的异同，在司法实践中并没有深入的探究及对比适用。独家代理合同不同于一般的民事代理，除具有民事代理的一般特征外，其在身份限制、期间限制、地域限制以及违约责任认定方面均有其特殊性。因此，在商事独家代理合同纠纷处理过程中，更应当强调当事人意思自治，严格遵守双方合同义务，并结合具体代理事项的特征来认定双方违约责任。

中华人民共和国最高人民法院

民事判决书

案号（2018）最高法民再82号

再审申请人（一审原告、二审上诉人）：上海飞蕾科技有限公司，住所地上海市浦东新区惠南镇沪南路9828号。

法定代表人：周蕾，该公司执行董事。

委托诉讼代理人：陶勇，上海宏仑宇君律师事务所律师。

委托诉讼代理人：朱莉，上海宏仑宇君律师事务所律师。

被申请人（一审被告、二审被上诉人）：富士医疗器材（上海）有限公司，住所地中国（上海）自由贸易试验区德堡路38号2幢楼三层309-20室。

法定代表人：饭山达男，该公司董事长。

委托诉讼代理人：陈某华，上海市袁圆律师事务所律师。

委托诉讼代理人：黄蓓，上海市袁圆律师事务所律师。

被申请人（一审被告、二审被上诉人）：富士胶片（中国）投资有限公司，住所地中国（上海）自由贸易试验区银城中路68号2801室。

法定代表人：太田雅弘，该公司董事长。

委托诉讼代理人：陈某华，上海市袁圆律师事务所律师。

委托诉讼代理人：黄蓓，上海市袁圆律师事务所律师。

再审申请人上海飞蕾科技有限公司（以下简称飞蕾公司）因与被申请人富士医疗器材（上海）有限公司（以下简称富士医疗公司）、富士胶片（中国）投资有限公司（以下简称富士胶片公司）合同纠纷一案，不服上海市高级人民法院（2017）沪民终47号民事判决，向本院申请再审。本院于2018年1月31日作出（2017）最高法民申3549号民事裁定，提审本案。本院依法组成合议庭，开庭审理了本案。再审申请人飞蕾公司的委托诉讼代理人陶勇、朱莉，被申请人富士医疗公司、富士胶片公司的共同委托诉讼代理人陈某华、黄蓓到庭参加诉讼。本案现已审理终结。

飞蕾公司申请再审称，原审判决存在《中华人民共和国民事诉讼法》第二百条第二项、第六项规定之情形，应予再审，请求：撤销原审判决，依法提审并改判支持飞蕾公司二审全部诉讼请求。主要事实与理由：

一、飞蕾公司与富士医疗公司于2008年2月4日签订的《大区总代理合同书》（以下简称《大区总代理合同》）法律性质为独家销售合同而非委托代理合同。从《大区总代理合同》的约定来看，双方交易模式为飞蕾公司向富士医疗公司下达订单并支付订单项下商品的全部对价，买断订单项下全部商品后再以自身名义另行向第三方进行销售的经销模式；而不是飞蕾公司作为富士医疗公司的代理人对外销售商品，销售完成后飞蕾公司将销售款项支付给富士医疗公司，富士医疗公司向飞蕾公司支付佣金报酬的代理模式。可见，诉争合同的本质应为销售合同而非委托代理合同。二审法院刻意回避这一重要的争议焦点，不当沿用一审法院关于诉争合同系委托合同的错误认定，并藉此不支持飞蕾公司可得利益的损失，显属错误，应当予以纠正。

二、二审法院认定上海恒博医疗科技有限公司（以下简称恒博公司）系富士医疗公司的一级代理（经销）商没有事实及法律依据，且二审法院刻意为富士医疗公司遮掩重大违约事实，显属错误，应当予以纠正。首先，在本案的一审、二审阶段，富士医疗公司均未提供任何证据证明恒博公司系富士医疗公司的一级代理（经销）商，亦未提供任何证据证明恒博公司所谓“一级代理（经销）商”的独家经销区域与飞蕾公司不重合，二审法院仅凭富士医疗公司单方陈述就认定恒博公司系富士医疗公司的一级代理（经销）商且独家经销区域与飞蕾公司不同没有任何依据。根据医疗器材销售行业的惯例，未经一级代理（经销）商同意擅自将一级代理（经销）商名下的二级代理（经销）商发展成一级代理（经销）商的行为是绝对不被允许的。富士医疗公司明知恒博公司系飞蕾公司二级代理（经销）商且其主要客户均分布在江、浙、沪及海南（以上区域均属于飞蕾公司的独家经销区域），仍然背着飞蕾公司与恒博公司交易，显然已经严重侵害了飞蕾公司的合法权益。根据上海市浦东新区人民法院向上海市浦东新区税务局调取的增值税发票信息看，2009 年 9 月起富士医疗公司就已经开始与恒博公司进行交易，且 2009 年 9 月至 2009 年 12 月期间富士医疗公司与恒博公司的交易金额已经超过人民币 1400 万元。二审法院刻意回避富士医疗公司在其声称恒博公司成为其一级代理（经销）商之前已经与恒博公司交易且交易金额特别巨大的事实，显然是为了替富士医疗公司遮掩其严重的违约行为，应当依法予以纠正。

三、二审法院认定富士医疗公司没有串货，显属错误。首先，为了保障大区独家经销商的利益，在独家经销区域内，富士医疗公司不得就飞蕾公司授权商品与飞蕾公司以外的任何第三方进行交易，否则势必会造成富士医疗公司与飞蕾公司之间的直接竞争，损害飞蕾公司的利益。其次，富士医疗公司直接越过飞蕾公司向恒博公司供货且供货数量如此巨大的行为具有明显的恶意。诉争合同中的“唯一销售”显然是指在独家经销区域内的“销售”行为，而不是指独家经销区域内的使用情况，按照医疗销售行业的惯例及通常的善意理解，富士医疗公司不应在独家经销区域内将授权商品销售给飞蕾公司以外的任何第三方，更不应销售给飞蕾公司下级经销商。再次，在医疗销售代理行业内的大区独家总经销商在开拓市场之初势必投入大量的人力、物力、财力，其利益具有长期性和排他性，故医疗销售行业非常重视大区独家总经销商利益的保护，禁止串货行为的发生。如富士医疗公司庭审中所陈述，富士医疗公司不了解相关商品的最终去向，故以所谓“最终用户”为标准界定串货与否，那么富士医疗公司根本不可能杜绝串货，也不可能维持相关销售体系的健康和稳定。只有着眼于“销售”环节，富士医疗公司才可能防止串货，相关大区独家经销商才能更好地主张权利，销售体系才能存续并健康发展。最后，根据《大区代理总合同》第五条第一款第十项的约定，该条款将富士医疗公司以外的其他公司、个人或团体在飞蕾公司独家经销区域内供货的行为归责为富士医疗公司违约。该条款限制对象并不是富士医疗公司，而是富士医疗公司以外的其他公司、个人或团体。鉴于富士医疗公司以外的其他公司、个人或团体在飞蕾公司独家经销区域内供货都视为富士医疗公司违约，富士医疗公司当然不能在飞蕾公司独家经销区域内向其以外的第三方供货。

四、二审法院认定飞蕾公司提供的损失证明依据与本案缺乏关联性，显属错误。本案系一起违约赔偿之诉，依据《中华人民共和国合同法》的规定，飞蕾公司既有权按照合同约定向富士医疗公司主张违约金，亦有权向富士医疗公司主张违约损失赔偿，故本案中飞蕾公司所提交的损失赔偿的依据当然与本案具有直接的关联性。另外，本案中飞蕾公司主张的损失包括既得利益损失和可得利益损失两部分。飞蕾公司主张的损失数据来源客观真实，数据完整，计算方法科学，与本案中飞蕾公司所主张的损失具有直接的关联性。

富士医疗公司、富士胶片公司辩称，一、本案诉争合同不论从形式还是从内容上看，都是典型的大区代理合同。首先，双方当事人签订的就是《大区总代理合同》，双方的法律关系性质从一开始就定位为代理，合同列明了代理的期限、销售目标、代理人与被代理人的权利义务，明显都是代理合同的表现形式，与包销没有任何关系。其次，双方所有的交易均是在签订《大区总代理合同》的基础上进行的，而不是飞蕾公司所谓的买断货物。双方交易流程是富士医疗公司在签订合同后向飞蕾公司签发《授权书》，飞蕾公司只能在《授权书》列明的代理区域内进行代理销售活动，并提供订货预测报告。飞蕾公司需要在订货前一个月发送订货清单，之后双方签订销售合同，富士医疗公司根据销售合同向飞蕾公司提供货物，飞蕾公司在约定的付款期限内支付货款。这是典型的代理销售模式。

二、富士医疗公司与恒博公司之间的一级代理销售关系并没有损害飞蕾公司的利益，飞蕾公司无权干涉富士医疗公司发展全国其他区域的大区代理商。飞蕾公司仅是富士医疗公司17个省市的大区代理商，并不是全国唯一代理商，恒博公司作为富士医疗公司其他区域销售代理商，与飞蕾公司的代理区域完全不同。诉争《大区总代理合同》及其他协议并没有限制恒博公司作为飞蕾公司二级经销商期间不能成为富士医疗公司其他区域的一级销售代理商。富士医疗公司开拓其他省份的销售渠道，发展其他一级代理商，没有义务向飞蕾公司汇报，更无需经过飞蕾公司同意。根据“谁主张，谁举证”的原则，富士医疗公司没有义务证明自己没有串货，而应当由飞蕾公司举证证明恒博公司将从富士医疗公司购买的产品销售到飞蕾公司代理区域内的医疗机构。

三、原审法院对富士医疗公司不存在串货的认定不存在任何错误。依据《大区总代理合同》第五条甲方义务第十项的约定，飞蕾公司主张的所谓串货的销售对象必须是用户或最终用户，而不是销售给其他的经销商就构成串货。飞蕾公司在本案原二审时曾当庭确认用户和最终用户指医院等医疗机构，且飞蕾公司与其他经销商签订的协议上均列明了各具体医院为用户。从双方合同约定以及医疗器材的特性来看，双方明确约定串货的销售对象必须是最终用户。飞蕾公司在原审提交的其与其他经销商签订的协议中均列明了最终购买用户，因此飞蕾公司应掌握其区域内医疗机构购买诉争产品的具体情况，如果存在串货事实，飞蕾公司完全有能力提供相关证据，但其始终未能提供，说明其根本没有富士医疗公司串货的证据。

四、在飞蕾公司无理拒不支付8300多万巨额货款的情况下，富士医疗公司有权依法解除合同，飞蕾公司根本无权向富士医疗公司与富士胶片公司主张因解除合同而造成的所谓损失。飞蕾公司提交的损失计算方法没有任何法律和事实依据，显然不应得到支持。飞蕾公司从2010年6月开始拖欠富士医疗公司货款，富士医疗公司依据合同约定及法律规定通知解除合同，无需承担解约赔偿责任。飞蕾公司依据一份2008年4月18日不成立的《之补充合同》（以下简称《4.18补充合同》）作为其长期不付货款并提起本案赔偿之诉的依据，理由不能成立。即便是富士医疗公司要承担赔偿责任，也应当依法依约进行赔偿，而不是漫天要价，用其所谓的收益率来主张损失。且飞蕾公司诉讼请求的金额不断变换，毫无逻辑可言，其始终没有提供一份与其计算损失相关的事实证据和法律依据，不应得到支持。

五、原审法院并不存在违反法律程序的问题，且飞蕾公司明知富士胶片公司并非本案诉争合同相对方，在没有任何事实和法律依据的情况下，飞蕾公司仍强行将富士胶片公司列为本案被告，存在滥用诉讼权利之嫌疑。综上，原审判决不存在《中华人民共和国民事诉讼法》第二百条第二项、第六项规定之情形，应驳回飞蕾公司的再审申请。

飞蕾公司向一审法院起诉称，富士医疗公司系日本富士胶片株式会社制造的医疗相关产品的销售公司，又系富士胶片公司的全资子公司。2005 年 4 月，飞蕾公司与富士医疗公司签订《地区总代理合同书》(以下简称《地区总代理合同》)，约定飞蕾公司向富士医疗公司购买相关医疗产品，并在上海、江苏、浙江、安徽、山西、湖北五省一市的区域内销售。飞蕾公司在上述区域内是富士医疗公司产品的唯一合法销售代理商，双方建立了具有独占性和唯一性特点的经销模式。2008 年 2 月 4 日，飞蕾公司与富士医疗公司签订《大区总代理合同》，在维持原有经销模式的同时，将飞蕾公司的独家销售代理区域进一步扩大至十一省一市，并明确富士医疗公司保持其相应耗材长期性的期限为 10 年，且合同中止后，合同有效期内的所有设备的耗材供应也必须以原有价格供应；双方约定销售目标为 4 年共 9 亿元；在富士医疗公司经营状况发生变化时，该责任将转移至富士医疗公司的母公司，并对解约条件进行了限制性约定。

2008 年 3 月 28 日，富士医疗公司要求飞蕾公司与其签订《补充合同》(以下简称《3.28 补充合同》)，由飞蕾公司额外采购货物，并约定双方任何一方违约，均须向对方以本合同所涉及的所有有效销售合同金额 200% 进行赔偿等。同年 4 月 18 日，飞蕾公司与富士医疗公司签订《4.18 补充合同》，该合同将飞蕾公司在合同续约期内的销售额指标从 9 亿元提高到 15 亿元，富士医疗公司有义务为飞蕾公司的采购准备充足的所有有效货品，若因富士医疗公司的直接或间接原因造成未能及时准备有效货品而造成飞蕾公司进货受阻，飞蕾公司有权延期支付给富士医疗公司的累计货款或其他债务款，不需要承担任何滞纳金直到富士医疗公司能稳定按照飞蕾公司的订货需求为止。《4.18 补充合同》还约定，富士医疗公司解除合同的唯一条件只能是飞蕾公司没有完成销售目标。富士医疗公司及富士体系在内的任何机构或个人未经飞蕾公司书面许可亦不得有任何针对商品的销售、投放、租赁或推广等行为。在代理合同有效期内，富士医疗公司不得单方面要求中止合同，若富士医疗公司通过各种手段有意或无意地阻碍飞蕾公司完成进货任务来意图阻止飞蕾公司执行合约或续约等情况均可视为富士医疗公司单方面违约，飞蕾公司有权索取解约赔偿金，赔偿金额为飞蕾公司从富士医疗公司进货金额的120%。

2009年2月20日，飞蕾公司与富士医疗公司又签订《富士医疗器材（上海）有限公司与上海飞蕾科技有限公司补充协议》（以下简称《2.20补充协议》），再次扩大了飞蕾公司作为唯一合法销售代理商的独占经销的指定地域范围，增加了华南区。

自2005年第一份独家经销合同签订后，飞蕾公司积极履行合同义务，迅速替富士医疗公司打开并扩大了市场。但富士医疗公司却开始不断地违反合同约定：首先，自2009年下半年起，富士医疗公司向飞蕾公司独家经销区域内的多家案外公司销售产品，将飞蕾公司的下级代理商变为自己的代理商，破坏代理合同所确立的经销模式。其次，对于飞蕾公司为完成销售目标提出的合理的产品进货要求，富士医疗公司以库存不足等各种理由制造障碍拒不供货。再次，在飞蕾公司行使合同约定和法律规定的抗辩权，要求在富士医疗公司稳定供货的情况下支付货款时，富士医疗公司擅自解除双方的独家经销合同。最后，在富士医疗公司擅自解约后，亦未按照合同约定保持飞蕾公司10年的耗材供应。富士医疗公司因此取代了飞蕾公司的市场地位，抢占了市场，使飞蕾公司为履行合同所花费的巨额投入失去意义，遭受损失。而为了逃避违约责任，富士医疗公司更于2010年6月10日与富士胶片公司联合发函，称从2010年7月1日至2010年10月1日，富士医疗公司部分与医疗产品相关的业务逐步并入富士胶片公司的医疗系统事业，恶意造成富士医疗公司歇业至今。富士医疗公司、富士胶片公司的违约行为，损害了飞蕾公司的合同权益，故富士医疗公司、富士胶片公司应向飞蕾公司承担赔偿责任。飞蕾公司诉讼请求为：1. 判令富士医疗公司、富士胶片公司共同支付违约金840955146元；2. 判令本案诉讼费由富士医疗公司、富士胶片公司负担。

富士医疗公司辩称：（一）双方《大区总代理合同》及补充合同等已经解除，

其无需赔偿飞蕾公司任何费用。飞蕾公司拖欠巨额货款未付，且利用伪造的《4.18补充合同》拒不履行付款义务，不提供准确合理的订货预测，导致富士医疗公司货源准备紧张，影响计划。飞蕾公司的违约行为导致《大区总代理合同》无法继续履行。富士医疗公司曾发函要求飞蕾公司履行合同义务，并给予一个月的履行期，但飞蕾公司到期仍未履行，故富士医疗公司有权解约。（二）关于串货问题。根据《大区总代理合同》约定，富士医疗公司与其他经销商的正常业务往来不属于串货。飞蕾公司并不是富士医疗公司的唯一代理商，富士医疗公司还有其他区域的代理商，飞蕾公司认为只要富士医疗公司与其他代理商签订合同就是串货的主张不能成立。飞蕾公司提供的富士医疗公司与其他代理商签订的合同，不能证明富士医疗公司存在串货行为。（三）飞蕾公司诉请依据的是《大区总代理合同》第五条，但该条款适用的是合同中止情形。现《大区总代理合同》已经解除，相应的合同条款也一并解除。在此情况下，飞蕾公司仍要求富士医疗公司继续提供涉案产品没有依据。《4.18补充合同》系伪造，飞蕾公司依据该伪造合同要求富士医疗公司承担违约责任缺乏依据。（四）飞蕾公司诉请金额和计算方式没有依据。如果飞蕾公司是依据串货来主张权利，那其应证明有串货事实的发生以及串货行为销售到最终用户的数量和价格。（五）本案没有出现合同中止的情形，故富士医疗公司无继续供货的义务，合同也没有约定如果富士医疗公司不继续供货应承担的责任。《4.18补充合同》第四条第二款是在双方都守约的情况下适用，如果在飞蕾公司拖欠八千余万元货款的情况下，富士医疗公司仍无权解除合同，该条款约定内容显然违反公平原则。飞蕾公司计算的赔偿金额都是其任意计算出来的，没有事实和法律依据。故请求驳回飞蕾公司的诉讼请求。

富士胶片公司辩称：2008年《大区总代理合同》的主体是飞蕾公司与富士医疗公司，富士胶片公司不是合同主体，飞蕾公司无权要求富士胶片公司承担连带责任。《大区总代理合同》第十五条和《4.18补充合同》第二条也均无法证明富士胶片公司应承担连带责任。飞蕾公司明知富士胶片公司与本案争议无关联，仍要求富士胶片公司承担连带责任，缺乏依据，故请求法院公正处理本案，维护其合法权益。

一审法院经审理查明，2005年4月2日，飞蕾公司与富士医疗公司签订《地区总代理合同》，双方就富士医疗公司负责销售的所有其母公司－FUJIFILM制造的医疗相关产品授予飞蕾公司在上海、江苏、浙江、安徽、山西、湖北五省一市的唯一合法销售代理权。合同有效期为自本合同签署之日起至2006年3月31日。

2008年2月4日，富士医疗公司（甲方）与飞蕾公司（乙方）签订《大区总代理合同》，约定乙方就甲方的数字化医疗相关产品所授予的唯一合法销售代理区域扩大至上海、江苏、浙江、安徽、山东、河南、河北、湖南、湖北、山西、陕西、辽宁十一省一市。合同第三条约定，由乙方销售的商品价格详见附件一，甲方有权可根据市场环境的变化变更本商品的供货价格。甲方向乙方交付本商品的条件为硬件设备乙方在收货后45个工作日内向甲方支付100%货款现金或以甲方（或甲方的外贸代理商）为受益人并确认的不可撤销的信用证；耗材类在乙方收货后的90日内向甲方支付100%的人民币货款。合同第四条约定，乙方自2008年4月1日起至2012年3月31日止的时间内，需达到本商品的以下销售目标：2008年向甲方进货额1.8亿元，之后逐年度提升15－20%，前一年如未完成则顺延入下一年度营业指标，总值为4年共9亿元，销售目标的达成与否是乙方能否在合同结束后继续取得代理商资格的必要条件之一。合同第五条甲方的义务约定，对于乙方的销售区域，甲方有义务保护其相应耗材（如IP套件、胶片等）供应的唯一性和长期性（拾年）。若双方由于任何原因而造成本合同的中止，对于在本合同有效期内的所有设备的耗材供应，甲方也必须以原有价格持续供应乙方，对于该些设备乙方仍然为唯一的合法耗材供应商。若出现未经乙方许可的公司或个人或其他团体向乙方的销售区域内的用户供应相应耗材，则乙方有权追究甲方责任，甲方须作出无条件赔偿，赔偿金额为最终用户购入相关设备、耗材价格的120%。乙方的义务和权利约定，若甲方要求，在每个月10日之前向甲方报告商品的前一月销售情况、库存情况以及未来3个月的销售情况预测，每月需完成销售目标。合同第八条约定，乙方只可在其销售区域内任命二级代理商。合同第十四条约定，1. 违约解约：一方违反本合同或者个别合同之条款，特别是不履行本合同第四条、第五条、第六条、第七条时，另一方以书面方式通知其在一个月内改正，但该方在该期间内不予改正的。2. 法律规定解约：陷入停止支付、不能支付的情况时。合同有效期为自本合同签署之日起至2012年4月1日。

2008年3月28日，飞蕾公司与富士医疗公司签订《3.28补充合同》，约定：飞蕾公司未在2008年3月31日前完成销售合同签署或未按各销售合同约定时间付款，将被视为违约。富士医疗公司未按合同内容中的承诺履行，即无论是富士医疗公司的供货生产厂方、直接上级母公司富士胶片公司，还是富士医疗公司本身及各级下属体系中的任何一方，存在于中国大陆地区的低价销售行为即构成富士医疗公司违约。双方任何一方违约，均须向对方以本合同所涉及的所有有效销售合同金额的200%进行赔偿等。

2009年2月20日，飞蕾公司与富士医疗公司签订《2.20补充协议》，约定自2008年2月4日起至2012年4月1日期间，飞蕾公司在上海市、江苏省、浙江省、安徽省、山东省、山西省、陕西省、河南省、河北省、湖北省、湖南省、辽宁省指定区域内作为富士医疗公司FUJIFILM数字化医疗相关产品的唯一合法销售代理商。富士医疗公司同意增加广东省、广西壮族自治区、海南省、江西省、福建省的指定区域授权飞蕾公司作为唯一合法销售代理商的指定地域范围等。同日，富士医疗公司向飞蕾公司出具授权书，授权飞蕾公司至2012年4月1日止在上海市、江苏省、浙江省、安徽省、山东省、山西省、陕西省、河南省、河北省、湖北省、湖南省、辽宁省、江西省、福建省、广西壮族自治区、广东省、海南省指定区域内作为FUJIFILM数码类医用产品及相关配件、耗材唯一合法的销售总代理商。

2010年6月10日，富士医疗公司、富士胶片公司向飞蕾公司发出《富士胶片(中国)投资有限公司将整合富士医疗器材（上海）有限公司医疗产品相关业务》，称为了FUJIFILM医疗产品在中国市场的进一步拓展，促进日本富士胶片株式会社在中国的集约化经营，提高整体运营效率，达成更大的成长目标，富士集团管理层决定，从2010年7月1日至2010年10月1日，将旗下全资子公司富士医疗公司的医疗产品相关的部分业务逐步并入富士胶片公司的医疗系统事业中。富士胶片公司将在2010年6月10日后在尽可能早的时间安排与飞蕾公司洽谈，并通报具体的业务过渡程序等。

2010年6月12日，富士医疗公司向飞蕾公司发出《有关产品价格变更的通知》，称根据双方2008年2月4日签订的《大区总代理合同》第三条第一款之约定，因有关产品成本上升和市场环境变化，富士医疗公司将于2010年6月12日起对通知附件所列的全部产品执行新的价格。富士医疗公司随附产品价格单一份。同日，飞蕾公司致富士医疗公司《关于延期支付累计货款的通知函》称，富士医疗公司自2009年12月起以各种理由削减飞蕾公司的正常订货数量，并且针对飞蕾公司反复要求的市场急需商品长期不予稳定供货。富士医疗公司还将相同产品提供给无权销售的其他公司，帮助其他公司在飞蕾公司的销售区域内串货，直接破坏飞蕾公司的销售体系。飞蕾公司决定，按照《4.18补充合同》约定暂时延期支付以往的累计货款。

2010年6月17日，富士医疗公司回函飞蕾公司，称飞蕾公司6月12日函中提到的对于市场急需产品不予稳定供货等说法严重不符合事实，特别是单方面擅自停止支付以往累计货款的行为违反了《大区总代理合同》。飞蕾公司不了解市场客户需求，没有按合同约定向富士医疗公司提供准确合理的订货预测，当月的实际订货量大大偏离或超过订货预测的数据，严重影响富士医疗公司的生产计划和库存计划，破坏了富士医疗公司在医院客户的品牌形象，给富士医疗公司造成了巨额经济损失。飞蕾公司长期以来拒绝按合同规定向富士医疗公司提供市场客户信息，拒绝提供每月向客户的销售数量、销售金额等销售信息，对实际订货量大大偏离或超过订货预测等异常情况，拒绝做出合理说明。但在此情况下，富士医疗公司本着客户第一的原则，把货值高于订货产品65%的高端产品按原订货产品的价格提供给飞蕾公司。飞蕾公司称富士医疗公司不予稳定供货等说法严重违背事实，单方面擅自停止支付以往累计货款的行为更是违反合同约定，要求飞蕾公司在2010年7月16日前一次性支付累计货款，否则富士医疗公司将解除合同。另鉴于飞蕾公司没有诚信的单方面违约行为，富士医疗公司从即日起停止向飞蕾公司提供合同范围内的任何产品并行使厂商固有的权利和职责。

2010年7月19日，富士医疗公司向飞蕾公司发出《解除及其相关补充协议的通知》，称富士医疗公司针对飞蕾公司无故拖欠货款严重违反《大区总代理合同》的行为已发函，但飞蕾公司仍未履行《大区总代理合同》第五条第二款项下承担的有关代理产品以及二级经销商的信息汇报义务，也未能在富士医疗公司通知要求的时间内纠正无故拖欠货款的违约行为。针对飞蕾公司未能在规定时限内纠正违约行为以及实质性履行相关合同义务的行为，富士医疗公司在此依据《大区总代理合同》第十四条的规定正式通知飞蕾公司：自收到通知之日起立即解除2008年2月4日签订的《大区总代理合同》及其相关补充协议，包括但不限于2008年3月28日签订的补充合同以及2009年2月20日签订的补充协议等。

另查明，2010年6月28日、8月6日富士医疗公司向上海市浦东新区人民法院提起诉讼，案号分别为（2010）浦民二（商）初字第1974、2445号，要求飞蕾公司支付自2010年3月15日起的累计货款64447690元。上海市浦东新区人民法院判决支持了富士医疗公司的货款诉讼请求，判决业已生效。

2011年1月，富士医疗公司向上海市浦东新区人民法院起诉飞蕾公司要求法院确认《4.18补充合同》无效，该案经过上海市浦东新区人民法院和上海市第一中级人民法院一、二审，上海市第一中级人民法院以（2012）沪一中民四（商）终字第528号民事判决书判决《4.18补充合同》不成立。对此，富士医疗公司向上海市高级人民法院申请再审，称对二审判决结果无异议，但其认为上海市第一中级人民法院认定《4.18补充合同》两页内容系由同一台打印机一次打印完成不存在第二页内容被事后更换的情况有误，申请再审要求法院对此进行鉴定。上海市高级人民法院于2012年12月26日以（2012）沪高民一（民）申字第1493号民事裁定书认为：上海市第一中级人民法院认定《4.18补充合同》两页内容系由同一台打印机一次打印完成、不存在第二页内容被事后更换的情况依据不充足，富士医疗公司提出的《4.18补充合同》第二页事后被更换的主张具有一定合理性。上海市高级人民法院鉴于上述事实争议并不直接影响上海市第一中级人民法院判决确认《4.18补充合同》不成立的结论，故对富士医疗公司申请再审的请求不予支持，驳回富士医疗公司的再审申请。飞蕾公司针对上海市第一中级人民法院的判决向上海市人民检察院提出监督申请，2013年3月4日，上海市人民检察院以上海市第一中级人民法院判决认定飞蕾公司举证未达优势程度，依据不足，致判决错误为由，遂作出沪检民抗（2013）9号民事抗诉书，向上海市高级人民法院提出抗诉。上海市高级人民法院于2013年3月26日作出（2013）沪高民二（商）抗字第3号民事裁定书，指令上海市第一中级人民法院对本案进行再审。上海市第一中级人民法院依法另行组成合议庭，案号为（2013）沪一中民四（商）再终字第7号，对案件进行了审理。上海市第一中级人民法院审理后认为，该案一、二审判决认定基本事实不清，故于2014年11月17日作出民事裁定书，撤销上海市第一中级人民法院（2012）沪一中民四（商）终字第528号民事判决及上海市浦东新区人民法院（2011）浦民二（商）初字第80号民事判决，将案件发回上海市浦东新区人民法院重审。

在上海市浦东新区人民法院重审中，法院依据当事人的申请，委托西南政法大学司法鉴定中心对《4.18补充合同》第1页上印章与文字形成顺序、第1、2页上打印文字是否同时期形成进行鉴定。上海市浦东新区人民法院依据西南政法大学司法鉴定中心出具西政司法鉴定中心（2015）鉴字1132号司法鉴定意见书及富士医疗公司新提供的证据，于2016年5月9日作出（2014）浦民二（商）再重字第1号民事判决，判决确认《4.18补充合同》不成立。飞蕾公司不服，向上海市第一中级人民法院提起上诉。上海市第一中级人民法院依法组成合议庭，案号为（2016）沪01民再65号。上海市第一中级人民法院经审理后认为，飞蕾公司举证了加盖双方公司印章的合同原件，但经司法鉴定机构多次鉴定确认，合同系先加盖富士医疗公司印章后打印文字形成，对此反常情形，徐某人（SHIGETOJO）虽对签约详细过程予以了解释，并称事后粗略地阅看过该合同文本，但先有印章后有文字的形成过程确非正常。针对诉争合同存在上述反常情形等，判决根据本案当事人提供的证据，从诉争合同落款布局反常、印章与文字排版的特征异常、徐某人（SHIGETOJO）、方某二人与飞蕾公司及其新老股东间亲戚关系或任职关系致使徐、方二人陈述证明效力较弱、诉争合同在双方纠纷发生前未曾被提及以及也未实际履行等多方面进行详尽地阐述，上海市第一中级人民法院对此均予以认可。《4.18补充合同》对富士医疗公司约定的义务、承担的责任与之前双方的约定有明显的变化，尤其增加了富士医疗公司的义务和限定了该公司的解约条件等。对此，飞蕾公司并未举证证明双方有进行磋商并逐步达成诉争协议的事实，对上述有明显变化的约定内容，在富士医疗公司先盖公章后打印文字的情况下，时任富士医疗公司总经理的徐某人（SHIGETOJO）、副总经理的方某也未有事后以书面形式确认该诉争合同的事实。上海市第一中级人民法院遂于2016年9月23日作出终审判决，判决驳回上诉，维持原判。

以上事实由2005年4月2日《地区总代理合同》、2008年2月4日《大区总代理合同》《3.28补充合同》《4.18补充合同》、2010年6月10日富士医疗公司发出的《富士胶片（中国）投资有限公司将整合富士医疗器材（上海）有限公司医疗产品相关业务》《2.20补充协议》、授权书、2010年6月12日富士医疗公司的《有关产品价格变更的通知》、2010年6月12日飞蕾公司的《关于延期支付累计货款的通知函》、2010年7月19日富士医疗公司的《解除及其相关补充协议的通知》、一审法院（2012）沪一中民四（商）终字第528号民事判决书、上海市高级人民法院（2012）沪高民一（民）申字第1493号民事裁定书、上海市人民检察院沪检民抗（2013）9号民事抗诉书、上海市浦东新区人民法院（2014）浦民二（商）再重字第1号民事判决书、一审法院（2016）沪01民再65号民事判决书等证明属实。

对于富士医疗公司是否存在串货、单方解除合同等违约行为，飞蕾公司提供如下证据：

（一）富士医疗公司授权案外人山东省曲阜市华仁技贸有限公司（以下简称华仁技贸公司）负责落实山东省济宁市微山县留庄卫生院相关富士医疗设备招投标项目的产品配置、报价、投标、销售等工作的授权书一份。飞蕾公司称该份授权书系富士医疗公司错寄至飞蕾公司处，欲证明富士医疗公司在飞蕾公司销售区域内存在擅自授权的违约行为。富士医疗公司、富士胶片公司对该份授权书的真实性没有异议，但称该份授权书系应飞蕾公司要求寄送给飞蕾公司，是飞蕾公司二级销售商销售所需的证明。

（二）《4.18补充合同》，欲证明解除《大区总代理合同》的唯一条件只能是飞蕾公司没有完成《大区总代理合同》第四条约定的销售目标。《4.18补充合同》还约定，若飞蕾公司在合约期内总计完成从富士医疗公司进货额达到或超过约定的9亿元，则飞蕾公司将无条件获得2012年4月1日起至2017年3月31日期间同等区域的总代理权。在此顺延的五年内，飞蕾公司须总计从富士医疗公司进货总金额15亿元，飞蕾公司权利不变。为了保障飞蕾公司在长期巨额投入后的回报，在代理合同的有效期内（若续约，则包括续约合同的有效期）富士医疗公司不得单方面要求中止合同，若富士医疗公司通过各种手段有意或无意地阻碍飞蕾公司完成进货任务来意图制止飞蕾公司执行合约或续约等情况均可视为富士医疗公司的单方面违约，飞蕾公司有权向富士医疗公司索取已向富士医疗公司累计进货金额120%的解约赔偿金。富士医疗公司、富士胶片公司对《4.18补充合同》的真实性不予认可，称当事人间未签订过该份补充合同。

（三）富士医疗公司向案外人恒博公司开具的部分增值税专用发票信息表、2009年至2010年6月期间富士医疗公司向恒博公司供货的部分合同，均欲证明富士医疗公司于2009年9月至2010年8月期间，未经飞蕾公司允许，擅自向飞蕾公司独家经销区域内的恒博公司销售涉案产品，损害飞蕾公司的独家经销权。

（四）富士医疗公司向上海区域其他公司开具的部分增值税专用发票信息表，欲证明上海区域内，富士医疗公司还向其他上海公司串货，损害飞蕾公司的独家经销权。

（五）上海市税务局发票网上查询结果（部分），欲证明上述证据中所列发票确为富士医疗公司向税务局购买的发票。

（六）增值税专用发票，欲证明恒博公司系飞蕾公司的二级经销商，向飞蕾公司购买涉案产品并从事销售工作。

富士医疗公司、富士胶片公司对证据三至证据六的真实性均不予认可，认为不能证明富士医疗公司存在串货行为。其中部分合同中显示黑龙江、内蒙古等销售区域不是飞蕾公司的代理区域。如果飞蕾公司要证明富士医疗公司存在串货行为，还应证明恒博公司与其他代理商将这些产品直接销售到飞蕾公司独家代理的区域内。

（七）涉税检举案件答复书，欲证明2009年10月至2010年6月富士医疗公司与恒博公司间不存在虚假交易情况。富士医疗公司、富士胶片公司对真实性没有异议，但认为答复书没有反映富士医疗公司与恒博公司间是否有其他业务往来，该答复书不能作为串货的证据。因举报人不是飞蕾公司，对飞蕾公司持有答复书的原件来源有异议。

（八）上海市工商局企业基本信息网上查询结果，欲证明富士医疗公司生产销售的全部产品均包括在《大区总代理合同》及相关补充协议独家经销的产品范围内。富士医疗公司向恒博公司销售了属于飞蕾公司独家经销的产品，属于串货违约行为。富士医疗公司、富士胶片公司对证据的真实性没有异议，但认为与本案无关。公司经营范围、生产产品与代理商的代理范围概念不同，飞蕾公司对代理的产品范围不能作任意扩大。

（九）胶片供片协议及协议书3份，欲证明恒博公司原系飞蕾公司的二级经销商，富士医疗公司将恒博公司变成其直接经销商，属违约串货行为。富士医疗公司、富士胶片公司对真实性不予认可，不同意证明内容，认为即使该些协议真实，不能证明飞蕾公司有损失。双方当事人间的合同也未约定飞蕾公司的二级经销商不能成为富士医疗公司的一级代理商，且恒博公司的代理区域是北京等区域。

（十）2010年3月9日，富士医疗公司向飞蕾公司发送的电子邮件及飞蕾公司的回信，欲证明飞蕾公司以邮件方式向富士医疗公司订货，邮件就是订货单，富士医疗公司收到订货邮件后应按要求备货和供货。富士医疗公司、富士胶片公司对邮件及回信的真实性没有异议，但不同意飞蕾公司的证明内容。双方间的交易并非飞蕾公司要多少货富士医疗公司就发多少货，飞蕾公司任意加大订购量，导致富士医疗公司库存紧张。但即便如此，富士医疗公司仍尽量满足飞蕾公司的要求。

（十一）2010年1月19日富士医疗公司发给飞蕾公司的电子邮件，欲证明飞蕾公司按约每月提供未来几个月的销售预测，并不断修正之前提供的销售预测。富士医疗公司、富士胶片公司对电子邮件的真实性无异议，认为该份邮件恰可以说明飞蕾公司应提早三至五个月向富士医疗公司提供销售预测，由于飞蕾公司预测不准，导致富士医疗公司备货紧张。

一审法院认证认为，证据一，《大区总代理合同》第八条约定，飞蕾公司只可在其销售区域内任命二级代理商。由此一审法院认为，二级代理商可由飞蕾公司自行任命，但合同未约定飞蕾公司可以向其二级代理商出具销售授权书。且按常理，二级代理商在销售涉案产品时，应当持有相应销售授权书，因此一审法院认可富士医疗公司对证据一出具原因的陈述。证据一不能证明飞蕾公司的待证事实，一审法院不予采纳。证据二《4.18补充合同》已由一审法院生效判决最终认定不成立，一审法院不予采纳。证据三至证据六中富士医疗公司与恒博公司间签订的部分合同载明产品销售至内蒙古××××等地，该些地区并非飞蕾公司的指定销售区域。二审中，飞蕾公司向一审法院申请开具调查令，调查发票开具情况以及除恒博公司以外的其他经销商情况。一审法院认为，仅凭增值税专用发票无法证明富士医疗公司向飞蕾公司的指定销售区域销售涉案产品，证据三至证据六无法证明富士医疗公司存在串货行为，一审法院均不予采纳，对飞蕾公司要求开具调查令的申请一审法院不予准许。同理，一审法院对证据七亦不予采纳。证据八仅能证明富士医疗公司的经营范围，不能证明富士医疗公司存在串货行为，一审法院不予采纳。证据九仅能证明恒博公司曾为飞蕾公司的二级代理商，富士医疗公司与恒博公司签订的合同的销售地区与飞蕾公司的指定代理区域不同，无法证明富士医疗公司存在串货行为，现无证据证明恒博公司成为富士医疗公司的一级代理商损害飞蕾公司的合法利益，因此证据九不能证明飞蕾公司的待证事实，一审法院不予采纳。证据十只能证明当事人间一次交易流程，尚不足以证明当事人间存在此交易惯例，无法证明飞蕾公司的待证事实，一审法院不予采纳。证据十一能够证明富士医疗公司要求飞蕾公司提供未来3个月的销售情况预测，但该证据不具有全面性，无法证明飞蕾公司按约定及时、持续向富士医疗公司提供销售情况预测，一审法院不予采纳。

富士医疗公司为证明其未实施串货行为，提供如下反驳证据：

（一）号码为01961652增值税专用发票、编号为FMSCCR09091002007产品订货单、2009年9月16日发货单、配置清单各一份；

（二）号码为02280585增值税专用发票、编号为FMSCCR10041002007产品订货单、2010年4月8日发货单及相应快递回执单各一份；

以上两份证据均欲证明富士医疗公司与其他经销商是正常业务往来，其他经销商从富士医疗公司处购买的产品均销售到飞蕾公司指定区域之外的省市，与本案无关。飞蕾公司对证据一、证据二的真实性无法确认，认为不能证明恒博公司从富士医疗公司处采购的产品销售给兰州医院，更无法证明产品的最终用户在飞蕾公司代理区域之外。富士医疗公司销售给恒博公司产品就反映了两公司间存在医疗器材的销售关系。两组证据能够证明恒博公司与富士医疗公司存在经销关系，可以印证飞蕾公司的主张。

（三）器材移交记录表一份，欲证明华仁技贸公司是飞蕾公司的下级经销商，富士医疗公司是基于飞蕾公司的要求向华仁技贸公司开具授权书以表明所售产品的合法来源。飞蕾公司对真实性无异议，但不能证明富士医疗公司向华仁技贸公司发出授权书是应飞蕾公司的要求。

一审法院认证认为，证据一和证据二中的订货单、发货单能够相互印证，证明恒博公司从富士医疗公司购买的商品被销往飞蕾公司指定代理区域以外的地区，富士医疗公司并不存在串货行为，一审法院均予以采纳。证据三的待证事实飞蕾公司已经确认，一审法院予以采纳。

飞蕾公司为证明其因富士医疗公司的违约行为所导致的损失，向一审法院提供如下证据：飞蕾公司与案外人间签订的医疗设备协议书、胶片供片协议、胶片合法供应确认书、飞蕾公司财务报表的审计报告，欲证明富士医疗公司的违约行为给飞蕾公司造成的损失达到2.7亿元。富士医疗公司、富士胶片公司对该组证据的真实性及关联性均不予认可，认为飞蕾公司只计算投入不计算收入的方法不正确，且从飞蕾公司的财务报表上看，利润达上千万，飞蕾公司所谓的损失已在当年全部收回。财务报表上亦反映飞蕾公司拖欠富士医疗公司八千余万元货款未付，构成违约。

一审法院认证认为，因《4.18补充合同》不成立，故飞蕾公司应依据《大区总代理合同》约定按最终用户购入相关设备、耗材价格的相应比例进行赔偿。一审法院审理期间，各方当事人均确认最终用户指的是医院。飞蕾公司提供的上述证据为其与其二级代理商之间的合同，没有医院购入数量、价格的相应证据，因此该些证据不能证明飞蕾公司的实际损失，一审法院均不予采纳。

根据上述被采纳的证据，一审法院认定双方有争议的事实如下：富士医疗公司应飞蕾公司的要求，向飞蕾公司的二级代理商华仁技贸公司出具授权书，授权该公司负责落实山东省济宁市微山县留庄卫生院富士CAPSULAX（CR－IR357）、DRYPIX2000计算机图象处理系统软件（CR－IR348CL）设备招投标项目的产品配置、报价、投标、销售等工作。授权有效期自2010年7月1日起至2010年9月30日止。

一审法院经审理认为，飞蕾公司与富士医疗公司间签订的《大区总代理合同》、补充合同、补充协议系当事人的真实意思表示，且于法无悖，对当事人均有约束力。飞蕾公司主张富士医疗公司在履约过程中存在串货、不按合同约定供货、擅自解除合同、不履行10年耗材供货义务四个方面的违约行为，造成其巨大损失。富士胶片公司知晓富士医疗公司的上述违约行为，还整合富士医疗公司医疗产品相关业务，恶意造成富士医疗公司歇业，故富士胶片公司对飞蕾公司的损失应与富士医疗公司共同承担赔偿责任。富士胶片公司与富士医疗公司则认为富士医疗公司不存在上述违约行为，富士胶片公司与飞蕾公司间不存在合同关系，不应承担责任。因此本案的争议焦点为：一、富士医疗公司是否存在飞蕾公司主张的上述四个方面的违约行为；二、富士胶片公司应否与富士医疗公司共同承担本案赔偿责任。

就争议焦点一，一审法院认为，1. 飞蕾公司主张富士医疗公司存在串货违约行为问题。首先，飞蕾公司主张富士医疗公司向华仁技贸公司出具授权书，授权该公司在飞蕾公司的指定代理区域内销售涉案产品，系串货行为。根据一审法院已查明的事实，华仁技贸公司是飞蕾公司的二级代理商，富士医疗公司系应飞蕾公司的要求出具了允许该公司销售涉案产品的授权证明文件，飞蕾公司该主张依据不足。其次，飞蕾公司还主张富士医疗公司在飞蕾公司指定代理区域内向恒博公司等多家上海公司销售涉案产品，系串货行为，其并提供富士医疗公司与恒博公司间签订的合同、增值税专用发票及飞蕾公司从网上查询的富士医疗公司对外开具的增值税专用发票相应信息等为证。对此一审法院认为，富士医疗公司销售给恒博公司的医疗产品系销往飞蕾公司指定代理区域外的其他地区，该销货行为并不损害飞蕾公司合同权利。飞蕾公司提供其他增值税发票信息既无销货单位，又无销售产品名称，难以证明与本案争议存在关联。飞蕾公司该主张依据不足。综上，一审法院对飞蕾公司就富士医疗公司存在串货行为的主张，不予采信。2. 飞蕾公司主张富士医疗公司未按约供货问题。《大区总代理合同》约定，飞蕾公司应向富士医疗公司报告涉案产品的销售情况、库存情况以及未来 3 个月的销售情况预测等。飞蕾公司提供的相应邮件不能证明飞蕾公司系按约每月 10 日前向富士医疗公司汇报；且一审法院注意到富士医疗公司也曾致函飞蕾公司，提出飞蕾公司未履行合同约定的该项义务。因此有可能存在因飞蕾公司未能及时给予富士医疗公司准确备货信息导致富士医疗公司不能按飞蕾公司要求供货的情形。同时，《大区总代理合同》还对飞蕾公司的付款期限作出了明确约定。富士医疗公司因飞蕾公司欠款不付，曾向上海市浦东新区人民法院两次提起诉讼，要求飞蕾公司支付合计六千余万元货款，而飞蕾公司对此的抗辩系以被生效判决判令不成立的《4.18 补充合同》为依据，该抗辩事由显然不能成立。富士医疗公司在飞蕾公司逾期付款情况下，也有权暂不供货。因此一审法院对飞蕾公司就富士医疗公司不按约供货的主张，不予采信。3. 飞蕾公司主张富士医疗公司擅自解除合同问题。《大区总代理合同》约定，飞蕾公司陷入停止支付、不能支付的情况时，富士医疗公司有权行使法律规定解约权，依据上海市浦东新区人民法院（2010）浦民二（商）初字第 1974 号、2445 号两份生效民事判决，飞蕾公司欠富士医疗公司六千余万元货款未付，富士医疗公司因此解除与飞蕾公司间的《大区总代理合同》、补充合同、补充协议，符合合同约定。飞蕾公司主张富士医疗公司擅自解约依据的仍为不成立的《4.18 补充合同》，其该主张不能成立。因此一审法院对飞蕾公司就富士医疗公司擅自解除合同的主张，不予采信。4. 飞蕾公司主张富士医疗公司不履行耗材10年供货义务问题。飞蕾公司认为《大区总代理合同》第五条约定中的“中止”系笔误，应为“终止”。对此一审法院认为，飞蕾公司作为富士医疗公司涉案产品指定区域内的独家代理销售商，其享有包括价格优惠等一系列权利。合同在中止的情况下，飞蕾公司独家代理销售商的身份不变，其仍享有合同约定的相应权利；但如果合同终止，签约双方的权利义务归于消灭，飞蕾公司独家代理销售商身份亦终止，合同原有价格对富士医疗公司已不具有约束力。由此分析，一审法院认为该条款约定的即为合同中止情形下的耗材供应情况，飞蕾公司主张适用于合同终止情形，依据不足。现《大区总代理合同》、补充合同、补充协议均已经解除，飞蕾公司仍要求富士医疗公司保持10年耗材供应，与合同约定不符。因此一审法院对飞蕾公司就富士医疗公司不履行耗材10年供货义务的主张，不予采信。

就第二个争议焦点，一审法院认为，从富士医疗公司与富士胶片公司致飞蕾公司函件内容可以看出，富士胶片公司整合了富士医疗公司医疗产品部分相关业务，而非全部业务；同时飞蕾公司也未举证证明该业务调整系富士医疗公司与富士胶片公司为逃避债务而恶意为之，因此飞蕾公司主张富士胶片公司与富士医疗公司共同承担赔偿责任，依据不足，一审法院不予采信。

综上所述，飞蕾公司的诉讼请求缺乏事实和法律依据，一审法院不予支持。据此，依照《中华人民共和国合同法》第六条、第八条、第九十三条第二款、第九十四条第（三）项的规定，判决：驳回飞蕾公司的全部诉讼请求。本案案件受理费4246576元、财产保全费5000元，均由飞蕾公司负担。

飞蕾公司不服一审判决，向上海市高级人民法院提起上诉，请求撤销一审判决，改判支持飞蕾公司一审全部诉讼请求，本案一、二审诉讼费用、财产保全费由富士医疗公司、富士胶片公司共同承担。飞蕾公司在二审庭审中变更上诉请求为：判令富士医疗公司、富士胶片公司共同向飞蕾公司支付赔偿金人民币383388609.70元。主要事实和理由为：（一）本案诉争合同的本质是具有包销性质的独家经销合同，富士医疗公司擅自将授权商品销售给飞蕾公司独家经销区域内的主体，违反合同约定和行业交易惯例，一审法院认定富士医疗公司不存在串货的违约事实，显属错误。（二）富士医疗公司违约在先，飞蕾公司暂停付款是依法行使法律规定的不安抗辩权，一审法院认定飞蕾公司拖欠货款在先，故富士医疗公司有权不供货，显属错误。（三）自2010年9月起，富士医疗公司将其主营的医疗器械销售业务转移至富士胶片公司，该行为具有明显的转移资产、逃避责任的性质，两者应当共同向飞蕾公司承担赔偿责任。（四）一审法院故意拖延送达诉讼文书、不允许飞蕾公司提交补充证据、拒绝接受飞蕾公司通过邮寄送达的证据、在出现新证据情况下拒绝再次开庭，程序严重违法。综上，一审判决认定事实不清，适用法律错误，程序严重违法，应当依法改判。

富士医疗公司、富士胶片公司共同辩称，（一）本案诉争合同不论从形式上还是从内容上看，都是典型销售代理合同，而非包销合同。根据合同约定，串货的销售对象必须是医院等医疗机构，富士医疗公司向其他经销商销售产品不构成串货。（二）在飞蕾公司拒不支付巨额货款的情况下，富士医疗公司依法有权解除合同，当然没有义务继续向飞蕾公司供货，飞蕾公司也无权向富士医疗公司主张可得利益损失。（三）飞蕾公司明知富士胶片公司不是诉争合同相对方，与本案争议无关，却仍旧将富士胶片公司列为被告，具有主观恶意。（四）飞蕾公司在举证期限已过，案件即将宣判之时再次变更诉讼请求，严重违反法律程序，一审法院不允许其变更诉请，程序上并不违法。综上，一审法院认定事实清楚，适用法律正确，不存在违反法定程序的情形，请求依法维持原判。

二审审理期间，飞蕾公司向二审法院提供了以下几组证据材料：1. 飞蕾公司进货价格表；2. 恒博公司向飞蕾公司订购耗材和非耗材的合同及发票；3. 富士医疗公司向恒博公司串货所开具的发票信息，上述证据旨在证明富士医疗公司与恒博公司之间的串货行为给飞蕾公司造成的损失共计79801027.68元。4. 稳定供货期间和不稳定供货期间，飞蕾公司向富士医疗公司订购的相关医疗产品发票，旨在证明《大区总代理合同》存续期间，富士医疗公司的违约行为给飞蕾公司造成的可得利益损失共计303587582元。5. 销售合同及发票，旨在证明飞蕾公司以与恒博公司之间的交易金额计算利润率的合理性。6. 上海市浦东新区人民法院（2015）浦民二（商）初字第2528号、2529号民事判决书，旨在证明富士医疗公司将货物卖给恒博公司具有明显恶意。

富士医疗公司、富士胶片公司共同质证认为，对证据1真实性没有异议，但是不能证明其主张；对证据2真实性不确认，不同意飞蕾公司的证明目的；证据3

的来源不合法，也不能证明富士医疗公司存在串货行为；上述证据均不属于二审新证据。对证据4真实性没有异议，但与飞蕾公司的证明目的无关，该证据恰恰表明富士医疗公司不存在不稳定供货的情况，富士医疗公司停止供货是因为飞蕾公司没有支付货款。对证据5的真实性不能确认，该证据与本案没有关联性，不同意飞蕾公司的证明目的。对证据6的真实性无异议，但上述两案审理对象与本案不同，不能证明飞蕾公司的主张。

对飞蕾公司提交的证据，二审法院将在以下对争议焦点的分析中，结合相关事实和证据一并予以认定。

二审法院经审理查明，一审法院认定事实正确，应予确认。

二审法院认为，根据双方当事人的诉辩意见，本案的争议主要涉及富士医疗公司在履约过程中是否存在串货的违约行为、富士医疗公司是否有权解除合同以及富士胶片公司是否应当向飞蕾公司承担赔偿责任。

关于富士医疗公司在履约过程中是否存在串货的行为。《大区总代理合同》第五条约定，对于飞蕾公司的销售区域，……若出现未经飞蕾公司许可的公司或个人或其他团体向飞蕾公司的销售区域内的用户供应相应耗材，则飞蕾公司有权追究富士医疗公司责任，富士医疗公司须作出无条件赔偿，赔偿金额为最终用户购入相关设备、耗材价格的120%。二审法院认为，所谓用户或最终用户应指对涉案产品进行实际使用的医院或医疗机构等，本案中，恒博公司既是飞蕾公司的二级销售商，也是富士医疗公司其他区域的销售代理商，因此，富士医疗公司向恒博公司销售涉案产品并不违反合同约定。况且，飞蕾公司并没有提供充分证据证明恒博公司将从富士医疗公司处购买的产品向飞蕾公司代理区域内的用户进行销售，相反，本案现有证据表明，恒博公司从富士医疗公司购入的产品系销往飞蕾公司代理区域之外的地区，因此，飞蕾公司主张富士医疗公司向恒博公司销售涉案产品即构成串货，依据不足，二审法院不予支持。飞蕾公司在二审期间提交的证据3、6，仅能证明富士医疗公司向恒博公司销售涉案产品，飞蕾公司以此主张富士医疗公司存在串货，依据不足，二审法院不予采信。鉴于飞蕾公司未能提供充分证据证明富士医疗公司存在串货等违约行为，故飞蕾公司要求富士医疗公司承担赔偿责任，没有事实依据，二审法院不予支持。飞蕾公司为证明其损失所提交证据1、2、4、5，与本案缺乏关联性，二审法院不予采信。

关于富士医疗公司是否有权解除合同。本案中，飞蕾公司拖欠富士医疗公司货款属实，根据《大区总代理合同》第十四条的约定，当飞蕾公司陷入停止支付、不能支付的情况时，富士医疗公司有权行使法律规定的解约权。富士医疗公司在发函要求飞蕾公司支付欠款未果的情况下，提出解除合同，并无不当。飞蕾公司关于富士医疗公司存在串货以及不再向飞蕾公司稳定供货等违约行为，其有权延期支付货款的意见，缺乏事实和合同依据，二审法院不予采信。

关于富士胶片公司的责任问题。本案中，富士胶片公司并非诉争合同当事人，富士胶片公司作为富士医疗公司的上级公司，从自身经营出发，将富士医疗公司的医疗产品相关业务逐步并入富士胶片公司，系正常的商业行为，飞蕾公司关于富士胶片公司和富士医疗公司的上述行为是为转移资产、逃避债务而恶意为之，二者应共同承担赔偿责任的主张，缺乏充分证据支持，二审法院不予采信。

关于飞蕾公司主张一审法院不接受飞蕾公司提交补充证据以及拒绝再次开庭，程序严重违法的问题，二审法院经审查认为，在本案恢复审理后，飞蕾公司向一审法院提交相关案件审理中发现的证据并申请重新开庭，该要求应属合理，一审法院在未对飞蕾公司的申请作出审查处理的情况下，即迳行对案件作出判决，程序上确有不妥。但鉴于二审期间二审法院已对飞蕾公司提交的证据进行了质证，且上述证据并不影响本案的实体处理结果，故二审法院对飞蕾公司的该项主张不予支持。

综上，二审法院认为，飞蕾公司的上诉请求缺乏事实和法律依据，二审法院不予支持。一审判决认定事实清楚，适用法律正确，应予维持。依据《中华人民共和国民事诉讼法》第一百七十条第一款第一项之规定，判决：驳回上诉，维持原判。本案二审案件受理费人民币1958743.05元，由飞蕾公司负担。

在本院再审本案期间，双方当事人进行了举证质证：1. 富士医疗公司提交其与恒博公司于2009年12月18日签订的《经销协议书》复印件的第1页、第10页、第11页以及所附《产品清单》复印件、《销售目标、定价及奖励》复印件，并称因涉及商业秘密故不予提供协议所缺第2－9页，以证明恒博公司是富士医疗公司其他区域的一级销售代理商；2. 富士医疗公司提交2009年9月至2010年7月富士医疗公司开具给恒博公司的部分增值税发票复印件及对应的订货单复印件，其中部分订货单显示产品销往飞蕾公司代理区域外，以证明富士医疗公司与恒博公司之间不存在串货行为；3. 富士医疗公司提交446份恒博公司在2009年12月14日至2010年7月30日期间开具的增值税发票复印件，以证明恒博公司购买的产品均销往飞蕾公司代理区域外。针对上述证据，飞蕾公司发表以下质证意见：1. 对《经销协议书》的真实性不予认可，并主张富士医疗公司故意隐藏了对其不利的合同内容，且该协议并无任何恒博公司为“唯一经销商”、“独家经销商”、“总经销商”、“一级经销商”等内容，不能证明恒博公司为一级经销商。此外合同成立的时间应以最后签约一方签署的时间为准，故即便该协议书真实，其成立日期应为2010年2月22日，更能确定富士医疗公司存在串货的事实；2. 对富士医疗公司开具给恒博公司的增值税发票及订货单，除与飞蕾公司提交的257份发票相吻合的认可外，其余真实性均不认可，且不能证明产品去向；3. 对恒博公司开具的增值税发票复印件真实性不予认可，且飞蕾公司主张串货的事实为富士医疗公司只要向恒博公司销售产品即构成串货，不认可富士医疗公司之证明目的。本院认证认为，富士医疗公司提交内容并不全面的《经销协议书》部分复印页，其以存在所谓商业秘密为由刻意隐藏协议大部分内容，这些缺页内容均应视为对其不利，且富士医疗公司签署合同的时间为2010年2月22日，真实性难以确认，对其证明目的不予认可；对于富士医疗公司开具的发票复印件及订货单复印件，其真实性亦难确认，且并不能证明恒博公司购买的全部产品均销往飞蕾公司代理区域外；对于恒博公司开具的发票复印件，亦无对应订货单，且恒博公司并未到庭进行质证，故对于该类证据复印件不予采信。

经本院再审审理，进一步认定以下事实：

一、关于本案之前富士医疗公司与飞蕾公司的合同签订情况

2005年4月2日，富士医疗公司（甲方）与飞蕾公司（乙方）签订《地区总代理合同》，约定：第一条签订本合同的目的：1. 甲方向乙方销售并交付本商品，乙方自甲方处购买本商品，并对其进行销售行为。第二条本合同所指的销售区域：1. 甲方承诺乙方全权代表甲方为本商品唯一合法销售代理的区域为上海市、江苏省、浙江省、安徽省、山西省、湖北省全省。第四条销售目标：乙方自2005年4月1日起至2006年3月31日止的时间内，需达到本商品的以下销售目标：每年至少销售65台FCR主机，75台DryPix干式胶片打印机。销售目标的达成与否是乙方能否取得代理商资格的必要条件之一。第十五条合同的延续：鉴于代理产品的

长期性，为了保护乙方为开拓市场所作出的大量投入，若乙方在2005年4月1日起至2006年3月31日止的时间内，达到本商品的以下销售目标：每年至少销售65台FCR主机，75台DryPix干式胶片打印机。则甲方必须延续乙方的代理合同两年，即获得2006年4月1日起至2008年3月31日止的时间内的同地区的总代理权，权利不变；若乙方在2005年4月1日起至2006年3月31日止的时间内，达到本商品的销售目标的125%，即：每年至少销售84台FCR主机，90台DryPix干式胶片打印机，则甲方必须延续乙方的代理合同五年，即获得2006年4月1日起至2011年3月31日止的时间内的同地区的总代理权，权利不变，若甲方的公司状况、行使职责、销售产品内容出现变化，则本合同的续约责任直接无条件转移至甲方的母公司、生产厂方－日本FUJIFILM公司。

本案审理过程中，双方一致认可2006年续签了书面代理合同，并一直履行代理关系至本案诉争合同，但双方均未提供2006年书面合同。双方确认2008年之前飞蕾公司按合同约定均完成了销售目标，且均不存在拖欠货款之情形。

二、关于本案富士医疗公司与飞蕾公司的合同签订及履行情况

1、2008年2月4日，富士医疗公司（甲方）与飞蕾公司（乙方）签订《大区总代理合同》，约定：第一条第1项，甲方向乙方销售并交付本商品，乙方自甲方处购买本商品，并对其进行销售行为。第二条，1. 甲方承诺乙方全权代表甲方为本商品唯一合法销售代理的区域为上海市、江苏省、浙江省、安徽省、山东省、山西省、陕西省、河南省、河北省、湖南省、湖北省、辽宁省全省。2. 鉴于乙方的强大销售能力，同时为了甲方更好、更快地开拓市场，甲乙双方协商后确立乙方可在上述范围以外的所有地区销售，但事先必须获得甲方当地销售主管书面许可。第五条第1项⑩，对于乙方的销售区域，甲方有义务保护其相应耗材（如IP套件、胶片等）供应的唯一性和长期性（拾年）。若双方由于任何原因而造成本合同的中止，对于在本合同有效期内的所有设备的耗材供应，甲方也必须以原有价格持续供应乙方，对于该些设备乙方仍然为唯一的合法耗材供应商。若出现未经乙方许可的公司或个人或其他团体向乙方的销售区域内的用户供应相应耗材，则乙方有权追究甲方责任，甲方须作出无条件赔偿，赔偿金额为最终用户购入相关设备、耗材价格的120%。第八条，乙方只可在其销售区域内任命二级代理商。第十五条，鉴于代理产品的长期性，为了保护乙方为开拓市场所作出的大量投入，

若乙方在合同有效期内，达到本商品的销售目标，则甲方必须延续乙方的代理合同五年，即获得2012年4月1日起至2017年3月31日止的时间内的同地区的总代理权，权利不变。若甲方的公司状况、行使职责、销售产品内容出现变化，则本合同的续约责任直接无条件转移至甲方的母公司、生产厂方－日本FUJIFILM公司。第十六条，甲方或者乙方，基于第十四条而解除本合同或个别合同，或者另一方违反本合同或个别合同的情况下，由此遭受的损害赔偿可以向另一方要求支付。

2.2008年3月28日，飞蕾公司（甲方）与富士医疗公司（乙方）签订《3.28补充合同》，载明：一、申明：本合同是甲乙双方于2008年2月4日签署的《大区总代理合同》的有效合法附件，与该合同具有同等法律效力及相同的有效时间。二、本合同背景：乙方为了要抓紧完成日本的H19年下半年的销售业绩指标，特别委托乙方的大区总代理－甲方，在2008年3月30日具体落实购货、进货任务。基于CR相关产品的市场容量急剧萎缩的实际情况，甲方表示正在严重关注由于CR相关产品市场萎缩后，有可能产生的市场上各品牌CR相关产品低价抛售的倾向和现实。为了打消甲方的顾虑，推动甲方在约定时间内订购乙方产品，签订本合同。三、合同内容：1.乙方对甲方承诺：对所有甲方曾买过设备，参照2008年代理合同中的价格，都不进行在中国大陆地区的低价销售行为。同时，在甲方存在FUJIFILM相关各类产品库存的情况下，无论是乙方的供货生产厂方－日本FUJIFILMCorporation，乙方直接上级母公司－富士胶片（中国）投资有限公司，还是乙方的本身及各级下属体系，都不进行在中国大陆地区的低价销售行为。……四、3.甲乙双方任何一方违约，均须向对方以本合同所涉及的所有有效销售合同金额的200%进行赔偿。

3.2008年4月18日，富士医疗公司（甲方）与飞蕾公司（乙方）签订《4.18补充合同》，约定：一、签约背景：在双方于2008年2月4日签署合同即《大区总代理合同》后，在实际操作中乙方却发现市场上的串货现象越发严重；同时甲方现有注册商品的种类有限，特别是缺乏市场急需的直接平板成像类放射产品，这些都严重阻碍了乙方在购入甲方货品后的再销售。……二、补充约定：……4.针对《大区总代理合同》的第十四条“合同解除”和第十五条“合同的延续”中内容进行调整，改为：要解除此《大区总代理合同》的唯一条件只能是乙方没有完成《大区总代理合同》的第四条所约定的“销售目标”。同时，若乙方在合约期内总计完成从甲方进货额达到或者超过了约定的九亿元人民币，则在《大区总代理合同》到期后乙方将无条件获得2012年4月1日起至2017年3月31日止的时间段内的同等区域的总代理权，在此顺延的五年内，乙方须完成整个续约期内总计从甲方采购进货总金额为人民币十五亿元整，乙方权利不变。届时甲方必须及时出具与之对应的授权书。为了保障乙方在长期巨额投入后的回报，在《大区总代理合同》的有效期内甲方不得单方面要求中止合同，若甲方通过各种手段有意或无意地阻碍乙方完成进货任务来意图制止乙方执行合约或续约等情况均可视为甲方的单方面违约，乙方有权向甲方索取解约赔偿金，甲乙双方共同认定的甲方须向乙方支付的解约赔偿金的金额为乙方累计从甲方的进货金额的120%，若遇甲方主体消失或破产，则赔偿支付将无条件转嫁至《大区总代理合同》中约定的甲方上级母公司。

2011年1月，富士医疗公司向上海市浦东新区人民法院起诉飞蕾公司要求法院确认《4.18补充合同》无效，该案经过上海市浦东新区人民法院和上海市第一中级人民法院一、二审，上海市第一中级人民法院以（2012）沪一中民四（商）终字第528号民事判决书判决《4.18补充合同》不成立。飞蕾公司针对该判决向上海市人民检察院提出监督申请，2013年3月4日，上海市人民检察院以该判决认定飞蕾公司举证未达优势程度，依据不足，致判决错误为由，遂作出沪检民抗（2013）9号民事抗诉书，向上海市高级人民法院提出抗诉。上海市高级人民法院于2013年3月26日作出（2013）沪高民二（商）抗字第3号民事裁定，指令上海市第一中级人民法院对本案进行再审。上海市第一中级人民法院以（2013）沪一中民四（商）再终字第7号裁定撤销（2012）沪一中民四（商）终字第528号民事判决及上海市浦东新区人民法院（2011）浦民二（商）初字第80号民事判决，将案件发回上海市浦东新区人民法院重审。上海市浦东新区人民法院重审，该院判决确认《4.18补充合同》不成立。飞蕾公司不服，向上海市第一中级人民法院提起上诉，该院以（2016）沪01民再65号判决驳回上诉，维持原判。

4.2009年2月20日，富士医疗公司（甲方）与飞蕾公司（乙方）签订《2.20补充协议》，约定：鉴于1.双方于2008年2月4日订立《大区总代理合同》，约定自2008年2月4日起至2012年4月1日期间，乙方在指定区域内作为

FUJIFILM 数字化医疗相关产品的唯一合法销售代理商。“指定区域”是指上海市、江苏省、浙江省、安徽省、山东省、山西省、陕西省、河南省、河北省、湖南省、湖北省、辽宁省。2008 年 3 月 1 日甲方向乙方颁发了关于 FUJIFILM 数码类医用产品的《授权书》。2. 双方于 2006 年 9 月 22 日订立《项目合作协议》，约定自 2006 年 9 月 22 日起至 2010 年 3 月 31 日期间，乙方在中国大陆区域内作为 FUJIFILM-SynapsePACS 产品的唯一合法销售代理商。2006 年 9 月 23 日甲方向乙方颁发了关于 FUJIFILMSynapsePACS 产品销售、安装实施和售后服务的《授权书》。补充协议进一步对上述《大区总代理合同》及《项目合作协议》内容进行了部分调整和确认，即增加华南区作为指定地域，确认本补充协议是《大区总代理合同》及《项目合作协议》内容的补充和确认，本补充协议中的未尽事宜，双方将继续按照《大区总代理合同》及《项目合作协议》执行。如果本补充协议和《大区总代理合同》及《项目合作协议》之间出现不一致或冲突，以本补充协议的规定为准。同日，富士医疗公司向飞蕾公司出具《授权书》，载明：我公司兹授权飞蕾公司在中国指定区域内作为 FUJIFILM 数码类医用产品及其相关配件、耗材唯一合法的销售总代理商。除指定区域外，富士医疗公司授权飞蕾公司为开放区域内的特约代理商（非唯一），进行上述产品的销售。

5. 根据飞蕾公司与富士医疗公司交易时富士医疗公司开具的增值税发票以及飞蕾公司销售产品过程中开具的增值税发票，显示在《大区总代理合同》存续期间，飞蕾公司共向富士医疗公司进货的总价款为 686585955 元。

三、飞蕾公司与恒博公司的交易情况

2008 年 2 月，恒博公司成为飞蕾公司的二级代理商，并开始从飞蕾公司购买本案诉争产品。2008 年 5 月 12 日，飞蕾公司与恒博公司签订《销售合同》，约定飞蕾公司向恒博公司出售富士 CR 及相机设备，合同设备内容详见附件，即为本案诉争产品的相应设备，合同设备价格为 32 万元，飞蕾公司出具了 32 万元的增值税发票。自 2008 年 2 月 27 日至 2010 年 1 月 21 日，飞蕾公司与恒博公司签订了 60 份关于耗材的销售合同，总金额为 329. 20 万元，飞蕾公司出具了 60 份增值税发票，总价款为 329. 20 万元。

四、关于富士医疗公司与恒博公司的交易往来情况

上海市浦东新区国家税务局出具的富士医疗公司（税号：31011577024137X）

发票存根明细显示恒博公司（税号：310104771495742）在2009年9月至2010年8月与富士医疗公司有257笔业务往来，涉及总金额为146423904元。富士医疗公司认可其与恒博公司在2009年9月开始有直接的销售关系，经过一段时间考察，双方于2009年12月签订正式的大区代理经销合同。富士医疗公司并未举证证明恒博公司自2009年12月起即为其大区代理经销商，亦未证明恒博公司向其购买的产品均销往飞蕾公司代理区域外。另，富士医疗公司称恒博公司至本案再审庭审时，仍然是富士医疗公司的大区代理经销商。

四、飞蕾公司与恒博公司代理产品的进货价比较

根据飞蕾公司提交的2010年6月12日起执行的产品价格单以及双方当庭陈述，飞蕾公司与恒博公司代理的产品基本相同，其中代理产品价格比较：CapsulaX，恒博公司进货价100000元一台，飞蕾公司120000元一台；CapsulaXL，恒博公司进货价122000元一台，飞蕾公司146400元一台；CapsulaXLCHINA，恒博公司进货价133000元一台，飞蕾公司159600元一台；XG－5000，恒博公司进货价210000元一台，飞蕾公司252000元一台；ProfectCS，恒博公司进货价355000元一台，飞蕾公司426000元一台；VelocityU，恒博公司进货价410000元一台，飞蕾公司492000元一台；VelocityT，恒博公司进货价610000元一台，飞蕾公司732000元一台；DRYPIX－20002T，恒博公司进货价40000元一台，飞蕾公司4800元一台；DRYPIX－40001T，恒博公司进货价60000元一台，飞蕾公司72000元一台；DRYPIX－70001T，恒博公司进货价80000元一台，飞蕾公司96000元一台；DRYPIX－70002T，恒博公司进货价85000元一台，飞蕾公司102000元一台；DRYPIX－70003T，恒博公司进货价90000元一台，飞蕾公司108000元一台。价格表中另有部分产品双方并未重叠，价格无法进行比较。富士医疗公司表示，恒博公司代理的富士医疗公司产品与飞蕾公司代理的产品大致相同，给予两家公司的标准销售价格基本相同，但因折扣、返利及地区等原因，在显示的单价中略有差异。

五、富士医疗公司、飞蕾公司与本案相关其他案件的审理情况

1. 富士医疗公司于2010年6月28日向上海市浦东新区人民法院起诉飞蕾公司，要求支付2010年3月15日至同年4月15日区间的货款共计15257345元。上海市浦东新区人民法院于2012年5月17日作出（2010）浦民二（商）初字第

1974号民事判决，判定飞蕾公司根据《4.18补充合同》约定来看，飞蕾公司抗辩具有一定合理性，但因富士医疗公司明确表示不再履行合同，飞蕾公司亦另行起诉要求富士医疗公司偿付违约赔偿金，故飞蕾公司抗辩的付款条件不可能再成就，故判决飞蕾公司支付上述货款。该判决已生效。

2. 富士医疗公司于2010年8月6日向上海市浦东新区人民法院起诉飞蕾公司，要求支付2010年3月25日至同年5月28日区间的货款共计49190345元。上海市浦东新区人民法院于2012年5月17日作出（2010）浦民二（商）初字第2445号判决，判定飞蕾公司根据《4.18补充合同》约定来看，飞蕾公司抗辩具有一定合理性，但因富士医疗公司明确表示不再履行合同，飞蕾公司亦另行起诉要求富士医疗公司偿付违约赔偿金，故飞蕾公司抗辩的付款条件不可能再成就，故判定飞蕾公司支付上述货款。该判决已生效。

3. 富士医疗公司于2015年6月25日向上海市浦东新区人民法院起诉飞蕾公司，要求支付货款延期履行滞纳金46732051.85元。上海市浦东新区人民法院于2016年12月30日作出（2015）浦民二（商）初字第2529号民事判决，认定富士医疗公司明知恒博公司注册地位于上海，一方面向飞蕾公司提供货物，一面却背着飞蕾公司与恒博公司发生多笔业务往来，故富士医疗公司违约在先，对于富士医疗公司的违约金诉请不予支持。富士医疗公司不服提起上诉，上海市第一中级人民法院于2017年6月20日作出（2017）沪01民终4339号民事判决，判定富士医疗公司与飞蕾公司并未约定不能在飞蕾公司指定区域发展其他代理商，只有发生向飞蕾公司销售区域用户供应耗材才构成串货，且无证据证明恒博公司将产品销往飞蕾公司指定区域内用户，故飞蕾公司主张富士医疗公司存在串货依据不足。即使富士医疗公司确有串货行为，亦应依法各自承担相应的违约责任，故改判飞蕾公司按年利率14.5%（以64447699元为本金，自2010年8月5日起算至实际支付日止）支付逾期付款违约金。

4. 富士医疗公司于2015年6月25日向上海市浦东新区人民法院起诉飞蕾公司，要求支付2010年5月、6月货款18957295元及延期履行滞纳金13360044.04元。上海市浦东新区人民法院于2016年12月30日作出（2015）浦民二（商）初字第2528号民事判决，认定双方合同关系事实上已经解除，飞蕾公司已经收到富士医疗公司提供的货物，应当支付货款。富士医疗公司明知恒博公司注册地位于上海，且系飞蕾公司的二级代理商，一方面向飞蕾公司提供货物，一面却背着飞蕾公司与恒博公司发生多笔业务往来，故富士医疗公司违约在先，对于富士医疗公司的违约金诉请不予支持。富士医疗公司不服提起上诉，上海市第一中级人民法院于2017年6月20日作出（2017）沪01民终4340号民事判决，认为富士医疗公司与飞蕾公司并未约定不能在飞蕾公司指定区域发展其他代理商，只有发生向飞蕾公司销售区域用户供应耗材才构成串货，且无证据证明恒博公司将产品销往飞蕾公司指定区域内用户，故飞蕾公司主张富士医疗公司存在串货依据不足。即使富士医疗公司确有串货行为，亦应依法各自承担相应的违约责任，故改判飞蕾公司按年利率14.5%（以18957295元为本金，自2010年9月6日起算至实际支付日止）支付逾期付款违约金。

5. 针对上海市第一中级人民法院（2017）沪01民终4339号民事判决及（2017）沪01民终4340号民事判决，飞蕾公司向上海市高级人民法院申请再审，上海市高级人民法院于2017年9月25日作出（2017）沪民申1895号、1896号民事裁定，认为富士医疗公司销售给恒博公司的医疗产品系销往飞蕾公司指定代理区域以外的其他地区，并未违反合同中关于飞蕾公司是富士医疗公司相关产品在约定区域内唯一合法销售代理商的约定，故均裁定驳回飞蕾公司再审申请。

6. 飞蕾公司于2017年9月6日向本院提出申请，要求将上海市高级人民法院（2017）沪民申1895号、1896号两案合并审查。

本院再审认为，本案争议的主要问题是：一、飞蕾公司与富士医疗公司之间的法律关系如何认定；二、富士医疗公司与飞蕾公司在履约过程中哪一方存在违约行为；三、富士医疗公司是否有权单方解除诉争合同；四、如富士医疗公司存在违约行为，飞蕾公司可以主张的违约损失如何认定；五、富士胶片公司是否应就富士医疗公司对飞蕾公司的违约赔偿承担连带责任。

一、关于飞蕾公司与富士医疗公司之间的法律关系如何认定的问题。飞蕾公司主张，《大区总代理合同》的法律性质为独家销售合同而非委托代理合同，富士医疗公司认为双方系委托代理合同关系。本院认为，从飞蕾公司与富士医疗公司签订的合同及履行情况来看，双方存在独家代理及销售合同的双重法律关系，应认定双方构成独家代理销售合同关系。

在独家代理销售合同关系中，首先体现的是独家代理关系。而就独家代理关系而言，除具备代理关系的一般特征外，还具有其独有特点：一是代理身份不得随意变更，签订独家代理合同后，对于代理一方的交易地位及相应权利应当具有稳定保障，任何一方不得随意解除代理合同；二是具有特定的地域性，独家代理通常会限定一定的区域，大可至一国甚至某洲的区域，小可仅限一省或一市范围，在限定区域内不得再有其他代理方；三是代理具有期限性，即独家代理一般会约定固定的代理期限，期限届满后可再续签合同；四是具有目标的明确性，独家代理合同通常给代理方设置一定的工作目标，完成目标方可续签代理合同；五是违约赔偿具有惩罚性，区别于普通代理，独家代理合同中一方违约会有明确的赔偿约定，且该约定带有一定的惩罚性；六是被代理人对代理人的对外行为不承担连带责任，即代理人与他人因履行合同产生的责任等，除产品责任外，被代理人并不承担其他责任，与一般代理之中本人应对受托人负责的特点并不相同。独家代理销售合同关系，还体现出销售合同关系之特点。而就销售合同关系而言，它是在独家代理关系的基础之上，在履行独家代理合同关系的过程中，双方根据销售目标及具体销售情况，分别另行签订每一具体销售合同，并据此销售合同进行具体结算。因此，双方销售合同关系的构建，实际是为履行双方独家代理合同的需要而签订，可谓独家代理合同关系的具体履行方式，亦为双方独家代理合同的结算方式。因此，在以上法律关系中，独家代理关系乃双方合同关系之基础，是双方合同履行之前提，是双方合同权利义务之基本框架所在；而销售合同关系明显仅具有附属性、随从性，仅为独家代理关系的具体履行方式，任何单份销售合同履行之瑕疵，均不影响到独家代理合同之效力。

本案之中，首先，从《大区总代理合同》的约定来看，双方不仅约定了飞蕾公司具体的代理销售产品、代理期限、代理销售目标、代理人与被代理人的各项权利义务等，双方在协议之中更是明确约定，飞蕾公司在特定区域内系富士医疗公司唯一的合法代理商，即便是富士医疗公司亦不得在指定区域内销售产品，除非是向飞蕾公司。因此，双方关系明显具有唯一性和排他性，即双方形成独家代理关系，这是本案双方关系与一般代理关系最为主要的差别所在。其次，双方在合同中多处约定违约责任以及解约责任条款，飞蕾公司的主要合同义务主要在于完成销售总目标，否则，不仅不能续约而且还将面临解约；鉴于富士医疗公司产品供应的主动地位，鉴于飞蕾公司代理商的被动地位，飞蕾公司所能获得的最为主要的保障在于独家代理销售之地位与身份，富士医疗公司显然不得破坏该代理销售的唯一性，更不得有任何低价销售行为以至于冲击飞蕾公司凭独家代理销售地位已经开拓或可能开拓之市场，故针对串货、低价销售等方面双方作出特别约定，且带有一定之惩罚性，这明显意在保障独家代理商飞蕾公司为开拓市场所可能付出的代价以及可能应得之利益不受到损害。最后，从双方履行合同的方式来看，飞蕾公司代理富士医疗公司出售医疗产品，但飞蕾公司并非从中收取代理费，而是通过买卖的方式从中赚取差价，飞蕾公司与富士医疗公司之间的每笔交易都另行签订销售合同，由飞蕾公司向富士医疗公司按照先进货后付款的方式结算货款。同时，对于飞蕾公司与其下级经销商之间关于履行过程中产生的纠纷，富士医疗公司并不承担合同责任。可见，飞蕾公司与富士医疗公司之间不仅形成独家代理关系，同时又兼具行纪销售之特点。因此，飞蕾公司与富士医疗公司之间形成独家代理销售之合同关系，属目前法律上之无名合同关系。原审法院将飞蕾公司与富士医疗公司之间的法律关系仅认定为委托代理关系不妥，本案案由总体应为合同纠纷。

二、关于富士医疗公司与飞蕾公司哪方存在违约行为的问题。本院认为，富士医疗公司在与飞蕾公司合同履行期间，越过飞蕾公司，向飞蕾公司的二级代理商恒博公司直接销售代理产品，甚至还采取低价之方式，明显违反独家代理销售之约定，明显构成违约。

（一）富士医疗公司向恒博公司销售产品，违反双方协议关于飞蕾公司独家代理销售之约定。本案《大区总代理合同》第二条约定："飞蕾公司全权代表富士医疗公司在指定区域内为本商品唯一合法销售代理。"第五条第一款第十项约定："富士医疗公司对于飞蕾公司的销售区域，有义务保护其相应耗材供应的唯一性和长期性。"《2.20 补充协议》鉴于部分第一条约定："双方于 2008 年 2 月 4 日订立《大区总代理合同》，约定自 2008 年 2 月 4 日起至 2012 年 4 月 1 日期间，飞蕾公司在指定区域内作为 FUJIFILM 数字化医疗相关产品的唯一合法销售代理商。"富士医疗公司出具给飞蕾公司的《授权书》亦载明："我公司（富士医疗公司）兹授权飞蕾公司在中国指定区域内作为 FUJIFILM 数码类医用产品及其相关配件、耗材唯一合法的销售总代理商。"根据上述约定及授权，飞蕾公司为富士医疗公司在指定区域内的唯一合法销售总代理商，该约定确立了指定区域内只能由飞蕾公司作为唯一合法销售代理商，不允许相关产品在指定区域内有其他的代理商。

根据上述双方合同约定，飞蕾公司在指定区域内为唯一合法销售代理商，富士医疗公司必须保证飞蕾公司在该区域内销售产品的唯一性。根据本案各方提交证据与陈述，恒博公司自2008年2月起即为飞蕾公司的二级销售代理商，富士医疗公司对此亦不否认。但富士医疗公司却越过飞蕾公司向恒博公司销售产品。根据原审即已查明之事实，富士医疗公司从2009年9月起即向恒博公司销售产品。根据上海市浦东新区国家税务局出具的富士医疗公司（税号：31011577024137X）发票存根明细，其中显示恒博公司（税号：310104771495742）在2009年9月至2010年8月与富士医疗公司共有257笔业务往来，涉及总金额高达146423904元。以上2009年9月至2010年8月期间，正处飞蕾公司与富士医疗公司独家代理销售合约期内，且恒博公司注册地又位于上海，明显属于飞蕾公司独家代理销售区域，尤其是恒博公司系飞蕾公司发展起来的二级代理经销商，就代理销售体系而言，富士医疗公司显然不得越过飞蕾公司向恒博公司销售产品，否则，当然属于通常所谓之“串货”行为，即供货商越过独家代理商向该代理商之下家直销产品，如此，当然违反双方关于独家代理区域供货对象唯一性、特定性之特别约定，独家代理之销售体系必然遭到破坏，独家代理之合约必然难以维系，富士医疗公司对如此金额之“串货”违约行为，均必须承担全部违约责任。

即便根据富士医疗公司提供的《经销协议书》来看，即便该存在缺页协议之真实性成立，富士医疗公司最后签署的时间亦为2010年2月22日，则在此之前其向恒博公司直接销售代理产品即已经构成违约，已经存在串货行为；并且，富士医疗公司将原本属于飞蕾公司的二级代理经销商恒博公司直接设为一级销售代理商，在原本属于飞蕾公司独家代理销售之区域又与恒博公司直接建立代理销售关系，并之后直接向恒博公司销售产品，亦实质违反双方关于飞蕾公司系代理区域唯一合法代理商的基本约定。

（二）富士医疗公司并未充分举证证明恒博公司将产品均销往飞蕾公司代理区域以外。《大区总代理合同》第五条第一款第十项约定：“对于乙方（飞蕾公司）的销售区域，甲方（富士医疗公司）有义务保护其相应耗材（如IP套件、胶片等）供应的唯一性和长期性（拾年）。若双方由于任何原因而造成本合同的中止，对于在本合同有效期内的所有设备的耗材供应，甲方也必须以原有价格持续供应乙方，对于该些设备乙方仍然为唯一的合法耗材供应商。若出现未经乙方许可的公司或个人或其他团体向乙方的销售区域内的用户供应相应耗材，则乙方有权追究甲方责任，甲方须作出无条件赔偿，赔偿金额为最终用户购入相关设备、耗材价格的120%。”对于该条的理解，富士医疗公司主张用户应是指产品的最终使用客户，而不能理解为代理商。前文已经认定，富士医疗公司越过飞蕾公司将产品销售给飞蕾公司的二级代理商恒博公司即已违反双方关于飞蕾公司为独家代理销售的特别约定，这是认定富士医疗公司构成串货违约的根本所在。即便富士医疗公司援引以上条款进行抗辩，在飞蕾公司已经于原审举证证明富士医疗公司与恒博公司发生257笔业务往来、涉及代理产品销售总金额为146423904元的情形下，根据举证责任规则，因恒博公司系与富士医疗公司发生销售及代理关系，且又系富士医疗公司提出该项抗辩主张，此时富士医疗公司即应按照其抗辩主张举证证明恒博公司产品的最终用户情况。

但原审过程中，富士医疗公司仅提供了其与恒博公司的两份增值税专用发票，涉及金额仅为38376元，原审法院即据此认定恒博公司与富士医疗公司总金额为146423904元的全部产品均销往飞蕾公司代理区域外，此属证据采信明显不当。富士医疗公司于原审之中，原本即应承担举证不能的法律后果。本院就本案再审审查过程中，曾令富士医疗公司进一步就此举证，但富士医疗公司仍不予提供。本院就本案再审审理过程中，经合议庭再次释明，富士医疗公司提交了其与恒博公司之间的部分销售合同，实际进一步印证了其在与飞蕾公司合约期内确实越过飞蕾公司向恒博公司串货销售之事实；富士医疗公司还提交了其与恒博公司之间的部分订货合同，虽显示产品有销往飞蕾公司代理区域范围以外之情形，但涉及金额较少，且大部分订货合同亦无法显示产品最终销往区域，更无法证实以上其与恒博公司257笔业务往来均为销往飞蕾公司之代理区域外，并所提交之全部订货合同均为复印件，飞蕾公司亦不予认可。另，富士医疗公司提交的恒博公司发票亦均为复印件，飞蕾公司对此亦不认可，且涉及金额亦不能反映其与恒博公司以上发生的146423904元销售总金额的全部情况，故富士医疗公司提交的以上证据均不能证明其抗辩主张。《最高人民法院关于适用〈中华人民共和国民事诉讼法〉的解释》第一百一十二条规定：“书证在对方当事人控制之下的，承担举证证明责任的当事人可以在举证期限届满前书面申请人民法院责令对方当事人提交。申请理由成立的，人民法院应当责令对方当事人提交，因提交书证所产生的费用，由申请人负担。对方当事人无正当理由拒不提交的，人民法院可以认定申请人所主张的书证内容为真实。”飞蕾公司在原审法院已申请调取涉及恒博公司的相关证据，原审法院未予准许，本院再审审理过程中，本院要求富士医疗公司提交相关证据，但富士医疗公司亦仅提供极少部分销售合同，并称其他合同未能找到，甚至以涉及商业秘密为由不予提供，在飞蕾公司已经独家代理富士医疗公司产品多年之情形下，富士医疗公司却以其与恒博公司代理商之间的合约等涉及商业秘密而不予提供，甚至提供缺页协议等，富士医疗公司的以上理由显然难以成立。因此，对于富士医疗公司关于以最终销售区域认定是否串货违约的主张，本院不予采信。

（三）富士医疗公司以低价向恒博公司销售产品构成违约。《3.28 补充合同》第三条第一款约定：“乙方（富士医疗公司）对甲方（飞蕾公司）承诺：对所有甲方曾买过设备，参照 2008 年代理合同中的价格，都不进行在中国大陆地区的低价销售行为；同时，在甲方存在 FUJIFILM 相关各类产品库存的情况下，无论是乙方的供货生产厂方－日本 FUJIFILMCorporation，乙方直接上级母公司－富士胶片（中国）投资有限公司，还是乙方的本身及各级下属体系，都不进行在中国大陆地区的低价销售行为。”第四条第二项“乙方违约”中进一步约定，富士医疗公司及相关联公司存在了在中国大陆地区低价销售行为，富士医疗公司违约。根据飞蕾公司提交的 2010 年 6 月 12 日起执行的产品价格单以及各方当庭陈述，飞蕾公司与恒博公司代理的产品基本相同，其中部分代理产品价格比较来看：CapsulaX，恒博公司进货价 100000 元一台，飞蕾公司 120000 元一台；CapsulaXL，恒博公司进货价 122000 元一台，飞蕾公司 146400 元一台；CapsulaXLCHINA，恒博公司进货价 133000 元一台，飞蕾公司 159600 元一台；XG－5000，恒博公司进货价 210000 元一台，飞蕾公司 252000 元一台；ProfectCS，恒博公司进货价 355000 元一台，飞蕾公司 426000 元一台；VelocityU，恒博公司进货价 410000 元一台，飞蕾公司 492000 元一台；VelocityT，恒博公司进货价 610000 元一台，飞蕾公司 732000 元一台；DRYPIX－20002T，恒博公司进货价 40000 元一台，飞蕾公司 4800 元一台；DRYPIX－40001T，恒博公司进货价 60000 元一台，飞蕾公司 72000 元一台；DRYPIX－70001T，恒博公司进货价 80000 元一台，飞蕾公司 96000 元一台；

DRYPIX－70002T，恒博公司进货价85000元一台，飞蕾公司102000元一台；DRYPIX－70003T，恒博公司进货价90000元一台，飞蕾公司108000元一台。由此可见，恒博公司拿到上述产品的价格明显低于飞蕾公司进货的价格，虽然富士医疗公司称因地域、折扣、返利等原因价格会有所不同，但同时期内相同产品向不同代理商采取明显差价销售的做法，尤其是对长期独家代理商飞蕾公司高价供货，对原本飞蕾公司发展起来的二级代理商却低价供货，这显然属于低价销售的恶意行为；尤其是，所涉低价销售产品均为机器设备类，对于产品代理市场的开拓与挤压均有最为重要的关联度，因为设备进入用户后，相关耗材供应必然会配套跟上，所以，富士医疗公司向恒博公司低价销售机器设备产品的行为，必然会严重冲击到飞蕾公司的独家代理销售合同关系，同样属于严重违反双方合约的违约行为。

综上所述，富士医疗公司在确立飞蕾公司为相关指定区域内的唯一合法代理商后，不仅向与飞蕾公司同处上海地域的且属于飞蕾公司的二级代理商恒博公司出售产品，甚至还将恒博公司升级为一级大区代理商，且同时又存在低价销售行为，富士医疗公司之违约行为十分明显，富士医疗公司必须对其违约行为承担责任。

三、关于富士医疗公司是否有权单方解除诉争合同的问题。本院认为，富士医疗公司存在先行违约情形下，飞蕾公司要求延期支付货款，并不构成违约，富士医疗公司以飞蕾公司延期付款为由单方通知解除合同并停止供应耗材，构成根本违约。

（一）飞蕾公司要求延期支付货款，系因富士医疗公司违约在先，飞蕾公司依法对此提出合理抗辩，并不构成违约。如前所述，富士医疗公司在合同履行过程中存在串货、低价销售等违约行为，飞蕾公司在获知富士医疗公司存在串货、低价销售并擅自抬高飞蕾公司产品进价等情况下，向富士医疗公司提出暂缓支付货款的通知，是维护自身合法利益的有效抗辩，系对富士医疗公司违约行为的合理交涉，亦是对自身独家代理销售权益的正当维护。飞蕾公司请求延期支付货款，系希望富士医疗公司停止串货、保障供货等正当目的，并未表示拒付货款，且并未侵害富士医疗公司合法权益，并不违反法律规定。

（二）飞蕾公司按照合同依据要求延期付款，并不存在违约恶意。根据

《4.18补充合同》第二条第三款约定，富士医疗公司有义务为飞蕾公司的采购准备充足的所有有效货品，若因富士医疗公司的直接或间接原因造成未能及时准备有效货品而造成进货受阻，飞蕾公司有权延期支付累计货款或其他债务款，并且不需要承担任何滞纳金直至富士医疗公司能稳定按照飞蕾公司的订货需求为止。飞蕾公司系依照《4.18补充合同》条款发出通知函，虽然《4.18补充合同》后被生效判决认定为不成立，但当时该合同效力并未被否定，且富士医疗公司针对飞蕾公司的通知在复函时仅对未按时供货提出反驳，并未即时提出《4.18补充合同》的效力问题，更未提出《4.18补充合同》不存在或虚假之事实问题，因此飞蕾公司提出延期付款，亦有合同上的事实依据，并不具有违约故意，属于依约正当抗辩之行为。

（三）飞蕾公司出具要求延期付款的通知时，货款尚未到支付期限，因此飞蕾公司要求延期付款时亦未违约。根据查明的事实，2010年3月15日至同年4月15日区间，飞蕾公司与富士医疗公司签订《销售合同》16份，货款共计15257345元；2010年3月25日至同年5月28日区间，飞蕾公司与富士医疗公司签订《销售合同》57份，货款共计49190345元，付款条件均为收到货物之日起90天内。可见，飞蕾公司支付累计货款的时间应为2010年7月15日及2010年8月28日。从富士医疗公司的复函也能看出，富士医疗公司要求飞蕾公司于2010年7月16日之前一次性立即偿还所有累计货款，可见飞蕾公司在2010年6月12日发函要求延期支付未到期货款，当时并未违约。而富士医疗公司却于2010年6月28日即提起要求飞蕾公司支付货款的诉讼，虽然法院判定飞蕾公司支付货款，但裁判理由认为：飞蕾公司根据《4.18补充合同》约定来看，飞蕾公司抗辩具有一定合理性，但因富士医疗公司明确表示不再履行合同，飞蕾公司亦另行起诉要求富士医疗公司偿付违约赔偿金，故飞蕾公司抗辩的付款条件不可能再成就，飞蕾公司应当支付上述货款。可见，法院判定飞蕾公司支付货款，并非因为飞蕾公司违约，而是因富士医疗公司明确不再履行合同，在合同不能履行且飞蕾公司已经另行起诉违约赔偿情形下，飞蕾公司欠付的货款应当支付。

（四）从双方合同历史履行情况及一般常理来看，飞蕾公司没有故意延期支付货款的动机与目的。飞蕾公司自2005年代理销售富士医疗公司产品以来，至本案发生前从未有拖欠货款的行为，一直严格按照双方合同约定及时支付货款，并不存在拖欠任何货款的先例。从常理来看，飞蕾公司作为富士医疗公司产品市场的开拓者，代理区域不断扩大，其耗材供应已经形成稳定的利润来源，诚如富士医疗公司所言，飞蕾公司一直想继续作为产品的代理商。在这种情况下，飞蕾公司亦没有任何理由突然违约拖欠货款，这显然并非理性商业经营者的合理选择，亦不符合一般的商业交易惯例，与常理亦不相符。

（五）富士医疗公司在自身存在明显违约情形下，单方解除独家代理销售合同，构成根本违约，应当承担根本违约责任。富士医疗公司在先行存在串货、低价销售等违约行为情形下，不仅对飞蕾公司要求停止串货并保证供货的正常请求不予理会，还直接发函解除双方的代理销售合同，违反双方合同约定及法律规定。富士医疗公司作为违约方，在飞蕾公司对合同履行提出正当抗辩情形下，无权单方解除合同。现因富士医疗公司单方宣布解除合同导致合同无法履行或再续履行，富士医疗公司应当承担全部违约责任，并对飞蕾公司相关损失予以赔偿。

（六）富士医疗公司在通知飞蕾公司解除合同时即停止耗材供应，亦违反合同约定。根据《大区总代理合同》第五条第一款第十项约定："对于乙方（飞蕾公司）的销售区域，甲方（富士医疗公司）有义务保护其相应耗材（如IP套件、胶片等）供应的唯一性和长期性（拾年）；若双方由于任何原因而造成本合同的中止，对于在本合同有效期内的所有设备的耗材供应，甲方也必须以原有价格持续供应乙方，对于该些设备乙方仍然为唯一的合法耗材供应商。"按照通常商业惯例，尤其是医疗设备行业，保持耗材的稳定供应，乃最为基本的商业要求，因此上述条款中的"中止"应当理解为"终止"，即在双方合同解除而终止情形下，对于已出卖设备的相应耗材也应当保证供应。如果按照原审法院理解的"中止"只是指合同暂缓履行之情形，则首先合同履行过程中合同中止或所谓暂缓履行的很少出现，此类约定实际上并无太大意义；其次，仅仅在合同中止时才保证耗材之供应，明显违背双方真实意思表示，与医疗产品采购供应的实际情况明显不符，对于从飞蕾公司采购富士系列医疗设备的医院来说，若无后续耗材供应无疑也会带来相应损失；最后，特殊行业对于耗材供应的特殊规定系一般商业惯例，原审法院认定合同暂缓中止时才保证耗材供应，明显违背一般常理。因此，富士医疗公司在向飞蕾公司延期付款通知回函时同时决定立即停止耗材供应，亦明显违反合同约定。虽然飞蕾公司在本案再审中不再向富士医疗公司主张该项违约赔偿，但并不能否定富士医疗公司在停止耗材供应方面同样存在违约的客观事实。

四、关于飞蕾公司损失如何认定的问题。《中华人民共和国合同法》第一百零七条规定：“当事人一方不履行合同义务或者履行合同义务不符合约定的，应当承担继续履行、采取补救措施或者赔偿损失等违约责任。”富士医疗公司在履行合同义务原本存在违约情形下，后又直接通过单方解除合同的方式拒不履行合同义务，致使本案合同根本不能履行，应当承担赔偿损失之违约责任。

《中华人民共和国合同法》第一百一十三条规定：“当事人一方不履行合同义务或者履行合同义务不符合约定，给对方造成损失的，损失赔偿额应当相当于因违约所造成的损失，包括合同履行后可以获得的利益，但不得超过违反合同一方订立合同时预见到或者应当预见到的因违反合同可能造成的损失。”本案中，飞蕾公司主张富士医疗公司应当赔偿违约金383388609.70元，包括富士医疗公司违约造成的实际损失与可得利益损失两部分。根据双方合同履行情况，飞蕾公司的实际损失系指富士医疗公司在合同履行期间将产品销售给恒博公司，以致恒博公司未在飞蕾公司购买产品，导致飞蕾公司损失。如富士医疗公司不存在串货情况，这些产品将由飞蕾公司销售并产生利益，因此这部分利益的损失应视为飞蕾公司的实际损失。飞蕾公司按照其与恒博公司的进出货价格，结合以往销售情况及医疗产品本身相对高利润、高回报特点，主XX均利润率54.5%。富士医疗公司在与飞蕾公司合同履行期间共销售给恒博公司146423904元的产品，由此得出富士医疗公司串货导致其实际损失为146423904×54.5%=79801027.68元。至于可得利益损失，即履行合同可以获得的利益，本案中如飞蕾公司继续与富士医疗公司履行合同，根据飞蕾公司稳定供货期间与不稳定供货期间的销售业绩来看，其完全可以超出合同约定的业务量，因此可以通过已完成的销售额来推算此后合同期限能够完成的销售金额，结合飞蕾公司已履行合同期间的平均利润率54.5%，可认定继续履行合同可以获得的利益为303587582元。因此，飞蕾公司主张富士医疗公司应承担违约赔偿数额为383388609.70元。

对此，本院认为，违约责任是指当事人不履行合同义务或者履行合同义务不符合合同约定而依法应当承担的民事责任。违约责任系合同责任中的一种重要形式，对于规范合同行为、维护交易秩序以及保障社会经济稳定发展均有重要意义。对于违约金的正确认定，不仅可以保障合同守约方的合法利益，还能对违约行为进行有效的制约，以维护交易安全，促进社会诚实信用体系建设。针对本案独家代理销售合同的商业代理特性，本院认为，判定商事交易之违约责任应当综合考虑以下方面：

（一）充分尊重当事人的意思自治，按照合同约定确定违约赔偿。本案是因独家商事代理而引发之纠纷，意思自治和诚实信用乃商事活动之基本原则。充分尊重当事人意思自治，是促进商事交易繁荣与发展之基本前提，而维护诚实信用，则是保障商事活动的基本要求。在商事活动中，各方均应当按照各自真实意思表示签订合同并严格履行，一方恶意违约导致合同不能履行时，即应当受到相应惩戒以维护正常交易秩序。合同中对于违约条款之约定，是交易各方事先一致约定维护特定商事交易得以正常进行的基础保障所在，且各方在签订合同时即对此了解并接受。因此，当一方违约时，按照合同约定承担违约责任或进行相关赔偿，系商事交易普遍而根本之社会意愿。《中华人民共和国合同法》第一百一十四条第一款规定："当事人可以约定一方违约时应当根据违约情况向对方支付一定数额的违约金，也可以约定因违约产生的损失赔偿额的计算方法。"飞蕾公司与富士医疗公司之间关于违约责任的约定主要有：1.《大区总代理合同》第五条第一款第十项约定："对于乙方（飞蕾公司）的销售区域，甲方（富士医疗公司）有义务保护其相应耗材（如IP套件、胶片等）供应的唯一性和长期性（拾年）。……若出现未经乙方许可的公司或个人或其他团体向乙方的销售区域内的用户供应相应耗材，则乙方有权追究甲方责任，甲方须作出无条件赔偿，赔偿金额为最终用户购入相关设备、耗材价格的120%。"2.《大区总代理合同》第十六条损害赔偿约定："双方基于第十四条而解除本合同或个别合同，或者另一方违反本合同或个别合同的情况下，由此遭受的损害赔偿可以向另一方要求支付。"3.《3.28补充合同》第四条第二、三款约定："乙方（富士医疗公司）违约：未按合同内容中的承诺履行，即无论是乙方的供货生产厂方－日本FUJIFILMCorporation，乙方直接上级母公司－富士胶片（中国）投资有限公司，还是乙方的本身及各级下属体系中的任何一方，存在了在中国大陆地区的低价销售行为。甲乙双方任何一方违约，均须向对方以本合同所涉及的所有有效销售合同金额的200%进行赔偿。"

本案之中，双方签订的合同合法有效，系双方真实意思表示，合同之中对于特定违约行为的相关条款均为有效，双方均应严格遵守，如有违反即应按照相关约定执行。根据上述约定，《大区总代理合同》第五条第一款第十项是针对富士医疗公司串货时的违约责任，为最终用户购入相关设备、耗材价格的120%；《大区总代理合同》第十六条约定了按照具体损失赔偿的原则；《3.28补充合同》第四条第三款约定系针对一方具有低价销售违约行为直接承担所有有效销售合同金额的200%的赔偿责任。据此，严格按照合同约定，飞蕾公司具有两种赔偿方案可供选择：第一种方案，比照双方关于富士医疗公司串货之约定判定违约赔偿数额。根据《大区总代理合同》第五条第一款第十项约定："对于乙方（飞蕾公司）的销售区域，甲方（富士医疗公司）有义务保护其相应耗材（如IP套件、胶片等）供应的唯一性和长期性（10年）。……若出现未经乙方许可的公司或个人或其他团体向乙方的销售区域内的用户供应相应耗材，则乙方有权追究甲方责任，甲方须作出无条件赔偿，赔偿金额为最终用户购入相关设备、耗材价格的120%。"根据本案已经查明之事实，富士医疗公司与恒博公司之间存在串货之行为，且因富士医疗公司并未主张恒博公司有向其退货之任何事实，故富士医疗公司向恒博公司串货供应的全部金额产品均应视为销售至最终用户。至于富士医疗公司关于应按最终销售区域认定串货之主张，不仅其对此举证不能，而且其该项主张与本案独家代理销售合同关系的法律性质根本不符，与独家销售的商业惯例亦不相符，不能支持，故依照上述条款约定比照串货金额追究富士医疗公司违约责任，并非不公平。由此，根据飞蕾公司所提交的证据，富士医疗公司出售给恒博公司的产品总价格为146423904元，按该价格的120%计算，富士医疗公司应赔偿飞蕾公司175708684.80元。事实上，如果按照富士医疗公司所称最终用户是指产品最终用户的话，实际恒博公司作为代理销售方必然以更高的价格销售给最终用户，则最终产品总价格应当还会超过上述数额。第二种方案，依据双方关于富士医疗公司低价销售的约定来认定。根据《3.28补充合同》第四条约定，如果富士医疗公司存在低价销售行为时，即须向对方以本合同所涉及的所有有效销售合同金额的200%进行赔偿。根据飞蕾公司提交的增值税发票显示，在《大区总代理合同》存续期间，飞蕾公司与富士医疗公司双方履行的销售合同的金额为686585955元，按富士医疗公司低价销售违约行为追究，富士医疗公司应当支付的违约金则为1373171910元。上述两条针对特定事项的违约责任，均系双方真实意思表示，如此巨额、严苛的违约责任约定正是基于本案商业代理之特性而考量，依法应予维护。

（二）根据违约程度，视违约情形认定违约责任。在认定违约责任时，应当根据违约程度的大小予以考虑。如果一方履约存在单项违约或特定违约，则应当根据特定违约相应考虑违约责任；如果一方根本违约，则应当按照合同约定承担全部根本违约责任；如果双方都违约，则应综合过错及各自违约程度衡平考量。本案之中，如前认定，富士医疗公司在与飞蕾公司合同履行过程中，首先存在串货行为，即应按串货违约承担责任；同时，富士医疗公司又低价向恒博公司销售相关产品，违反双方关于不得低价销售的约定，由此即应承担低价销售的违约责任；并且，富士医疗公司擅自停止供应耗材，同样违约，原本亦应承担相应违约责任，但鉴于飞蕾公司放弃，故最终判定富士医疗公司违约责任时可不予考虑；最为主要的是，富士医疗公司在明明自身存在多个先行违约行为之情形下，却擅自单方解约，致使双方合同根本不能继续履行，致使飞蕾公司合同权益受到根本损害，因此富士医疗公司构成根本违约。故最终认定富士医疗公司承担违约责任时，必须结合其以上多项违约以及根本违约之事实，全面予以考量。

（三）结合守约方之可得利益损失，衡量违约方之赔偿责任。根据我国合同法司法解释之规定，对于违约金约定金额过分高于实际损失的，当事人可以请求消减。因此，对于违约责任的最终认定亦应当结合守约方之损失、包括可得利益损失等进行考量。本案之中，飞蕾公司所受到的损失是显而易见的，富士医疗公司不仅挖走了其线下二级代理商恒博公司，由此使得飞蕾公司失去了发展起来的由该二级代理商可以形成的潜在客户。在此还需指出的是，飞蕾公司除按双方协议享有17省市独家代理权限外，依据协议还可享有独家代理区域以外其他省市的销售权利，故富士医疗公司越过飞蕾公司直接向原本属于飞蕾公司的二级代理经销商恒博公司销售产品，不仅如前认定损害到飞蕾公司独家代理销售之合同权益，还损害到飞蕾公司向独家代理区域以外拓展业务之利益空间。更何况，富士医疗公司还对飞蕾公司与恒博公司实施差别待遇，以更低价格销售给恒博公司以强化恒博公司之竞争力，致使飞蕾公司销售能力受到压缩。更为主要的是，富士医疗公司单方擅自解除合约，致使飞蕾公司数年来凭独家代理打拼出来的全国高达17省市的已经颇具规模的稳定市场完全丧失，后续稳定可观收益亦随之完全丧失，故判定富士医疗公司违约责任之时，对此亦必须予以充分考量。

（四）根据当事人诉请，认定损失赔偿数额范围。民事诉讼应充分保障与尊重当事人之诉讼权利，尤其应尊重当事人之处分权，并结合当事人之诉请并在不超越当事人诉请范围内判定赔偿数额。飞蕾公司在本案一审中曾起诉要求富士医疗公司支付违约金840955146元，二审审理过程中变更诉讼请求为支付违约金383388609.70元，此系其对本人诉讼权利之自由处分，应予尊重。据此，凡超越以上最后诉求判定违约赔偿之数额均不可能。

（五）根据证据规则认定损失赔偿的最终数额。就本案而言，虽然双方约定了具体违约责任条款，且富士医疗公司亦的确存在多项违约尤其根本违约行为，并飞蕾公司因富士医疗公司违约而可能产生的利益损失亦属巨大，但最终判定富士医疗公司之违约赔偿数额，还必须结合飞蕾公司之诉请，更应依据可以采信之证据最终判定。就飞蕾公司诉请的赔偿数额而言，其所谓的可得利益损失系根据其单方得出的54.5%的利润率计算而来，但富士医疗公司对此并不认可，且该利润率亦未考虑代理销售之各项成本与支出，更未经合法审计，故飞蕾公司依据利润率为54.5%诉请违约赔偿数额，难以支持。但是，如本判之前认定，上海浦东新区相关税务部门证实的富士医疗公司与恒博公司之间的交易金额为146423904元，有关该串货金额认定证据充分，而富士医疗公司的相关抗辩不能支持，结合本案各方陈述一致认可代理产品主要为耗材，且绝大部分价值亦为耗材价值之基本特点，故可以依据该项金额比照耗材违约条款衡量富士医疗公司应当承担之违约赔偿数额。

综合分析，富士医疗公司根本违约，原本应当对飞蕾公司的全部损失依法进行赔偿，因飞蕾公司计算依据所主张的利润率54.5%缺乏证据而难以支持。但是，富士医疗公司违约情形明显，飞蕾公司受到之利益损失亦明显，富士医疗公司应当承担相应违约责任，应当给予飞蕾公司相应赔偿。因此，依据前述相关因素考量，并结合前述两种违约赔偿方案，进一步根据当事人的诉请，飞蕾公司所主张的违约金数额为383388609.70元，实际已经显然低于富士医疗公司因低价销售所应支付的违约金1373171910元，鉴于飞蕾公司并未就富士医疗公司低价销售违约责任进行主张，故对于第二种方案可不予考虑。因此，本院综合飞蕾公司诉请、富士医疗公司违约情形与程度、以及飞蕾公司实际受到的利益损失等多方因素综合考量，比照富士医疗公司向恒博公司之串货总金额结合相关违约责任条款，最终酌定富士医疗公司应赔偿飞蕾公司的违约金额为175708684.80元。

五、关于富士胶片公司是否应承担连带责任的问题。本院认为，富士胶片公司应当连带承担其全资子公司富士医疗公司的本案违约赔偿责任。

（一）从本案双方合同约定来看，已经约定富士胶片公司承担富士医疗公司出现变化情形时的无条件续约责任，并对于富士医疗公司之经营状况亦承担相应责任。《大区总代理合同》第十五条合同的延续约定："鉴于代理产品的长期性，为了保护乙方（飞蕾公司）为开拓市场所作出的大量投入，若乙方在合同有效期内，达到本商品的销售目标，则甲方（富士医疗公司）必须延续乙方的代理合同五年，即获得2012年4月1日起到2017年3月31日止的时间内的同地区的总代理权，权利不变。若甲方的公司状况、行使职责、销售产品内容出现变化，则本合同的续约责任直接无条件转移至甲方的母公司、生产厂方－日本FUJIFILM公司。"类似的条款约定甚至在本案之前的双方协议中亦得到体现。如2005年4月2日，富士医疗公司（甲方）与飞蕾公司（乙方）签订的《地区总代理合同》第十五条有关合同之延续即约定："……若甲方的公司状况、行使职责、销售产品内容出现变化，则本合同的续约责任直接无条件转移至甲方的母公司、生产厂方－日本FUJIFILM公司。"而本案《3.28补充合同》第三条内容亦约定："乙方（富士医疗公司）对甲方（飞蕾公司）承诺：对所有甲方曾买过设备，参照2008年代理合同中的价格，都不进行在中国大陆地区的低价销售行为。同时，在甲方存在FUJIFILM相关各类产品库存的情况下，无论是乙方的供货生产厂方－日本FUJIFILMCorporation，乙方直接上级母公司－富士胶片（中国）投资有限公司，还是乙方的本身及各级下属体系，都不进行在中国大陆地区的低价销售行为。"很显然，从上述条文约定来看，在富士医疗公司经营状况发生变化情况下，无条件续约的责任即应由富士胶片公司承担。对于飞蕾公司与富士医疗公司之间长期建立的独家代理合同关系以及以上之约定，富士胶片公司应当知道，事实上在本案审理过程中富士胶片公司始终对此亦未否认，故应当视为富士胶片公司对该类约定知悉并认可，对于富士医疗公司擅自解约等违反合同引发的违约责任，富士胶片公司应当予以承担。

（二）根据富士胶片公司承接富士医疗公司本案医疗业务之事实，其亦应当承担相应责任。富士医疗公司与富士胶片公司于2010年6月10日曾向飞蕾公司联合发函称："富士集团管理层决定将旗下全资子公司富士医疗公司的医疗产品相关的部分业务逐步并入富士胶片公司的医疗系统事业之中。富士中国将在2010年6月10日以后，在尽可能早的时间安排与飞蕾公司洽谈，并和各位通报具体的业务过渡程序。”富士胶片公司对该函不予否认。而在本院审理过程中，富士胶片公司亦明确承认，富士医疗公司与飞蕾公司解约后及至本案目前双方纠纷期间，富士胶片公司已事实上将富士医疗公司在医疗产品相关业务之权利全部承接过来，由此，经富士医疗公司授权而飞蕾公司独家代理所开拓的医疗产品市场所可能取得的后续利益，事实上已经归为富士胶片公司享有。根据“权利义务变动相一致”原则，富士胶片公司在承接富士医疗公司权利之同时，相应之义务亦应由其承担。因此，富士胶片公司对于富士医疗公司在本案合同履行过程中所应承担的责任与义务亦应承担。

（三）从公平及诚实信用原则来看，富士胶片公司也应当承担向飞蕾公司的违约赔偿责任。因富士医疗公司已将医疗产品业务转移至富士胶片公司，富士医疗公司作为其专营医疗产品的全资子公司，必将失去盈利之能力，由此可能丧失承担相应责任之能力。若富士医疗公司无力偿付飞蕾公司之损失，则将逃避相应之法律责任，致使飞蕾公司合法权益无法得到相应保护，此必然有违诚实信用之基本原则。另，从母子公司关系之角度看，富士胶片公司与富士医疗公司有着最为紧密之关联。富士医疗公司作为富士胶片公司百分之百控股的全资子公司，其相关业务均受到富士胶片公司之领导与管理，与富士胶片公司具有密切的利益关联，两者紧密关联，这从富士胶片公司可以无偿承接富士医疗公司之业务即可见一斑。故让富士胶片公司与富士医疗公司共同承担本案责任，亦属公平。

综上，富士医疗公司在合同履行期间，存在串货及低价销售等违约行为，并擅自单方解除合同，不履行合同约定义务，构成根本违约，应当按照合同约定赔偿飞蕾公司的实际损失。尤其需要特别指出的是，飞蕾公司自2005年即在中国数省区域内独家代理富士医疗公司的产品销售，积极投入，开拓市场，3年之间，其所代理区域即由最初之6省市扩大至12省市、再扩大到17省市，可知飞蕾公司在市场开拓过程中为此所付出的努力与代价，亦可知如此市场打开之后将可能产生的稳定收益。并且，根据《大区总代理合同》约定，在飞蕾公司完成销售目标的情形下，飞蕾公司还享有此后5年代理销售的优先续约权，而自2008年4月1日履行至2010年7月19日解约不到27个月的履约过程中，飞蕾公司已经完成了686585955元的销售任务，本案双方在合同中约定4年期内总计9亿元的销售目标应当可以完成。故飞蕾公司原本还应有本案合约之后5年的续约以及相关耗材供应可以获得稳定之收益。然而，由于富士医疗公司之违约行为，使得双方合同未能正常履行，飞蕾公司不仅要承担前期市场开拓的投入成本，还要承受后续利益丧失的经营压力与困境，但富士医疗公司、富士胶片公司却可以坐享飞蕾公司开拓市场所带来的可观利益。富士医疗公司的违约行为不仅给飞蕾公司造成巨大损失，而且这种违背诚实信用之行为，亦产生严重不良示范，严重影响正常的商业交易秩序，富士医疗公司与富士胶片公司均应承担相应法律责任。富士医疗公司与富士胶片公司作为具有国际影响力的外国企业在中国大陆的全资控股公司，其在中国从事经营活动即应同等遵守中国法律，诚实守信经营。本案富士医疗公司与富士胶片公司如此“过河拆桥”违反商业诚信之交易行为，决非正当商业交易秩序所能容忍，决非法治秩序所能放纵，必须承担相应后果。鉴于本案双方均认可诉争合同已事实解除，双方实际早已终止合同履行，故本院对合同已经解除之事实予以认可，但富士医疗公司与富士胶片公司应当连带向飞蕾公司支付违约赔偿金额为175708684.80元。另，飞蕾公司于本案再审期间请求本院纠正上海市第一中级人民法院（2017）沪01民终4339号民事判决、上海市高级人民法院（2017）沪民申1895号民事裁定以及上海市第一中级人民法院（2017）沪01民终4340号民事判决、上海市高级人民法院（2017）沪民申1896号民事裁定，鉴于法定程序等原因，飞蕾公司可依据本判决就该两案依法另行寻求相关救济。据此，依照《中华人民共和国合同法》第六十条、第一百零七条、第一百一十三条、第一百一十四条、《中华人民共和国民事诉讼法》第一百七十条第一款第二项、第二百零七条第一款之规定，判决如下：

一、撤销上海市高级人民法院（2017）沪民终47号民事判决以及上海市第一中级人民法院（2014）沪一中民四（商）重字第2号民事判决；

二、富士医疗器材（上海）有限公司、富士胶片（中国）投资有限公司于本判决生效后十日内连带赔偿上海飞蕾科技有限公司损失175708684.80元。

如果未按本判决指定的期间履行给付金钱义务，应当依照《中华人民共和国民事诉讼法》第二百五十三条之规定，加倍支付迟延履行期间的债务利息。

本案一审案件受理费4246576元、财产保全费5000元，二审案件受理费

1958743.05 元，合计 6210319.05 元，均由富士医疗器材（上海）有限公司、富士胶片（中国）投资有限公司负担。

本判决为终审判决。

审判长：虞政平；审判员：周伦军、马东旭；法官助理：夏根辉；书记员：杨九如

二〇一八年三月二十三日

第八部分 证券法

专题三十七

当事人约定实施不转移证券实质所有权的自买自卖活动的协议因违反法律的强制性规定应认定为无效

——徐某玉与张某借款合同纠纷案

【裁判观点】

证券所有权的判断，一般以登记外观为原则，即证券登记结算机构在完成清算交收活动后将证券登记在该行为人的证券账户之中，行为人即取得证券的所有权。该原则的例外情形是，行为人虽然在形式上未被登记为证券的所有权人，但通过投资关系、协议或者其他安排，能够实际控制证券权利，实际享有该证券的收益并承担价格变动的风险，应当认定行为人对该证券拥有实质所有权。

当事人通过协议安排在其实际控制的账户间实施不转移证券实质所有权的自买自卖活动，违反了《中华人民共和国证券法》第七十七条第一款第三项规定的“禁止任何人以在自己实际控制的账户之间进行证券交易，影响证券交易价格或者证券交易量的手段操纵证券市场”的规定。无论其交易结果在客观上是否实际影响了证券交易价格和交易量，都不影响双方当事人意在人为干预证券交易市场的供求关系以影响证券交易价格这一合同目的之认定。因当事人在协议中所追求的合同目的，直接违反了《中华人民共和国证券法》的前述强制性规定，构成《中华人民共和国合同法》第五十二条第三项规定的以合法形式掩盖非法目的的合同，依法应当认定当事人之间的协议为无效合同。

中华人民共和国最高人民法院
民事判决书

案号（2017）最高法民终604号

上诉人（一审原告）：徐某玉。

委托诉讼代理人：窦少武。

委托诉讼代理人：张志。

被上诉人（一审被告）：张某。

委托诉讼代理人：林建华。

委托诉讼代理人：丁小方。

上诉人徐某玉因与被上诉人张某借款合同纠纷一案，不服上海市高级人民法院（2015）沪高民五（商）初字第7号民事判决，向本院提起上诉。本院于2017年7月27日受理后依法组成由审判员周伦军担任审判长，审判员王展飞、审判员马东旭参加合议的合议庭公开开庭审理了本案。法官助理李洁协助办理本案，书记员王薇佳担任法庭记录。上诉人徐某玉的委托诉讼代理人窦少武、张志，被上诉人张某的委托诉讼代理人林建华、丁小方到庭参加诉讼。本案现已审理终结。

徐某玉上诉请求：1. 撤销上海市高级人民法院（2015）沪高民五（商）初字第7号民事判决；2. 依法改判被上诉人张某赔偿上诉人徐某玉股票损失人民币310436507元、律师费损失人民币300000元、诉讼保全担保费用人民币700000元。事实与理由：一、一审判决将融资期限认定为3个月，是认定事实错误。案涉《过桥借款协议书》第一条约定，融资期限为6个月，年化利率为10%。第六条中约定，大宗交易完成日后3个月内，张某须积极协助徐某玉以信托公司或证券公司代持的方式融资受让张某代持的案涉股票。根据约定，本次借款的融资期限为6个月而非3个月，3个月的期限是张某为徐某玉寻找再融资渠道的时间约定。一审判决将融资期限认定为3个月，是对事实认定错误。二、一审判决关于徐某玉未尽防止损失扩大义务的认定错误。1.《过桥借款协议书》的立约目的。根据约定，张某应承担过桥期间的全部融资责任，该融资责任不仅包括其本人提供大宗交易接盘的借款，还包括解决后续融资以置换最初的借款。而作为回报，张某可以获得不低于年化10%的利息收益。不仅如此，《过桥借款协议书》还特别约定，如果张某无法在3个月内为徐某玉解决替代初始借款的后续融资，张某必须放弃利息收益的权利。而在后续融资安排上，尽管有徐某玉自行融资的安排，但此项安排只是徐某玉的权利而非义务。上述约定说明，张某立约目的在于凭借资金实力和后续融资能力，为徐某玉长期持有标的证券提供支持，以获取利息收益。而徐某玉的立约目的则在于借助张某的资金实力和融资能力，解决自身资金缺乏的困难，通过支付财务成本的方式，达到长期持有案涉股票的目的。2. 一审判决对徐某玉防止损失扩大责任的认定背离了双方的立约本意，也违背了融资业务和股票市场的常识。一审判决认为，徐某玉应当及时采取替换融资渠道或自行出资从二级市场上购回系争股票等方式进行止损，这一认定系对防止损失扩大义务的误解。首先，根据合同约定，提供资金和融资渠道是张某的主要合同义务，一审法院将“替换融资渠道或自行出资”作为徐某玉防止损失扩大的责任，实质上是将张某的合同主要义务强加给了徐某玉，并将此作为开脱张某违约责任的理由。这种将违约方的合同主要义务转嫁给守约方，继而要求守约方承担所谓“防止损失扩大责任”的做法，不仅背离了双方的立约本意，也是极不公平的。其次，徐某玉根本没有能力“替换融资渠道或自行出资”。如果徐某玉有能力自行出资购买，案涉协议根本就不可能缔结。徐某玉缺乏融资渠道是寻求与张某合作的出发点，也是双方在协议中一再强化张某后续融资义务的原因。而且，在案涉股票已经被张某抛售的情况下，已无股票用以质押，继续融资已无可能。这种情况下徐某玉无从“替换融资渠道”。可见，一审判决的此项认定已经脱离了融资业务的常识。最后，即使徐某玉有能力自行出资或替换融资渠道，在股票已被抛售，无法进行大宗交易的情况下，徐某玉也无法从二级市场通过集合竞价的方式以期待的成本购回如此巨量的股票。可见，一审判决设想的所谓防止损失扩大的方法，也是脱离实际和缺乏常识的。综上，一审判决将不公平、不合理、不符合常识的行为强加于徐某玉，以此指责徐某玉未尽到防止损失扩大的责任，并借以开脱违约方责任的做法是不能让人理解和接受的。3. 徐某玉已经尽到了防止损失扩大的责任。根据法律规定，防止损失扩大义务仅限于采取“适当措施”，包括两层含义，其一是要求守约方采取的措施必须是合理的、有限度的，且应当属于守约方力所能及的范畴；其二是守约方可以采取的措施能够起到防止损失扩大的结果。本案中，徐某玉作为守约方，在知晓张某开始出售案涉股票后，一方面积极沟通劝阻，一方面反复要求拥有资金实力的违约方购回已抛售的股票，已经竭尽其所能地防止损失扩大。三、一审判决对徐某玉损失的认定存在错误。1. 徐某玉的损失是确定的和显而易见的，无需酌定。根据《过桥借款协议书》的约定，案涉股票系徐某玉借款购买，由张某代持，最终应转移至徐某玉或其指定的人名下。因此，徐某玉是案涉股票的实际权利人，张某只是代持有人，张某违反合同约定对代持有的股票进行处置的行为，直接损害了徐某玉作为案涉股票实际权利人的财产权益。而此项财产权益的价值应当以市场价值计算，徐某玉以起诉时案涉股票的收盘价作为财产损失的依据并无不当。一审判决回避了张某无权处置行为所损害的就是徐某玉享有的案涉股票的财产权益这一基本事实，是导致其对徐某玉直接损失认定错误的重要原因。2. 即使以酌定方式确定损失，也不应建立在曲解案件事实的基础上。第一，一审判决将合同明确约定的6个月融资期曲解为3个月，并以此作为所谓酌定损失的基础。第二，一审判决错误认为，众和股份总体呈下跌走势，因此单纯从股票价格的变化看，张某抛售系争股票的行为并未导致徐某玉遭受实际损失。首先，张某在二级市场抛售近3000万股众和股份股票，且连续抛售近一个月，必然影响该股票价格，致使股价下跌。一审判决依据此时的价格确定徐某玉没有实际损失，不符合常理，也没有法律依据。其次，一审判决显然是偷换了概念，将徐某玉决定长期持有的股票资产的价值，偷换成了一审判决自行确定的赔偿计算期内的股票价值。第三，一审判决综合考虑指定信托将系争股票通过大宗交易出售给张某的总金额、融资期限内系争股票价值、张某出售系争股票所得、交易费用等因素，酌定损失赔偿额为800万元明显不当。首先，一审判决罗列的上述数据，只有第一项金额是真实准确的，其他金额均为一审法院自行估算，不符合合同约定，并且显失公平。其次，一审判决除了罗列上述数据外，并未说明这些数据与其酌定的实际损失之间的逻辑关系，一审判决看似认真的“数据”，不过是其无理“酌定”的掩护，这样的酌定既不科学、也不客观，更缺乏公平性。四、一审法院无视当事人的约定，未全部支持徐某玉请求的律师费、诉讼保全担保费用明显不当。《过桥借款协议书》第十条第二款约定，张某未按本协议的约定卖出案涉股票，徐某玉有权要求张某赔偿因其违约而给徐某玉造成的直接及间接经济损失，包括但不限于为追索张某责任而发生的交通费、住宿费、律师代理费、评估费、鉴定费、诉讼费等。据此，徐某玉为追究张某责任而发生的律师费、诉讼保全担保的费用、本案的诉讼费用均应包含在内。即使标的金额为800万元的民商事案件，以上海市的政府指导价的固定收费标准计算，徐某玉的律师费也是属于低的。一审判决未全部支持徐某玉请求的律师费、未支持诉讼保全担保的费用，违反合同约定，属于明显的错判。五、上诉人的合理怀疑。张某在抛售股票期间，徐某玉曾与张某沟通，要求张某购回股票，张某在邮件中向徐某玉表示，愿意赔偿徐某玉800万元，以终止《过桥借款协议书》的履行。而一审判决直接在判决书中毫无根据地酌定赔偿金额为800万元，恰与张某能够接受的金额相同，上诉人徐某玉有合理的理由怀疑，一审法院审判不公。综上，请求二审法院查明事实，依法保护徐某玉的合法权益，支持徐某玉的上诉请求。

张某答辩称：一、关于案涉《过桥借款协议书》签署的背景和目的。1. 徐某玉是陕国投－锦江证券信托计划的特定受益人，该信托计划项下到期待清盘的众和股份股票有2918.51万股，大量股票在二级市场清盘抛售必将造成股价大幅下挫，甚至连续跌停。为此，众和股份的董事长许某成找到贺某杰要求帮忙，并安排方某作为徐某玉的代理人和贺某杰在2013年10月25日至2013年10月30日通过邮件往来洽谈过桥融资，要求张某通过大宗交易买入股票，然后由张某协助徐某玉设立新的信托计划进行再融资，然后再通过大宗交易回购张某持有的众和股份股票，从而完成过桥。2. 徐某玉的第一目的是通过大宗交易转让标的证券来保证信托计划清盘时标的证券股价不下跌从而在清算时减少损失。第二目的是根据情况来决定是否在不远将来回购或不回购标的证券（后来事实证明徐某玉并不想回购持有该股票）。如果徐某玉回购股票那么就支付3个月的融资利息；如果徐某玉不回购股票那么就打九折售出股票。张某的第一目的是通过出资进行大宗交易打九折取得标的证券的所有权。第二目的是如果徐某玉回购股票则获得3个月的资金利息；如果徐某玉不回购股票那么就是打九折买入股票。由此可见，双方的第一目的完全意思一致。第二目的是否一致主要取决于徐某玉是否回购股票。二、张某履行了合同义务通过大宗交易买入标的证券，成为标的证券的合法所有权人。1. 本案是名为过桥借款协议实为大宗交易股票的协议。张某履行了合同义务，于2013年11月4日通过大宗交易买入标的证券15000000股，每股5.3元，成交金额79515900元。2013年11月5日通过大宗交易，买入标的证券14185100股，每股

5.43元，成交金额77025093元。张某和陕国投－锦江证券信托计划之间的该两次大宗交易股票买卖均按照一级半市场的交易行情和行规打九折成交。根据协议第一条和第二条的约定，张某实际出资通过开源证券股份有限公司（以下简称开源证券）以大宗交易方式买入了陕国投－锦江证券信托计划项下的2918.51万股标的证券，并经过中国证券登记结算有限公司（以下简称中登公司）交割结算，成为系争股票登记在册的合法的所有权人，取得了标的证券的所有权。张某通过大宗交易买入标的证券的行为合法合规，在深圳证券交易所和中登公司均有登记。张某在法律上取得了对标的证券享有的自由处分的权利。2. 本案尽管在《过桥借款协议书》中提到了“代持”二字，徐某玉并未实际出资，这一“代持”关系不符合《最高人民法院关于适用〈中华人民共和国公司法〉若干问题的规定（三）》第二十四条的规定，本案的标的证券并不构成“代持”。三、张某安排开源证券和陕西省国际信托股份有限公司（以下简称陕国投）成立新的信托计划，履行了协助再融资的合同义务。徐某玉不提供基础资料，不签订信托计划，不积极配合实施再融资，构成了违约。根据《过桥借款协议书》第六条约定，徐某玉须积极配合张某实施本次再融资，否则视为徐某玉违约。然而，经过各方多次敦促，徐某玉方每次都推脱且不说明理由，陕国投－如意9号信托计划已批准设立，开源证券的8500万资金在账上空待一个多月，徐某玉故意不提供融资人的基础资料，不签署新的信托计划，不支付履约保证金，劣后资金根本就没有准备到位，不配合实施再融资，导致如意9号信托计划无法成立，造成再融资失败，徐某玉的行为构成了违约。四、徐某玉违反《过桥借款协议书》的约定，没有将获得的资金用于设立新的信托计划进行再融资，而是将过桥资金挪作他用，构成了违约。1. 张某通过大宗交易平台买入系争2918.51万股众和股份股票后，陕国投收到15654万元左右的资金，徐某玉已经实际从陕国投收回了其应得的清算资金。由于过桥借款协议的目的是过桥融资，因此，徐某玉就不得将该笔过桥资金用于其他用途。但是，徐某玉自获得标的证券清盘后的清算资金开始，直到诉讼时效二年快期满时的2015年10月16日提起诉讼，从来没有提供资金的去向和用途。根据上市公司公告显示，众和股份的实际控制人许某成父子债务缠身，共有1.58亿股股票被司法冻结，大股东资金严重短缺（许某成因涉嫌利用经济合同诈骗于2017年被逮捕）。同时，许某成和徐某玉关系密切，本次过桥借款也是许某成一手安排，张某的过桥资金实际上已经被许某成挪作他用。双方协议约定的过桥就是在两个信托计划之间和在两个大宗交易之间进行过桥。根据协议约定，徐某玉在通过第一个大宗交易从第一个信托计划收到钱款以后必须将钱款用于设立第二个信托计划，再通过大宗交易回购张某持有的股票，不得挪作他用。但是，徐某玉没有按照合同约定使用钱款，将过桥资金挪作他用，没有设立第二个信托计划，违反了合同的缔结目的，构成了根本性违约，张某有权解除或终止协议。五、双方从2013年11月15日到11月20日就合同的继续履行进行谈判，后因徐某玉不支付500万元履约保证金，导致《过桥借款协议书》终止履行。由于徐某玉对于设立新的信托计划采取不提供基础资料、不签订信托计划、不提供履约保证金、不准备劣后资金，张某出于对继续履行合同和持有的标的证券的担忧，为了促使其谈判于2013年11月13日在二级市场卖出185100股标的证券，于2013年11月14日在二级市场卖出9837653股标的证券。从2013年11月15日到11月20日，双方开始就合同的继续履行进行谈判。谈判的内容主要包括三项：（1）徐某玉支付人民币500万元作为徐某玉签署并执行陕国投之信托合同的履约保证；（2）在徐某玉支付上述保证金的条件下，张某承诺无条件购回已卖出的众和股份股票，所有损益由张某承担，并继续执行原过桥借款协议；（3）张某承诺函的保证人为上海奇益投资管理有限公司。双方通过电子邮件对于张某提供的《过桥借款协议之补充承诺函》之上述三项内容进行谈判和修改。由于徐某玉拒绝支付500万元履约保证金，没有签署陕国投之信托合同，也没有提供劣后资金，导致如意9号信托计划无法设立。也就是说，徐某玉并不想再融资设立新的信托计划回购张某持有的标的证券，导致《过桥借款协议书》终止履行。六、在标的证券已经跌破平仓线情况下，徐某玉没有支付《过桥借款协议书》规定的履约保证金构成违约，张某根据协议有权直接卖出部分直至全部标的证券。1. 根据《过桥借款协议书》第五条规定，若标的证券市值低于借款金额的107%时，徐某玉须在第二个交易日开盘前向张某的银行账户追加保证金，使得标的证券市值以及卖出所得要达到借款金额的115%，否则张某有权直接卖出部分直至全部股票，也就是说，徐某玉在标的证券市值跌破平仓线的第二天必须向张某的银行账户支付约2300万元保证金，否则，张某有权直接卖出部分直至全部股票。2. 张某通过大宗交易买入标的证券2918.51万股的合计成本（借款金额）为15820.4994万元（买入资金：7950万元+7691.6493

万元 = 15641.6493 万元；双向手续费（印花税及交易佣金）：（23.85 万元 + 23.0749 万元）*2 = 93.8498 万元；过桥融资应得利息：（15641.6493 万元 + 23.0749 万元）*2.5% = 392.214355 万元；中介费：15 万元 + 20 万元 = 35 万元；设立如意 9 号信托计划的资金占用利息：50 万元）。根据协议规定，平仓线的标准和计算公式如下：平仓线 = 借款金额（张某的合计成本）*107%/股票数 = 每股 5.95 元。3. 标的证券众和股份 2013 年 11 月 14 日收盘价为 5.70 元，已经大大低于协议约定的平仓线，根据协议第五条规定徐某玉必须在第二个交易日开盘前向张某支付 2300 万元保证金。但是徐某玉在 2013 年 11 月 15 日没有支付给张某任何保证金，构成违约。根据协议第五条约定，标的证券市值低于平仓线徐某玉不支付保证金的，张某就可以卖出部分或全部股票。也就是说，从 2013 年 11 月 15 日起，张某可以根据该协议第五条的约定将标的证券部分或全部卖出。4. 根据开源证券提供的客户成交记录和标的证券众和股份 3 个月（2013/11/04 - 2014/02/04）收盘价证明，众和股份股价走势一路下跌。2013 年 11 月 14 日收盘价跌到 5.70 元；2013 年 11 月 27 日到 12 月 3 日的 5 个交易日收盘价低于 5.79 元；2013 年 11 月 4 日后的 3 个月内有 25 个交易日收盘价低于 5.70 元；2013 年 11 月 4 日后的 3 个月内有 33 个交易日收盘价低于 5.80 元；2013 年 11 月 4 日后的 3 个月内有 52 个交易日收盘价低于 5.95 元。2014 年 1 月 10 日股票最低价 5.20 元。徐某玉从未按照约定向张某支付任何保证金，已经构成违约。因此，张某卖出标的证券是有合同根据的。5. 张某卖出股票是分批进行的，从 2013 年 11 月 13 日到 12 月 3 日共计 20 天内分十三批卖出。其中有十批卖出的收盘价都在平仓线以下。张某卖出股票符合一般投资人的理念，属于正常操作。6. 徐某玉关于张某于 13 日和 14 日卖出股票导致 15 日以后股价下行的观点不能成立。徐某玉并没有提供任何证据来证明这一观点。首先，根据常理导致股票波动的因素很多，有宏观政策的影响，有大盘指数的影响，有公司内部的影响，有重组题材的影响等等；其次，2013 年 11 月 15 日以后，标的证券也有上涨的日期，是有涨有跌，不是全部下行；最后，张某并不想股价下行，因为股价下行抛售股票造成的经济损失是直接由张某承担的，张某也不希望经济损失。因此，徐某玉的观点不能成立。七、徐某玉没有采取适当措施防止损失扩大，依据《中华人民共和国合同法》规定不得就扩大损失要求赔偿。一审判决认定徐某玉承担防止损失扩大的责任，符合法律规定。徐某玉提交的证据自证其已知道张某抛售标的证券且双方就合同的继续履行进行了协商，双方发生矛盾难以继续履行协议。在张某出售股票后，徐某玉没有采取替换融资渠道或自行出资的方式从二级市场上购回系争标的证券等方式进行止损。徐某玉认为一审判决错误认定其防止损失扩大的责任的观点不能成立，应当予以驳回。八、徐某玉以起诉日作为损失计算的基准日既无事实根据也无法律根据。1. 徐某玉以起诉日作为损失计算的基准日，没有法律根据。我国法律，包括合同法、证券法或其他法律对于损失计算的基准日均没有明确规定。迄今为止只有《最高人民法院关于审理证券市场因虚假陈述引发的民事赔偿案件的若干规定》对于损失计算的基准日规定为三十个交易日。如果从徐某玉知道张某抛售股票的时间 2013 年 11 月 15 日开始起算，损失计算的基准日应该为 2013 年 12 月 30 日左右。根据前述规定，徐某玉无权就 2014 年 1 月 1 日后扩大的经济损失向张某要求赔偿。2. 一审判决以 2014 年 2 月 4 日作为计算损失的基准日，符合合同约定。徐某玉在 3 个月内不履行再融资义务构成违约，徐某玉无权主张违约后的权利。根据《过桥借款协议书》第六条约定，徐某玉应当在 3 个月内也即 2014 年 2 月 4 日以前完成再融资，设立新的信托计划通过大宗交易回购标的证券，但徐某玉没有履行上述义务构成届期违约。因此，2014 年 2 月 4 日以后的标的证券价格变化已经与本案无关。徐某玉无权就 2014 年 2 月 4 日后扩大的经济损失向张某要求赔偿。3.《过桥借款协议书》对于融资期限明确规定为 6 个月，即如果徐某玉不自行通过融资渠道设立新的信托计划，从张某手中回购标的证券最后必须在 6 个月内归还张某的款项。事实上，徐某玉在 6 个月融资期限届满之时没有支付任何还款，已经构成违约。根据合同规定，徐某玉无权就 2014 年 5 月 4 日后扩大的经济损失向张某要求赔偿。4. 由于徐某玉不愿意设立新的信托计划，张某于 2013 年 11 月 13 日和 14 日两次卖出股票促使徐某玉继续履行合同、进行谈判，实际上双方已经在 2013 年 11 月 15 日明确，《过桥借款协议书》由于双方发生矛盾难以继续履行，而且实际上已经终止履行。徐某玉没有采取任何措施防止损失的扩大，因此，徐某玉无权就 2013 年 11 月 15 日后扩大的经济损失向张某要求赔偿。5. 徐某玉主张按照 2015 年 9 月 30 日标的证券收盘价作为基准价格来计算差价损失，时间长达一年十一个月，具有任意性。徐某玉以 2015 年 9 月 30 日作为其损失计算的基准日，没有合同和法律根据，具有任意性。因为这一天和徐某玉提交起诉状有关，和其他任何时间无关。徐某玉主张的基准日时间长达近两年，有把诉讼时效的时间和损失计算的基准日进行混淆之嫌。因此，徐某玉在将近两年左右后向张某主张按照2015年9月30日标的证券收盘价16元计算差价损失没有合同和法律根据，而且缺乏合理性。综上，请求依法驳回徐某玉的上诉。

上海市高级人民法院一审查明：2013年10月31日，徐某玉与张某、案外人上海奇益投资管理有限公司签署《过桥借款协议书》一份。该协议第一条约定：2013年11月5日前，徐某玉以大宗交易的方式将指定信托持有的标的证券过户到张某名下，由张某代持的方式向张某融资，融资期限为6个月，年化利率10%。第三条约定：张某以大宗交易方式受让标的证券的每股价格为交易之前一日该股票收盘价的90%，徐某玉向张某借入的过桥借款本金为标的证券的股数乘以每股价格。第四条约定：张某受让标的证券后，非经徐某玉书面指令不得卖出标的证券，但本协议规定的除外。第五条约定：在张某代持期间，若标的证券市值低于张某借款金额的107%时，徐某玉须在第二个交易日开盘前向张某指定的银行账户追加保证金……否则，张某有权直接卖出部分直至全部股票，以保证标的证券市值加保证金及标的证券卖出所得之和达到卖出标的证券后张某实际借款额的110%。第六条约定：大宗交易完成后3个月内，张某需积极协助徐某玉以信托公司代持或证券公司代持的方式按以下条件之一受让张某代持的标的证券……若张某未能在上述约定的期限内按照上述条件之一提供融资渠道，则张某自动放弃向徐某玉收取过桥借款利息的权利。同时徐某玉须积极配合张某实施本次再融资，否则视为徐某玉违约。徐某玉也可以选择自己受让或自行寻找融资渠道受让张某代持的标的证券。第七条约定：除本协议第六条约定的张某自动放弃向徐某玉收取借款利息的权利外，无论徐某玉何时归还过桥借款，徐某玉向张某支付的利息都不少于3个月。第十条约定：（一）下列事项之一即构成或视为徐某玉在本协议项下违约事件：……2. 徐某玉未按本协议的约定将获得的资金用于约定用途……（二）下列事项之一即构成或视为张某在本协议项下违约事件：……张某未按本协议的约定卖出标的股票。

2013年11月3日，陕国投工作人员李某向贺某杰发送了“如意X期定向投资集合资金信托计划”要素表。同日，案外人贺某杰代表张某向徐某玉的经办人方某发送多封电子邮件，要求徐某玉提供用于设立新信托计划的身份证明、资产证明、银行资信证明等基本资料，并就信托计划的融资期限、规模、利率等问题进行询问，还向其提供了三个不同的融资方案，并请对方尽快进行选择。但徐某玉方并未提供上述资料，也未进行方案选择。

2013年11月4日，张某以大宗交易方式买入1500万股众和股份股票，成交价格为5.30元，当日该股票在二级市场的收盘价为6.03元。2013年11月5日，张某以大宗交易方式买入1418.51万股众和股份股票，成交价格为每股5.43元，当日该股票在二级市场的收盘价为6.09元。

2013年11月7日，陕国投工作人员李某向贺某杰发送了“如意9号证券投资集合资金信托计划”信托合同。

2013年11月13日，张某通过公开证券市场分批卖出系争众和股份股票185100股，当日该股票收盘价为6.10元。次日，张某又分批卖出系争股票9837653股，当日该股票收盘价为5.70元。

2013年11月15日至11月20日，贺某杰与方某之间发送多封往来电子邮件，附件载有张某的承诺函及补充承诺函。双方反复修改了承诺函的内容。该承诺函和补充承诺函的主要内容是在徐某玉于2013年11月15日（后延为2013年11月20日）支付500万元保证金到指定账户作为履约担保的情况下，张某承诺无条件购回已卖出的众和股份股票，所有损益由张某承担，并继续执行原过桥借款协议。其后，徐某玉未支付保证金。

2013年11月15日至2013年12月3日，张某将持有的案涉众和股份股票分批通过公开证券市场全部卖出。

2013年11月5日至2014年2月4日，系争众和股份股票的价格变化如下表（众和股份于2014年1月31日起停牌）：

日期	收盘价（元）	日期	收盘价（元）
2013年11月5日	6.09	2013年12月18日	5.91
2013年11月6日	6.19	2013年12月19日	5.82
2013年11月7日	6.26	2013年12月20日	5.83
2013年11月8日	6.2	2013年12月23日	5.81
2013年11月11日	6.16	2013年12月24日	5.84
2013年11月12日	6.27	2013年12月25日	5.89

续表

日期	收盘价（元）	日期	收盘价（元）
2013 年 11 月 13 日	6. 1	2013 年 12 月 26 日	5. 81
2013 年 11 月 14 日	5. 7	2013 年 12 月 27 日	5. 82
2013 年 11 月 15 日	5. 92	2013 年 12 月 30 日	5. 55
2013 年 11 月 18 日	6. 05	2013 年 12 月 31 日	5. 48
2013 年 11 月 19 日	5. 96	2014 年 1 月 2 日	5. 53
2013 年 11 月 20 日	5. 93	2014 年 1 月 3 日	5. 53
2013 年 11 月 21 日	6. 03	2014 年 1 月 6 日	5. 35
2013 年 11 月 22 日	5. 88	2014 年 1 月 7 日	5. 38
2013 年 11 月 25 日	5. 91	2014 年 1 月 8 日	5. 48
2013 年 11 月 26 日	5. 8	2014 年 1 月 9 日	5. 35
2013 年 11 月 27 日	5. 75	2014 年 1 月 10 日	5. 29
2013 年 11 月 28 日	5. 75	2014 年 1 月 13 日	5. 3
2013 年 11 月 29 日	5. 79	2014 年 1 月 14 日	5. 4
2013 年 12 月 2 日	5. 35	2014 年 1 月 15 日	5. 54
2013 年 12 月 3 日	5. 4	2014 年 1 月 16 日	5. 55
2013 年 12 月 4 日	5. 53	2014 年 1 月 17 日	5. 49
2013 年 12 月 5 日	5. 58	2014 年 1 月 20 日	5. 45
2013 年 12 月 6 日	5. 51	2014 年 1 月 21 日	5. 48
2013 年 12 月 9 日	5. 61	2014 年 1 月 22 日	5. 56
2013 年 12 月 10 日	5. 72	2014 年 1 月 23 日	5. 5
2013 年 12 月 11 日	5. 79	2014 年 1 月 24 日	5. 77
2013 年 12 月 12 日	5. 84	2014 年 1 月 27 日	5. 92
2013 年 12 月 13 日	5. 8	2014 年 1 月 28 日	5. 83
2013 年 12 月 16 日	5. 72	2014 年 1 月 29 日	5. 86
2013 年 12 月 17 日	5. 67	2014 年 1 月 30 日	5. 82

2015 年 11 月 6 日，徐某玉诉至一审法院，请求：1. 张某赔偿徐某玉股票损失人民币 310436507 元；2. 张某赔偿徐某玉律师费损失 30 万元；3. 张某赔偿徐某玉支出的办理诉讼保全担保的费用 70 万元。本案诉讼费用由张某承担。为进行本次诉讼，徐某玉已向其委托诉讼代理人所在律师事务所支付律师费 30 万元。为申请本案诉讼财产保全，徐某玉已向担保人上海中汇融资担保有限公司支付保

全担保费70万元。

上海市高级人民法院一审认为，徐某玉与张某之间签订的《过桥借款协议书》系双方真实意思表示，协议内容未违反法律规定，依法成立并生效，双方均应恪守。根据双方的诉辩主张及相关事实，本案主要存在以下争议问题：1. 张某出售系争众和股份股票的行为是否违反合同约定；2. 如果张某的行为构成违约，其违约责任如何承担。

一、张某出售系争众和股份股票的行为是否构成违约。

《过桥借款协议书》系徐某玉、张某双方对融资方案的具体安排，其合同内容不同于单纯的借款合同或股票转让合同。融资期间，系争股票虽登记在张某名下，但在当事人之间，张某对该股票的处分权仍受到合同约定的限制。如其违反合同约定处分系争股票，则应当认定其构成违约。

根据《过桥借款协议书》第四条的约定，张某受让标的证券后，除非徐某玉书面指令或者协议另有约定，张某不得擅自卖出标的证券。从双方履约过程来看，徐某玉并未向张某下达过卖出标的证券的书面指令。而根据《过桥借款协议书》第五条的约定，只有在同时满足标的证券市值低于借款金额的107%，以及徐某玉未及时追加保证金两个条件的情况下，张某才有权直接出售部分直至全部股票。张某亦承认当其于2013年11月13日及2013年11月14日开始出售股票时，众和股份的股票价格并未低于约定的平仓线。

张某抗辩称，张某并非“代持”股票，其通过大宗交易购入系争股票后，即成为登记在册的所有权人，对该股票享有自由处分的权利，故张某有权出售系争股票。对此该院认为，《过桥借款协议书》第四条、第五条、第十条均对张某在持股期间对系争股票的处分行为作出了限制，并约定了相应的违约责任。该约定系徐某玉、张某自愿作出，即使张某登记为系争股票的所有权人，亦不能否定上述约定的对内效力。如果张某对系争股票的处分行为违背合同约定，即应对徐某玉承担相应的违约责任。因此，张某的此项抗辩理由不能成立。

张某又称，徐某玉怠于成立新的信托计划，构成预期违约，张某出售系争股票系行使不安抗辩权。对此该院认为，预期违约与不安抗辩权系不同的法律制度。关于徐某玉是否构成预期违约的问题，首先，根据《过桥借款协议书》第六条的约定，张某受让系争股票后3个月内，双方均负有相互配合完成再融资的义务，但协议中并未进一步确定完成再融资的具体时限。同时，该条亦约定，徐某玉也可选择自行受让或自行寻找其他融资渠道手段受让系争股票。本案中，从双方于2013年11月5日完成大宗交易至2013年11月13日张某开始出售系争股票，仅间隔8天，远未到约定的3个月再融资期限。其次，张某向徐某玉提供的再融资方案系成立新的信托计划，涉及较为复杂的合同约定。徐某玉称其需要时间进行审核，具有一定的合理性。再次，张某称此次过桥借款的利率较低，其之所以愿意提供借款就是出于能够迅速完成再融资并获取利息的考虑。但张某的此种主张在《过桥借款协议书》中并无直接体现。最后，即使徐某玉的行为构成预期违约，张某亦应按照合同约定或法律规定采取相应措施。《过桥借款协议书》第十条关于违约责任承担的约定中，并未约定张某可以在徐某玉出现违约事件的情况下采取出售系争股票的措施。而根据《中华人民共和国合同法》第九十四条、九十六条的规定，在履行期限届满之前，当事人一方明确表示或者以自己的行为表明不履行主要债务的，另一方可以通知的方式解除合同。本案中，张某也未通知徐某玉解除合同。因此，张某称徐某玉存在预期违约行为，故其有权出售系争股票的主张缺乏合同依据和法律依据。关于张某出售系争股票是否构成行使不安抗辩权的问题，该院认为，根据《中华人民共和国合同法》第六十八条的规定，不安抗辩权系指具有先履行合同义务的一方出现资信状况变化，丧失或可能丧失履约能力的情形下，后履行义务的一方有权中止履行合同，并应通知对方。本案中，张某所称的徐某玉怠于履约的行为，并不属于徐某玉丧失或可能丧失履约能力的情况，不符合行使不安抗辩权的条件。因此，张某的此项抗辩理由亦不能成立。

关于张某称徐某玉违反资金使用用途的抗辩，该院认为，首先，《过桥借款协议书》并未明确约定徐某玉对资金的使用方式。其次，张某开始出售系争股票时，徐某玉方通过大宗交易获得资金仅8天，与3个月的融资期限相距甚远。张某提供的上市公司公告等证据也不足以证明徐某玉未按约定使用资金的事实。最后，根据《过桥借款协议书》关于违约责任的约定，当事人虽将徐某玉未按约定用途使用资金列为违约事件，但并未约定此种情形下张某有权出售系争股票。据此，该院认为，张某关于徐某玉违背资金用途，故其有权出售系争股票的抗辩，亦不能成立。

综上，该院认为，张某出售系争众和股份股票，违背了其与徐某玉之间的合同约定，张某提出的诸项抗辩理由均不能成立，其行为构成违约。

二、张某应如何承担违约责任。

在确认张某出售系争众和股份股票的行为构成违约的前提下，关于张某应当在何种范围内向徐某玉承担违约责任的问题，该院认为，应当综合当事人之间的合同约定、徐某玉的实际损失、张某违约行为的严重程度及其与损失之间的关联性等多种因素予以确定。

系争《过桥借款协议书》第十条约定，张某未按协议的约定卖出标的证券的，徐某玉有权要求张某赔偿因其违约行为造成的直接及间接损失，包括但不限于相应的交通费、住宿费、律师代理费、评估费、鉴定费、诉讼费等。

关于系争股票在《过桥借款协议书》履行期间价格变化发生的损益能否归于本案徐某玉的问题，该院认为，《过桥借款协议书》约定的融资方案系通过张某与信托公司之间的两次大宗交易来完成。徐某玉虽非任何一次大宗交易的一方，但其系信托计划的委托人和劣后受益人。信托公司转让或购入系争股票，均需按照徐某玉的指令完成。张某在整个融资过程中，其获得的收益是固定的，且该收益由徐某玉予以保证。由此可见，在整个融资期间，如果系争众和股份股票价值发生涨跌变化，确系由徐某玉承担风险和收益。

关于徐某玉是否受有损失的判断时点，徐某玉提出以2015年9月30日作为计算基数。对此该院认为，根据《中华人民共和国合同法》第一百一十九条的规定，当事人一方违约后，对方应当采取适当措施防止损失的扩大；没有采取适当措施致使损失扩大的，不得就扩大的损失要求赔偿。徐某玉于2013年11月15日即已知悉张某抛售系争股票的事实，且双方进行了协商，故在双方发生矛盾难以继续履行《过桥借款协议书》的情况下，徐某玉应当及时采取替换融资渠道或自行出资从二级市场上购回系争股票等方式进行止损。考虑到系争股票的数量、价值，结合系争合同约定的3个月融资期限，该院认为，可以参照该协议约定的融资期限截止日，即2014年2月4日作为计算损失的基准日。从完成大宗交易至融资期限截止日这一期间内股票价格的变化看，众和股份股价总体呈下跌走势，因此单纯从股票价值的变化看，张某抛售系争股票的行为并未导致徐某玉遭受实际损失。

另，该院考虑到，张某与指定信托之间于2013年11月4日及5日进行大宗交易时，指定信托系以前一交易日收盘价的九折将系争股票出售给张某。双方原计划在新的融资完成后，张某需按照融资金额及张某应得利息确定价格，将系争股票出售给徐某玉或徐某玉指定的第三方，但该部分约定并未实际履行。因此，在2013年11月4日及5日的大宗交易过程中，徐某玉方获得的资金与系争股票的市场价值相比，存在一定的差价损失，且该损失因张某的违约行为而未能够通过合同的后续履行予以弥补，故该损失应由张某予以赔偿。

对于徐某玉所受差价损失的具体金额，该院综合考虑如下因素予以酌定：1. 指定信托将系争股票通过大宗交易出售给张某的总金额，即徐某玉所获得的融资额为（15000000＊5.30＋14185100＊5.43）＝156525093元。2. 合同约定的3个月融资期内，系争股票的平均价格为5.73元，按此计算的系争股票价值为167230623元。3. 张某出售系争股票所得为167117203.4元（因张某实际出售笔数较多，故按照出售期间每日的出售股数与该日收盘价进行估算）。4. 系争《过桥借款协议书》约定的交易费用（包括交易印花税、佣金等）参照《过桥借款协议书》第八条的约定，按借款金额的0.3%计算，156×××93＊00.3%＝469575.28元。该部分交易费用依约应由徐某玉承担。综合以上各项因素，并衡量张某的违约程度、张某为实施此次交易所支出的各项交易成本、徐某玉未及时止损等情事，该院酌定张某因其违约行为需赔偿给徐某玉的股票差价损失为800万元。

关于徐某玉主张的律师费，该院认为，根据系争《过桥借款协议书》第十条的约定，张某出售股票的行为构成合同约定的违约事件，徐某玉有权要求其赔偿律师代理费。徐某玉亦实际支付了律师费，且支付标准符合律师行业收费指导标准。因此，徐某玉主张的律师费损失于法有据，应予支持。该院同时考虑到，徐某玉支付律师费的计价基础即徐某玉的诉讼请求金额为3亿余元，远高于该院认定的徐某玉所受实际损失。如果由张某全额承担因徐某玉提出过高诉讼请求而发生的律师费，则对张某显然有失公平。综合以上因素，该院酌定张某需赔偿徐某玉律师费20万元。

关于徐某玉主张的诉讼保全担保费用损失，因当事人之间并未明确约定违约方需承担对方支出的保全担保费用，且该费用亦非进行诉讼所必须发生的费用，故该院对徐某玉关于保全担保费损失的诉讼请求不予支持。

综上所述，徐某玉关于股票差价损失以及律师费损失的诉讼请求于法有据，该院予以支持，赔偿金额的确定方式如前所述。徐某玉关于诉讼保全担保费用损失的诉讼请求，欠缺相应的法律依据及合同依据，该院不予支持。该院依照《中华人民共和国合同法》第八条、第六十八条、第九十四条、第九十六条第一款、第一百零七条、第一百一十三条第一款、第一百一十九条第一款规定，于2017年2月10日作出（2015）沪高民五（商）初字第7号民事判决：一、张某应于本判决生效之日起十日内向徐某玉赔偿股票差价损失800万元；二、张某应于本判决生效之日起十日内向徐某玉赔偿律师费损失20万元；三、驳回徐某玉的其余诉讼请求。一审案件受理费1600482.50元，财产保全费5000元，共计1605482.50元，由徐某玉负担1564148.90元，由张某负担41333.60元。

本院经审理查明，福建众和股份有限公司于2006年10月12日于深圳证券交易所首次公开发行股票并上市交易，在众和股份的股东中，许某和、许某成、许某林为同一家族成员，存在关联关系。许某成是该公司的实际控制人，曾任董事长职务。自2008年3月14日起至2011年4月15日，徐某玉任该公司监事。

2011年11月8日，徐某玉与陕国投签订《陕国投·智慧1号定向投资集合资金信托计划信托合同》，于同年11月9日认购该信托计划项下特定受益权3000万元，11月11日，陕国投·财富5号资金信托计划认购该信托计划项下一般受益权6000万元，陕国投·智慧1号定向投资集合资金信托计划于2011年11月11日成立，规模9000万元，信托期限12个月。信托合同第7.3条约定的信托财产分配顺序为：优先支付信托计划费用和信托税费，信托财产有剩余的，按照本信托中一般受益人信托利益的约定和计算方法分配一般受益权信托利益；当信托计划财产支付信托计划费用、信托税费、一般受益权信托利益完毕后，所剩余的信托财产为特定受益权信托利益。第7.4条约定的信托利益分配方案为：一般受益人的预期年化收益为7%，若信托计划到期遇有股票停牌等不可预见原因情况导致信托财产无法全部变现时，如果已经变现完成的信托财产不足以支付一般受益人的本金及预期收益，则不足部分的差额部分由特定受益人在2个工作日内追加资金以补足差额部分，用于支付一般受益人的本金及收益；如果已经变现完成的财产等于或大于支付一般受益人的本金及预期收益，则信托财产的现金部分首先用于支付一般受益人的本金及预期收益，剩余现金及无法变现的信托财产在具备变现条件时由受托人按照信托文件的约定支付给特定受益人，直至将信托财产清退完毕。2012 年 11 月 2 日，经该信托第一次受益人大会决定，将该信托计划到期期限变更至 2013 年 11 月 10 日。

2012 年 3 月 9 日，众和股份公开披露《2011 年年度报告》：在报告期内，公司原监事徐某玉持有公司股份数量为 0 股。报告期内主要股东持股情况为：许某成合计持有公司股份总数 54587625 股，持股比例为 14.52%，其中有限售条件股份数量为 40940719 股，质押或冻结的股份数量为 37621200 股；许某和合计持有公司股份总数 68234463 股，持股比例为 18.15%，其中有限售条件股份数量为 68231800 股，质押或冻结的股份数量为 68231800 股；许某林合计持有公司股份总数 23695985 股，持股比例为 6.30%，其中有限售条件股份数量为 12793877 股，质押或冻结的股份数量为 11550000 股；陕西省国际信托股份有限公司－锦江证券信托合计持有公司股份总数 17800053 股，持股比例为 4.74%，为无限售条件股，未办理质押或冻结。期间经过送、配股，至 2013 年 10 月该信托计划实际持有 2918.51 万股众和股份。

2013 年 10 月 31 日，徐某玉与张某、案外人上海奇益投资管理有限公司签署《过桥借款协议书》，载明：徐某玉系陕国投—锦江证券信托计划的特定受益人，该信托计划持有众和股份股票 2918.51 万股，因信托计划将于 2013 年 11 月到期，徐某玉拟向张某借款约 1.6 亿元（具体上下浮动 10%，以交易日实际成交报价为准）过桥资金，用于清算该信托计划，经友好协商，协议如下：一、2013 年 11 月 5 日前，徐某玉通过深交所大宗交易的方式指令指定信托将持有的标的证券过户到张某名下，由张某代持的方式向张某融资。融资期限为 6 个月，年化利率 10%，利息每月末支付。逾期不还的或没有按时支付利息的，张某另外按照每月 2% 的利率向徐某玉收取逾期部分金额的滞纳金。二、在 2013 年 11 月 5 日前，张某必须配合徐某玉向指定信托发出大宗交易方式受让标的证券的指令，并完成标的证券的受让。2013 年 11 月 5 日前若未能完成大宗交易，徐某玉有权单方面终止本协议。三、张某大宗交易方式受让标的证券的每股价格为交易之前一日该股票收盘价的 90%，本协议约定的徐某玉向张某借入的过桥借款本金即为标的证券的股数乘以本条约定的大宗交易的每股价格。四、张某受让标的证券后，非经徐某玉书面指令不得卖出标的证券，但本协议规定的除外。五、在张某代持期间，若标的证券市值低于张某借款金额的107%时，徐某玉须在第二个交易日开盘前向张某指定的银行账户追加保证金，追加资金加标的证券市值，以及标的证券的卖出所得（若有）要达到张某借款金额的115%，否则，张某有权直接卖出部分直至全部股票，以保证标的证券市值加保证金及标的证券卖出所得之和达到卖出标的证券后张某实际借款额的110%。六、大宗交易完成日后3个月内，张某须积极协助徐某玉以信托公司代持（徐某玉作为劣后受益人）或证券公司代持的方式按以下条件之一融资受让张某代持的标的证券：1. 标的证券实际质押率不低于5折，同时年化融资成本不高于9%；2. 标的证券实际质押率不低于6折，同时年化融资成本不高于9.5%。若张某未能在上述约定的期限内按照上述条件之一提供融资渠道，则张某自动放弃向徐某玉收取过桥借款利息的权利。同时徐某玉须积极配合张某实施本次再融资，否则视为徐某玉违约。徐某玉也可以选择自己受让或自行寻找融资渠道受让张某代持的标的证券。七、除本协议第六条约定的张某自动放弃向徐某玉收取过桥借款利息的权利外，无论徐某玉何时归还过桥借款，徐某玉向张某支付的利息都不少于3个月。八、借款期限内，徐某玉指令张某通过大宗交易的方式将代持的标的证券交易卖出给徐某玉或徐某玉指定的第三方，交易价格应尽可能覆盖张某融资本金及应得利息；张某必须配合徐某玉完成大宗交易卖出交易。交易价格加上徐某玉追加的保证金以及张某根据本协议卖出标的证券所得，超过过桥借款本金及利息的部分，张某应当在2个交易日内支付给徐某玉，不足部分徐某玉应当在2个交易日内支付给张某。张某给徐某玉过桥融资的交易费用（交易印花税及交易佣金合计约0.3%）由徐某玉承担。此外，双方还就违约责任、保证以及协议管辖等事项作出了约定。

2013年11月6日，徐某玉向陕国投提交《关于提前终止的申请》，陕国投于2013年11月6日起，对该信托计划进行清算，信托利益核算日及相关信托费用核算日按照本信托计划原定终止日2013年11月10日执行。经清算，该信托收益分配情况如下：清算信托财产所得收益为银行存款为116435230.01元，减去信托管理费26301.37元，减去保管费25260.27元，可分配现金财产合计数：116383668.37元，其中一般受益人信托利益：64020000.00元，特定受益人信托利益52363668.37元，陕国投于2013年11月7日起向全部受益人划付扣除信托管理费、保管费后的全部现金资产。

2014年4月，众和股份公开披露其《2013年年度报告》，在报告期内，众和股份的股东许某和、许某成所持有的股份全部被司法机关冻结，其中绝大部分已经质押，许某林的股份全部处于质押状态。详情如下表：

持股5%以上的股东或前10名股东持股情况质押或冻结情况

股东名称	股东性质	持股比例（%）	持股数量	变动情况	限售股份数量	无限售条件的股份数量	股份状态	数量
许某和	境内自然人	18.15%	115316242	26611441	0	115316242	质押	93600000
							冻结	115316242
许某成		14.52%	92253087	21289174	69189815	23063272	质押	62696673
							冻结	92253086
许某林		2.05%	13000000	−1091715		13000000	质押	13000000

在一审法院审理本案期间，徐某玉的代理人向一审法院提交了2014年6月12日贺某杰向徐某玉邮箱发出的电子邮件一份，内容如下：许董事长、徐某玉先生，2013年10月我应许董事长之邀前往厦门洽谈过桥融资事宜，主宾相谈甚欢。期间许董事长希望我们给徐某玉先生也做一下过桥融资，约定融资利率为年化10%，不足3个月按3个月计算，同时要求我们必须按照约定的条款解决徐某玉先生的后续融资问题，否则过桥利息罚没。市场过桥利率远高于年化10%，何况我们必须在3个月内按照年利率不高于9%、不低于5折或年利率不高于9.5%，不低于6折给徐某玉先生融资。对价是如果我们能更快帮徐某玉先生融到资，给我们的奖励是仍然给3个月的利息。为此我们动用很多关系，许以很高代价在交易之前找到符合上述条件的资金，并恳求陕西国际信托在过桥第二日迅速将产品成立好，希望迅速能拿到2.5%的过桥收益。然而，徐某玉先生的代理人方先生后续让我们很失望。不知何故，方先生迟迟不愿签署新的融资合同，且不能给出合理解释，我们及陕西国投屡次催促无效。近亿资金在陕国投账上空待，资金方多次敦促我们，我们也反复联系方先生，方先生每次都推脱且不说明理由。我们无法承担自己资金方的压力，而且感觉贵方缺乏合作的诚意，完全不替我们着想，我们觉得被耍了。无法理解的推诿，不合作的态度，加之证券市场

的连续下跌，我们的本金岌岌可危。11月14日在屡次恳求无果的情况下，我们为了自保，被迫对股票进行了减持。减持后，方先生才第一次告诉我们徐某玉先生在国外。我们后续多次联系方先生，提出贵方如果愿意追加保证金，我们承诺全部买回。然而方先生没有同意我们的要求，徐某玉先生应该在11月20日左右回国来，但是徐某玉先生从来没有联系过我们，也从来没有提出过解决方案，我们还反复催过，贵方置之不理，错过买回时机，才导致今天的局面（短信记录都有，电话也可以调取）。我们把财务情况向贵方做简要汇报：我们账面总利润约1，150万元（可以提供交割单），支付厦门中介费15万元（有汇款记录），支付上海中介费20万元（有汇款记录），支付信托资金利息约50万元（有汇款记录），协议约定我方应得利息391.3127万元，交易手续费约31.3050万元。基于许董事长的热心和真诚，我们也希望友好解决，愿意返还贵方800万元。

除前述事实外，一审法院认定的事实属实，本院予以确认。

二审中，双方当事人争议的焦点问题为：1. 案涉2918.51万股众和股份股票在通过大宗交易方式过户至张某名下后，张某是否真正取得了系争股票的所有权；2.《过桥借款协议书》的效力应当如何认定，如何确定本案双方当事人应当承担的法律责任。围绕上述争点问题，分述如下：

一、关于张某是否真正取得了系争股票所有权的问题

本院认为，根据现行证券市场的清算交收制度，行为人通过集中竞价交易或者大宗交易平台买入证券后，证券登记结算机构在完成清算交收活动后将证券登记在该行为人的证券账户之中，行为人即取得证券的所有权。一般情况下，登记外观能够表彰所有权的归属，但这一权利判断原则存在例外。行为人虽然在形式上未被登记为证券的所有权人，但通过投资关系、协议或者其他安排，能够实际控制证券权利，并享有该证券的收益或者承担该证券的亏损的，应当认定行为人对该证券拥有实质所有权。本案系争的2918.51万股众和股份股票，原本是登记在陕国投·智慧1号信托计划的名下，嗣后又通过大宗交易平台登记在张某名下。从形式上看，徐某玉并非系争股票的所有权人。但若拘泥于这一登记外观的形式判断标准，则无法解释双方当事人为什么会签订案涉《过桥借款协议书》这一问题。因此，就案涉2918.51万股众和股份股票的所有权归属问题，本院采取实质重于形式的判断标准，加以评判。

首先，徐某玉是陕国投·智慧1号信托计划名下众和股份股票的实质所有权人。本案中，徐某玉在辞任众和股份的监事职务之后，于2011年11月8日与陕国投签订《陕国投·智慧1号定向投资集合资金信托计划信托合同》，并以特定受益人身份认购该信托计划项下特定受益权3000万元，陕国投·财富5号资金信托计划认购该信托计划项下一般受益权6000万元。按照信托合同的约定，徐某玉作为特定受益人，其义务是在信托到期后向一般受益人返还本金并支付年化7%的收益，并承担该信托计划所购众和股份股票价格变动的风险；其权利是在支付信托计划费用、信托税费、一般受益权人本金和预期收益之后，享受其余部分的财产利益。根据《中华人民共和国合同法》第一百九十六条关于"借款合同是借款人向贷款人借款，到期返还借款并支付利息的合同"的规定，该信托计划中特定受益权人徐某玉与一般受益权人陕国投·财富5号资金信托计划之间的法律关系，依法应当认定为借款合同关系。徐某玉自己出资并借入部分款项买入股票，实际享有该股票的收益并承担价格变动的风险，是该部分股票的实质所有权人。上诉人徐某玉关于系争股票由其借款购买，是系争股票的实际权利人的诉讼理由成立，本院予以采信。本案中，系争2918.51万股众和股份股票以陕国投－锦江证券信托的名义持有，以及众和股份年报中未依法如实披露其真实权益归属等违规事实的存在，并不影响本院对系争股票实质所有权的判断。

其次，系争2918.51万股众和股份股票虽然通过大宗交易平台过户至张某名下，但根据案涉《过桥借款协议书》的安排，风险承担和收益归属并未真正从徐某玉转移到张某一方。本案中，按照信托合同的约定，在陕国投·智慧1号信托计划到期后，徐某玉应当变现信托财产以支付信托计划费用、信托税费、一般受益权人本金和预期收益，从而实现其在该信托计划中的财产利益。但上诉人徐某玉并未选择通过交易市场变现股票，而是在众和股份的实际控制人许某成和案外人贺某杰的撮合下，通过向张某借款的方式实现信托计划形式上的清算。根据案涉《过桥借款协议书》的约定，徐某玉通过大宗交易将信托计划持有的股票过户到张某名下，以由张某代持的方式向张某融资。张某受让股票后须积极协助徐某玉以信托公司或证券公司代持的方式受让张某代持的股票，徐某玉指令张某通过大宗交易的方式将股票卖给徐某玉或其指定的第三方，交易价格应尽可能覆盖张某融资本金及应得利息，交易完成后张某因此获得的款项如超过过桥借款本息，张某应当在2个交易日内将超过部分支付给徐某玉，不足部分徐某玉应当在2个交易日内支付给张某，交易费用由徐某玉承担。由此可见，本案中当事人的协议安排虽然在形式上存在着股票从“锦江证券信托→张某→新的信托计划”的交易结构设计，且股票也已经实际经由深圳证券交易所的大宗交易平台过户到张某名下，但有别于真实的大宗交易，系争股票价格变动的收益和风险并未因此而发生转移。根据当事人在协议中的约定，股票的价格变动风险仍然由徐某玉承担，收益亦由徐某玉享有。因此，系争股票的所有权并未真正发生转移。上诉人徐某玉关于其是案涉股票的实际权利人、张某只是代持有人的诉讼理由成立，本院予以采信。被上诉人张某关于其实际出资、通过大宗交易买入标的证券，在深圳证券交易所和中登公司均有登记，在法律上取得了对标的证券享有自由处分的权利的诉讼理由不能成立，本院不予采信。

二、关于《过桥借款协议书》的效力认定及当事人的责任承担问题

关于《过桥借款协议书》的效力问题。本院认为，证券交易市场不仅是买卖双方的交易平台，也承载着价格发现这一重要功能。建立一个自由、公平、充分公开的证券市场，使市场参加人基于充分公开之信息、立于平等地位、通过自然供求关系而形成交易价格，排除任何不当人为干预的供求关系，是证券市场制度设计的基本价值目标。对理性的投资者而言，其投资决策的依据包括上市公司公开披露的信息，交易市场行情变化的信息，以及宏观经济环境、特定行业景气等多个方面的信息。实践中，沪、深交易所之所以及时发布市场行情信息、披露个股的大宗交易信息和龙虎榜成交数据，均是为了使投资者能够及时获得真实的行情信息并在此基础上做出交易决策。为保障每个投资者都能立于公平的地位上进行交易，法律制度必须禁止任何人为干扰供求关系与价格发现的行为。本案中，双方当事人所实施的交易行为通过大宗交易市场进行并由交易所向市场发布大宗交易信息，但由于系争股票的实质所有权并未转移，导致投资者获得的交易信息并不能够反映案涉交易的真实情况，误导投资者对众和股份股票交易市场供求关系的判断，这种不转移实质所有权的交易安排，本身就具备较强的可责性，为包括我国在内的各国立法所禁止。根据本院查明的事实，案涉大宗交易发生在众和股份的实际控制人许某成家族成员将持有的股票大部质押，且已经全部被司法机关冻结的背景之下。一旦众和股份股票的二级市场交易价格出现大幅下跌的

情况，不仅将直接影响出质股票的担保价值，若债权人行使质权，还将直接威胁到许某成家族对公司的控制权。由此足以认定，被上诉人张某关于许某成担心大量股票在二级市场清盘抛售造成股价大幅下跌、亲自撮合本案过桥借款的解释，符合本案的实际情况，本院予以采信。许某成和徐某玉之所以选择通过大宗交易代持的方式向张某融资，是为了避免采用市场化的清算手段给众和股份的股价造成不利影响，防止众和股份二级市场交易价格下跌。被上诉人张某不仅清楚徐某玉和许某成的上述目的，还实际提供资金为其完成过桥。在此基础上，本院认定，徐某玉和张某不仅在客观上实施了不转移实质所有权的自买自卖行为，在主观上还具有人为干预众和股份在二级市场上的供求关系、影响证券交易价格的共同故意。

《中华人民共和国证券法》第七十七条第一款第三项规定，禁止任何人以在自己实际控制的账户之间进行证券交易，影响证券交易价格或者证券交易量的手段操纵证券市场。本案双方当事人通过《过桥借款协议书》的安排所实施的不转移实质所有权的自买自卖活动，构成在徐某玉实际控制的账户之间进行交易。无论其交易结果在客观上是否实际影响了众和股份的证券交易价格和交易量，都不影响双方当事人意在人为干预股票交易市场的供求关系，以避免在二级市场抛售股票造成众和股份股价下跌这一合同目的之认定。当事人在协议中所追求的合同目的，直接违反了《中华人民共和国证券法》的前述强制性规定，构成《中华人民共和国合同法》第五十二条第三项规定的以合法形式掩盖非法目的的合同，依法应当认定案涉《过桥借款协议书》为无效合同。原审判决关于案涉《过桥借款协议书》合法有效的认定不当，本院予以纠正。对双方当事人基于合同有效而提出的相关诉辩理由，因无相应的法律依据，本院不予支持。

关于合同无效后当事人的责任承担问题。《中华人民共和国民法通则》第六十一条规定，民事行为被确认无效后，当事人因该行为取得的财产，应当返还给受损失的一方；有过错的一方还应赔偿对方因此所受的损失，双方都有过错的，应当各自承担相应的责任。据此，张某应当向徐某玉返还其在二级市场出售众和股份股票所收回的款项与其向徐某玉借出款项之间的差额，并赔偿徐某玉维护自身权利提起本案诉讼的合理支出；徐某玉应当向张某赔偿张某支出的交易成本、垫付资金的利息损失以及为徐某玉寻找接盘资金而向开源证券所支付的利息损失等。因此，一审法院酌定张某向徐某玉赔偿股票差价损失800万元并承担20万元律师费的处理结果，虽然理由有欠允当，但其处理结果尚属公平合理，可予维持。上诉人徐某玉关于张某应当向其赔偿股票损失310436507元、律师费损失人民币300000元、诉讼保全担保费用人民币700000元的诉讼主张，并无相应的事实和法律依据，本院不予支持。

综上，上诉人徐某玉的上诉请求不能成立，本院不予支持。原审判决的判决理由虽有瑕疵，但其处理结果并无不当，本院予以维持。根据《中华人民共和国民事诉讼法》第一百七十条第一款第一项，《最高人民法院关于适用〈中华人民共和国民事诉讼法〉的解释》第三百三十四条之规定，判决如下：

驳回上诉，维持原判。

二审案件受理费1595482.50元，由上诉人徐某玉负担。

本判决为终审判决。

审判长：周伦军；审判员：王展飞、马东旭；法官助理：李洁；书记员：王薇佳

二〇一八年六月一日

第九部分　票 据 法

专题三十八

持票人以通谋虚伪行为取得票据的，所涉相关民事行为应属无效，票据持有人不享有票据权利

——中国民生银行股份有限公司南昌分行诉江西省地方有色金属材料有限公司、上海红鹭国际贸易有限公司、陶某君、罗某钢票据追索权纠纷案

【裁判观点】

近年来，由于我国金融监管机构不断加强金融风险管控，企业融资难问题普遍存在。在这种情况下，金融市场出现了许多表现形式虽不同，但其实质均为金融借贷的乱象，例如审判实践中出现的大量以保理合同、信托合同、票据贴现纠纷为案由的案件，经审理后发现当事人之间真实的法律关系并非合同表面形式所表现的法律关系，而实际均属金融借贷关系。上述合同的订立，合同当事人一般都是在规避国家有关金融管理的规范，或者是信贷规模问题、或者是资金流向问题等等。本案即属于以票据贴现形式进行金融借贷的典型案例。此类纠纷案件审理中，常常会发生案件性质与效力等问题的争议。为此，本案从案件当事人的真意出发，分析认定当事人之间纠纷的性质，并对不符合真意的民事行为依法否定其效力。判决的效应既是为了能够起到规范金融市场、防范金融风险的作用，亦是为了促使金融主体能够依法严格金融行为，以有利于充分保障国家金融市场的有序与稳定。

根据《中华人民共和国民法通则》第五十五条及《中华人民共和国民法总

则》第一百四十六条规定，民事法律行为应当意思表示真实，行为人与相对人以虚假的意思表示实施的民事法律行为无效，以虚假的意思表示隐藏的民事法律行为的效力，依照相关法律规定处理。（一）根据查明事实，本案各方当事人真实的意思表示是借款，票据贴现是其具体融资方式。（二）本案票据活动是各方通谋虚伪行为，所涉民事行为无效，持票人主张本案票据权利不应支持。本案中，各方当事人明知案涉票据项下的基础合同均无真实交易，但为了各自目的，相互合谋实施了本案票据行为。据此，依照上述法律规定，因案涉票据而订立的各基础购销合同、票据贴现合作合同、担保合同均应确认无效。持票人取得案涉票据，系出于其贷款企业能够归还所欠逾期贷款的目的，而在明知案涉票据的签发、转让均无真实基础交易的情况下与出票人以通谋虚伪行为取得，且其在明知出票人无给付能力情况下，为案涉票据的贴现提供授信额度。因此持票人取得案涉票据符合《中华人民共和国票据法》第十二条第一款规定的以非法手段取得的情形，其依法不应享有票据权利。同时，持票人取得票据时具有的上述情形，亦符合《中华人民共和国票据法》第十三条第一款“票据债务人不得以自己与出票人或者与持票人的前手之间的抗辩事由，对抗持票人。但是，持票人明知存在抗辩事由而取得票据的除外”的规定，案涉票据的债务人据此抗辩不应承担票据责任，应予支持。（三）本案应按虚假意思表示所隐藏的真实的借款法律关系处理。本案各方真实的的意思表示是借款，该借款行为不违反法律的禁止性规定，应认定为有效。借款人应当按照实际取得的借款金额向出借人偿还借款本金及法定利息。

综上，案涉票据活动虚假行为隐藏的真实意思表示是民生银行南昌分行与有色金属公司之间的借款关系，该借款关系及罗某钢、陶某君为该借款提供连带责任保证，均属各方真实意思表示，应属有效。有色金属公司获得案涉借款后，至今尚欠 59536969. 19 元未还，故有色金属公司、罗某钢、陶某君应对该欠款本金及其正常银行利息承担责任。

中华人民共和国最高人民法院
民事判决书

案号（2017）最高法民终41号

上诉人（原审原告）：中国民生银行股份有限公司南昌分行，住所地江西省南昌市红谷滩新区会展路545号。

负责人：石鹏飞，该行行长。

委托诉讼代理人：何大年，江西豫章律师事务所律师。

委托诉讼代理人：何桂红，江西豫章律师事务所律师。

上诉人（原审被告）：上海红鹭国际贸易有限公司，住所地上海市沪太路1895弄51号10幢二楼258室。

法定代表人：马惠智，该公司董事长。

委托诉讼代理人：周晓，北京市海嘉律师事务所律师。

委托诉讼代理人：胡玉梅，北京市海嘉律师事务所律师。

被上诉人（原审被告）：江西省地方有色金属材料有限公司，住所地江西省南昌市高新区火炬大街201号创新大厦303室。

法定代表人：罗某钢，该公司经理。

被上诉人（原审被告）：陶某君，女，1973年1月31日出生，汉族，住江西省南昌市青山湖区。

被上诉人（原审被告）：罗某钢，男，1973年1月21日出生，汉族，住江西省南昌市东湖区。

中国民生银行股份有限公司南昌分行（以下简称民生银行南昌分行）诉江西省地方有色金属材料有限公司（以下简称有色金属公司）、上海红鹭国际贸易有限公司（以下简称红鹭公司）、陶某君、罗某钢票据追索权纠纷一案，江西省高级人民法院作出（2016）赣民初5号民事判决，民生银行南昌分行、红鹭公司不服，向本院提起上诉。本院依法组成合议庭，开庭进行了审理。上诉人民生银行南昌分行的委托诉讼代理人何大年、何桂红，上诉人红鹭公司的委托诉讼代理人周晓、胡玉梅，被上诉人有色金属公司的法定代表人罗某钢，被上诉人罗某钢到庭参加诉讼；被上诉人陶某君经本院合法传唤未到庭。本院依法缺席审理了本案，现已审理终结。

民生银行南昌分行上诉请求：一、撤销江西省高级人民法院（2016）赣民初5号民事判决第三项；二、改判有色金属公司、红鹭公司立即向民生银行南昌分行支付迟延还款利息、罚息22917558.63元（利息、罚息暂计至2016年2月15日，实际金额计算至还清全部款项之日止）；三、判令陶某君、罗某钢对上述有色金属公司、红鹭公司应支付的利息、罚息承担连带清偿责任。四、判令本案的一审诉讼费、上诉费全部由有色金属公司、红鹭公司、陶某君、罗某钢承担。事实与理由：原审判决认定民生银行南昌分行在明知江西正拓实业发展有限公司（以下简称正拓公司）、有色金属公司尚欠贷款未归还情况下仍授信1.1亿元给有色金属公司，且对有色金属公司、红鹭公司提供不真实材料申请贴现时审查不严，对该两公司到期不能支付票据款项构成违约负有责任，理由牵强，且违反票据法规定。一、授信过程中是否存在瑕疵，根据票据法的有关规定，均不影响票据关系及票据责任的承担。（一）原审判决将民生银行南昌分行的授信行为认定为其负有责任的原因之一，理由不能成立。正拓公司并非本案的当事人，民生银行南昌分行对有色金属公司的授信业务，与正拓公司没有关系。（二）《商业银行授信工作尽职指引》第三十五条规定：商业银行不得对以下用途的业务进行授信：1. 国家命令禁止的产品或项目；2. 违反国家规定从事股本性投资，作为注册资本金注册验资、增资扩股项目；3. 违反国家规定，从事股票、期货、金融衍生产品等投资；4. 其他违反法律法规、政策的项目。本案民生银行南昌分行的授信行为未违反上述规定，在有色金属公司与红鹭公司有购销业务往来且有回款保证的前提下，对其授信，民生银行南昌分行没有过错。而且，尽管民生银行南昌分行对有色金属公司进行了授信，但并没有对其发放贷款，本案中通过贴现获得款项的是红鹭公司。（三）原审判决已经认定案涉票据为有效票据，民生银行南昌分行享有票据权利，并享有票据追索权。本案所涉授信行为是案涉票据的基础关系之一，依据票据无因性原则，票据关系一旦形成就与基础关系相分离，基础关系是否存在、是否合法有效均不影响票据效力。《最高人民法院关于审理票据纠纷案件若干问题的规定》第十四条规定，票据债务人以《中华人民共和国票据法》第十条、第二十一条的规定对抗票据持有人的，人民法院不予支持。原审判决将民生银行南昌分行的授信行为作为负有责任的原因之一，有悖于票据法的本意及原则。本案《商业汇票代理贴现（贴现宝）合作协议》（以下简称《贴现宝合作协议》）是各方的真实意思表示，对各方均具有约束力，无论是根据各方约定，还是依据法律规定，有色金属公司、红鹭公司、罗某钢、陶某君均应承担票据金额以及利息、罚息的支付责任。二、民生银行南昌分行在审查票据贴现申请材料时无过错。（一）原审判决已经认定本案《贴现宝合作协议》及《商业汇票代理贴现（贴现宝）申请表》（以下简称《贴现申请表》）是三方当事人真实意思，内容不违反法律规定，是有效协议。（二）本案贴现申请人是红鹭公司，有色金属公司并不是票据贴现申请人，而是出票人，其所出票据不存在伪造、变造等情况，票据文义、记载事项符合票据法规定，为有效票据，不存在民生银行南昌分行有审查不严的情形。（三）票据贴现是红鹭公司的主动行为，系其真实意思表示。民生银行南昌分行在案涉票据贴现过程中审核了红鹭公司的申请事项及相关资料，民生银行南昌分行在票据贴现过程中所实施的行为，符合银行内部的操作流程，符合票据法规定，没有过错。（四）有色金属公司与红鹭公司商议签订虚假的无实物交割合同，民生银行南昌分行对此并不知情，对其购销合同的审查也只能作形式审查，民生银行南昌分行依法不应当对所签订的虚假合同承担责任。且民生银行南昌分行依据《贴现宝合作协议》约定及票据法规定，向红鹭公司支付了对价，背书受让取得票据，票据权利的行使理应得到全部支持。综上，原审判决认定民生银行南昌分行在授信及贴现审查材料中负有责任错误，民生银行南昌分行享有票据权利，有色金属公司、红鹭公司、罗某钢、陶某君应承担约定及法定支付责任。

红鹭公司上诉请求：一、撤销江西省高级人民法院（2016）赣民初5号民事判决第一项，改判驳回民生银行南昌分行要求红鹭公司承担付款责任的诉讼请求；二、民生银行南昌分行承担全部诉讼费用。事实与理由：一、原审法院违反法定程序，剥夺红鹭公司的诉讼权利。（一）原审法院无视红鹭公司解除财产保全的申请，致国有资产蒙受损失。（二）原审法院无视红鹭公司调查取证申请，导致与本案有关的重要事实未能查清。红鹭公司对于商业承兑汇票、《贴现宝合作协议》等均不知情，民生银行南昌分行及有色金属公司构成欺诈，相关证据都在审理有色金属公司、罗某钢骗取贷款案的上海市黄浦区人民法院和检察院。原审中，红鹭公司多次向原审法院递交了调查取证申请、请求调取罗某钢涉嫌刑事犯罪的相关证据，原审法院既不依职权调取证据，又不给红鹭公司签发调查令。生效的上海市黄浦区人民法院（2015）黄浦刑初字第828号刑事判决（以下简称828号刑事判决）虽已确认民生银行南昌分行的严某军在有色金属公司和正拓公司欠民生银行南昌分行贷款无法归还，且没有偿还能力的情况下，与罗某钢商量通过与红鹭公司做一笔虚假的金属铜交易，以达到民生银行南昌分行收回逾期贷款的非法目的。但是该判决对于严某军和罗某钢如何商议、提供了哪些虚假材料、授信程序如何完成等细节并未载明，该情节是认定民生银行南昌分行恶意贴现的关键证据。因此，如不调取刑事案件中严某军和罗某钢的笔录等证据，本案关键事实不能查清，而原审法院无视红鹭公司调查取证申请，剥夺了红鹭公司的诉讼权利。（三）原审判决以未经质证的《情况说明》为依据，错误地认定民生银行南昌分行并非刑事案件的受害人。1. 民生银行南昌分行未将《情况说明》作为庭审证据向法庭提交，且未经质证，不具有证据效力。原审判决将未经质证的证据作为认定案件事实的依据，违反法律规定。2. 民生银行南昌分行在刑事案件中的受害人身份已经生效的828号刑事判决确认，不因其自身否认而变更。首先，民生银行南昌分行以被害人身份直接参与了有色金属公司、罗某钢骗取贷款案的整个审理过程；其次，828号刑事判决对民生银行南昌分行的被害人身份已经确认；最后，生效的刑事判决对因被告人犯罪行为给被害人造成损失的赔偿已作出处理。由此，原审判决以上述《情况说明》否认民生银行南昌分行的被害人身份，认定生效刑事判决不影响民生银行南昌分行行使票据权利，与该刑事判决结果相矛盾。二、民生银行南昌分行非善意持票人，依法不享有票据权利。（一）民生银行南昌分行明知有色金属公司套取银行资金借新还旧，系恶意取得票据，不享有票据权利。1. 民生银行南昌分行明知有色金属公司与正拓公司的关联关系及财务状况。根据江西省南昌市中级人民法院（2013）洪民二初字第204号民事判决查明的事实，民生银行南昌分行早在2012年9月14日即与有色金属公司、正拓公司签订过《商业汇票贴现协议》，进行商业汇票贴现，并由罗某钢、陶某君承担连带保证责任。因此，民生银行南昌分行对于有色金属公司的财务状况及其与正拓公司的关联关系是明知的。2. 民生银行南昌分行与有色金属公司恶意串通骗取红鹭公司的信任。第一，民生银行南昌分行在事前有合谋。828号刑事判决已经认定有色金属公司、罗某钢犯骗取贷款罪，其犯罪过程为："2012年年底，正拓公司有7000余万元的逾期贷款无法归还，罗某钢向贷款银行民生银行南昌分行金融市场部副总经理严某军提出，由有色金属公司向红鹭公司购买一批高纯阴极铜，有色金属公司以商业承兑汇票的形式支付货款，再由红鹭公司持票据到民生银行南昌分行申请贴现，并承诺会确保红鹭公司将所有贴现款用于归还正拓公司的逾期贷款。”结合罗某钢在本案庭审中“贷款的原意是借新还旧，这笔贷款是民生银行工作人员与我洽谈并于2012年12月26日同我去北京办理的授信手续”的陈述，证明民生银行南昌分行明知有色金属公司获取授信和开具商业承兑汇票的目的是利用贴现款偿还贷款。第二，民生银行南昌分行为案涉票据能够贴现提前做好了准备。第三，民生银行南昌分行深度参与了所有案涉合同的签订及票据、资金的流转过程。因此，民生银行南昌分行在本案票据开具和贴现之前，对于有色金属公司利用红鹭公司进行连环贸易是为了套取资金以达到借新还旧的目的是明知的，并且深度参与了上述行为，其系出于转嫁金融风险的目的恶意取得案涉票据，依法不得享有票据权利。（二）民生银行南昌分行在贴现、取得票据的过程中存在重大过失，不享有票据权利。《商业汇票承兑、贴现与再贴现管理暂行办法》（银发［1997］216号）第十八条规定：“向金融机构申请票据贴现的商业汇票持票人，必须具备下列条件：一、为企业法人和其他经济组织，并依法从事经营活动；二、与出票人或其前手之间具有真实的商品交易关系；三、在申请贴现的金融机构开立存款账户。”第十九条规定：“持票人申请贴现时，须提交贴现申请书，经其背书的未到期商业汇票，持票人与出票人或其前手之间的增值税发票和商品交易合同复印件。”本案中，首先，作为贴现申请人的红鹭公司并没有在民生银行南昌分行开立存款账户；其次，民生银行南昌分行在2012年12月28日就办理了贴现手续并支付了贴现款，但红鹭公司于2013年1月9日才为有色金属公司开具了增值税专用发票，可见民生银行南昌分行在贴现时并没有核对增值税发票。因此，民生银行南昌分行在贴现过程中有重大过失，根据《中华人民共和国票据法》第十二条第二款规定，依法不享有票据权利。三、本案是民生银行南昌分行与有色金属公司之间的借款合同纠纷而非票据追索权纠纷。在民生银行南昌分行不享有票据权利的情况下需要考察票据所涉及的基础关系，即合同关系。在涉案商业承兑汇票被拒付后，贴现银行享有两种权利，一是基于票据关系主张票据追索权，贴现银行依背书取得票据，到期享有付款请求权，并在票据拒付时，享有对于包括贴现申请人在内的所有背书人的追索权，这是作为票据上的被背书人享有的票据权利；二是基于票据基础合同关系主张相应的合同权利，是贴现银行和申请人之间在票据关系之外特殊的约定。原审判决认定民生银行南昌分行根据三方协议向红鹭公司追索商业承兑汇票项下的款项，属于票据追索权纠纷，混淆了票据权利与合同权利，属于适用法律错误，本案应为合同纠纷。（一）《贴现宝合作协议》不是红鹭公司的真实意思表示，该合同没有成立，对红鹭公司没有约束力。红鹭公司的真实意思表示就是在连环贸易中赚取价差，红鹭公司不会也不可能为了获取极少的差价而将自己陷于1.1亿元票据责任的巨大风险中。（二）即便《贴现宝合作协议》和《有色金属公司阴极铜购销合同》（以下简称《阴极铜购销合同》）成立，亦应当予以撤销。民生银行南昌分行与有色金属公司之间达成了借新还旧的合意，双方共谋通过开具商业承兑汇票的方式从红鹭公司购买高纯阴极铜并贴现以套取银行资金，达到借新还旧、转嫁风险的目的，并实际实施。红鹭公司并不知晓二者的真实意图，其真实意思是赚取连环贸易中的差价，而非替代或帮助有色金属公司、正拓公司偿还贷款。因此，红鹭公司系受欺诈签订的案涉合同。红鹭公司自案发时才知道受欺诈，未超过合同法规定的行使撤销权的期限，应当予以撤销。（三）民生银行南昌分行代理红鹭公司向自己申请贴现，损害了红鹭公司的利益，《贴现宝合作协议》应无效。民生银行南昌分行既是红鹭公司的贴现申请代理人，又是贴现银行，其在明知出票人、付款人有色金属公司到期不能偿还贴现资金的情形下，代理红鹭公司向自己申请贴现并发放了巨额贴现资金，使红鹭公司承担票据责任，严重损害了红鹭公司的利益，其代理红鹭公司向自己申请贴现的行为无效。（四）有色金属公司利用民生银行南昌分行发放的贷款完成了票据付款义务，《贴现宝合作协议》已履行完毕。民生银行南昌分行利用出票人、承兑人有色金属公司的授信额度发放贴现款的过程分为三步，第一，有色金属公司根据授信协议实际借款；第二，有色金属公司将借的款项付给民生银行南昌分行，即票据下付款；第三，民生银行南昌分行利用该款项向红鹭公司放款，即贴现。上述借款、付款、贴现同步进行，因此该过程中实际上有色金属公司利用借得的款项完成了汇票下的付款义务，《贴现宝合作协议》下的权利义务已经履行完毕。民生银行南昌分行诉称有色金属公司未能如期支付票据款项与事实不符。（五）本案系实际借款人有色金属公司与民生银行南昌分行的借款合同纠纷。有色金属公司作为承兑人向红鹭公司签发商业承兑汇票，应当于汇票到期日前给付。因商业承兑汇票的信用程度一般低于银行承兑汇票，故有色金属公司向民生银行南昌分行申请了1.1亿元的授信额度，由民生银行南昌分行根据持票人的申请予以贴现。红鹭公司收取商业承兑汇票后在汇票到期前，与民生银行南昌分行签订《贴现宝合作协议》，并通过背书转让方式从民生银行南昌分行取得贴现款，民生银行南昌分行亦依授信协议取得对有色金属公司的付款请求权。因此，从承兑人的付款义务、商业承兑汇票的流通性特点以及民生银行南昌分行贴现承诺、支付对价受让票据权利的事实分析，系有色金属公司实际从民生银行南昌分行取得了涉案贷款，故实际借款人是有色金属公司，民生银行南昌分行与有色金属公司之间成立借款合同关系，且是借新还旧的借款合同，民生银行南昌分行行使的是贷款追偿权，实际追偿的是其根据授信协议发放的贷款。四、有色金属公司与民生银行南昌分行之间恶意串通，双方之间的借款合同损害了合同之外第三人红鹭公司的利益，同时二者以开具商业承兑汇票并贴现的合法形式掩盖骗取贷款、借新还旧、转嫁风险的非法目的，违反《中华人民共和国合同法》第五十二条第二款、第三款的规定，因此借款合同自始无效。五、各方责任。(一) 有色金属公司通过无效借款合同获得的款项应当返还给民生银行南昌分行。(二) 民生银行南昌分行明知该商业承兑汇票对应的交易是有色金属公司设计用来套取银行资金以借新还旧的，仍然予以办理授信和贴现，具有主观过错，对于不能从有色金属公司获偿应自担一部分风险。(三) 红鹭公司不应承担责任。首先，如前所述，《贴现宝合作协议》下权利义务已履行完毕。其次，红鹭公司并非借款合同关系的当事人，不是适格被告。最后，红鹭公司是受欺诈才与有色金属公司进行交易，并与民生银行南昌分行因票据发生款项往来，其并不知晓有色金属公司、民生银行南昌分行借新还旧、转嫁风险的真实意图，对于民生银行南昌分行出借款项以及无法获偿没有过错，不负赔偿责任，也不承担利息。原审判决红鹭公司对案涉贴现款承担支付责任，适用法律错误。综上，本案并非票据追索权纠纷，而是一起借款合同纠纷，民生银行南昌分行为了收回逾期负债，减轻不良资产率，与罗某钢共同策划并实施了这个恶意贴现方案，共同欺诈红鹭公司，以达到套取银行资金借新还旧的非法目的，原审判决认定事实不清，适用法律错误。

民生银行南昌分行针对红鹭公司的上诉辩称：一、《贴现宝合作协议》及票据的贴现申请是各方当事人的真实意思表示。红鹭公司主张《贴现宝合作协议》的当事人之间没有过任何形式的联系、沟通和商议，不符合事实。罗某钢与红鹭公司的总经理房某庆商议由房某庆将本案业务的具体事宜交由其财务经理办理，是双方协商一致的结果。红鹭公司的财务经理按照公司总经理的安排，具体操办《贴现宝合作协议》的签订及票据贴现申请，应该清楚上述行为的含义、后果及责任。红鹭公司现否认其当时的真实意思表示，目的是为逃避其本应承担的法律责任。二、本案不是借新还旧的合同关系，案由应该认定为票据追索权纠纷。借新还旧是指借贷企业在旧贷未还的情况下，又和银行签订新的借贷合同，以新贷偿还旧贷的行为。而本案有色金属公司并非与民生银行南昌分行签订借贷合同，更不存在用新贷款偿还旧贷的行为。民生银行南昌分行只是按照银行操作流程，按照《贴现宝合作协议》约定，将票据贴现款支付至红鹭公司指定账户。红鹭公司收到该笔款项后，即享有了完全的所有权、使用权、处分权，民生银行南昌分行并不能控制、干涉其资金的使用情况。红鹭公司有权处分自己的资金，也应对自己的处分行为负责。至于红鹭公司将款项支付给正拓公司，与民生银行南昌分行并无关系。不能以该资金流转行为推定为是以贷还贷、借新还旧行为。因此，红鹭公司认为本案属于借新还旧的合同关系是牵强附会，不能成立。本案是因为有色金属公司拒付票据款项，民生银行南昌分行在多次向其与红鹭公司催讨无果的情况下，为进行追索而提起的诉讼，案由应确定为票据追索权纠纷。三、民生银行南昌分行取得的票据为有效票据，依法享有票据权利。首先，本案票据为有效票据。其次，民生银行南昌分行所持票据为有效取得。民生银行南昌分行并非以欺诈、偷盗或者胁迫等手段恶意取得票据，而是经红鹭公司自愿申请贴现，背书转让，善意取得票据，并按照约定向红鹭公司支付了贴现款，不违反票据有关法律规定。最后，红鹭公司与有色金属公司之间的购销合同真实与否不影响民生银行南昌分行对案涉票据享有票据权利。票据贴现实际上就是金融机构与持票人之间融通资金、买卖票据的交易关系，银行支付了贴现款即当然享有票据权利。至于红鹭公司与有色金属公司之间的购销合同是没有实物交割、无真实交易关系的虚假合同，民生银行南昌分行对此并不知情。民生银行南昌分行所持票据记载事项完备，且通过支付对价取得票据，不具有票据法意义上的重大过失行为，应依法认定享有票据权利。四、有色金属公司及罗某钢犯罪事实不能豁免红鹭公司的票据责任。民生银行南昌分行认为，828号刑事判决认定有色金属公司及罗某钢犯骗取贷款罪，是经不起推敲，也是十分不正常的。无论有色金属公司及罗某钢是否构成犯罪，都没有证据证明民生银行南昌分行对于罗某钢提供不实的财务资料及与红鹭公司签订虚假合同是事先知情的。民生银行南昌分行办理此单业务，完全是按照金融机构内部操作规定审批流程办理，没有过错，更谈不上恶意串通、欺骗及涉嫌犯罪。红鹭公司是自愿和有色金属公司做这笔交易的，其明知道接受商业承兑汇票这种付款方式即需要承担付款人不付款的风险，明知道将所接受的汇票转让贴现就承担了可能被追索的责任，但其甘愿承担风险，将款项转让给他人，甘愿冒风险虚开增值税发票，其中的内幕绝不像红鹭公司所说只是为了“挣差价”那么简单。因此，即便存在有色金属公司及罗某钢的犯罪问题，但其刑事判决的认定也不可能取代红鹭公司与民生银行南昌分行之间的民事关系，不能豁免红鹭公司应当依法承担的票据责任，刑事责任与民事法律关系不能混为一谈。综上所述，本案并非一起借款合同纠纷，而是因票据而引发的票据追索权纠纷。民生银行南昌分行所持票据合法有效，系经背书支付贴现款而善意取得，应当享有票据权利，红鹭公司应当依据票据法规定承担被追索的法律责任。故请求依法驳回红鹭公司的上诉请求。

针对民生银行南昌分行的上诉请求和理由，有色金属公司、罗某钢在庭审中口头答辩称：本案实际就是借新还旧，正是因为先有正拓公司对民生银行南昌分行的逾期贷款，而罗某钢是有色金属公司和正拓公司的实际控制人，因此，罗某钢与民生银行南昌分行商议通过票据贴现取得贷款。本案所有贷款归还了正拓公司的逾期贷款。有色金属公司、罗某钢对红鹭公司的上诉请求无异议。

2013年7月22日，民生银行南昌分行向原审法院起诉，请求：一、判令有色金属公司、红鹭公司立即支付票款65098080.30元，并承担迟延还款利息、罚息22917558.63元，共计88015638.93元（利息、罚息暂计至2016年2月15日，实际金额计算至还清款项之日止）；二、判令陶某君、罗某钢对有色金属公司、红鹭公司的前述债务承担连带清偿责任。

原审判决认定事实：2012年12月28日，有色金属公司作为付款人开具了票面金额为1.1亿元的商业承兑汇票一张，票号为00100063/21113251，收款人为红鹭公司，到期日为2013年6月28日。该票据出票人栏和承兑人栏中均加盖了有色金属公司财务专用章和刘国平的私章。汇票背面第一被背书人为民生银行南昌分行（注：应为红鹭公司），背书人栏中加盖了红鹭公司财务专用章和李某兴私章，第二被背书人为民生银行南昌分行，背书人栏中加盖了民生银行结算专用章和徐某私章，并有“委托收款”字样。同日，红鹭公司（甲方）作为贴现申请人与民生银行南昌分行（乙方）作为代理人及贴现银行、有色金属公司（丙方）作为汇票前手持票人签订编号公贴现字第201207号《贴现宝合作协议》一份，协议主要内容为：甲方提交丙方出具的商业承兑汇票，其以与丙方之间的交易合同、增值税发票等材料向乙方申请汇票贴现，乙方同意为甲方办理汇票贴现，甲方承诺所提交的贴现申请材料以及相关的陈述和说明都是真实的、合法的、有效的和完整的；双方每次办理贴现手续时，所适用的贴现利率由双方商定并记载于《贴现宝申请表》中，该申请表构成本协议的组成部分。贴现业务按照贴现利息直接从贴现本金中扣划的方式支付贴现利息；甲方授权乙方将票据贴现款项划入户名为红鹭公司、账号为10×××04、开户行为工行联合大厦支行的指定账户；汇票贴现后乙方即有权根据票据法等有关法律法规行使票据项下的权利，如果已贴现的商业汇票遭拒付，甲方将按本协议的约定向乙方承担支付责任。若乙方收到商业汇票项下款项的时间超过本协议约定的期限，则乙方有权向甲方追索逾期罚息，逾期罚息按中国人民银行最新公布的六个月贷款利率上浮50%的罚息利率计收；乙方对甲方行使票据追索权时，有权要求甲方支付下列金额及费用：（1）被拒绝付款的汇票票面金额；（2）汇票票面金额自贴现期限到期日起至清偿日止的逾期罚息；（3）乙方为行使追索权而支付的诉讼费、仲裁费、律师费等实现债权的费用；（4）乙方因此而遭受的其他经济损失；甲方提交并经乙方确认的每份《贴现宝申请表》自动构成本协议的附件，该附件是本协议的组成部分，本协议主文与之不一致时应以附件为准；本协议有效期限为壹拾贰个月，自2012年12月28日至2013年12月28日。红鹭公司、民生银行南昌分行、有色金属公司均在该协议上加盖公司及法定代表人印章予以确认。2012年12月28日，红鹭公司向民生银行南昌分行出具《贴现宝申请表》，就票号为00100063/21113251的商业承兑汇票办理票据贴现，贴现利率为10%，并确认将票据贴现款项划入户名为红鹭公司、账号为10×××04、开户行为工行联合大厦支行的指定账户。民生银行南昌分行经审核同意办理该贴现业务，确认贴现款金额为104438888.89元。同日，有色金属公司向民生银行南昌分行出具《商票贴现额度占用确认函》，同意红鹭公司向民生银行南昌分行办理票号为00100063/21113251的商业承兑汇票贴现业务时，占用其贴现额度。

同日，罗某钢与民生银行南昌分行签订《担保合同》（编号：个担保字第DB1300000000083号），合同约定为确保有色金属公司与民生银行南昌分行签订的主合同的履行，罗某钢自愿为主合同项下的债务提供连带保证责任，担保的主债权为主合同债务人、红鹭公司与民生银行南昌分行签署的编号为公贴现字第201207号的《贴现宝合作协议》项下编号为201207—1的《贴现宝申请表》项下的民生银行南昌分行全部债权。陶某君与民生银行南昌分行也签订了与上述内容相同的《担保合同》（编号：个担保字第DB1300000000086号）。

上述协议签订后，民生银行南昌分行依约办理了商业承兑汇票贴现业务，在扣除利息5561111.11元后，向红鹭公司支付贴现款104438888.89元。商业承兑汇票到期后，有色金属公司未能如期支付票据款项，民生银行南昌分行仅从该账户中扣款1919.7元。截至2013年7月14日，该笔商票贴现项下应还款金额为110357407.36元，其中垫款本金109998080.3元、逾期罚息按照约定的中国人民银行公布的半年期贷款基准利率上浮50%即8.4%计算为359337.06元。2014年4月14日，在本案原一审审理中，民生银行南昌分行向上海市公安局出具还款证明，内容为："兹有客户有色金属公司于2014年4月14日归还编号为00100063/21113251的商业承兑汇票项下逾期垫款（我行已起诉至江西省高院、案号2013赣民二初字第14号）本金壹仟伍佰万元（1500万元）。特此证明。"

另查明：2016年9月27日，上海市黄浦区人民法院作出828号刑事判决，认定被告单位有色金属公司犯骗取贷款罪，判处罚金一百万元，认定罗某钢犯骗取贷款罪，判处有期徒刑三年，缓刑四年并处罚金30万元，责令两被告继续退赔违法所得给被害单位。该刑事判决书认定的主要事实是："被告单位有色金属公司系自然人独资的有限责任公司，法定代表人为罗某钢。正拓公司系自然人投资或控股的有限责任公司，法定代表人为罗某钢之妻陶某君。罗某钢系上述二公司的实际控制者及经营人。2012年年底，正拓公司有7000余万元的逾期贷款无法归还。罗某钢向贷款银行民生银行（注：指民生银行南昌分行）金融市场部副总经理严某军提出，由有色金属公司向红鹭公司购买一批高纯阴极铜，有色金属公司以商业承兑汇票的形式支付货款，再由红鹭公司持该票据到民生银行南昌分行申请贴现，并承诺会确保红鹭公司将所得贴现款用于归还正拓公司的逾期贷款。之后，罗某钢向民生银行南昌分行提供内容不实的有色金属公司损益表等申请材料。民生银行华中授信评审中心于2012年12月27日批复同意给予有色金属公司单笔授信1.1亿元，期限半年，品种为商业承兑汇票贴现。商票出票人为有色金属公司，收款人为红鹭公司，由罗某钢、陶某君提供连带保证。同期，罗某钢与红鹭公司总经理房某庆商议，由正拓公司、有色金属公司分别与红鹭公司签订无实物交割的阴极铜贸易连环合同，红鹭公司将钱款转手并从中赚取差价。房某庆同意后，将上述事宜交由财务经理胡某海具体操作。2012年12月28日，有色金属公司作为出票人开具商业承兑汇票，承兑人为有色金属公司，收款人为红鹭公司，票面金额为1.1亿元，到期日为2013年6月28日。同日8时许，罗某钢及其员工与民生银行南昌分行员工严某军等至红鹭公司，由红鹭公司财务经理胡水海负责接待并在《阴极铜购销合同》及其《补充协议》、商业汇票、《贴现申请表》《贴现宝合作协议》等一系列材料上盖章。随后，民生银行南昌分行工作人员立即携带上述材料赶回南昌办理贴现手续。当天16时许，民生银行南昌分行在依合同扣除贴现利息5561111.11元后，将贴现款104438888.89元划入红鹭公司账户。胡水海扣除20万元后，将余款104238888.89元汇入正拓公司账户。进入正拓公司账户的钱款，其中7500万元用于归还民生银行南昌分行贷款，剩余钱款被罗某钢用于归还其他欠款、买卖期货等。2013年6月27日，民生银行南昌分行向有色金属公司提示支付票款1.1亿元。2013年6月28日票据到期，民生银行南昌分行向有色金属公司账户扣收1919.7元，余款遭拒付。此后，民生银行南昌分行向出票人（承兑人）有色金属公司、贴现申请人红鹭公司多次催收，均遭拒。罗某钢到案后，向民生银行南昌分行退还3490万元”。

还查明，2016年1月25日，民生银行南昌分行向上海市黄浦区人民法院提交一份《情况说明》，该《情况说明》表明该行与有色金属公司、红鹭公司的本笔票据业务属于一笔正常的银行业务，不涉及犯罪行为，同时认为，本笔业务，即使涉及犯罪，受害人也不是民生银行南昌分行。因为贴现资金进入红鹭公司账户后，资金的所有权已经属于红鹭公司，无论贴现资金如何使用或产生任何风险，均与民生银行南昌分行无关，也不能因此影响或免除红鹭公司作为贴现申请人依据票据法相关规定对民生银行南昌分行应当承担的责任。

再查明，2014年7月9日，江西省南昌市中级人民法院对民生银行南昌分行与正拓公司、有色金属公司、江邬公司、陶某君、罗某钢追偿权纠纷作出（2013）洪民二初字第204号民事判决，该判决主文为：正拓公司、有色金属公司偿付民生银行南昌分行本金及利息29327513.03元；陶某君、罗某钢对上述全部款项的偿付承担连带清偿责任。该判决认定的主要事实是：2012年9月14日，民生银行南昌分行与正拓公司、有色金属公司签订一份《商业汇票贴现协议》，民生银行南昌分行作为汇票贴现人、正拓公司为承兑人、有色金属公司为贴现申请人，三方共同约定，有色金属公司向民生银行南昌分行单次申请贴现业务金额为3000万元。同日，有色金属公司作为贴现申请人、正拓公司作为承兑人共同向民生银行南昌分行出具了《商业汇票贴现申请表》。正拓公司开出《商业承兑汇票》给有色金属公司。2012年9月14日，民生银行南昌分行向有色金属公司支付贴现款29334083.33元，并开出了《贴现凭证》。民生银行南昌分行同时与罗某钢、陶某君签订一份《担保合同》，约定二人为《商业汇票贴现协议》中民生银行南昌分行所享有的全部债权提供连带保证责任。

原审判决认为，本案争议焦点是：一、本案纠纷的性质是什么；二、民生银行南昌分行是否是合法的票据权利人；三、红鹭公司应否对此笔贴现款承担清偿责任；四、罗某钢、陶某君应否对贴现款项下的主债务承担担保责任；五、本案应清偿的票据款项及利息。

一、关于本案纠纷的性质。民生银行南昌分行认为本案是因有色金属公司拒绝向民生银行南昌分行支付票据款项，对申请贴现人红鹭公司进行追索提起的诉讼，应为票据追索权纠纷。有色金属公司、红鹭公司认为是有色金属公司向民生银行南昌分行的借款纠纷，而且是借新还旧纠纷。该院认为，从三方合作协议内容以及民生银行南昌分行诉请及诉请理据看，认定本案为票据追索权纠纷更符合本案事实。根据三方合作协议，民生银行南昌分行根据红鹭公司的申请，将商业汇票贴现款划入红鹭公司指定的账户，汇票贴现后，如汇票遭拒付，红鹭公司承担支付责任。合作协议还载明，民生银行南昌分行有权根据票据法有关规定行使票据项下的权利。从协议内容看，三方对商业汇票出票、承兑、贴现以及贴现后的清偿责任、救济方式等约定是明确的，民生银行南昌分行根据三方协议向红鹭公司追索商业承兑汇票项下的款项，属于票据追索权纠纷。有色金属公司、红鹭公司主张本案是单纯的借贷合同纠纷不能涵盖本案的所有事实及相关证据。即使是借贷关系，也是民生银行南昌分行以票据贴现的方式发放的贷款。红鹭公司提出此案已由上海市黄浦区人民法院作了刑案处理，本案不是票据纠纷。上海市黄浦区人民法院刑事判决虽认定有色金属公司、罗某钢犯骗取贷款罪，但对红鹭公司应承担的法律责任未作处理，该判决不影响本案民事法律关系的定性。

二、民生银行南昌分行是合法的票据权利人。（一）涉案商业承兑汇票本身是有效票据。涉案商业承兑汇票记载了付款人、收款人、确定的金额、出票日期、出票人签章等必须记载事项，符合《中华人民共和国票据法》第二十二条规定，为有效票据。（二）民生银行南昌分行不存在《中华人民共和国票据法》第十二条所规定的以欺诈手段取得票据的情形。第一，《贴现宝合作协议》以及《贴现申请表》是三方当事人真实意思的表示，内容并不违法，是有效协议。民生银行南昌分行、有色金属公司、红鹭公司均在合作协议上盖章确认。红鹭公司称是受欺骗不知道有此事、公章被偷盖与事实不符，不能采信。第二，合作协议及申请表载明的各方当事人的权利义务明确，且均已按协议履行，不存在哪方被欺骗的事实。根据合作协议，红鹭公司提交商票、交易合同、增值税发票等材料向民生银行南昌分行申请贴现。红鹭公司承诺所提交的贴现申请资料以及相关的陈述和说明都是真实、合法、有效和完整的。民生银行南昌分行按照协议约定及红鹭公司的申请，将贴现款划入红鹭公司指定的账户。应该说，涉案当事人对贷款的方式、各方责任以及应承担的风险等都是明知的，没有证据证明本案存在隐瞒事实或任何一方被欺诈的事实。第三，不能以贴现款用于归还正拓公司的欠款反推民生银行南昌分行存在欺诈。根据本案事实，红鹭公司扣除20万元后，将余款汇入了正拓公司账户，其中7500万元用于归还民生银行南昌分行的贷款，剩余钱款被罗某钢用于归还其他欠款、买卖期货等。正拓公司与民生银行南昌分行是否存在欠款以及欠款多少是另一法律事实，与本案没有直接关联。即使有欠款事实，正拓公司也应依法依约予以归还。不能以正拓公司欠民生银行南昌分行贷款的事实否定此笔贴现款发放的事实。本案中，民生银行南昌分行已将贴现款划入了红鹭公司账户，红鹭公司也承诺如果汇票到期拒付，愿承担支付责任。在这种情形下，民生银行南昌分行以办理票据贴现的方式放款主观上不存在重大过错。根据《中国人民银行贷款通则》第九条的规定，贷款种类包括票据贴现。贷款人以购买借款人未到期商业票据的方式发放贷款并不违法。银行作为专门的银行金融机构，为某公司提供案涉的融资业务并收取相应手续费、利息等系银行业正常的经营范围，符合我国商业银行法的相关规定。民生银行南昌分行在此笔贴现款的发放中，即使存在未完全按照中国人民银行相关规定操作，也是未按银行内部操作规程的规定办理有关手续的过失行为，并非《中华人民共和国票据法》第十二条规定的重大过失情形。（三）刑事判决不影响民生银行南昌分行行使票据权利。在有色金属公司、罗某钢涉嫌骗取贷款罪刑事案件审理期间，民生银行南昌分行向上海市黄浦区人民法院提交了《情况说明》，该行明确表示其与有色金属公司、红鹭公司的此笔票据业务属于一笔正常的银行业务，不涉及犯罪行为，并表明本笔业务即使涉及犯罪，受害人也不是民生银行南昌分行。上海市黄浦区人民法院刑事判决虽然认定了红鹭公司参与了此笔贴现款的申请、转账等情节，但对红鹭公司应承担的责任没有认定。刑案是红鹭公司报案，按理受害单位应该是红鹭公司。红鹭公司既然参与了此笔贴现款的发放过程，又承诺承担支付责任，如果不承担刑事责任，又不承担民事责任，对民生银行南昌分行、有色金属公司是不公平的。本案民生银行南昌分行根据票据法的有关规定主张有色金属公司、红鹭公司承担票据责任，有合同依据，也有法律依据。

三、红鹭公司应对此笔贴现款承担支付责任。首先，红鹭公司承担贴现款的支付责任是其合同义务。从合同法律关系看，红鹭公司与民生银行南昌分行、有色金属公司签订了商业汇票承兑合作协议，红鹭公司明确表示如汇票到期拒付，愿承担支付责任，该约定是其真实意思表示，不能以报刑案并已作出判决为由自免其应承担的民事责任。其次，红鹭公司承担贴现款的支付责任符合票据法的规定。就票据法律关系而言，商业承兑汇票的申请人，在汇票到期未获清偿时，持票人向其追索是票据法赋予票据权利人的权利，而对申请贴现人而言在汇票遭拒付时承担支付义务是其法定义务。本案中，红鹭公司系涉案商业承兑汇票的贴现申请人，在汇票遭拒付时持票人向其追索，依法应承担票据责任。

四、罗某钢、陶某君应对贴现款项下的主债务承担担保责任。根据《最高人民法院关于审理票据纠纷案件若干问题的规定》第六十二条，保证人未在票据或粘单上记载“保证”字样而另行签订保证合同或者保证条款的，不属于票据保证，应适用《中华人民共和国担保法》的规定。本案中，罗某钢、陶某君与民生银行南昌分行另行签订了担保合同，承诺对《贴现宝申请表》项下的全部债权承担连带保证责任，没有在票据或粘单上记载“保证”字样，因此，罗某钢、陶某君不属于票据法上保证人，而是担保法上的连带保证人，应适用《中华人民共和国担保法》的规定。根据罗某钢、陶某君与民生银行南昌分行签订的担保合同约定，合同明确为有色金属公司与民生银行南昌分行签订的主合同担保，因此，民生银行南昌分行主张罗某钢、陶某君承担连带清偿责任有合同依据，应予支持。罗某钢承担担保责任后可以向有色金属公司追偿。

五、关于应清偿的票款数额及利息。民生银行南昌分行诉请有色金属公司、红鹭公司支付票款65098080.30元［110000000元—5561111.11元（注：应为1919.70元）—44900000元］，利息、罚息22917558.63元（利息、罚息算至2016年2月15日），共计88015638.93元。根据法律规定，持票人行使追索权，可以请求被追索人支付被拒绝付款的汇票金额、汇票金额到期日至清偿日止的银行利息。本案中，民生银行南昌分行在明知止拓公司、有色金属公司尚欠29327513.03元未归还情况下仍授信1.1亿元给有色金属公司，且对有色金属公司、红鹭公司提供不真实材料申请贴现时审查不严，对有色金属公司、红鹭公司到期不能支付票据款项构成违约负有责任，其主张按合作协议约定支付票据款利息罚息理由不充分，不予支持。有色金属公司先后于2014年4月14日、2015年10月27日归还票据款1500万元、2990万元，共计4490万元，应从票据款中扣除。

综上所述，民生银行南昌分行部分诉讼请求成立，应予支持。根据《中华人民共和国票据法》第六十一条第一款、第六十八条、第七十条、《最高人民法院关于审理票据纠纷案件若干问题的规定》第二条、第五条、第六十二条，《中华人民共和国担保法》第十八条、第二十一条、第三十一条，《中华人民共和国合同法》第四十四条、第六十条以及《中华人民共和国民事诉讼法》第二百五十三条之规定，判决如下：一、有色金属公司、红鹭公司于本判决生效后十日内向民生银行南昌分行支付65098080.30元；、二、罗某钢、陶某君对上述第一项有色金属公司、红鹭公司应负的债务承担连带清偿责任，罗某钢、陶某君承担连带保证责任后可向有色金属公司追偿；三、驳回民生银行南昌分行其他诉讼请求。如果未按本判决书指定的期间履行给付金钱义务，应当依照《中华人民共和国民事诉讼法》

第二百五十三条之规定，加倍支付迟延履行期间的债务利息。案件受理费593587元，诉讼保全费5000元，合计598587元，由被告有色金属公司、红鹭公司、罗某钢、陶某君共同承担50万元，民生银行南昌分行承担98587元。

本院二审期间，各方当事人均未提交新证据。根据民生银行南昌分行及有色金属公司在原审中的陈述，双方当事人共同确认有色金属公司已向民生银行南昌分行归还借款4490万元。对于原审查明的其他事实，本院予以确认。

本院认为：民生银行南昌分行与有色金属公司在本案中的真实意思表示是借款；案涉票据活动是各方通谋虚伪行为，所涉相关民事行为应属无效，民生银行南昌分行依法不享有票据权利；本案应按虚假意思表示所隐藏的真实法律关系处理。

一、民生银行南昌分行与有色金属公司在本案中的真实意思表示是借款。首先，根据已生效828号刑事判决所认定的事实，本案商业承兑汇票开立、贴现源于正拓公司对民生银行南昌分行负有7000余万元的逾期贷款未还。基于此，同为正拓公司与有色金属公司实际控制人的罗某钢，向民生银行南昌分行金融市场部副总经理严某军提出，由有色金属公司向红鹭公司购买阴极铜，有色金属公司以商业承兑汇票形式支付货款，再由红鹭公司持该票据向民生银行南昌分行申请贴现，罗某钢并承诺会确保红鹭公司将所得贴现款用于归还正拓公司的逾期贷款。之后，上述协商过程经双方操作实际发生，正拓公司所欠民生银行南昌分行的逾期贷款已用本案票据贴现款归还，其余贴现款亦被罗某钢实际使用。为实现上述协商事宜，民生银行南昌分行还向有色金属公司单笔授信本案票据票面金额的商业承兑汇票贴现额度。可见，民生银行南昌分行与有色金属公司在本案中的真实意思表示是借款，并且双方约定所借款项必须保证归还正拓公司所欠民生银行南昌分行逾期贷款，票据贴现只是双方商定的具体融资方式。其次，本案原一审中，民生银行南昌分行系依民法通则及合同法规定，以借款合同纠纷案由提起本案诉讼，请求有色金属公司和红鹭公司支付民生银行南昌分行垫付的资金。该事实表明，民生银行南昌分行亦认为其与有色金属公司之间实为借款关系。再次，有色金属公司的法定代表人罗某钢不论是在案涉刑事案件中还是在本案诉讼中，一直主张本案是先有逾期贷款再有票据贴现，其与民生银行南昌分行之间就是借新还旧的借款关系，而且亦陈述双方之前的借贷都是以与本案相同的票据贴现方式进行。而罗某钢这一陈述与原审判决认定的2012年9月14日，民生银行南昌分行与正拓公司及有色金属公司之间签订《商业汇票贴现协议》后所发生的以票据贴现方式融资的事实相印证，可以证明罗某钢所述有事实依据。最后，生效的828号刑事判决亦认定有色金属公司及罗某钢在本案中的行为属于以欺骗手段骗取银行贷款，给银行造成特别重大损失，其行为已构成骗取贷款罪。据此，根据上述双方当事人协商过程、事实发生结果、诉讼中双方陈述以及生效刑事判决的认定，民生银行南昌分行与有色金属公司之间在本案中的实际法律关系应为借款关系，票据贴现只是双方商定的具体融资方式。

二、本案票据活动是各方通谋虚伪行为，所涉民事行为无效，民生银行南昌分行主张本案票据权利依法不应支持。本案中，有色金属公司的法定代表人罗某钢为达到向民生银行南昌分行借款之目的，在与该行协商以票据贴现形式借款并保证以所借款项归还正拓公司逾期贷款的同时，亦与红鹭公司总经理房某庆协商，由正拓公司、有色金属公司分别与红鹭公司签订无实物交割的阴极铜连环贸易合同，红鹭公司将钱款转手并从中赚取差价。罗某钢与民生银行南昌分行及红鹭公司商妥后，各方即开始实施并在同一天完成了上述协商的所有事宜，即2012年12月28日早晨，有色金属公司的法定代表人罗某钢与其公司员工，及民生银行南昌分行员工严某军等人先一同前往红鹭公司，由红鹭公司在没有真实交易内容的《阴极铜购销合同》、有色金属公司开立的商业承兑汇票、《贴现宝合作协议》《贴现申请表》等一系列材料上盖章。之后，民生银行南昌分行员工立即携带上述材料赶回该行办理贴现手续。当日下午，民生银行南昌分行将贴现款转入红鹭公司账户，红鹭公司在扣除其所述的差价款后将余款全部转入正拓公司在民生银行南昌分行开立的账户，民生银行南昌分行即扣划收回了正拓公司所欠的逾期贷款。上述行为中，首先，有色金属公司与民生银行南昌分行均明知本案票据开立、贴现及系列合同签订的真实意思表示是借款，只是就民生银行南昌分行而言，其上述行为的主要目的在于能够实现正拓公司归还其逾期贷款，而有色金属公司的目的则除了用该笔借款归还正拓公司的逾期贷款外，还能够再继续获得一部分借款以解决其资金困难问题。其次，对于红鹭公司而言，虽按其所述，其系出于赚取差价签订了案涉合同及相关文书，红鹭公司并不知晓有色金属公司与民生银行南昌分行借新还旧、转嫁风险的真实意图，但是红鹭公司至少明知其与正拓公司、有色金属公司分别签订的《阴极铜购销合同》没有真实交易内容。故对于本案票据的签发、取得和转让不具有真实的交易关系，红鹭公司账户收到的票据贴现款的用途亦并非用于向正拓公司支付票据项下《阴极铜购销合同》的货款，有色金属公司、民生银行南昌分行、红鹭公司均属明知。三方虽然明知本案票据项下无真实交易关系，但出于不同真实目的，相互合谋实施了该票据行为，属于通谋虚伪行为。因此，本案票据活动是各方伪装行为，所掩盖、隐藏的真实行为实际是借款。根据《中华人民共和国民法通则》第五十五条规定及2017年10月1日起施行的《中华人民共和国民法总则》第一百四十六条规定，民事法律行为应当意思表示真实，行为人与相对人以虚假的意思表示实施的民事法律行为无效，以虚假的意思表示隐藏的民事法律行为的效力，依照相关法律规定处理。据此，本院对本案通谋虚伪的票据活动所订立的《阴极铜购销合同》及其《补充协议》《贴现宝合作协议》《贴现申请书》《担保合同》，均确认无效。虽然上述票据活动所涉合同均因属各方伪装行为而应认定为无效，但是，民生银行南昌分行持有的本案票据在形式上符合《中华人民共和国票据法》第二十二条规定，应属有效票据。只是，由于民生银行南昌分行取得该票据，系出于实现正拓公司能够归还所欠其逾期贷款的目的，而在明知该票据的签发、转让均无真实交易关系的情况下，与有色金属公司及其法定代表人罗某钢以通谋虚伪行为取得。而且，为取得该票据，作为有色金属公司和正拓公司的开户行，民生银行南昌分行亦在明知有色金属公司并不具有支付该票据项下款项能力的情况下，为其单笔授信了该票据票面金额的贴现额度，而本案票据贴现占用的亦正是该贴现额度。因此，民生银行南昌分行取得本案票据属于《中华人民共和国票据法》第十二条第一款及《最高人民法院关于审理票据纠纷案件若干问题的规定》第十五条第二项规定的以非法手段取得的情形，据此，民生银行南昌分行依法不得享有票据权利。退一步说，即便民生银行南昌分行享有票据权利，但因其在取得票据时，明知票据债务人红鹭公司与出票人有色金属公司之间并无真实的交易关系，因此，红鹭公司以此抗辩其不应承担本案票据义务，亦符合《中华人民共和国票据法》第十三条第一款“票据债务人不得以自己与出票人或者与持票人的前手之间的抗辩事由，对抗持票人。但是，持票人明知存在抗辩事由而取得票据的除外”的规定，依据《最高人民法院关于审理票据纠纷案件若干问题的规定》第十五条第三项规定，对于红鹭公司的抗辩，本院应予以支持。

三、本案应按虚假意思表示所隐藏的真实法律关系处理。本案中，民生银行南昌分行与有色金属公司之间通谋虚伪行为隐藏的真实意思表示是借款，因此双方之间形成的真实法律关系应是借款关系。由于双方之间的借款为其真实意思表示，且不违反法律和行政法规的禁止性规定，该借款行为应属有效。民生银行南昌分行通过票据贴现形式向有色金属公司借出款项时，在扣除了部分借款利息后，实际借出款项为104438888.89元。根据《中华人民共和国合同法》第二百条“借款的利息不得预先在本金中扣除。利息预先在本金中扣除的，应当按照实际借款数额返还借款并计算利息”的规定，本案的借款本金应为104438888.89元。本案诉讼中，民生银行南昌分行认可有色金属公司已经归还了4490万元，加上民生银行南昌分行已扣划的1919.70元，有色金属公司尚欠借款本金为59536969.19元。故有色金属公司应当向民生银行南昌分行归还上述欠款本金及利息。

四、关于红鹭公司的责任问题。首先，基于民生银行南昌分行不享有本案票据权利或红鹭公司关于不应承担票据责任的抗辩理由成立，红鹭公司不应承担本案票据责任。其次，民生银行南昌分行、有色金属公司、红鹭公司签订的《贴现宝合作协议》因属三方通谋虚伪意思表示而应认定为无效合同，合同无效后，红鹭公司应将基于罗某钢的承诺而收取有色金属公司的款项返还给该公司，双方之间就该款项的返还可另行依法解决。最后，红鹭公司对于有色金属公司不能归还本案借款不应承担责任。本案借款系民生银行南昌分行与有色金属公司之间主动协商发生，且借款实际发生的前提是民生银行南昌分行向有色金属公司提供了本案借款金额的授信额度，民生银行南昌分行作为有色金属公司的开户行，明知有色金属公司的资信状况，在此情形下，民生银行南昌分行对向有色金属公司出借款项后，该款不能归还的风险，应自行承担。红鹭公司在本案中的行为，仅是属于配合民生银行南昌分行与有色金属公司实现以票据贴现方式借款的目的，而通过红鹭公司的行为，民生银行南昌分行与有色金属公司均实现了各自的目的，当然红鹭公司亦收取了其所述的价差。但是，红鹭公司在本案中的行为与本案借款不能归还的风险之间并无因果关系。本案借款不能归还，完全是由于民生银行南昌分行出于自己目的的考虑，在未尽基本审查义务的情形下出借款项造成，风险应由其自行承担。

五、关于罗某钢、陶某君应承担的责任。本案民生银行南昌分行与有色金属公司之间的真实意思表示是借款，票据活动系各方虚假意思表示，因此，罗某钢、陶某君分别与民生银行南昌分行签订的《担保合同》，约定为主债权《贴现宝合作协议》及《贴现申请表》提供担保，亦为双方虚伪意思表示，其真实意思表示是为民生银行南昌分行向有色金属公司的借款提供担保。故虽然上述《担保合同》无效，但基于罗某钢、陶某君对有色金属公司本案借款提供担保的意思表示真实，因此，罗某钢、陶某君应当按其承诺对有色金属公司的本案债务承担连带保证责任。

关于红鹭公司上诉所述原审法院财产保全错误问题，红鹭公司可就此依法向原审法院提出财产保全异议，不属于本案实体审理范围。原审法院未予调取有关证据及采信案涉《情况说明》问题，经本院二审，对所涉相关事实已经作出认定，红鹭公司所述原审法院程序不当影响了案件实体处理的问题已经得以解决。

关于本案民事判决与828号刑事判决的关系问题。本院认为，828号刑事判决虽责令有色金属公司与罗某钢继续退赔违法所得给被害单位，但不影响本案因民生银行南昌分行提起诉讼而作出民事判决。

综上，本案票据活动为各方通谋虚伪行为，所涉相关合同应认定为无效，民生银行南昌分行主张本案票据权利不应予以支持。本案票据活动虚假行为隐藏的真实意思表示是民生银行南昌分行与有色金属公司之间的借款关系，该借款关系及罗某钢、陶某君为该借款提供连带责任保证，均属各方真实意思表示，应属有效。有色金属公司获得案涉借款后，尚欠59536969.19元未还，故民生银行南昌分行上诉请求有色金属公司、罗某钢、陶某君应对该欠款本金及其正常银行利息承担责任的理由成立，本院予以支持。本案借款系民生银行南昌分行与有色金属公司之间出于各自目的主动协商发生，民生银行南昌分行在明知有色金属公司资信状况下向该公司提供借款，应对该借款未能归还的风险自行承担责任。红鹭公司在本案中的行为与该借款的发生及还款不能的风险无因果关系，不应对此承担民事责任。红鹭公司关于其不应承担案涉借款的还款责任的上诉理由成立，本院予以支持。原审判决关于本案《贴现宝合作协议》《贴现申请书》为有效合同、民生银行南昌分行是本案票据的合法权利人、刑事判决不影响民生银行南昌分行行使票据权利、红鹭公司应对本案票据承担支付责任，以及有色金属公司与罗某钢、陶某君不承担本案借款利息责任的认定，均属适用法律不当，本院予以纠正。依照《中华人民共和国民事诉讼法》第一百七十条第一款第二项规定，判决如下：

一、撤销江西省高级人民法院（2016）赣民初5号民事判决；

二、江西省地方有色金属材料有限公司于本判决发生法律效力之日起十日内向中国民生银行股份有限公司南昌分行偿还所欠借款59536969.19元及利息（利息计算：自2012年12月28日起至付清之日止，按照中国人民银行规定的同期一年期贷款基准利率计付）；

三、罗某钢、陶某君对上述欠款本金及利息承担连带责任；罗某钢、陶某君承担连带责任后有权向江西省地方有色金属材料有限公司追偿；

四、驳回中国民生银行股份有限公司南昌分行的其他诉讼请求。

上述应付款项，如果未按本判决指定的期间履行，依照《中华人民共和国民事诉讼法》第二百五十三条之规定，应当加倍支付迟延履行期间的债务利息。

本案一审案件受理费593587元，诉讼保全费5000元，合计598587元，由中国民生银行股份有限公司南昌分行负担299293.50元，由江西省地方有色金属材料有限公司与罗某钢、陶某君共同负担299293.50元；二审案件受理费1187174元，诉讼保全费5000元，由中国民生银行股份有限公司南昌分行负担596087元，由江西省地方有色金属材料有限公司与罗某钢、陶某君共同负担596087元。

本判决为终审判决。

审判长：虞政平；审判员：周伦军、张爱珍；法官助理：夏根辉、潘琳；书记员：陈新雨

二〇一七年十二月二十七日

专题三十九

对交易合同及增值税发票等相关资料复印件仅进行形式审查，一般不构成贴现业务中的重大过失

——中国民生银行股份有限公司南通分行诉江苏国建企业发展股份有限公司、山煤国际能源集团忻州有限公司、山煤国际能源集团股份有限公司票据追索权纠纷案

【裁判观点】

首先，从代理行为来看，涉案汇票均按照三方签署的《票据代理贴现业务合作协议》要求注明了代理关系，符合《中华人民共和国票据法》第五条第一款关于“票据当事人可以委托其代理人在票据上签章，并应当在票据上表明其代理关系”的规定，应认定为合法有效。其次，从银行的审查行为来看，《中国人民银行商业汇票承兑、贴现与再贴现管理暂行办法》第十九条规定“持票人申请贴现时，须提交贴现申请书，经其背书的未到期商业汇票，持票人与出票人或其前手之间的增值税发票和商品交易合同复印件”，本案中，此前三方签署的协议没有特别约定在受理贴现申请时审查提交的交易合同及增值税发票的真实性，而根据涉案证据可以看出，银行在办理贴现申请时，对汇票真实性进行了实质性审查，对交易合同及增值税发票等相关资料进行了必要的形式审查，应视为尽到了审查和注意义务，符合三方协议的约定内容，亦未违反《中国人民银行商业汇票承兑、贴现与再贴现管理暂行办法》等相关规定。

中华人民共和国最高人民法院

民事判决书

案号（2017）最高法民终218号

上诉人（原审被告）：山煤国际能源集团忻州有限公司，住所地山西省忻州市忻府区光明西街秀容名城S1幢。

法定代表人：苏变生，该公司经理。

委托诉讼代理人：冯永继，山西晋商律师事务所律师。

委托诉讼代理人：王卫华，山西晋商律师事务所律师。

被上诉人（原审原告）：中国民生银行股份有限公司南通分行，住所地江苏省南通市世纪大道8号。

负责人：刘加兵，该分行行长。

委托诉讼代理人：吴亮亮，男，1983年12月16日出生，汉族，住江苏省南通市崇川区，该分行职工。

委托诉讼代理人：杨维驹，江苏信阳光律师事务所律师。

原审被告：江苏国建企业发展股份有限公司，住所地江苏省南通市港闸区河东南路158号。

法定代表人：陶秀兰，该公司总经理。

原审被告：山煤国际能源集团股份有限公司，住所地山西省太原市小店区长风街115号。

法定代表人：赵建泽，该公司董事长。

委托诉讼代理人：苏慧斌，山西晋商律师事务所律师。

上诉人山煤国际能源集团忻州有限公司（以下简称山煤忻州公司）因与被上诉人中国民生银行股份有限公司南通分行（以下简称民生银行南通分行）及原审被告江苏国建企业发展股份有限公司（以下简称国建公司）、山煤国际能源集团股份有限公司（以下简称山煤集团公司）票据追索权纠纷一案，不服江苏省高级人民法院（以下简称一审法院）（2014）苏商初字第00013号民事判决，向本院提起上诉。本院于2017年4月1日立案后，依法组成合议庭，开庭进行了审理。上诉人山煤忻州公司的委托诉讼代理人王卫华，被上诉人民生银行南通分行的委托诉讼代理人吴亮亮、杨维驹，原审被告山煤集团公司的委托诉讼代理人苏慧斌到庭参加了诉讼。原审被告国建公司经传票传唤无正当理由拒不到庭参加诉讼。本案现已审理终结。

山煤忻州公司上诉请求：1. 撤销一审法院（2014）苏商初字第00013号民事判决第一项，改判驳回民生银行南通分行对山煤忻州公司的诉讼请求；2. 判令民生银行南通分行承担本案一审、二审诉讼费用。事实与理由是：

（一）一审判决关于“山煤忻州公司未能举证证明在办理案涉贴现业务过程中存在重大过错”的认定，不符合客观事实，属事实认定错误。一审判决在事实认定过程中，将民生银行南通分行办理的前后两次2.3亿元商业承兑汇票贴现业务割裂开来，孤立地看待第二次2.3亿元贴现业务，未对山煤忻州公司提交的第一次2.3亿元贴现业务相关证据进行认定，否定和掩盖了民生银行南通分行的违法违规贴现行为和主观恶意，属事实认定错误。2013年3月22日和25日、3月27日、4月8日、4月9日民生银行南通分行分四次为江苏国建公司办理了第一次总金额为2.3亿元的商业汇票贴现业务。在该第一次2.3亿元票据陆续到期之前，民生银行南通分行于2013年9月至10月期间超出授信额度第二次为江苏国建公司办理了总金额同样为2.3亿元的商业汇票贴现业务。前后两次2.3亿元商业汇票贴现业务之间存在着密切的关联，而民生银行南通分行在第一次2.3亿元贴现业务中存在着大量严重的违法违规贴现行为。在第一次2.3亿元贴现票据即将到期之际，民生银行南通分行第二次违规办理2.3亿元商业汇票贴现业务，其目的一方面是为了避免第一次2.3亿元的到期债权出现不良，另一方面则是为了掩盖其工作人员在第一次2.3亿元贴现业务中的严重违法甚至犯罪行为。本案中，将两次2.3亿元商业汇票贴现业务联系起来看，民生银行南通分行的主观恶意十分明显。按照票据法的有关规定，民生银行南通分行恶意取得票据，依法不享有票据权利。

（二）本案存在重大刑事犯罪线索，涉嫌重大刑事犯罪。国建公司在民生银行南通分行办理贴现业务过程中，使用虚假贸易合同，大量使用虚假增值税专用发票，已涉嫌私刻公章、伪造增值税发票等重大刑事犯罪；民生银行南通分行工作人员也涉嫌违法发放贷款，甚至涉嫌与国建公司串通骗取贷款，向国有企业转嫁经营风险等刑事犯罪。在一审庭审过程中，山煤忻州公司向法庭提交了大量有关刑事犯罪的线索和证据，并且申请人民法院将案件或犯罪线索移送公安机关，但一审法院未采信、未移交。国建公司以及民生银行南通分行工作人员所涉嫌的违法犯罪行为将导致国有企业数亿元的国有资产流失。

被上诉人民生银行南通分行辩称，1. 我行在业务办理过程中没有恶意，依法享有票据权利，发生的两次2.3亿元的商业汇票贴现业务是独立存在，没有联系，第一次2.3亿元已经结清，我行没有主张任何权利，山煤忻州公司提出的第一次业务与本案无关，没有任何证据显示违法。2. 本案没有证据证明存在犯罪，即便存在，也不影响我行的责任，山煤忻州公司没有证据，我行也没有报案，也没有公安向法院告知存在犯罪情况，即便本案涉嫌伪造增值税等犯罪，我行没有参与，我行仅形式审查，山煤忻州公司是票据收款人，已经实际收取款项，应承担责任，二审法院应驳回上诉，维持原判。

原审被告山煤集团公司述称，在办理贴现过程中，对国建公司使用虚假的合同，重复使用增值税发票情况，民生银行南通分行应发现，但没有发现，没有尽合理审查义务，国建公司没有提供任何担保情况下，已超出授信额度，一审法院判决错误。一审对山煤忻州公司调取证据的申请不予受理，侵犯了山煤忻州公司的权利，请法庭查明事实，依法裁判。

原审被告国建公司未提交书面意见。

民生银行南通分行向一审法院起诉请求：一、国建公司、山煤忻州公司、山煤集团公司支付民生银行南通分行票据款23000万元，并以5000万元为基数自2014年3月18日起、以14000万元为基数自2014年3月24日起、以18000万元为基数自2014年4月10起、以23000万元为基数自2014年4月14日至实际付款日止按同期银行贷款利率的1.5倍赔偿利息损失；二、本案诉讼费用由国建公司、山煤忻州公司、山煤集团公司承担。

一审法院认定事实：2013年3月20日，国建公司（甲方、代理方）、山煤忻州公司（乙方、委托方）与民生银行南通分行（丙方、贴现银行）签订《票据代理贴现业务合作协议》，约定：在协议有效期间内，即2013年3月20日至2014年3月19日，乙方授权甲方代理乙方在丙方办理票据贴现的全部业务，并将票据贴现款项划入户名为山煤忻州公司账号为14××47、开户行为中国银行忻州分行的指定账户。

2013年9月17日，国建公司（贴现申请人）与民生银行南通分行（贴现人）签订《商业汇票贴现协议》，约定：在协议生效后6个月内，即2013年9月17日至2014年3月17日，民生银行南通分行在符合《中华人民共和国票据法》等有关法律法规的前提下，为国建公司办理汇票贴现。该协议特别约定“受山煤忻州公司委托，由代理人国建公司来我行办理商票代理贴现”。协议约定，每次办理贴现手续时所使用的贴现利率由双方商定并记载于贴现凭证，若民生银行南通分行收到汇票项下款项超出约定的期限，则有权追索逾期罚息，按照中国人民银行最新公布的六个月期贷款利率上浮50%计收。同日，国建公司向山煤忻州公司开具金额为5000万元到期日为2014年3月17日的商业承兑汇票一张；2013年9月24日，国建公司向山煤忻州公司开具金额为分别4000万元、5000万元到期日均为2014年3月24日的商业承兑汇票两张；2013年10月9日，国建公司向山煤忻州公司开具金额为4000万元到期日为2014年4月9日的商业承兑汇票一张；2013年10月10日，国建公司向山煤忻州公司开具金额分别为3000万元、2000万元到期日均为2014年4月10日的商业承兑汇票两张。以上六张承兑汇票合计金额23000万元，民生银行南通分行分次将上述贴现款全部汇入《票据代理贴现业务合作协议》约定的山煤忻州公司指定账户。民生银行南通分行承兑上述票据后，将部分汇票转贴现给平安银行上海分行，剩余自持，汇票到期后国建公司未能按期付款，民生银行南通分行向平安银行上海分行履行了票据背书人对后手的支付义务，并取得已经转贴现给平安银行上海分行的票据权利。

一审法院另查明，山煤集团公司成立于2000年11月20日，山煤忻州公司成立于1993年3月2日，系山煤集团公司独资的一人有限责任公司。

一审法院审理期间，山煤忻州公司向一审法院提交调查收集证据申请书以及司法鉴定申请书1份，请求：1. 调查编号为00277894－00277911的增值税发票、编号00277780－00277825的增值税发票、编号为00277826－00277862的增值税发票、编号00277887－00277893的增值税发票，以证明国建公司在民生银行南通分行办理案涉贴现业务时提供的增值税发票存在伪造、变造的情况。2. 向民生银行南通分行调取：民生银行南通分行在2013年3月25日至2013年4月9日期间办理第一次23000万元贴现业务时划转款的流水记录以及划转款凭证；2013年9月25日至2013年10月9日期间，第一次23000万元商业承兑汇票到期后，国建公司向民生银行南通分行偿还该23000万元到期债务的还款流水记录及有关凭证；民生银行南通分行在2013年9月19日至2013年10月11日期间办理第二次23000万元贴现业务时的划转款流水记录以及有关凭证；山煤忻州公司在民生银行南通分行办理开户的全部申请资料以及民生银行南通分行的审批资料，以证明民生银行南通分行在办理案涉贴现业务时存在主观恶意。3. 向南通市公安局调查收集国建公司涉嫌骗取贷款的报案材料及相关资料，以证明民生银行南通分行向南通市公安局报案，南通市公安局以国建公司涉嫌骗取贷款罪为由进行了刑事侦查。4. 对民生银行南通分行提供的《煤炭供需合同》中落款处“山煤集团公司合同专用章”的真实性进行司法鉴定，对于落款处“杨亚星”签名是否为其本人所签进行司法鉴定。

本案一审争议焦点为：一、民生银行南通分行主张山煤忻州公司、国建公司支付票据款23000万元利息的主张是否成立。二、山煤集团公司是否应对山煤忻州公司的债务承担连带清偿责任。三、本案是否因涉刑事犯罪而需要移送公安机关侦查。

一审法院认为：一、民生银行南通分行主张山煤忻州公司、国建公司支付票据款23000万元利息，具有事实和法律依据。(1)《中华人民共和国票据法》第五条第一款规定：“票据当事人可以委托其代理人在票据上签章，并应当在票据上表明其代理关系”。本案中，民生银行南通分行、山煤忻州公司、国建公司在《票据代理贴现业务合作协议》中明确约定，山煤忻州公司授权国建公司办理票据贴现的全部手续，由国建公司以其名义代理山煤忻州公司作为票据持有人在贴现的票据上签章，并应当在票据上表明其代理关系。而在案涉六份票据贴现业务的具体办理中，国建公司在背书栏签章的同时，均明确载明了“受委托人山煤忻州公司的委托，由代理人国建公司代理贴现”。因此，国建公司在经山煤忻州公司明确授权的情形下，将国建公司的名称及代理的意思表示均已记载在票据上，该票据代理行为合法有效，山煤忻州公司依法应当对代理人国建公司在票据上签章背书的行为承担法律责任。(2)《中华人民共和国票据法》第六十一条第一款的规定，汇票到期被拒绝付款时，持票人可以对背书人、出票人以及汇票的其他债务人行使追索权。案涉汇票的持票人民生银行南通分行在票据到期遭拒付时，既可以向出票人国建公司行使追索权，也可以向背书人山煤忻州公司行使追索权。(3)无论是三方签订的上述票据业务合作协议，还是此后的票据兑付，均证明民生银行南通分行取得国建公司出票且经过山煤忻州公司委托申请贴现的行为，是三方的真实意思表示，符合三方合同约定，且票据记载完整、文意明确，故山煤忻州公司应当承担相应的责任。合同并未约定民生银行南通分行应对与国建公司提交的与前手之间交易合同、增值税发票的真实性进行审查并对于虚假合同及伪造发票的后果承担责任，山煤忻州公司关于对于相关增值税发票及合同的真实性请求法院调查及进行鉴定的申请，因与处理结果无涉，一审法院不予采信。山煤忻州公司未能举证证明民生银行南通分行在办理案涉贴现业务过程中存在重大过失，故山煤忻州公司认为民生银行南通分行不应享有票据权利的理由，不能成立。依据约定，若民生银行南通分行收到汇票项下款项超出约定的期限，则有权追索逾期罚息，按照中国人民银行最新公布的六个月期贷款利率上浮50%计收，故民生银行南通分行关于罚息的主张，应予支持。

二、民生银行南通分行主张山煤集团公司对山煤忻州公司债务承担连带清偿责任，证据不足。一审法院审理中，山煤集团公司提交了二公司营业执照、税务登记证、开户许可证以及公司章程，证明二公司系互为独立的企业法人；山煤集团公司的财务管理制度、山煤集团公司审计报告、山煤忻州公司2012－2014年度的财务审计报告，证明二公司财产独立；山煤集团公司董事、监事、高级管理人员名单以及山煤忻州公司管理层人员劳动合同、山煤忻州公司领取的社会保险登记证、山煤忻州公司为员工缴纳社保的相关凭证，证明二公司人员独立；山煤集团公司经营场所租赁合同、租金支付凭证以及山煤忻州公司经营场所房屋预售合同，证明二公司经营场所不同；山煤集团公司煤炭经营资格证、山煤集团公司的组织机构图、山煤集团公司2012－2014年度的企业所得税年度纳税申报表以及山煤忻州公司的煤炭经营资格证、山煤忻州公司的组织机构图及各部门职责、山煤忻州公司2012－2014年度独立纳税的相关凭证，证明二公司业务独立。民生银行南通分行未提交相反证据反驳，故其主张山煤忻州公司与山煤集团公司人格混同，证据不足，其要求山煤集团公司对山煤忻州公司债务承担连带责任的诉讼请求，一审法院不予支持。

三、山煤忻州公司另主张本案涉嫌犯罪应移送公安机关处理，但现有证据不足以证明本案23000万元贴现款涉及刑事案件。国建公司即便因涉嫌骗取贷款罪正被刑事侦查，亦与本案处理的《票据代理贴现业务合作协议》缺乏直接关联性，据此，对山煤忻州公司、山煤集团公司主张驳回民生银行南通分行起诉、将本案移送公安机关侦查，一审法院不予支持。

综上，一审法院依照《中华人民共和国票据法》第五条第一款、第二十六条、第六十一条第一款、第六十八条、第七十条第一款，《中华人民共和国民事诉讼法》第一百四十四条之规定，判决：一、国建公司、山煤忻州公司于判决生效之日起十日内支付民生银行南通分行票据款23000万元及利息（以5000万元为基数自2014年3月18日起、以14000万元为基数自2014年3月24日起、以18000万元为基数自2014年4月10起、以23000万元为基数自2014年4月14日至实际付款日止按同期银行贷款利率的1.5倍计算）。二、驳回民生银行南通分行其余诉讼请求。

本院对一审查明的事实予以确认。

本院认为，本案的焦点问题是：（一）民生银行南通分行在办理案涉票据贴现业务过程中是否存在重大过失；（二）本案是否涉嫌刑事犯罪而需要移送公安机关处理。

（一）关于民生银行南通分行在办理案涉贴现业务过程中是否存在重大过失的问题。首先，从国建公司的代理行为来看，国建公司在民生银行南通分行办理的案涉2.3亿元票据贴现业务过程中，在票据背书栏进行签章的同时，均明确载明了“系受山煤忻州公司的委托，由代理人国建公司代理贴现”，符合此前民生银行南通分行、山煤忻州公司、国建公司三方签署的《票据代理贴现业务合作协议》中关于“山煤忻州公司授权国建公司办理票据贴现的全部手续，由国建公司以其名义代理山煤忻州公司作为票据持有人在贴现的票据上签章，并应当在票据上表明其代理关系”的明确约定，亦符合《中华人民共和国票据法》第五条第一款关于“票据当事人可以委托其代理人在票据上签章，并应当在票据上表明其代理关系”的规定，故国建公司的代理行为应认定为合法有效。其次，从民生银行南通分行的审查行为来看，《中国人民银行商业汇票承兑、贴现与再贴现管理暂行办法》第十九条规定“持票人申请贴现时，须提交贴现申请书，经其背书的未到期商业汇票，持票人与出票人或其前手之间的增值税发票和商品交易合同复印件”，本案中，由于此前三方签署的《票据代理贴现业务合作协议》明确约定国建公司与山煤忻州公司系代理与被代理关系，并未特别约定民生银行在受理国建公司贴现申请时需审查国建公司提交的交易合同及增值税发票的真实性，因此根据民生银行南通分行原审提交的《商业承兑汇票查询书》《买方贴息票据贴现凭证》《煤炭供需合同》以及山西增值税专用发票等证据材料可以看出，民生银行南通分行在办理国建公司贴现申请时，对汇票真实性进行了实质性审查，对交易合同及增值税发票等相关资料进行了必要的形式审查，应视为尽到了审查和注意义务，符合三方协议的约定内容，亦未违反《中国人民银行商业汇票承兑、贴现与再贴现管理暂行办法》等相关规定。最后，从山煤忻州公司主张的前后两次各2.3亿元贴现业务的关联性来看，由于国建公司已经履行前一次2.3亿元贴现业务的付款义务，民生银行南通分行并未提出相应诉讼请求，且山煤忻州公司未举证证明民生银行南通分行与国建公司在前后两次各2.3亿元贴现业务中，存在恶意串通损害山煤忻州公司的行为，因此山煤忻州公司提出的前一次2.3亿元票据贴现业务办理情况不属于本案审查范围。综上，山煤忻州公司关于民生银行南通分行在办理案涉贴现业务过程中存在重大过失的上诉主张没有相关证据予以支持，本院不予支持。

（二）关于本案是否涉嫌刑事犯罪而需要移送公安机关处理的问题。本院认为，山煤忻州公司上诉虽主张，国建公司在民生银行南通分行办理贴现业务过程中涉嫌私刻公章、伪造增值税发票等重大刑事犯罪，民生银行南通分行工作人员也涉嫌违法发放贷款等刑事犯罪，但未提供证据予以证明。本案国建公司在申请票据贴现业务过程中，即使存在单方涉嫌私刻公章、伪造增值税发票等犯罪行为，亦不影响对山煤忻州公司依照三方《票据代理贴现业务合作协议》承担支付票据金额义务的确定。因此，山煤忻州公司关于本案涉嫌刑事犯罪应移送公安机关处理的上诉主张亦不能成立，本院不予支持。

综上所述，山煤忻州公司的上诉请求不能成立，应予驳回；一审判决认定事实清楚，适用法律正确，应予维持。依照《中华人民共和国民事诉讼法》第一百七十条第一款第一项规定，判决如下：

驳回上诉，维持原判。

二审案件受理费1191800元，由山煤国际能源集团忻州有限公司负担。

本判决为终审判决。

审判长：毛宜全；审判员：马东旭、张爱珍；法官助理：吴之翔；书记员：李璐

二〇一八年三月二十三日

第十部分　保理合同

专题四十

次债务人不得以债权瑕疵为由对抗善意保理商

——珠海华润银行股份有限公司与江西省电力燃料有限公司、广州大优煤炭销售有限公司保理合同纠纷案

【裁判观点】

本案再审判决明确界定保理合同纠纷中各方当事人的法律关系，细化了保理合同纠纷的裁判规则。

（一）在有追索权的保理纠纷案件中，保理商向债务人的追索权、向次债务人的求偿权以及债权反转让的法律性质及相互关系如下：债权反转让的法律效果应为解除债权转让合同，解除后保理商不再具备次债务人的债权人地位，故该项权利与保理商向次债务人的求偿权不得并存；而追索权的功能相当于债务人为次债务人的债务清偿能力提供担保，其功能与放弃先诉抗辩权的一般保证相当，其与保理商向次债务人的求偿权能够同时并存，其中一方的清偿行为相应减少另一方的清偿义务。

（二）对实践中经常出现的转让债权存在瑕疵的情况，若该瑕疵系债务人和次债务人共同的虚伪意思表示，根据当事人的虚伪意思表示在当事人之间绝对无效，但不得对抗善意第三人的基本原理，应审查保理商在受让债权时是否尽到审查义务，是否知道或应当知道该债权存在瑕疵。若保理商为善意，则次债务人不得以债权瑕疵为由对抗保理商。

中华人民共和国最高人民法院
民事判决书

案号（2017）最高法民再164号

再审申请人（一审原告、二审上诉人）：珠海华润银行股份有限公司。住所地：广东省珠海市吉大九洲大道东1346号。

法定代表人：刘晓勇，该公司董事长。

委托诉讼代理人：朱兰春，北京大成（深圳）律师事务所律师。

被申请人（一审被告、二审被上诉人）：江西省电力燃料有限公司。住所地：江西省南昌市高新开发区火炬大街539号。

法定代表人：刘洪，该公司总经理。

委托诉讼代理人：冯帆，江西友达律师事务所律师。

委托诉讼代理人：黄兴超，北京同诺律师事务所律师。

原审第三人：广州大优煤炭销售有限公司。住所地：广东省广州市天河区黄埔大道西365号1701－1709房。

负责人：陈忠，该公司破产管理人的负责人。

委托诉讼代理人：喻晓明，广东天诺律师事务所律师。

再审申请人珠海华润银行股份有限公司（以下简称珠海华润银行）因与被申请人江西省电力燃料有限公司（以下简称江西燃料公司）、原审第三人广州大优煤炭销售有限公司（以下简称广州大优公司）保理合同纠纷一案，不服江西省高级人民法院（2016）赣民终325号民事判决，向本院申请再审。本院于2017年3月27日作出（2017）最高法民申359号民事裁定，提审本案。本院依法组成由审判员周伦军担任审判长、审判员马东旭、汪军参加的合议庭公开开庭审理了本案。法官助理由李洁担任，书记员钱莹担任法庭记录。再审申请人珠海华润银行的委托诉讼代理人朱兰春、被申请人江西燃料公司的委托诉讼代理人冯帆、黄兴超、原审第三人广州大优公司的委托诉讼代理人喻晓明到庭参加诉讼。本案现已审理终结。

珠海华润银行申请再审称：一、原审判决认定的基本事实缺乏证据证明。本案作为保理合同纠纷，珠海华润银行向次债务人江西燃料公司主张应收账款债权，原审法院应当查明珠海华润银行受让广州大优公司对江西燃料公司的应收账款债权后，江西燃料公司是否收到该债权转让的通知，以及有无确认或提出抗辩等案件基本事实，并在此基础上进一步判断江西燃料公司是否应承担清偿责任。然而，一审判决却侧重审查广州大优公司与江西燃料公司之间的基础合同真实性，案件审理的范围和重点明显不当。二审判决仅将应收账款反转让作为唯一争点，可以理解为是对一审判决相关事实认定的否定，更是对基础交易、意思表示和债权转让确认真实性的肯定。保理合同纠纷案件中，只要债务人收到债权转让通知，并对债权转让予以确认，未提出任何异议或抗辩，则不管其真实意思表示如何，也不论基础交易是否虚假，只要不能证明债权转让人和受让人之间存在通谋行为，就应当以其承诺行为，向受让人承担清偿责任。二、原审判决适用的法律确有错误。(一) 原审判决适用法律前后冲突，且与案件性质明显不符。二审判决并未适用任何实体法，一审判决适用《中华人民共和国合同法》第八十二条、第一百二十二条，《中华人民共和国民事诉讼法》第一百二十四条，但上述适用法律既与案件认定前后冲突，也与案件性质明显不符。1. 关于前后认定冲突问题。《中华人民共和国合同法》第八十二条规定:“债务人接到债权转让通知后，债务人对让与人的抗辩，可以向受让人主张”。一审判决适用此条规定，表明其已认定，江西燃料公司接到债权转让通知并予确认这一情节属实，但是，其又另行认定基础交易虚假、应收账款债权非真实合法有效，前后逻辑不一。2. 关于案件性质不符问题。《中华人民共和国合同法》第一百二十二条规定:“因当事人一方的违约行为，侵犯对方人身、财产权益的，受损害方有权选择依照本法要求其承担违约责任或者依照其他法律要求其承担侵权责任”。本案系合同之诉，并不存在违约与侵权的竞合选择，法院也没有释明要求当事人做出违约或侵权之诉的选择，一审判决适用此条款与案件性质明显不符。3. 一审判决适用《中华人民共和国民事诉讼法》第一百二十四条，更与本案处理风马牛不相及。该条款列举的是不符合起诉条件的七种情形，不仅与本案性质极不相符，更不能、也无法适用于本案。(二) 原审判决确定民事责任明显违法违约，且与司法先例相抵触。原审判决一方面认定，本案保理业务是有追索权的明保理，对于应收账款到期后不能收回保理融资款的，珠海华润银行有权依据保理合同约定选择向应收账款债权人或债务人主张权利，应收账款债权人或债务人一方对保理银行履行义务，则另一方免除相应的清偿责任。同时又认定，珠海华润银行已选择向广州大优公司行使追索权，不仅行使了诉权，且该诉权得到生效判决支持。在广州大优公司进入破产清算后，也向破产管理人申报了债权，故不再享有对江西燃料公司的应收账款债权。原审判决的上述认定，相互之间矛盾，无法自圆其说。既然承认只有债权人或债务人对保理银行履行义务后，才能免除另一方相应的清偿责任，则保理银行的起诉、胜诉、申报破产债权等行为，只是追索权的行使体现，并非债权的实际清偿。权利主张不同于权利实现，原审判决却将二者混淆、替代，显系违法。本案中《国内保理业务合同》第二条第十八项约定："甲方提供保理融资的情况下，乙方向甲方支付保理融资款及相关未结清费用后，与该应收账款有关的一切权利同时转回乙方"。据此，保理银行未获得实际清偿前，仍享有应收账款权利，仍有权向债权人或债务人追偿。向一方当事人行使追索权，并不构成对另一方追偿权的放弃或丧失。只有在应收账款债权得到债权人或债务人的实际清偿后，另一方对保理银行的相应债务才可予以免除。原审判决的上述认定，还与最高人民法院公布的多个同类司法先例相抵触。这些司法先例，既包括《人民法院案例选》选登的内蒙古自治区高级人民法院的（2011）内民二终字第30号、天津市高级人民法院的（2014）津高民二终字第0103号等民事判决，也包括最高人民法院（2014）民二终字第271号民事判决、最高人民法院（2015）民申字第2392号民事裁定。前述各司法先例均认定，保理银行既可以向债权人追索，也可以向债务人求偿，对一方当事人的权利追索，并不影响对另方当事人的权利主张。一方当事人实际清偿前，保理银行仍享有应收账款债权。一方当事人实际清偿后，另方当事人对保理银行的相应债务方予免除。综上，根据《中华人民共和国民事诉讼法》第二百条第二项、第六项之规定，请求再审本案，支持申请人的原审诉讼请求。

江西燃料公司答辩称：一、广州大优公司用于办理保理业务的基础合同是变造的，江西燃料公司与广州大优公司之间根本不存在9.5万吨煤炭买卖合同关系。2013年9月6日，江西燃料公司与广州大优公司签订《煤炭买卖合同》（合同编号：JXDY1306），广州大优公司向江西燃料公司供货5.5万吨，合同暂定每吨490元，江西燃料公司加盖了编码为3601000065724的合同专用章。2013年9月，广州大优公司为了向珠海华润银行申请保理融资款，伪造了编号为3601000065725

的合同专用章，变造了合同编号为 JXDY1306 的《煤炭买卖合同》，除将供货数量变造为9.5万吨外，还对结算方式、账户信息等条款予以更改。广州大优公司出具五张金额约4612万元的《广东增值税专用发票》（发票号 NO：16713153—16713157），其中，NO：16713156、16713157 两张发票未在金税工程增值税防伪税控系统认证，对应金额约1932万元。在原一、二审过程中，珠海华润银行、广州大优公司均不能提交9.5万吨合同的原件。通过对比复印件，肉眼即可以看出9.5万吨《煤炭买卖合同》复印件的公章编号与江西燃料公司在南昌市公安局备案登记的公章编号完全不一致。在事发后的第一时间，江西燃料公司向广州大优公司核查事实时，广州大优公司出具《对珠海华润银行应收账款转让确认书的情况说明》，明确承认："该虚假的盖章行为系广州大优公司与珠海华润银行之间的行为，与燃料公司无关"。二、珠海华润银行、广州大优公司误导江西燃料公司在部分空白的《应收账款转让确认书》上加盖公章。2013年10月24日，珠海华润银行与广州大优公司赴江西燃料公司核实贸易背景。珠海华润银行向江西燃料公司出示了一份部分内容空白的《应收账款转让确认书》，在该文件上，当时仅填写了"收款人为广州大优公司"和"合同编号为 JXDY1306"的内容，并不包括发票号、应付账款金额、已付款金额等信息。鉴于当时江西燃料公司与广州大优公司之间确有此"合同编号"的合同，也确有货款未支付完毕，且珠海华润银行和广州大优公司表明只是调查贸易背景的真实性，因此，江西燃料公司在该份部分空白的确认书上加盖公章。同时，珠海华润银行与广州大优公司还要求江西燃料公司在《应收账款转让通知书》（编号为：SCF20131022001）以及《应收账款转让通知确认书》上加盖公章。上述文件全部被珠海华润银行拿走。江西燃料公司与广州大优公司之间的煤炭买卖合同结算金额是在2013年10月28日由实际用户即收货人贵溪发电有限责任公司结算后才得出的。在2013年10月24日珠海华润银行要求确认贸易背景真实性时，江西燃料公司客观上是无法确定具体金额的。江西天剑司法鉴定中心于2014年10月30日出具的《鉴定意见书》［赣天剑司鉴〔2014〕文鉴字第（92）号］载明："应收账款转让确认书中收款人名称与合同号与其他部分字迹不是一次性书写形成"，这足以证明江西燃料公司在加盖公章时，《应收账款转让确认书》是部分空白的，上面没有金额。三、2013年10月24日，珠海华润银行向江西燃料公司送达《应收账款转让通知书》时，尚未取得债权受让人地位；2013 年 11 月 6 日，在保理合同签订后，珠海华润银行没有以任何方式将债权转让的有关事实通知江西燃料公司，债权转让对江西燃料公司不发生效力。《中华人民共和国合同法》第八十条规定：“债权人转让权利的，应当通知债务人。未经通知，该转让对债务人不发生效力”。直至 2014 年 4 月 30 日，在江西燃料公司索要下，珠海华润银行才寄送了律师函以及《应收账款转让确认书》，江西燃料公司于 2014 年 5 月 5 日正式收到，该债权转让行为至此才对江西燃料公司发生效力。本案中，2013 年 10 月 24 日，珠海华润银行与广州大优公司赴江西燃料公司核实贸易背景时，《国内保理业务合同》尚未签订，虽然江西燃料公司曾经签署过《应收账款转让通知确认书》确认收到该债权转让通知，但因保理合同关系尚未成立，珠海华润银行并非合法的债权受让人，不具备发出债权转让通知的前提条件，该《应收账款转让通知书》并不具备有效债权转让通知的效力。2013 年 11 月 6 日，珠海华润银行与广州大优公司签订《国内保理业务合同》，2013 年 11 月 8 日，珠海华润银行出具银行承兑汇票。此时，珠海华润银行应当履行其正式受让债权后通知债务人的法定义务。但直至珠海华润银行起诉之日，其都未能通知债务人。同时，广州大优公司作为原债权人也未能尽到通知义务。2013 年 11 月 13 日，在《应收账款转让确认书》签订后，广州大优公司仍出具授权书，授权其员工蓝杨青催款，要求江西燃料公司按照 5.5 万吨《煤炭买卖合同》的要求，支付合同尾款，江西燃料公司于同日支付 900 万元，2013 年 12 月 31 日支付 397.091132 万元，合同项下货款已经全部支付完毕。在未收到债权转让通知的情况下，江西燃料公司有理由相信，广州大优公司与珠海华润银行并未达成债权转让的一致，其依约向广州大优公司支付了合同尾款合情合理合法。最高人民法院在遵义渝禾商贸有限责任公司与中信银行股份有限公司贵阳分行、遵义县南江贸易有限公司、简传刚、杨小平保理合同纠纷一案中［（2016）最高法民申 7 号］认为，《中华人民共和国合同法》第八十条的规定采债权转让的通知主义模式，通知是债权转让对债务人生效的要件。债务人应当向谁履行债务，取决于其是否收到债权转让通知。债务人在没有收到债权转让通知前，不论其是否实际知晓债权转让的情况，债权转让对债务人均不发生法律效力，债务人仍应向原债权人履行债务。四、珠海华润银行作为受让人，行使权利不得超越其所受让的原权利范围，江西燃料公司有权以基础债权已经不存在为由对抗珠海华润银行的权利主张。在保理业务中，次债务人对银行的义务是基于基础合同中债权人（即保理合同的融资人）的债权转让行为。银行因债权转让成为基础合同中新的当事人，次债务人负有向银行付款的义务。但由于银行所获得的债权来自于原合同，因此，银行对债务人所能主张的权利不能超过原合同债权人所享有的权利，同时债务人对银行也基于原合同享有抗辩权，这包括对货物没有交付的抗辩、质量、数量不合格的抗辩、交期逾期、互付债务冲抵等的种种抗辩。本案的真实情况是，广州大优公司与江西燃料公司的真实合同供货量只有5.5万吨，而珠海华润银行所主张的所谓9.5万吨煤炭的货款并不存在。而真实发生的5.5万吨合同项下的货款，江西燃料公司已经全部履行，不存在所谓的“应收账款”。珠海华润银行作为受让人，所主张的权利超越其所受让的原权利范围，没有法律依据。最高人民法院在藁城市人民政府与北京孚厚投资咨询有限公司、河北省藁城市棉浆厂、河北省藁城市国有资产监督管理委员会办公室借款合同纠纷一案［（2011）民提字第322号］中也明确了这一裁判规则：债权受让人行使权利不得超越其所受让的原权利范围。在辽宁能港发电有限公司与中国信达资产管理股份有限公司吉林省分公司等保理合同纠纷一案［（2016）最高法民申1519号］中，最高人民法院认为：“因该笔应收账款债权系基于《煤炭购销合同》而发生，能港发电公司仅负有给付实际发生的应收账款的合同义务，其有权就该合同未履行或未正当履行部分向华能煤业公司，继而对应收账款债权的受让人信达资产公司行使拒绝履行相应给付义务的抗辩权”。五、珠海华润银行办理保理业务过程中存在重大过错，故意放任风险的发生，应当自行承担其不能全面受偿的损失。第一、银行从未提供标的为9.5万吨《煤炭买卖合同》原件，未按照行业惯例要求第三人提供交易文件的原件，并将原件留存至还款届满。第二、《应收账款转让通知确认书》中明确约定，江西燃料公司的印鉴为“签收收货单据、单笔应收账款确认等手续的有效印鉴”，但在银行的同一份归档文件中，《煤炭买卖合同》《煤炭供需合同》、仓单、运单等资料经江西燃料公司辨识后均为虚假合同，经肉眼辨识，《煤炭买卖合同》与《煤炭供需合同》中江西燃料公司的公章明显不一致，且上述资料上的公章亦与预留印章不一致。第三、广州大优公司开具的增值税专用发票中部分发票（NO：16713156、16713157）为虚开发票，珠海华润银行对此却视而不见。第四、《应收账款转让通知确认书》中关于“面签见证：王某刚、旷某丹”的记载内容不实。旷某丹作为本次保理业务的经办人员，从未来过江西燃料公司核对本次交易的真实性，却在《应收账款转让通知确认书》上作为面签见证人签字，明显为虚假陈述、不实记载。第五、这样一起明显伪造基础合同骗取银行贷款的犯罪行为，虽经江西燃料公司多次要求，珠海华润银行都只是通过民事诉讼追款，却至今不敢报案。六、无论从违约责任还是侵权责任分析，江西燃料公司均不应当对珠海华润银行承担责任。首先，从违约角度分析，本案中《应收账款转让通知书》《煤炭买卖合同》均无法发生有效的法律效力，故要求江西燃料公司承担违约责任的主张无法成立。其次，从侵权责任角度分析，本案中江西燃料公司在《应收账款转让确认书》中盖章的行为不构成侵权行为。在整个保理业务过程中，江西燃料公司并无过错，只是诚信地配合珠海华润银行和广州大优公司的贸易背景调查。虽然珠海华润银行目前尚未收回保理融资款项，但另案判决已经判令广州大优公司和担保人共同偿还珠海华润银行的融资款及利息，珠海华润银行也已经在破产程序中向广州大优公司申报债权，故损害结果是否会发生尚无法确定。珠海华润银行的保理融资业务的放款并不以债权转让为前提，江西燃料公司的盖章只是珠海华润银行贸易背景调查形式审查的需要，与珠海华润银行的放款之间没有必然的因果联系。七、珠海华润银行在另案中的主张，实际上已经把应收债权反转让至广州大优公司，无权再向江西燃料公司主张权利。2014 年 11 月 17 日，珠海华润银行起诉广州大优公司，要求判令其偿还融资款及利息，同时担保人承担连带清偿责任。广东省珠海市中级人民法院作出（2015）珠中法民二初字第 21 号判决支持了珠海华润银行的主张。2015 年，广东省广州市中级人民法院作出（2015）穗中法民破第 12 号裁定书，裁定广州大优公司进入破产程序。2016 年 7 月 12 日，珠海华润银行向广州大优公司破产管理人提交《债权登记申报表》。《商业银行保理业务管理暂行办法》第十条第二款规定：“有追索权保理是指在应收账款到期无法从债务人处收回时，商业银行可以向债权人反转让应收账款、要求债权人回购应收账款或归还融资”。《天津市高级人民法院关于审理保理合同纠纷案件若干问题的审判委员会纪要（一）》（津高法〔2014〕251 号）第十一条第十款也规定：“有追索权保理：无论应收账款因何种原因不能收回，保理商都有权向债权人追索已付融资款项并拒付尚未收回的差额款项，或者要求债权人回购应收账款”，只要银行无法从债务人处收回应收账款时，保理商即可以将债务反转让至债权人。《珠海华润银行国内保理业务操作规程》(1.0版，2013年）第三十二条规定："（一）在下述情况下，我行须将所涉及的应收账款反转让给卖方：1. 买方以商业纠纷为由拒绝付款，且商业纠纷提起后30天没有得到有效的解决；2. 应收账款存在虚假不实交易；3. 应收账款的基本要素与卖方实际提供资料不符；4. 卖方违反了国内保理合同'乙方承诺与保证'中任何一条；5. 有追索权保理业务中的保理融资即将逾期；6. 其他需要反转让的情况"。由此可见，珠海华润银行另案中行使的并非追索权，而是按照其内部操作规程的要求，在基础贸易合同虚假，江西燃料公司以商业纠纷为由拒付应收账款的情况下，即保理合同中所附的"停止条件"成就时，行使了反转让权，要求广州大优公司回购其债权，并将债权反转让至广州大优公司。《天津市高级人民法院关于审理保理合同纠纷案件若干问题的审判委员会纪要（二）》第八条第四款规定："债权人履行回购义务后，保理商应将应收账款及其项下的权利返还债权人，债权人取得基础合同项下对债务人的相应债权，保理商不得再向债务人主张还款"，一个债权不能多次主张，珠海华润银行已经通过另案诉讼的方式将应收债权反转让至广州大优公司，且向广州大优公司申报了债权，故不得再向江西燃料公司主张还款。综上，请求驳回珠海华润银行的诉讼请求。

原审第三人广州大优公司述称：本案中珠海华润银行基于《国内保理业务合同》所产生的对广州大优公司的债权，已经在广东省珠海市中级人民法院(2015）珠中法民二初字第21号民事判决中得到认定，珠海华润银行也已经向广州大优公司的破产管理人依法申报了该笔债权，珠海华润银行可以对广州大优公司主张实现该笔债权的权利，请求驳回珠海华润银行的全部诉讼请求。

珠海华润银行向一审法院起诉请求：1. 依法判令江西燃料公司向珠海华润银行支付应付账款本金人民币46115344.70元、利息人民币2998697.67元（按照银行同期贷款利率，以本金为计算基数，从2014年3月23日暂计至2015年3月31日止，以后顺延直至付清为止)。2. 请求依法判令江西燃料公司承担本案诉讼费用及差旅费用。

江西省南昌市中级人民法院一审查明：2013年9月17日，珠海华润银行与广州大优公司签订了一份《综合授信协议》［合同编号：华银（2013）珠综字（广州）第2013030403号］，约定：珠海华润银行向广州大优公司提供最高额综合授信额度为人民币2亿元整；其中各具体业务的具体授信额度为：商业承兑汇票补贴2亿元，贸易融资2亿元，贸易融资包括开立信用证、进口押汇、提货担保、进口代收押汇、打包放款、出口押汇、出口托收押汇、进/出口汇款融资、短期信保融资、有追索权保理业务；授信期限为2013年9月17日至2014年9月17日止，额度项下单笔具体业务最迟到期日为2015年3月17日等。同日，珠海华润银行与珠水能源集团有限公司、李某、李某洁签订一份《最高额保证合同》，约定：珠水能源集团有限公司、李某、李某洁为上述《综合授信协议》及其项下债权人与债务人就每一笔具体授信业务所签订的具体授信业务合同或协议所形成的债权提供最高额保证担保，所担保的主债权最高额本金金额不超过人民币2亿元；最高额保证担保债权的确定期间自2013年9月17日至2014年9月17日止；保证方式为连带责任保证，各保证人共同对债权人承担连带责任等。

2013年11月6日，珠海华润银行与广州大优公司签订一份《国内保理业务合同》，约定：本合同项下的保理业务类型属于有追索权的明保理；珠海华润银行为广州大优公司核定的保理融资额度为人民币2亿元整；相关买方关联额度具体明细如下：山煤华南煤炭销售有限公司5000万元、江西燃料公司5000万元、广东物通实业投资有限公司5000万元、福建华电储运有限公司5000万元、华润电力（贺州）有限公司2亿元、湖南华润电力鲤鱼江有限公司2亿元；珠海华润银行向广州大优公司提供保理融资的方式为：贷款金额为珠海华润银行核准的应收账款金额×融资比例，贷款期限为发票到期日+30天，开立银行承兑汇票期限为5个月，费率0.5‰；本保理融资额度有效期自2013年9月17日起至2014年9月17日止，本合同项下保理融资款的发放应在额度有效期内，融资到期日可超过额度到期日等。双方还约定：融资比例为山煤华南煤炭销售有限公司、江西燃料公司、广东物通实业投资有限公司、福建华电储运有限公司不超过发票金额的80%，华润电力（贺州）有限公司、湖南华润电力鲤鱼江有限公司不超过发票金额的90%。

上述《国内保理业务合同》签订后，广州大优公司向珠海华润银行提交了其与江西燃料公司在2012年9月6日签订的《煤炭买卖合同》（复印件）一份（合同编号：JXDY1306），该《煤炭买卖合同》中江西燃料公司所加盖的合同专用章（1）编码为：3601000065725。同时，广州大优公司还向珠海华润银行提交了该公司开具的名称为江西燃料公司的《广东增值税专用发票》五张（发票号NO：

16713153－16713157)。此外，广州大优公司还向珠海华润银行提交了加盖江西燃料公司公章的落款时间为2013年10月24日的《应收账款转让确认书》（编号：ZhGZ001）和《应收账款转让通知确认书》，其中：《应收账款转让确认书》确认江西燃料公司应付广州大优公司账款46115344.70元，已付款金额0元，预付款金额0元，佣金及折让金额3680万元，应付账款到期日为2014年3月22日等；《应收账款转让通知确认书》确认已收到上述《应收账款转让确认书》，已知晓并同意按照上述内容执行等。广州大优公司称在2013年10月25日向江西燃料公司发出一份《应收账款转让通知书》（编号：SLF2013022001)，告知已将江西燃料公司自2013年起至2014年止所有的应收账款以及就该部分应收账款所享有的权利全部转让给受让人珠海华润银行等。广州大优公司和珠海华润银行在该通知书上加盖了公司印章，但江西燃料公司否认收到该函件，广州大优公司和珠海华润银行均未向法院提交江西燃料公司已收该函件的记录。

2013年11月8日，珠海华润银行为广州大优公司向山西晋运能源有限公司开出银行承兑汇票四张，合计承兑金额人民币3680万元，汇票到期日为2014年4月8日。上述承兑汇票到期后，因广州大优公司资金未到位，珠海华润银行发生上述承兑汇票金额垫款。2014年4月25日、6月24日，珠海华润银行委托广东大公威德律师事务所先后向江西燃料公司发出《律师函》，催收2014年3月22日到期的应收账款人民币46115344.70元及利息，江西燃料公司确认收到上述《律师函》，但以存在虚假合同为由拒绝付款。

一审法院另查明：江西燃料公司在公安机关备案合同专用章共有两枚：其中：合同专用章（1）编码为：3601000065724，合同专用章（2）编码为：3601000065725。广州大优公司开具的名称为江西燃料公司的五张《广东增值税专用发票》中发票号N0：16713156，N0：16713157未在金税工程增值税防伪税控系统认证、抵扣。2014年4月9日，广州大优公司向江西燃料公司出具了一份《对珠海华润银行应收账款转让确认书的情况说明》，承认：2013年10月24日，广州大优公司在江西燃料公司不知情的情况下，擅自对广州大优公司与江西燃料公司签订的煤炭买卖合同（合同编号：JXDY1306）和付款发票进行更改，将已支付的煤款作为应收账款，以江西燃料公司名义对虚假的应收账款转让确认书（编号为ZhGZ001）进行盖章。该虚假盖章行为系广州大优公司与珠海华润银行之间的行为，与江西燃料公司无关，江西燃料公司完全不知情，对珠海华润银行不需承担任何付款义务。

一审法院还查明：珠海华润银行以广州大优公司、江西燃料公司、珠水能源集团有限公司、李某、李某洁为共同被告，向广东省珠海市香洲区人民法院提起诉讼，要求其偿还保理融资款人民币3680万元及其利息，后因江西燃料公司提出管辖权异议上诉，广东省珠海市中级人民法院经审理后，作出（2015）珠中法立民终字第62号民事裁定，一、撤销广东省珠海市香洲区人民法院（2014）珠香法民二初字第2854-2号民事裁定；二、驳回珠海华润银行对江西燃料公司的起诉；三、由该院对珠海华润银行诉广州大优公司、珠水能源集团有限公司、李某、李某洁金融借款合同纠纷一案进行审理。2015年11月20日，广东省珠海市中级人民法院就该案作出（2015）珠中法民二初字第21号民事判决，判决：一、广州大优公司于判决发生法律效力之日起十五日内向珠海华润银行偿还保理融资款本金人民币3680万元及利息。二、珠水能源集团有限公司、李某、李某洁对上述还款义务承担连带清偿责任；珠水能源集团有限公司、李某、李某洁承担保证责任后，有权向广州大优公司追偿，或者要求承担连带责任的其他保证人清偿其应当承担的份额。三、驳回珠海华润银行的其他诉讼请求。上述判决现已发生法律效力。

一审法院认为：一、关于煤炭买卖合同问题。根据《商业银行保理业务管理暂行办法》的相关规定，国内商业银行保理业务的核心系应收账款转让，且不得基于未来应收账款产生的付款请求权开展保理融资业务。而应收账款的产生，一则须有真实买卖合同关系，二则该买卖合同已经全面、实际履行。本案中，珠海华润银行向江西燃料公司主张的应收账款债权是从广州大优公司受让取得，而广州大优公司对江西燃料公司的应收账款债权是基于《煤炭买卖合同》（合同编号：JXDY1306）而产生的。从举证角度而言，珠海华润银行提交给法院的加盖广州大优公司公章（证明用）的编号为JXBCG-2013-023的《煤炭供需合同》仅是复印件，而该《煤炭买卖合同》（复印件）中江西燃料公司合同专用章编码与该公司在公安机关备案登记的合同专用章编码明显不一致，由广州大优公司向珠海华润银行提交的五张《广东增值税专用发票》中有两张经税务机关查验系未认证、未抵扣的发票，即便加盖了江西燃料公司公章的《应收账款转让确认书》（编号：ZhGZ001）和《应收账款转让通知确认书》，也与《应收账款转让通知书》出具时间前后矛盾，而江西燃料公司对所谓应收账款及转让的确认，系在广州大优公司虚构事实的基础上所作为，并非其真实意思表示，结合广州大优公司在事发后起诉前出具给江西燃料公司的情况说明，足以证实广州大优公司与江西燃料公司之间的煤炭买卖合同是虚假的。基于此，江西燃料公司在诉讼中申请对上述相关证据中盖章及内容真伪进行鉴定已无必要。因此广州大优公司基于该虚假煤炭买卖合同对江西燃料公司享有的应收账款债权并非真实合法有效的债权，珠海华润银行受让的该应收账款债权亦非真实合法有效的债权。现江西燃料公司以珠海华润银行从广州大优公司受让的应收账款债权系虚假债权为由拒绝向珠海华润银行履行清偿义务，合法有据，应予支持。二、关于应收账款反转让问题。珠海华润银行与广州大优公司签订的《国内保理业务合同》约定，双方之间的保理业务类型系有追索权的明保理融资。即当本案债权无法实现时，珠海华润银行既可选择向江西燃料公司主张应收账款债权，也可选择将应收账款反转让至广州大优公司。鉴于珠海华润银行已选择向广州大优公司主张返还保理融资款，且该救济措施已经广东省珠海市中级人民法院（2015）珠中法民二初字第21号民事判决得到了实现。换言之，珠海华润银行已经选择了将上述债权反转让给广州大优公司而放弃了对江西燃料公司的应收账款债权，故当珠海华润银行选择将应收账款反转让至第三人广州大优公司时，其不再享有对江西燃料公司的应收账款债权，因此，珠海华润银行在本案中向江西燃料公司主张应收账款债权，于法无据，不予支持。三、关于一案重复起诉问题。本案纠纷最初是由珠海华润银行将广州大优公司、江西燃料公司、珠水能源集团有限公司、李某、李某洁一并列为共同被告，向广东省珠海市香洲区人民法院起诉，后广东省珠海市中级人民法院就管辖上诉裁定驳回了珠海华润银行对江西燃料公司的起诉，并由该院对珠海华润银行诉广州大优公司、珠水能源集团有限公司、李某、李某洁金融借款合同纠纷一案进行审理。而珠海华润银行遂向一审法院提起诉讼，要求江西燃料公司支付应付账款本金及利息。从诉讼主体、诉讼标的及诉讼事由等诸多因素看，两案并非基于同一事实，同一法律关系，故不属于同一案件，这也为已生效的广东省珠海市中级人民法院民事裁定所确认。因此，珠海华润银行提起本案诉讼并不属于一案重复起诉的情形，广州大优公司关于一事不再审，应终结本案审理的辩解理由，于法无据，不予采纳。综上，该院依照《中华人民共和国合同法》第八十二条、第一百二十二条，《中华人民共和国民事诉讼法》第六十四条、第一百二十四条、第一百四十二条之规定，于2016年1月26日作出（2015）洪民二初字第435号民事判决：驳回珠海华润银行的诉讼请求。案件受理费287370元，财产保全费5000元，共计292370元，由珠海华润银行自行承担（已交纳）。

珠海华润银行不服一审判决，向江西省高级人民法院提起上诉。上诉请求：撤销一审判决，改判支持其一审全部诉讼请求；一、二审诉讼费用由江西燃料公司承担。其事实和理由主要为：一、一审法院在审理过程中出现一系列重大错误，并以此为依据做出错误判决。二、一审法院认为“业务的核心系应收账款转让，而应收账款的产生，一则须有真实买卖合同关系，二则该买卖合同已经全面、实际履行”及认定“江西燃料公司以珠海华润银行从广州大优公司受让的该应收账款债权系虚假债权为由拒绝向珠海华润银行履行清偿义务，合法有据，应予支持”，属于基本事实认定重大错误。三、一审法院认定“珠海华润银行选择将应收账款反转让至第三人广州大优公司时，其不再享有对江西燃料公司的应收账款债权”属于法律适用错误。江西燃料公司答辩称：一审法院判决查明的事实清楚，适用法律正确，请求驳回上诉，维持原判。广州大优公司答辩称：尊重、服从一审法院对本案的判决。

江西省高级人民法院二审补充查明：2013年11月6日，珠海华润银行与一审第三人广州大优公司签订《国内保理业务合同》，合同第一条约定本案所涉保理业务属于有追索权的明保理，第二条第九款约定有追索权保理业务是指：珠海华润银行不承担买方信用风险担保的保理业务。第二条第十八项反转让约定：在合同所约定的特定情形下，珠海华润银行向广州大优公司转回已经受让的应收账款；如珠海华润银行提供保理融资的情况下，广州大优公司向其支付保理融资款及相关未结清费用后，与该应收账款有关的一切权利亦应同时转让回广州大优公司。第四十条救济措施第一款约定：如发生下列情况之一，珠海华润银行依据本合同及商务合同的规定可以采取本条第2款规定的救济措施：……3. 买方/债务人明确表示或以自己行为表明将拒绝支付全部或部分的应收账款……；第二款规定甲方有权采取以下一项或几项违约救济措施：……2. 对珠海华润银行享有追索权的保理业务，珠海华润银行有权立即向广州大优公司追索尚未收回的应收账款，有权从广州大优公司在珠海华润银行开立的账户上扣收其应付给其银行的款项……

二审另查明：中国银行股份有限公司广州东山支行以广州大优公司不能清偿到期债务且明显缺乏清偿能力为由，向广东省广州市中级人民法院申请对广州大优公司进行破产清算，广东省广州市中级人民法院于2016年4月28日作出（2015）穗中法民破字第12号之一民事裁定，受理中国银行股份有限公司广州东山支行对广州大优公司的破产清算申请。同日，广东省广州市中级人民法院作出（2015）穗中法民破字第12号指定管理人决定书，指定广东天诺律师事务所担任广州大优公司管理人，负责人为陈忠。2016年7月8日，珠海华润银行填写了《债权申报登记表》，并邮寄给了广州大优公司管理人，申报债权数额为：本金人民币85592467.67元，利息人民币35417273.74元，合计为人民币121009741.41元。申报债权的依据为：（2015）珠中法民二初字第21号、第26号生效的民事判决书。

二审查明的其他事实与一审法院查明的事实一致，予以确认。

江西省高级人民法院二审认为：保理是以债权人转让其应收账款为前提，集应收账款催收、管理、坏账担保及融资于一体的综合性金融服务。有追索权的保理，是指在应收账款到期无法从债务人处收回时，银行可以向债权人反转让应收账款，或要求债权人回购应收账款或归还融资。

本案中，珠海华润银行以其与广州大优公司签订的《国内保理业务合同》为依据提起本案诉讼，主张江西燃料公司向其支付应付账款及利息。根据双方签订的《国内保理业务合同》的约定可知本案所涉保理业务属于有追索权的明保理，在有追索权保理业务中，保理银行对应收账款转让方享有追索权，即在应收账款到期后不能收回保理融资款的，其有权依据保理合同约定选择向应收账款债权人或债务人主张权利，应收账款债权人或债务人一方对保理银行履行义务，则另一方免除相应的清偿责任。对于珠海华润银行而言，本案所涉的保理业务，实质上仅产生了一笔债权，珠海华润银行有权选择是基于《应收账款转让通知书》与《应收账款转让确认书》而产生的债权转让关系，以债权人身份起诉要求应收账款债务人江西燃料公司支付应收账款项下的款项，还是根据保理合同所约定的回购（反转让）条件，要求应收账款转让方广州大优公司履行合同义务，承担归还保理融资款项及利息的责任。经查，珠海华润银行于2014年11月17日已向广东省珠海市香洲区人民法院起诉了广州大优公司，要求判令广州大优公司向其偿还保理融资款及利息，该案因诉讼标的原因，由广东省珠海市中级人民法院进行审理，并已经作出（2015）珠中法民二初字第21号民事判决，支持了珠海华润银行的诉讼请求，该判决已经生效。在广州大优公司进入破产清算后，该行亦向破产管理人申报了债权。因此，珠海华润银行对该笔债权实际已经通过向广州大优公司主张归还保理融资款项及利息的方式行使了诉权且该诉权已得到广东法院的判决支持。现珠海华润银行又向一审法院起诉，要求江西燃料公司向其支付应付账款及利息的诉讼请求于法无据，一审法院认定该行不再享有对江西燃料公司的应收账款债权，对其诉求不予支持正确，应予以维持。综上，一审法院认定事实清楚，实体处理正确。依照《中华人民共和国民事诉讼法》第一百七十条第一项的规定，判决：驳回上诉，维持原判。二审案件受理费人民币287370元，由珠海华润银行承担。

本院再审查明：2012年9月6日，江西燃料公司与广州大优公司签订《煤炭买卖合同》（合同编号：JXDY1306），约定由江西燃料公司向广州大优公司采购印度尼西亚进口动力煤，采购计划数量为单船煤炭5.5万吨（+/－10%），交货期限为2013年9月10日前，交货地点为温州状元岙码头，交货方式为外轮舱底交货；煤炭含税到岸基准价格为490元/吨；结算方式为货到付款，以人民币结算，江西燃料公司收到广州大优公司开出的提货单、货权转移通知书及海关开具的货物放行通知单后7个工作日内支付70%的货款给江西燃料公司，在收到质量、数量检验证书后双方进行结算，广州大优公司根据结算单开具增值税发票并提供所有相关票据，江西燃料公司在收到发票后10个工作日内向广州大优公司付清剩余货款。此外，双方还就质量调整价格、货物验收、违约责任等事项进行了约定。江西燃料公司在该合同上加盖了印章，曾晓生代表该公司在合同上签字。

为案涉保理融资业务办理的需要，广州大优公司向珠海华润银行提供了其与江西燃料公司之间的《煤炭买卖合同》（合同编号：JXDY1306）和《煤炭供需合同》［合同编号：JXDY1306（补）］，《煤炭买卖合同》载明的签订时间为2013年9月6日，主要内容为：采购计划数量为单船煤炭9.5万吨（+/－10%），煤炭含税到岸基准价格为490元/吨；结算方式为货到付款，以人民币结算，江西燃料公司在收到广州大优公司开出的提货单、货权转移通知书后提货，货款在收到广州大优公司开具的增值税发票及商检出具的货物质量、数量检验证书后60个工作日内以电汇方式支付。《煤炭供需合同》载明的签订时间为2013年9月15日，其内容主要是将双方于2013年9月6日签订的《煤炭买卖合同》第七条约定的付款条件修改为江西燃料公司在收到广州大优公司开出的增值税发票及商检出具的货物质量、数量检验证书后4个月内以电汇的方式向广州大优公司支付货款。在珠海华润银行的贷款档案中，保留该两份合同的复印件，并经珠海华润银行的工作人员旷某丹等注明“与原件核对一致”“已核原件”。

2013年10月24日，珠海华润银行的工作人员王某刚和广州大优公司的工作人员共同到江西燃料公司就案涉保理业务相关应收账款的真实性进行核查。江西燃料公司向珠海华润银行出具了落款时间为2013年10月24日的《应收账款转让确认书》（编号：ZhGZ001）和《应收账款转让通知确认书》（编号：SCF20131022）。在《应收账款转让确认书》中，江西燃料公司向珠海华润银行确认在该公司与广州大优公司于2013年9月6日签署的JXDY1306号《煤炭买卖合同》项下，应付广州大优公司账款46115344.70元，应付账款到期日为2014年3月22日等；并郑重声明：1. 上述应付账款贸易背景真实、合法和有效，在转让给珠海华润银行前广州大优公司享有完整和唯一的收款权利；2. 以上应付账款中所列明的债权人名称和明细记载正确。3. 江西燃料公司同意将上述应付账款及所有权益全部确认转让给珠海华润银行。在《应收账款转让通知确认书》中，江西燃料公司确认已收到编号为SCF20131022001的《应收账款转让通知书》，已知晓并确认其同意按照通知中的内容执行，并指定联系人、接收传真的指定号码及签收相关单据的有效印鉴。曾某生代表江西燃料公司在上述《应收账款转让确认书》和《应收账款转让通知确认书》上签字，并加盖了江西燃料公司的印章。珠海华润银行的王某刚、旷某丹在《应收账款转让通知确认书》的左下角注明“面签见证”。

再审庭审中，江西燃料公司对前述《应收账款转让确认书》和《应收账款转让通知确认书》上曾某生的签字和江西燃料公司的印章的真实性予以承认，珠海华润银行承认旷某丹未实际参与面签见证工作。

珠海华润银行和广州大优公司向江西燃料公司发出的《应收账款转让通知书》（编号：SCF20131022001）的落款时间为2013年10月25日，主要内容为：鉴于广州大优公司已经与珠海华润银行签订了《国内保理业务合同》，广州大优公司已经将对江西燃料公司自2013年起至2014年止的所有应收账款以及就该部分应收账款所享有的权利转让给珠海华润银行，基于该转让，受让人珠海华润银行已经成为江西燃料公司的债权人，享有广州大优公司原先作为债权人的所有权利和权益；广州大优公司同意，除非受让人珠海华润银行事先书面同意，广州大优公司不得从江西燃料公司收取该债权下的任何金额或者取得清偿，本通知未经受让人珠海华润银行同意不得撤销和更改；请江西燃料公司向受让人珠海华润银行履行上述应收账款项下的义务，并将应收账款直接付至指定的账户；请依随本通知书签署《应收账款转让通知确认书》，并将签署后的确认书交回受让人珠海华润银行。对该通知书的落款日期为2013年10月25日的原因，珠海华润银行的解释是因笔误所致。

2014年10月30日，受江西燃料公司的委托，江西天剑司法鉴定中心出具《鉴定意见书》[赣天剑司鉴〔2014〕文鉴字第（92）号]，对2013年10月24日《应收账款转让确认书》（编号：ZhGZ001）中“收款人名称”及“合同号”栏的填写字迹与其余部分填写字迹是否为同一人书写、是否为一次性书写形成的问题表达了如下鉴定意见：该《应收账款转让确认书》中收款人名称与合同号与其他部分字迹是同一人书写，但两部分字迹的笔画粗细及墨迹的反射吸收都存在差异，为不同笔书写形成，不是一次性书写形成。

诉讼中，对该《应收账款转让确认书》上手写部分的内容，珠海华润银行和江西燃料公司均认可系广州大优公司的工作人员填写。

江西燃料公司向广州大优公司的付款情况如下：2013年9月30日，直接由其账户中转账支付1000万元；2013年10月12日，直接由其账户中转账支付400万元；2013年11月13日，以背书转让银行承兑汇票的方式分三笔支付900万元；2013年12月31日，直接由其账户中转账支付379.091132万元。

除上述事实外，原审判决认定事实属实，本院予以确认。

再审中，各方当事人争议的焦点问题为：1. 江西燃料公司所称的基础债权瑕疵能否对抗珠海华润银行。2. 珠海华润银行在另案诉讼中向广州大优公司主张的权利是追索权还是债权反转让，其是否有权继续要求江西燃料公司清偿债务。

本院认为，根据案涉《国内保理业务合同》的约定，本案当事人所开展的保理业务是珠海华润银行以约定的折扣受让广州大优公司对江西燃料公司、山煤华南煤炭销售有限公司等客户一定额度的国内应收账款，为广州大优公司提供保理融资，且珠海华润银行不承担江西燃料公司等客户信用风险的有追索权的保理业务。从本案中各方当事人的诉辩理由来看，当事人之间的争议主要是围绕着江西燃料公司与广州大优公司之间的煤炭买卖合同关系、广州大优公司与珠海华润银行之间的保理融资合同关系、广州大优公司与珠海华润银行之间的债权转让关系这三个基本法律关系展开。因珠海华润银行与广州大优公司之间就《综合授信协议》《国内保理业务合同》所产生的纠纷已经通过另案诉讼解决，且广东省珠海市中级人民法院就该纠纷所作出的（2015）珠中法民二初字第21号民事判决已经发生法律效力，本案的审理应当受该生效判决既判力的羁束。故本院遵从该判决关于案涉《综合授信协议》《国内保理业务合同》为合法有效合同的认定，并将这一认定作为审理本案的逻辑起点，进一步评判本案当事人之间就基础合同及其所生债权的转让与保理融资合同之间的关系、追索权与反转让的权利性质等法律问题。《中华人民共和国合同法》第一百二十四条规定："本法分则或者其他法律没有明文规定的合同，适用本法总则的规定，并可以参照本法分则或者其他法律最相类似的规定"。据此，因案涉《国内保理业务合同》系同时包含金融借款、债权转让、账务管理等有名合同和无名合同之混合契约，本院在判断本案各方当事人的权利义务时，原则上尊重当事人在合同中约定的内容，对合同没有约定或约定不明之处，除直接适用《中华人民共和国合同法》总则的相关规定外，将类推适用最相类似之有名合同的相关规定，在斟酌合同目的、利益状态及交易惯例的基础上，合理确定当事人的权利和义务，衡平当事人之间的利益。就各方当事人争议的焦点问题，分述如下：

一、关于江西燃料公司所称的基础债权瑕疵能否对抗债权受让人珠海华润银行的问题

本案中，江西燃料公司和广州大优公司之间的基础债权债务关系是基于煤炭买卖合同关系而发生。根据各方当事人在诉讼中的陈述和举证情况，可以认定双方于2012年9月6日签订的数量为5.5万吨、价款为2450万元的《煤炭买卖合同》（合同编号：JXDY1306）系真实发生的业务，广州大优公司据此而对江西燃料公司享有相应的债权。但在本案保理融资业务的办理过程中，广州大优公司并未向珠海华润银行提交前述《煤炭买卖合同》，而是变造了合同编号同为JX-DY1306的《煤炭买卖合同》，将合同签订时间更改为2013年9月6日、数量更改

为9.5万吨、价款更改为4611万余元。对该变造行为，虽然广州大优公司和江西燃料公司在诉讼中均坚称系广州大优公司和珠海华润银行所为，江西燃料公司并不知情。但在案证据表明，广州大优公司和江西燃料公司的陈述与本案事实不符。理由如下：

其一，江西燃料公司实际知道其在真实的煤炭买卖合同项下欠付广州大优公司的货款数额。该5.5万吨煤炭买卖合同约定，货款结算由广州大优公司和江西燃料公司直接进行。而且，从本案中货款结算的实际情况来看，案涉货款亦均是江西燃料公司采用直接由其账户中转账、背书转让银行承兑汇票的方式直接向广州大优公司支付，并无委托第三方支付、结算的情形。由此可以认定，江西燃料公司作为案涉《煤炭买卖合同》的买受人，不仅应当知道、而且实际知道其与广州大优公司之间货款已经支付和尚未支付的具体情况。

其二，江西燃料公司在《应收账款转让确认书》中确认广州大优公司对其享有46115344.70元应收账款的行为，是故意而为的欺诈行为。《中华人民共和国合同法》第四十二条规定，当事人在订立合同过程中，故意隐瞒与订立合同有关的重要事实或者提供虚假情况，给对方造成损失的，应当承担损害赔偿责任。据此，在当事人准备、商议订立合同的过程中，一方当事人有义务就与订约相关的重要事实如实回答对方当事人的询问，这是基本的商业伦理，也是诚信原则的当然要求。本案中，广州大优公司对江西燃料公司的应收账款是否真实存在、数额多少，是珠海华润银行在决定是否发放贷款时必须考虑的重要事实。江西燃料公司在珠海华润银行向其调查基础交易合同的真实性时，负有如实陈述的法定义务。本案中，截止2013年10月24日江西燃料公司签署《应收账款转让确认书》之前，已经在该5.5万吨煤炭买卖合同项下直接向广州大优公司实际支付了1400万元货款。曾某生作为江西燃料公司的时任党委书记，同时也是在该合同上签字的授权委托代表，在回答珠海华润银行的问询时，只需要向本单位的财务人员核实，就可以准确告知货款的支付和结余情况。但江西燃料公司在《应收账款转让确认书》中并没有如实向珠海华润银行陈述该5.5万吨煤炭买卖合同项下账款的支付和结余情况，反而径行确认应收账款余额为46115344.70元，已付款金额为0元，并郑重声明该应付账款的贸易背景真实、合法和有效，同意将该账款所享有的权益全部转让给珠海华润银行，据此，应当认定江西燃料公司就与订约有关的重要事实向珠海华润银行提供虚假情况，系欺诈行为。就此节事实，江西燃料公司抗辩理由主要包括两个方面：其一，在2013年10月24日珠海华润银行向其核实贸易背景真实性时，因实际用户贵溪发电有限责任公司并未得出实际的结算金额而不能确定应收账款的具体金额。其二，《应收账款转让确认书》的签署系受珠海华润银行和广州大优公司的误导，江西燃料公司的本意仅是确认贸易背景真实，曾某生签署《应收账款转让确认书》时，该确认书最初只填写了收款人名称为广州大优公司及合同编号为JXDY1306的内容，其他内容均未填写，江西天剑司法鉴定中心已经就该确认书上的内容并非一次书写形成提供了鉴定意见。本院认为，江西燃料公司关于案涉应收账款的数额需要依赖贵溪发电有限责任公司具体结算的诉讼理由，并无相应事实依据。从江西天剑司法鉴定中心鉴定意见的内容来看，只能证明该确认书中的手写部分内容是同一人以不同的笔书写形成，并不能由此得出收款人和合同编号之外的内容系由广州大优公司事后擅自填写的结论，更不能证明广州大优公司和珠海华润银行对江西燃料公司进行误导的事实存在。故本院对其抗辩理由，不予采信。退而言之，即便江西燃料公司所称其初衷只是确认存在应收账款这一事实真的存在，其在珠海华润银行就案涉应收账款的真实性进行调查、核实的过程中不进行完整、准确的陈述，而是交由广州大优公司任意填写，亦应当认定其行为构成故意隐瞒与订立合同有关的重要事实的行为。

其三，江西燃料公司在签署《应收账款转让通知确认书》后，仍然继续向广州大优公司支付剩余货款，主观恶意明显。《中华人民共和国合同法》第八十条规定："债权人转让权利的，应当通知债务人。未经通知，该转让对债务人不发生效力。债权人转让权利的通知不得撤销，但经受让人同意的除外"。据此规定，债权转让依让与人和受让人的意思表示一致而发生效力，对债务人而言，一经通知，债权让与即对其生效，债务人应当向新债权人履行债务。但在本案中，江西燃料公司在确认其收到编号为SCF20131022001的《应收账款转让通知书》并承诺按照通知中的相关内容执行的情况下，仍然于2013年11月13日、12月31日分别向广州大优公司支付了剩余的900万元和379.091132万元货款。江西燃料公司的上述付款行为，系在明知相关债权已经由珠海华润银行受让的情况下实施的，不仅直接违反了其在《应收账款转让确认书》和《应收账款转让通知确认书》中向珠海华润银行作出的未经其同意不向广州大优公司支付货款的承诺内容，也违反了

《中华人民共和国合同法》第八十条的规定，该擅自清偿行为无法以任何理由加以正当化，亦不能产生对抗珠海华润银行的效力。江西燃料公司关于其签署确认书之时保理合同尚未正式签订，珠海华润银行并非适格的受让人，以及在保理合同签订后其未收到债权转让通知，有理由相信债权转让合同并未成立，向广州大优公司支付尾款合理的诉讼理由，无任何事实和法律依据，本院不予采信。

综上，本院认定，江西燃料公司事实上知道广州大优公司变造案涉9.5万吨煤炭买卖合同的行为，且在珠海华润银行向其调查、核实的过程中，与广州大优公司共同实施欺诈行为，制造双方之间存在46115344.70元应收账款的假象，亦因此该9.5万吨合同系广州大优公司和江西燃料公司双方共同通谋实施的虚伪意思表示，依法应当认定为无效合同。

《中华人民共和国合同法》第八十二条规定："债务人接到债权转让通知后，债务人对让与人的抗辩，可以向受让人主张"。上述规定之规范意旨，系为保护债务人之利益不至因债权转让而受损害，就债务人能否以系争债权系通谋虚构为由向受让人抗辩这一问题，立法本身未设明文规定。被申请人江西燃料公司所提交的本院（2011）民提字第322号民事判决及（2016）最高法民申1519号民事裁定等先例裁判中，处理的法律问题均系在基础合同有效情况下的抗辩问题，与本案并不相同，故该等先例裁判形成的处理意见尚不能解决本案中的法律问题。根据民法基本原理，双方当事人通谋所为的虚伪意思表示，在当事人之间发生绝对无效的法律后果。但在虚伪表示的当事人与第三人之间，则应视该第三人是否知道或应当知道该虚伪意思表示而发生不同的法律后果：当第三人知道该当事人之间的虚伪意思表示时，虚伪表示的无效可以对抗该第三人；当第三人不知道当事人之间的虚伪意思表示时，该虚伪意思表示的无效不得对抗善意第三人。据此，江西燃料公司关于案涉应收账款虚假的诉讼理由能否对抗珠海华润银行，取决于珠海华润银行在受让债权时是否善意。本案中，珠海华润银行在签订案涉《国内保理业务合同》之前，不仅审核了广州大优公司提交的《煤炭买卖合同》和增值税发票的原件，还指派工作人员王某刚到江西燃料公司调查贸易背景的真实性，并对江西燃料公司签署《应收账款转让确认书》《应收账款转让通知确认书》等行为进行面签见证，向江西燃料公司送达了《应收账款转让通知书》，应当认定在案涉保理合同签订之前，珠海华润银行已经就基础债权的真实性问题进行了必要的调查和核实，广州大优公司和江西燃料公司共同向珠海华润银行确认了基础债权真实、合法、有效，珠海华润银行已经尽到了审慎的注意义务，其有理由相信广州大优公司对江西燃料公司享有46115344.70元债权。虽然珠海华润银行在开展贸易背景调查的过程中，存在《应收账款转让通知确认书》的落款时间为2013年10月24日、《应收账款转让通知书》的落款时间为2013年10月25日，以及实际开展面签见证的工作人员仅为1人的工作疏忽，但因江西燃料公司并不否认《应收账款转让确认书》和《应收账款转让通知确认书》上曾某生签名和江西燃料公司印章的真实性，故该等工作瑕疵的存在，并不影响本案的事实认定。对江西燃料公司关于广州大优公司开具的N0：16713156、16713157两张增值税发票未在金税工程增值税防伪税控系统认证、抵扣，以及9.5万吨《煤炭买卖合同》中江西燃料公司合同专用章编码不一致，珠海华润银行存在重大过失等抗辩理由，本院认为，在江西燃料公司以《应收账款转让确认书》这一书面形式明确其与广州大优公司之间的应付账款金额为46115344.70元、到期日为2014年3月22日，应付账款的贸易背景真实、合法和有效的情况下，前述增值税发票是否认证、抵扣、印章编码与备案印章是否一致等事由，原则上不应纳入珠海华润银行的调查、核实范围，即便珠海华润银行对上述事项已经有所认识，亦并不足以引起珠海华润银行的合理怀疑，故对江西燃料公司的此点抗辩理由，本院不予支持。综上，申请人珠海华润银行关于江西燃料公司应当以其承诺行为向珠海华润银行承担清偿责任的申请理由成立，本院予以支持。江西燃料公司关于珠海华润银行作为债权受让人的权利不能超越原权利的范围，其有权以基础债权已经不存在的事由对抗珠海华润银行的诉讼理由不能成立，本院不予支持。一审判决关于珠海华润银行受让的应收账款债权并非真实合法有效的债权，江西燃料公司有权以应收账款债权系虚假债权为由拒绝向珠海华润银行履行清偿义务的认定，未能准确区分虚伪意思表示在当事人之间的效力和对第三人的效力，本院予以纠正。

二、关于珠海华润银行在已经通过另案诉讼向广州大优公司主张权利的情况下，能否继续要求江西燃料公司清偿债务的问题。

本案中，在珠海华润银行就案涉保理融资款项已经通过另案向广州大优公司主张权利的情况下，其能否就案涉保理融资债权继续向江西燃料公司主张权利，各方当事人存在争议。珠海华润银行主张，其既可以向广州大优公司追索，也可以向次债务人江西燃料公司求偿，对一方当事人的权利追索，并不影响对另方当事人的权利主张。江西燃料公司和广州大优公司认为，珠海华润银行在另案中主张权利的行为，已经将案涉应收账款反转让至广州大优公司，其无权再行向江西燃料公司主张权利。本院认为，根据《国内保理业务合同》的约定，本案保理业务属于珠海华润银行不承担买方信用风险担保的有追索权的明保理，在珠海华润银行的债权不能获得清偿时，珠海华润银行除有权以债权受让人身份要求应收账款债务人江西燃料公司清偿债务外，还有权向广州大优公司行使追索权和反转让应收账款的权利。具言之，珠海华润银行对江西燃料公司享有求偿权的基础是基于债权转让合同的约定，其因受让债权而取代广州大优公司成为江西燃料公司的债权人；对广州大优公司享有反转让和追索权的基础是基于其和广州大优公司之间的借款合同法律关系。由于保理业务是从境外引进的业务类型，在国内开展的时间还不长，学说和实务层面对该项业务中所使用的源自英美法背景的相关术语、惯例如何纳入我国固有法律体系中相应的概念、范畴还没有开展充分的讨论。对这一问题的评判，关键在于厘清珠海华润银行对江西燃料公司的求偿权和对广州大优公司所享有的债权反转让和追索权等合同权利的法律性质，以及前述权利依其法律性质能否同时并存。

关于珠海华润银行对广州大优公司的反转让应收账款的权利与对江西燃料公司的求偿权能否并存的问题。关于应收账款的反转让，案涉《国内保理业务合同》第二条第十八项约定了两种类型：在合同所约定的特定情形下，珠海华润银行向广州大优公司转回已经受让的应收账款；如珠海华润银行提供保理融资的情况下，广州大优公司向其支付保理融资款及相关未结清费用后，与该应收账款有关的一切权利亦应同时转让回广州大优公司。关于特定情形下的反转让，该合同第三十八条和第三十九条约定：出现基础合同发生商业纠纷，但基础合同双方当事人未向珠海华润银行提交商业纠纷处理意见等情形的，珠海华润银行可以向广州大优公司发出《应收账款反转让通知书》，同时要求广州大优公司向珠海华润银行支付保理融资款及相关未结清费用；在珠海华润银行要求反转让的情况下，广州大优公司应按照《应收账款反转让通知书》的要求向珠海华润银行支付本息和费用，未及时足额支付的，珠海华润银行有权从广州大优公司账户中主动扣款或采用其他办法强行收回有关款项。根据上述约定，保理商向债权出让方反转让债权的法律效果依法应当认定为解除债权转让合同，将债权返还给出让人，故应收账款的反转让应受《中华人民共和国合同法》总则中关于合同解除的相关规定的调整。案涉《国内保理业务合同》中关于广州大优公司归还了保理融资款及相关未结清费用后，与该应收账款有关的一切权利亦应同时转回，以及发生江西燃料公司不履行偿还义务等情形珠海华润银行有权通知广州大优公司反转让债权的约定，应当解释为案涉债权转让合同的约定解除条件。因此，在合同约定的解除条件成就的情况下，如果珠海华润银行向广州大优公司反转让债权，因债权转让合同解除后其已不再具有江西燃料公司的债权人身份，其要求江西燃料公司清偿债务的权利基础已不存在，故该项权利与其对江西燃料公司的求偿权在法律性质上不能同时并存。据此，珠海华润银行在本案中要求江西燃料公司清偿债务的诉讼请求能否得到支持，取决于其另案提起的诉讼是否应当认定为已经行使了解除债权转让合同的权利，将债权返还给广州大优公司。

本案中，珠海华润银行在为广州大优公司申请开具的承兑汇票垫款后，于2014年4月25日、6月24日向江西燃料公司催收应收账款人民币46115344.70元及利息。后因江西燃料公司未向珠海华润银行清偿债务，珠海华润银行以广州大优公司、江西燃料公司、珠水能源集团有限公司、李某、李某洁为共同被告，向广东省珠海市香洲区人民法院提起诉讼，要求其偿还保理融资款人民币3680万元及其利息，后因江西燃料公司提出管辖权异议上诉，广东省珠海市中级人民法院以（2015）珠中法立民终字第62号民事裁定驳回珠海华润银行对江西燃料公司的起诉，由该院对珠海华润银行诉广州大优公司、珠水能源集团有限公司、李某、李某洁金融借款合同纠纷一案进行审理。在该案审理期间，珠海华润银行于2015年4月向一审法院提起本案诉讼。2015年11月20日，广东省珠海市中级人民法院作出（2015）珠中法民二初字第21号民事判决，判令广州大优公司向珠海华润银行偿还保理融资款本金人民币3680万元及利息，珠水能源集团有限公司、李某、李某洁对上述还款义务承担连带清偿责任。在珠海华润银行主张权利的过程中，并无书面文件证明其表达过向广州大优公司反转让债权的意思。而且，从珠海华润银行所实施的系列诉讼行为的实际情况来看，其真实意思是坚持要求江西燃料公司和广州大优公司同时承担债务，核心诉求是要求广州大优公司与江西燃料公司共同归还所欠借款，始终没有包含向广州大优公司归还债权的意思表示。

故本院认定，珠海华润银行在另案诉讼中所主张的权利，在性质上属于要求广州大优公司归还借款的追索权，并非债权的反转让。江西燃料公司关于珠海华润银行已经将案涉应收账款反转让给广州大优公司的诉讼理由，并无相应的事实依据，本院不予采信。原审判决关于珠海华润银行对该笔债权实际已经通过向广州大优公司行使诉权、其已经不再享有对江西燃料公司的应收账款债权的认定，并不符合本案的实际情况，若珠海华润银行的真实意思是解除债权转让合同，其不会再坚持提起本案诉讼主张其已经不再拥有的权利，本院对该认定予以纠正。

关于珠海华润银行向江西燃料公司的求偿权和向广州大优公司追索权能否同时并存的问题。大陆法系的通说认为，有追索权的保理业务所包含的债权转让合同的法律性质并非纯正的债权让与，而应认定为是具有担保债务履行功能的间接给付契约。间接给付，学说上又称为新债清偿、新债抵旧，或为清偿之给付。根据民法基本原理，间接给付作为债务清偿的方法之一，是指为清偿债务而以他种给付代替原定给付的清偿，并不具有消灭原有债务的效力，在新债务履行前，原债务并不消灭，只有当新债务履行且债权人的原债权因此得以实现后，原债务才同时消灭。从司法实践中的情况来看，对保理商有追索权的保理业务中，在债权未获清偿的情况下，保理商不仅有权请求基础合同的债务人向其清偿债务，同时有权向基础合同债权的让与人追索这一问题，并无分歧认识，但在原有债务和受让债权的数额不一致的情况下应当如何确定清偿义务范围和顺序，还没有先例判决可以遵循。案涉《国内保理业务合同》第四十条约定：如发生买方/债务人明确表示或以自己行为表明将拒绝支付全部或部分的应收账款等情形的，珠海华润银行有权立即向广州大优公司追索尚未收回的应收账款，有权从广州大优公司在珠海华润银行开立的账户上扣收其应付给其银行的款项。根据双方在《国内保理业务合同》中的约定和间接给付的法理，珠海华润银行本应先向江西燃料公司求偿，在未获清偿时，才能够向广州大优公司主张权利，追索权的功能相当于广州大优公司为江西燃料公司的债务清偿能力提供了担保，这一担保的功能与放弃先诉抗辩权的一般保证相当。参照《中华人民共和国担保法》关于一般保证的法律规定，江西燃料公司应当就其所负债务承担第一顺位的清偿责任，对其不能清偿的部分，由广州大优公司承担补充赔偿责任。就这一法律问题，广东省珠海市中级人民法院另案中作出的（2015）珠中法立民终字第62号民事裁定书的认定并不正确，导致当事人因同一事件所引发的纠纷不能通过一个诉讼程序加以解决，本应予以纠正，但考虑到珠海华润银行的实体权利能够在本案中得到救济，本院不再通过审判监督程序对该院的相关裁判予以纠正。因珠海华润银行对广州大优公司债权并未得到实际清偿，故其虽然通过另案向广州大优公司行使了追索权，但仍然有权就未获清偿的部分向江西燃料公司主张，故本院对珠海华润银行在本案中的诉讼主张，予以支持。但在江西燃料公司应当承担的清偿义务范围方面，揆诸间接给付的基本法理，因珠海华润银行并不承担该应收账款不能收回的商业风险，其受让广州大优公司对江西燃料公司所享有的债权，目的是为了清偿广州大优公司对其所欠的债务，珠海华润银行实际向广州大优公司发放的借款本金为3680万元，故珠海华润银行在本案中对江西燃料公司所能主张的权利范围，依法应当限缩至3680万元借款本金及其利息的范围之内。同时，珠海华润银行基于该笔贷款受让了对江西燃料公司的4611万余元的应收账款，其对江西燃料公司清偿债务的信赖利益仅为应收账款本金46115344.70元及其利息，这一信赖利益范围也应当成为江西燃料公司对其承担责任的最高上限，故江西燃料公司向珠海华润银行清偿该3680万元本金的利息的实际数额，不能超过该46115344.70元本金及相应利息。江西燃料公司关于广州大优公司让与的债权虚假、真实债权已经清偿完毕的诉讼理由，不影响其在本案中的责任承担，江西燃料公司在承担责任后，可以根据其实际履行情况向广州大优公司另行主张。此外，因本案判决的执行涉及到广东省珠海市中级人民法院就（2015）珠中法民二初字第21号判决的执行，以及广东省广州市中级人民法院受理的广州大优公司的破产清算程序，在执行本案判决的时候应当注意，广州大优公司、珠水能源集团有限公司、李某、李某洁等保证人或江西燃料公司任何一方对债务的清偿或部分清偿，都应相应免除另一方的清偿义务，以避免珠海华润银行就同一债权双重受偿。二审判决关于在有追索权保理业务中，保理银行对应收账款转让方享有追索权，其有权依据保理合同约定选择向应收账款债权人或债务人主张权利，应收账款债权人或债务人一方对保理银行履行义务，则另一方免除相应的清偿责任的认定正确，本院予以确认。

综上所述，本院认为，申请人珠海华润银行的申请理由及诉讼请求成立，本院部分予以支持。原审判决认定事实和适用法律均有不当之处，本院予以纠正。本院依照《中华人民共和国合同法》第一百二十四条、第六十条、第七十九条、

第八十条、第八十二条、第一百零七条、《中华人民共和国民事诉讼法》第二百零七条第一款、第一百七十条第一款第二项之规定，判决如下：

一、撤销江西省高级人民法院（2016）赣民终325号民事判决；

二、撤销江西省南昌市中级人民法院（2015）洪民二初字第435号民事判决；

三、江西省电力燃料有限公司于本判决生效之日起十日内向珠海华润银行股份有限公司支付36800000元及相应利息（按利率每日万分之五的计息标准，从2014年4月8日计算至实际清偿之日止，但本息计算的结果，以不超过46115344.70元及该款自2014年3月22日起按照中国人民银行同期贷款利率计算的利息为限；广州大优煤炭销售有限公司、珠水能源集团有限公司、李某、李某洁对（2015）珠中法民二初字第21号判决项下债务的清偿行为，相应减少本判决项下江西省电力燃料有限公司的清偿义务，反之亦然）；

四、驳回珠海华润银行股份有限公司的其他诉讼请求。

如果未按本判决指定的期限履行金钱给付义务，应当按照《中华人民共和国民事诉讼法》第二百五十三条之规定，加倍支付迟延履行期间的债务利息。

一审案件受理费287370元，财产保全费5000元，合计292370元，由江西省电力燃料有限公司负担233896元，珠海华润银行股份有限公司负担58474元；二审案件受理费287370元，由江西省电力燃料有限公司负担229896元，珠海华润银行股份有限公司负担57474元（应由江西省电力燃料有限公司负担的诉讼费用已由珠海华润银行股份有限公司预交，该款由江西省电力燃料有限公司在履行本判决项下义务时直接支付）。

本判决为终审判决。

审判长：周伦军；审判员：马东旭、汪军；法官助理：李洁；书记员：钱莹

二〇一七年六月二十八日

第十一部分 公司法

专题四十一

原董事提起确认公司决议无效之诉应当与案件有直接利害关系

——许某宏诉泉州南明置业有限公司、林某哲与公司有关的纠纷案

【裁判观点】

（1）人民法院应当根据公司法、公司法司法解释（四）以及民事诉讼法的规定审查提起确认公司决议无效之诉的当事人是否为适格原告。对于在起诉时已经不具有公司股东资格和董事、监事职务的当事人提起的确认公司决议无效之诉，人民法院应当依据《中华人民共和国民事诉讼法》第一百一十九条的规定审查其是否符合与案件有直接利害关系等起诉条件。

（2）公司法意义上的董事会决议，是董事会根据法律或者公司章程规定的权限和表决程序，就审议事项经表决形成的反映董事会商业判断和独立意志的决议文件。中外合资经营企业的董事会对于合营一方根据法律规定委派和撤换董事之事项所作的记录性文件，不构成公司法意义上的董事会决议，亦不能成为确认公司决议无效之诉的对象。

中华人民共和国最高人民法院

民事裁定书

案号（2017）最高法民终18号

上诉人（原审原告）：许某宏（曾用名许某良），男，1959年6月9日出生，

香港特别行政区居民，住香港特别行政区。

委托诉讼代理人：姚晓敏，北京市兰台律师事务所律师。

委托诉讼代理人：刘晓旭，北京市兰台律师事务所律师。

被上诉人（原审被告）：泉州南明置业有限公司。住所地：福建省泉州市丰泽区泉山路水上乐园。

法定代表人：林某哲，该公司董事长。

委托诉讼代理人：王云英，福建新世通律师事务所律师。

委托诉讼代理人：李皓，北京市天同（南京）律师事务所律师。

被上诉人（原审被告）：林某哲，男，1948年9月18日出生，香港特别行政区居民，住香港特别行政区。

委托诉讼代理人：彭卿，北京市天同律师事务所律师。

委托诉讼代理人：林庚，国浩律师（福州）事务所律师。

上诉人许某宏因与被上诉人泉州南明置业有限公司（以下简称泉州南明公司）、林某哲与公司有关的纠纷一案，不服福建省高级人民法院（2015）闽民初字第123号民事裁定，向本院提起上诉。本院依法组成合议庭，公开开庭审理了本案。上诉人许某宏的委托诉讼代理人姚晓敏、刘晓旭，被上诉人泉州南明公司的委托诉讼代理人王云英、李皓，被上诉人林某哲的委托诉讼代理人彭卿、林庚到庭参加诉讼。本案现已审理终结。

许某宏上诉请求：撤销一审裁定，指令福建省高级人民法院审理本案。事实和理由：（一）一审裁定认定事实错误。1. 一审裁定关于许某宏等六方投资人对香港南明置业有限公司（以下简称香港南明公司）注资，出资完成后所形成的财产应当归香港南明公司所有的事实认定错误。一审法院未调查香港南明公司收到许某宏等六方投资人投资款项后如何处理的相关事实，在未查清六方投资人所投资金是入了香港南明公司资产，还是六方投资人仅将香港南明公司作为投资通道以该公司名义投资的情况下，即作出前述认定，显得草率。2. 一审裁定关于即便许某宏完成出资后也只是泉州南明公司的实际控制人而非实际投资人的事实认定错误。公司的实际控制人往往和实际投资人一致，二者并非互相矛盾的概念。（二）一审裁定适用法律错误。1. 本案业已查清许某宏实际出资的事实，且许某宏也提交证据证明其签名被伪造，确属与本案存在诸多利害关系，一审裁定以主体不适格为由适用《中华人民共和国民事诉讼法》（以下简称民事诉讼法）第一百一十九条的规定驳回许某宏起诉，不符合《中华人民共和国公司法》（以下简称公司法）第二十二条第一款的规定。2. 一审裁定为处理程序事宜之驳回起诉裁定，在得出裁定结论所依据的必要事实范畴之外，就该案件很多实体问题也作了认定，明显超出裁定职责范畴，亦对当事人的实体权利造成了不当影响甚或侵害。

泉州南明公司辩称，许某宏的上诉理由均不能成立，一审裁定认定事实清楚，适用法律正确，应予维持。（一）许某宏明确其诉请的权利基础系“作为实际投资人出资设立了泉州南明公司”，但其未能证明出资情况。即便许某宏对香港南明公司确有出资，基于法人独立人格，其出资后形成的财产也应归香港南明公司所有。许某宏并不具备泉州南明公司股东资格，其出资也不能作为行使本案请求权的依据。至于香港南明公司收到投资款后如何处理，与本案无关。（二）一审裁定认定许某宏提起本案诉讼系主张股东权益，许某宏对此未提出异议。本案许某宏并无证据证明其委托香港南明公司进行投资，即使许某宏系实际出资人，根据《最高人民法院关于审理外商投资企业纠纷案件若干问题的规定（一）》［以下简称外商投资司法解释（一）］的规定，其也不具备提起本案诉讼的权利。（三）许某宏的诉请需以特定身份为前提，其所称“与本案存在诸多利害关系”不能补正其主体资格，其权利行使缺乏法律依据。案涉董事会决议内容属于公司内部治理事项，即使许某宏认为与其存在利害关系，也应与委派其作为董事的股东另行解决。同理，关于投资收益，也应由其与香港南明公司另行解决，不得径行向泉州南明公司直接行权。（四）许某宏主张一审裁定在实体认定上“超出裁定职责范畴”，既无事实依据，也不属于正当的上诉理由。（五）许某宏在案涉董事会决议产生15年后起诉要求确认决议无效，明知法律对实际投资人行权路径规定明确仍坚持提起本案诉讼，并在一审中提出证据保全、笔迹鉴定、财务审计等申请，存在滥用诉权倾向。

林某哲辩称，一审裁定认定事实清楚，适用法律准确，许某宏各项上诉理由均不能成立。（一）许某宏所提董事会决议效力确认及公司盈余分配诉请分属确认之诉和给付之诉，两诉法律关系不同，且无事实和法律上的牵连，不属于可以合并审理的共同诉讼，许某宏在一案中主张缺乏法律依据，应驳回其起诉。（二）林某哲仅系泉州南明公司法定代表人，不是案涉董事会决议的利害关系人，也不在泉州南明公司享受股东权益。本案纠纷与林某哲无关，许某宏起诉林某哲显属恶意，应驳回其对林某哲的起诉。其他意见同泉州南明公司答辩意见。

许某宏向一审法院起诉请求：1. 确认泉州南明公司2000年8月9日的《泉州南明娱乐有限公司董事会决议》无效；2. 判令泉州南明公司、林某哲连带赔偿许某宏经济损失暂计人民币9000万元（最终金额以人民法院委托有关机构审计或评估的金额为准）；3. 本案诉讼费、保全费等全部费用均由泉州南明公司、林某哲共同承担。

一审法院认定事实：一、1993年1月12日，香港南明公司在香港注册成立。股东为许某棋、杨某嘉，各占1股。2006年11月28日，许某棋将其名下的1股转让给徐某福。

二、1995年12月29日，泉州南明娱乐有限公司成立。公司注册资本人民币2000万元，投资总额人民币2500万元。其中，泉州市鲤城区地产开发公司（以下简称鲤城公司）出资人民币480万元，占24%股份；泉州市北峰对外加工装配有限公司（以下简称北峰公司）出资人民币120万元，占6%股份；香港南明公司出资人民币1400万元，占70%股份。公司章程第四章第十七条规定，合营公司设董事会，董事会是合营公司的最高权力机构；第十八条规定了董事会的职权范围；第十九条规定，董事会由八名董事组成，其中甲方（鲤城公司）委派二名，乙方（北峰公司）委派二名，丙方（香港南明公司）委派四名，董事任期为四年，可以连任。第二十一条规定，甲、乙、丙方在委派和更换董事人选时，应书面通知董事会。

三、1996年10月4日，香港南明公司召开董事会，形成《香港南明置业有限公司第一次董事会记录》。该记录载明，香港南方纺织有限公司、许某良、刘某煌、林某龙、黄某阳、戴某民六方合作组成香港南明公司。其中，香港南方纺织有限公司占股50%，许某良、刘某煌、林某龙、黄某阳、戴某民各占股10%；公司集资港币2500万元，按各自股份比例出资。同时约定集资日期如下：1. 1996年10月10日，香港南方纺织有限公司须投入500万元港币，许某良、刘某煌等五人须各投入100万元港币。2. 1996年12月31日，香港南方纺织有限公司须投入500万元港币，许某良、刘某煌等五人须各投入100万元港币。3. 1997年3月31日，香港南方纺织有限公司须投入250万元港币，许某良、刘某煌等五人须各投入50

万元港币。林某哲、徐某福、杨某嘉、许某良均在该董事会记录上签字。

四、1997年3月14日，泉州泉联审计事务所就泉州南明娱乐有限公司实收资本验证事项出具《报告书》载明：香港南明公司于1996年10月汇入港币3999850元，折人民币4285839元；于1997年1月两次汇入港币4999700元，折人民币5353679元；合计人民币9639518元。1998年3月9日，泉州泉联审计事务所再次就泉州南明娱乐有限公司实收资本验证事项出具《报告书》，就该次验资事项载明：1997年5月5日外商汇入港币3000000元，折人民币3214200元，两次投入资本共计人民币12853718元。

五、2003年12月2日，鲤城公司、北峰公司分别将各自名下持有的泉州南明娱乐有限公司股权全部转让给香港南明公司。自此，泉州南明娱乐有限公司变更为外商独资企业。2007年1月29日，泉州南明娱乐有限公司名称变更为泉州南明置业有限公司。

六、在香港特别行政区高等法院原讼法庭受理的商业案件2013年第8宗原告许某棋诉被告林某哲、南益实业（集团）有限公司、香港南明公司、杨某嘉、徐某福、好运商业管理有限公司、上海展天国际物流有限公司一案中，香港南明公司提交的辩护词中提及："6.……在1993年1月12日左右，南明置业有限公司于香港成立，作为水上乐园的投资媒介。杨先生（杨某嘉）代表集团持有南明之1份公司股。至于原告（许某棋），经许氏幼弟同意，则被提议持有南明之另1份公司股份［但是林先生（林某哲）并不了解原告与许氏兄弟间的内部利益分配或家产分配，许氏兄弟也未向林先生披露任何相关信息，或请求林先生参与相关事宜（如有）］……18.原告（许某棋）于1996年11月5日支付（或使他人支付）100万港币分期付款的第1期（于1996年10月10日到期）。原告于1997年3月6日支付（或使他人支付）100万元港币分期付款的第2期（于1996年12月31日到期）。但是原告后来未能在规定的1997年3月31日或其它到期日前支付（或使他人支付）50万元港币的最后一笔分期付款款项。"

七、许某宏，原名许某良，于2003年3月11日改名为许某宏。

一审法院认为，本案许某宏的诉请第一项为请求确认董事会决议无效，第二项虽表述为请求泉州南明公司、林某哲赔偿经济损失，但实质上是基于其是公司实际投资人的主张请求按照出资比例分配公司盈余，两项诉求均属于主张股东权益，本案的案由应当确定为与公司有关的纠纷。因许某宏、林某哲均系香港特别行政区居民，本案系涉港民商事纠纷，应参照涉外案件适用集中管辖的规定。各方当事人在诉讼过程中均援引中华人民共和国内地法律且未对法律适用问题提出异议，应确认中华人民共和国内地法律为本案准据法。

关于许某宏的诉讼主体资格问题，本案许某宏主张其作为实际投资人出资设立了泉州南明公司，泉州南明公司、林某哲认为许某宏的两项诉请均是股东才有资格提起的权利请求，但许某宏并非泉州南明公司的股东，因此不是本案的适格原告。一审法院认为，（一）从许某宏提交的《兴业银行香港分行汇款凭证》来看，并未体现该200万元款项系许某宏所支付，且许某宏主张另有50万元是现金支付，亦未能提供任何证据。香港南明公司在香港诉讼的辩护词中虽认可了先后收到200万元港币，但认为是许某棋支付的。从《香港南明置业有限公司第一次董事会记录》分析，仅体现了香港南方纺织有限公司、许某良、刘某煌、林某龙、黄某阳、戴某民约定共同出资港币2500万元组成香港南明公司，该份董事会记录只能说明六方投资人约定对香港南明公司的注资情况，并未体现六方投资人的实际投资情况。许某宏主张其出资250万元港币，依据不足。（二）许某宏主张《香港南明置业有限公司第一次董事会记录》是六方投资人对泉州南明公司投资事宜的约定，泉州南明公司的港方注册资金实缴时间、款项总额与董事会记录的约定高度吻合，许某宏是泉州南明公司的实际投资人。但根据公司法第三条的规定，公司法人资格独立，香港南明公司作为依法设立的公司，在财产、责任方面与其发起人、董事和成员等截然分离，具有独立的法律地位，也应当以自己的名义享有民事权利和承担民事义务。即便许某宏支付了250万元港币，但其完成出资后所形成的财产应当归香港南明公司所有，香港南明公司、北峰公司、鲤城公司才是泉州南明公司的登记股东和出资方。（三）《香港南明置业有限公司第一次董事会记录》体现的六方投资人本身均非香港南明公司的登记股东，只是通过约定向香港南明公司投资，再由香港南明公司投资设立泉州南明公司的方式，间接控制泉州南明公司权益，即便前述六方投资人按照约定实际完成了出资，也是共同作为泉州南明公司的实际控制人，而非泉州南明公司的隐名投资者，不应认定为委托投资，不属于外商投资司法解释（一）第十四条规定的“当事人之间约定一方实际投资、另一方作为外商投资企业名义股东”的委托他人代持股的情形。

综上，一审法院认为，许某宏主张其为泉州南明公司的实际投资人，依据不足，而其并非泉州南明公司的股东，不能行使泉州南明公司的股东才享有的财产及其他权益，不是本案的适格原告。因本案尚未就许某宏的诉求进行实体审查，许某宏申请证人出庭作证所涉事项亦不影响本案诉讼主体资格的判断，故对于其调查取证、笔迹鉴定、委托审计、证人出庭作证等申请，亦不予支持。该院依照民事诉讼法第一百一十九条、第一百五十四条第一款第三项，《最高人民法院关于适用〈中华人民共和国民事诉讼法〉的解释》（以下简称民事诉讼法司法解释）第二百零八条第三款的规定，裁定驳回许某宏的起诉，一审预收案件受理费491800元予以退还。

本院经审理查明：一、2000年8月9日，香港南明公司出具《委派书》记载："原南明娱乐有限公司董事长：林某哲先生及港方董事：许某良、郭某强先生因工作调动及身体原因，不再担任南明娱乐有限公司董事。现委派王某德先生担任南明娱乐有限公司董事长；委派刘某煌先生、万某松先生为南明娱乐有限公司港方董事。原董事吴某谋先生保持不变。"

二、2000年8月9日《泉州南明娱乐有限公司董事会决议》载明："泉州南明娱乐有限公司董事会成员林某哲、郭某强、许某良（原文为许某扬）、杨某锡、万某新、吴某德、张某贤因工作调动或身体原因不再担任公司董事。经董事会研究决定更换董事人员如下：王某德（港方董事，任董事长），刘某煌（港方董事，任总经理），万某松（港方董事），颜某灿（中方董事），杨某川（中方董事），郑某欣（中方董事），郭某阳（中方董事），原港方董事总经理吴某谋先生不再担任总经理，但仍担任董事一职。特此决议。"董事会成员落款处有林某哲、杨某锡、万某新、吴某谋、许某良签名。许某宏主张此处"许某良"的签名系被伪造。

三、泉州南明公司章程第四章第十八条规定："董事会决定合营公司的一切重大事宜。其职权主要如下：（1）决定和批准总经理提出的重要报告：（如生产规划、年度营业报告、资金、供款等）；（2）批准年度财务报表、收支预算、年度利润分配方案；（3）通过公司的重要规章制度；（4）决定设立分支机构；（5）修改公司规章；（6）讨论决定合营公司停产、终止或与另一个经济组织合并；（7）决定聘用总经理、会计师等高级职员；（8）负责合营公司终止和期限满时的清算工作；（9）其他应由董事会决定的重大事宜。"

除前述事实外，一审裁定查明的事实属实，本院予以确认。

本院认为，一、关于本案纠纷适用的准据法问题。许某宏、林某哲为中华人民共和国香港特别行政区居民，其在中华人民共和国内地起诉、应诉，且在诉讼过程中均援引中华人民共和国内地法律进行主张和抗辩，故一审法院关于本案系涉港民商事纠纷，应参照涉外案件的程序进行审理，本案准据法为中华人民共和国内地法律的认定，符合《最高人民法院关于适用〈中华人民共和国涉外民事关系法律适用法〉若干问题的解释（一）》第十九条和第八条第二款的规定，本院予以维持。

二、关于本案两项诉请可否一并审理的问题。本案中，许某宏以泉州南明公司2000年8月9日《泉州南明娱乐有限公司董事会决议》解除其董事职务违反法律规定、剥夺其分配投资收益等权利为由，向一审法院提起诉讼，请求确认案涉董事会决议无效，并要求泉州南明公司及林某哲连带赔偿其相当于投资收益的经济损失。该两项诉讼请求依据的法律关系虽然不同，但均系基于许某宏认为其系泉州南明公司实际投资人、其投资权益被不当侵夺这一相同的事实背景。民事诉讼法司法解释第二百二十一条规定，“基于同一事实发生的纠纷，当事人分别向同一人民法院起诉的，人民法院可以合并审理。”一审法院根据许某宏向泉州南明公司、林某哲主张权利系基于同一事实的情形，认定许某宏提出的两项诉讼请求均系与公司有关的纠纷且一并予以审理，于法有据，本院予以维持。被上诉人林某哲关于许某宏在本案中的两项诉讼请求分属不同的法律关系、不应合并审理的诉讼理由不能成立，本院不予支持。

三、关于许某宏是否为本案的适格原告问题。《最高人民法院关于适用〈中华人民共和国公司法〉若干问题的规定（四）》［以下简称公司法司法解释（四）］第一条规定，公司股东、董事、监事等请求确认股东会或者股东大会、董事会决议无效或者不成立的，人民法院应当依法予以受理。该规定将确认公司决议无效之诉的原告明确列举为公司股东、董事、监事等，同时要求“人民法院应当依法予以受理”。根据民事诉讼法第一百一十九条第一项和民事诉讼法司法解释第二百零八条第三款之规定，提起诉讼的原告必须“是与本案有直接利害关系的公民、法人和其他组织”，人民法院在立案后发现原告的起诉不符合起诉条件的，应当裁定驳回起诉。据此，对于公司股东、董事、监事等提起的公司决议无效之诉，人民法院既要适用公司法及其司法解释的规定，亦应依据民事诉讼法及其司法解释审查原告是否“与本案有直接利害关系”。同理，提起公司盈余分配诉讼的原告，亦应当具有股东身份，或者与公司盈余分配有其他直接利害关系。因此，一审法院在本案受理后，依法审查许某宏与本案是否具有直接的利害关系，并以此判定许某宏是否具有提起本案两项诉讼请求的原告资格，适用法律正确。

（一）关于许某宏是否为案涉董事会决议无效之诉的适格原告问题。本案中，许某宏系以2000年8月9日《泉州南明娱乐有限公司董事会决议》违法解除其董事职务为由请求确认该董事会决议无效。根据查明的事实，案涉董事会决议作出时，泉州南明公司为中外合资经营企业。《中华人民共和国中外合资经营企业法》第六条规定，合营企业设董事会，其人数组成由合营各方协商，在合同、章程中确定，并由合营各方委派和撤换；董事会的职权是按合营企业章程规定，讨论决定合营企业的一切重大问题。根据泉州南明公司章程第四章第十九条、第二十一条的规定，董事会由八名董事组成，其中鲤城公司委派二名，北峰公司委派二名，香港南明公司委派四名；三方在委派和更换董事人选时，应书面通知董事会。据此，泉州南明公司的董事系由合营各方委派和撤换。作为合营方，香港南明公司可以委派许某宏为泉州南明公司的董事，也可以单方解除许某宏的董事职务。故自香港南明公司2000年8月9日包含解除许某宏董事职务内容的《委派书》到达泉州南明公司时起，许某宏即不再具有泉州南明公司董事职务。案涉董事会决议中虽然包含了许某宏不再担任董事职务的内容，但其依据是股东香港南明公司关于免除许某宏董事职务的通知，所体现的只是合营企业股东的意志，并非泉州南明公司董事会的意志。因此，该部分内容仅系泉州南明公司董事会对既有法律事实的记载。根据公司法的规定，董事会作为公司经营决策机构，可以根据法律或者公司章程规定的权限和表决程序，就其审议事项经表决后形成董事会决议，但该决议应当反映董事会的商业判断和独立意志。由此，公司法司法解释（四）第一条规定可以由公司股东、董事、监事等请求确认无效的决议，并不包括本案所涉不体现董事会意志的记录性文件。故案涉上述文件中涉及许某宏不再担任泉州南明公司董事职务的部分，虽然有董事会决议之名，但其并不能构成公司法意义上的董事会决议。综上，案涉董事会决议并非许某宏丧失泉州南明公司董事职务的原因，无论该董事会决议上“许某良”签名是否系伪造，均不影响香港南明公司解除其董事职务的效力。许某宏关于其是案涉董事会决议无效之诉适格原告的上诉理由不能成立。一审裁定关于许某宏与案涉董事会决议间不具有直接的利害关系、并非本案适格原告的认定正确，本院予以维持。

（二）关于许某宏与泉州南明公司的盈余分配之间是否存在直接利害关系的问题。许某宏并非泉州南明公司的股东，其于本案系以泉州南明公司实际投资人身份，请求按照出资比例分配公司盈余。公司法上的实际投资人，是以出名股东的名义在该出名股东出资义务范围内投入资金、实物等并最终享有投资权益的民事主体。根据《最高人民法院关于适用〈中华人民共和国公司法〉若干问题的规定(三)》[以下简称公司法司法解释（三）] 第二十四条第一款和外商投资司法解释(一) 第十五条第一款的规定，作为实际投资人的投资者，需与名义股东之间订立以名义投资人为名义股东、由实际投资人投资并享有投资权益的合同。据此，许某宏提出的有关其系泉州南明公司实际投资人的主张能否成立，需要审查其于本案提供的证据能否证明其与香港南明公司间就香港南明公司作为出名股东、许某宏作为实际投资人形成了委托投资合同关系。香港南明公司于1993年1月12日在香港注册成立，注册股东为许某棋、杨某嘉，各占1股。据许某宏一审举示的1996年10月4日《香港南明置业有限公司第一次董事会记录》记载，由许某宏与刘某煌、林某龙、黄某阳、戴某民及香港南方纺织有限公司六方，按照各自股份比例集资港币2500万元，合作组成香港南明公司。就许某宏等六方集资的目的是否专门用于香港南明公司履行对泉州南明公司的出资义务一节，该董事会决议中并无明确的记载，但从各方约定共同集资港币2500万元的数额来看，显然大于香港南明公司对泉州南明公司负有的认缴出资义务即人民币1400万元。本案现有证据并不能证明许某宏等六方与香港南明公司之间存在以香港南明公司作为名义股东向泉州南明公司进行投资的委托投资关系这一待证事实，故许某宏以其出资实际用于泉州南明公司这一嗣后事实为由主张其系该公司的实际投资人，缺乏事实和法律依据，本院不予采信。与此同时，实际投资人不是外商投资企业的股东，法律所保护的仅是实际投资人基于与名义股东之间的合同安排而享有的投资权益，并非股东所能享有的全部权益。因此，公司法司法解释（三）第二十四条第二款、外商投资司法解释（一）第十五条第二款均强调，实际投资人获取投资权益的实现方式，是依据其与名义股东之间的合同关系向名义股东进行主张。外商投资司法解释（一）第十七条规定，“实际投资者根据其与外商投资企业名义股东的约定，直接向外商投资企业请求分配利润或者行使其他股东权利的，人民法院不予支持。”可见，即便许某宏所持的其与香港南明公司存在名为“投资通道”的委托投资关系进而成为泉州南明公司实际投资人的主张成立，其亦不能直接向泉州南明公司主张投资权益。由上，一审裁定关于许某宏并非泉州南明公司的实际投资人，其与泉州南明公司的盈余分配不具有直接利害关系的认定正确，本院予以维持。顺予指出，公司法第二百一十六条规定：“实际控制人，是指虽不是公司的股东，但通过投资关系、协议或者其他安排，能够实际支配公司行为的人”。一审法院在未审查泉州南明公司的控制权归属的情况下，作出许某宏等六方投资人共同出资作为泉州南明公司实际控制人的认定，事实依据不足，本院予以纠正。

四、关于许某宏与林某哲之间是否具有直接利害关系的问题。如前所述，许某宏并非案涉董事会决议无效之诉的适格原告，林某哲作为泉州南明公司的董事长在案涉董事会决议上签字的行为，系履行职责的职务行为，依法不能产生对许某宏的个人责任。加之许某宏与泉州南明公司之间不存在直接的利害关系，并非请求盈余分配诉讼的适格原告，林某哲作为泉州南明公司的法定代表人当然亦非本案的适格被告。故一审法院驳回许某宏对林某哲的起诉的处理结果正确，本院予以维持。

五、关于本案其他相关问题的处置。依照《香港南明置业有限公司第一次董事会记录》记载的内容，许某宏与其他五方投资人合作组成香港南明公司并按照各自股份比例出资，该董事会记录亦记载了六方的股份比例及集资款项的投入日期。且许某宏在本案诉讼中主张，六方投资人依其与香港南明公司间的约定对外进行投资。故许某宏系与其他五方投资人之间，六方投资人系与香港南明公司之间形成了相应的法律关系。许某宏应基于其与其他五方投资人的约定及六方投资人与香港南明公司间的约定主张并行使相应的权利。由于许某宏在香港特别行政区的投资情况，并不影响本案对许某宏是否具备原告主体资格的判断，本院对于许某宏与其他五方投资人之间、六方投资人与香港南明公司之间法律关系的性质不予审理。同理，一审法院于本案审查认定许某宏与香港南明公司间是否存在资金往来、资金往来具体数额、该资金是否系对香港南明公司的直接投资等事实亦无必要，本院对一审裁定有关上述内容的认定不予确认。许某宏可在另行主张权利时一并请求受案法院予以审查认定。此外，因本案无需就许某宏的诉请进行实体审查，许某宏一审申请证人出庭作证所涉事项并不影响本案诉讼主体资格的判断，一审法院对其调查取证、笔迹鉴定、委托审计、证人出庭作证等申请不予支持，并无不当；许某宏二审中提出的调查取证及委托鉴定申请，本院亦不予准许。对于许某宏二审提交的相关证据，即使予以采信也不能证明其具有原告资格，本院于本案不予认定。

综上，许某宏的上诉请求不能成立，一审裁定认定相关事实清楚、适用法律正确。依照《中华人民共和国民事诉讼法》第一百七十条第一款第一项、第一百七十一条规定，裁定如下：

驳回上诉，维持原裁定。

本裁定为终审裁定。

审判长：王旭光；审判员：周伦军、张爱珍；法官助理：张乾；书记员：王海燕

二〇一七年十月十日

专题四十二

上市公司股权代持协议应认定为无效

——杨某国诉林某坤、常州亚玛顿股份有限公司股权转让纠纷案

【裁判观点】

随着证券二级市场的活跃及公司上市融资的兴起，上市公司股权代持现象出现得越来越多，由此引发的纠纷亦频频出现。关于上市公司隐名持股的问题，针对代持协议的效力目前在实务及学界均存在不同的认识。目前《最高人民法院关于适用〈中华人民共和国公司法〉若干问题的规定（三）》（以下简称公司法解释（三)》已对有限责任公司的隐名持股问题进行了规定，但对于股份公司尤其是上市公司隐名持股问题并没有明确的界定。虽然《中华人民共和国证券法》对于上市公司隐名持股问题没有作出直接的禁止性规定，但相关监管部门明确规定公司上市股权应当清晰明确，不允许上市公司存在隐名持股。《首次公开发行股票并上市管理办法》第十三条规定："发行人的股权清晰，控股股东和受控股股东、实际控制人支配的股东持有的发行人股份不存在重大权属纠纷。"《上市公司信息披露管理办法》第三条规定："发行人、上市公司的董事、监事、高级管理人员应当忠实、勤勉地履行职责，保证披露信息的真实、准确、完整、及时、公平。"根据上述法律规定可以看出，公司上市需要遵守如实披露的义务，披露的信息必须真实、准确、完整，公司上市发行人必须股权清晰，股份不存在重大权属纠纷，这是证券行业内部的基本要求，也是上市公司应当知晓的基本共识。本案对股份公司股权转让形成隐名持股的事实进行了分析认定，并对上市公司股权隐名代持的效力作出无效的认定，对于司法实践中大量出现的此类纠纷提供了处理方案。

中华人民共和国最高人民法院
民事裁定书

案号（2017）最高法民申2454号

再审申请人（一审原告、二审上诉人）：杨某国。

委托诉讼代理人：庞叶军，北京市华海律师事务所律师。

被申请人（一审被告、二审被上诉人）：林某坤。

委托诉讼代理人：张建义，上海管博律师事务所律师。

被申请人（一审被告、二审被上诉人）：常州亚玛顿股份有限公司，住所地江苏省常州市天宁区青龙东路639号。

法定代表人：林金锡，该公司董事长。

委托诉讼代理人：刘某。

委托诉讼代理人：马东方，江苏金牌律师事务所律师。

再审申请人杨某国因与被申请人林某坤、常州亚玛顿股份有限公司（以下简称亚玛顿公司）股权转让纠纷一案，不服江苏省高级人民法院（2016）苏民终1031号民事判决，向本院申请再审。本院依法组成合议庭进行了审查，现已审查终结。

杨某国申请再审称，原审判决存在《中华人民共和国民事诉讼法》第二百条第二项、第四项、第六项规定之情形，应予再审，请求撤销二审判决，改判支持杨某国的全部诉讼请求，诉讼费用由林某坤、亚玛顿公司承担。主要事实和理由如下：

一、本案诉争合同标的数量是1200万股亚玛顿公司股份，二审判决认定为120万股，与事实不符。首先，从合同语句及条款看，对交易标的之核心阐述是“总股本1%（即1200万股）”。无论从汉语正常表述的逻辑推理，还是合同起草的惯常理解，括号中内容一般是对括号前内容的更具体、更细化、更明确的解释，应当更能准确反映出当事人缔约时的本意。因此，从合同语句及条款分析，应认定为1200万股。其次，双方在签约之时，亚玛顿公司已经完成股改，林某坤持1200万股（占亚玛顿公司总股本的10%），双方交易对象明确是针对林某坤持有的该1200万股，合同根本目的是期望通过交易获得投资收益。若杨某国按照二审裁判所认定的只是购买120万股，则是在公司还未上市就以10倍的价格购买股份，并且仅占1%，投资风险巨大，而此时林某坤不仅享有9%的股份还有杨某国收益20%的回报，这种权利义务的设定完全失衡，不合常理。再次，从诚实信用原则来看，双方在2010年10月19日签订的《协议书》中明确地写明：杨某国将受让林某坤持有亚玛顿公司1%（即1200万股）的股权，对价1200万元，并且杨某国是2010年10月19日在《委托投资协议书》上签字，而林某坤则是2010年10月25日在《委托投资协议书》上签字，林某坤对于1200万股有充分的时间来核实，并且林某坤前后两次都在协议上签字认可，故并无林某坤审查不严、误写成1200万股的可能。最后，在本案管辖权异议期间，林某坤一审的代理律师葛晓奇于2013年11月2日以电子邮件形式向中间人发出《和解协议书》。在该《和解协议书》中，林某坤提出的和解金额为7394万元，根据其中载明的和解金额，并结合该《和解协议书》中的承诺，可以合理推论，诉争《委托投资协议书》项下的股权转让标的应为林某坤持有的亚玛顿公司1200万股股权。林某坤与案外人蒋英姿之间的协议及付款等，矛盾百出、疑点重重，不应将其作为推论本案杨某国与林某坤之间交易标的数量的依据。

二、二审判决存在程序失当情形。二审判决的“本院另查明”部分内容，仅仅是一审中林某坤举证和法院对其以及案外人蒋英姿所作笔录的记载情况，对于其所述事实及证明内容，杨某国在一审中并未认可。对于其中林某坤与蒋英姿的协议等事实，林某坤并未提供充分证据，杨某国更是始终未曾认可其真实性及关联性。二审开庭时，对于蒋英姿与林某坤之间的协议及付款情况等，林某坤当庭表示庭后5个工作日内提交收到1200万元的证据，但此后并未提交。

三、二审判决法律适用错误。本案中当事人对交易标的数量是确定的，并无上述条款需要协议补充或另行确定的前提条件，但二审判决却错误引用了《中华人民共和国合同法》第六十一条。二审判决提到《中华人民共和国合同法》第一百二十五条第一款的规定，该条款已经明确了对合同条款理解有争议的处理方法，故上述《中华人民共和国合同法》第六十一条并不应当适用。

林某坤答辩称：一、二审法院认定《委托投资协议书》项下，林某坤与杨某国的委托投资标的是亚玛顿公司总股本的1%即120万股符合双方当事人的真实意思表示，符合诚实信用、公平合理原则，符合证券投资的基本逻辑和交易惯例。首先，《委托投资协议书》中的“1%”是协议主文，杨某国利用协议括号中解释性文字的表述笔误主张协议标的为“1200万股”，但是没有提供足够的相反证据推翻协议主文关于1%的约定，且从签署协议时起至亚玛顿公司上市前亚玛顿公司的总股份数均为1.2亿股，其对应的1%当然应为120万股。其次，协议括号中“1200万股”是解释性内容，事实上杨某国充分知晓委托协议项下委托投资标的为亚玛顿公司股份总数的1%，括号中的“1200万股”只是表述笔误。当协议主文内容不需要解释也可以独立存在且表述清晰、准确而不存在歧义时，解释性内容即可有可无。“1200万股”字样中的“万股”也并非法定单位量词，其表述客观上具有不确定性。因此，该“1200万股”字样不应用来诠释本案协议双方的具体权利义务。最后，结合本案相关事实，依据股权投资的基本逻辑和交易惯例并参照中国股权投资市场现状，亚玛顿公司至2010年6月发起设立以来，到2010年10月净资产已经是注册资本的2.34倍，可知亚玛顿公司是连续盈利企业，且已制定、实施公司整体上市计划，其净资产价值远大于注册资本金额，任何人几乎没有可能按照与注册资本1：1金额的对价收购亚玛顿公司的股份。并且林某坤基于特定关系才于2010年5月31日向常州亚玛顿科技有限公司支付对价人民币1600万元受让10%的股权，绝无可能按1200万元处理给任何人。杨某国对自己委托投资之标的在事实和法律上均认识错误，其诉请脱离实际，严重超出其协议书项下投资增值目的的合理性预期，违反公平合理、诚实信用原则，意图损害他人利益，应予否定。

二、二审判决程序合法。杨某国认为二审判决将未经二审质证的事实直接予以认定因此程序失当，没有事实和法律依据，不能成立。本案中，林某坤与亚玛顿公司于一审期间提交的证据，杨某国已经于本案一审时予以质证或发表意见，因此杨某国认为二审法院在二审判决中列明另查明部分属于程序失当，不能成立。二审程序中，除非一方当事人提交“新的证据”，否则即不存在“二审质证”程序。本案二审期间，当事人均未提交任何新证据，因此杨某国关于“二审程序失当”的再审理由没有依据。综上，杨某国的再审请求及其理由，均无事实与法律依据，二审判决认定事实清楚、适用法律正确且程序合法，应予维持。

亚玛顿公司答辩称：一、案件事实认定清楚。本案有关杨某国与林某坤之间的合同签订、履行，亚玛顿公司从未参与，在本案诉讼开始之前，亚玛顿公司也从不知晓。亚玛顿公司认为原审判决对案件事实认定清楚，证据充分。二、本案诉讼程序无违法、失当情形。原审判决查明有关蒋英姿一节事实，仅是对一审查明事实的叙述，不存在未经二审质证直接认定的情形，原审判决不存在程序违法的情形。

本院经审查认为，本案争议的焦点问题是杨某国请求林某坤名下1200万股亚玛顿公司股份及相应的红利为其所有并将股票过户至杨某国名下的请求能否得到支持。关于这一问题，首先需要查明的是杨某国与林某坤之间争议标的之数额，即双方诉争协议中关于约定股本的数额；其次是诉争协议的法律性质及其效力如何认定；最后，需认定杨某国请求股权过户的主张能否得到支持。具体分述如下：

一、关于诉争协议中双方标的股权之数额问题。本案诉争《委托投资协议书》及《协议书》中对股权数额的约定均为“公司总股本1%（即1200万股)”，杨某国与林某坤对此条款中的数额存在争议。根据《中华人民共和国合同法》第一百二十五条规定：“当事人对合同条款的理解有争议的，应当按照合同所使用的词句、合同的有关条款、合同的目的、交易习惯以及诚实信用原则，确定该条款的真实意思。”本案之中“公司总股本1%（即1200万股)”的文字表述本身并无歧义，意思表示明确，即协议约定的“公司总股本1%”即为“1200万股”，原审判决结合协议之外的相关事实对该文字进行解释并认定双方诉争股权为120万股，尚有待相关事实进一步查明。

（一）根据文字表示习惯与常理，括号内注释的内容一般表示欲进行的解释与说明，以防括号前的表述不准确或造成误解，因此括号内的注明内容更具有确定性、更应予以采信。诉争协议中对于亚玛顿公司总股本的数量未作明确说明，目前亦无证据证明林某坤曾告知过杨某国亚玛顿公司的总股本数量，因此“总股本1%”并非准确数字。协议中在不确定的“总股本1%”后面加上括号写明1200万股，其所要表示与传达的信息明确、清楚、确定，即明确双方交易的股份数额为1200万股。事实上，“1%”的数量亦必然随着公司总股本的变化而变化，亦非确定数量，由此才需在括号内予以特别明确。可见，双方协议中一致认可“总股本1%”即为1200万股，此时的“1%”即已成为一个固定数额，即代表着1200万股，协议该条之后提到的“1%”亦均应是指1200万股。原审判决认定协议中约定“总股本1%”即为120万股，系根据亚玛顿公司当时的总股本额进行的事后推定，对于签订合同当时林某坤是否知晓亚玛顿公司总股本及其将来变化情况等以及是否将亚玛顿公司当时总股本情况确实告知过杨某国等相关事实并未查明。尤其是，如果确定系以当时亚玛顿公司1.2亿元的公司注册资本来计算1%股份的话，则需双方一致同意并认可，但诉争协议内容之中并无双方就此一致意思表示。因此，原审判决对于双方是否均确实知晓亚玛顿公司当时总股本情况并一致同意按1.2亿股本的1%来计算股权数额，尚未查清。

（二）根据证据规则判断与采信，原审判决以丁烽与杨某国存在利害关系为由否定其证言，目前理由亦不充分。在本案中，杨某国与林某坤双方对于合同项下的标的数额存在相互矛盾的主张，双方陈述存在明显冲突，此时应当结合与案件事实最为密切之证据，依靠证据优势认定本案事实。从证人证言来看，丁烽以律师身份作为本案协议签订的唯一见证人，尽管其确受杨某国委托参与签约，但林某坤当时亦未反对，可见双方对丁烽参与签订协议均事先予认可，且事后对该事实各方均无异议。且丁烽作为证人在原审开庭时到庭作证，其证言能够反映杨某国与林某坤签订协议的主要过程，亦对条款为何签订为“公司总股本1%（即1200万股）”作出了合理解释，具有可信性，原审法院以其与杨某国有利害关系即全然否定其证人证言效力，目前尚缺乏事实依据。相反，对于林某坤所提交的其与蒋英姿之间的委托投资协议及蒋英姿个人陈述，林某坤并未在合理诉讼期间及时提交该证据，且林某坤与蒋英姿双方关于委托持股的论述相互矛盾，对于协议内容的更改时间以及有关现金给付、利润分红等并未作出合理说明，故蒋英姿的协议及证言目前亦存在诸多可疑之处。上述事实均应结合案情进一步查证，以便对双方诉争股权的数额作出准确认定。

（三）原审判决对于林某坤低价转让股份属不合常理的推定以及亚玛顿公司净资产的认定，证据并不充分，亦需进一步查明。原审判决认定林某坤以1200万元转让其1600万元受让的股份不合常理，此同样系事后根据亚玛顿公司上市及其股票价格所进行的推定，并无充分事实依据。虽然林某坤以1600万元受让亚玛顿公司1200万股份，但原审法院对于林某坤资产情况及受让股权资金来源等事实未经查实。林某坤低价转让其股权可能存在多种原因，以事后公司股份的价值来判断当时转让的不合理性，显然不能必然得出。据杨某国庭审陈述，林某坤在受让股权后资金紧张，但原审法院对于林某坤当时的资产状况及受让股权资金来源等未作查实，且当时公司能否上市亦不明确，此时林某坤不仅直接收回1200万元资金，在公司上市后还能取得杨某国收益的20%作为回报，其有所低价转让是否即为不合常理。此外，原审判决作此推定判断的重要依据是当时亚玛顿公司净资产为2.8亿，公司持续盈利，但对于公司净资产的实际数量目前除亚玛顿公司单方提供外，并未作最终查明，杨某国不仅对此未作明确认可，而且还曾提出异议，故对于亚玛顿公司当时的净资产数额如果作为案件事实予以认定的话，亦需进一步查实。

（四）从商业交易惯例来看，原审判决认定诉争股权为120万股的理由亦有待商榷。股权转让交易量词一般都为“股”，而不会用“元股”表述。林某坤主张“1200万股”系笔误，双方真实意思应为“1200万元股”。但在股权转让交易中，受让方往往对于交易价格和交易股份数最为关心，作为股份购买人，只能按照股数购买，而不用管目标公司总股本是多少，因为总股本可能会变化，尤其是就一个即将上市的公司总股本而言，但双方购买的股数不会变，是特定的。林某坤称“1200万股”应当为“1200万元股”，是否符合股权交易的数量表述惯例。此外，从商事交易的判断原则来看，本案诉争协议签订于亚玛顿公司上市之前，因此，对于双方利益的衡量应置于当时的环境之中，而不能基于事后已知亚玛顿公司确已上市及其上市后的股票价值进行判断。因此，结合商业交易习惯的表述方式、商业判断规则等，原审判决相关考量亦有待核实。

二、关于诉争协议的法律性质及其效力如何认定，以及杨某国请求股权过户的主张能否得到支持的问题。

（一）关于诉争协议的法律性质。杨某国与林某坤签订的本案《委托投资协议书》及《协议书》，从形式上看为双方之间的股权转让协议，但该协议签订于亚玛顿公司上市之前，且双方签订协议的基础是亚玛顿公司上市之后对于股权转让的事实不予披露，双方交易的股权不予过户，该股权仍以林某坤名义持有，并由杨某国与林某坤按比例共享公司上市后的股权收益；结合亚玛顿公司于本案双方协议之后的上市事实，以及亚玛顿公司上市后林某坤仍持有股权，并代行股东权利等基本特征，本案以上协议实质构成上市公司股权的隐名代持。因此，本案诉争协议的性质并非一般股权转让，而是属于上市公司股权之代持。

（二）关于诉争协议之法律效力。诉争协议即为上市公司股权代持协议，对于其效力的认定则应当根据上市公司监管相关法律法规以及《中华人民共和国合同法》等规定综合予以判定。首先，中国证券监督管理委员会于2006年5月17日颁布的《首次公开发行股票并上市管理办法》第十三条规定：“发行人的股权清晰，控股股东和受控股股东、实际控制人支配的股东持有的发行人股份不存在重大权属纠纷。”《中华人民共和国证券法》第十二条规定：“设立股份有限公司公开发行股票，应当符合《中华人民共和国公司法》规定的条件和经国务院批准的国务院证券监督管理机构规定的其他条件”。第六十三条规定：“发行人、上市公司依法披露的信息，必须真实、准确、完整，不得有虚假记载、误导性陈述或者重大遗漏。”中国证券监督管理委员会于2007年1月30日颁布的《上市公司信息披露管理办法》第三条规定：“发行人、上市公司的董事、监事、高级管理人员应当忠实、勤勉地履行职责，保证披露信息的真实、准确、完整、及时、公平”。根据上述规定等可以看出，公司上市发行人必须股权清晰，且股份不存在重大权属纠纷，并公司上市需遵守如实披露的义务，披露的信息必须真实、准确、完整，这是证券行业监管的基本要求，也是证券行业的基本共识。由此可见，上市公司发行人必须真实，并不允许发行过程中隐匿真实股东，否则公司股票不得上市发行，通俗而言，即上市公司股权不得隐名代持。本案之中，在亚玛顿公司上市前，林某坤代杨某国持有股份，以林某坤名义参与公司上市发行，实际隐瞒了真实股东或投资人身份，违反了发行人如实披露义务，为上述规定明令禁止。其次，中国证券监督管理委员会根据《中华人民共和国证券法》授权对证券行业进行监督管理，是为保护广大非特定投资者的合法权益。要求拟上市公司股权必须清晰，约束上市公司不得隐名代持股权，系对上市公司监管的基本要求，否则如果上市公司真实股东都不清晰的话，其他对于上市公司系列信息披露要求、关联交易审查、高管人员任职回避等等监管举措必然落空，必然损害到广大非特定投资者的合法权益，从而损害到资本市场基本交易秩序与基本交易安全，损害到金融安全与社会稳定，从而损害到社会公共利益。据此，根据《中华人民共和国合同法》第五十二条规定，“有下列情形之一的，合同无效：（一）一方以欺诈、胁迫的手段订立合同，损害国家利益；（二）恶意串通，损害国家、集体或者第三人利益；（三）以合法形式掩盖非法目的；（四）损害社会公共利益；（五）违反法律、行政法规的强制性规定”。本案杨某国与林某坤签订的《委托投资协议书》与《协议书》，违反公司上市系列监管规定，而这些规定有些属于法律明确应于遵循之规定，有些虽属于部门规章性质，但因经法律授权且与法律并不冲突，并属于证券行业监管基本要求与业内共识，并对广大非特定投资人利益构成重要保障，对社会公共利益亦为必要保障所在，故依据《中华人民共和国合同法》第五十二条第四项等规定，本案上述诉争协议应认定为无效。

（三）关于杨某国请求股权过户的主张能否得到支持。《中华人民共和国合同法》第五十八条规定："合同无效或者被撤销后，因该合同取得的财产，应当予以返还；不能返还或者没有必要返还的，应当折价补偿。有过错的一方应当赔偿对方因此所受到的损失，双方都有过错的，应当各自承担相应的责任。"鉴于诉争《委托投资协议书》及《协议书》应认定为无效，而本案中杨某国系依据协议有效主张其股权归属，原审判决亦判定协议有效并履行，由此需向杨某国作出释明后征询其诉求意愿。并且，本案中双方协议因涉及上市公司隐名持股而无效，但这并不意味着否认杨某国与林某坤之间委托投资关系的效力，更不意味着否认双方之间委托投资的事实；同样，也不意味着否认林某坤依法持有上市公司股权的效力，更不意味着否认林某坤与亚玛顿公司股东之间围绕公司上市及其运行所实施的一系列行为之效力。据此，因本案双方协议虽认定为无效，但属于"不能返还或者没有必要返还的"情形，故杨某国要求将诉争股权过户至其名下的请求难以支持，但杨某国可依进一步查明事实所对应的股权数量请求公平分割相关委托投资利益。

综上，原审判决认定本案基本事实尚不清楚，缺乏证据证明，杨某国的再审申请符合《中华人民共和国民事诉讼法》第二百条第二项、第六项规定的情形；且考虑本案双方协议认定为无效后，需根据进一步查明的事实，就本案委托投资利益结合双方过错以及贡献大小等情况进行公平与合理的分割，并为妥善化解矛盾，力求案结事了，本案以指令原审法院再审为宜。据此，依照《中华人民共和国民事诉讼法》第二百条第二项、第六项、第二百零四条、第二百零六条，《最高人民法院关于适用〈中华人民共和国民事诉讼法〉的解释》第三百九十五条第一款的规定，裁定如下：

一、指令江苏省高级人民法院再审本案；

二、再审期间，中止原判决的执行。

审判长：虞政平；审判员：毛宜全、汪军；法官助理：夏根辉；书记员：杨九如

二〇一八年三月二十一日

专题四十三

违反《保险公司股权管理办法》第八条代持保险公司股权的协议无效

——福州天策实业有限公司诉福建伟杰投资有限公司、君康人寿保险股份有限公司营业信托纠纷案

【裁判观点】

本案的《信托持股协议》内容，明显违反中国保险监督管理委员会制定的《保险公司股权管理办法》第八条关于“任何单位或者个人不得委托他人或者接受他人委托持有保险公司的股权”的规定，对该《信托持股协议》的效力审查，应从《保险公司股权管理办法》禁止代持保险公司股权规定的规范目的、内容实质，以及实践中允许代持保险公司股权可能出现的危害后果进行综合分析认定。

首先，从《保险公司股权管理办法》禁止代持保险公司股权的制定依据和目的来看，尽管《保险公司股权管理办法》在法律规范的效力位阶上属于部门规章，并非法律、行政法规，但中国保险监督管理委员会是依据《中华人民共和国保险法》第一百三十四条关于“国务院保险监督管理机构依照法律、行政法规制定并发布有关保险业监督管理的规章”的明确授权，为保持保险公司经营稳定，保护投资人和被保险人的合法权益，加强保险公司股权监管而制定。据此可以看出，该管理办法关于禁止代持保险公司股权的规定与《中华人民共和国保险法》的立法目的一致，都是为了加强对保险业的监督管理，维护社会经济秩序和社会公共利益，促进保险事业的健康发展。其次，从《保险公司股权管理办法》禁止代持保险公司股权规定的内容来看，该规定系中国保险监督管理委员会在本部门的职责权限范围内，根据加强保险业监督管理的实际需要具体制定，该内容不与更高层级的相关法律、行政法规的规定相抵触，也未与具有同层级效力的其他规范相冲突，同时其制定和发布亦未违反法定程序，因此《保险公司股权管理办法》关于禁止代持保险公司股权的规定具有实质上的正当性与合法性。最后，从代持保险公司股权的危害后果来看，允许隐名持有保险公司股权，将使得真正的保险公司投资人游离于国家有关职能部门的监管之外，如此势必加大保险公司的经营风险，妨害保险行业的健康有序发展。加之由于保险行

业涉及众多不特定被保险人的切身利益，保险公司这种潜在的经营风险在一定情况下还将危及金融秩序和社会稳定，进而直接损害社会公共利益。

综上可见，违反中国保险监督管理委员会《保险公司股权管理办法》有关禁止代持保险公司股权规定的行为，在一定程度上具有与直接违反《中华人民共和国保险法》等法律、行政法规一样的法律后果，同时还将出现破坏国家金融管理秩序、损害包括众多保险法律关系主体在内的社会公共利益的危害后果。《中华人民共和国合同法》第五十二条规定，“有下列情形之一的，合同无效：（一）一方以欺诈、胁迫的手段订立合同，损害国家利益；（二）恶意串通，损害国家、集体或者第三人利益；（三）以合法形式掩盖非法目的；（四）损害社会公共利益；（五）违反法律、行政法规的强制性规定。”故依照《中华人民共和国合同法》第五十二条第四项等规定，本案《信托持股协议》应认定为无效。

中华人民共和国最高人民法院
民事裁定书

案号（2017）最高法民终529号

上诉人（原审被告）：福建伟杰投资有限公司，住所地福建省福州市马尾区马尾镇江滨东大道98－1号。

法定代表人：林建明，该公司执行董事。

委托诉讼代理人：姜胜，上海邦信阳中建中汇律师事务所律师。

委托诉讼代理人：刘凯，上海邦信阳中建中汇律师事务所律师。

被上诉人（原审原告）：福州天策实业有限公司，住所地福建省福州市鼓楼区温泉街道五四路71号国贸广场26层H室。

法定代表人：陈逸萍，该公司总经理。

委托诉讼代理人：杜泽学，北京炜衡（成都）律师事务所律师。

委托诉讼代理人：贵颜媛，北京炜衡（成都）律师事务所律师。

原审第三人：君康人寿保险股份有限公司，住所地北京市顺义区华英园9号。

法定代表人：路长青，该公司董事长。

委托诉讼代理人：刘苹，该公司工作人员。

委托诉讼代理人：马赛，上海汉商律师事务所律师。

上诉人福建伟杰投资有限公司（以下简称伟杰公司）与被上诉人福州天策实业有限公司（以下简称天策公司）、原审第三人君康人寿保险股份有限公司（以下简称君康人寿公司）营业信托纠纷一案，不服福建省高级人民法院（2015）闽民初字第129号民事判决，向本院提起上诉。本院于2017年7月12日立案后，依法组成合议庭，开庭进行了审理。上诉人伟杰公司的委托诉讼代理人姜胜、刘凯，被上诉人天策公司的委托诉讼代理人杜泽学，原审第三人君康人寿公司的委托诉讼代理人刘苹、马赛到庭参加诉讼。本案现已审理终结。

伟杰公司上诉请求：（一）撤销福建省高级人民法院（2015）闽民初字第129号民事判决，依法改判驳回天策公司的全部诉讼请求，或依法发回重审；（二）本案一、二审诉讼费由天策公司承担。事实和理由是：

（一）原审判决认定的基本事实存在错误。首先，天策公司不是《信托持股协议》2亿受让股的实际出资人。伟杰公司于《信托持股协议》签订时并不知道天策公司并非君康人寿公司“2亿股20%”股份的出资人，因此基于诚实信用原则在协议签订后有实际履行的行为而未对代持的系争2亿受让股表示异议。但天策公司股东王某涉嫌伪造伟杰公司印章一案案发（于2015年1月19日立案）后，伟杰公司才得知《信托持股协议》所指向的信托股份并非天策公司所有，实际出资人为案外的第三人，相关证据均已由公安机关收集在案。原审法院认定“伟杰公司主张其所持的2亿股股份是从福州开发区泰孚实业有限公司（以下简称泰孚公司）处直接受让的，但未提交直接受让的合同凭证、交付凭证以及伟杰公司代持该股份系受他人委托或指令的相关证据”，其基本思路是伟杰公司取得了君康人寿公司的2亿股股份，这就是履行《信托持股协议》的结果，至于伟杰公司是如何取得的（包括是以受让方式还是以增资方式）则在所不问，甚至否认伟杰公司系自泰孚公司取得该部分股份这一基本事实。其次，原审法院对于2亿增资股归属的认定存在错误。天策公司主张系其指示案外人杭州展顺贸易有限公司、芜湖徽恩投资管理有限公司（已更名为“芜湖瑞宇工贸有限公司”）各汇款1亿元给伟杰公司，伟杰公司于同日电汇2亿元给君康人寿公司用于增资，但天策公司从未主张过该增资系双方继续履行《信托持股协议》的结果，伟杰公司也从未意识到代持该2亿增资股应依据双方之间的《信托持股协议》来确定各自的权利义务。

正因为伟杰公司与天策公司之间就该2亿增资股不存在任何代持协议，从《信托持股协议》的签署时间和股份数量即可判断，该协议仅涉及伟杰公司自泰孚公司处受让的2亿受让股，而不包括于协议签署一年后才取得的2亿增资股。

（二）原审判决适用法律错误。首先，原审判决在认定《信托持股协议》的效力时适用法律错误，案涉《信托持股协议》因违反了《中华人民共和国信托法》（以下简称《信托法》）的禁止性规定而自始归于无效。《信托法》对于信托目的、信托财产等均有强制性规定，如有违反，则信托协议将归于无效：(1)信托财产应符合规定。《信托法》第七条规定，设立信托，必须有确定的信托财产，并且该信托财产必须是委托人合法所有的财产；(2)信托目的应符合规定。《信托法》第六条规定，设立信托，必须有合法的信托目的；(3)违反《信托法》强制性规定将导致信托无效。《信托法》第十一条规定，有下列情形之一的，信托无效：（一）信托目的违反法律、行政法规或者损害社会公共利益；…（三）委托人以非法财产或者本法规定不得设立信托的财产设立信托。天策公司不能提供任何证据以证实其系该2亿受让股实际出资人或以任何方式自泰孚公司处继受取得，而伟杰公司向法院申请调取的证据则能证明天策公司并非实际出资人。本案天策公司以其不拥有所有权的财产设立信托，该信托依法无效。保险公司属于金融机构，国家对于保险公司实施强制门槛准入制度，设定了包括公司股东资格在内的诸多条件，并且禁止股权代持：(1)依据中国保险监督管理委员会2010年颁布的《保险公司股权管理办法》第八条的规定，“任何单位或者个人不得委托他人或者接受他人委托持有保险公司的股权”，即我国禁止在保险公司实施任何股权代持行为；(2)因签订《信托持股协议》当时天策公司已持有20%的股份，依据《保险公司股权管理办法》第四条的规定，“保险公司单个股东（包括关联方）出资或者持股比例不得超过保险公司注册资本的20%。”如果确认该2亿受让股属于天策公司，则实际是承认天策公司在所谓的委托持股当时拥有了君康人寿公司40%的股份，违反了中国保险监督管理委员会的规定，原审的司法确认系在规范社会关系方面以司法权代替行政权。其次，天策公司、伟杰公司之间依据《信托持股协议》在表面上成立股权代持关系，但二者之间的股权代持却未能满足《中华人民共和国公司法》强制性法定条件。根据《最高人民法院关于适用〈中华人民共和国公司法〉若干问题的规定（三）》第二十四条的规定，“有限责任公司的实际出资人与名义出资人订立合同，约定由实际出资人出资并享有投资权益，以名义出资人为名义股东，实际出资人与名义股东对该合同效力发生争议的，如无合同法第五十二条规定的情形，人民法院应当认定该合同有效。前款规定的实际出资人与名义股东因投资权益的归属发生争议，实际出资人以其实际履行了出资义务为由向名义股东主张权利的，人民法院应予支持。”《最高人民法院关于适用〈中华人民共和国公司法〉若干问题的规定（三)》第二十二条规定，“当事人之间对股权归属发生争议，一方请求人民法院确认其享有股权的，应当证明以下事实之一：（一）已经依法向公司出资或者认缴出资，且不违反法律法规强制性规定；（二）已经受让或者以其他形式继受公司股权，且不违反法律法规强制性规定。”因此，实际出资人应当证明其以原始取得（主要指缴纳出资）或继受取得（主要指支付股权转让款）方式获得股权所有权，这是强制性的证明标准。天策公司应当证明其系以原始取得或继受取得的方式获得该2亿受让股的所有权。但天策公司无证据证实其是如何取得巨额股权的，而涉及2亿增资股时，天策公司不能证明系其安排代付方支付了相应的增资款。原审法院仅依据应认定为无效的《信托持股协议》本身来论证系争股权的归属，完全忽视法律对于系争事项已有明确的证明标准与要求，原审判决法律适用错误。最后，原审判决以司法确权的方式代替行政审批，将造成司法权对行政权越权。原审判决仅以无效的《信托持股协议》以及在法律上并无实际效用的大股东同意显名函，即认定系争股份可以过户给天策公司，却完全忽视相关前置性行政审批的必要性。法院无权代替行政部门对于系争股份能否过户予天策公司直接作出认定。

（三）原审审理程序存在违法情形。原审审理过程中，伟杰公司向法庭提交了《证据调取申请书》，请求法院向福州市马尾区人民检察院或福州市马尾区公安局调取天策公司股东、犯罪嫌疑人王某涉嫌伪造公司印章罪中的相关证据材料。根据伟杰公司委托律师阅卷的结果，公安机关现已查明，犯罪嫌疑人王某本人供述及相关证人的证言均证实天策公司并非系争4亿股股份的实际出资人或隐名股东。为防止本案的审理结果与公安机关已查明的事实相互矛盾，原审法院本应向公安机关或检察机关调取相关证据，但却拒不履行其应尽的职责，造成原审判决的基本事实认定错误。伟杰公司在提起本案上诉同时亦申请法院继续向福州市马尾区人民检察院或福州市马尾区公安局调取该等证据，以彻底还原事情的真相。伟杰公司与天策公司均承认伟杰公司业已将2亿增资股以股权转让的方式返还予实际出资人芜湖隆威工贸有限公司（以下简称芜湖隆威公司）。该股权转让不仅有双方签署生效的《股权转让协议书》及股权转让款支付凭证加以证明，更经君康人寿公司股东大会决议同意（这是向中国保险监督管理委员会申请批复的前置条件）及中国保险监督管理委员会的批复同意（保监许可［2016］819号）。根据伟杰公司与芜湖隆威公司之间《股权转让协议书》，芜湖隆威公司已明确表明系其指示关联方代付增资款。根据协议的履行结果，系争的2亿增资股在法律上已归属芜湖隆威公司所有，而本案中双方争议的股份却包含有该2亿增资股，芜湖隆威公司显属对本案争议标的有独立请求权或有重大利害关系的一方，应当作为当事人参加本案诉讼，但原审过程中却未通知芜湖隆威公司参加诉讼，已严重违反法定程序，依据《中华人民共和国民事诉讼法》第一百七十条第一款第四项的规定，本案亦应发回原审法院重审。

被上诉人天策公司辩称：（一）伟杰公司于2011年取得2亿股股份是为天策公司代持。原审庭审时伟杰公司多次认可其自泰孚公司受让的君康人寿公司股权系为天策公司代持。2011年泰孚公司将代持的股份经工商登记过户给伟杰公司后，股权出让方泰孚公司出具声明书称其与君康人寿公司没有持股关系，与伟杰公司没有债权债务关系。泰孚公司未向伟杰公司收取任何转让款的前提下出具了以上声明书，并将声明书原件交由天策公司持有，说明转让方和受让方均认可天策公司为股权实际所有人。（二）2012年，伟杰公司在原始代持2亿股股份基础上增资2亿元，其在一审中认可是受天策公司安排，所以增资股应归天策公司所有。（三）伟杰公司主张保险公司股权代持协议应当无效，引用的是中国保险监督管理委员会制定的《保险公司股权管理办法》，属于部门规章，根据《最高人民法院关于适用〈中华人民共和国合同法〉若干问题的解释（一）》的规定，部门规章不能作为否定合同效力的依据，股权代持协议应当有效。（四）即使认定代持保险公司股权无效，本案亦应当判令伟杰公司将涉案股份过户给天策公司。禁止代持保险公司股权是因为中国保险监督管理委员会需要审核保险公司股东的资格，天策公司此前已经是保险公司股东，股东身份已经中国保险监督管理委员会审核认定，不属于保险公司股东资格的禁止对象，因此无论股份代持的效力如何，都应当判决返还股份。（五）中国保险监督管理委员会对君康人寿公司相关的行政决定书，已经审查认定伟杰公司与天策公司存在股权代持关系，对于伟杰公司代持的股份应当判决回归给天策公司。

原审第三人君康人寿公司述称：（一）本案是否存在股权代持以及代持协议的效力，其不发表意见，请二审法院依法认定。（二）根据保监许可〔2018〕153号撤销行政许可决定书，中国保险监督管理委员会要求天策公司和伟杰公司退出，因此君康人寿公司希望公司股东遵照中国保险监督管理委员会的要求处理，我方履行最高人民法院裁决。

天策公司向福建省高级人民法院起诉请求：（一）确认天策公司、伟杰公司双方签订的《信托持股协议》已于2014年10月30日终止；（二）伟杰公司将其受托持有的4亿股君康人寿公司股份立即过户给天策公司，并办理相关的股份过户手续；（三）君康人寿公司就天策公司显名持有上述四亿股股份事项记载于股东名册、公司章程，并办理股份变更工商登记；（四）由伟杰公司承担本案的诉讼费用。

一审法院认定事实：2010年1月28日，正德人寿保险股份有限公司（后更名君康人寿公司）召开2010年度第一次临时股东大会，就修改公司章程第二十二条进行讨论。股东会决议载明：鉴于发起人股东五环氨纶实业集团有限公司已将持有的公司2亿股股份（占公司股份比例20%）转让给天策公司，会议决议对公司股权结构和章程进行相应修改。

2011年9月16日，中国保险监督管理委员会作出《关于正德人寿保险股份有限公司股权转让的批复》（保监发改〔2011〕1458号），依据正德人寿保险股份有限公司就股权转让向中国保险监督管理委员会的请示，批复同意泰孚公司将所持有的正德人寿保险股份有限公司2亿股股份转让给伟杰公司，伟杰公司持股比例为20%。泰孚公司不再持有股份，正德人寿保险股份有限公司章程作相应修改和变更。

2011年11月3日，天策公司与伟杰公司签订《信托持股协议》，协议约定：鉴于委托人天策公司拥有正德人寿保险股份有限公司2亿股的股份（占20%）的实益权利，现通过信托的方式委托受托人伟杰公司持股。受托人伟杰公司同意接受委托人的委托。协议还对信托股份的交付方式、信托期限、信托股份的管理方式、费用承担、委托人和受托人的权利义务、信托收益的分配和信托股份的归属等作了约定。

《正德人寿保险股份有限公司章程》和2015年《君康人寿保险股份有限公司

章程》载明：正德人寿保险股份有限公司的发起人为五家公司（浙江凌达实业有限公司、浙江美好控股集团有限公司、五环氨纶实业集团有限公司、泰孚公司、新冠投资集团有限公司。上述五家公司股份额各为1亿股、股份比例各为20%）。2009年变更后的股东为五家公司（浙江凌达实业有限公司、美好控股集团有限公司、五环氨纶实业集团有限公司、泰孚公司、新冠投资集团有限公司。上述五家公司股份额各为2亿股、股份比例各为20%。其中原浙江美好控股集团有限公司更名为美好控股集团有限公司）；2010年度变更后的股东为五家公司（浙江凌达实业有限公司、美好控股集团有限公司、天策公司、泰孚公司、新冠投资集团有限公司，上述五家公司股份额各为2亿股、股份比例各为20%）；2011年度变更后的股东为五家公司（浙江凌达实业有限公司、美好控股集团有限公司、天策公司、伟杰公司、新冠投资集团有限公司，上述五家公司股份额各为2亿股、股份比例各为20%）；2012年度正德人寿保险股份有限公司第一次临时股东大会后变更的股东为五家公司（美好控股集团有限公司、宁波市鄞州鸿发实业有限公司、天策公司、伟杰公司、浙江波威控股有限公司。上述五家公司股份额各为2亿股，股份比例各为20%）；2012年度正德人寿保险股份有限公司第四次临时股东大会后变更的股东为五家公司（美好控股集团有限公司、宁波市鄞州鸿发实业有限公司、天策公司、伟杰公司、浙江波威控股有限公司。上述五家公司股份额各为4亿股、股份比例各为20%）；2014年度及2015年度变更后的股权结构中天策公司股份额4亿股、股份比例10.5263%，伟杰公司股份额4亿股、股份比例10.5263%；2016年度变更后的股权结构中天策公司股份额2亿股、股份比例3.2%，伟杰公司股份额4亿股、股份比例6.4%。

2012年12月27日，杭州展顺贸易有限公司、芜湖徽恩投资管理有限公司各汇款1亿元给伟杰公司。汇兑凭证注明往来款。

2012年12月27日，伟杰公司电汇2亿元给正德人寿保险股份有限公司，汇款用途为“投资款”。

2012年12月31日，中国保险监督管理委员会作出《关于正德人寿保险股份有限公司变更注册资本的批复》（保监发改〔2012〕1529号），批准同意正德人寿保险股份有限公司的股东同比例增资，注册资本变更为20亿元。天策公司股份额4亿股、股份比例20%，伟杰公司股份额4亿股、股份比例20%。

2014 年 10 月 30 日，天策公司向伟杰公司发出《关于终止信托的通知》，要求伟杰公司依据2011 年 11 月 3 日天策公司和伟杰公司签订的《信托持股协议》终止信托，将信托股份过户到天策公司名下，并结清天策公司与伟杰公司之间的信托报酬。

2014 年 11 月 24 日，伟杰公司向天策公司发出《催告函》：1. 确认2011 年 11 月 3 日天策公司和伟杰公司就正德人寿保险股份有限公司股权代持等事宜签订了《信托持股协议》。2012 年 12 月 27 日芜湖徽恩投资管理有限公司和杭州展顺贸易有限公司各向伟杰公司转入 1 亿元，伟杰公司当日即转至正德人寿保险股份有限公司作为增资用途，造成伟杰公司账上尚欠上述两家公司各 1 亿元。2014 年 10 月 30 日天策公司提出终止代持关系，但未能提出清理债权债务的可行方案。2. 伟杰公司还确认代持期间，伟杰公司积极配合天策公司提供工商、税务、财务等资料，并办理各种代持事务。伟杰公司因年检、审计等需要，多次要求天策公司及正德人寿保险股份有限公司提供相关的工商、税务、财务等资料未果，给伟杰公司年检、审计等带来不便。3. 伟杰公司提出依据协议约定对天策公司及正德人寿保险股份有限公司的基本信息、经营情况拥有知情权。4. 伟杰公司鉴于上述事项，郑重声明并通知天策公司，要求天策公司于《催告函》发出之日起 15 日内，向伟杰公司提供天策公司及正德人寿保险股份有限公司的营业执照、税务登记证、组织机构代码证、银行开户许可证等资料的复印件并加盖公章，并提供正德人寿保险股份有限公司历次股东会决议、董事会决议、年度审计报告等。如天策公司未按期完成上述事项，伟杰公司将直接发函给正德人寿保险股份有限公司，要求提供相关资料，并退还 2 亿元增资款项以冲抵账上债务。

2015 年 5 月 11 日，中国保险监督管理委员会批复同意正德人寿保险股份有限公司营业场所的变更。2015 年 7 月 16 日，中国保险监督管理委员会批复同意正德人寿保险股份有限公司的公司名称由正德人寿保险股份有限公司变更为君康人寿公司。2015 年 8 月 3 日，上述名称变更经工商部门核准。

2015 年 11 月 26 日，中国保险监督管理委员会作出《关于君康人寿公司变更股东的批复》（保监许可［2015］1150 号），同意天策公司将所持有的君康人寿公司 2 亿股股份转让给芜湖隆威公司，芜湖隆威公司持股比例 5.26315%。2016 年 8 月 18 日，中国保险监督管理委员会作出《关于君康人寿公司变更股东的批复》

(保监许可［2016］819 号)，同意伟杰公司将所持有的君康人寿公司 2 亿股股份转让给芜湖隆威公司，芜湖隆威公司持有君康人寿公司 4.2 亿股股份，持股比例 6.72%。

2015 年 12 月 28 日，伟杰公司通过银行汇票向杭州展顺贸易有限公司背书转款 1 亿元。汇票备注：股权转让款。2015 年 12 月 29 日，伟杰公司通过银行汇票向芜湖瑞宇工贸有限公司（原芜湖徽恩投资管理有限公司）背书转款 1 亿元。汇票备注：股权转让款。

2016 年 9 月 9 日，宁波市鄞州鸿发实业有限公司向天策公司发出《关于对信托持股事项的确认及同意显名的函》，表示其作为君康人寿公司的股东（2016 年度其持股比例 50.88%），知悉天策公司作为实际出资人于 2011 年 11 月 3 日与伟杰公司签订《信托持股协议》，将当时持有的 2 亿股股份（占股份比例 20%）委托给伟杰公司代持一事，并同意本案讼争的受托股份的显名。

王某系天策公司的股东、监事及前法定代表人。天策公司现任法定代表人陈逸萍系王某的母亲。因涉嫌伪造伟杰公司的公司印章，王某被公安机关立案侦查。中国保险监督管理委员会于 2006 年 11 月 27 日核准张某涛为正德人寿保险股份有限公司董事长兼总经理的任职资格。郑某刚于 2014 年 9 月担任正德人寿保险股份有限公司的董事长。泰孚公司的股东张某辉曾将房屋租赁给天策公司。

一审法院认为，本案争议的焦点问题为：（一）本案《信托持股协议》的效力；(二) 天策公司是否是本案讼争股权的实际持股人；(三) 讼争的股权是否能够过户给天策公司。对此，一审法院分述如下：

(一) 关于本案《信托持股协议》的效力问题。一审法院认为，2011 年 11 月 3 日，天策公司与伟杰公司签订《信托持股协议》，协议约定：鉴于委托人天策公司拥有正德人寿保险股份有限公司 2 亿股的股份（占 20%）的实益权利，现通过信托的方式委托受托人伟杰公司持股，受托人伟杰公司同意接受委托人的委托。天策公司与伟杰公司分别在委托人和受托人处签字盖章。首先，《信托持股协议》系当事人真实意思表示，且天策公司和伟杰公司在其后的往来函件中，均确认了该协议的存在且未对该协议的真实性提出异议。其次，《信托持股协议》未违反法律法规禁止性规定。从《信托持股协议》约定的内容上看，受托人伟杰公司接受委托人天策公司的委托，代持正德人寿保险股份有限公司 2 亿股的股份（占

20%），该约定内容，并未违反法律禁止性规定，应为有效合同。

（二）关于天策公司是否是本案讼争股权的实际持股人问题。一审法院认为，首先，《信托持股协议》已经实际履行。正德人寿保险股份有限公司的公司章程表明，2011年度正德人寿保险股份有限公司的股权结构，与《信托持股协议》相对应，天策公司在保留另有的正德人寿保险股份有限公司2亿股股份（股份比例20%）的同时，伟杰公司相应取得了正德人寿保险股份有限公司2亿股股份（股份比例20%）。2014年11月24日，伟杰公司向天策公司发出的《催告函》表明，伟杰公司依据《信托持股协议》代持股份期间，伟杰公司积极配合天策公司提供各项资料并办理各种代持事务。其次，《信托持股协议》体现天策公司拥有正德人寿保险股份有限公司2亿股股份的实益权利，伟杰公司在其后的履行过程中对此并未提出过异议，相反，伟杰公司在其后的履行过程中，还积极配合天策公司对外提供各项资料，办理各种代持事务，并就其代持股份事宜向天策公司索要相关资料。最后，从正德人寿保险股份有限公司公司章程体现的2011年度股权结构变化的情况看，《信托持股协议》实际履行过程中，天策公司委托伟杰公司代持该2亿股股份（股份比例20%）后，天策公司另有的正德人寿保险股份有限公司2亿股股份（股份比例20%）依旧保留。伟杰公司主张其所持的2亿股股份是从泰孚公司处直接受让的，但未提交直接受让的合同凭证、交付凭证以及伟杰公司代持该股份系受他人委托或指令的相关证据。此外，2016年9月9日，宁波市鄞州鸿发实业有限公司在向天策公司发出的《关于对信托持股事项的确认及同意显名的函》中证明，其作为君康人寿公司的股东，知悉天策公司作为实际出资人于2011年11月3日与伟杰公司签订《信托持股协议》，并将当时持有的2亿股股份（占股份比例20%）委托给伟杰公司代持一事，进一步印证了天策公司系该2亿股股份的实际持股人。关于2亿增资股的实际持股人的问题。《信托持股协议》第10.1.2条约定：公司增资扩股时，决定优先认购股权的权利由委托人天策公司享有。委托人天策公司行使优先认股权，应当按照受托人伟杰公司通知的时间将认购股权的款项划入受托人伟杰公司指定的账户。上述约定明确了天策公司在增资时的优先认购股权的权利。天策公司主张其对增资的股份享有权利并举证证明。伟杰公司虽否认天策公司对增资股享有的权利，但未举证证明。2012年12月27日，杭州展顺贸易有限公司、芜湖徽恩投资管理有限公司各汇款1亿元给伟杰公司。伟杰公司于同日电汇2亿元给正德人寿保险股份有限公司，汇款用途为“投资款”。从正德人寿保险股份有限公司公司章程体现的2012年度股权结构变化的情况看，与上述增资情况相对应，伟杰公司相应取得了正德人寿保险股份有限公司4亿股股份（股份比例20%）。另一方面，伟杰公司在2014年11月24日向天策公司发出的《催告函》中也确认了上述转款和增资的实际发生。伟杰公司还针对此次增资，在该《催告函》中要求天策公司限期向伟杰公司提供天策公司及正德人寿保险股份有限公司的营业执照、税务登记证、股东会决议、年度审计报告等相关资料，以免给伟杰公司年检、审计等带来不便。并指出，如天策公司未按期完成上述事项，伟杰公司将退还2亿元增资款项以冲抵账上债务。从上述《信托持股协议》的约定、《催告函》的内容以及伟杰公司直接发函向天策公司索要资料的情况可以看出，伟杰公司和案外人均非该2亿元增资股的实际持股人。该增资及代持增资后的股份系天策公司的行为。天策公司系该2亿元增资股的实际持股人。综上，天策公司系讼争全部4亿股股份的实际持股人。

（三）关于讼争的股权是否能够过户给天策公司的问题。一审法院认为，如前所述，《信托持股协议》合法有效。实际履行过程中，伟杰公司先后代持天策公司作为实际持股人的讼争全部4亿股股份。依据《信托持股协议》第4.1条约定：“信托自信托股份交付开始，至委托人通知受托人终止信托时或者通知受托人对信托股份做出处置而致使受托人不再持有信托股份时结束。”《信托持股协议》第4.2条约定：“收到委托人终止信托的通知之后，受托人应当无条件尽快办理股份过户给委托人或委托人指定的第三人的手续。”2014年10月30日，天策公司已向伟杰公司发出《关于终止信托的通知》，依约要求伟杰公司终止信托，将信托股份过户到天策公司名下。另一方面，作为君康人寿公司大股东（2016年度其持股比例50.88%）的宁波市鄞州鸿发实业有限公司，在向天策公司发出的《关于对信托持股事项的确认及同意显名的函》中亦同意本案讼争的受托股份的显名，故讼争的股权过户有合同依据和法律依据。

综上，一审法院认为，天策公司的诉讼请求具有合同和法律依据，遂依照《中华人民共和国合同法》第五十二条、《最高人民法院关于适用<中华人民共和国公司法>若干问题的规定（三）》第二十四条规定，判决：一、天策公司和伟杰公司签订的《信托持股协议》于2014年10月30日解除；二、伟杰公司将其受托持有的4亿股君康人寿公司股份于判决生效之日起十日内过户给天策公司，并配合办理相关的股份过户手续；三、君康人寿公司将天策公司显名持有上述4亿股君康人寿公司股份的事项记载于股东名册、公司章程，并配合办理股份变更工商登记。案件受理费2041800元、财产保全费5000元，由伟杰公司负担。

本院二审期间，当事人围绕上诉请求依法提交了证据。本院组织当事人进行了证据交换和质证，具体情况如下：

（一）伟杰公司提交了中国保险监督管理委员会于2018年2月5日向君康人寿公司作出的保监许可〔2018〕153号撤销行政许可决定书复印件，该决定书载明内容如下："经查，你公司股东福建伟杰投资有限公司在2012年的增资申请中，使用非自有资金出资。根据《中华人民共和国行政许可法》第六十九条第二款'被许可人以欺骗、贿赂等不正当手段取得行政许可的，应当予以撤销'，我会决定撤销2012年12月31日作出的《关于正德人寿保险股份有限公司变更注册资本的批复》（保监发改〔2012〕1529号）中福建伟杰投资有限公司增资你公司2亿股的许可。自本决定下发之日起3个月内，你公司应抓紧引入合规股东，确保公司偿付能力充足，在引资完成前不得向违规股东退还入股资金，期间限制违规股东参会权、提案权、表决权等相关股东权利。逾期未完成的，监管部门将视情况采取进一步监管措施。你公司股东福州天策实业有限公司委托他人代持股份，超比例持股，违反《保险公司股权管理办法》第四条第一款'保险公司单个股东（包括关联方）出资或者持股比例不得超过保险公司注册资本的20%'，以及第八条'任何单位或者个人不得委托他人或者接受他人委托持有保险公司的股权，中国保监会另有规定的除外'有关规定，不具备成为保险公司股东的诚信条件，责令其1年内转出所持有的你公司2亿股股份。逾期未完成的，监管部门将限制其股东权利。"伟杰公司认为该决定书能进一步证明其与天策公司之间的《信托持股协议》因违反中国保险监督管理委员会监管规定应认定无效。天策公司质证时对该决定书的真实性不持异议，但表示该决定书并不能排除其对委托伟杰公司持有的股权行使返还请求权。君康人寿公司对该决定书的真实性予以认可，表示该公司已收到中国保险监督管理委员会向其发出的〔2018〕153号撤销行政许可决定书。本院对伟杰公司提交的该项证据的真实性予以确认。

（二）天策公司提交了下列证据：1. 福建省福州市马尾区人民检察院于2017

年3月24日就天策公司原法定代表人王某涉嫌伪造公司、企业印章罪一案出具的“不起诉理由说明书”复印件，内容如下：“就本案目前证据情况来看，涉案伪造福建伟杰公司印章的四份文书，仅有福建伟杰公司与芜湖隆威公司签订的《股权转让协议书》中的福建伟杰公司印章，有鉴定机构出具的鉴定意见予以认定系伪造的，其他三份涉案文书，均没有鉴定机构出具的鉴定意见予以认定，而该份《股权转让协议书》是如何签订并盖章，事实没有查清。现只有伟杰公司的财务人员郑小枫的证言，表明在办理福州泰孚公司与福建伟杰公司签订《股权转让协议书》时，王某有提供空白的股权转让协议书，让其盖伟杰公司印章后，再交付王某带走，但其证言也没有直接指证王某伪造其公司的印章。此外，没有其他证据认定王某有伪造伟杰公司的印章并使用伪造的印章。因此，认定王某涉嫌伪造公司印章罪事实不清、证据不足。”伟杰公司质证时提出，天策公司提交的系复印件，无法确定真实性。鉴于天策公司提交的该项证据系复印件，本院对其真实性暂不予确认。2. 泰孚公司于2011年11月23日分别向伟杰公司、君康人寿公司出具的“声明书”，内容为自落款日期开始，其与君康人寿公司、伟杰公司没有任何债权债务关系。伟杰公司对此“声明书”的真实性不予认可。考虑到泰孚公司一审时未参加诉讼，亦未对该“声明书”的出具情况作出说明，且二审阶段其明确提出申请要求参加本案诉讼，故本院对天策公司提交的该项证据材料的真实性亦暂不予确认。

（三）二审期间伟杰公司提出申请，请求本院依职权调取王某涉嫌伪造公司、企业印章罪一案的相关材料。本院依职权向福州市马尾区人民检察院调取了该院对王某涉嫌伪造公司、企业印章罪一案作出的“不起诉决定书”，该决定书认为，“马尾区公安局认定的王某涉嫌伪造公司、企业、事业单位、人民团体印章犯罪事实不清、证据不足，不符合起诉条件”，本院已依法将调取的该项证据向各方当事人出示，各方对“不起诉决定书”的真实性不持异议。

本院对一审查明的事实予以确认。

本院二审审理期间，泰孚公司申请以有独立请求权第三人身份参加本案诉讼，请求事项：（一）判决伟杰公司将持有的君康人寿公司2亿股股份过户给泰孚公司，伟杰公司配合办理相关股份过户手续；（二）君康人寿公司将泰孚公司显名持有上述2亿股君康人寿公司股份的事项记载于股东名册和公司章程中，并配合办理股份变更工商登记。事实和理由：君康人寿公司于2006年11月6日于北京成立，注册资本人民币5亿元，由五家股东均等持股组成，泰孚公司系股东之一。2009年君康人寿公司注册资本增至10亿元，此时泰孚公司持有股份2亿股。其后，泰孚公司得知其持有的2亿股股份在2011年被以私刻公章、伪造股份转让协议等手段，转让至伟杰公司名下，为此特提出参加本案的诉讼活动。

本院认为，本案的争议焦点问题是：（一）天策公司、伟杰公司之间是否存在讼争君康人寿公司4亿股股份的委托持有关系，即伟杰公司名下4亿股股份是否受天策公司的委托显名持有；（二）天策公司、伟杰公司之间的《信托持股协议》效力应如何认定，天策公司要求将讼争4亿股股份过户至其名下的诉讼请求能否得到支持。

（一）关于天策公司、伟杰公司之间是否存在讼争君康人寿公司4亿股股份的委托持有关系。

本院认为，本案伟杰公司名下讼争4亿股股份分两次形成，第一次为2011年从泰孚公司受让取得2亿股股份，第二次为伟杰公司成为君康人寿公司股东后于2012年增资2亿股股份。关于伟杰公司从泰孚公司受让取得的2亿股股份，天策公司、伟杰公司双方在2011年签订的《信托持股协议》中虽有约定，天策公司将其拥有的君康人寿公司2亿股股份委托伟杰公司持有，但未明确该2亿股股份系由泰孚公司转让，泰孚公司亦未在该《信托持股协议》上签字盖章。天策公司未举证证明泰孚公司系接受其指令将名下2亿股股份转让至伟杰公司，或是其向泰孚公司支付了相应对价，泰孚公司亦未出具相关证明，且泰孚公司在本案二审期间明确提出要以第三人身份参加诉讼，因此，虽然伟杰公司在诉讼中明确承认其受让取得泰孚公司股权未支付相应对价，天策公司关于伟杰公司受让取得泰孚公司2亿股股份是受其委托持有的证据仍显不足。关于伟杰公司成为君康人寿公司股东后于2012年增资的2亿股股份，目前有证据证明该2亿元增资款来源于2012年12月27日杭州展顺贸易有限公司、芜湖徽恩投资管理有限公司向伟杰公司各汇入1亿元，但之后伟杰公司于2015年12月28日、29日以“股权转让款”的名义向该2家公司各偿付了1亿元。天策公司亦未举证证明杭州展顺贸易有限公司、芜湖徽恩投资管理有限公司系受其指令向伟杰公司各汇入1亿元，或是其向该2家公司分别支付了相应对价，该2家公司亦未出具支持天策公司主张的证明材料，因此天策公司关于伟杰公司增资2亿股股份是受其委托持有的证据亦显不足。故，即使伟杰公司在一审庭审时承认持有讼争4亿股股份均系根据天策公司安排，但由于天策公司、伟杰公司的讼争事项，涉及泰孚公司等第三人的重大利益，且泰孚公司已明确提出参加本案诉讼的申请，在天策公司未提供证据证明相关第三人是根据其安排向伟杰公司转让股份或汇入资金的情况下，本案尚不能认定天策公司、伟杰公司之间确实存在讼争君康人寿公司4亿股股份的委托持有关系。

（二）关于天策公司、伟杰公司之间的《信托持股协议》效力应如何认定，天策公司要求将讼争4亿股股份过户至其名下的诉讼请求能否得到支持。

本院认为，天策公司、伟杰公司签订的《信托持股协议》内容，明显违反中国保险监督管理委员会制定的《保险公司股权管理办法》第八条关于“任何单位或者个人不得委托他人或者接受他人委托持有保险公司的股权”的规定，对该《信托持股协议》的效力审查，应从《保险公司股权管理办法》禁止代持保险公司股权规定的规范目的、内容实质，以及实践中允许代持保险公司股权可能出现的危害后果进行综合分析认定。首先，从《保险公司股权管理办法》禁止代持保险公司股权的制定依据和目的来看，尽管《保险公司股权管理办法》在法律规范的效力位阶上属于部门规章，并非法律、行政法规，但中国保险监督管理委员会是依据《中华人民共和国保险法》第一百三十四条关于“国务院保险监督管理机构依照法律、行政法规制定并发布有关保险业监督管理的规章”的明确授权，为保持保险公司经营稳定，保护投资人和被保险人的合法权益，加强保险公司股权监管而制定。据此可以看出，该管理办法关于禁止代持保险公司股权的规定与《中华人民共和国保险法》的立法目的一致，都是为了加强对保险业的监督管理，维护社会经济秩序和社会公共利益，促进保险事业的健康发展。其次，从《保险公司股权管理办法》禁止代持保险公司股权规定的内容来看，该规定系中国保险监督管理委员会在本部门的职责权限范围内，根据加强保险业监督管理的实际需要具体制定，该内容不与更高层级的相关法律、行政法规的规定相抵触，也未与具有同层级效力的其他规范相冲突，同时其制定和发布亦未违反法定程序，因此《保险公司股权管理办法》关于禁止代持保险公司股权的规定具有实质上的正当性与合法性。最后，从代持保险公司股权的危害后果来看，允许隐名持有保险公司股权，将使得真正的保险公司投资人游离于国家有关职能部门的监管之外，如此势必加大保险公司的经营风险，妨害保险行业的健康有序发展。加之由于保险行业涉及众多不特定被保险人的切身利益，保险公司这种潜在的经营风险在一定情况下还将危及金融秩序和社会稳定，进而直接损害社会公共利益。综上可见，违反中国保险监督管理委员会《保险公司股权管理办法》有关禁止代持保险公司股权规定的行为，在一定程度上具有与直接违反《中华人民共和国保险法》等法律、行政法规一样的法律后果，同时还将出现破坏国家金融管理秩序、损害包括众多保险法律关系主体在内的社会公共利益的危害后果。《中华人民共和国合同法》第五十二条规定，“有下列情形之一的，合同无效：（一）一方以欺诈、胁迫的手段订立合同，损害国家利益；（二）恶意串通，损害国家、集体或者第三人利益；（三）以合法形式掩盖非法目的；（四）损害社会公共利益；（五）违反法律、行政法规的强制性规定。”故依照《中华人民共和国合同法》第五十二条第四项等规定，本案天策公司、伟杰公司之间签订的《信托持股协议》应认定为无效。天策公司依据该《信托持股协议》要求将讼争4亿股股份过户至其名下的诉讼请求依法不能得到支持。

综上，本院认为，天策公司、伟杰公司之间虽签订有《信托持股协议》，但双方是否存在讼争4亿股君康人寿公司股份的委托持有关系，需依法追加泰孚公司等第三人参加诉讼，进一步查明相关事实后方可作出判定。但无论天策公司、伟杰公司之间是否存在讼争保险公司股份的委托持有关系，由于双方签订的《信托持股协议》违反了中国保险监督管理委员会《保险公司股权管理办法》的禁止性规定，损害了社会公共利益，依法应认定为无效。天策公司可以在举证证明其与伟杰公司存在讼争股份委托持有关系的基础上，按照合同无效的法律后果依法主张相关权利。为进一步查明相关案件事实，充分保障各方当事人和有关利害关系人行使诉讼权利，本案应发回原审法院重新审理。依照《中华人民共和国民事诉讼法》第一百七十条第一款第二、三项规定，裁定如下：

一、撤销福建省高级人民法院（2015）闽民初字第129号民事判决；

二、本案发回福建省高级人民法院重审。

上诉人福建伟杰投资有限公司预交的二审案件受理费2041800元，本院予以退回。

审判长：江必新；审判员：虞政平、毛宜全；法官助理：吴之翔、夏根辉；书记员：李璐

二〇一八年三月四日

专题四十四

资本公积金属于公司资产，无正当理由转出后，应认定属于抽逃出资，理应予以返还

——银基烯碳新材料集团股份有限公司与连云港市丽港稀土实业有限公司、李某沛、李某、狄某廷公司增资纠纷案

【裁判观点】

银基公司是一家上市公司，丽港公司是一家普通民营企业。双方签订《增资合同》，丽港公司据此可以引入银基公司的资金扩大生产、促进公司业务的发展，银基公司则期望从丽港公司的业务发展中获得可观的利润分配。双方虽签订《增资合同》就相关权利义务进行了明确，但实际履行过程中银基公司处于种种原因考虑，并未将其应支付的1.5亿元资本公积金交由丽港公司实际控制利用，而是通过《资金往来框架协议》的方式将转给丽港公司的1.5亿元款项又回转至银基公司控制之下。该行为应认定为抽逃出资的行为。不论从公司法还是合同法角度分析，涉案被转出的1.5亿元资本公积金均应返还丽港公司。

中华人民共和国最高人民法院

民事判决书

案号（2018）最高法民终393号

上诉人（原审被告）：银基烯碳新材料集团股份有限公司。

法定代表人：黄远成。

委托诉讼代理人：张薇。

委托诉讼代理人：张蕾。

被上诉人（原审原告）：连云港市丽港稀土实业有限公司。

法定代表人：李某沛。

委托诉讼代理人：阚先锋。

委托诉讼代理人：孙铭蔚。

原审第三人：李某沛。

委托诉讼代理人：李某。

原审第三人：李某。

原审第三人：狄某廷。

委托诉讼代理人：李某。

上诉人银基烯碳新材料集团股份有限公司（以下简称银基公司）因与被上诉人连云港市丽港稀土实业有限公司（以下简称丽港公司）、原审第三人李某沛、李某、狄某廷公司增资纠纷一案，不服江苏省高级人民法院（2015）苏商初字第00023号民事判决，向本院提起上诉。本院于2018年4月23日立案后，依法组成合议庭，开庭进行了审理。上诉人银基公司的委托诉讼代理人张薇、张蕾，被上诉人丽港公司的委托诉讼代理人阚先锋，原审第三人李某沛、狄某廷共同的委托诉讼代理人暨原审第三人李某到庭参加诉讼。本案现已审理终结。

上诉人银基公司上诉请求：撤销原判，改判驳回丽港公司一审诉讼请求或将本案发回重审，本案一、二审诉讼费用均由丽港公司承担。事实和理由：（一）一审认定银基公司无合法正当理由取回1.5亿元属于抽逃出资行为，系认定事实错误。1. 涉案1.5亿元系丽港公司履行《资金往来框架协议》自行转出而非银基公司取回。本案中，银基公司已于2013年11月18日前，将1.5亿元款项全部出资到位，转入丽港公司的关联公司连云港同捷贸易有限公司（以下简称同捷公司），完全履行了增资义务。1.5亿元款项的转出，是丽港公司依据其与宁波杭州湾新区炭基新材料有限公司（以下简称宁波新材料公司）、沈阳银基新材料科技有限公司（以下简称银基新材料公司）签订的《资金往来框架协议》自行转至银基新材料公司，后银基新材料公司又依约将1.5亿元款项转至宁波新材料公司。因此，涉案1.5亿元已经转化为丽港公司对宁波新材料公司的债权。涉案1.5亿元款项是丽港公司明知并主动转出，是丽港公司真实意思表示，是主动履行《资金往来框架协议》的行为，不属于《最高人民法院关于适用〈中华人民共和国公司法〉若干问题的规定（三）》第十二条中所规定的四种抽逃出资的情形。2.《资金往来框架协议》真实有效且存在基础交易关系，1.5亿元还款义务不应由银基公司承担。涉案《资金往来框架协议》三方签订主体均系独立的法人组织，具有完全的民事法律行为能力，协议签订也是各方真实意思表示，且三方已按照协议约定履行了相关义务。因此，三方依据《资金往来框架协议》的约定各自进行转款，以及宁波新材料公司通过债权转让的方式偿还丽港公司部分款项的行为，均能证明此协议存在基础交易关系。如果丽港公司认为1.5亿元款项未得到清偿，其应依据合同法的相关规定，以宁波新材料公司为被告提起诉讼。银基公司并非《资金往来框架协议》中的签订方，知晓并认可1.5亿元资金流转并不能成为银基公司承担返还义务的理由。3.《债权转让协议》真实存在且已经告知债务人。《中华人民共和国合同法》第八十条规定“债权人转让权利的，应当通知债务人。未经通知，该转让对债务人不发生效力。债权人转让权利的通知不得撤销，但经受让人同意的除外。”由此可知，债权转让并不需要交付债权凭证，仅需签订债权转让合同并通知债务人即可。本案中，宁波新材料公司已经通知各债务人，《债权转让协议》已具有法律效力。对于《银基烯碳新材料股份有限公司关于深圳证券交易所对公司2015年年报问询函回复的公告》中所称，银基新材料公司收到转款1.5亿元，但是未提及债权转让抵销债务事宜，两者并无事实上的关联，因债权转让抵销债务事宜是宁波新材料公司与丽港公司签订的债权转让冲抵债务的行为，作为独立的法人组织，与银基公司无关，银基公司无义务在公告中对此予以说明。退一步讲，即使丽港公司认为《债权转让协议》不是其真实意思表示，其也未在法定除斥期间内主张撤销该协议，故涉案三份《债权转让协议》合法有效。（二）一审认定事实错误，导致适用法律不当。本案中，1.5亿元款项均由丽港公司转款给银基新材料公司及宁波新材料公司，是丽港公司履行《资金往来框架协议》的行为。上述各方均系独立法人，能独立承担民事法律责任。如丽港公司认为《资金往来框架协议》中一方违约不返还1.5亿元，应根据合同法的相关规定进行起诉，要求返还1.5亿元。因此，本案应基于《资金往来框架协议》适用合同法而非公司法。另外，银基公司也非《资金往来框架协议》中的当事人，依据合同相对性丽港公司无权要求银基公司承担返还1.5亿元款项及利息的责任。因此，一审依据公司法的相关规定要求银基公司返还1.5亿元及利息系适用法律错误。

被上诉人丽港公司辩称，一审判决认定事实清楚，适用法律正确，请求二审法院依法驳回银基公司的上诉请求。事实和理由：（一）《资金往来框架协议》是银基公司为了年报审计披露的需要而要求丽港公司配合签署的，是在银基公司指挥下进行的，1.5亿元的转出不是丽港公司真实意思表示。一审中，第三人李某提供的电子邮件及附件，可以清楚地看出《资金往来框架协议》签署的原因是中介机构在年报初审结论中指出银基公司占用关联方巨额资金需要清理。银基公司草拟了《资金往来框架协议》要求丽港公司配合盖章。上述转账行为完全是在银基公司的指挥下进行，并非丽港公司真实意思表示。（二）《资金往来框架协议》不存在任何基础交易关系，该协议签署前丽港公司与宁波新材料公司从未有过任何往来，协议签署后双方也未进行过任何合作或交易。（三）《债权转让协议》明显虚假，不可能有相应的债权凭证。1.《债权转让协议》不可能有对应的债权凭证。2. 一审中第三人李某提交了其与《债权转让协议》中债务人公司的实际控制人韩某凤的两次电话录音，银基公司提交了其公司时任总裁范某明与韩某凤的电话录音，综合上述三份录音，可以证明韩某凤的身份是真实的，在三份录音中韩某凤均不认可《债权转让协议》中的债务。（四）银基公司在2016年6月30日《银基烯碳新材料股份有限公司关于深圳证券交易所对公司2015年年报问询函回复的公告》中，明确称收到丽港公司转款1.5亿元，该款项是监管资金，将来如丽港公司未能偿还银行贷款导致其作为担保人代偿时，该监管资金即用于代偿。该声明足以证明1.5亿元资金流转的原因及转出的资金均与银基公司有关，且全部款项由银基公司实际控制。银基公司在公告中并未提及债权转让抵销债务的事宜，也可以佐证所谓的债权转让是虚假的，并非各方真实意思表示。（五）涉案1.5亿元款项在银基公司的指挥下转给了其关联公司，银基公司的行为违反了公司法关于股东不得抽回对公司的出资的相关规定。一审依照公司法的相关规定判决返还相应利息适用法律正确。

原审第三人李某沛、李某、狄某廷述称，同意丽港公司的答辩意见。（一）一审中第三人提交的电子邮件及附件可以证明签署《资金往来框架协议》的原因是中介机构在银基公司2013年年报初审时发现其占用关联方丽港公司1.5亿元需要清理，于是银基公司草拟了《资金往来框架协议》，要求第三人配合盖章，第三人纯粹是为了帮银基公司才配合补签的协议。（二）一审时第三人提交了和《债权转让协议》中债务人公司的实际控制人韩某凤的两次电话录音，可以非常清楚地证明韩某凤根本不认可《债权转让协议》中的债务，并且银基公司提供其总经理范某明与韩某凤的通话录音中，韩玉凤也反复强调该笔债务不存在，这事和她没关系。总之，银基公司对丽港公司的1.5亿元增资款到账后立即转出，最短的只停留几个小时。无论银基公司怎么编造理由，都是为了欺瞒监管机构和股民，都不能掩盖其抽逃出资、财务造假的真相。

丽港公司向一审法院起诉请求：1. 银基公司立即向丽港公司返还增资款1.5亿元；2. 银基公司向丽港公司支付因为拖延给付增资款产生的违约金（该违约金从2013年11月19日起，按照同期银行贷款利率计算至判决确定的支付之日止）；3. 银基公司承担本案的全部诉讼和保全费用。

一审法院认定事实：丽港公司于1997年1月16日成立，注册资本3000万元，成立时股东为李某沛、李某、狄某廷，三人分别持有丽港公司40%、39%、21%的股权。2012年11月，银基公司（甲方）与李某沛（乙方）、李某（丙方）、狄某廷（丁方）签订《增资合同》，约定：丽港公司经审计评估，净资产为4.248524亿元，经银基公司与丽港公司原股东协商，以3亿元作为丽港公司基准价进行增资，即银基公司向丽港公司增资2亿元，持有丽港公司40%股权，其中2000万元进入丽港公司注册资本，1.8亿元进入资本公积金。增资完成后，丽港公司注册资本变更为5000万元，股权结构为：银基公司持有40%的股权，李某沛持有24%的股权，李某持有23.4%的股权，狄某廷持有12.6%的股权。银基公司的全部增资分2期缴纳，银基公司应于《增资合同》签订之日起10个工作日内将首期增资款5000万元汇入丽港公司指定的验资账户，剩余增资款1.5亿元应在2013年6月30日前支付到位。银基公司将首期增资款汇入丽港公司账户10日内，丽港公司原股东应当协助银基公司至工商登记机关办理股东、章程、董事会成员变更的登记和备案手续。银基公司未按时缴付增资款的，应向丽港公司支付欠缴金额每日万分之三的违约金。合同还约定，丽港公司应于合同签署之日起3个月完成8000吨稀土资源再生综合回收利用生产线技改项目一期（4000吨）的立项、土地征用和环境评价工作。乙方、丙方和丁方承诺已完整地将江苏省东海县丽港稀土材料厂原有的全部资产及业务转移至丽港公司，同时承诺将1200吨碳酸稀土深加工项目和建立东海稀土产业基地的规划一并转让给丽港公司。乙方、丙方和丁方违反上述约定承诺事项的，应向甲方赔偿股权价值所受的贬损的金额。

合同签订后，丽港公司、银基公司及两家公司的关联公司之间存在大量的资金流转，双方均认可与本案增资款有关的资金往来为以下几笔：2012年11月11

日，银基公司向丽港公司支付投资款2000万元；2012年12月24日，银基公司以支付投资款名义向丽港公司进行两次转账，每次转账数额均为5000万元，该1亿元款项在当日又由丽港公司转账给同捷公司，同捷公司在当日将全部款项转账给沈阳银基置业有限公司（以下简称银基置业公司）。2012年12月25日，银基公司以支付投资款名义向丽港公司转账5000万元，该笔款项在当日由丽港公司转账给同捷公司，同捷公司在当日转账给银基置业公司。2013年2月1日、2013年2月26日，银基置业公司分别向同捷公司转账1000万元；2013年5月20日，沈阳银基信息技术服务有限公司（以下简称银基信息公司）分两笔向同捷公司转账300万元；2013年7月16日，银基置业公司向同捷公司转账500万元；2013年7月17日，银基置业公司向同捷公司转账200万元；2013年11月8日，银基信息公司以还款名义向同捷公司转账5000万元；2013年11月8日，丽港公司以暂借款名义向银基新材料公司转账5000万元；2013年11月13日，银基公司以支付投资款名义向丽港公司转账3000万元；2013年11月13日，银基置业公司以借款名义向同捷公司转账5000万元；2013年11月15日，丽港公司以借款名义向银基新材料公司转账5000万元和3000万元；2013年11月18日，银基置业公司向同捷公司转账2000万元；2013年11月18日，丽港公司以借款名义向银基新材料公司转账2000万元。庭审中，银基公司主张上述2013年2月1日至2013年11月18日期间，银基公司及其关联公司向丽港公司、同捷公司转入的款项即为银基公司支付增资款的1.8亿元。丽港公司认可其及关联公司收到上述款项，但认为该款项系银基公司主导的走账行为，款项到丽港公司及其关联公司账户后随即被银基公司主导转往银基公司的关联公司且并未返还。双方还确认双方及关联公司之间的其他资金往来与本案争议无关。

2013年10月9日，丽港公司、银基公司工作人员办理了银行账户U盾交接手续，形成《丽港授权U盾交接》表。

2012年12月14日，江苏省连云港市工商行政管理局出具准予变更登记通知书，明确丽港公司变更事项已经登记，注册资本由3000万元变更为5000万元，变更后股东为：李某沛认缴、实缴出资额为1200万元，李某认缴、实缴出资额为1170万元，狄某廷认缴、实缴出资额为630万元，银基公司认缴、实缴出资额为2000万元。

2013年1月23日，大信会计师事务所（特殊普通合伙）北京分所出具给丽港公司的审计报告（大信京审字〔2013〕第00070号）载明：2012年度，丽港公司资本公积金年初余额为57000.81元，本期增加额为1.5亿元，期末余额为150057000.81元，变动原因为银基公司投入的资本溢价。2014年4月29日，瑞华会计师事务所（特殊普通合伙）出具给丽港公司的审计报告（瑞华审字〔2014〕48030071号）载明：2013年度，丽港公司资本公积年初数为150057000.81元，本年增加3000万元，年末数为180057000.81元，变动原因为银基公司于2013年11月13日对丽港公司增加投资3000万元。

2014年12月24日，李某沛、李某、狄某廷委托律师向银基公司发送律师函，要求银基公司向丽港公司交付1.5亿元。2015年3月12日，李某沛、李某、狄某廷向银基公司发送履约催促函，再次要求其交付1.5亿元。

丽港公司（甲方）、宁波新材料公司（乙方）、银基新材料公司（丙方）曾签订有《资金往来框架协议》，协议载明：丽港公司向宁波新材料公司提供往来资金1.5亿元。双方将以此作为合作基础继续洽谈相关合作事宜，并以2014年3月31日为截止期限，如若丽港公司与宁波新材料公司尚未就具体合作事项达成一致，宁波新材料公司将无条件退还丽港公司此笔往来资金，双方约定无任何衍生费用。该协议上没有落款时间。庭审中，丽港公司称该协议签订时间在2013年年底至2014年4月之间，银基公司称该协议签订时间在2013年12月30日之前。

宁波新材料公司作为转让方，丽港公司作为受让方，分别与海城三星矿业有限公司、黑龙江牡丹江农垦奥宇石墨深加工有限公司、奥宇石墨集团有限公司签订《债权转让协议》，协议载明：宁波新材料公司将其对海城三星矿业有限公司、黑龙江牡丹江农垦奥宇石墨深加工有限公司、奥宇石墨集团有限公司分别享有的债权100万元、2300万元、2700.33万元转让给丽港公司，以抵销宁波新材料公司对丽港公司的相关债务。上述《债权转让协议》落款时间均为2013年12月30日。诉讼中，双方当事人确认宁波新材料公司未向丽港公司交付协议所载债权的相应债权凭证。

银基置业公司、银基新材料公司均为银基公司持有100%股权的全资子公司，宁波新材料公司为银基新材料公司持有100%股权的全资子公司。同捷公司为江苏新共享投资有限公司持有100%股权的全资子公司，法定代表人李某为丽港公司股东，庭审中，李某认可同捷公司为其控制的公司。丽港公司明确对于同捷公司将资金转给银基公司或者银基公司的关联公司，以及银基公司或其关联公司转账给同捷公司的事项，其知情并且认可，并称在双方合作期间，有十几亿元的走帐情况，是银基公司要求丽港公司配合走账。银基公司对于其与关联公司向丽港公司及其关联公司的转账事项亦明确均是其认可的行为。

2014年1月10日，沈阳银基发展股份有限公司名称变更为银基烯碳新材料股份有限公司。2017年9月12日，银基烯碳新材料股份有限公司名称变更为银基烯碳新材料集团股份有限公司。

2016年6月30日，银基公司出具《银基烯碳新材料股份有限公司关于深圳证券交易所对公司2015年年报问询函回复的公告》，载明：2013年11月，为了控制可能发生的与丽港公司投资合作风险，防止丽港公司挪用增资款，银基公司采取加强资金监管的方式。根据丽港公司与宁波新材料公司、银基新材料公司三方签订的《资金往来框架协议》，银基新材料公司收到丽港公司转款1.5亿元。该1.5亿元资金系监管资金，没有利息。丽港公司未归还银行借款导致银基公司作为担保人发生代偿时，该监管资金即用于代偿资金。

一审庭审中，丽港公司称，其与银基新材料公司、宁波新材料公司所签署《资金往来框架协议》《债权转让协议》内容并非各方就权利义务安排的真实意思，其之所以在协议上盖章是由于银基公司出于2013年度审计的需要，要求丽港公司配合签署，且宁波新材料公司转让的债权是虚假债权，丽港公司并未自债权转让协议所载的债务人处获得任何清偿。银基公司对丽港公司陈述不予认可，认为《资金往来框架协议》与银基公司无关，《债权转让协议》所涉的债务人即便未向丽港公司清偿，也应由丽港公司向相应债务人主张债权，银基公司对于该部分款项无清偿义务。

2015年5月6日，丽港公司以银基公司未按约交付增资款为由，以银基公司为被告、李某沛、李某、狄某廷为第三人诉至一审法院，答辩期内，银基公司向一审法院提出管辖权异议，认为本案应当移送辽宁省有管辖权的法院审理。一审法院于2015年12月31日作出（2015）苏商初字第00023－1号民事裁定，驳回银基公司对本案管辖权提出的异议。银基公司不服，向最高人民法院提出上诉，最高人民法院于2016年6月29日作出（2016）最高法民辖终111号民事裁定，驳回银基公司上诉，维持原裁定。

一审争议焦点：1. 银基公司根据《增资合同》作为资本公积金投入的款项，

在无合法正当理由情况下取回的，是否属于公司法规定的抽逃出资行为；2. 如银基公司有前述行为，是否应当向丽港公司返还相应款项并支付利息。

一审法院认为，一、银基公司根据《增资合同》作为资本公积金投入的款项，在无合法正当理由情况下取回的，属于公司法规定的抽逃出资行为。

银基公司通过增资成为丽港公司的股东，根据《增资合同》，其获得丽港公司增资后40%股权，除应投入2000万元作为注册资本外，还应投入1.8亿元作为资本公积金。对于银基公司据此投入的1.8亿元，虽然并非丽港公司注册资本，但其作为取得40%股权对应出资额的溢价金额，目的在于区分不同时期成为公司股东者以使其利益均衡，该款项作为资本公积金投入公司后，即独立于银基公司的财产而属于丽港公司资产，即便资本公积金本质上属于所有者权益，该所有者权益也并非仅指属于银基公司，而是属于公司的全体股东。公司法虽然未直接规定股东不得在无合法正当理由情况下取回作为资本公积金投入公司的款项，但基于资本公积金属于公司资产的性质，股东在无合法正当理由情形下不得占有公司资产是公司对其财产享有法人独立财产权的应有之意，这从《中华人民共和国公司法》第一百六十八条关于公积金用途的规定也可得出相应结论，即公司的公积金用于弥补公司的亏损、扩大公司生产经营或者转为增加公司资本，但资本公积金不得用于弥补公司的亏损。据此，资本公积金除用于扩大公司生产经营或者转为增加公司资本外，不得用于其他用途。丽港公司主张银基公司在无合法正当理由情形下取回已投入资本公积金行为属于公司法规定的抽逃出资行为，具有法律依据，一审法院予以支持。

二、银基公司在无合法正当理由情况下取回的1.5亿元，应返还给丽港公司，并应支付相应利息。

本案中，银基公司主张其已根据《增资合同》投入了1.8亿元资本公积金，但对于其中的1.5亿元，银基公司认可均在款项投入丽港公司或丽港公司关联公司后，转入了其认可的银基公司关联公司。一审法院认为，该情形并非银基公司可以取回作为资本公积金投入丽港公司的款项的合法正当理由。案涉《资金往来框架协议》表明，宁波新材料公司占有丽港公司1.5亿元资金并无基础交易关系，且该协议明确约定如果宁波新材料公司与丽港公司截止2014年3月31日尚未就合作事项达成协议，宁波新材料公司应无条件将资金退还丽港公司。此后，宁波新材料公司并未与丽港公司就合作事项达成协议。《资金往来框架协议》的当事方银基新材料公司系银基公司全资子公司，宁波新材料公司又系银基新材料公司的全资子公司，且银基公司知晓并认可该1.5亿元资金的流转。《银基烯碳新材料股份有限公司关于深圳证券交易所对2015年年报问询函回复的公告》中也载明，银基新材料公司收到丽港公司转款1.5亿元是监管资金，在丽港公司未能偿还银行贷款导致银基公司作为担保人代偿时，该监管资金即用于代偿。这表明上述1.5亿元资金的流转及流转后的资金均由银基公司控制，故银基公司关于1.5亿元转出丽港公司或其关联公司账户，是基于丽港公司与案外人签订的《资金往来框架协议》且与其无关的抗辩理由不能成立。

银基公司在诉讼中还陈述其中部分款项已经通过丽港公司与案外人签订的《债权转让协议》得以清偿，但从查明的事实看，宁波新材料公司虽于2013年12月30日与丽港公司签订三份《债权转让协议》，将其对海城三星矿业有限公司、黑龙江牡丹江农垦奥宇石墨深加工有限公司、奥宇石墨集团有限公司的债权转让给丽港公司，以抵销宁波新材料公司对丽港公司的债务。但丽港公司称上述债权转让并非真实意思表示，且转让债权并非真实债权，系按照银基公司的要求签订，丽港公司也未就上述债权实际得到受偿。而银基公司并未举证证明案涉《债权转让协议》履行过程中存在债权凭证的交付，且银基公司于2016年6月30日出具的《银基烯碳新材料股份有限公司关于深圳证券交易所对公司2015年年报问询函回复的公告》中，仍称银基新材料公司基于《资金往来框架协议》收到丽港公司转款1.5亿元，并未提及债权转让抵销债务事宜，可以佐证丽港公司关于上述债权转让并非各方真实意思表示的主张。因此，应当认定银基公司并未向丽港公司返还其无合法正当理由转出的1.5亿元资金。退言之，即便上述《债权转让协议》所约定的债权转让数额抵销宁波新材料公司对丽港公司债务的意思表示真实，基于前述对于1.8亿元资金性质的认定，这种以债权冲抵出资义务的约定，一则因为债权实现的不确定性，不符合出资真实、确定的法律基本原则，二则因为《债权转让协议》所载债权并未实际受偿，亦不应被认定可以抵销1.5亿元中的相应款项。

对于银基公司应返还的1.5亿元资金利息，丽港公司主张自该款项的最后一笔从丽港公司或其关联公司账户转出的次日起计算银基公司应支付该款项利息的期间，系其对自身权利的处分，一审法院予以确认。

综上所述，丽港公司请求银基公司返还抽逃的1.5亿元本息具有事实和法律依据，一审法院予以支持。银基公司关于其未抽逃出资、不应向丽港公司返还1.5亿元本息的抗辩理由不能成立，一审法院不予支持。依照《中华人民共和国公司法》第三十五条、第一百六十八条第一款，《最高人民法院关于适用〈中华人民共和国公司法〉若干问题的规定（三）》第十二条第一款第（四）项、第十四条第一款，《中华人民共和国民事诉讼法》第一百四十二条之规定，判决如下：银基公司于判决生效之日起十日内返还丽港公司1.5亿元，并支付该1.5亿元自2013年11月19日起至判决确定的给付之日止按照同期银行贷款利率计算的利息。如果未按判决指定的期间履行给付金钱义务，应当依照《中华人民共和国民事诉讼法》第二百五十三条之规定，加倍支付迟延履行期间的债务利息。案件受理费959155元，财产保全费5000元，合计964155元，由银基公司负担。丽港公司预交的案件受理费、财产保全费964155元由一审法院退还，银基公司应负担的案件受理费、财产保全费964155元在判决生效之日起十日内向一审法院交纳。

二审期间，当事人围绕上诉请求依法提交了证据。本院组织当事人进行了证据交换和质证。

上诉人银基公司提交证据：第一组，《关于投资石墨新材料产业的战略合作框架协议》《合作定金协议》、奥宇项目定金账户邮件截图、银行汇款凭证、《债务转让协议》《债权转让协议》等复印件，拟证明涉案《债权转让协议》存在真实的债权债务关系、2300万元和2700万元债权形成的事实基础、《资金往来框架协议》所转出的1.5亿元中的5100.33万元已经通过债权转让的方式予以抵销。丽港公司质证称，1.《关于投资石墨新材料产业的战略合作框架协议》和《合作定金协议》中丽港公司不是合同相对方，真实性无法确认，即使合同真实该笔2300万元已经以定金方式转换为合作款，不存在返还的问题。2. 对奥宇项目定金账户邮件截图不认可。3. 合同主体与付款主体不同，付款用途中也没有注明是代银基公司付款。4. 2013年11月14日的银行汇款凭证及2013年12月30日的《债务转让协议》不是原件，对真实性不予认可。5. 对2013年12月30日的《债权转让协议》的真实性予以认可，但该协议是为了配合对方做年报，并不是丽港公司真实意思表示。6. 对2013年10月28日2700万元银行汇款凭证的真实性予以认可，但对关联性不予认可。7. 2013年10月28日400万元银行汇款凭证、2013年10月

31日2300万元银行汇款凭证、2013年12月30日鸡东奥宇烯碳石墨投资有限公司与宁波新材料公司2700.33万元《债权转让协议》、2013年12月30日海城镁兴贸易有限公司与宁波新材料公司100万元《债务转让协议》、2013年12月30日宁波新材料公司与丽港公司100万元《债权转让协议》因没有原件，对真实性不予认可。8. 对2013年12月30日宁波新材料公司与丽港公司2700.33万元《债权转让协议》真实性予以认可，但该协议是为了配合对方做年报，并不是丽港公司真实意思表示。李某沛、李某、狄某廷发表意见称，同意丽港公司的质证意见。

第二组，《工业品买卖合同》两份、银行汇款凭证若干，拟证明丽港公司与宁波新材料公司签订《资金往来框架协议》后，1.5亿元资金由宁波新材料公司监管，该笔款项用于宁波新材料公司支付买卖合同货款使用，若认定1.5亿元应返还，返还主体亦应是宁波新材料公司。丽港公司质证称，1. 两份《工业品买卖合同》的真实性无法确认，即使真实亦无法排除存在合同解除、无法履行等情况后退还款项的情况。2. 银行汇款凭证的真实性予以认可。3. 一审中银基公司明确认可自己收到了还款1.5亿元，且处于其监管之下。李某沛、李某、狄某廷发表意见称，同意丽港公司的质证意见。

被上诉人丽港公司提交证据：第一组，2013年度关于银基公司关联方占用上市公司资金情况的专项审核报告、2014年度银基公司控股股东及其他关联方占用资金情况审核报告，拟证明2013年度、2014年度银基公司控股股东及其他关联方占用银基公司资金情况，同时证明银基公司提交的第一组证据中涉及的2700万元债权并未转让给丽港公司。银基公司质证称，对该组证据的真实性、合法性无异议，但2700万元债权转让的时间是2013年12月30日，时间在2013年度审核报告之后，审计报告的基础材料是否包括该债权转让协议不清楚。李某沛、李某、狄某廷发表意见称，同意丽港公司的意见。

第二组，银基公司关于参股子公司银基发展（上海）投资控股有限公司的股权与鸡东奥宇烯碳石墨投资有限公司的股权进行置换的公告、银基公司关于签署《股权回购协议》的公告，拟证明银基公司提交的第一组证据中涉及的2300万元的付款人、收款人、付款时间均与《关于投资石墨新材料产业的战略合作框架协议》的约定不符。即便是支付的该框架协议的定金，其中的2000万元也已经按照《合作定金协议》的约定专款专用了，不可能转让给丽港公司。银基公司质证称，该组证据仅是丽港公司的推理，银基公司已经提交了相关银行交易明细，足以证明该笔债权转让的真实性。李某沛、李某、狄某廷发表意见称，同意丽港公司的意见。

二审中，李某沛、李某、狄某廷未有新证据提交。

上述证据中有部分证据当事人在原审中已经提交，各方对真实性无异议的证据，本院予以确认，但证据的证明力本院将综合案件事实进行评判。

各方对一审查明的事实无异议，本院予以确认。

本院另查明，针对2亿元增资款是否足额支付、如何支付的问题，各方在一审诉讼中的陈述均有反复。根据各方在一审中最后的陈述，丽港公司主张《增资合同》签订后银基公司方于2012年11月（应为12月）11日支付了2000万元；于2013年2月1日至2013年7月17日期间支付了3000万元；于2012年12月24日至25日期间银基公司方支付1.5亿元，但该1.5亿元已于当日转回银基公司方；于2013年11月8日至2013年11月18日期间银基公司方第二次支付1.5亿元，但该1.5亿元亦于当日或3日之内转回银基公司方。银基公司主张《增资合同》签订后银基公司方于2012年12月11日支付了2000万元；于2013年11月13日支付了3000万元；于2012年12月24日至25日期间银基公司方支付了1.5亿元款项，但该款是为了配合丽港公司财务作账，后该款转回到了银基置业公司，之后2013年2月1日至2013年11月18日期间银基公司方支付了1.5亿元，但该1.5亿元因丽港公司履行其与宁波新材料公司、银基新材料公司签订的《资金往来框架协议》而转给了银基新材料公司，如丽港公司对该1.5亿元款项的转出持有异议应依据该协议另行提起诉讼。李某沛、李某、狄某廷同意丽港公司的意见。

本院认为，本案二审争议焦点为：1. 银基公司根据《增资合同》作为资本公积金投入的款项，是否存在无合法正当理由被转出的情形；2. 该款项应否向丽港公司返还，返还主体如何确定。

一、关于银基公司根据《增资合同》作为资本公积金投入的款项，是否存在无合法正当理由被转出的情形

针对2亿元增资款是否足额支付、如何支付的问题，各方在一审诉讼中的陈述均有反复。根据各方最终陈述的意见，可以确定各方对2012年12月11日银基公司方支付了2000万元注册资本金并无异议；各方对银基公司还支付了3000万

元资本公积金的事实亦无异议，但对于该3000万元是对应的哪笔转账存在争议；各方对银基公司支付的1.5亿元资本公积金对应的是哪笔转账亦存在争议。事实上，本案审理的关键是判断作为资本公积金投入的款项，是否存在无合法正当理由被转出的情形，因此，关于增资款如何支付的争议并不必然影响对增资款转出正当性与否的判断。银基公司上诉称1.5亿元资本公积金是丽港公司根据其与宁波新材料公司、银基新材料公司之间签订的《资金往来框架协议》的约定自行转出至银基新材料公司，银基新材料公司又将款项转至宁波新材料公司，该款项已经转化为丽港公司对宁波新材料公司的债权，且该债权已经《债权转让协议》获偿了部分。丽港公司和李某沛、李某、狄某廷则认为《资金往来框架协议》《债权转让协议》均是应银基公司要求配合其签署的，不是丽港公司真实意思表示，均是虚假的。因此，《资金往来框架协议》和《债权转让协议》成为判断本案1.5亿元资金转出正当与否的关键。

（一）《资金往来框架协议》不是1.5亿元资本公积金转出的正当理由。第一，2017年12月21日一审庭审时，丽港公司陈述，该《资金往来框架协议》是在2013年11月至12月期间银基公司为了年报披露需要，聘请第三方对丽港公司进行审计，审计结论是上市公司占用丽港公司巨额资金需要整改，银基公司拿出整改措施希望丽港公司配合签署《资金往来框架协议》，协议签订后三方从未进行任何合作交易事项，根本没有履行。银基公司陈述，当时签订《资金往来框架协议》的目的是由于丽港公司并没有按照《增资合同》约定取得相关稀土改造项目的审批文件，为了保证资金的安全，才签订《资金往来框架协议》由银基新材料公司进行资金监管。据此，虽然双方对《资金往来框架协议》的真实目的陈述存在差异，但至少可以确定《资金往来框架协议》并非如协议记载是为了进一步增强丽港公司盈利能力等达成战略合作意向，而是应银基公司的要求进行设定。第二，《资金往来框架协议》的丙方银基新材料公司系银基公司全资子公司，乙方宁波新材料公司又系银基新材料公司的全资子公司，且银基公司知晓并认可该1.5亿元资金的流转。《资金往来框架协议》约定，以2014年3月31日为截止时限，如若丽港公司和宁波新材料公司尚未就具体合作事项达成一致，宁波新材料公司将无条件退还丽港公司此笔往来资金。事实上，协议各方自始至终并没有形成任何合作事项，且从协议履行状态上看，巨额款项在没有任何具体投资意向的情况下先行转出，亦不合常理。第三，2016年6月30日《银基烯碳新材料股份有限公司关于深圳证券交易所对2015年年报问询函回复的公告》中载明，“2013年11月，为了控制可能发生的与丽港公司投资合作风险，防止丽港公司挪用增资款，上市公司采取加强资金监管的方式。根据……《资金往来框架协议》……银基新材料公司收到丽港公司转款1.5亿元。银基公司履行担保义务是有保障的……后来丽港公司没有归还银行借款导致银基公司作为担保发生代偿时，该监管资金即用于代偿资金。”综上，1.5亿元虽以《资金往来框架协议》为由转出，但资金转出后并非是真正为了履行该协议的合作事项。

（二）《债权转让协议》不足以证明5100万元资本公积金已经实际归还。第一，银基公司提交三份2013年12月30日的《债权转让协议》拟证明丽港公司根据《资金往来框架协议》转给宁波新材料公司的1.5亿元，已经通过该三份《债权转让协议》抵消偿还了5100余万元。然而，该抵销行为既与银基公司称通过《资金往来框架协议》实现监管资金的目的不符，亦与《资金往来框架协议》中以2014年3月31日为节点退还1.5亿元资金的约定不符。《债权转让协议》与《资金往来框架协议》之间难以自洽，无法得出合理解释。第二，一审中银基公司提交奥宇公司法定代表人韩某凤与范某明电话录音文稿，拟证明李某沛、李某、狄某廷提交的李某与韩某凤的电话录音摘要的内容不真实，不能证明《债权转让协议》是虚假的，韩某凤对李某的陈述是用来应付李某的。然而，仅根据银基公司提交的电话录音文稿不能得出韩某凤否认其与李某通话时的陈述是虚假的结论，亦不能得出韩某凤已明确认可《债权转让协议》是真实的结论。第三，《债权转让协议》中所谓的债权冲抵债务，与《增资合同》中增资资金的用途存在明显差异。《增资合同》中增资资金主要用于丽港公司生产线技术改造和增加丽港公司流动资金，而《债权转让协议》中的债权当然不等同于增资资金，即便债权真实，其能否最终实现亦不能确定。因此，所谓的债权转让并不能发挥《增资合同》中增资资金的预设功能，不能据此认定转出的资本公积金已经实际得到了归还。

（三）1.5亿元资本公积金未能用于丽港公司的生产发展。前文已述，各方当事人对1.5亿元资本公积金对应的是哪笔转账存在争议。如果按照丽港公司的陈述，银基公司方两次支付的1.5亿元款项，均于当日或3日之内转回了银基公司方。即便按照银基公司的陈述，其于2013年2月1日至2013年11月18日期间向丽港公司方支付的1.5亿元资本公积金中，亦有高达1.2亿元的款项是在当日或3日之内转回了银基公司方。该1.5亿元资本公积金显然无法实现《增资合同》中进行生产线技术改造或增加丽港公司流动资金的用途。

综上表明，《资金往来框架协议》约定丽港公司方转出1.5亿元不是为丽港公司商贸合作而为之，也不是为实现《增资合同》中丽港公司生产线技术改造或增加丽港公司流动资金等的需要而为之，而是按照银基公司的要求，为银基公司的利益而特别设定，且1.5亿元款项转出后仍处于银基公司实际控制之下；《债权转让协议》亦不能证明转出的资本公积金已经实际归还；1.5亿元资本公积金实际亦未用于丽港公司的生产发展。因此，银基公司关于丽港公司根据《资金往来框架协议》自行转出款项与己无关，自己不存在擅自取回出资的主张不能成立；原审判决认定银基公司无合法正当理由转出其支付给丽港公司的1.5亿元资本公积金，并无不当。

二、关于本案转出的资本公积金应否向丽港公司返还、返还主体如何确定的问题

（一）从公司法角度来讲，本案转出的资本公积金应予以返还。《中华人民共和国公司法》第三条第一款规定："公司是企业法人，有独立的法人财产，享有法人财产权。公司以其全部财产对公司的债务承担责任。"第一百六十八条第一款规定："公司的公积金用于弥补公司的亏损、扩大公司生产经营或者转为增加公司资本。但是，资本公积金不得用于弥补公司的亏损。"资本公积金不仅是企业所有者权益的组成部分，亦是公司资产的重要构成，而公司资产在很大程度上代表着公司的资信能力、偿债能力、发展能力，在保障债权人利益、保证公司正常发展、维护交易安全方面起着重要作用。公司作为企业法人，具有独立人格和独立财产，而独立财产又是独立人格的物质基础。出资股东可以按照章程规定或协议约定主张所有者权益，但其无正当理由不得随意取回出资侵害公司财产权益。本案中，《增资合同》明确约定，银基公司向丽港公司增资2亿元，持有丽港公司40%股权，其中2000万元进入丽港公司注册资本，1.8亿元进入资本公积金。因此，涉案1.5亿元资本公积金本应属于丽港公司资产，无正当理由转出后，理应予以返还，一审认定该行为属于抽逃出资行为并无不当。

（二）从合同法角度来讲，本案转出的资本公积金亦应予以返还。《中华人民共和国合同法》第六十条规定："当事人应当按照约定全面履行自己的义务。当事

人应当遵循诚实信用原则，根据合同的性质、目的和交易习惯履行通知、协助、保密等义务。”第一百零七条规定：“当事人一方不履行合同义务或者履行合同义务不符合约定的，应当承担继续履行、采取补救措施或者赔偿损失等违约责任。”《增资合同》系银基公司与丽港公司原股东李某沛、李某、狄某廷签订，丽港公司是增资的目标公司。对银基公司而言，其负有依约足额增加出资的合同义务。本案中，银基公司虽有出资行为，但随后1.5亿元的出资在无正当理由的情况下被转出，其转出行为违反诚实信用原则、不符合合同约定、不利于合同目的的实现。因此，涉案1.5亿元资本公积金根据合同约定亦应予以返还。

综上所述，不论从公司法还是合同法角度分析，涉案被转出的1.5亿元资本公积金均应返还丽港公司。作为目标公司的丽港公司可以依据公司法相关规定提起诉讼主张权利，而作为《增资合同》当事人的李某沛、李某、狄某廷亦可依据合同法相关规定提起诉讼主张权利，究竟适用公司法还是合同法并不实质影响本案纠纷的处理。银基公司基于《资金往来框架协议》主张本案应适用合同法而不应适用公司法的主张，没有事实和法律依据，本院不予支持。另外，如前所述，银基公司本身是《增资合同》中的出资义务人，本案所谓的《资金往来框架协议》实际是按照银基公司的要求，为银基公司的利益而设定，该1.5亿元资本公积金转出后仍处于银基公司的实际控制之下。因此，原审判决认定银基公司作为返还主体，亦无不当。

综上，上诉人银基公司的上诉请求不能成立，应予驳回；一审判决认定事实清楚，适用法律正确，应予维持。依照《中华人民共和国民事诉讼法》第一百七十条第一款第一项的规定，判决如下：

驳回上诉，维持原判。

二审案件受理费959155元，由银基烯碳新材料集团股份有限公司负担。

本判决为终审判决。

审判长：虞政平；审判员：马东旭、张爱珍；法官助理：曹健；书记员：刘伟腊

二〇一八年九月二十日

专题四十五

股东提起股东代表诉讼应满足诉讼前置程序

——海南盛鼎实业有限公司诉徐州市国盛投资控股有限公司、赵某等损害公司利益责任纠纷案

【裁判观点】

股东代表诉讼，是指当公司由于某种原因没有就其所遭受的侵害提起诉讼时，公司股东可以代表公司提起诉讼以使公司获得赔偿。但是为了限制股东滥用这种诉权，公司法也规定了一系列限制措施。《中华人民共和国公司法》第一百五十一条规定，董事、高级管理人员有本法第一百四十九条规定的情形的，有限责任公司的股东、股份有限公司连续一百八十日以上单独或者合计持有公司百分之一以上股份的股东，可以书面请求监事会或者不设监事会的有限责任公司的监事向人民法院提起诉讼；监事有本法第一百四十九条规定的情形的，前述股东可以书面请求董事会或者不设董事会的有限责任公司的执行董事向人民法院提起诉讼。由此，股东提起股东代表诉讼必须经过诉讼前置程序。只有在监事会、监事或者董事会、执行董事收到股东书面请求后拒绝提起诉讼，或者自收到请求之日起三十日内未提起诉讼，或者情况紧急、不立即提起诉讼将会使公司利益受到难以弥补的损害的情况下，股东才有权为了公司的利益直接向人民法院提起诉讼。

另外，本案还明确了确权之诉和给付之诉的区别。确权之诉的目的是谋求对特定法律关系存在与否的认定，并不具有执行效力。本案是给付之诉，系盛鼎公司要求国盛公司、赵某履行一定义务的诉，与（2009）徐民二初字第0083号确权之诉案系两种不同的诉。因此，本案不能认定为重复起诉。

中华人民共和国最高人民法院
民事裁定书

案号（2017）最高法民终417号

上诉人（原审原告）：海南盛鼎实业有限公司，住所地海南省海口市华府路5号新达公寓1102室。

法定代表人：张亚杰，该公司董事长。

委托诉讼代理人：江辉宇，海南海大平正律师事务所律师。

委托诉讼代理人：赵振华，海南海大平正律师事务所律师。

被上诉人（原审被告）：徐州市国盛投资控股有限公司，住所地江苏省徐州市建国西路锦绣嘉园8号楼1－2401室。

法定代表人：李中亚，该公司总经理。

委托诉讼代理人：汤茂灵，江苏金合律师事务所律师。

被上诉人（原审被告）：赵某，女，1961年1月3日出生，汉族，住江苏省徐州市。

委托诉讼代理人：刘宏，江苏维阳律师事务所律师。

原审第三人：海南盛元投资有限公司，住所地海南省海口市国贸大道中盐公寓401室。

法定代表人：赵某，该公司董事长。

委托诉讼代理人：刘宏，江苏维阳律师事务所律师。

上诉人海南盛鼎实业有限公司（以下简称盛鼎公司）与被上诉人徐州市国盛投资控股有限公司（以下简称国盛公司）、赵某、原审第三人海南盛元投资有限公司（以下简称盛元公司）损害公司利益责任纠纷一案，不服江苏省高级人民法院（2015）苏商初字第00025号民事裁定，向本院提起上诉。本院依法组成合议庭对本案进行了审理，现已审理终结。

盛鼎公司上诉请求：撤销原审裁定，指令原审法院审理本案。事实与理由：一、本案是给付之诉，而江苏省徐州市中级人民法院（2009）徐民二初字第0083号案件是确认之诉，两案不属于同一诉讼，因此，本案不属于重复起诉。

二、原审裁定认为盛鼎公司无权提起本案股东代表诉讼错误。本案属于股东代表诉讼前置程序可豁免的案件，盛元公司的董事长、法定代表人赵某（兼任国盛公司前身徐州市财政证券公司法定代表人）是转款行为加害人。盛鼎公司起诉时，盛元公司仍在赵某、国盛公司实际控制之下，盛元公司不能以自己名义对公司加害人提起诉讼，此情形应认定为《中华人民共和国公司法》第一百五十一条第二款规定的“情况紧急”，应当豁免股东代表诉讼前置程序。而且，盛元公司没有实际成立监事会，工商登记显示的监事会由东某梅、张某云、赵某财三人组成。其中，东某梅为徐州市财政证券公司的财务经理，张某云和赵某财系不存在的自然人。因此，盛鼎公司无法也无须在起诉本案前书面请求监事会提起诉讼。

国盛公司辩称，原审裁定正确。一、盛鼎公司与国盛公司是盛元公司的股东，双方共同设立了盛元公司，盛鼎公司认为国盛公司和赵某侵犯了盛元公司权利，应当由盛元公司提起诉讼，在盛元公司怠于履行的情况下，盛鼎公司才获得提起诉讼的权利。本案中，盛鼎公司在未向盛元公司监事发出通知的情况下，于2009年9月27日向海南省海口市中级人民法院提起本案诉讼。诉讼过程中，2010年11月1日，盛鼎公司才向盛元公司的监事发函，要求监督盛元公司提起诉讼。后盛元公司在江苏省徐州市中级人民法院提起确权之诉，该院审理后作出（2009）徐民二初字第0083号民事判决，确认案涉款项90912438.73元属于国盛公司所有。据此，盛鼎公司起诉本案请求国盛公司向盛元公司返还上述案涉款项，属于重复起诉。原审裁定认定盛鼎公司重复起诉以及无权提起本案股东代表诉讼正确。

赵某、盛元公司均称不发表意见。

盛鼎公司向原审法院起诉请求：一、国盛公司向盛元公司返还本金90912438.73元及利息［以90912438.73元为本金，按照中国人民银行公布的同期（五年以上）贷款利率，自2002年9月6日计算至实际付清之日止，暂计算至2013年11月6日为58474531元］；二、赵某对第一项诉讼请求承担连带赔偿责任；三、国盛公司、赵某承担本案诉讼费用。

原审裁定认为，盛元公司系盛鼎公司、徐州市财政证券公司、赵某财于1999年3月共同投资成立的公司，作为盛元公司股东之一的徐州市财政证券公司于

2002 年 1 月至 9 月从盛元公司在大连证券有限责任公司徐州证券交易营业部的 023911 资金账户上分四次共转出 90912438. 73 元，现盛鼎公司起诉要求徐州市财政证券公司的继受者国盛公司返还该款项的本息，该诉请的实质是认为争议钱款属于盛元公司所有，而盛元公司于 2009 年 11 月 23 日即以国盛公司为被告诉至江苏省徐州市中级人民法院，请求确认盛元公司 023911 资金账户上被划走的 90912438. 73 元的所有权。该院经审理于 2010 年 10 月 13 日作出（2009）徐民二初字第 0083 号民事判决，认定国盛公司是上述款项的所有权人，遂驳回了盛元公司的诉讼请求。该判决已生效。《最高人民法院关于适用〈中华人民共和国民事诉讼法〉的解释》第二百四十七条规定“当事人就已经提起诉讼的事项在诉讼过程中或者裁判生效后再次起诉，同时符合下列条件的，构成重复起诉：（一）后诉与前诉的当事人相同；（二）后诉与前诉的诉讼标的相同；（三）后诉与前诉的诉讼请求相同，或者后诉的诉讼请求实质上否定前诉裁判结果。当事人重复起诉的，裁定不予受理；已经受理的，裁定驳回起诉，但法律、司法解释另有规定的除外。”现盛鼎公司所提诉请系作为盛元公司股东之一提起的股东代表诉讼，诉讼请求与盛元公司在江苏省徐州市中级人民法院所起诉的案件的诉讼标的相同，其起诉本意也在否定前诉裁判结果，因此，本案系重复诉讼，应依法驳回盛鼎公司的起诉。至于江苏省徐州市中级人民法院所作判决是否应予撤销应通过审判监督程序审查确定。另外，（2009）徐民二初字第 0083 号民事案件系盛元公司应公司监事东某梅的意见而提起，且不论该诉请真实意图何在，但有一点说明盛元公司从表面上看并未怠于主张权利，而《中华人民共和国公司法》第一百五十一条第一款、第二款所规定的股东代表诉讼的前提，是符合法定条件的股东在书面请求公司监事提起诉讼、而公司监事怠于起诉的情形下方可以自己名义代表公司诉讼，而本案不符合此情形，也不存在法律所规定的“情况紧急、股东不立即提起诉讼将会使公司利益受到难以弥补的损害的”情形，故盛鼎公司无权提起本案股东代表诉讼。综上，原审依照《中华人民共和国公司法》第一百五十一条，《中华人民共和国民事诉讼法》第一百一十九条、第一百五十四条第一款第三项，《最高人民法院关于适用〈中华人民共和国民事诉讼法〉的解释》第二百四十七条、第二百零八条第三款之规定，裁定如下：驳回盛鼎公司的起诉。

本院审理查明：2017 年 5 月 12 日，江苏省高级人民法院作出（2016）苏民再340号民事判决，判决：一、撤销江苏省徐州市中级人民法院（2009）徐民二初字第0083号民事判决；二、确认盛元公司在大连证券有限责任公司徐州证券交易营业部开设的023911资金账户中被划走的90912438.73元款项为该公司所有。

本院认为：盛元公司于2009年11月23日以国盛公司为被告向江苏省徐州市中级人民法院提起诉讼的案件，其诉讼请求是，请求确认盛元公司023911资金账户中被划走的90912438.73元的所有权属于盛元公司。江苏省徐州市中级人民法院经审理于2010年10月13日作出（2009）徐民二初字第0083号民事判决，判决驳回了盛元公司的诉讼请求。该判决后被江苏省高级人民法院（2016）苏民再340号民事判决所撤销，且（2016）苏民再340号民事判决并确认上述90912438.73元为盛元公司所有。本案中，盛鼎公司的诉讼请求是，请求判令国盛公司向盛元公司返还上述90912438.73元及利息。据此，上述盛元公司起诉国盛公司一案为确认案涉款项权属的确权之诉，而本案为给付之诉，两案的诉讼请求不同，而且，在江苏省高级人民法院（2016）苏民再340号民事判决已经确认案涉90912438.73元属于盛元公司所有的情形下，本案的诉讼请求不属于在实质上否定前诉裁判结果。因此，本案不属于重复起诉。

但是，本案中，盛鼎公司于2009年9月27日向海南省海口市中级人民法院提起本案诉讼之前，未书面请求盛元公司的监事东某梅提起诉讼，违反了《中华人民共和国公司法》第一百五十一条关于股东代表诉讼前置程序的规定。在盛鼎公司可以书面请求而未请求盛元公司监事提起诉讼的前提下，其以盛元公司由赵某、国盛公司实际控制不能以自己的名义提起诉讼为由，主张本案属于股东代表诉讼前置程序可免除的案件，缺乏事实与法律依据。在此情形下，原审裁定认定盛鼎公司无权提起本案股东代表诉讼，结果并无不当。

综上，原审裁定认定本案属于重复起诉不当，本院予以纠正；但是基于盛鼎公司在提起本案诉讼之前未书面请求盛元公司的监事提起诉讼，违反了股东代表诉讼前置程序的法律规定，据此认定盛鼎公司无权提起本案诉讼，并进而裁定驳回盛鼎公司的起诉，结果并无不当，本院对原审裁定结果予以维持。盛鼎公司的上诉请求不能成立，本院不予支持。依照《中华人民共和国民事诉讼法》第一百七十条第一款第一项、第一百七十一条，《最高人民法院关于适用〈中华人民共和国民事诉讼法〉的解释》第三百三十四条规定，裁定如下：

驳回上诉，维持原裁定。

本裁定为终审裁定。

审判长：张爱珍；审判员：周伦军、马东旭；法官助理：潘琳；书记员：喻洋

二〇一七年六月二十九日

专题四十六

农村信用社改制的历史遗留问题，应从当时的时代和政策背景出发，研究解读改制的具体文件要求，审查相关改制是否合规

——龙岩市新罗区福兴建材经营部与被上诉人福建龙岩农村商业银行股份有限公司与公司有关的纠纷案

【裁判观点】

本案涉及农村信用社改制的历史遗留问题，关系到当地银行股权结构的变化。本案从当时信用社改制的时代和政策背景出发，研究解读改制的具体文件要求，审查涉案信用社的改制是否符合相关金融行业整体的改制要求，在此基础上进一步具体判断福兴建材原股金被转为定期存款是否符合规定。企业改制问题往往历时较长，矛盾复杂，利益纠缠，相关纠纷的处理较为棘手。因人事变动、证据灭失、情势变更等致使复原当时的真实情况较为困难，可从大背景着手，层层推进，缩小范围，突出焦点。在证据的审查判断上不应教条，而是要结合全案证据及事理情理综合认定。本案农村信用社的改制过程基本按照当时相关文件规定组织实施，相关股金的清理确认亦符合相关规定，而福兴建材并未在规定期限内办理退股手续和新股认购手续，其股金被转为定期存款符合改制的相关规定。

中华人民共和国最高人民法院

民事判决书

案号（2017）最高法民终591号

上诉人（原审原告）：龙岩市新罗区福兴建材经营部。

法定代表人：苏潮滨。

委托诉讼代理人：李昕倩。

委托诉讼代理人：王巍。

被上诉人（原审被告）：福建龙岩农村商业银行股份有限公司。

法定代表人：罗建南。

委托诉讼代理人：林天四。

委托诉讼代理人：张发兰。

上诉人龙岩市新罗区福兴建材经营部（以下简称福兴建材）因与被上诉人福建龙岩农村商业银行股份有限公司（以下简称龙岩农商行）与公司有关的纠纷一案，不服福建省高级人民法院2016年4月18日作出的（2015）闽民初字第22号民事判决，向本院提起上诉。本院于2017年7月24日立案后，依法组成合议庭，开庭进行了审理。上诉人福兴建材的委托诉讼代理人李昕倩、王巍，被上诉人龙岩农商行的委托诉讼代理人林天四到庭参加诉讼。本案现已审理终结。

上诉人福兴建材上诉请求，1. 撤销原审判决，改判支持福兴建材的全部诉讼请求；2. 一、二审诉讼费用由龙岩农商行负担。事实和理由：（一）福兴建材提起本案诉讼并未超过诉讼时效。本案民事诉讼的起算点并非2007年4月3日福兴建材提起行政诉讼时，而应为2012年其得知自己并非龙岩农商行股东之时，且诉讼时效因2012年提起的“股东资格纠纷”案件而中断。一审判决认为福兴建材于2012年提起股东资格确认纠纷诉讼已经超过诉讼时效，与另案股东资格确认之诉生效法律文书的认定相悖。另案股东资格确认之诉的二审生效判决已经明确认定福兴建材可以另案提起损害赔偿诉讼，且该案中并未认定福兴建材2012年提起诉讼已经超过诉讼时效。（二）龙岩市新罗区农村信用合作联社筹建工作小组将福兴建材原股转为定期存款，没有折算为龙岩市新罗区农村信用合作联社新股权，侵犯了福兴建材的合法权益，应由龙岩农商行承担赔偿责任。1. 福兴建材并非“不愿入股”龙岩市新罗区农村信用合作联社，相反其多次要求入股龙岩市新罗区农村信用合作联社。根据恭发农信社改制的相关会议纪要，福兴建材的真实意愿应当是期望入股龙岩市新罗区农村信用合作联社。对于“不愿入股的社员”的认定，应当以该社员提交《退股申请书》为必要的形式要件，福兴建材并不符合该条件。虽然福兴建材没有在筹建组单方规定的期限内办理预约登记认购新股手续，但其“沉默”行为不应被认定为“不愿入股”。筹建组明知福兴建材有权入股龙岩市新罗区农村信用合作联社，其没有对福兴建材履行通知义务，导致福兴建材没有按照筹建组单方强行指定的时间内提交认购申请，由此产生的损害后果应由筹建组承担。2. 筹建组将福兴建材的原股转为定期存款，违反了监管机构以及地方规范性文件的规定。中国银行业监督管理委员会（以下简称银监会）对于原股金的处理方式作出了明确的规定，分四种不同的情况处理。筹建组应当遵守银监会的规定，将福兴建材在恭发农信社的股金折算为龙岩市新罗区农村信用合作联社的股金。筹建组将福兴建材错误地认定为“无法确认社员的股金”并将福兴建材的原股本转为定期存款，违反了银监会的规定。即便按照筹建组设定的认定程序，因筹建组没有履行公告程序，福兴建材的股金不得转为定期存款。3. 因筹建组没有履行适当的通知义务，同时违反了银监会规定的认定原则和程序，将福兴建材持有的恭发农信社的股金错误地认定为“无法确认社员的股金”并进一步将其转为定期存款，导致福兴建材失去获得新股的机会，合法财产权益被侵犯。4. 筹建组的侵权行为造成的损害责任，应由龙岩农商行承担。根据中国银行业监督管理委员会福建监管局（以下简称福建银监局）闽银监（2012）85 号《批复》规定：“该行开业的同时，龙岩市新罗区农村信用合作联社自行终止，其资产、负债以及所有者权益由福建龙岩农村商业银行股份有限公司承继”。

被上诉人龙岩农商行辩称，（一）福兴建材法定代表人苏潮滨时任恭发农信社监事，其全程参与讨论清产核资、清退股金、合并重组统一法人联社、认购新股等重大会议，因认购新股过程中其持股比例得不到满足而自行放弃了恭发农信社改革意见表决权并拒不参加次日的社员代表大会。福兴建材对恭发农信社与辖区内其他农信社合并新设为龙岩市新罗区农村信用合作联社的整个改制过程是知情的，并不存在其知情权被剥夺的情形。1. 会议报到册上补贴领款人的签字结合会议记录内容能证明福兴建材的法人代表苏潮滨参与了整个改制的讨论过程。2. 根据会议记录本上记录的六次会议讨论内容及苏潮滨的发言，可判断苏潮滨代表福兴建材全程参与了改制方案的讨论过程，但因其持股比例未能得以满足所以拒绝在相关决议文件上签署任何意见。（二）原审判决认定福兴建材属于“不愿入股的社员”事实清楚，适用法律正确。1. 恭发农信社改制及龙岩市新罗区农村信用合作联社筹建工作符合银监会《县（市）农村信用合作联社组建审批工作指引》（银监发〔2005〕58 号）（以下简称《工作指引》）及福建银监局《福建省县（市、区）农村信用合作联社组建工作实施细则》（以下简称《实施细则》）等政策性文件规范要求，会议形成的《决议》程序正当，内容合法，对全体社员具有约束力。2. 福兴建材虽然未签署《退股申请书》，但其亦未签订《认股申请书》，不符合《决议》及《认股说明书》中自愿入股的原则。根据《认股说明书》规定，社员先视同退股，按规定提供身份证件，核实身份后签署《退股申请书》，同时签订《认股申请书》，才符合自愿入股的原则。3. 福兴建材属于“不愿入股的社员”，因其在指定期限内既不清退原股金，又不认购新股金，被视为无法确认社员的股金，经公告后转为其个人定期存款，该项举措并未损害福兴建材的知情权及合法权益，福兴建材以龙岩农商行损失其利益为由要求赔偿其股金损失及现金分红于法无据。(三) 福兴建材的起诉已经超过两年诉讼时效，其诉请应予驳回。福兴建材至迟在2007年4月3日提起行政诉讼时，就已经知道恭发农信社与辖区内其他农信社合并新设龙岩市新罗区农村信用合作联社，恭发农信社已被注销登记，其旧股金未被折算为龙岩市新罗区农村信用合作联社股份，而是被转为个人定期存款的事实。若福兴建材认为其作为恭发农信社社员（股东）的权利被侵害，其应当在两年的诉讼时效期间内向法院提起诉讼。但上诉人在2012年10月17日才向龙岩市中级人民法院提起股东资格确认之诉，显然已超过两年的诉讼时效期间，此期间内又不存在引起诉讼时效中止、中断、延长等情形。

福兴建材向一审法院起诉请求：1. 龙岩农商行赔偿福兴建材应得股金损失113099789元；2. 龙岩农商行向福兴建材支付2005年至今的现金分红11085574元，并按中国人民银行同期同类贷款利率支付迟延分配期间的利息（截止2015年1月16日为971245元）；3. 案件受理费由龙岩农商行负担。

一审法院认定事实：龙岩市恭发城市信用合作社于1993年6月29日获准经营金融业务，注册资本300万元。福兴建材为该社股东，至1998年12月31日止结存股金为15万元。2000年11月27日，龙岩市恭发城市信用合作社归口龙岩市新罗区农村信用合作社联合社管理，更名为恭发农信社，保留其法人资格。福兴建材的法定代表人苏潮滨时任恭发农信社监事。自2004年开始，龙岩市新罗区人民政府组织开展深化农村信用社改革工作，决定将恭发农信社和辖区其他农村信用社新设合并为统一法人联社“龙岩市新罗区农村信用合作联社”。2005年1月22日、5月18日，恭发农信社召开理事、监事会议，讨论对恭发农信社进行清产核资事宜，福兴建材法定代表人苏潮滨参加了会议。2005年11月15日，龙岩市新罗区农村信用合作联社筹建工作小组向各农村信用社发出岩新农信筹（2005）1号《关于发布清退旧股金及认购新股金公告的通知》，载明“根据改革的有关规定，对原在新罗区各乡镇农村信用社入股的股金应进行全面的清退，原股金清退工作从2005年11月6日起至11月18日止，新股金预向认购登记日期从2005年11月15日起至11月25日止。请原社员在此期间持股金证、身份证到原入股信用社办理退股手续，对逾期未办理的视为无法确认的社员股金，经公告后转为其个人定期存款。”同日，龙岩市新罗区农村信用合作联社筹建工作小组在《闽西日报》及各农村信用社营业场所发布《公告》。2005年11月20日，恭发农信社召开第二届社员代表大会第二次会议，会议应到代表66人，实到代表55人。会议审议通过了恭发农信社改革有关事项，并形成了第1号、2号决议。1号决议载明：1. 委托新罗区深化农村信用社改革试点工作领导小组组织对本社进行清产核资，并按规定确认净资产，提出净资产处置意见；2. 同意本社清产核资基准日至新设立的新罗区农村信用合作联社开业期间的经营成果均由新设立的新罗区农村信用合作联社承继；3. 清产核资基准日为2004年12月31日；4. 同意本社社员股金在量化基础上按自愿原则作为新罗区农村信用合作联社股金。2号决议载明：1. 同意取消恭发农信社法人资格，与新罗区农村信用合作社联合社及其所辖其他农村信用合作社新设合并为新罗区农村信用合作联社；2. 本社所有的债权债务均由新设立的新罗区农村信用合作联社承继；3. 同意全权委托新罗区农村信用合作联社筹建工作小组作为新罗区农村信用合作联社筹建申请人，负责新罗区农村信用合作联社的组建事宜。

2005年11月22日，龙岩市新罗区农村信用合作联合社与恭发农信社等合并各方共同签署《龙岩市新罗区农村信用合作社联合社与所辖农村信用合作社合并协议》。福兴建材等部分股东未在2005年11月18日前办理退股手续，亦没有在2005年11月25日前登记认购龙岩市新罗区农村信用合作联社的新股金，其旧股金已转为个人定期存款，该款项保管在临时账户中。2006年12月31日，福建银监局批复同意龙岩市新罗区农村信用合作联社开业，并核准《龙岩市新罗区农村信用合作联社章程》。2007年1月12日，龙岩市新罗区工商行政管理局核准注销恭发农信社。2007年1月25日，龙岩市新罗区农村信用合作联社开业。2012年3月27日，龙岩市工商行政管理局核准成立龙岩农商行。2012年6月7日，龙岩市新罗区工商行政管理局核准注销龙岩市新罗区农村信用合作联社。

2007年4月3日，福兴建材向龙岩市新罗区人民法院提起行政诉讼，请求依法撤销龙岩市新罗区工商行政管理局核准恭发农信社的注销登记。2007年7月24日，龙岩市新罗区人民法院作出（2007）龙新行初字第10号《行政裁定书》，裁定该案按撤诉处理。2012年，福兴建材以龙岩农商行为被告提起股东资格确认纠纷一案，龙岩市中级人民法院（2012）岩民初字第171号民事判决，判决驳回福兴建材的诉讼请求。福兴建材不服，向福建省高级人民法院提起上诉，该院于2013年9月6日作出（2013）闽民终字第340号民事判决，判决驳回上诉、维持原判。

福兴建材先后从龙岩苹林发运站、龙岩大豪酒店、龙岩市福铁恒达联营发运站、龙岩市岩山乡莱山联办煤矿、龙岩市福兴建筑工程有限公司、龙岩市东方土石方工程有限公司、龙岩市新罗华兴建材有限公司、龙岩市新罗宝盛贸易有限公司、龙岩市新罗昌华贸易有限公司、廖某三、庄某明、申某、黄某章、黄某池、吴某桂等恭发农信社股东处受让股金99.1万元，上述股东已将股金证交付福兴建材，但未办理过户手续。

龙岩市新罗区农村信用合作联社2006年以来历年的分配方案：2006年分配方案是现金分红，税前分红比率5%；2007年分配方案是税前分红比率12%，转增股本9.6%、现金2.4%；2008年分配方案是现金分红，税前分红比率36%；2009年度分配方案是税前分红比率32%，转增股本25.6%，现金6.4%；2010年分配方案是税前分红比率23%，全部转增股本，股东自己现金缴税；2011年分配方案是现金分红，税前分红比率44.449%。2012年，龙岩农商行分配方案是现金分红，税前分红比率21%。2013年，龙岩农商行分配方案是税前分红比率25%，转增股本10%，现金15%。

一审争议焦点：龙岩农商行应否赔偿福兴建材股金损失及现金分红。

一审法院认为，中华人民共和国国务院于2003年6月出台《深化农村信用社改革试点方案》，全面推行农村信用社改革，改进农村金融服务。为规范农村信用合作联社组建工作，银监会、福建银监局自2004年以来陆续出台了有关信用社改制的政策性文件。银监会下发《关于农村信用社以县（市）为单位统一法人工作的指导意见》（银监发〔2003〕12号）、《工作指引》等一系列文件。根据银监会相关文件精神，福建银监局出台《实施细则》，对农村信用合作联社筹建的程序予以规范，主要内容为：由县（市、区）人民政府成立由政府牵头、当地银监办事处、人民银行支行、联社及政府有关部门共同参加的筹建工作小组，筹建工作小组制定筹建工作方案，组织联社和农村信用社在自愿的前提下分别召开理事会、社员（代表）大会形成决议，筹建工作小组向社会发布公告，征集发起人、对老股金进行清理。在恭发农信社改制过程中，龙岩市新罗区人民政府成立了以副区长为组长、龙岩银监局、人行龙岩中心支行等相关部门人员组成的新罗区深化农村信用社改革试点工作领导小组，主导恭发农信社、龙岩市新罗区农村信用合作联社改制筹建工作。2005 年 11 月 15 日，龙岩市新罗区农村信用合作联社筹建工作小组在恭发农信社经营场所和《闽西日报》上发布公告，载明原股金清退工作从 2005 年 11 月 6 日起至 11 月 18 日止、新股金预向认购登记日期从 2005 年 11 月 15 日起至 11 月 25 日止。2005 年 11 月 19 日，恭发农信社理事会对恭发农信社改革的相关事项进行了审议，并形成了决议。次日，恭发农信社召开社员代表大会，形成有关恭发农信社改制的第 1 号、第 2 号决议文件。基于以上分析，恭发农信社改制及龙岩市新罗区农村信用合作联社筹建工作符合银监会《工作指引》及福建银监局《实施细则》等政策性文件规范要求。

根据龙岩农商行提供的恭发农信社相关会议报到册、会议记录等证据，福兴建材法定代表人苏潮滨时任恭发农信社监事，其先后参加了多次恭发农信社改制相关会议，参与了恭发农信社的改革讨论。从会议记录情况分析，福兴建材对恭发农信社改制和清产核资没有异议，但是对改制的具体方案持反对意见，属于“不愿入股的社员”。对于“不愿入股的社员”股金的处理，银监会与福建银监局相关文件已经予以规范。银监会《关于农村信用社以县（市）为单位统一法人工作的指导意见》规定“对既不愿增资入股又要求维持原股金的社员，可以将其股金折算为统一法人社的股金（份），折算后的股金（份）达不到一个投票权标准的，不具有投票权”。福建银监局《实施细则》规定“原农村信用社社员不愿入股的，原股金予以清退……要依据有关规定，要求原社员填写《退股申请书》，在申请书中充分表达原社员要求退股和放弃社员权利的自愿性”。恭发农信社社员代表大会决议载明“本社社员股金在量化基础上按自愿原则转为新罗区农村信用合作联社股金”。鉴于福兴建材属于“不愿入股的社员”，龙岩市新罗区农村信用合作联社筹建工作小组已经发布公告，要求原股金清退工作从 2005 年 11 月 6 日起至 11 月 18 日止、新股金预向认购登记日期从 2005 年 11 月 15 日起至 11 月 25 日止，但福兴建材在指定期限内既不清退原股金、又不认购新股金。其后，恭发农信社相继召开理事会、社员代表大会形成改制决议，恭发农信社与辖区内其他信用社新设合并为龙岩市新罗区农村信用合作联社，恭发农信社在2007年1月12日办理了注销登记，但福兴建材仍未领取股金清退款。因此，龙岩市新罗区农村信用合作联社筹建工作小组将福兴建材持有的原恭发农信社的股金转为定期存款，并未损害福兴建材的知情权及合法权益。福兴建材以龙岩农商行损害其利益为由要求龙岩农商行赔偿福兴建材股金损失及现金分红的请求缺乏事实和法律依据。况且，福兴建材至迟在2007年4月3日提起行政诉讼时就应当知道其旧股金被转为个人定期存款、未取得龙岩市新罗区农村信用合作联社股份的事实，在2007年7月24日龙岩市新罗区人民法院作出（2007）龙新行初字第10号行政裁定书时诉讼时效重新起算，但福兴建材迟至2012年才提起股东资格确认纠纷诉讼，已经超过法定诉讼时效期间，丧失胜诉权。据此，一审法院依照《中华人民共和国民法通则》第一百三十五条之规定，判决驳回福兴建材的诉讼请求。一审案件受理费667583.04元，由福兴建材负担。

二审期间，当事人围绕上诉请求依法提交了证据。本院组织当事人进行了证据交换和质证。

上诉人福兴建材提交证据：1. 恭发农信社2007年3月底前股金清册（复印件），拟证明截至2007年3月，福兴建材的114.1万股金还被登记于“未清退归并前股金”部分；2. （2014）民申字第35号民事裁定书（复印件），最高人民法院认为福兴建材未向龙岩市新罗区农村信用合作联社实际出资，不能取得龙岩农商行的股权。福兴建材提交该组证据拟证明筹建组的侵权行为和本案福兴建材实际遭受损害有因果关系。被上诉人龙岩农商行质证称，1. 对股金清册的真实性没有异议，114.1万元挂的账户是“未清退”；2. 对民事裁定书的真实性没有异议。本院对该组证据的真实性予以确认，对其证明力将综合全案证据在裁判说理部分一并论述。

被上诉人龙岩农商行提交证据：公证书三份，拟证明原恭发农信社理事长黄某芳、理事连某海、监事葛某鹏的证言可以证实苏潮滨是原恭发农信社监事，其全程参与恭发农信社改制的理事、监事会议，其对恭发农信社改制是附条件同意，条件没满足则不同意入股；召开理事、监事会议的与会人员没有在会议记录本上签名，都是由记录人员在记录本上记录姓名及发言情况，但参会人员都会在领补贴的地方签名；福兴建材对恭发农信社等合并新设为龙岩市新罗区农村信用合作联社的整个改制过程是知情的，不存在其知情权被剥夺的情形。上诉人福兴建材质证称，1. 对黄某芳、葛某鹏证言的真实性、合法性、关联性均有异议，证人应出庭接受质证，以公证书的方式作证不符合规定；该证据证明的是黄某芳参与了相关会议，但不能证明福兴建材收到关于认购新股的通知；即使股东会议决议是合法的，也不能证明将相关款项转为存款具有合法性；证人称苏潮滨的意见以会议纪要为准，而会议记录本中明确记载福兴建材苏潮滨希望认购新股；2. 对连某海证言的真实性、合法性、关联性均有异议，该证据不能证明苏潮滨不同意入股，证言称苏潮滨因改制条件无法满足所以不同意，这些证言和龙岩农商行一审提交的会议纪要内容相反。本院对该组证据的证明力，将综合全案证据在裁判说理部分一并论述。

本院对一审查明的事实予以确认。

本院认为，本案二审争议焦点为：1. 龙岩农商行应否赔偿福兴建材股金损失及现金分红；2. 本案是否已过诉讼时效

（一）关于龙岩农商行应否赔偿福兴建材股金损失及现金分红的问题

首先，农村信用社的改制背景及规范。2003 年 6 月国务院出台《深化农村信用社改革试点方案》，全面推行农村信用社改革。为规范农村信用合作联社组建工作，银监会、福建银监局出台了一系列指导意见、工作指引、实施细则等文件。如：1. 2003 年 9 月银监会印发《关于农村信用社以县（市）为单位统一法人工作的指导意见》，2. 2004 年 9 月银监会印发《中国银行业监督管理委员会合作部关于规范农村信用社以县（市）为单位统一法人组建审批工作指引》，3. 2005 年 8 月银监会印发《工作指引》，4. 2005 年 10 月福建银监局印发《实施细则》等。上述文件规定了：由县（市、区）人民政府成立改革试点工作领导小组及其办公室；制定改革实施方案；农村信用社联社和农村信用社召开理事会、社员（代表）大会审议通过相关决议；向社会发布公告；对老股金进行清理等内容。

其次，本案农村信用社的改制过程基本按照上述文件组织实施。1. 2004 年 11 月 8 日龙岩市新罗区人民政府作出《关于成立新罗区深化农村信用社改革试点工作领导小组的通知》，决定成立由区人民政府副区长任组长、区人民政府办公室副

主任、龙岩银监分局、人行龙岩中心支行等相关部门人员组成的新罗区深化农村信用社改革试点工作领导小组，下设办公室负责处理日常工作并承担区农村信用联社统一法人试点的具体工作。2. 2005 年 11 月 15 日龙岩市新罗区农村信用合作联社筹建工作小组发出《关于发布清退旧股金及认购新股金公告的通知》。3. 2005 年 11 月 15 日，龙岩市新罗区农村信用合作联社筹建工作小组将上述通知内容通过报纸等方式发布《公告》。4. 2005 年 11 月 19 日，恭发农信社理、监事会对恭发农信社改革的相关事项进行表决。5. 2005 年 11 月 20 日，恭发农信社召开第二届社员代表大会第二次会议，形成第 1 号、第 2 号决议。该第 1 号、第 2 号决议内容与 2005 年 11 月 19 日理（监）事会决议内容基本一致，且亦有理（监）事的签名，可以相互印证。6. 2007 年 1 月 12 日，恭发农信社向龙岩市新罗区工商行政管理局申请办理了注销登记。7. 2007 年 1 月 25 日，龙岩市新罗区农村信用合作联社开业。由此可见，本案农村信用社的改制基本是按照银监会、福建银监局等的文件组织实施的。

最后，本案股金的清理确认符合相关规定。根据前述银监会、福建银监局的工作指引、实施细则的规定，筹建工作小组要根据当地实际情况，制订原县联社和农村信用社社员股金清理确认方案，经联社和农村信用社社员（代表）大会审议通过后对股金进行清理确认。事实上，2005 年 11 月 15 日龙岩市新罗区农村信用合作联社筹建工作小组发出《关于发布清退旧股金及认购新股金公告的通知》载明，“我区组建以区为单位的统一法人联社，取消各乡镇农村信用社法人资格，与新罗区农村信用合作社联合社合并新设新罗区农村信用合作联社。根据改革的有关规定，对原在新罗区各乡镇农村信用社入股的股金应进行全面的清退，原股金清退工作从 2005 年 11 月 6 日起至 11 月 18 日止，新股金预向认购登记日期从 2005 年 11 月 15 日起至 11 月 25 日止。请原社员在此期间持股金证、身份证到原入股信用社办理退股手续，对逾期未办理的视为无法确认的社员股金，经公告后转为其个人定期存款。具体办理事项，可到当地农村信用社咨询。请各社（部）贯彻执行。”2005 年 11 月 19 日的恭发农信社理（监）事会以及 2005 年 11 月 20 日的恭发农信社第二届社员代表大会第二次会议均对恭发农信社的改制的相关事项进行了审议。前述通知内容亦通过报纸等方式发布了《公告》。另外，福兴建材的法定代表人苏潮滨时任恭发农信社监事，且会议报到册、会议记录等证据可以证明苏潮滨先后多次参加了恭发农信社改制的相关会议，其对相关股金清理确认方案亦应当是知晓的。根据前述通知内容，福兴建材作为原恭发农信社的股东并未在规定期限内办理退股手续，亦未办理新股认购手续，其股金应视为无法确认的社员股金，龙岩市新罗区农村信用合作联社筹建工作小组将福兴建材持有的原恭发农信社的股金转为定期存款符合改制的相关规定。现福兴建材以恭发农信社改制过程中其利益受损为由，请求权利义务承继单位龙岩农商行赔偿其股金损失及支付现金分红缺乏事实依据，不应予以支持。

（二）关于本案是否已过诉讼时效的问题

2007年1月12日，恭发农信社在龙岩市新罗区工商行政管理局办理了注销登记。福兴建材不服该注销登记，于2007年4月3日以龙岩市新罗区工商行政管理局为被告提起行政诉讼。诉讼中，法院两次合法传唤福兴建材，但其拒不到庭，最终该案按撤诉处理。本案二审中福兴建材称，因为其认为自己的股金没有被清退，所以行政诉讼才没有再继续。另外，福兴建材称，2007年提起行政诉讼至2012年间，其认为自己还是股东，不知股金已被转为定期存款，诉讼时效应从2012年起算，且因2012年股东资格确认纠纷案而中断。本院认为，首先，诉讼时效期间自权利人知道或者应当知道权利受到损害以及义务人之日起计算。福兴建材对农村信用社改制是明知的，且参与了改制的进程，其对股东身份、现金分红、改制结果等重要事项理应保持高度关注。至迟从2007年福兴建材提起行政诉讼时起，福兴建材即应知道其原股金并未转为龙岩市新罗区农村信用合作联社股份的事实。二审中福兴建材提交了恭发农信社2007年3月底前股金清册，福兴建材仅根据其被登记在“恭发社2007年3月底未清退归并前股金清册”中的事实主张其不知道股金已被转为定期存款，依据不足。其次，股东资格确认纠纷案告知福兴建材可另行提起损害赔偿诉讼与本案认定福兴建材提起诉讼超过诉讼时效并不冲突。是否超过诉讼时效并不妨碍当事人诉权的行使，当事人超过诉讼时效期间提起诉讼，承担的是丧失胜诉权的法律后果。综上，福兴建材关于本案诉讼时效应从2012年起算的主张不能成立，原审认定在2007年龙岩市新罗区人民法院作出行政裁定时本案诉讼时效重新起算，至2012年福兴建材提起股东资格确认之诉时，本案已经超过诉讼时效，福兴建材丧失胜诉权，并无不当。

综上所述，上诉人福兴建材的上诉请求不能成立，应予驳回；一审判决结果并无不当，应予维持。依照《中华人民共和国民事诉讼法》第一百七十条第一款第一项的规定，判决如下：

驳回上诉，维持原判。

二审案件受理费667583.04元，由龙岩市新罗区福兴建材经营部负担。

本判决为终审判决。

审判长：马东旭；审判员：王展飞、汪军；法官助理：曹健；书记员：刘伟腊

二〇一七年十二月二十五日

专题四十七

担保行为未损害担保人利益的，不应以缺乏担保人董事会或者股东会、股东大会决议，认定担保行为无效

——中国工商银行股份有限公司鹰潭分行诉中新房南方集团有限公司原审被告鹰潭市太平洋奥特莱斯商贸有限公司、鹰潭市华森房地产开发有限公司、胡某辉、洪某、傅某、原审第三人中山证券有限责任公司委托贷款合同纠纷案

【裁判观点】

《中华人民共和国公司法》第十六条第一款规定，“公司向其他企业投资或者为他人提供担保，依照公司章程的规定，由董事会或者股东会、股东大会决议”。该法律规定的立法目的是保护公司、股东和债权人的利益，防止法定代表人等公司工作人员超越权限擅自为他人提供担保，该法规定的决议前置程序旨在确保公司为他人提供担保系公司的真实意思表示。保证人以自身名义为债务人提供担保，符合保证人控股子公司履行《代持股合作补充协议书》项下的义务，该担保行为不损害保证人的自身利益，应认定为保证人的真实意思表示。因此，保证人虽未提供其公司董事会决议，但根据本案相关证据可以认定案涉《担保函》的出具系其真实意思表示，保证人关于涉案《担保函》无效的上诉理由，明显违反诚信原则。

中华人民共和国最高人民法院

民事判决书

案号（2017）最高法民终369号

上诉人（原审被告）：中新房南方集团有限公司，住所地广东省深圳市宝安区宝安中心区兴华路南侧龙光世纪大厦2栋18层。

法定代表人：张子山，该公司董事长。

委托诉讼代理人：李剑波，湖南天戈（深圳）律师事务所律师。

被上诉人（原审原告）：中国工商银行股份有限公司鹰潭分行，住所地江西省鹰潭市月湖区环城西路1号。

负责人：朱葵，该分行行长。

委托诉讼代理人：卢一鸣，江西求正沃德律师事务所律师。

委托诉讼代理人：刘卫东，江西求正沃德律师事务所律师。

原审被告：鹰潭市太平洋奥特莱斯商贸有限公司，住所地江西省鹰潭市龙虎山大道66号。

法定代表人：胡某辉，该公司董事长。

委托诉讼代理人：涂志刚，江西豫章律师事务所律师。

原审被告：鹰潭市华森房地产开发有限公司，住所地江西省鹰潭市月湖区体育馆。

法定代表人：胡某辉，该公司董事长。

委托诉讼代理人：涂志刚，江西豫章律师事务所律师。

原审被告：胡某辉，男，1968年1月21日出生，住江西省南昌市青云谱区。

委托诉讼代理人：涂志刚，江西豫章律师事务所律师。

原审被告：洪某，女，1969年7月21日出生，住江西省南昌市西湖区。

委托诉讼代理人：涂志刚，江西豫章律师事务所律师。

原审被告：傅某，男，1988年5月1日出生，住江西省南昌市高新技术开发区。

原审第三人：中山证券有限责任公司，住所地广东省深圳市南山区科技中一路西华强高新发展大楼7层、8层。

法定代表人：黄扬录，该公司董事长。

委托诉讼代理人：陈明，该公司工作人员。

委托诉讼代理人：王瑞，该公司工作人员。

上诉人中新房南方集团有限公司（以下简称中新房南方公司）因与被上诉人中国工商银行股份有限公司鹰潭分行（以下简称工行鹰潭分行）、原审被告鹰潭市太平洋奥特莱斯商贸有限公司（以下简称奥特莱斯公司）、鹰潭市华森房地产开发有限公司（以下简称鹰潭华森公司）、胡某辉、洪某、傅某、原审第三人中山证券有限责任公司（以下简称中山证券公司）委托贷款合同纠纷一案，不服江西省高级人民法院（2015）赣民二初字第46号民事判决，向本院提起上诉。本院于2017年5月11日立案后，依法组成合议庭，开庭进行了审理。上诉人中新房南方公司的委托诉讼代理人李剑波，被上诉人工行鹰潭分行的委托诉讼代理人卢一鸣，原审被告奥特莱斯公司、鹰潭华森公司、胡某辉、洪某的委托诉讼代理人涂志刚到庭参加诉讼。原审被告傅某、原审第三人中山证券公司经合法传唤未到庭。本案现已审理终结。

中新房南方公司上诉请求：1. 撤销原审判决第四项，确认中新房南方公司对原审判决第一项、第二项债务不承担连带清偿责任；2. 判决工行鹰潭分行承担本案二审诉讼费用。事实与理由是：（一）中新房南方公司对奥特莱斯公司出具的两份《一般委托贷款借款合同》的担保函，从形式及效力均违反法律规定，系无效民事行为。该担保函出具日期为2014年12月10日。函中仅盖有中新房南方公司公章，未附有中新房南方公司董事会相关决议。（二）该担保函的出具附条件，要求工行鹰潭分行对合同项下债务清偿承担责任。本案涉及的两份《一般委托贷款借款合同》，工行鹰潭分行非出借人，其仅为委托贷款出借人的委托人。中新房南方公司出具担保函，已明确工行鹰潭分行承担合同项下借款兜底责任。原审在完成第一次庭审后，工行鹰潭分行为构筑诉权，追加了实际出借人中山证券公司及新余钢铁股份有限公司（以下简称新余钢铁公司）为第三人，后两者将权利委托工行鹰潭分行行使。不论该行为是否有违程序，但原审判决未认定工行鹰潭分行对自己的债权（相对中新房南方公司）应当承担清偿责任，从而导致中新房南方公司单方承担担保责任。综上，中新房南方公司认为，原审判决未对中新房南方公司担保效力、担保责任履行条件进行审查，从而导致判决不当。

被上诉人工行鹰潭分行辩称：1. 案涉担保函合法有效，因为担保函是中新房南方公司出具并盖章，是其真实意思表示，虽然没有附相关董事会股东会决议，但公司法对对外担保的程序条款是管理性规定，不影响担保函的效力，即使中新房南方公司内部对承担担保责任有约定，也不能对抗第三人。2. 关于中新房南方公司所称担保函是附条件的，工行鹰潭分行认为担保函中的兜底条款是中新房南方公司在担保函中的单方陈述，并没有受托银行的确认，该兜底条款不是民事法律中规定的条件，工行鹰潭分行无承担兜底担保责任的义务。

原审被告奥特莱斯公司、鹰潭华森公司、胡某辉、洪某述称：1. 本案发生诉讼的贷款合同是两份，其中2亿元贷款的主体是新余钢铁公司，委托贷款合同目的是用于正常的经营，但本案工行鹰潭分行与我方恶意串通，损害新余钢铁公司的利益，没有告知新余钢铁公司贷款真正的用途是借新还旧，骗取新余钢铁公司委托发放2亿元，委托贷款合同中的抵押物不存在，因此新余钢铁公司签订的委托贷款合同是无效合同。2. 原审遗漏了必须的诉讼当事人新余钢铁公司，一审法院曾追加新余钢铁公司，但原审判决未叙述，属于程序违法。3. 工行鹰潭分行不具有原告主体资格，《一般委托贷款借款合同》虽然出现了工行鹰潭分行，但本案委托贷款合同权利义务表明工行鹰潭分行不享受该合同的权利义务，其身份仅是信息提供者，因此其不享有合同的实体的权利义务，不具有一审原告诉讼主体资格。

工行鹰潭分行向江西省高级人民法院（以下简称一审法院）起诉请求：1. 判令奥特莱斯公司向工行鹰潭分行归还借款共计人民币57402.5万元，其中本金5亿元，利息4749.5万元，罚息2608万元，实现债权的律师代理费用45万元，上述款项均暂计算至2015年9月31日，具体金额以实际发生的为准，计算至全部款项还清之日；2. 请求判令鹰潭华森公司继续依约履行办理抵押物登记手续，并判令工行鹰潭分行对鹰潭华森公司提供的抵押物享有优先受偿权，鹰潭华森公司以抵押物价值对第一项诉请中的所有款项承担清偿责任；3. 判令中新房南方公司对第一项诉请中的所有款项承担连带清偿责任；4. 判令胡某辉、洪某、傅某对第一项诉请中基于2014年鹰委贷字第004号《一般委托贷款借款合同》所产生的款项32747.5万元以及根据该合同实际产生的后续款项承担连带清偿责任；5. 由奥特莱斯公司、鹰潭华森公司、中新房南方公司、胡某辉、洪某、傅某承担本案诉讼费用。

2016年2月3日，工行鹰潭分行以原诉讼请求中要求鹰潭华森公司依照《最高额抵押合同》的约定办理抵押登记手续属于抵押合同权利义务有关的诉请，而本案为借款合同纠纷案，该诉请内容与本案不属于同一法律关系，且起诉状中第一项诉请当中部分数据存在误差为由，对诉讼请求进行变更：1. 将诉讼请求第一项变更为“请求判令奥特莱斯公司向工行鹰潭分行归还借款人民币57944.6164万元，其中本金5亿元，利息55586164.38元，罚息2341万元，实现债权的律师代理费45万元，上述款项暂计算至2015年9月18日，具体金额以实际发生的为准，计算至全部款项还清之日”；2. 将诉讼请求第二项变更为“判令工行鹰潭分行对鹰潭华森公司提供的抵押物享有优先受偿权，鹰潭华森公司以其抵押物价值对第一项诉请中的所有款项承担清偿责任”；3. 将诉讼请求第三项变更为“请求判令胡某辉、洪某、傅某对第一项诉请中基于2014年鹰委贷字第004号《一般委托贷款借款合同》所产生的款项328856164.38元以及根据该合同实际产生的后续款项承担连带清偿责任”。

一审法院认定事实：2014年5月20日，新余钢铁公司（委托人）与工行鹰潭分行（受托人）、奥特莱斯公司（借款人）签订了《一般委托贷款借款合同》，合同编号为：2014年鹰委借字第3号。合同主要内容为：第一条约定此项委托贷款币种为人民币，金额为贰亿元。此项贷款为委托贷款。第二条约定贷款利率为年利率9.9%的固定利率，在贷款期限内保持不变。第三条约定本项委托贷款按日计息，按年结息，按月结息的，结息日为每月的20日，按季/年结息的，结息日为每季/年末月的20日。到期未付的贷款利息，受托人向借款人计收复利，计收复利的，按本合同约定的逾期贷款罚息利率计收。第四条约定贷款的期限为12个月，自2014年5月21日起至2015年5月20日止。第五条约定贷款用途为经营周转。第七条约定借款人的还款计算和还款方式为到期后一次性还本付息。第八条约定委托人确定的本项委托贷款的担保人为杭州赛茂花卉有限公司，担保方式为抵押。《担保合同》另附。第十八条约定当借款人经营状况恶化，以及出现其他危及委托资金安全的情况时，委托人有权通知受托人提前协助收回委托贷款资金。借款人同意受托人有权根据委托人的指示宣布委托贷款提前到期。第十九条约定委托人有权直接向借款人催收委托贷款本息或通过法律手段提起诉讼。第三十八条约定借款人不按期归还贷款本息，受托人有权按委托人书面指令在本合同贷款利率基础上，根据违约金和违约期限，按每日8‰计收罚息。第四十条约定在本合同有效期内，借款人发生下列情况之一的，即视为借款人违约，受托人有权按委托人书面指令停止发放贷款，提前收回贷款或直接从借款人账户中扣收贷款本息，而不必事先通知借款人：（一）未按本合同约定偿还贷款本息的；（二）未按约定用途使用贷款的；（三）贷款逾期并经受托人催收仍不偿还的；……第四十四条约定执行本合同发生争议，由当事人协商解决。协商不成，当事人同意由受托人所在地人民法院通过诉讼方式解决。

2014年5月21日，工行鹰潭分行向奥特莱斯公司发放了委托贷款人民币贰亿元整。

2014年10月24日，中山证券公司（委托人）与工行鹰潭分行（受托人）、奥特莱斯公司（借款人）签订了《一般委托贷款借款合同》，合同编号为：2014年鹰委贷字第004号。合同主要内容为：委托人交付的委托贷款资金来自于所管理的合同编号为“ZSYH035－004”的《中山证券中信庸和35号定向资产管理计划资产管理合同》的第4期委托资产，委托人接受上述定向资产管理计划之委托人的充分授权，代表“中山证券中庸和35号定向资产管理计划第4期委托资产”签署本合同，将其合法管理的资金委托给受托人办理委托贷款事宜。本合同项下的委托人的权利与义务最终全部由该定向计划及其委托人承担。本合同项下委托人的收益、风险完全由该定向计划及其委托人承担。合同第一条约定此项委托贷款币种为人民币，金额为叁亿元。此项贷款为委托贷款。第二条约定贷款利率为年利率10.5%的固定利率，在贷款期限内保持不变。第三条约定除非本合同另有约定，本项委托贷款按日计息，在贷款到期时一次性支付全部贷款本息。第四条约定委托贷款的期限为12个月。第五条约定贷款用途为用于“碧海蓝天”商业综合体的内部装修及运营投入，包括商场装修费用和主力商业品牌的引进费用。第七条约定贷款利息分两部分各自独立计算和支付，贷款本金一次性支付。第十八条约定当借款人经营状况恶化，以及出现其他危及委托资金安全的情况时，委托人有权通知受托人提前协助收回委托贷款资金。借款人同意受托人有权根据委托人的指示宣布委托贷款提前到期。第三十八条约定借款人不按期归还贷款本息，受托人有权按委托人书面指令在本合同贷款利率基础上，根据违约金和违约期限，按每日0.8‰计收罚息。第四十条约定在本合同有效期内，借款人发生下列情况之一的，即视为借款人违约，受托人有权按委托人书面指令停止发放贷款，提前收回贷款或直接从借款人账户中扣收贷款本息，而不必事先通知借款人：（一）未按本合同约定偿还贷款本息的；（二）未按约定用途使用贷款的；（三）贷款逾期并经受托人催收仍不偿还的；……

2014年10月24日，胡某辉、洪某作为保证人向工行鹰潭分行出具《个人无限连带责任保证函》，编号为：2014年鹰委保字第004号－01。同日，傅某作为保证人也向工行鹰潭分行出具《个人无限连带责任保证函》，编号为：2014 年鹰委保字第 004 号 –02。两份函件内容相同，主要内容为：鉴于中山证券公司、工行鹰潭分行与奥特莱斯公司于 2014 年 10 月 24 日签署了编号为“2014 年鹰委贷字第 004 号”的《一般委托贷款借款合同》。为确保工行鹰潭分行债权的实现，依照诚实信用之原则，本人愿以个人所有的财产，为奥特莱斯公司履行《借款合同》项下支付义务提供如下保证：一、本人同意上述《借款合同》的全部条款，并保证债务人能够履行《借款合同》约定的义务。二、本人在本保证函项下提供的保证方式为无限连带责任。如债务人未按《借款合同》的约定按期足额向工行鹰潭分行指定的账户支付贷款本息，本人保证在《借款合同》项下债务到期日起十日内无条件将上述款项及合同约定的其他款项支付给工行鹰潭分行指定的账户。三、如债务人未履行《借款合同》中约定的义务而给工行鹰潭分行造成损失的，本人保证在收到工行鹰潭分行书面索款通知十五日内，无条件予以全部赔偿。四、在债务人违约的情况下，工行鹰潭分行无须先向债务人追偿或起诉或处置其他担保措施，有权直接向本人索偿。六、本人承担无限连带保证责任期间自《借款合同》项下到期日（主债务履行期满日）之次日起（或《借款合同》项下奥特莱斯违约之日起），直至债务人欠付工行鹰潭分行的所有债务悉数清偿为止。七、本人同意工行鹰潭分行可以代中山证券公司行使“《借款合同》中中山证券公司的全部权利”，本人无任何异议。十二、本保证函自本人签字之日起生效，直至本保证函项下全部债务履行完毕为止。本人保证对本保证函中的所有债务不提出任何抗辩。

2014 年 10 月 29 日，工行鹰潭分行向奥特莱斯公司发放了委托贷款人民币叁亿元。

2014 年 12 月 10 日，中新房南方公司向工行鹰潭分行出具《担保函》，主要内容为：鉴于委托人（新余钢铁公司、中山证券公司）与工行鹰潭分行与奥特莱斯公司（借款人）签订《一般委托贷款借款合同》（合同编号：2014 年鹰委借字第 3 号、2014 年鹰委贷字第 4 号），由委托人委托受托银行向借款人发放委托贷款合计 5 亿元（其中新余钢铁公司委托贷款资金 2 亿元、中山证券公司委托贷款资金 3 亿元），由于受托银行对该委托贷款提供兜底担保。现本保证人同意出具本担保书，自愿为借款人在《一般委托贷款借款合同》项下的全部债务承担连带保证责任，具体担保事项如下：1. 本担保人保证担保的范围为受托银行根据《一般委托贷款借款合同》向借款人发放的贷款本金及利息、项目监管费、复利、罚息、违约金、损害赔偿金及受托银行实现债权而发生的费用（包括但不限于催收费用、诉讼费或仲裁费、保全费、公告费、执行费、律师费、差旅费）以及其它应付费用。2. 在《一般委托贷款借款合同》项下债务履行期届满时，受托银行向借款人提供而未获偿还的贷款由本保证人在本担保书第1条所确定的保证范围内承担连带清偿责任；在《一般委托贷款借款合同》规定的债务履行期届满前，如受托银行根据《一般委托贷款借款合同》约定提前向借款人追索，本保证人亦在本担保书第1条所确定的保证范围内承担连带保证责任。

2015年5月18日，鹰潭华森公司召开股东会并形成《股东会决议》，主要内容为："一致同意以我公司位于鹰潭市龙虎山大道以西68号以北碧海蓝天商业综合体13221平方米酒店资产以及位于龙虎山大道以西42号路以北碧海蓝天02号楼82264平方米商铺资产为鹰潭市太平洋奥特莱斯商贸有限公司在中国工商银行股份有限公司鹰潭分行的融资（含委托贷款融资）提供抵押担保，担保期限直到借款人将融资本息全部结清为止，担保具体事项以我公司与中国工商银行股份有限公司鹰潭分行签订的最高额抵押合同为准。……"。

2015年6月1日，工行鹰潭分行（甲方）与鹰潭华森公司（乙方）签订《最高额抵押合同》，合同编号为：2015年鹰高抵字第002号，合同主要内容为：第一条被担保的主债权中第1.1条约定乙方所担保的主债权为自2014年5月20日至2018年10月25日期间（包括该期间的起始日和届满日），在人民币600000000元（大写陆亿元整）的最高余额内，甲方依据与奥特莱斯公司（以下简称债务人）签订的本外币借款合同、外汇转贷款合同、银行承兑协议、一般委托贷款借款合同、三方合作协议、信用证开证协议/合同、开立担保协议、国际国内贸易融资协议、远期结售汇协议、债权转让合同等金融衍生类产品协议以及其他文件（以下简称主合同）而享有的对债务人的债权（含委托贷款债权，下同），不论该债权在上述期间届满时是否已经到期，也不论该债权是否在最高额抵押权设立前已经产生。第二条约定乙方最高额抵押担保范围包括主债权本金、利息、复利、罚息、违约金、损害赔偿金、汇率损失以及实现抵押权的费用（包括但不限于诉讼费、律师费、评估费、拍卖费、变卖费等），但实现抵押权的费用应首先从抵押物变更所得中扣除，而不包括在第1.1条所述之最高余额内。第3.1条约定抵押物详见

《抵押物清单》。第四条约定本合同签订后10日内甲乙双方应到有关抵押登记机关办理抵押登记手续。第16.1条约定此次最高额抵押合同所担保的债权范围包括之前已经存在的下述债权：1. 甲方依据2014年5月20日与乙方、新余钢铁公司签订的编号为2014年鹰委借字第3号《一般委托贷款借款合同》而向乙方发放的2亿元委托贷款；2. 甲方依据2014年10月24日与乙方、中山证券公司签订的编号为2014年鹰委贷字第004号《一般委托贷款借款合同》而向乙方发放的3亿元委托贷款。合同附件《抵押物清单》中明确抵押物为碧海蓝天商业综合体房产（商铺）及附着土地。该《最高额抵押合同》签订后抵押物未办理抵押登记。

另查明：2015年8月10日，新余钢铁公司向工行鹰潭分行出具《关于委托工行鹰潭分行催收鹰潭市太平洋奥特莱斯商贸有限公司委托贷款相关事项的函》，内容为：鉴于借款人奥特莱斯公司出现了重大违约事项，已构成了根本违约，根据我司与贵行签订的《一般委托贷款委托代理协议》相关约定，现我司决定委托贵行以受托人名义处理如下事项：（一）我司同意委托贵行以受托人名义向《一般委托贷款借款合同》（编号：2014年鹰委借字第3号）的借款人奥特莱斯公司、抵押人鹰潭华森公司和保证人中新房南方公司等追究违约责任和担保责任，要求其偿还上述委托贷款借款合同项下的所有欠款本息。（二）为尽快催收上述委托贷款借款合同项下的所有债务，我司同意委托贵行可以采取诉讼、调解、和解等相关合法措施进行催收。

2015年9月23日，中山证券公司向工行鹰潭分行出具《关于鹰潭市太平洋奥特莱斯商贸有限公司委托贷款相关事项的函》，编号：YH35－4－H201508，内容为：鉴于借款人奥特莱斯公司出现了重大违约事项，已构成了根本违约，根据我司（代表中山证券中信庸和35号定向资产管理计划）与贵行签订的《一般委托贷款委托代理协议》（编号：2014鹰委协字第004号）相关约定，现我司委托贵行以受托人名义处理如下事项：一、因奥特莱斯公司已违反《一般委托贷款借款合同》（编号：2014年鹰委贷字第004号）项下第18条、第40条等约定，严重危及到了委托借款合同项下的资金安全，已构成根本违约，我司委托贵行向借款人宣布《一般委托贷款借款合同》项下未偿还的3亿元委托贷款提前到期，并要求借款人立即筹措资金偿还所有欠款本息。二、委托贵行以受托人名义向上述委托贷款的抵押人鹰潭华森公司和保证人中新房南方公司、胡某辉、洪某、傅某等追究担保责任，要求其偿还上述委托贷款借款合同项下的所有欠款本息。三、为尽快催收上述委托贷款借款合同项下的所有债务，我司委托贵行可以采取诉讼、调解、和解等相关合法措施进行催收。

一审法院认为，本案双方争议的焦点问题为两部分，实体上：1. 本案所涉两份委托借款合同的效力？2. 工行鹰潭分行与鹰潭华森公司签订的最高额抵押合同的效力，工行鹰潭分行对抵押物是否享有优先受偿权？3. 中新房南方公司、胡某辉、洪某、傅某是否应承担担保责任？4. 本案工行鹰潭分行诉请的45万元律师费是否能得到支持？程序上：1. 本案工行鹰潭分行是否具有诉权？2. 本案是否可以合并审理？

一审法院认为，工行鹰潭分行作为本案所涉两笔贷款的受托人，对委托人的款项具有保护和管理的职责。根据《一般委托贷款借款合同》第四十条约定借款人违约，受托人有权按委托人书面指令停止发放贷款，提前收回贷款或直接从借款人账户中扣收贷款本息，以上约定内容是委托人赋予受托人工行鹰潭分行向借款人催收的权利，之后，两委托人分别向受托人工行鹰潭分行出具了相关函件，明确委托工行鹰潭分行以其自身名义提起诉讼，因此，追索欠款的权利已由贷款委托人新余钢铁公司和中山证券公司授予与认可。《最高人民法院关于如何确定委托贷款协议纠纷诉讼主体资格的批复》（法复〔1996〕6号）明确规定，“在履行委托贷款协议过程中，由于借款人不按期归还贷款而发生纠纷的，贷款人（受托人）可以借款合同纠纷为由向人民法院提起诉讼；贷款人坚持不起诉的，委托人可以委托贷款协议的受托人为被告、以借款人为第三人向人民法院提起诉讼。”该批复至今仍然有效，其旨在保护委托贷款人的利益。故工行鹰潭分行系本案适格主体，奥特莱斯公司提出出借人分别是新余钢铁公司、中山证券公司，该二公司才是借款合同的当事人，工行鹰潭分行不是本案适格主体的理由不能成立，一审法院不予采纳。

本案涉及两份《一般委托贷款借款合同》即新余钢铁公司、工行鹰潭分行、奥特莱斯公司签订的合同和中山证券公司、工行鹰潭分行、奥特莱斯公司签订的合同，虽然两份合同签约主体即委托人不同，但两份合同的法律关系属于同一类型即法律关系性质相同，都属于委托借款合同，借款人均为奥特莱斯公司，借款期限、借款利率相同，同时担保人亦有相同情况，故二份合同之间互有联系，合并审理并不妨碍债务人行使诉权，同时减少了当事人的诉累，提高了诉讼效率。奥特莱斯公司提出本案二份不同的《一般委托贷款借款合同》属于不同的合同主体，无法合并审理的理由，一审法院不予采纳。

本案工行鹰潭分行分别接受新余钢铁公司、中山证券公司的委托向奥特莱斯公司发放委托贷款，三方当事人之间建立了委托贷款合同关系，本案应为委托贷款合同纠纷。本案所涉的两份《一般委托贷款借款合同》，是各方当事人基于委托贷款合同关系签订，是真实意思的表示，内容不违反法律、行政法规的禁止性规定，应当认定为合法有效，各方当事人均应严格按照合同履行各自的义务。《最高人民法院关于民事诉讼证据的若干规定》第二条的规定，当事人对自己提出的诉讼请求所依据的事实或者反驳对方诉讼请求所依据的事实有责任提供证据加以证明。没有证据或者证据不足以证明当事人的事实主张的，由负有举证责任的当事人承担不利后果。奥特莱斯公司提出其公司与工行鹰潭分行恶意串通，损害了新余钢铁公司的利益，因此与新余钢铁公司签订的《一般委托贷款借款合同》应为无效合同，而中山证券公司将从浙江稠州银行温州支行的借款向奥特莱斯公司出借，奥特莱斯公司获得借款后归还了之前向中山证券公司的借款，故其与工行鹰潭分行、中山证券公司签订的合同亦为无效合同的理由，但其提供的证据不能证明其主张，该主张因缺乏证据支持而不能成立。工行鹰潭分行接受委托后，于2014年5月21日和2014年10月29日分别向奥特莱斯公司发放了2亿元和3亿元贷款，履行了自己的合同义务。奥特莱斯公司未按合同约定归还借款本金及利息，其行为已构成违约，依法应承担相应的违约责任。工行鹰潭分行要求奥特莱斯公司归还全部本金及利息的诉请，符合合同约定，于法有据，一审法院予以支持。这两笔委托贷款到期后，奥特莱斯公司未能按约归还利息和到期本金，对借款合同期内的利率自借款发放之日至到期之日应按照双方合同约定的利率计算，对借款到期之后的逾期违约金，虽然新余钢铁公司与工行鹰潭分行、奥特莱斯公司签订的合同约定，借款人不按期归还贷款本息，按每日8‰计算罚息，中山证券公司与工行鹰潭分行、奥特莱斯公司签订的合同约定借款人不按期归还贷款本息，按每日0.8‰计算罚息，而工行鹰潭分行起诉主张两笔委托贷款均按每日0.8‰计算罚息，但根据《中华人民共和国合同法》第二百零七条以及《最高人民法院关于人民法院审理借贷案件的若干意见》第六条的规定，该约定过高，一审法院根据上述规定酌情调整为按照年利率24%计算。由于本案涉及两笔委托贷款，应分别计算本金及利息即：1. 奥特莱斯公司偿还新余钢铁公司委托贷款200000000元，自2014年5月21日至2015年5月20日的利息按合同约定的年利率9.9%计算；2015年5月21日起按年利率24%计算。2. 奥特莱斯公司偿还中山证券公司委托贷款300000000元，2014年10月29日起至2015年10月28日止的利率按合同约定的年利率10.5%计算，2015年10月29日起按年利率24%计算。

工行鹰潭分行与鹰潭华森公司签订的《最高额抵押合同》是双方真实意思的表示，内容不违反法律、行政法规的禁止性规定，应当认定为合法有效。虽然双方订立合同后未对抵押物办理抵押登记，但根据《中华人民共和国物权法》第十五条的规定，未办理抵押物登记不影响合同的效力，该抵押合同系有效合同。《中华人民共和国物权法》第一百八十七条规定“以本法第一百八十条第一款第一项至第三项规定的财产或者第五项规定的正在建造的建筑物抵押的，应当办理抵押登记。抵押权自登记时设立”，鹰潭华森公司为本案借款提供抵押担保，未依法办理抵押登记手续，本案中抵押物的抵押权尚未设立，工行鹰潭分行并未取得抵押物的抵押权，对抵押合同约定的抵押物不享有优先受偿权。工行鹰潭分行主张对鹰潭华森公司提供的抵押物享有优先受偿权的诉讼请求于法无据，一审法院不予支持。《最高额抵押合同》中明确所担保的债权范围包括本案发放给奥特莱斯公司的两笔委托贷款，故鹰潭华森公司负有在原担保范围内承担担保责任的义务，应对奥特莱斯公司的欠款在抵押物价值范围内承担清偿责任。

胡某辉、洪某、傅某对向工行鹰潭分行出具的《个人无限连带责任保证函》的事实无异议，自愿为2014年鹰委贷字第004号《一般委托贷款借款合同》项下的全部债务承担无限连带责任，保证范围包括奥特莱斯公司在借款合同项下的全部支付义务。所以胡某辉、洪某、傅某应在保证范围内承担连带清偿责任。同理，中新房南方公司认可其公司向工行鹰潭分行出具的《担保函》的事实，自愿为本案所涉两笔委托贷款项下的全部债务承担连带保证责任，保证的范围包括贷款本金、利息、复利、罚息、违约金、实现债权发生的费用等，故中新房南方公司应在保证范围内承担连带清偿责任。中新房南方公司认为，没有相关股东、董事会的确认，其公司订立的担保文件不符合公司法的规定，担保是无效的。一审法院认为，《中华人民共和国公司法》第十六条第一款虽规定“公司向其他企业投资或为他人提供担保，依照公司章程的规定，由董事会或者股东会、股东大会决议；……”，但该条款并不属于效力性强制性规定，违反该条款并不导致本案保证合同无效。故本案保证合同依法确认有效，其应依约承担保证责任。故各保证人应在其保证的范围内对奥特莱斯公司的债务承担连带清偿责任。

工行鹰潭分行起诉主张本案律师代理费人民币45万元由奥特莱斯公司、鹰潭华森公司、中新房南方公司、胡某辉、洪某、傅某承担，但其只能提供相关付款凭证的复印件，并未提供证据原件，其提交的复印件无法与原件进行核对。根据《中华人民共和国民事诉讼法》第七十条“书证应当提交原件。……”的规定及《最高人民法院关于民事诉讼证据的若干规定》第十条“当事人向人民法院提供证据，应当提供原件或者原物”的规定，对工行鹰潭分行提交的该项证据的证明力不予采信，该项诉请缺乏证据证明，一审法院不予支持。

综上，一审法院依据《中华人民共和国合同法》第六十条第一款、第二百零五条、第二百零七条，《中华人民共和国担保法》第十八条、第二十一条第一款、第三十一条，《中华人民共和国物权法》第十五条、第一百七十八条、第一百八十七条，《最高人民法院关于人民法院审理借贷案件的若干意见》第六条，《中华人民共和国民事诉讼法》第七十条，《最高人民法院关于民事诉讼证据的若干规定》第十条，《最高人民法院关于如何确定委托贷款协议纠纷诉讼主体资格的批复》之规定，判决：1. 奥特莱斯公司于判决生效后十日内偿还工行鹰潭分行贷款本金2亿元及利息（利息自2014年5月21日起至2015年5月20日止，以本金2亿元为基数，按年利率9.9%计算；2015年5月21日起，以本金2亿元为基数，按年利率24%计算至清偿之日止）；2. 奥特莱斯公司于判决生效后十日内偿还工行鹰潭分行贷款本金3亿元及利息（利息自2014年10月29日起至2015年10月28日止，以本金3亿元为基数，按年利率10.5%计算；自2015年10月29日起，以本金3亿元为基数，按年利率24%计算至清偿之日止）；3. 鹰潭华森公司在抵押物的价值范围内对判决第一项、第二项奥特莱斯公司所欠工行鹰潭分行的债务承担清偿责任；4. 中新房南方公司对判决第一项、第二项奥特莱斯公司所欠工行鹰潭分行的债务承担连带清偿责任；5. 胡某辉、洪某、傅某对判决第二项奥特莱斯公司所欠工行鹰潭分行的债务承担连带清偿责任；6. 鹰潭华森公司、中新房南方公司、胡某辉、洪某、傅某承担了担保责任后，有权向奥特莱斯公司追偿；7. 驳回工行鹰潭分行的其他诉讼请求。如果未按判决指定的期间履行给付金钱义务，应当依照《中华人民共和国民事诉讼法》第二百五十三条之规定，加倍支付迟延履行期间的债务利息。本案诉讼费人民币2911925元、保全费5000元，合计2916925元，由奥特莱斯公司、鹰潭华森公司、中新房南方公司、胡某辉、洪某、傅某共同负担。

本院对一审查明的事实予以确认。

另查明，根据鹰潭华森公司向一审法院提交的国家工商行政管理总局设立的全国企业信用信息公示系统公示内容，本案上诉人中新房南方公司系案外人中新房华夏实业有限公司控股股东，中新房华夏实业有限公司、胡某辉和奥特莱斯公司系鹰潭华森公司股东。此外，鹰潭华森公司向一审法院提交2014年5月16日奥特莱斯公司（委托人）、中新房华夏实业有限公司（受托人）、鹰潭华森公司（标的公司）签订的《代持股合作补充协议书》一份，协议第一条第二项约定，因鹰潭华森公司的实有资产已作为第三方抵押物，为奥特莱斯公司在鹰潭工商银行进行商业贷款人民币五亿贰仟万元。中新房华夏实业有限公司在对该抵押物进行资本融资时，中新房华夏实业有限公司帮助奥特莱斯公司偿还该笔贷款本息后，对该批抵押物解押释放（具体解押释放过程与银行协商），奥特莱斯公司协助解决贷款主体由奥特莱斯公司变为中新房华夏实业有限公司。上述企业信用信息、《代持股合作补充协议书》经原审庭审质证，各方当事人对协议书的真实性均不持异议，本院予以确认。

本院认为，本案的焦点问题是：1. 案涉《一般委托贷款借款合同》的性质应如何认定，工行鹰潭分行是否具备原告主体资格；2. 中新房南方公司出具的案涉《担保函》效力应如何认定；3. 案涉《担保函》中关于“由于受托银行对该委托贷款提供兜底担保”的表述应作何种理解，中新房南方公司是否可以据此免责。

（一）关于案涉《一般委托贷款借款合同》的性质应如何认定，工行鹰潭分行是否具备原告主体资格。本院认为，案涉两份《一般委托贷款借款合同》分别是新余钢铁公司、工行鹰潭分行、奥特莱斯公司签订的合同以及中山证券公司、工行鹰潭分行、奥特莱斯公司签订的合同，两份《一般委托贷款借款合同》均基于各方当事人委托贷款合同关系订立，是各方真实意思表示，内容不违反法律、行政法规的禁止性规定，依法应认定为有效合同。该两份《一般委托贷款借款合同》均约定，如借款人违约，受托人有权按委托人书面指令停止发放贷款，提前收回贷款或直接从借款人账户中扣收贷款本息，即案涉《一般委托贷款借款合同》约定委托人可以授权受托人对借款人催收并追索相关债权。其后，中山证券公司、新余钢铁公司均分别向工行鹰潭分行出具了相关函件，明确委托工行鹰潭分行以自身名义提起诉讼。根据《最高人民法院关于如何确定委托贷款协议纠纷诉讼主体资格的批复》（法复〔1996〕6号）规定，“在履行委托贷款协议过程中，由于借款人不按期归还贷款而发生纠纷的，贷款人（受托人）可以借款合同纠纷为由向人民法院提起诉讼”，工行鹰潭分行在本案以原告身份提起诉讼，符合规定，并无不当。原审被告奥特莱斯公司、鹰潭华森公司、胡某辉、洪某关于案涉《一般委托贷款借款合同》无效及工行鹰潭分行无权提起本案诉讼的意见不能成立，本院不予采纳。

（二）关于中新房南方公司出具的案涉《担保函》的效力应如何认定。中新房南方公司上诉主张，其对奥特莱斯公司出具的两份《一般委托贷款借款合同》的担保函仅盖有中新房南方公司公章，未附有中新房南方公司董事会相关决议，从形式及效力均违反法律规定，应为无效。本院认为，《中华人民共和国公司法》第十六条第一款规定，“公司向其他企业投资或者为他人提供担保，依照公司章程的规定，由董事会或者股东会、股东大会决议”，该法律规定的立法目的是保护公司、股东和债权人的利益，防止法定代表人等公司工作人员超越权限擅自为他人提供担保，该法规定的决议前置程序旨在确保公司为他人提供担保系公司的真实意思表示。本案中，中新房华夏实业有限公司、奥特莱斯公司、胡某辉均系鹰潭华森公司股东，根据奥特莱斯公司、中新房华夏实业有限公司、鹰潭华森公司签订的《代持股合作补充协议书》，中新房华夏实业有限公司与奥特莱斯公司和胡某辉合作的主要条件，是为鹰潭华森公司的项目开发提供融资支持，帮助奥特莱斯公司偿还工商银行的5.2亿元贷款。中新房南方公司作为中新房华夏实业有限公司的控股股东，以自身名义为奥特莱斯公司提供担保，符合中新房华夏实业有限公司履行《代持股合作补充协议书》项下的义务，其担保行为亦不损害中新房南方公司的自身利益，应认定为中新房南方公司的真实意思表示。因此，中新房南方公司虽未提供其公司董事会决议，但根据本案相关证据可以认定案涉《担保函》的出具系其真实意思表示，中新房南方公司关于案涉《担保函》无效的上诉理由，明显违反诚信原则，本院不予支持。

（三）关于案涉《担保函》中关于“由于受托银行对该委托贷款提供兜底担保”的表述应作何种理解，中新房南方公司是否可以据此免责。中新房南方公司上诉提出，依据案涉《担保函》中“由于受托银行对该委托贷款提供兜底担保”的表述，其应当免除清偿责任。本院认为，案涉《担保函》中虽有“由于受托银行对该委托贷款提供兜底担保”的表述，但从该表述不能推断出，在借款人不能按期偿还借款的情况下担保人无需承担担保责任的明确意思表示，否则其出具担保函，对接受担保函的相对方即工行鹰潭分行而言将没有任何意义。前已述及，中新房南方公司出具案涉《担保函》系其真实意思表示，依法应承担相应的担保责任，故其关于应依据《担保函》中“由于受托银行对该委托贷款提供兜底担保”的表述免除责任的主张不能成立，本院不予支持。

综上所述，中新房南方公司的上诉理由不能成立，应予驳回；一审判决认定事实清楚，适用法律正确，应予维持。依照《中华人民共和国民事诉讼法》第一百七十条第一款第一项规定，判决如下：

驳回上诉，维持原判。

本案二审案件受理费2911925元，由中新房南方集团有限公司负担。

本判决为终审判决。

审判长：毛宜全；审判员：周伦军、汪军；法官助理：吴之翔；书记员：李璐

二〇一七年十二月二十九日

第十二部分　破 产 法

专题四十八

债权人经强制执行未获清偿时债务人破产原因的认定

——刘某辉、龚某英诉江西亚细亚气门芯制造有限公司等申请破产清算案

【裁判观点】

审判实践中，不少法院对债务人是否具备破产原因的认定标准认识不一，是导致当前破产案件受理难的重要成因之一。《中华人民共和国企业破产法》第二条、第七条对破产原因和申请人提出破产申请的条件做了区分，第七条分别针对债权人、债务人提出破产申请的条件予以细化。债权人提出破产申请的，只需举证证明债务人存在不能清偿到期债务的情形即可，之后的举证责任转换至由债务人举证证明其不存在资产不足以清偿全部债务或者明显缺乏清偿能力的情形，否则即应认定债务人具备破产原因，人民法院应裁定受理债权人的破产申请。尤其债务人已在生效判决执行过程中被执行法院认定其财产不足以清偿全部债务，其亦自认已处于资不抵债状态并同意债权人的破产申请，应认定其具备破产原因。根据《最高人民法院关于执行案件移送破产审查若干问题的指导意见》的相关规定，人民法院应依法能动司法，启动“僵尸企业”市场退出机制，保护债权人的合法权益。

中华人民共和国最高人民法院
民事裁定书

案号（2017）最高法民再284号

再审申请人（一审申请人、二审上诉人）：刘某辉，男，1968年8月26日出生，汉族，住江西省南昌市东湖区。

委托诉讼代理人：郑吉敏，江西一信律师事务所律师。

委托诉讼代理人：琚冰，江西一信律师事务所律师。

再审申请人（一审申请人、二审上诉人）：龚某英，女，1969年11月8日出生，汉族，住江西省南昌市东湖区。

委托诉讼代理人：郑吉敏，江西一信律师事务所律师。

委托诉讼代理人：琚冰，江西一信律师事务所律师。

被申请人（一审被申请人、二审被上诉人）：江西亚细亚气门芯制造有限公司。住所地：江西省南昌市小蓝工业园。

法定代表人：杨某友，该公司总经理。

委托诉讼代理人：杨虹，女，1978年2月24日出生，汉族，住江西省南昌市桑海经济技术开发区。

一审第三人：杨某友，男，1949年4月18日出生，汉族，住江西省南昌市西湖区。

委托诉讼代理人：杨虹，女，1978年2月24日出生，汉族，住江西省南昌市桑海经济技术开发区。

一审第三人：周某男，女，1954年7月18日出生，汉族，住江西省南昌市西湖区。

委托诉讼代理人：杨虹，女，1978年2月24日出生，汉族，住江西省南昌市桑海经济技术开发区。

一审第三人：张某莲，女，1980年12月20日出生，苗族，住江西省南昌市东湖区。

委托诉讼代理人：杨虹，女，1978年2月24日出生，汉族，住江西省南昌市桑海经济技术开发区。

再审申请人刘某辉、龚某英因与被申请人江西亚细亚气门芯制造有限公司（以下简称亚细亚公司）及一审第三人杨某友、周某男、张某莲申请破产清算一案，不服江西省高级人民法院（2017）赣破终1号民事裁定，向本院申请再审。本院于2017年6月23日作出（2017）最高法民申1420号民事裁定，提审本案。本院依法组成合议庭，开庭审理了本案。再审申请人的委托诉讼代理人郑吉敏、琚冰，被申请人亚细亚公司及一审第三人杨某友、周某男、张某莲的共同委托诉讼代理人杨虹到庭参加诉讼，本案现已审理终结。

刘某辉、龚某英申请再审请求：1. 撤销江西省高级人民法院（2017）赣破终1号民事裁定及江西省南昌市中级人民法院（以下简称南昌中院）（2016）赣01民破3号民事裁定；2. 裁定由南昌中院依法受理刘某辉、龚某英提起的申请亚细亚公司破产清算案。事实与理由：（一）刘某辉、龚某英提供的（2015）赣民一终字第238号民事判决、（2015）洪中执字第536号参与分配函以及询问笔录等证据，足以证明刘某辉、龚某英对亚细亚公司享有1152万元到期债权，该债权未在执行过程中得到任何受偿，且亚细亚公司已明确表明其不能支付到期债务。现亚细亚公司已成为无足够资金偿债、无生产场地、无公司雇员的僵尸企业。一、二审裁定关于刘某辉、龚某英提交的证据不足以证明亚细亚公司不能清偿到期债务的认定，与事实不符。（二）根据《中华人民共和国企业破产法》（以下简称《企业破产法》）第七条第二款的规定，债权人申请破产清算，只要证明债务人不能清偿其到期债务即可，一、二审裁定以刘某辉、龚某英不能证明亚细亚公司资产不足以清偿全部债务或者明显缺乏清偿能力为由，驳回其破产清算的申请，举证责任分配不当。（三）二审法院未将二审承办法官、二审举证期限等事宜通知刘某辉、龚某英，剥夺了其在二审期间的举证权，二审裁定作出刘某辉、龚某英“二审期间亦未补充提供相关证据”的认定没有事实依据。

2016年7月25日，刘某辉、龚某英起诉至南昌中院，申请对亚细亚公司进行破产清算。事实与理由：（2015）赣民一终字第238号民事判决认定亚细亚公司欠刘某辉、龚某英款项1152万元，刘某辉、龚某英已申请南昌中院执行，南昌中院（2015）洪中执字第536号参与分配函认定亚细亚公司无力偿还刘某辉、龚某英到期债务。一审法院认为，债权人申请债务人破产的，应当提交债务人不能清偿到期债务的有关证据，本案刘某辉、龚某英提交的证据不足以证明亚细亚公司不能清偿到期债务并且资产不足以清偿全部债务或者明显缺乏清偿能力。依照《企业破产法》第十二条第一款、《最高人民法院关于适用〈中华人民共和国企业破产法〉若干问题的规定（一）》（以下简称《企业破产法解释（一）》）第六条第一款之规定，裁定不予受理刘某辉、龚某英的破产申请。

刘某辉、龚某英不服一审裁定，向江西省高级人民法院提起上诉称：一审裁定事实认定和法律适用错误，刘某辉、龚某英提交的证据足以证明亚细亚公司存在不能清偿到期债务的事实，符合《企业破产法解释（一）》第二条之规定。请求撤销南昌中院（2016）赣01民破3号民事裁定，裁定由南昌中院依法受理刘某辉、龚某英提起的申请亚细亚公司破产清算案。二审法院认为，刘某辉、龚某英仅凭执行分配方案中关于无其他财产可供执行的事实主张债务人亚细亚公司不能清偿到期债务并且资产不足以清偿全部债务或者明显缺乏清偿能力的证据尚不充分，二审期间亦未补充提供相关证据，一审法院认定债权人提交的证据不足以证明达到了破产条件并无不当。依照《中华人民共和国民事诉讼法》第一百七十条第一款第一项的规定，裁定驳回上诉，维持原裁定。

本院再审期间，刘某辉、龚某英提交了以下新证据：1. 江西省南昌县人民法院（以下简称南昌县法院）于2016年3月20日作出的（2014）南执字第414号《关于刘欣春等申请执行人与被执行人江西亚细亚气门芯制造有限公司、杨周执行一案的分配方案（草案）》以及《江西亚细亚气门芯制造有限公司拍卖款支出明细表》，证明南昌县法院拍卖亚细亚公司案涉土地、厂房之后至二审法院作出本案裁定时，刘某辉、龚某英对亚细亚公司所享有的债权未获任何清偿。2. 亚细亚公司2011－2014年工商年检报告书、资产负债表等财务报表以及亚细亚公司企业信用报告，证明亚细亚公司从2015年开始就经营异常，在刘某辉、龚某英向一审法院提出破产申请时，已经处于严重资不抵债的状态，该公司已经具备《企业破产法》第二条规定的破产原因。3. 刑事案件公诉书，证明亚细亚公司实际控制人杨周目前处于羁押状态，且无其他人负责管理公司财产。4. 亚细亚公司于2017年6月30日给本院出具的说明，证明亚细亚公司资产全部被查封并拍卖，拍卖所得1000万元不足以偿还全部债务，同意破产申请。5. 南昌县法院（2016）赣0121民初1088号民事裁定刘某辉与亚细亚公司执行分配方案异议之诉一案的相关案件材料，证明该案尚在审理之中。亚细亚公司及一审第三人杨某友、周某男、张某莲对上述证据的真实性均予以确认，本院予以采信。

本院再审查明，刘某辉、龚某英诉亚细亚公司、杨周民间借贷纠纷一案，南昌中院于2015年6月9日作出（2014）洪民二初字第565号民事判决，判令亚细亚公司归还刘某辉、龚某英欠款本金1152万元，杨周对上述债务承担连带保证责任。亚细亚公司不服提起上诉，江西省高级人民法院于2015年11月24日作出（2015）赣民一终字第238号民事判决，判决驳回上诉，维持原判。判决生效后，刘某辉、龚某英向南昌中院申请执行。该院受理后，于2015年12月9日向南昌县法院发出（2015）洪中执字第536号参与分配函，载明“本院（2014）洪民二初字第565号民事判决书已发生法律效力，刘某辉、龚某英与江西亚细亚气门芯制造有限公司、杨周民间借贷纠纷一案现已进入执行程序。本院在诉讼程序中查封了被执行人江西亚细亚气门芯制造有限公司名下位于南昌小兰工业园玉湖路以南（156号）土地证号：南国用（2008）第00382号土地使用权、四处车间；在执行程序中查封了被执行人杨周名下房产证号为莲塘镇字第××号、洪房权证字第××号房产。由于上述房地产已由你院处置完毕，而被执行人江西亚细亚气门芯制造有限公司、杨周无其他财产可供执行。现申请执行人刘某辉、龚某英请求到你院参与分配，特请你院按《最高人民法院关于适用〈中华人民共和国民事诉讼法〉的解释》第五百零八条的规定处理。”南昌县法院于2016年3月20日作出（2014）南执字第414号《关于刘欣春等申请执行人与被执行人江西亚细亚气门芯制造有限公司、杨周执行一案的分配方案［草案］》。该分配方案载明，亚细亚公司的土地及房产经拍卖变现为1000万元，扣除评估费、案件受理费、保全费、执行费后可用于债权人分配的金额为9648250.37元，包括刘某辉、龚某英案涉债权在内的生效法律文书确认的债权本金总额为2485.5672万元。该分配方案并明确对于普通债权按照查封先后顺序进行分配。

本院再审认为，本案争议的焦点问题是亚细亚公司是否具备破产原因。根据《中华人民共和国企业破产法》第七条第二款“债务人不能清偿到期债务，债权人可以向人民法院提出对债务人进行重整或者破产清算的申请”之规定，债权人向人民法院提出破产申请时，只需证明债务人不能清偿到期债务即可。此时，根据该法第十条第一款以及《企业破产法解释（一）》第六条“债务人对债权人的申请未在法定期限内向人民法院提出异议，或者异议不能成立的，人民法院应当依法裁定受理破产申请”之规定，应由债务人在法定期限内举证证明其既不属于资产不足以清偿全部债务，也非明显缺乏清偿能力的，债务人举证不能的，人民法院应当受理对债务人的破产申请。也即在债权人申请债务人破产的情形下，不能清偿到期债务既是债权人提出破产申请的条件，也是债务人存在破产原因的认定依据。就本案而言，刘某辉、龚某英申请亚细亚公司破产时，应当举证证明亚细亚公司存在不能清偿到期债务的情形，之后，举证责任转换至亚细亚公司，由亚细亚公司举证证明其不存在资产不足以清偿全部债务或者明显缺乏清偿能力的情形，否则即应认定亚细亚公司具备破产原因，由一审法院依法受理刘某辉、龚某英提出的破产申请。

首先，亚细亚公司是否存在不能清偿到期债务的情形。《企业破产法解释(一)》第二条对于何为不能清偿到期债务有明确界定：“下列情形同时存在的，人民法院应当认定债务人不能清偿到期债务：（一）债权债务关系依法成立；（二）债务履行期限已经届满；（三）债务人未完全清偿债务。”刘某辉、龚某英对亚细亚公司的债务已经为（2015）赣民一终字第238号民事判决所确认，且已进入执行程序。根据南昌中院（2015）洪中执字第536号参与分配函可知，南昌中院作为执行法院认可（2015）赣民一终字第238号民事判决项下的债务未获清偿。同时，根据南昌中院（2015）洪民二终字第4号民事判决以及南昌县法院《关于刘欣春等申请执行人与被执行人江西亚细亚气门芯制造有限公司、杨周一案的分配方案(草案)》等证据，亚细亚公司的土地和房产经拍卖变现为1000万元，扣除评估费、案件受理费、保全费、执行费后可用于债权人分配的金额为9648250.37元，而包括刘某辉、龚某英案涉债权在内的生效法律文书确认的债权本金总额为2485.5672万元。且根据上述分配方案，普通债权系按照查封先后顺序进行分配，刘某辉、龚某英债权处于第四顺位，不能获得任何清偿。故现有证据已足以证明刘某辉、龚某英案涉到期债权未获清偿，并且此种未获清偿的状态并非是因一时的资金周转困难等问题暂时中止支付，而是在较长期间内持续不能清偿，也即《企业破产法解释（一)》第二条第（三）项“债务人未完全清偿债务”规定的条件已经成就。综上，本案应认定亚细亚公司存在不能清偿到期债务的情形。

其次，亚细亚公司是否举证证明其不存在资产不足以清偿全部债务或者明显缺乏清偿能力的情形。根据《中华人民共和国企业破产法》第十条第一款的规定，债务人须就债权人提出的破产申请在接到人民法院的通知之日起七日内提出异议，即举证证明其不存在资产不足以清偿全部债务或者明显缺乏清偿能力的情形。而从一审法院对于亚细亚公司股东兼法定代表人杨某友以及实际控制人杨周的询问笔录内容看，杨某友对于亚细亚公司破产没有异议，杨周表示亚细亚公司从2015年初就已经停止经营，公司资产只有案涉土地、厂房，目前处于资不抵债状态。同时，亚细亚公司在其于2017年6月30日出具给本院的说明中，亦承认公司已经处于严重资不抵债状态，同意刘某辉、龚某英提出的破产申请。也即本案债务人亚细亚公司不仅未对破产申请提出异议，反而明确认可其已处于资不抵债状态并同意破产申请。

综上，刘某辉、龚某英已经举证证明亚细亚公司存在不能清偿到期债务的情形，且亚细亚公司同意破产申请。因此，亚细亚公司已经具备破产原因，一、二审裁定以刘某辉、龚某英提交的证据不足以证明亚细亚公司不能清偿到期债务并且资产不足以清偿全部债务或者明显缺乏清偿能力为由裁定不予受理破产申请，不仅举证责任分配不当，亦缺乏事实和法律依据，应予撤销。

依照《中华人民共和国民事诉讼法》第二百零七条第一款、第一百七十条第一款第二项，《最高人民法院关于适用〈中华人民共和国民事诉讼法〉的解释》第四百零七条、第三百三十二条规定，裁定如下：

一、撤销江西省高级人民法院（2017）赣破终1号民事裁定及江西省南昌市中级人民法院（2016）赣01民破3号民事裁定；

二、本案由江西省南昌市中级人民法院立案受理。

审判长：王展飞；审判员：毛宜全、马东旭；法官助理：刘牧晗；书记员：陈则羽

二〇一七年十二月二十三日

第十三部分　第三人撤销之诉

专题四十九

依据合同法第七十四条享有撤销权的债权人可以提起第三人撤销之诉

——永安市燕城房地产开发有限公司诉郑某南、远东（厦门）房地产发展有限公司、高某珍第三人撤销之诉案

【裁判观点】

（1）如果生效裁判所确认的债务人的相关财产处分行为符合《中华人民共和国合同法》第七十四条所规定的撤销权的条件，则依法享有撤销权的债权人就与该生效裁判案件的处理结果具有法律上的利害关系，从而具备了以无独立请求权第三人的身份提起第三人撤销之诉的原告主体资格。

（2）第三人撤销之诉案件立案后，受案法院应当组成合议庭开庭进行审理。对方当事人就第三人的诉讼主体资格及其他起诉条件提出异议的，亦需经合议庭开庭审理后依法予以判定。

中华人民共和国最高人民法院

民事裁定书

案号（2017）最高法民终885号

上诉人（一审原告）：永安市燕诚房地产开发有限公司。住所地：福建省永安市五四路35号。

法定代表人：雷远思，该公司董事长。

委托诉讼代理人：张丽键，福建金海湾律师事务所律师。

委托诉讼代理人：谢光东，福建金海湾律师事务所律师。

被上诉人（一审被告）：郑某南，台湾地区居民，男，1949 年 11 月 28 日出生，住台湾地区台北市。

被上诉人（一审被告）：远东（厦门）房地产发展有限公司。住所地：福建省厦门市思明区湖滨北路振业大厦 13 楼 C、D 座。

法定代表人：张琼月，该公司董事长。

委托诉讼代理人：王国文，福建英合律师事务所律师。

委托诉讼代理人：刘岩，福建英合律师事务所律师。

一审第三人：高某珍，台湾地区居民，女，1971 年 12 月 6 日出生，住台湾地区台中市。

委托诉讼代理人：罗长水，福建天衡联合律师事务所律师。

委托诉讼代理人：吕良怡，福建天衡联合律师事务所律师。

上诉人永安市燕诚房地产开发有限公司（以下简称燕诚公司）因与被上诉人郑某南、远东（厦门）房地产发展有限公司（以下简称远东厦门公司）及一审第三人高某珍第三人撤销之诉一案，不服福建省高级人民法院（2016）闽民撤 6 号民事裁定，向本院提起上诉。本院依法组成合议庭，公开开庭进行了审理。上诉人燕诚公司的委托诉讼代理人张丽键、谢光东，被上诉人远东厦门公司的委托诉讼代理人刘岩，一审第三人高某珍的委托诉讼代理人吕良怡到庭参加诉讼，被上诉人郑某南经本院传票传唤未到庭参加诉讼。本案现已审理终结。

燕诚公司上诉请求：1. 撤销福建省高级人民法院（2016）闽民撤 6 号民事裁定；2. 指令福建省高级人民法院依法对本案进行实体审理。事实和理由：（一）燕诚公司系远东厦门公司的破产债权人，高某珍以（2003）闽民初字第 2 号郑某南与远东厦门公司借款纠纷一案（以下简称 2 号案件）的民事调解书（以下简称 2 号民事调解书）申报巨额债权，对燕诚公司破产债权的实现产生重大不利影响。2 号案件是双方当事人恶意串通转移资产的虚假诉讼，影响破产债权人利益，燕诚公司与 2 号案件的处理结果存在明显的法律上的利害关系，因此燕诚公司系 2 号案件无独立请求权的第三人，具备本案的诉讼主体资格。一审法院认为燕诚公司“对郑某南与远东厦门公司借款纠纷一案所涉及债权债务不存在法律上的利害关系”明显错误。（二）燕诚公司作为远东厦门公司的破产债权人，只有在收到破产管理人确认远东厦门公司存在借款债务的通知后，方可知其民事权益受到损害。因此，本案的诉讼期限应当从燕诚公司收到破产管理人对该借款债权确认的通知时起算，即应当从2016年8月16日起计算诉讼期间。燕诚公司于同年9月12日提起本案诉讼并没有超过第三人撤销之诉为期六个月的法定期限。（三）雷远思代表远东厦门公司的个人申诉行为，并不等于燕诚公司在破产之前就知道或者应当知道其民事权益受到损害。一审法院根据雷远思代表远东厦门公司的个人行为，认定燕诚公司知道或应当知道其权利受到损害存在明显的逻辑与事实错误。（四）人民法院对已发现的确有错误的裁判，有责任依法启动纠错程序。应对本案进行实体审理，以维护法律的尊严，保障当事人及所有破产债权人的合法权益。（五）人民法院对第三人撤销之诉案件应当组成合议庭开庭审理，一审法院没有开庭审理，审理程序及裁定错误。一审法院没有查明2号案件虚假诉讼的基础事实及双方当事人恶意串通的情形，简单认定燕诚公司与2号案件不存在法律上的利害关系，缺乏事实依据。综上，燕诚公司系破产案件的债权人，完全符合第三人撤销之诉的起诉资格及条件。一审法院在认定事实与适用法律上均存在错误，依法应予纠正。

郑某南提交书面答辩意见称，一审裁定认定事实清楚，适用法律正确。（一）燕诚公司不是本案的适格主体，一审法院认定事实正确。根据合同相对性原则，2号案件是郑某南与远东厦门公司之间的民间借贷案件，远东厦门公司是否还有其他债权人存在并非该案的审查范围，该案没有也不可能有其他必须参加诉讼的第三人，燕诚公司并非该案的第三人。（二）燕诚公司的法定代表人雷远思早在2003年就已知晓2号案件，并就该案调解书向福建省人民检察院提出过申诉。燕诚公司早已知道该案全部过程，但却从未行使法律赋予的向检察机关申诉等权利，属于怠于行使权利，其提起本案诉讼时，已经超过法定期限。（三）2号民事调解书业已经过福建省高级人民法院审查，该案并不符合提起审判监督程序的条件。可见该调解书不存在内容错误的情形，燕诚公司的诉讼请求不符合《中华人民共和国民事诉讼法》（以下简称民事诉讼法）第五十六条规定的条件。即便法院受理本案，燕诚公司的诉讼请求也不能成立。（四）2015年4月8日，郑某南与第三人高某珍就2号民事调解书项下债权全部转让给高某珍事宜签订《债权转让协议》，并已经通知远东厦门公司。案涉调解书项下所有的民事权利义务均转由高某珍继受，燕诚公司提起的本案诉讼与郑某南无关。综上，燕诚公司提起本案第三人撤销之诉的法定期限业已经过，且并非本案的适格主体，请求二审法院依法裁定驳回其全部上诉请求。

远东厦门公司辩称，燕诚公司是否具备提起第三人撤销之诉的条件，由法院依法认定。

高某珍述称，(一) 燕诚公司所称的2号案件存在恶意串通系虚假诉讼，没有任何证据证明。燕诚公司所述的张琼月诉远东房地产发展有限公司（以下简称香港远东公司）借款合同纠纷案在郑某南起诉的2号案件发生之后，应该由法院来审查后一个案件而不是本案的合法性。(二) 一审法院主要是以燕诚公司主体不适格为由驳回其起诉，该等事项属于立案过程中应当由法院直接依职权进行审查的范围，并不需要正式开庭审理，一审程序并无错误，燕诚公司的上诉理由不能成立。其他意见同郑某南第一、二、三条答辩意见。

燕诚公司向一审法院起诉请求：撤销福建省高级人民法院（2003）闽民初字第2号民事调解书。

一审法院认为，本案属于第三人撤销之诉，应首先从程序上审查燕诚公司是否符合提起第三人撤销之诉的起诉条件。(一) 民事诉讼法第五十六条规定，“对当事人双方的诉讼标的，第三人认为有独立请求权的，有权提起诉讼。对当事人双方的诉讼标的，第三人虽然没有独立请求权，但案件处理结果同他有法律上的利害关系的，可以申请参加诉讼，或者由人民法院通知他参加诉讼。人民法院判决承担民事责任的第三人，有当事人的诉讼权利义务。前两款规定的第三人，因不能归责于本人的事由未参加诉讼，但有证据证明发生法律效力的判决、裁定、调解书的部分或者全部内容错误，损害其民事权益的，可以自知道或者应当知道其民事权益受到损害之日起六个月内，向作出该判决、裁定、调解书的人民法院提起诉讼”。虽然燕诚公司是远东厦门公司破产案件的债权申报人，但其对2号案件所涉债权债务没有独立的请求权，亦不存在法律上的利害关系，故燕诚公司不是2号案件的第三人。根据上述规定，燕诚公司不具备提起第三人撤销之诉的主体资格。(二) 根据《最高人民法院关于适用〈中华人民共和国民事诉讼法〉的解释》(以下简称民事诉讼法司法解释) 第二百九十二条关于“第三人对已经发生法律效力的判决、裁定、调解书提起撤销之诉的，应当自知道或者应当知道其民事权益受到损害之日起六个月内，向作出生效判决、裁定、调解书的人民法院提出”的规定，提起第三人撤销之诉的期间自第三人知道或者应当知道其民事权益受到侵害之日起算六个月，该六个月期间为不变期间。即便燕诚公司具备提起第三人撤销之诉的主体资格，亦应当自知道或者应当知道其民事权益受到侵害之日起六个月内提起诉讼。根据燕诚公司提供的证据材料，燕诚公司设立于1992年，1995年3月9日雷远思任总经理，1996年11月11日雷远思任董事长，2003年7月雷远思就2号案件向福建省高级人民法院和福建省人民检察院提出申诉。可以认定燕诚公司知道或者应当知道其民事权益受到侵害的时间为其法定代表人雷远思提起申诉之时。考虑到第三人撤销之诉系民事诉讼法于2012年修正后新设立的制度，故即便自2013年1月1日施行之日开始计算六个月期间，燕诚公司亦已超过其有权提起第三人撤销之诉的法定期限。

一审法院依照民事诉讼法第五十六条、第一百五十四条第一款第三项以及民事诉讼法司法解释第二百九十二条规定，裁定驳回燕诚公司的起诉。

本院审理查明，燕诚公司为证明其具备提起本案第三人撤销之诉的资格条件，向一审法院提交了显示相关情形的以下八个方面的证据材料。

一、福建省高级人民法院2号民事调解书显示，该院于2003年5月12日立案受理2号案件，即郑某南诉远东厦门公司借款纠纷一案，并于同年6月2日作出2号民事调解书，就当事人双方自愿达成的如下协议予以确认：（一）经双方确认，截止2003年4月10日止，远东厦门公司共结欠郑某南借款本金美元3306757.78元、港币3051046元（共折合人民币31245079.22元），利息美元9735293.7元、港币8870568.13元（共折合人民币91884448.5元），以上欠款本金和利息总额折合人民币共计123129527.72元，2003年4月11日之后的利息郑某南自愿放弃。（二）远东厦门公司愿意按照如下方式返还上述欠款本息：1. 在本调解书生效之日起二日内，远东厦门公司返还郑某南欠款人民币5000万元；2. 2003年7月1日前远东厦门公司返还郑某南欠款人民币2000万元；3. 在2003年8月1日至2004年7月31日止的12个月内，远东厦门公司应于每月30日前返还郑某南欠款人民币400万元；4. 在2005年10月31日前远东厦门公司返还郑某南余款人民币5129527.72元。（三）如果远东厦门公司未按约返还上述任何一期欠款，郑某南有权要求远东厦门公司提前清偿所有未返还部分的欠款。（四）本案案件受理费625657.6元由远东厦门公司负担，鉴于郑某南已预交，远东厦门公司应于本调解书生效之日起二日内将该款支付给郑某南。

二、福建省高级人民法院于2003年10月24日向福建省公安厅出具的（2003）闽民监字第149号《犯罪线索移送函》载明：郑某南与张琼月借款关系涉嫌侵占财产的线索疑点。1. 郑某南从1994年至1997年先后12次出借巨款给远东厦门公司，其中1994年8月25日、8月29日、9月2日，1995年1月10日的5张借据借款期限均为一年，而远东厦门公司逾期多年未还款，郑某南均未催款，直至2003年才催告。2. 远东厦门公司成立于1994年10月5日，而1994年8月25日、8月29日、9月2日的4张借据均是在远东厦门公司成立之前，以远东厦门公司便笺纸所写。3. 远东厦门公司历年资产负债表、利润表、利润分配表、现金流量表、财务状况变动表和审计报告均未记载远东厦门公司与郑某南之间的巨额借款。4. 本应属于远东厦门公司财务账目存档的6份银行转账凭证（传票）和1份外汇成交通知书，却被郑某南复印成为其起诉主张债权的证据材料之一。5. 既然远东厦门公司承认其向郑某南借款的事实，并愿意还款，为何双方还要通过法律诉讼的途径解决借款纠纷。综上所述，我们认为郑某南与远东厦门公司张琼月涉嫌恶意串通，侵占远东厦门公司的财产，进而损害香港远东公司的合法权益。同时鉴于我院所审理的郑某南与远东厦门公司借款一案，在审判程序和实体处理上符合法律规定，不宜直接提起审判监督程序，因此，根据《最高人民法院关于在审理经济纠纷案件中涉及经济犯罪嫌疑若干问题的规定》第十条“人民法院在审理经济纠纷案件中，发现与本案有牵连、但与本案不是同一法律关系的经济犯罪嫌疑线索、材料，应将犯罪嫌疑线索、材料移送有关公安机关或检察机关查处”之规定，特将上述线索和疑点移送你厅，请依法查处。

三、福建省人民检察院民事行政检察处于2003年11月10日向雷远思出具的书面通知称：你因郑某南与远东厦门公司借款合同纠纷案，不服福建省高级人民法院2号民事调解书，向我院申诉。我院于2003年8月19日向福建省高级人民法院发出闽民建（2003）2号《检察建议书》，建议对该案依法再审。福建省高级人民法院于2003年10月24日函复我院，已对该案进行了复查，并根据《最高人民法院关于在审理经济纠纷案件中涉及经济犯罪嫌疑若干问题的规定》，将远东厦门公司法定代表人张琼月涉嫌与郑某南恶意串通，侵占远东厦门公司资产的犯罪线索移送给福建省公安厅进行侦查。

四、福建省厦门市公证处于2015年4月8日作出的（2015）厦证内字第12164号公证书显示：公证书出具当日，郑某南与高某珍签订《债权转让协议书》，载明双方经协商达成以下条款：（一）现因远东厦门公司之债权问题长期无法解决，且郑某南不能在厦门久住，为此特把其于2号民事调解书项下之全部债权转让给高某珍。自本协议签订之日起，与该笔债权相关的全部权利均由高某珍行使，概与郑某南无关，行使债权所需的法律行动及相关费用也均由高某珍负责及承担，概与郑某南无关；（二）截止本协议签订之日，前述债权转让的对价已支付完毕；（三）本协议签署后，高某珍可以其自己名义直接向远东厦门公司主张上述全部债权权益（包括但不限于本金、利息、违约金等），享有合法的债权人权益。远东厦门公司于4月10日向郑某南、高某珍作出的声明显示，其确认收到上述公证书，对郑某南对远东厦门公司的债权转让给高某珍的相关事宜已经知悉，高某珍已经成为远东厦门公司的债权人，将依法向高某珍偿还债务。

五、福建省厦门市中级人民法院于2015年12月21日作出的（2015）厦民破字第6号民事裁定书显示，该院裁定受理申请人厦门凯比特投资有限公司对被申请人远东厦门公司的破产清算申请，指定福建英合律师事务所担任远东厦门公司的管理人。

六、远东厦门公司破产管理人于2016年3月15日向燕诚公司发出（2015）远东破管字告知第8号《远东（厦门）房地产发展有限公司破产一案告知函》显示，该告知函题述“关于告知远东厦门公司债权人查阅债权申报材料事宜”，内容为福建英合律师事务所作为破产管理人将目前接受的债权申报信息统计如下：1. ……5. 燕诚公司申报14158920元；6. 高某珍申报312294743.65元；合计725856487.91元。现破产管理人将上述债权人申报债权的材料通过扫描的方式汇总成电子档，供各债权人查阅。为了债权人自身利益，如债权人在查阅上述债权申报材料后，对他人申报的债权有异议，请于3月18日前向破产管理人书面提出。该告知函签收人为张丽键，签收时间为2016年3月15日。

七、福建英合律师事务所2016年8月10日编制的（2015）厦民破字第6号《债权表》载明，债权人高某珍申报的债权原因为借款合同、债权性质为普通债权的债权数额中，原始债权 123755185.32 元，孳息债权 188539588.33 元，合计 312294743.65 元；管理人审查债权数额中，原始债权 123129527.72 元，孳息债权 178460380.4 元，合计 301589908.12 元。债权人燕诚公司申报的债权性质为普通债权的债权数额中，原始债权 390 万元，孳息债权 10258920 元，合计 14158920 元；管理人审查债权数额中，原始债权 390 万元，孳息债权 0 元，合计 390 万元。

八、燕诚公司法定代表人证明书显示，其法定代表人为雷远思。2 号案件中郑某南诉远东厦门公司的民事诉状载明，远东厦门公司的法定代表人为张琼月。最高人民法院（2013）民四终字第 25 号民事判决书载明，雷远思、张琼月同为香港远东公司的董事，二人各持有公司 50% 股份；厦门远东公司由香港远东公司独资设立。

本院认为，本案属于第三人认为当事人恶意串通进行诉讼、损害其利益而提起的第三人撤销之诉。因郑某南、高某珍系台湾地区居民，本案为涉台民事纠纷。各方当事人对一审法院适用大陆地区法律解决本案争议无异议，本院予以确认。

根据民事诉讼法第五十六条的规定，提起第三人撤销之诉应当符合以下条件：一是主体方面，只能是民事诉讼法第五十六条第一、二款分别规定的，对当事人双方诉讼标的有独立请求权的第三人，或者虽然没有独立请求权、但案件处理结果同他有法律上的利害关系的第三人；二是实体方面，有证据证明发生法律效力的判决、裁定、调解书部分或者全部内容错误，损害第三人的民事权益；三是程序方面，第三人因不能归责于本人的事由未参加诉讼，且自知道或者应当知道其民事权益受到损害之日起六个月内，向作出生效判决、裁定、调解书的人民法院提起诉讼。围绕本案一审法院裁定驳回起诉的理由，各方当事人于二审争议的焦点问题是：燕诚公司是否具有提起本案诉讼的主体资格，是否有证据证明 2 号民事调解书确认的债权存在虚假，燕诚公司的起诉是否超过法定期间，以及一审法院审理本案是否存在程序错误等。

民事诉讼法设立第三人撤销之诉制度，目的是为了保护受错误生效裁判损害，特别是受虚假诉讼损害的第三人的权益，使因不能归责于本人原因未参加诉讼的第三人，可以向人民法院提起诉讼、请求救济。因此，燕诚公司是否属于民事诉讼法第五十六条规定之列的第三人，决定着其是否具有提起本案诉讼的主体资格。从所主张的事实看，燕诚公司并非以有独立请求权的第三人的身份提起本案诉讼，而是以相关当事人恶意串通进行虚假诉讼损害其债权作为起诉的理由。显然，燕诚公司能否纳入无独立请求权的第三人之列，是判断本案讼争问题的基本出发点。

根据民事诉讼法第五十六条第二款的规定，对当事人双方诉讼标的没有独立请求权，但案件处理结果同他有法律上的利害关系的，属于无独立请求权的第三人。可见，有法律上的利害关系是无独立请求权第三人的基本要素。燕诚公司向人民法院提起本案诉讼，请求保护的民事权利系债权。由债权的相对性所决定，在一般情况下，作为普通债权人的第三人不具有基于其债权提起第三人撤销之诉的事由。但根据《中华人民共和国合同法》（以下简称合同法）第七十四条第一款的规定，因债务人放弃其到期债权或者无偿转让财产，对债权人造成损害的，债权人可以请求人民法院撤销债务人的行为；债务人以明显不合理的低价转让财产，对债权人造成损害，并且受让人知道该情形的，债权人也可以请求人民法院撤销债务人的行为。由是，如果生效裁判所确认的债务人的相关财产处分行为符合合同法第七十四条所规定的撤销权的条件，则依法享有撤销权的债权人就与该生效裁判案件的处理结果具有法律上的利害关系，从而具备了以无独立请求权第三人的身份提起第三人撤销之诉的原告主体资格。

本案中，燕诚公司举示的证据显示，福建省人民检察院曾于2003年8月19日发出闽民建（2003）2号《检察建议书》，建议福建省高级人民法院对2号民事调解书依法再审。福建省高级人民法院于2003年10月24日发出（2003）闽民监字第149号《犯罪线索移送函》，认为郑某南与张琼月涉嫌恶意串通，侵占远东厦门公司的财产，进而损害香港远东公司的合法权益，依法将有关犯罪线索移送福建省公安厅进行侦查。由此，燕诚公司已就2号案件为虚假诉讼、2号民事调解书确认的债权存在虚假的问题提供了相应的证据材料。其所主张的远东厦门公司在民事诉讼程序中以达成调解协议方式承认郑某南的虚假债权并制定还款计划的情形，属于合同法第七十四条第一款规定的无偿转让财产损害债权人利益的行为之列，燕诚公司对于2号案件的处理结果，有法律上的利害关系，特别是在远东厦门公司为人民法院宣告破产、其财产已经不足以清偿全部债务的情况下，燕诚公司的债权必然会因为郑某南债权的有无以及数额的大小而受到直接影响。燕诚公司作为远东厦门公司的债权人，依据合同法第七十四条规定享有撤销权，具备提起本案第三人撤销之诉的主体资格。

根据民事诉讼法第五十六条第三款的规定，第三人“可以自知道或者应当知道其民事权益受到损害之日起六个月内”，向人民法院提起诉讼。该六个月起诉期间的起算点，为当事人知道或者应当知道其民事权益受到损害之日。本案中，在远东厦门公司有足够资产清偿所有债务的前提下，2号民事调解书对燕诚公司债权的实现没有影响；在远东公司正常生产经营的情况下，亦难以确定2号民事调解书会对燕城公司的债权造成损害。但是，在远东厦门公司因不能足额清偿所欠全部债务而进入破产程序，燕诚公司、郑某南债权的受让人高某珍均系其破产债权人，且高某珍依据2号民事调解书申报债权的情况下，燕诚公司破产债权的实现程度会因高某珍破产债权所依据的2号民事调解书而受到损害，故应认定燕诚公司在获知远东厦门公司进入破产程序的信息后才会知道或者应当知道其民事权益受到损害。而燕诚公司举示的《远东（厦门）房地产发展有限公司破产一案告知函》显示，燕诚公司于2016年3月15日签收破产管理人制作的有关债权人申报材料，其于2016年9月12日向福建省高级人民法院提交诉状请求撤销2号民事调解书，未超过六个月的起诉期间。虽然燕诚公司时任总经理雷远思于2003年7月就2号案件向福建省高级人民法院和福建省人民检察院提出申诉，但其系以香港远东公司股东、董事及远东厦门公司董事、总经理的身份为保护远东厦门公司的利益而非燕诚公司的债权提出的申诉，且此时燕诚公司是否因2号民事调解书而遭受损害并不确定，也就不存在其是否知道或者应当知道，进而依照民事诉讼法第五十六条第三款的规定起算六个月起诉期间的问题。郑某南、高某珍主张燕诚公司提起本案诉讼时已经超过法定期间，理据不足。一审判决对此认定错误，应予纠正。此外，2号民事调解书项下的债权虽然已经转让给高某珍，但因该债权涉嫌由虚假诉讼形成，郑某南作为提起2号案件之诉讼的债权人，依法应作为第三人撤销之诉的被告参加本案诉讼。郑某南关于案涉调解书项下的债权已经合法转让，本案与其无关的主张不能成立。

鉴于第三人撤销之诉案件涉及对生效裁判的判定，关系到原生效裁判的当事人以及第三人的权利义务，民事诉讼法司法解释第二百九十四条专门规定，“人民法院对第三人撤销之诉案件，应当组成合议庭开庭审理。”由此，第三人撤销之诉案件立案后，不适用书面审理，受案法院应当组成合议庭开庭进行审理。对方当事人就第三人的诉讼主体资格及其他起诉条件提出异议的，亦需经合议庭开庭审理后依法予以判定。一审法院受理本案后，未依法开庭审理即驳回燕诚公司的起诉，程序错误，应予纠正。

综上，燕诚公司提起本案第三人撤销之诉，符合《中华人民共和国民事诉讼法》第五十六条规定的起诉条件，一审法院裁定驳回其起诉，适用法律不当。燕诚公司的上诉理由成立，本院予以支持。依照《中华人民共和国民事诉讼法》第一百七十一条、《最高人民法院关于适用〈中华人民共和国民事诉讼法〉的解释》第三百三十二条规定，裁定如下：

一、撤销福建省高级人民法院（2016）闽民撤6号民事裁定；

二、本案指令福建省高级人民法院审理。

本裁定为终审裁定。

审判长：王旭光；审判员：周伦军、马东旭；法官助理：张乾；书记员：李娜

二〇一八年九月二十一日

第十四部分　执行异议之诉

专题五十

申请执行人提起执行异议之诉应当具备法定要件

——再审申请人叶某与被申请人王某普、戴某忠申请执行人执行异议之诉案

【裁判观点】

本案争议的主要问题是申请执行人提起执行异议之诉是否符合法定条件。根据《最高人民法院关于适用〈中华人民共和国民事诉讼法〉的解释》第三百零六条第一款规定，申请执行人提起执行异议之诉的前提条件是案外人提起阻却对执行标的的执行异议申请，且人民法院已经作出中止执行的裁定。也就是说，案外人提出执行异议，执行法院经审查认定案外人执行异议成立，且已作出中止执行裁定，是申请执行人提起执行异议之诉的前置程序。对于民事执行中变更、追加当事人配偶的问题，其救济途径不应为提起执行异议之诉。

本案中，王某普并不是基于案外人提出执行异议申请，执行法院作出中止执行裁定，其不服该裁定所提出的执行异议之诉，而是对执行法院作出的驳回追加申请裁定不服提起的诉讼。因此，王某普提起本案诉讼不符合上述法律规定的申请执行人提起执行异议之诉的条件。王某普对本案执行法院作出的驳回追加申请裁定不服，应通过普通民事诉讼提起确认之诉解决，即王某普可以提起确认之诉，请求确认叶某对案涉债务承担共同偿还责任。

中华人民共和国最高人民法院
民事裁定书

案号（2017）最高法民再354号

再审申请人（一审第三人、二审上诉人）：叶某。

委托诉讼代理人：朱奇，上海市海之纯律师事务所律师。

被申请人（一审原告、二审被上诉人）：王某普。

委托诉讼代理人：陈龙，上海市协力律师事务所律师。

被申请人（一审被告、二审被上诉人）：戴某忠。

再审申请人叶某因与被申请人王某普、戴某忠申请执行人执行异议之诉一案，不服上海市高级人民法院（2016）沪民终340号民事判决，向本院申请再审。本院于2017年10月13日作出（2017）最高法民申3179号民事裁定，提审本案。本院依法组成合议庭，开庭审理了本案。再审申请人叶某及其委托诉讼代理人朱奇、被申请人王某普及其委托诉讼代理人陈龙到庭参加了诉讼，被申请人戴某忠经本院合法传唤未到庭，本院依法缺席审理了本案，现已审理终结。

叶某申请再审称，一、执行程序中追加被执行人的配偶为共同被执行人无法律依据。《中华人民共和国民事诉讼法》没有关于执行程序中可以追加夫妻为共同债务人的规定，《最高人民法院关于民事执行中变更、追加当事人若干问题的规定》中亦没有此内容的规定。《最高人民法院关于依法妥善审理涉及夫妻债务案件有关问题的通知》第二条规定，未经审判程序不得要求未举债的夫妻一方承担民事责任。执行程序中追加被执行人，意味着直接通过执行程序确定由生效法律文书列明的被执行人以外的人承担实体责任，对各方当事人的实体和程序权利将产生极大影响。因此，追加被执行人必须遵循法定主义原则，即应当限于法律和司法解释明确规定的追加范围，既不能超出法定情形进行追加，也不能直接引用有关实体裁判规则进行追加。从现行法律和司法解释的规定看，并无关于在执行程序中可以追加被执行人的配偶或原配偶为共同被执行人的规定。二、虚假债务形成虚假仲裁。王某普主张的180万元借款中有大部分款项都没有交付凭证，其明知有叶某存在的情况下，故意规避叶某暗地里提起仲裁，在缺席仲裁中，以仅有一方名义的借条形成裁决。而且在本案中其也无法说明巨额借款为何采用现金以及借款来源。王某普有意排斥叶某参加诉讼剥夺了叶某的诉讼权利，利用仲裁规避审判监督，以虚假的债务形成了虚假仲裁。综上，根据《中华人民共和国民事诉讼法》第二百条第二项、第六项规定，请求判令：一、撤销上海市高级人民法院（2016）沪民终340号民事判决和上海市第二中级人民法院（2015）沪二中民一（民）初字第1号民事判决；二、驳回王某普追加叶某为被执行人的诉讼请求；三、本案案件受理费均由王某普负担。

王某普辩称，一、王某普提出追加被执行人，并经过执行法院裁定，对裁定不服提起执行异议之诉，符合法律规定。执行程序中申请追加被执行人是申请执行人的合法权利，对于执行法院作出的裁定，申请执行人、被追加人等均有权提起执行异议之诉。根据《最高人民法院关于执行案件立案、结案若干问题的意见》第九条第四项的规定，申请执行人申请追加、变更被执行人的，人民法院按照执行异议案件予以立案。因此，申请执行人追加被执行人、对裁定不服提起执行异议之诉均是合法有据的。二、本案并非虚假债务。本案戴某忠的借款发生在其与叶某夫妻关系存续期间，且系戴某忠为生产经营所借，应为夫妻共同债务。之所以提起仲裁，是因戴某忠与王某普达成了仲裁条款，从而只能由仲裁处理，且因叶某非仲裁条款当事方，故无法将其作为被申请人提起仲裁。王某普向戴某忠的借款为持续借款，且有相应转账凭证、现金收条及双方多次的协议进行确认，并不存在虚假，此债务业已经过上海仲裁委员会作出生效裁决予以确认。三、申请追加叶某为被执行人、执行异议之诉的整个过程并未剥夺叶某的实体和程序权利。就追加叶某作为被执行人的审查，经过执行裁定、执行异议之诉一审、二审，执行异议之诉已经对叶某是否作为共同债务人经过充分的实体审理，给予双方充分行使举证、答辩、辩论的权利，并不存在直接通过执行程序确定其承担责任，已经充分保障了其诉讼权利。若在此之外，还要求申请执行人通过民事诉讼程序另案解决，不仅给申请执行人造成诉累和成本负担，也浪费司法资源。四、叶某对债务明知，且一直与戴某忠有往来，并将共同财产进行转移。根据王某普提交的叶某于2012年6月10日书写的承诺书，叶某对戴某忠的该债务是明知的，且表达了愿意共同归还的意思。综上，请求驳回叶某的再审请求。

2015年10月10日，王某普向一审法院上海市第二中级人民法院提起本案诉讼，请求判令准予追加叶某为王某普与戴某忠民间借贷纠纷执行案件中的被执行人。

一审法院查明，2014年9月30日，上海仲裁委员会就申请人王某普与被申请人戴某忠之间的民间借贷债权债务纠纷作出（2014）沪仲案字第0709号《裁决书》。《裁决书》查明：自2010年9月23日起戴某忠多次向王某普借款，王某普通过银行转账、本票以及现金等方式多次给予戴某忠款项，戴某忠以借条、协议书等形式予以确认；2011年12月26日经借贷双方对账确认，戴某忠共欠王某普人民币180万元；2012年6月13日，借款双方以《协议书》形式确认戴某忠欠王某普150万元，约定一年半内还清，并约定因该协议出现纠纷由仲裁委宝山仲裁中心仲裁；截至仲裁开庭前戴某忠尚欠王某普125万元；戴某忠经仲裁书面通知、无正当理由未出席庭审。《裁决书》缺席裁决如下：一、戴某忠应于该裁决作出之日起十五日内向王某普支付欠款125万元；二、戴某忠应于该裁决作出之日起十五日内向王某普支付利息60625元，该利息以125万元为本金，按照中国人民银行一年期贷款基准利率，自2013年12月13日起计算至该裁决作出之日止；三、戴某忠应于该裁决作出之日起十五日内向王某普赔偿因该案支出的律师费12500元；四、该案仲裁费27124元由戴某忠承担，戴某忠应于该裁决作出之日起十五日内向王某普支付。该裁决为终局裁决。该裁决书自作出之日起发生法律效力。2014年10月，王某普就上述《裁决书》向一审法院申请执行，执行案件受理，案号为（2014）沪二中执字第822号。在案件执行中，王某普申请追加叶某为该案被执行人。对此，一审法院执行部门于2015年9月21日作出（2015）沪二中执异字第67号《执行裁定书》，认为"申请执行人王某普未提供充分的证据证明本案债务用于戴某忠和叶某的共同生活，故在本案执行中难以确定该债务的性质，应由申请执行人另行通过诉讼解决为宜……"并据此裁定如下：驳回王某普的追加申请。王某普不服该裁定，遂提起本案诉讼，请求法院判令追加叶某为上述执行案件的被执行人。另查明，戴某忠与叶某1999年11月登记结婚，2013年2月于上海市长宁区民政局登记离婚。

一审法院认为，根据《最高人民法院关于适用〈中华人民共和国婚姻法〉若干问题的解释（二）》第二十四条规定，债权人就婚姻关系存续期间夫妻一方以个人名义所负债务主张权利的，应当按夫妻共同债务处理；但夫妻一方能够证明债权人与债务人明确约定为个人债务，或者能够证明属于婚姻法第十九条第三款（即：夫妻对婚姻关系存续期间所得的财产约定归各自所有的，夫或妻一方对外所负的债务，第三人知道该约定的，以夫或妻一方所有的财产清偿。）规定情形的除外。本案中，戴某忠向王某普借款发生在戴某忠与叶某的婚姻关系存续期间。现王某普据此主张系争借款属戴某忠与叶某的夫妻共同债务，叶某虽对此不予认可，但就其“除外”情形未能提供合法有效的证据可予直接证明，故王某普的上述主张合法有据，予以采信。由此，王某普诉请要求追加叶某为王某普与戴某忠民间借贷纠纷执行案中的被执行人，该院予以支持。综上，一审法院于2016年5月30日作出（2015）沪二中民一（民）初字第1号民事判决，判决：准予王某普追加叶某为王某普与戴某忠民间借贷纠纷执行案中的被执行人之申请。案件受理费80元，由戴某忠、叶某共同负担。

叶某不服一审判决，向上海市高级人民法院提起上诉。

二审法院对一审法院认定的事实予以确认，认为本案的争议焦点如下，一、本案是否属于执行异议之诉的受理范围；二、涉案债务是否真实；三、涉案债务是否属于夫妻共同债务。对于争议焦点一，申请执行人主张涉案债务属于夫妻共同债务而在执行过程中申请追加被执行人，执行法院就该申请作出追加或者不予追加的裁定。申请执行人或者被追加的被执行人对不予追加裁定或者追加裁定不服的，依照《中华人民共和国民事诉讼法》第二百二十七条提起执行异议之诉，并无不当。故对叶某认为王某普提起执行异议之诉无法律依据的主张，不予采信。对于争议焦点二，因本案的涉案债务已经上海仲裁委员会（2014）沪仲案字第0709号《裁决书》予以确认。根据《最高人民法院关于适用〈中华人民共和国民事诉讼法〉的解释》第九十三条之规定，已为仲裁机构的生效裁决所确认的事实，当事人无需举证证明。当事人有相反证据足以推翻的除外。本案中，叶某虽认为涉案债务不真实，但其未能提供相反证据足以推翻仲裁裁决确认的事实，故二审法院对该主张，亦不予采信。对于争议焦点三，关于涉案债务是否属于夫妻共同债务的问题。根据《中华人民共和国婚姻法》第十九条第三款之规定及《最高人民法院关于适用〈中华人民共和国婚姻法〉若干问题的解释（二）》第二十四条之规定，在婚姻关系存续期间以夫妻一方名义所负的债务，除了夫妻一方能够证明债权人与债务人明确约定为个人债务或者能够证明夫妻对婚姻关系存续期间所得财产约定归各自所有且第三人知道该约定的，一般情况下应为夫妻共同债务。本案中，王某普与戴某忠之间的借款发生于叶某与戴某忠夫妻关系存续期间，叶某虽认为其与戴某忠在借款发生时已分居多年，且其未从该笔债务中受益，但其对该主张未能提供有效证据予以证明。而根据王某普提供的叶某于2012年6月10日书写的承诺书，叶某不仅知道该债务且表达了共同归还的意愿。现叶某认为当时书写承诺书，系因警方要求其为戴某忠担保，但其未能提供证据予以证明。即使叶某书写承诺书确因警方要求，也不能证明涉案债务是个人债务。至于叶某认为承诺书仅限用于诉讼不包括仲裁的主张，对此该院认为承诺书用于何种争议解决途径，并不影响涉案债务的性质，故对该主张不予采信。综上，二审法院于2017年2月21日作出（2016）沪民终340号民事判决，判决：驳回上诉，维持原判。二审案件受理费80元由叶某负担。

再审中，叶某、王某普均未提交新证据，双方当事人对原审查明事实亦无异议，本院予以确认。

本院再审认为，本案是申请执行人王某普提起的执行异议之诉。原审判决依据《中华人民共和国民事诉讼法》第二百二十七条规定，认定王某普提起执行异议之诉属于执行异议之诉的受理范围。《中华人民共和国民事诉讼法》第二百二十七条规定："执行过程中，案外人对执行标的提出书面异议的，人民法院应当自收到书面异议之日起十五日内审查，理由成立的，裁定中止对该标的的执行；理由不成立的，裁定驳回。案外人、当事人对裁定不服，认为原判决、裁定错误的，依照审判监督程序办理；与原判决、裁定无关的，可以自裁定送达之日起十五日内向人民法院提起诉讼。"根据该规定，第一，该条规定的是执行程序中案外人对执行标的提出异议的情形，而非申请执行人申请追加被执行人的情形；第二，人民法院经审查案外人提出的异议，认定理由不成立作出裁定驳回案外人执行异议申请后，对驳回裁定不服，可以提起诉讼的主体是案外人；第三，申请执行人可以提起诉讼的裁定应当是人民法院作出的中止执行裁定。因为只有在案外人对执行标的提出异议，人民法院作出中止执行裁定，阻却了执行程序时，申请执行人才有提起执行异议之诉，请求继续执行之必要。《最高人民法院关于适用〈中华人民共和国民事诉讼法〉的解释》第三百零六条第一款进一步明确了申请执行人提起执行异议之诉的条件，即："申请执行人提起执行异议之诉，除符合民事诉讼法

第一百一十九条规定外，还应当具备下列条件：（一）依案外人执行异议申请，人民法院裁定中止执行；（二）有明确的对执行标的继续执行的诉讼请求，且诉讼请求与原判决、裁定无关；（三）自执行异议裁定送达之日起十五日内提起。”该规定是对《中华人民共和国民事诉讼法》第二百二十七条的进一步解释。根据该规定，申请执行人提起执行异议之诉的前提条件是，案外人提起了阻却对执行标的的执行异议申请，且人民法院已经作出中止执行的裁定。也就是说，案外人提出执行异议，执行法院经审查认定案外人执行异议成立，且已作出中止执行裁定，是申请执行人提起执行异议之诉的前置程序。本案中，王某普并不是基于案外人提出执行异议申请，执行法院作出中止执行裁定，其不服该裁定所提出的执行异议之诉，而是对执行法院作出的驳回追加申请裁定不服提起的诉讼。因此，王某普提起本案诉讼不符合上述法律规定的申请执行人提起执行异议之诉的条件。原审判决依据《中华人民共和国民事诉讼法》第二百二十七条规定，认定王某普提起本案诉讼符合法律规定，适用法律不当，本院予以纠正。

综上，依照《中华人民共和国民事诉讼法》第二百二十七条、《最高人民法院关于适用〈中华人民共和国民事诉讼法〉的解释》第三百零六条、第四百零八条规定，裁定如下：

一、撤销上海市高级人民法院（2016）沪民终340号民事判决及上海市第二中级人民法院（2015）沪二中民一（民）初字第1号民事判决；

二、驳回王某普的起诉。

一审案件受理费80元，退还王某普；二审案件受理费80元，退还叶某。

本裁定为终审裁定。

审判长：张爱珍；审判员：周伦军、王展飞；法官助理：潘琳；书记员：陈新雨

二〇一八年三月三十日

专题五十一

房屋买受人对房屋的请求权能够排除出卖人的一般金钱债权人对房屋的强制执行

——刘某生与杜某清案外人执行异议之诉案

【裁判观点】

执行异议及复议程序与执行异议之诉是两个不同的审查程序，《最高人民法院关于人民法院民事执行中查封、扣押、冻结财产的规定》是执行程序中对案外人的异议进行形式审查的判断标准，并非是对案外人权利的最终确认，案外人实体民事权利的内容是执行异议之诉的审理范围。债务人将其房屋以市场价格出卖的行为，客观上导致其责任财产中的一部分从实物形态转化为货币形态，但其责任财产的范围并未因此而不当减损，债权人的权利并未因此而受到损害，仍然有权就房屋价款中债务人的应有份额主张相应的权利。而房屋买受人的权利内容则以买受房屋这一特定财产为唯一客体，在房屋买卖合同合法有效的情况下，买受人在履行合同义务的同时依法享有要求办理过户登记的物权期待权，得以排除出卖人的一般金钱债权人对房屋的强制执行。若将已经出卖但未办理过户登记的房屋仍然作为债务人的责任财产，则会不当增加其责任财产的范围并损害合法买受人的权利。

中华人民共和国最高人民法院

民事判决书

案号（2017）最高法民再355号

再审申请人（一审原告、二审上诉人）：刘某生。

委托诉讼代理人：李忠平。

被申请人（一审被告、二审被上诉人）：杜某清。

委托诉讼代理人：刘涛。

委托诉讼代理人：林冠明。

再审申请人刘某生因与被申请人杜某清案外人执行异议之诉一案，不服福建省高级人民法院（2015）闽民终字第853号民事判决，向本院申请再审。本院于2017年9月25日作出（2017）最高法民申3570号民事裁定，提审本案。本院依法组成由审判员周伦军担任审判长、审判员王展飞、审判员张爱珍参加的合议庭公开开庭审理了本案。本院法官助理李洁协助办理本案，书记员王薇佳担任法庭记录。再审申请人刘某生的委托诉讼代理人李忠平、被申请人杜某清的委托诉讼代理人刘涛到庭参加诉讼。本案现已审理终结。

刘某生申请再审称：一、原审判决适用法律错误。（一）本案应当首先适用《中华人民共和国民法通则》第五十五条、《中华人民共和国合同法》第四十四条、第六十六条的规定。刘某生与陈某明、陈某玲签订的《房产买卖协议》自2013年8月11日订立时生效，生效时间早于福建省厦门市中级人民法院2013年12月2日应杜某清申请作出（2013）厦民保字第254号民事裁定书查封房产的时间，合同效力得到了福建省厦门市思明区人民法院（2015）思民初字第2996号民事判决的确认，该合同应当继续履行。（二）本案应当适用《中华人民共和国合同法》第一百三十三条、第一百三十八条的规定，因为刘某生依约履行合同，不存在任何违约。1. 刘某生依约在2013年8月23日前支付了购房款400万元整并接受该房屋的交付，占有使用至今；2. 陈某明、陈某玲依约应于2013年9月1日前往原申请贷款银行办理提前还贷、解除抵押登记手续，但陈某明、陈某玲却违约未去办理，其违约行为不能剥夺刘某生的合法权益，如不安抗辩权等；3. 刘某生经与抵押权人兴业银行股份有限公司厦门分行（以下简称兴业银行厦门分行）达成《和解协议》，于2015年6月30日支付了剩余的190万元购房尾款。（三）本案应当适用《中华人民共和国物权法》第一百零六条关于善意取得的规定及理论。刘某生系在查封前占有该套房屋的善意第三人，依照物权法理论，福建省厦门市中级人民法院查封的效力不得对抗刘某生，应依法解除查封。（四）本案应当适用《中华人民共和国物权法》第三十九条的规定。本案涉及到出卖方陈某明、陈某玲、买受方刘某生、抵押权方兴业银行厦门分行、与房产无关的其他债权人杜某清四方的权益。陈某明、陈某玲于2013年8月11日将该套房屋卖给刘某生，并于2013年8月23日交付刘某生占用、使用，依照《中华人民共和国物权法》第十五条的规定，刘某生已实际取得该套房屋的所有权，没有登记只是物权未设立。

由于刘某生已与抵押权人兴业银行厦门分行达成《和解协议》，而杜某清对该套房屋的查封是基于其他债权而产生，因此，刘某生作为买受人依据享有的优先效力有权要求法院解除查封。（五）原审适用的法律规定违反了物权法的规定。1. 原审适用的《最高人民法院关于人民法院民事执行中查封、扣押、冻结财产的规定》（法释〔2004〕15号）是司法解释、程序法。2. 原审对该规定理解错误。该规定第十七条的立法本意是“可以查封”，而不是必须查封，买受人根据有效的买卖合同支付了全部价款并实际占有，就应当解除查封。3. 依照“后法优先于前法的原则”，本案应当适用2007年实施的《中华人民共和国物权法》第十五条、第三十九条、第一百零六条等规定解除对该套房屋的查封。（六）原审明显违背了《中华人民共和国民法通则》《中华人民共和国合同法》《中华人民共和国物权法》规定的“民事权益受法律保护”“诚实信用”“公序良俗”“尊重社会公德”等原则，使刘某生的生效合同得不到履行和保障。（七）由于陈某明、陈某玲已经将该套房屋出卖给刘某生，如果不解除查封导致该房屋被拍卖，依照“一房不得二卖”的原则拍卖无效。（八）该房屋的抵押权人认可刘某生买受该套房屋的效力，且与刘某生达成和解协议，以便合同能继续履行。二、有新证据，足以推翻原判决。（一）刘某生调取的《房地产抵押估价报告》证实该房屋2013年的总价值为3883900元，而刘某生的买受价为590万元，远远高于评估价，不存在贱卖、恶意串通等过错行为。（二）签订购房合同时中介出具的“情况说明”及福建省厦门市中级人民法院（2014）厦民初字第7号民事裁定书可以证明：由于陈某明、陈某玲收到刘某生400万元购房款后未依约还清银行的贷款解押，中介提醒刘某生享有不安抗辩权，只有通过法院诉讼或与抵押权人谈判才能支付190万元尾款，而且2013年年底刘某生也已诉至福建省厦门市中级人民法院，由于房屋被查封才不得不先撤诉，提请执行异议之诉后再行诉讼。以上事实说明刘某生在该房屋被查封前已诚意履行合同，不存任何违约。依据《中华人民共和国民事诉讼法》第二百条第一项、第六项之规定，请求依法再审本案，撤销一、二审判决，支持刘某生的诉讼请求，本案诉讼费由杜某清承担。

杜某清答辩称：一、关于刘某生购买案涉房产的行为能否排除强制执行问题。1. 依照《最高人民法院关于人民法院民事执行中查封、扣押、冻结财产的规定》第十七条的规定，被执行人将其所有的需办理过户登记的财产出售给第三人的，第三人阻却人民法院查封、扣押、冻结尚未办理过户登记手续的财产，需满足第三人已经支付全部价款并实际占有且对未办理过户登记手续无过错的条件。本案中，案涉房产被查封前刘某生并未支付全部价款。2. 刘某生对案涉房产未办理过户登记手续具有重大过错。按照一般的交易流程，刘某生应当在案涉房产解押后方进入付款程序，而刘某生在明知案涉房产尚有银行抵押未解除、不能或者说可能不能顺利办理过户登记手续的情况下，依然短时间内支付400万元大额房款，具有重大过错，不排除有与陈某明串通的可能性。3. 2013年年底陈某明众多债务诉讼大爆发后，所有案件都通过公告送达，仅刘某生诉陈某玲、陈某明确认合同效力的（2015）思民初字第2996号能正常送达，说明双方关系特殊。二、关于物权与债权的相关理论。1. 刘某生并未取得案涉房产的所有权。刘某生可依据有效的合同请求被执行人继续履行协助办理过户手续的义务，若不能履行，则应提起违约赔偿，而不应继续提起执行异议之诉的再审申请。2. 案涉房产不适用善意取得制度。陈某明处分房产的行为是有权处分，并非无权处分，不符合善意取得制度的适用前提，且刘某生购买该房屋时是否为善意有待商榷。3. 本案并不存在同一标的物上的物权优先于债权的情况。案涉房屋上存在刘某生与陈某明的合同之债，杜某清与陈某明的担保之债，且担保之债先于合同之债发生，按债权的一般履行顺序，法院执行拍卖案涉房屋并无不妥，不违反“一房不得二卖”的原则。房屋买卖合同因陈某明的原因履行不能，刘某生应提起违约之诉，解除合同并主张赔偿。三、另案判决不应当成为本案裁判的依据。民事判决生效后在该案当事人之间产生既判力。本案刘某生提交的另案审理的是交易双方内部法律关系以及案外人在标的物上设定抵押权等关系，与本案的事实、法律关系及诉讼标的均不相同。刘某生关于另案裁判结果对本案有约束力的主张没有法律依据。请求驳回刘某生的再审请求。

2014年9月28日，刘某生向福建省厦门市中级人民法院提起诉讼，请求：立即停止对位于福建省厦门市思明区前村埔路571号1102室（土地房屋权证号为厦国土房证第00669212号）的强制执行，并解除对该套房屋的查封、冻结。

福建省厦门市中级人民法院一审查明：福建省厦门市思明区前村埔路571号1102室房屋于2009年4月2日登记在陈某明个人名下。陈某玲与陈某明原系夫妻关系，于2013年7月1日签订一份《离婚协议书》约定双方协议离婚，其中第3

条约定，厦门市思明区前村埔路571号1102室房屋归陈某玲所有，有关房屋的银行按揭贷款由双方共同承担，日后有关该房屋的交易陈某明必须无条件配合。当天，双方办理了离婚手续，该《离婚协议书》亦提交厦门市思明区民政局备案。2013年8月11日，陈某明、陈某玲作为出售方与刘某生签订一份《房产买卖协议》，约定刘某生向陈某明、陈某玲购买厦门市思明区前村埔路571号1102室房屋，购房总价为590万元；刘某生应于协议签订当日支付定金20万元，2013年8月23日前分三期再支付380万元，余额190万元由刘某生向银行申请贷款支付；陈某明应于2013年9月1日前往原申请贷款银行办理提前还贷手续、解除抵押登记手续，并于解押后三日前往产权登记机关办理交易过户登记手续，刘某生指定第三方郭义生与陈某明进行产权过户；陈某明收到刘某生的购房款400万元时将房屋交付刘某生使用，收到全部购房款一年内将其户口迁出；……协议签订后，刘某生于协议签订当日现金支付给陈某明、陈某玲购房定金20万元，于2013年8月12日至8月22日转款5笔合计380万元到陈某玲银行账户，合计支付购房款400万元。2013年10月22日，福建省厦门市中级人民法院应杜某清提出的财产保全申请作出（2013）厦民保字第254号民事裁定书，并于2013年12月2日依据该民事裁定书轮候第二顺位查封了厦门市思明区前村埔路571号1102室房屋。

另查明，在杜某清与厦门圣达威服饰有限公司、章某民、陈某明、章某、厦门冠合工贸有限公司民间借贷纠纷一案中，杜某清系以陈某明在2013年6月18日借款人厦门圣达威服饰有限公司与出借人杜某清签订的《借款合同》中作为担保人为厦门圣达威服饰有限公司的借款提供担保为由，诉求判令陈某明承担借款担保责任。福建省厦门市中级人民法院于2014年7月18日作出（2013）厦民初字第1113号民事判决，判决厦门市圣达威服饰有限公司偿还杜某清借款300万元及利息，章某民、陈某明、章某、厦门冠合工贸有限公司对上述债务承担连带清偿责任。该判决已发生法律效力。

还查明，因刘某生提出保全异议，福建省厦门市中级人民法院于2014年8月16日作出（2013）厦民保字第254号执行裁定书，认为厦门市思明区前村埔路571号1102室房屋在2013年6月18日杜某清与陈某明之间的借款担保关系发生时，属于陈某明与陈某玲的夫妻共同财产，2013年7月1日陈某明与陈某玲对该房屋的归属进行离婚分割时，陈某明的借款担保债务尚未履行，双方的内部财产分割行为的效力依法并不能及于外部权利人杜某清，杜某清仍有权要求就该房屋中属于陈某明所有的份额采取财产保全措施。之后陈某明与陈某玲虽于2013年8月11日又将该房屋出售给刘某生，但刘某生并未在2013年12月2日该房屋被福建省厦门市中级人民法院查封前付清全部购房款，并不符合《最高人民法院关于人民法院民事执行中查封、扣押、冻结财产的规定》第十七条所规定的可解除查封的情形。因此刘某生请求解除对厦门市思明区前村埔路571号1102室房屋的查封的异议请求，理由不能成立，应予驳回。遂裁定驳回刘某生的异议。刘某生不服该裁定，向福建省厦门市中级人民法院提起诉讼，请求判如所请。

以上事实，有结婚证、离婚协议、房产买卖协议、民事判决书、执行裁定书及庭审笔录等为证。

福建省厦门市中级人民法院一审认为：首先，福建省厦门市思明区前村埔路571号1102室房屋在2013年6月18日杜某清与陈某明之间的借款担保关系发生时，系陈某明与陈某玲的夫妻共同财产，2013年7月1日陈某明与陈某玲在离婚时对该房屋的归属所进行的分割，属于内部财产分割行为，不能对抗杜某清，杜某清仍有权要求就该房屋中属于陈某明所有的份额采取财产保全措施。其次，依照《最高人民法院关于人民法院民事执行中查封、扣押、冻结财产的规定》第十七条的规定，被执行人将其所有的需要办理过户登记的财产出卖给第三人，第三人已经支付部分或者全部价款并实际占有该财产，但尚未办理产权过户登记手续的，人民法院可以查封、扣押、冻结；第三人已经支付全部价款并实际占有，但未办理过户登记手续的，如果第三人对此没有过错，人民法院不得查封、扣押、冻结。本案中，虽刘某生支付了讼争房产的部分价款并占有讼争房产，但本案中讼争房产产权尚登记在陈某明名下，刘某生也未支付完毕讼争房产的全部价款，并不属于法院不得查封、扣押、冻结的情形。依照该规定，刘某生的诉讼请求不能成立，该院予以驳回。该院依照《中华人民共和国民事诉讼法》第六十四条，《最高人民法院关于人民法院民事执行中查封、扣押、冻结财产的规定》第十七条之规定，于2015年3月20日作出（2014）厦民初字第1440号民事判决：驳回刘某生的诉讼请求。一审案件受理费100元，由刘某生负担。

刘某生不服，向福建省高级人民法院提起上诉，请求：撤销一审判决，改判立即停止对案涉房屋的强制执行，并解除对讼争房屋的查封、冻结。理由如下：

一、根据《中华人民共和国合同法》第三十二条“当事人采用合同书形式订立合同的，自双方当事人签字或者盖章时合同成立”之规定，刘某生与陈某明、陈某玲于2013年8月11日签订的《房产买卖协议》依法成立；根据《中华人民共和国物权法》第十五条“当事人之间订立有关设立、变更、转让和消灭不动产物权的合同，除法律另有规定或者合同另有约定外，自合同成立时生效；未办理物权登记的，不影响合同效力”之规定，房屋买卖合同成立且生效，并经福建省厦门市思明区人民法院于2015年4月15日作出的（2015）思民初字第2996号生效判决确认。刘某生依照合同约定支付大部分购房款并占有标的物至今，不存在任何违约，根据《中华人民共和国合同法》第一百三十三条“标的物的所有权自标的物交付时起转移，但法律另有规定或者当事人另有约定的除外”之规定，刘某生取得了标的物即讼争房屋的所有权，没有登记只是物权未设立。陈某明、陈某玲两人应当配合刘某生办理房屋过户手续。二、杜某清系（2013）厦民初字第1113号民间借贷一案的原告，陈某明系被告之一。在诉讼中杜某清作为申请人向一审法院申请对讼争房屋进行诉讼财产保全，一审法院查封了讼争房屋，显然侵犯了刘某生对该房屋拥有的物权。且根据《中华人民共和国物权法》第一百零六条的规定，刘某生对该房产构成善意取得，属于善意取得的第三人。三、刘某生在一审诉讼期间，一直积极与相关权益人（如兴业银行厦门分行等）通过各种法律程序准备给付剩余的购房款190万元，由于银行更换经办人等原因拖延了时间，刘某生还来不及将190万元支付给银行，一审法院便下达了判决。现刘某生已与兴业银行厦门分行达成和解协议，并于2015年6月30日支付了剩余的190万元购房款。至此，讼争房屋的590万元购房款已全部付清。

杜某清答辩称：一、陈某明为了躲避债务，通过离婚、转移资产等行为，侵犯杜某清合法权益，不排除其与刘某生恶意串通而进行房屋买卖，因此其房屋买卖行为是无效的。二、刘某生通过诉讼方式确认房屋买卖合同有效，但该诉讼没有通知利害关系人参与，程序上有瑕疵。三、至于刘某生代偿陈某明的房屋按揭贷款，与本案合同关系属于不同的法律关系，不能认为刘某生支付了讼争房屋的购房款。因此，请求驳回上诉，维持原判。

双方当事人对一审法院认定的事实没有异议。故该院予以确认。

福建省高级人民法院二审认为，根据《最高人民法院关于人民法院民事执行中查封、扣押、冻结财产的规定》第十七条的规定，判断案外人执行异议之诉的理由能否成立，应审查三个方面内容：一是案外人是否全部支付购房款，二是案外人是否实际占有讼争房产，三是案外人对未办理过户登记手续有无过错。本案中，刘某生与陈某明、陈某玲于2013年8月11日签订《房产买卖协议》后，支付了购房款400万元，在一审法院于2013年12月2日对该房屋进行查封时，尚有190万元购房款未支付，即未能全部支付590万元的购房款。因此，刘某生的请求不符合《最高人民法院关于人民法院民事执行中查封、扣押、冻结财产的规定》第十七条规定的可以解除查封的条件。虽然刘某生与陈某明、陈某玲签订的《房产买卖协议》合法、有效，刘某生亦已占有使用讼争房屋，并且与兴业银行厦门分行达成和解协议，通过代偿陈某明的房屋按揭贷款的方式支付购房尾款190万元，但依然不能改变其在法院查封讼争房屋之前未付清购房款的事实。一审法院在审理以陈某明等为被告的案件中，于2013年12月2日对讼争房屋进行查封时，该房产当时仍在陈某明个人名下。法院查封措施符合《最高人民法院关于人民法院民事执行中查封、扣押、冻结财产的规定》第十七条关于"被执行人将其所有的需要办理过户登记的财产出卖给第三人，第三人已经支付部分或者全部价款并实际占有该财产，但尚未办理产权过户登记手续的，人民法院可以查封、扣押、冻结；……"的规定。故刘某生的上诉理由不能成立。

综上，该院依照《中华人民共和国民事诉讼法》第一百七十条第一款第一项之规定，于2015年9月18日作出（2015）闽民终字第853号民事判决：驳回上诉，维持原判。二审案件受理费100元，由刘某生负担。

本院再审期间，刘某生向本院提交了以下五组证据：1. 福建省厦门市地方税务局社会保险参保缴费情况证明，拟证明刘某生有能力购买案涉房屋；2. 编号为厦国土房证第00809330号厦门市土地房屋产权证复印件一份及房产买卖协议原件一份，拟证明刘某生为了改善居住环境将自有房屋销售后再购买案涉房屋，并非跟出卖方串通；3. 交房情况说明两份，拟证明刘某生于2013年8月23日在中介人员在场的情况下从陈某明、陈某玲的手中取得房屋；4. 收款收据、业务登记表、发票等证据一组，拟证明物业管理费、公摊费用等所有需缴纳的费用均由刘某生缴纳至今，刘某生一直占有并使用案涉房屋至今；5. 福建省厦门市中级人民法院（2013）厦民保字第211号执行裁定书，拟证明2014年7月28日法院裁定中止因杜鹃申请的对案涉房屋的执行。庭后刘某生补充提交福建省厦门市国土房产测绘档案管理中心存档的《存量房买卖合同》一份，拟证明刘某生将自主房屋出卖后再购入案涉房屋的事实，杜某清对该份证据发表了书面质证意见。经组织双方举证、质证，杜某清对上述证据的表面真实性均无异议，本院依法予以确认。

本院再审查明：2010年11月8日，刘某生取得福建省厦门市思明区前村埔路577号508室房屋的所有权（土地房屋权证号：厦国土房证第00809330号），房屋建筑面积为143.91平方米。2013年7月13日，刘某生与张某爱签订《房产买卖协议》，将上述房产出售给张某爱，售价为311.8万元。在案涉《房产买卖协议》签订后，在房屋中介人员的见证下，陈某明、陈某玲于2013年8月23日将案涉房屋腾空并结清水电煤气费用后交付给刘某生。2013年8月24日，刘某生与厦门鑫冠亚装饰设计工程有限公司签订《装饰装修工程施工合同》，对案涉房屋进行了装修。自2013年10月26日起，由刘某生实际向福建广电网络集团股份有限公司厦门分公司交纳案涉房屋的有线电视费用。自2014年3月开始，刘某生以自己的名义交纳案涉房屋的水费、电费、垃圾费、物业管理费、公共维修金。

2015年1月22日，刘某生以陈某玲、陈某明为被告，向福建省厦门市思明区人民法院提起诉讼，请求确认刘某生与陈某玲、陈某明于2013年8月11日签订的《房产买卖协议》有效，该院于2015年4月15日作出（2015）思民初字第2996号民事判决，确认双方于2013年8月11日签订的《房产买卖协议》有效。2015年6月29日，刘某生与案涉房屋的抵押权人兴业银行厦门分行就该行与陈某明、陈某玲等借款合同纠纷执行一案［（2014）思执行字第3285号］达成和解协议，约定刘某生向兴业银行厦门分行代为偿还陈某明、陈某玲在该借款合同中应当支付给银行的本金、利息、律师费共计3475928.47元，并于次日实际代偿本金190万元。

除前述事实外，原审判决认定的事实属实，本院予以确认。

再审中，各方当事人争议的焦点问题为：刘某生对案涉房屋是否享有足以排除他人强制执行的民事权益。

本院认为，本案中，杜某清对陈某明的担保债权业经人民法院生效判决予以确认，而刘某生与陈某明、陈某玲签订的《房产买卖协议》的效力亦经人民法院的生效判决予以确认，杜某清和刘某生均系陈某明的债权人，二者的法律地位平等，但各自的债权内容有别。具体而言，杜某清作为债权人，在债务人厦门圣达威服饰有限公司和其他保证人未清偿债务的情况下，有权要求保证人陈某明以其全部财产承担连带清偿责任，其债权指向的责任财产范围，是陈某明的全部个人财产，包括陈某明在案涉房屋中扣除尚欠银行贷款部分的应有份额。而刘某生作为债权人，在案涉《房产买卖协议》签订后，已经依约定支付了大部分房屋价款，并实际占有了案涉房屋，虽然并未办理过户登记，但刘某生作为合法占有人有权要求出卖人陈某明、陈某玲为其办理案涉房屋的过户登记手续。由此可见，杜某清作为债权人的权利内容，指向的是陈某明的一般责任财产，并非指向案涉房屋这一特定财产；而刘某生作为债权人的权利内容，则以案涉房屋这一特定财产为唯一客体。《中华人民共和国物权法》第二百四十五条规定："占有的不动产或动产被侵占的，占有人有权请求返还原物；对妨害占有的行为，占有人有权请求排除妨害或者消除危险；因侵占或妨害造成损害的，占有人有权请求损害赔偿"。由此可见，刘某生作为案涉房屋的买受人，除依法享有要求办理过户登记的物权期待权之外，其作为合法占有人还依法享有向任何人主张房屋的所有人能够主张的排他性权利。本案中，陈某明将案涉房屋出售给刘某生并取得房屋价款的行为，虽然在客观上导致了其责任财产中的一部分从实物形态转化为货币形态，但其责任财产的范围并未因此而不当减损，杜某清作为债权人的权利并未因此而受到损害，其仍然有权就房屋价款中陈某明的应有份额主张相应的权利。相反，在案涉《房产买卖协议》合法成立、且已经实际履行的情况下，查封案涉房屋并将其作为杜某清债权执行标的的结果，不仅在客观上不当扩张了陈某明的责任财产范围，亦直接损害了刘某生的合法权利。《最高人民法院关于人民法院民事执行中查封、扣押、冻结财产的规定》第十七条的规定，是执行程序中对案外人的异议进行形式审查的判断标准，并非是对案外人权利的最终确认，案外人实体民事权利的内容是执行异议之诉的审理范围。原审法院将该条规定作为审理本案的法律依据，混淆了执行异议的审查与执行异议之诉的审理之间的差别，本院予以纠正。被申请人杜某清关于不能排除陈某明与刘某生恶意串通损害其合法权益等诉讼理由，不仅未能提供相应的证据予以支持，亦明显与本院认定的案件事实不符，本院不予支持。

综上，申请人刘某生的申请理由成立，本院予以支持。原审判决认定事实基本清楚，但因法律适用错误，导致案件实体处理结果不当，本院予以纠正。依照《中华人民共和国物权法》第二百四十五条、《中华人民共和国民事诉讼法》第二百二十七条、第二百零七条第一款、第一百七十条第一款第二项，《最高人民法院关于适用的解释》第三百一十二条第一款第一项之规定，判决如下：

一、撤销福建省高级人民法院（2015）闽民终字第853号民事判决；

二、撤销福建省厦门市中级人民法院（2014）厦民初字第1440号民事判决；

三、不得执行福建省厦门市思明区前村埔路571号1102室（土地房屋权证号为厦国土房证第00669212号）。

一审案件受理费100元，二审案件受理费100元，均由杜某清负担。

本判决为终审判决。

审判长：周伦军；审判员：王展飞、张爱珍；法官助理：李洁；书记员：王薇佳

二〇一八年四月二十八日

专题五十二

在法律没有特别规定的情况下，人民法院应依据银行账户名称认定银行账户内存款的所有权人

——林甲诉何某飞案外人执行异议之诉案

【裁判观点】

货币作为特殊的动产及种类物，自交付时所有权即发生转移。在法律没有特别规定的情况下，人民法院应依据银行账户名称认定银行账户内存款的所有权人。非银行账户户主即便实际控制了该银行账户，也不影响银行账户内存款的所有权归属。

中华人民共和国最高人民法院

民事裁定书

案号（2018）最高法民申884号

再审申请人（一审原告、二审被上诉人）：林甲，男，1970年9月3日出生，汉族，住福建省福州市鼓楼区。

委托诉讼代理人：周波冈，江西求正沃德（吉安）律师事务所律师。

委托诉讼代理人：郭庆，江西求正沃德（吉安）律师事务所律师。

被申请人（一审被告、二审上诉人）：何某飞，女，1971年8月22日出生，汉族，住福建省闽侯县。

委托诉讼代理人：叶宗斌，福建名仕律师事务所律师。

委托诉讼代理人：张琳，福建名仕律师事务所实习律师。

一审第三人：林乙，男，1972年12月19日出生，汉族，住福建省长乐市。

一审第三人：福建利房桥建筑工程有限公司，住所地福建省邵武市李纲西路樵岚B幢一层。

法定代表人：陈莲金。

一审第三人：福建坤源水利建设工程有限公司，住所地福建省福州市台江区

广达路393号边达大厦3#楼03层01室3C。

诉讼代表人：张伙星，该公司破产管理人负责人。

再审申请人林甲因与被申请人何某飞，一审第三人林乙、福建利房桥建筑工程有限公司、福建坤源水利建设工程有限公司（以下简称坤源公司）案外人执行异议之诉一案，不服福建省高级人民法院（2016）闽民终729号民事判决，向本院申请再审。本院依法组成合议庭进行了审查，现已审查终结。

林甲申请再审称：本案符合《中华人民共和国民事诉讼法》第二百条第六项规定的情形，应予再审。主要事实和理由是：（一）二审法院依据《最高人民法院关于人民法院办理执行异议和复议案件若干问题的规定》第二十五条第一款第三项及《中华人民共和国物权法》第二十三条规定，认定案涉2000万元款项所有权归属于坤源公司，适用法律错误，该笔款项应归林甲所有。1. 案涉2000万元款项系林甲为办理坤源公司增资业务提供的验资款项，该款汇入坤源公司账户后，林甲通过持有坤源公司的公章、财务章、法定代表人及股东私章、公司营业执照、税务登记证、组织机构代码证、开户许可证、两股东身份证和银行卡、验资报告、撤销银行结算账户申请书等物件的方式取得了案涉2000万元的实际控制权。且案涉2000万元款项存放的银行账户从无大额资金进出，该笔款项已特定化。2. 法院对案外人执行异议之诉应进行实质审查，二审法院仅以银行账户名称判断案涉款项的所有权人，显失公正。3. 林甲并无转移案涉2000万元款项所有权的意思表示，即便坤源公司占有该笔款项，也不发生物权变动效果。二审法院认定案涉2000万元款项通过交付已经发生了所有权转移的物权变动效果错误。（二）本案一审期间，坤源公司由福州市中级人民法院宣告破产，根据《中华人民共和国企业破产法》第十九条规定，有关坤源公司财产的保全措施应当解除，执行程序应当中止。

何某飞提交意见称：（一）二审法院认定案涉2000万元款项所有权归属于坤源公司正确。1. 案涉2000万元款项汇入坤源公司账户后，所有权即归坤源公司，与该款项是否特定化无关。且林甲不能提供证据证明其自始至终持有坤源公司及其股东的相关证件、印章等物件，即便其全程持有，至多也属非法控制，不能阻却所有权变动的法律效果。2. 林甲关于案外人执行异议之诉遵循实质审查标准的主张，缺乏依据。3. 本案林甲的行为应为出借款项，其与坤源公司之间系债权债务关系。无论林甲是否具有交付款项的意思表示，均不能改变所有权变动的法律后果。（二）本案一审法院受理坤源公司债权人对坤源公司的破产清算申请不影响本案审理。1. 坤源公司并未被宣告破产，本案争议的实质是林甲提出的执行异议应否予以支持。2. 因案涉款项的所有权存在争议，并非当然属于坤源公司所有，故本案不属于《中华人民共和国企业破产法》第十九条规定的情形。综上，何某飞请求驳回林甲的再审申请。

坤源公司提交意见称：案涉2000万元系坤源公司两股东为增资目的所存，应归坤源公司所有，故请求驳回林甲的再审申请。

本院经审查认为：（一）关于林甲对案涉执行标的是否享有足以排除强制执行的民事权益问题。货币作为特殊的动产及种类物，自交付时所有权即发生转移。银行账户中的存款，一般情况下，第三人可直接根据该账户名称判断存款的所有权人。林甲自认其和建瓯市加丰贸易有限公司（以下简称加丰公司）汇给坤源公司股东的2000万元款项系为坤源公司增资目的。该款项经坤源公司两股东收取后又转至坤源公司验资账户，坤源公司即成为账户上该存款的权利人，林甲主张其对该2000万元存款享有所有权，无事实与法律依据。林甲及加丰公司汇给坤源公司股东2000万元，其可依法向接受该款项的坤源公司股东主张权利。至于林甲主张的其对坤源公司案涉账户的实际控制问题，即便其实际控制了该账户，其控制行为也仅是其确保债权实现所采取的手段，并不影响案涉存款的所有权归属，林甲应自行承担其债权不能实现的法律风险。关于林甲认为二审法院在案外人执行异议之诉中对银行账户存款权利归属应进行实质审查问题，本院认为，就银行账户存款而言，在法律没有特别规定的情况下，无论是采用形式审查标准，还是实质审查标准，都应依据账户名称认定账户内存款的所有权人。据此，二审法院认定林甲对案涉执行标的不享有足以排除强制执行的民事权益，并无不当。

（二）关于人民法院裁定受理对坤源公司的破产清算申请是否影响本案审理问题。《最高人民法院关于适用〈中华人民共和国民事诉讼法〉的解释》第五百一十五条规定："被执行人住所地人民法院裁定受理破产案件的，执行法院应当解除对被执行人财产的保全措施。被执行人住所地人民法院裁定宣告被执行人破产的，执行法院应当裁定终结对该被执行人的执行。被执行人住所地人民法院不受理破产案件的，执行法院应当恢复执行。"本案执行异议之诉于2015年7月15日立案，一审法院于2015年12月24日又裁定受理案外人黄伟、林曦对坤源公司的破产清算申请，但目前坤源公司尚未被宣告破产，案涉执行程序也未终结。故一、二审法院对本案执行异议之诉审理并作出判决，并无不当。案涉执行程序应否中止属于执行程序中的审查事项，不属于本案案外人执行异议之诉的审理范围。

综上，林甲提出的再审事由不能成立，其再审申请不符合《中华人民共和国民事诉讼法》第二百条第六项规定的情形。依照《中华人民共和国民事诉讼法》第二百零四条第一款，《最高人民法院关于适用〈中华人民共和国民事诉讼法〉的解释》第三百九十五条第二款规定，裁定如下：

驳回林甲的再审申请。

审判长：汪军；审判员：马东旭、张爱珍；法官助理：魏佳钦；书记员：费斯嘉

二〇一八年五月十日

专题五十三

保证金优先受偿权的审查标准

——再审申请人天津银行股份有限公司唐山分行、天津银行股份有限公司唐山迁安支行与被申请人浙江物产融资租赁有限公司等案外人执行异议之诉案

【裁判观点】

案外人执行异议之诉与普通诉讼不同，一旦人民法院对某些财产进行了查封、扣押、冻结，就意味着该财产已处于非正常状态。在这种情况下，就该项财产所产生的争议，应当通过特殊程序处理，即案外人执行异议之诉。案外人执行异议之诉的目的在于排除对异议标的的强制执行，而其前提则是享有对于执行标的的实体权利。根据《最高人民法院关于适用〈中华人民共和国担保法〉若干问题的解释》第八十五条规定，“债务人或者第三人将其金钱以特户、封金、保证金等形式特定化后，移交债权人占有作为债权的担保，债务人不履行债务时，债权人可以以该金钱优先受偿”。如何界定上述法律规定中的“金钱特定化”和“移交占有”问题，是判断案涉资金是否为信用证开证保证金的前提条件。

本案中，根据唐山分行、迁安支行在原审及再审中提交的证据，结合1142账户的账号名称、天津银行和中国人民银行天津分行有关账户管理规定，1142账户开户时对账户性质的约定，鑫达矿业公司开立案涉信用证及履行所涉合同的情况以及该账户的资金流水明细，可以认定1142账户为信用证保证金账户。原审判决以唐山分行、迁安支行在原审中提交的证据为其内部文件，第三人无从知晓不能显示出质押外观为由，认定该账户为一般存款账户，与案件事实不符。

根据《中华人民共和国商业银行法》的规定，商业银行分支机构在总行授权范围内开展业务，其民事责任由总行承担。因此，唐山分行、迁安支行根据天津银行的相关规定，在其各自职责范围内办理案涉信用证业务，不违反法律规定。根据上述规定及本案实际情况，案涉1142账户内3000万元资金已归唐山分行占有。唐山分行、迁安支行有权对上述3000万元优先受偿。

根据《最高人民法院关于人民法院能否对信用证开证保证金采取冻结和扣划措施问题的规定》第一条规定，人民法院在审理或执行案件时，依法可以对信用证开证保证金采取冻结措施，但不得扣划；如果当事人认为人民法院冻结和扣划的某项资金属于信用证开证保证金的，应当提供有关证据予以证明；人民法院审查后，可按以下原则处理：对于确系信用证开证保证金的，不得采取扣划措施；如果开证银行履行了对外支付义务，根据该行申请，人民法院应当立即解除对信用证开证保证金相应部分的冻结措施；如果申请开证人提供的开证保证金是外汇，当事人又举证证明信用证的受益人提供的单据与信用证条款相符的，人民法院应当立即解除冻结措施。

综上，根据本案证据，可以证明案涉账户属于信用证开证保证金账户，唐山分行、迁安支行对1142账户内的3000万元保证金享有足以排除人民法院强制执行的民事权益。故本院判决撤销一、二审判决，不得对鑫达矿业公司在迁安支行开立的1142账户内存款3000万元执行。

中华人民共和国最高人民法院
民事判决书

案号（2018）最高法民再27号

再审申请人（一审原告、二审上诉人）：天津银行股份有限公司唐山分行。

负责人：尹学军，该分行行长。

委托诉讼代理人：徐洋，国浩律师（北京）事务所律师。

委托诉讼代理人：景宝安，河北品思律师事务所律师。

再审申请人（一审原告、二审上诉人）：天津银行股份有限公司唐山迁安支行。

负责人：杨华，该支行行长。

委托诉讼代理人：徐洋，国浩律师（北京）事务所律师。

委托诉讼代理人：郭香龙，北京初亭律师事务所律师。

被申请人（一审被告、二审被上诉人）：浙江物产融资租赁有限公司。

法定代表人：王竞天，该公司董事长。

委托诉讼代理人：唐国华，上海锦天城（杭州）律师事务所律师。

委托诉讼代理人：崔满兴，上海锦天城（杭州）律师事务所律师。

一审第三人：河北鑫达矿业集团有限公司。

法定代表人：刘晓云，该公司董事长。

委托诉讼代理人：王玉海，河北王玉海律师事务所律师。

一审第三人：河北鑫达钢铁有限公司。

法定代表人：刘凤国，该公司总经理。

委托诉讼代理人：王玉海，河北王玉海律师事务所律师。

一审第三人：迁安市军丰工贸有限公司。

法定代表人：王静，该公司董事长。

委托诉讼代理人：王玉海，河北王玉海律师事务所律师。

一审第三人：刘某利。

委托诉讼代理人：王玉海，河北王玉海律师事务所律师。

一审第三人：王某玲。

委托诉讼代理人：王玉海，河北王玉海律师事务所律师。

一审第三人：王某丽。

委托诉讼代理人：王玉海，河北王玉海律师事务所律师。

一审第三人：王某。

委托诉讼代理人：王玉海，河北王玉海律师事务所律师。

再审申请人天津银行股份有限公司唐山分行（以下简称唐山分行）、天津银行股份有限公司唐山迁安支行（以下简称迁安支行）因与被申请人浙江物产融资租赁有限公司（以下简称物产租赁公司）、一审第三人河北鑫达矿业集团有限公司（以下简称鑫达矿业公司）、河北鑫达钢铁有限公司、迁安市军丰工贸有限公司、刘某利、王某玲、王某丽、王某案外人执行异议之诉一案，不服浙江省高级人民法院（2017）浙民终97号民事判决，向本院申请再审。本院于2017年12月22日作出（2017）最高法民申4400号民事裁定，提审本案。本院依法组成合议庭，公开开庭审理了本案。再审申请人唐山分行的委托诉讼代理人景宝安，迁安支行的委托诉讼代理人郭香龙，唐山分行、迁安支行的共同委托诉讼代理人徐洋，被申请人物产租赁公司的委托诉讼代理人唐国华、崔满兴，一审第三人鑫达矿业公司、河北鑫达钢铁有限公司、迁安市军丰工贸有限公司、刘某利、王某玲、王某丽、王某的共同委托诉讼代理人王玉海到庭参加诉讼，本案现已审理终结。

唐山分行、迁安支行的再审请求是：一、撤销浙江省高级人民法院（2017）浙民终97号民事判决、浙江省杭州市中级人民法院（2016）浙01民初478号民事判决；二、判令停止对鑫达矿业公司在迁安支行开立的33×××42账户（以下简称1142账户）内存款3000万元的执行；三、判令物产租赁公司承担本案诉讼费用。事实与理由：一、唐山分行、迁安支行有新证据进一步证明，在办理案涉信用证业务中，唐山分行与迁安支行是上下级分支机构之间的分工合作关系，该种做法符合当前国内办理信用证业务的惯例。本案二审判决作出后，河北省银行业协会经调研并组织行业专家研究讨论，在此基础上形成的《关于天津银行唐山分行与浙江物产融资租赁有限责任公司、河北鑫达矿业集团有限公司国内信用证保证金执行异议之诉案的报告》，可证明因迁安支行没有开立信用证的权限，故由其上级行唐山分行开出案涉信用证。同时，唐山分行通过其与迁安支行之间的上下级关系掌握和控制案涉1142账户中的款项。该种做法符合商业银行分支机构业务与财产一体化的特征，也是国内商业银行办理信用证业务的惯例，且该种做法得到最高人民法院判例的明确认可。二、1142账户为信用证保证金专用账户，该账户内资金已经特定化。（一）从账号上能够直观看出，1142账户是国内信用证保证金专用账户。1142账户的第一位是3，第7－11位是25104。根据《天津银行会计制度实施细则》规定，第一位3表示专用存款账户。根据《天津银行会计科目使用说明》规定，251是保证金科目的编号，而25104即是国内信用证保证金的编号。中国人民银行天津分行办公室《关于调整天津银行财政存款和准备金存款交存范围的通知》，亦确认251是天津银行股份有限公司（以下简称天津银行）的保证金科目。（二）从账户性质上能够看出，1142账户属于专用账户。案涉《人民币单位银行结算账户管理协议》手填部分，载明1142账户是专用存款账户。开户通知书上再次确认1142账户性质为专用账户。（三）从账户的实际使用情况也可以看出，各方始终将案涉1142账户专门用于存放开证保证金，符合账户特定化的形式要件。1142账户未作日常结算使用，案涉信用证的开立和承兑与该保证金账户资金往来具有一一对应关系。1142账户开立以来，鑫达矿业公司与迁安支行曾先后办理了五笔国内信用证业务，该五笔信用证均是以保证金担保，而相应保证金均是存放在1142账户中。除上述五笔信用证保证金外，1142账户内没有任何其他资金流动，该账户内资金的每一次变动，都能与上述五笔信用证业务一一对应。由此可见，不但1142账户专用于鑫达矿业公司信用证保证金的存放，而且五笔保证金之间相互独立、能够分别特定化。三、1142账户除能够特定化外，唐山分行对于该账户还具有控制权，主要表现在当唐山分行对鑫达矿业公司的信用证兑付垫款或鑫达矿业公司出现违约后，有权直接从1142账户内扣款。从实际情况来看，就与鑫达矿业公司五笔信用证业务中的其他三笔，天津银行在承兑后，已经从案涉1142账户中扣划了相应保证金，进一步证明唐山分行与迁安支行对1142账户的实际占有。而案涉两笔，因信用证到期前1142账户已经物产租赁公司的申请而被法院冻结，天津银行未能扣划对应的保证金3000万元。四、唐山分行、迁安支行与鑫达矿业公司已经建立了事实上的质押合同，唐山分行依法享有质权。原审判决已查明，唐山分行根据鑫达矿业公司的开证申请，开立了国内跟单信用证，并对案涉两笔信用证进行了承兑。鑫达矿业公司为担保对唐山分行的上述债务，通过签署《人民币单位银行结算账户管理协议》《减免保证金开立国内信用证协议》《开立国内跟单信用证申请书》等文件，对所担保债权的种类和数量、债务履行期限等进行了约定，符合法律关于质押合同构成要件的规定。在案涉3000万元划入1142账户后，唐山分行对该笔款项即享有质权，足以排除物产租赁公司的执行。五、原审判决以迁安支行具有民事主体资格为由，割断迁安支行与唐山分行在案涉信用证业务中的关系，确属错误。（一）在办理案涉信用证业务中，唐山分行与迁安支行具有主体同一性，是上下级业务部门之间的分工合作关系，民事权利义务由天津银行承担。在办理案涉信用证业务过程中，鑫达矿业公司在同一日与迁安支行签订《减免保证金开立国内信用证协议》，向唐山分行作出《开立国内跟单信用证申请书》，又直接向天津银行作出《国内跟单信用证开证申请人承诺书》，能够证明天津银行及其下属分支机构在办理信用证业务中具有民事主体的同一性。（二）迁安支行以自己的名义与鑫达矿业公司签署《减免保证金开立国内信用证协议》，系代理唐山分行对外订立合同的行为。故依法唐山分行与鑫达矿业公司存在保证金质押关系。（三）1142账户虽设立于迁安支行，但实际为其上级开证行唐山分行控制、占有。在唐山分行的要求和批准下，迁安支行负责与鑫达矿业公司办理与账户有关的手续，而唐山分行则自行办理信用证审批、开出等手续，上述整个流程都是由唐山分行主导和控制，唐山分行利用下属机构持有案涉1142账户，本身就是控制该账户及其存款的一种具体方式。综上，唐山分行与鑫达矿业公司成立保证金质押合同关系，唐山分行享有质权，足以排除物产租赁公司的执行。原审判决认定事实和适用法律均有错误，请求予以纠正。

物产租赁公司辩称：一、唐山分行、迁安支行对标的款项不享有质权，无权排除人民法院的强制执行。（一）唐山分行与迁安支行不是同一民事主体，唐山分行、迁安支行主张其主体同一性，于法无据。（二）唐山分行开立信用证与迁安支行收取标的款项是分别进行的独立的民事行为，唐山分行并未实际占有标的款项，其基于上下级的管理控制亦不能代替质权移交占有的法定要件，不为质权。1. 唐山分行开证与迁安支行收款是分别独立进行的民事行为。唐山分行根据鑫达矿业公司的开证申请，开立了国内信用证，信用证法律关系存在于鑫达矿业公司与唐山分行之间。而案涉《人民币单位银行结算账户管理协议》及《减免保证金开立国内信用证协议》系迁安支行与鑫达矿业公司签订，1142账户亦系在迁安支行开立。因此，迁安支行收取标的款项与唐山分行开证是分别独立进行的民事行为。2. 唐山分行、迁安支行主张迁安支行签订减免保证金协议的行为是代理行为，与事实不符，亦缺乏依据。本案中无论是开户协议，还是减免保证金协议，迁安支行均系以其自身名义签订，同时亦无证据显示，迁安支行系受唐山分行的委托实施案涉民事法律行为。即便存在所谓的唐山分行通过分工合作，控制迁安支行收取的标的款项，也只构成债权关系，不构成物权担保所要求的占有。3. 唐山分行、迁安支行一审当庭明确表示不主张质权，无保证金质押合意，该意思表示与其提交的《国内信用证开证审核表》记载的担保情况一致，现其主张已经建立了事实上的质押合同，既缺乏依据，亦违反“禁反言”的法律原则。4. 1142账户内资金并未特定化，不符合质权特定化的法定要件。《人民币单位银行结算账户管理协议》及《减免保证金开立国内信用证协议》中均未明确1142账户是为开立信用证作质押担保的保证金账户；同时，该账户内资金存在同时进出滚动的情形，故该账户不符合法律规定的关于特户、封金等特定化的要求，仅是办理资金收付业务的一般结算账户，并非唐山分行、迁安支行主张的信用证保证金专用账户。而天津银行会计制度及会计科目仅是银行内部的规定，《保证金备注》、《放款通知书》虽记载1142账户为保证金账户，但系银行内部传递的文书，在1142账户对外未显示质押、冻结等外观表象时，第三人无从知晓，不能产生物权的法律效力，不能对抗第三人和人民法院的强制执行。5. 标的款项亦未移交开证行即唐山分行占有，唐山分行基于对迁安支行的上下级控制不能代替质权移交占有的法定要件。同时，1142账户开设在迁安支行，而非唐山分行，鑫达矿业公司向1142账户存入款项后，迁安支行并未移交唐山分行占有。另外，根据《天津银行特种转账借方传票》显示，实际扣划账户内款项的银行亦是迁安支行，而非唐山分行。虽然唐山分行对迁安支行的业务有一定的指导管理权，但该指导管理权仅是基于银行内部上下级关系及银行内部流程设置需要而进行的一定管理，而非法律意义上的控制和占有，何况迁安支行亦是以其自身名义对外开展业务，实施款项扣划等，而非以唐山分行代理人的名义。因此，唐山分行主张其对1142账户内的款项具有控制权，符合质权移交占有的法定要件，缺乏依据。6. 河北省银行业协会的报告既不是再审新证据，亦与标的款项是否构成金钱质押无关。本案所谓新证据之一为《关于天津银行唐山分行与浙江物产融资租赁有限责任公司、河北鑫达矿业集团有限公司国内信用证保证金执行异议之诉案的报告》，该报告系河北省银行业协会对本案发表的观点，不是与本案相关的事实材料，不属于《中华人民共和国民事诉讼法》第六十三条规定的证据范畴，不构成本案再审新证据。同时，即使有观点称本案有关做法符合当前国内办理信用证业务的惯例，也只能属于不规范的惯例，以某种实际存在的即使是具有一定普遍性的情形作为前提倒推其合法性，并无法律依据。7. 唐山分行、迁安支行再审中提交的《关于调整天津银行财政存款和准备金存款交存范围的通知》，与本案没有关联性。二、案涉信用证项下义务已经结清，唐山分行已将迁安支行从鑫达矿业公司账户内扣划的款项用于对外付款，唐山分行信用证项下对外付款责任已消灭，因而不再享有对案涉款项的权利，亦无权排除人民法院的强制执行。根据《天津银行特种转账借方传票》显示和再审审查听证可得，案涉信用证项下对外付款的款项并非是唐山分行的自有资金，而是迁安支行从鑫达矿业公司93×××09和93×××11的银行账户内扣划的款项，按照银行存款以金融机构登记的账户名称判断权利人的规定，案涉信用证项下对外付款的款项应视为鑫达矿业公司偿还，本案并不属于唐山分行以自有资金完成对案涉信用证的垫款行为。至于上述两个银行账户是迁安支行依职权临时开设，还是依鑫达矿业公司申请开设，并不影响鑫达矿业公司作为上述两银行账户权利人的本质，何况唐山分行亦无证据证明该款项系其自有资金。本案中，唐山分行以迁安支行从鑫达矿业公司账户内扣划的款项完成对外支付案涉信用证项下款项后，唐山分行与鑫达矿业公司的信用证法律关系消灭，唐山分行的信用证项下对外付款责任消灭。因此，退一步讲，即使唐山分行对案涉标的款项享有质权，根据主债权消灭，担保物权消灭的规定，该质权亦已消灭，唐山分行对标的款项不享有优先受偿的权利，无权排除人民法院的强制执行。综上，唐山分行、迁安支行的再审主张和理由缺乏事实和法律依据，请求驳回其再审请求，维持原判。

一审第三人述称：第一，案涉1142账户为信用证开证保证金账户，账户内的3000万元为保证金。本案中鑫达矿业公司是向唐山分行申请开立的信用证，鑫达矿业公司按照唐山分行的要求与迁安支行签订开户协议并交纳保证金，该保证金即交入1142保证金账户，该保证金专门用于信用证到期兑付，鑫达矿业公司对1142账户及账户内的资金无控制权。第二，案涉3000万元保证金由唐山分行占有。鉴于支行与分行的上下级关系，在本案业务具体办理中迁安支行确实有参与，但无论两者是否为同一主体，本案业务确属同一业务，也确实存在上下级银行共同办理的事实。第三，鑫达矿业公司并没有结清信用证项下的债务。案涉款项由天津银行一方垫付是事实，唐山分行、迁安支行提交的证据中明确载明款项用途是信用证垫款。唐山分行、迁安支行与鑫达矿业公司共发生五笔信用证业务，在案涉两笔交易之外，都是银行直接在该账户中予以扣划。1142账户为保证金账户已经特定化，专门用于兑付到期信用证项下款项，鑫达矿业公司没有占有、控制权，而是由唐山分行实际控制。

唐山分行、迁安支行于2016年4月25日向一审法院浙江省杭州市中级人民法院提起本案诉讼，请求判令：停止对鑫达矿业公司在迁安支行1142账户内3000万元存款的执行；由物产租赁公司承担本案诉讼费用。

一审法院认定事实：2014年7月10日，迁安支行与鑫达矿业公司签订《人民币单位银行结算账户管理协议》，约定鑫达矿业公司在迁安支行开立1142账户作为专用存款账户，同时明确鑫达矿业公司需按规定使用银行结算账户及迁安支行需及时办理资金收付业务等各自的相关责任。2015年7月14日，迁安支行与鑫达矿业公司签订《减免保证金开立国内信用证协议》，鑫达矿业公司向迁安支行申请开立国内证，同时向1142账户内存入资金1000万元，但信用证系由唐山分行开具。2015年7月15日，唐山分行审查单证相符，通过SWIFT系统发出承兑电文，构成信用证项下承兑；2015年7月28日，迁安支行与鑫达矿业公司签订《减免保证金开立国内信用证协议》，鑫达矿业公司向迁安支行申请开立国内证，同时向1142账户内存入资金2000万元，信用证仍由唐山分行开具。2015年7月29日，唐山分行审查单证相符，通过SWIFT系统发出承兑电文，构成信用证项下承兑。另查明：迁安支行无开立信用证的资格，唐山分行与鑫达矿业公司之间未曾签订过保证金质押协议。再查明：2015年8月7日，物产租赁公司据该院（2014）浙杭商初字第71号生效民事判决，申请强制执行。该院依法立案执行，执行标的为126098507元及债务利息、执行费193499元，执行过程中，该院于2015年8月25日冻结被执行人鑫达矿业公司在迁安支行的案涉1142账户内存款1亿元（实有资金3000万元）。迁安支行于2016年1月以上述账户为保证金账户为由，向该院提出申请，要求解除上述冻结款项。该院于2016年1月18日作出（2015）浙杭执民字第430－2号执行裁定书，驳回迁安支行解冻申请，扣划鑫达矿业公司在迁安支行1142账户内的3000万元至该院执行款账户。迁安支行、唐山分行向该院提出书面异议。该院审查后驳回了唐山分行、迁安支行的执行异议。迁安支行、唐山分行不服，向该院提起案外人执行异议之诉。

一审法院认为：本案争议的焦点是鑫达矿业公司在迁安支行开立的1142账户是否属于国内信用证保证金账户，唐山分行和迁安支行是否对执行标的享有足以阻止其转让、交付的实体权利并由此可以排除法院的强制执行。根据《最高人民法院关于适用〈中华人民共和国担保法〉若干问题的解释》第八十五条“债务人或者第三人将其金钱以特户、封金、保证金等形式特定化后，移交债权人占有作为债权的担保，债务人不履行债务时，债权人可以以该金钱优先受偿”的规定，金钱作为特殊的质押财产，必须特定化，并移交债权人占有。而特户即指金融机构为出质金钱所开的专业账户，该账户必须区别于普通存款户，并且有能让第三人区分出质人交付的是普通存款还是质押财产的外观表象。本案中，迁安支行与鑫达矿业公司签订的《人民币单位银行结算账户管理协议》虽约定1142账户为专户，但约定的是办理资金收付业务的专用存款账户，且迁安支行与鑫达矿业公司签订的《减免保证金开立国内信用证协议》亦未明确该账户是为开立信用证作质押担保的专户，故仍然属于一般账户的性质。根据本案查明的事实，案涉信用证的开证行是唐山分行，但唐山分行并未与鑫达矿业公司签订过书面质权合同，鑫达矿业公司先后向1142账户内存入资金3000万元系事实，首先因该账户不属专门的保证金账户，其次该账户也是开立在迁安支行，也就是说申请开证人鑫达矿业公司既未与唐山分行订立质权合同，也未曾向唐山分行交付过质押财产即保证金，不存在金钱特定化及移交债权人占有等事实，因此作为开证行的唐山分行的质权未设立，不能对抗第三人。况且唐山分行与迁安支行内部虽有上下级隶属关系，但亦不能视为同一法律主体。综上，唐山分行和迁安支行要求停止对涉案款项执行的诉讼请求缺乏事实和法律依据，该院不予支持。依照《中华人民共和国物权法》第二百一十条第一款、第二百一十二条、《最高人民法院关于适用〈中华人民共和国担保法〉若干问题的解释》第八十五条及《中华人民共和国民事诉讼法》第二百二十七条、《最高人民法院关于适用〈中华人民共和国民事诉讼法〉的解释》第三百一十二条之规定，判决如下：驳回唐山分行和迁安支行的诉讼请求。案件受理费191800元，由唐山分行、迁安支行负担。

唐山分行、迁安支行不服一审判决，向二审法院浙江省高级人民法院提起上诉，请求：撤销原判，改判停止对鑫达矿业公司1142账户内国内信用证保证金3000万元的执行。

二审法院查明的事实与一审法院查明的一致。

二审法院认为：本案的争议焦点在于唐山分行、迁安支行对鑫达矿业公司在迁安支行开立的1142账户内的3000万元款项，是否享有足以排除人民法院强制执行的民事权益。各方当事人对上述争议焦点在二审庭审中均予以确认。根据《最高人民法院关于适用〈中华人民共和国担保法〉若干问题的解释》第八十五条"债务人或者第三人将其金钱以特户、封金、保证金等形式特定化后，移交债权人占有作为债权的担保，债务人不履行债务时，债权人可以以该金钱优先受偿"的规定，1142账户的性质问题为本案的首要问题。如果该账户为信用证开证保证金账户，则该账户内的资金可认定为已经以保证金的形式被特定化，信用证开证行为开证申请人垫付了信用证项下的款项后，则对该保证金享有优先受偿权。但根据本案现有证据，认定上述账户为信用证保证金账户，依据不足。首先，银行作为具有存款业务的金融机构，将出质人交付的金钱作为质押财产，应当依法将质押金钱放置于专门的账户，并且对任何第三人均能显示出质押的外观，否则难以区分该金钱是出质人交付的普通存款还是质押财产。双方当事人虽然将账户约定为专户，但约定的是作为贷款发放和支付的专户，仍然属于一般账户的性质。本案中，鑫达矿业公司与迁安支行于2014年7月10日订立的《人民币单位银行结算账户管理协议》，虽约定1142账户为专用存款账户，但约定的内容为：鑫达矿业公司按规定使用银行结算账户、按规定使用支付结算工具；迁安支行及时办理资金收付业务等，可见，该账户并非为保证金账户，只是办理资金收付业务和银行结算的一般账户，第三人也无法将之区别于一般存款账户。其次，迁安支行与鑫达矿业公司分别于2015年7月14日和28日签订的《减免保证金开立国内信用证协议》，亦未明确该账户是为开立信用证作质押担保的保证金账户。唐山分行、迁安支行一审期间提交的证据中，只有放款通知书中有1142为保证金账号的记载，但没有信用证号的记载。二审期间提交的保证金联系单和保证金备注有1142为保证金账号和信用证号的记载。但上述证据均为天津银行内部传递的文书，第三人无从知晓。再次，金钱质押应当依法将质押金钱放置于专门的账户，并且对任何第三人均能显示出质押的外观。本案中，1142账户内的3000万元款项在一审法院冻结时，并未显示出质的外观或已经被采取冻结措施。最后，唐山分行、迁安支行二审提交的国内信用证开证增额审核表载明，鑫达矿业公司开证的担保情况为保证担保，而未载明还有质押担保。因此，一审法院认定1142账户为一般存款账户，而不是保证金账户，并无不当。关于1142账户内的款项是否已移交由唐山分行占有的问题。根据《最高人民法院关于适用〈中华人民共和国担保法〉若干问题的解释》第八十五条的规定，金钱作为特殊的质押财产，必须达到特定化，并移交债权人占有。前已有述，1142账户为一般存款账户，而并非保证金账户，即使该账户内的款项已移交唐山分行占有，但由于金钱作为质押财产未特定化，也不能认定唐山分行的质权设立，而且，根据本案查明的事实，也难以认定1142账户内的款项已移交唐山分行占有。首先，该账户为鑫达矿业公司在迁安支行设立，并非在唐山分行，而本案信用证的开证行为唐山分行，而不是迁安支行。其次，唐山分行、迁安支行认为，其同属于天津银行这一法人内部的分支机构，具有民事主体的同一性。鑫达矿业公司存入1142账户的国内信用证保证金应当认定为已经移交唐山分行，符合移交占有这一要件。但根据《中华人民共和国民事诉讼法》第四十八条及其司法解释第五十二条的规定，商业银行的分支机构具有民事诉讼主体的资格。根据《中华人民共和国合同法》第二条规定，商业银行分支机构作为其他组织具有民事主体资格。最后，唐山分行与鑫达矿业公司未签订保证金质押合同，将1142账户约定为唐山分行开具的两份信用证项下的保证金账户。因此，一审法院认定涉案1142账户内的款项未移交唐山分行占有，有相应的事实和法律依据。综上，唐山分行、迁安支行的上诉请求不能成立，应予驳回；一审判决认定事实清楚，适用法律正确，应予维持。二审法院依照《中华人民共和国民事诉讼法》第一百七十条第一款第一项规定，判决如下：驳回上诉，维持原判。二审案件受理费191800元，由唐山分行、迁安支行共同负担。

本院再审中，对于原审判决查明的事实，双方当事人对以下事实提出异议：一、唐山分行、迁安支行主张原审判决认定“鑫达矿业公司向迁安支行申请开立国内信用证”错误，应当是鑫达矿业公司向唐山分行申请开证。二、物产租赁公司主张原审判决对于案涉信用证项下债务已经清偿的事实未予查明认定。对于原审判决认定的其他事实，各方当事人予以认可，本院予以确认。

唐山分行和迁安支行提交了两份新证据，一是《关于调整天津银行财政存款和准备金存款交存范围的通知》，二是河北省银行业协会出具的《关于天津银行唐山分行与浙江物产融资租赁有限公司、河北鑫达矿业集团有限公司国内信用证保证金执行异议之诉案的报告》，拟证明1142账户为信用证保证金账户，以及唐山分行和迁安支行在本案中操作开立信用证合法合规。物产租赁公司对上述证据的真实性无异议，对证明力不予认可。一审第三人对上述证据无异议。

根据唐山分行、迁安分行的再审请求，围绕本案再审中争议的事实，本院补充查明：一、2014年7月15日，2015年1月13日、1月27日，鑫达矿业公司与迁安支行分别签订三份《减免保证金开立国内信用证协议》，上述日期，鑫达矿业公司亦向唐山分行分别提交了三份《开立国内跟单信用证申请书》，唐山分行向鑫达矿业公司分别开立了三份国内信用证。信用证受益人均为天津恒利万通金属贸易有限公司，信用证金额分别为2000万元、2000万元、4000万元。鑫达矿业公司同时还向天津银行出具了《国内跟单信用证开证申请人承诺书》，承诺其保证在单证表面相符的条件下，天津银行有权主动办理付款，并从鑫达矿业公司账户中扣款。后鑫达矿业公司分别向1142账户存入了上述信用证项下保证金各1000万元、1000 万元、2000 万元。上述三份信用证到期后，天津银行已分别扣划了上述保证金。二、2015 年 7 月 14 日、7 月 28 日，鑫达矿业公司分别向唐山分行提交了《开立国内跟单信用证申请书》，申请开立案涉信用证。三、原审中，唐山分行、迁安支行提交了日期为 2016 年 1 月 11 日、1 月 25 日的两份《非标准账户申请表》及《天津银行特种转账借方传票》，用于证明其对外垫付了案涉两笔信用证项下的款项合计 6000 万元。其中，两份《非标准账户申请表》中的申请机构为迁安支行，开立会计科目为 13603，开立账户名称为鑫达矿业公司，账号分别为 93×××09、93×××11，业务使用范围为用于核算国内信用证垫款款项，该申请表上未加盖鑫达矿业公司公章；两份《天津银行特种转账借方传票》上的付款人为鑫达矿业公司、开户银行迁安支行，收款人为其他应付款项、开户银行唐山分行，转账原因为信用证垫款。四、《天津银行会计科目使用说明》（试行）第二章会计科目使用说明规定，136 科目为垫款，13603 科目为信用证垫款（具体为本科目核算该行办理开出信用证业务而形成的垫付款项）；251 科目为保证金，25103 科目为国际信用证保证金，25104 科目为国内信用证保证金（具体为本科目核算该行办理国内信用证业务而收取的保证金）。《天津银行会计制度实施细则》（试行）第八十条账户管理规定，客户账号长度为 18 位数字，首位表示账户的性质："1"表示基本存款账户，"2"表示一般存款账户，"3"表示专用存款账户……五、唐山分行、迁安支行提交的中国人民银行天津分行办公室文件《关于调整天津银行财政存款和准备金存款交存范围的通知》中，显示 251 为保证金。

本院再审认为，本案再审中的争议焦点为唐山分行、迁安支行对案涉 1142 账户内的 3000 万元是否享有足以排除人民法院强制执行的民事权益。具体争议的问题有三项，一是 1142 账户是否为信用证开证保证金账户，账户内的 3000 万元是否为开证保证金；二是唐山分行是否实际占有了案涉 3000 万元；三是案涉信用证项下的债务是否已由鑫达矿业公司结清。

一、唐山分行、迁安支行在原审中及再审中提交的证据，能够形成证据链证明 1142 账户为信用证开证保证金账户。（一）根据 1142 账户的表面形式、天津银行及中国人民银行天津分行有关账户管理规定，可以认定 1142 账户为信用证保证金账户。1. 根据《天津银行会计制度实施细则》（试行）第八十条账户管理规定，客户账号长度为 18 位数字，首位表示账户的性质，"1"表示基本存款账户，"2"

表示一般存款账户，“3”表示专用存款账户。本案中，争议账户首位为3，即表明该争议账户性质为专用存款账户。2. 根据《天津银行会计科目使用说明》（试行）（2015版）第二章会计科目使用说明，25103为国际信用证保证金，25104为国内信用证保证金，25105为人民币保函保证金。案涉账号的中间数为“25104”，根据上述说明，1142账户属于国内信用证保证金账户。3. 唐山分行、迁安支行再审中提交的中国人民银行天津分行办公室文件《关于调整天津银行财政存款和准备金存款交存范围的通知》中也规定251为保证金。由此，唐山分行、迁安支行主张从案涉1142账户的表面形式上可以直观地反映出该账户为信用证开证保证金账户，有事实依据。（二）根据鑫达矿业公司与迁安支行开户时对1142账户性质的约定，以及该公司开立案涉信用证及履行所涉合同的情况，亦足以证明该账户为信用证开证保证金账户，其内的3000万元为开证保证金。1.《人民币银行结算账户管理办法》第三条规定，单位银行结算账户按用途分为基本存款账户、一般存款账户、专用存款账户、临时存款账户。本案中，鑫达矿业公司与迁安支行签订的《人民币单位银行结算账户管理协议》中约定鑫达矿业公司在迁安支行开立专用存款账户，账号为1142号，表明该账户就是专用存款账户，而非一般存款账户。2. 案涉两份《开立国内跟单信用证申请书》项下的金额分别是2000万元、4000万元，两份对应的《减免保证金开立国内信用证协议》第一条开证金额及保证金缴付中均约定“开立信用证前缴付等值于开证金额百分之五十的保证金”。同一日，鑫达矿业公司向1142账户分别转款1000万元、2000万元，均符合《减免保证金开立国内信用证协议》约定的保证金金额。3. 唐山分行国际业务部向该行风险管理部提交的《专业审查意见书》中就案涉信用证开证信息，表述保证金比例50%。4. 迁安支行就案涉信用证项下放款，向该行会计部门提交的《放款通知书》中明确保证金账号为1142号。5. 唐山分行、迁安支行在原审中提交的证据显示，1142账户发生的款项均为其与鑫达矿业公司之间因开立信用证而发生的款项。鑫达矿业公司与迁安公司签订《人民币单位银行结算账户管理协议》约定开立1142账户的时间是2014年7月10日，该账户资金流水明细显示，2014年7月15日，账户进入资金1000万元，与该日唐山分行向鑫达矿业公司开立信用证的时间为同一日。2015年1月13日、1月27日，该账户分别进账1000万元、2000万元，与唐山分行向鑫达矿业公司开立的另外两份信用证的时间也为同一日。该账户另有两笔交易即是本案所涉两份信用证项下款项。上述事实表明，1142账户除双方当事人之间用于开立信用证缴纳保证金外，未有其他性质的资金往来。唐山分行、迁安支行主张该账户为鑫达矿业公司因开立信用证而设立的保证金专用存款账户，有事实依据。6. 本案诉讼中，鑫达矿业公司一直主张1142账户是其向唐山分行申请开立信用证时缴纳保证金的账户，且其对该账户无支配权和使用权。在无相反证据证明情形下，鑫达矿业公司的陈述亦可以作为有效证据采信。由此，综合唐山分行、迁安支行提交的证据以及当事人的陈述，足以证明1142账户为信用证开证保证金账户，该账户内的3000万元属于案涉信用证项下保证金。原审判决以唐山分行、迁安支行在原审中提交的证据为其内部文件，第三人无从知晓不能显示出质押外观为由，认定该账户为一般存款账户，认定事实错误，适用法律不当，本院予以纠正。

二、关于唐山分行是否占有1142账户内保证金的问题。虽然从民事诉讼主体资格而言，原审判决根据民事诉讼法律规定，认定商业银行分支机构具有民事诉讼主体资格，并无不当。但是，就商业银行分支机构经营管理的财产而言，根据《中华人民共和国商业银行法》第二十二条规定，商业银行对其分支机构实行全行统一核算，统一调度资金，分级管理的财务制度；商业银行分支机构不具有法人资格，在总行授权范围内依法开展业务，其民事责任由总行承担。可见，商业银行分支机构经营管理的财产权属属于总行。由此本案中唐山分行、迁安支行所经营管理的财产均属于其总行天津银行所有。同时，根据上述法律规定，唐山分行、迁安支行依据天津银行业务规则办理案涉信用证业务亦不违反法律规定。唐山分行、迁安分行据此主张1142账户中的保证金已经由唐山分行占有，理由成立，本院予以支持。原审判决认定1142账户内的款项未移交唐山分行占有，适用法律不当，本院予以纠正。

三、关于案涉信用证项下的债务是否已由鑫达矿业公司清偿的问题。物产租赁公司主张案涉信用证项下债务已由鑫达矿业公司清偿的依据，是原审中唐山分行、迁安支行提交的日期为2016年1月11日、25日的两份《天津银行特种转账借方传票》。原审中，唐山分行、迁安支行提交上述《天津银行特种转账借方传票》及日期相同的两份《非标准账户申请表》等证据，用以证明其已对外垫付了案涉信用证项下的款项6000万元。首先，根据两份《非标准账户申请表》，单从该开户申请表名称看，开立的该账户是非标准账户，表明该账户的开立并不属于一般普通结算账户，而是具有特定用途的账户；其次，根据《天津银行会计科目使用说明》，《非标准账户申请表》中开立会计科目13603为信用证垫款；再次，《非标准账户申请表》中开立账户名称虽为鑫达矿业公司，但申请人为迁安支行，鑫达矿业公司在该申请表中未加盖公章，未有意思表示，表明鑫达矿业公司并没有向迁安支行申请开立所涉账户。最后，上述《非标准账户申请表》及《天津银行特种转账借方传票》中的业务范围及转账原因均记载为信用证垫款，而非信用证付款；表明上述借方传票项下的款项并非由鑫达矿业公司实际支付，否则，所涉款项用途应记载为信用证付款，而不是垫款，所谓垫款，只能理解为由开证银行为开证申请人垫付。另外，就案涉信用证项下款项是否已经付清，经本院庭审中询问，鑫达矿业公司陈述其因资金困难，一直未予支付。由此，结合上述账户开立、转款凭证记载内容以及当事人陈述情况，本院认为，唐山分行、迁安支行关于上述账户仅是天津银行为了完成案涉信用证垫款手续而设立的专用内部账户，该账户内资金流动与鑫达矿业公司无关的主张有事实依据，本院予以支持。而物产租赁公司仅依据上述《天津银行特种转账借方传票》中的付款人记载为鑫达矿业公司，而主张迁安支行与鑫达矿业公司之间形成新的借贷关系，鑫达矿业公司已经支付了案涉信用证项下的款项等，缺乏证据证明，本院不予支持。

综上，根据本案证据，1142账户为鑫达矿业公司开立的信用证保证金账户，账户中的3000万元为与案涉两份信用证一一对应的其项下的保证金；该账户自开立以来，账户中的保证金一直由唐山分行、迁安支行控制及占有；唐山分行、迁安支行已经垫付了案涉信用证项下的款项。根据《最高人民法院关于适用〈中华人民共和国担保法〉若干问题的解释》第八十五条“债务人或者第三人将其金钱以特户、封金、保证金等形式特定化后，移交债权人占有作为债权的担保，债务人不履行债务时，债权人可以以该金钱优先受偿”的规定，唐山分行、迁安支行有权对上述3000万元优先受偿。《最高人民法院关于人民法院能否对信用证开证保证金采取冻结和扣划措施问题的规定》第一条规定：“人民法院在审理或执行案件时，依法可以对信用证开证保证金采取冻结措施，但不得扣划。如果当事人认为人民法院冻结和扣划的某项资金属于信用证开证保证金的，应当提供有关证据予以证明。人民法院审查后，可按以下原则处理：对于确系信用证开证保证金的，不得采取扣划措施；如果开证银行履行了对外支付义务，根据该银行的申请，人民法院应当立即解除对信用证开证保证金相应部分的冻结措施；如果申请开证人提供的开证保证金是外汇，当事人又举证证明信用证的受益人提供的单据与信用证条款相符时，人民法院应当立即解除冻结措施”。据此，唐山分行、迁安支行对1142账户内的3000万元保证金享有足以排除人民法院强制执行的民事权益，唐山分行、迁安支行诉请人民法院停止对该3000万元的执行，有事实与法律依据，本院予以支持；原审判决认定唐山分行、迁安支行对该款不享有足以排除强制执行的民事权益并据此驳回唐山分行、迁安支行的诉请不当，本院予以纠正。依照《中华人民共和国民事诉讼法》第二百零七条第一款、第一百七十条第一款第二项以及《最高人民法院关于适用〈中华人民共和国民事诉讼法〉的解释》第三百一十二条第一款第一项规定，判决如下：

一、撤销浙江省高级人民法院（2017）浙民终97号民事判决、浙江省杭州市中级人民法院（2016）浙01民初478号民事判决；

二、不得对河北鑫达矿业集团有限公司在天津银行股份有限公司唐山迁安支行开立的33××42账户内存款3000万元执行。

本案一审案件受理费191800元，二审案件受理费191800元，合计383600元，由浙江物产融资租赁有限公司负担。

本判决为终审判决。

审判长：虞政平；审判员：张爱珍、汪军；法官助理：潘琳；书记员：陈新雨

二〇一八年二月二十七日

专题五十四

执行异议之诉需综合判断异议人是否享有阻却执行的民事权益

——再审申请人易某萍与被申请人萍乡市富新节能服务有限公司、熊某、刘某等39人、原审第三人萍乡太红洲矿业有限责任公司、萍乡农村商业银行股份有限公司案外人执行异议之诉纠纷案

【裁判观点】

（1）判断执行标的能否执行，需查明案外人就执行标的是否享有足以排除强制执行的民事权益，以此确定异议人所享有的权利在效力上是否优先于申请执行人的权利。

（2）执行异议之诉中，在考量权利优先性问题时，应当结合案外人与执行标的的关系的性质、被执行人对执行标的支配权的范围、执行标的是否构成交易的信赖等因素予以综合判断。

中华人民共和国最高人民法院

民事裁定书

案号（2018）最高法民申3511号

再审申请人（一审被告、二审被上诉人）：易某萍，男，1963年2月23日出生，汉族，住江西省萍乡市安源区。

委托诉讼代理人：彭华，江西博韬律师事务所律师。

委托诉讼代理人：罗煜，江西博韬律师事务所律师。

被申请人（一审原告、二审上诉人）：萍乡市富新节能服务有限公司。住所地：江西省萍乡市萍乡经济开发区教育体育局2楼。

法定代表人：苏李，该公司董事长。

被申请人（一审原告、二审上诉人）：熊某，女，1978年11月20日出生，汉族，住江西省萍乡市湘东区。

被申请人（一审原告、二审上诉人）：刘某升，男，1983年9月9日出生，汉族，住江西省萍乡市湘东区。

被申请人（一审原告、二审上诉人）：刘某，男，1971年11月18日出生，汉族，住江西省萍乡市开发区。

被申请人（一审原告、二审上诉人）：林某飞，男，1964年4月26日出生，汉族，住江西省萍乡市湘东区。

被申请人（一审原告、二审上诉人）：李某良，男，1955年5月29日出生，汉族，住江西省萍乡市湘东区。

被申请人（一审原告、二审上诉人）：王某相，男，1967年12月13日出生，汉族，住江西省萍乡市湘东区。

被申请人（一审原告、二审上诉人）：黄某员，男，1963年11月23日出生，汉族，住江西省萍乡市芦溪县。

被申请人（一审原告、二审上诉人）：胡某，女，1986年12月19日出生，汉族，住江西省萍乡市湘东区。

被申请人（一审原告、二审上诉人）：陈某鹰，女，1985年11月16日出生，汉族，住江西省萍乡经济开发区。

被申请人（一审原告、二审上诉人）：胡某，女，1988年1月4日出生，汉族，住江西省萍乡市安源区。

被申请人（一审原告、二审上诉人）：汤某，女，1981年12月1日出生，汉族，住江西省萍乡经济开发区。

被申请人（一审原告、二审上诉人）：潘某，男，1969年1月29日出生，汉族，住江西省萍乡市开发区。

被申请人（一审原告、二审上诉人）：汤某辉，男，1967年11月6日出生，汉族，住江西省萍乡市湘东区。

被申请人（一审原告、二审上诉人）：朱某炳，男，1963年11月17日出生，汉族，住江西省萍乡市湘东区。

被申请人（一审原告、二审上诉人）：周某飞，男，1987年1月24日出生，汉族，住江西省萍乡市。

被申请人（一审原告、二审上诉人）：刘某生，男，1960年5月27日出生，汉族，住江西省萍乡市安源区。

被申请人（一审原告、二审上诉人）：肖某云，女，1956年3月12日出生，汉族，住江西省萍乡市安源区。

被申请人（一审原告、二审上诉人）：周某，男，1981年11月19日出生，汉族，住江西省萍乡市安源区。

被申请人（一审原告、二审上诉人）：刘某娜，女，1983年12月2日出生，汉族，住江西省萍乡市安源区。

被申请人（一审原告、二审上诉人）：龙某柏，男，1965年7月13日出生，汉族，住江西省萍乡市。

被申请人（一审原告、二审上诉人）：刘某晓，男，1967年12月25日出生，汉族，住江西省萍乡市湘东区。

被申请人（一审原告、二审上诉人）：张某仁，男，1966年9月13日出生，汉族，住江西省萍乡市湘东区。

被申请人（一审原告、二审上诉人）：何某军，男，1976年8月12日出生，汉族，住海南省海口市美兰区。

被申请人（一审原告、二审上诉人）：颜某武，男，1976年10月13日出生，汉族，住江西省湘东区。

被申请人（一审原告、二审上诉人）：黄某，女，1971年9月1日出生，汉族，住江西省萍乡市安源区。

被申请人（一审原告、二审上诉人）：辜某洪，女，1990年4月6日出生，汉族，住江西省萍乡市上栗县。

被申请人（一审原告、二审上诉人）：何晓某，男，1977年12月8日出生，汉族，住四川省华蓥市。

被申请人（一审原告、二审上诉人）：刘某清，男，1977年7月6日出生，汉族，住江西省萍乡市莲花县。

被申请人（一审原告、二审上诉人）：汪某红，女，1967年12月11日出生，汉族，住江西省宜春市铜鼓县。

被申请人（一审原告、二审上诉人）：邹某，男，1985年8月2日出生，汉族，住江西省萍乡市安源区。

被申请人（一审原告、二审上诉人）：蓝某萍，男，1958年7月24日出生，畲族，住江西省萍乡市安源区。

被申请人（一审原告、二审上诉人）：周某甲，女，1983年10月28日出生，汉族，住江西省萍乡市芦溪县。

被申请人（一审原告、二审上诉人）：周某乙，女，1956年11月29日出生，汉族，住江西省萍乡市安源区。

被申请人（一审原告、二审上诉人）：何某，女，1987年12月6日出生，汉族，住江西省萍乡市安源区。

被申请人（一审原告、二审上诉人）：鲍某萍，女，1954年7月9日出生，汉族，住江西省萍乡市安源区。

被申请人（一审原告、二审上诉人）：阳某年，男，1955年3月21日出生，汉族，住江西省萍乡市安源区。

被申请人（一审原告、二审上诉人）：吴某元，男，1963年10月2日出生，汉族，住江西省萍乡市湘东区。

被申请人（一审原告、二审上诉人）：周某萍，男，1955年9月6日出生，汉族，住江西省萍乡市湘东区。

被申请人的诉讼代表人：熊某，女，1978年11月20日出生，汉族，住江西省萍乡市湘东区。

被申请人的诉讼代表人：刘某，男，1971年11月18日出生，汉族，住江西省萍乡市开发区。

以上被申请人共同委托诉讼代理人：刘文武、张颖，江西中律律师事务所律师。

原审第三人：萍乡太红洲矿业有限责任公司。住所地：江西省萍乡市湘东区工业园。

法定代表人：曾书旺，该公司董事长。

原审第三人：萍乡农村商业银行股份有限公司。住所地：江西省萍乡市安源新区韶山西路2号。

法定代表人：夏顺华，该公司董事长。

再审申请人易某萍因与被申请人萍乡市富新节能服务有限公司（以下简称富

新节能公司)、熊某、刘某等39人、原审第三人萍乡太红洲矿业有限责任公司(以下简称太红洲公司)、萍乡农村商业银行股份有限公司(以下简称萍乡农商银行)案外人执行异议之诉纠纷一案，不服江西省高级人民法院于2018年4月16日作出的(2018)赣民终89号民事判决，向本院申请再审。本院于2018年7月11日立案受理，依法组成合议庭进行审查。现已审查终结。

易某萍再审称：(一)本案程序上存在重大瑕疵。1. 易某萍申请保全太红洲公司持有的萍乡农商行股权545万股，而非2000万股，易某萍诉讼、保全、执行金额均为545万元，而本案一、二审诉讼费均以2000万元为标的计算诉讼费；2. 易某萍位居查封执行标的顺序第二位，而一、二审法院未通知其他必须参加诉讼的相关当事人到庭。(二)二审判决认定的基本事实有误。1. 二审判决认定“上诉人富新节能公司在2014年12月9日因受让太红洲公司500万股份而成为萍乡农商行的股东，有受让方、转让方股东会决议……能够形成证据链条，应当认定富新节能公司是萍乡农商行的股东，享有500万股份的实体权益”是错误的。首先，萍乡农商行2014年12月30日正式成立，而在其尚未成立的2014年12月9日，太红洲公司即转让500万股给富新节能公司，该股权转让因违反公司法的规定应认定无效。其次，若作为发起人之一的太红洲公司将股份转让给了富新节能公司，而萍乡农商行在申报经营许可和工商注册登记过程中，明知太红洲公司没有履行出资义务，却配合其将发起人应持有的公司股份违法转让，而不申报变更，仍然保留太红洲公司作为发起人资格，该行为严重违法；2. 易某萍申请执行太红洲公司的股权，明确登记在省银监局、工商行政管理部门和萍乡农商行《公司章程》中，而却没有富新节能公司股权的记载。全国企业信用信息登记公示系统也显示，股权完全属于太红洲公司的责任财产。易某萍基于对公示信息所产生的信赖应受到优先保护；3. 二审判决认定“萍乡农商行在设立登记时，因股东人数达885人……且取得了农商行签发的股权证，符合《公司章程》规定，对其受让的股份亦享有实体权利”有误。首先，易某萍于2015年4月3日申请诉前保全查封太红洲公司在萍乡农商行股权时，萍乡农商行的《公司章程》中并没有富新公司、熊某等39人。为了逃避责任对抗执行，2015年6月23日，萍乡农商行下发萍农商行字[2015]46号“关于完善萍乡农商行股东名册的情况说明”文件，重新制作了《公司章程》，在发起人之一太红洲公司名下增加了45名股东。其次，二审判决对萍乡农商行885名股东身份是否合法没有查明。萍乡农商行《公司章程》并没有显示股东人数885名，二审法院仅凭萍乡农商行伪造的股东名册和股权证等证据予以认定，证据不足。最后，萍乡农商行提出，由于股份公司发起人人数有限制，因萍乡农商行的股东多达885名，故用隐名方式记载于萍乡农商行内部股东名册中。如此，富新节能公司实际上与太红洲公司形成显名股东与隐名股东关系，不受法律保护。（三）二审判决适用法律有误。1. 富新节能公司在一审时已经放弃了依法诉讼的权利。江西省萍乡市中级人民法院依法通知龙某柏、张某仁等19人作为新增原告参加诉讼。在诉讼过程中，将诉讼请求变更为“请求不得执行原告享有所有权、形式登记在萍乡农村商业银行股份有限公司发起人萍乡太红洲矿业有限责任公司名下的萍乡农商行的股权”。富新节能公司等从放弃确权开始，就已经放弃了基本权利，其诉讼请求应予驳回；2. 二审判决“关于太红洲公司对执行标的是否享有民事权益问题”的论述中，断章取义引用公司法，否认太红洲公司享有的股权；3. 太红洲公司与富新节能公司之间的股权转让应当认定无效；4. 二审判决认为一旦执行“必然损害他人的权益，将引发一系列的纠纷”，属于主观臆断。据此，易某萍根据《中华人民共和国民事诉讼法》第二百条的规定申请本院再审。

富新节能公司等答辩认为，二审判决审判程序合法，认定事实清楚，适用法律正确。易某萍的再审请求不符合《中华人民共和国民事诉讼法》第二百条的规定，应当予以驳回。

萍乡农商行提交意见认为，太红洲公司持有的萍乡农商行股份在2014年10月该行成立前即转让给富新节能公司，太红洲公司在萍乡农商行没有股份。根据该公司章程，股东股权是通过股东名册、股权证、公司分红来确证的，而太红洲公司在该行既无股权证、也无分红、股东名册亦没有记载。易某萍的再审申请缺乏事实和法律依据，应予驳回。

本院认为，本案再审的重点为：富新节能公司等所主张的对执行标的享有的实体权利能否足以排除易某萍基于对太红洲公司的债权而申请执行太红洲公司所持有的萍乡农商行股份。

《最高人民法院关于适用〈中华人民共和国民事诉讼法〉的解释》第三百一十二条第一款规定：“对案外人提起的执行异议之诉，人民法院经审理，按照下列情形分别处理：（一）案外人就执行标的享有足以排除强制执行的民事权益的，判决不得执行该执行标的；（二）案外人就执行标的不享有足以排除强制执行的民事权益的，判决驳回诉讼请求”。据此，判断执行标的能否执行，需查明案外人就执行标的是否享有足以排除强制执行的民事权益，以此确定执行异议人所享有的权利在效力上是否优先于申请执行人的权利。本案中。应首先查明富新节能公司等对执行标的是否具有正当权利，再判断富新节能公司等对执行标的所拥有的权利是否足以阻却执行。

（一）富新节能公司等对萍乡农商行的股权享有正当权益

1. 富新节能公司是于2014年12月9日通过《股权转让协议书》受让太红洲公司持有的萍乡市湘东区农村信用合作联社500万股的股权。届时萍乡农商行尚未设立，富新节能公司通过此次股权转让购买的是萍乡市湘东区农村信用合作联社的股权。因萍乡农商行是由包括萍乡市湘东区农村信用合作联社的两家公司转制而来，通过此次股权转让，富新节能公司实际上取得了成为萍乡农商行股东的潜在资格。萍乡农商行设立后，富新节能公司可以依据发起设立协议书，成为萍乡农商行的股东。2015年5月31日萍乡农商行在更新股东名册时将太红洲公司的股东身份删除，并向富新节能公司签发记名股权凭证。富新节能公司所持有的萍乡农商行股权证所记载的股权数额及股权转让时间也反映了案涉股权的实际权属状况。据此，富新节能公司可以认定是萍乡农商行的股东，享有股东的实体权益。关于易某萍认为根据《中华人民共和国公司法》第一百四十一条的规定，太红洲公司作为发起人在股份公司成立后一年不得转让公司股份，否则股权转让协议无效的意见。本院认为，太红洲公司在萍乡农商行设立前的发起阶段转让的是萍乡市湘东区农村信用合作联社的股权而非萍乡农商行的股权，并未违反《中华人民共和国公司法》第一百四十一条关于对发起人转让股份的标的、时间的限制性规定。对易某萍的该项诉请，不予支持。

2. 太红洲公司对另外1500万股萍乡农商行的股份，实际上并不享有股东权益，只是为了公司设立登记便宜而将熊某等人分散持有的股份整体登记于太红洲公司名下，该1500万股的真实权利人是熊某等人。萍乡农商行的股东名册、签发给股东的记名股票以及股权分红，均能证明熊某等人是萍乡农商行的真实股东。

3. 股份有限公司的资本划分为等额股份，股东以持有股票的形式持有公司股份，股票转让便捷，仅需背书或者交付即可转让，股东变更频率高，如果每次股权转让均进行公司股东变更登记，显然不符合股份有限公司股权转让便捷性的要求。因此，《中华人民共和国公司登记管理条例》第九条规定的登记事项中，就没有要求对股份有限公司的股东进行登记，只是要求登记股份有限公司发起人的信息。因此，股份有限公司实际股权状况应当结合公司股票和股东名册予以判断。太红洲公司将500万元股权转让给富新节能公司后，其股权证在2014年12月9日记载投资余额为0，熊某等人在萍乡农商行设立后即取得该公司签发的记名股权凭证，分别享有份额不等的股份。2015年5月31日萍乡农商行更新了公司名册，已经没有了太红洲公司的股权记载。因此，二审法院根据股份有限公司股权结构的特点，并依据《中华人民共和国公司登记条例》第九条关于股份有限公司登记事项的规定，对本案萍乡农商行股东股权进行实质性判断，适用法律正确。

（二）富新节能公司等案外人对执行标的所拥有的权利能够阻却执行

本案富新节能公司等对案涉股份享有的实际权利与萍乡农商行股权登记外观上存在冲突，在考虑权利优先性问题时应当综合案外人与执行标的关系的性质、被执行人对执行标的支配权的范围以及执行标的是否构成交易的信赖等因素予以判断。

1. 富新节能公司通过继受取得萍乡农商行的股份，熊某等人因公司转制而取得萍乡农商行的股份，富新节能公司、熊某等人均是基于股东身份而享有股东权益，太红洲公司仅是基于登记外观有股东之名而无股东之实，太红洲公司对案涉股权并无支配权利，实体股东权利为富新节能公司、熊某等人所享有。易某萍申请执行的是实体权利已经空虚化的股东权，显然不能对抗已经查明的富新节能公司、熊某等人对执行标的所享有的实体权益。

2. 本案执行标的并不构成太红洲公司与易某萍交易的责任财产，对易某萍的债权并不因丧失信赖而造成损害。易某萍与太红洲公司的债权债务关系发生于萍乡农商行成立之前，太红洲公司所持有的萍乡农商行的股份尚未对外公示，并不存在易某萍对太红洲公司所持股权的信赖问题。因此，易某萍仅依据对事后的公司股东登记信赖申请执行案涉股权，不能对抗富新节能公司、熊某等人的实体权利。

至于本案一、二审诉讼费用的收取问题，因本案是执行异议之诉，因此类案件当事人的请求涉及财产权益，属于财产案件，应当按照财产案件标准计收案件受理费。本案当事人诉争的标的是能否对登记于太红洲公司名下的萍乡农商行2000万股的股份排除执行，一、二审据此收取诉讼费用并无不当。易某萍再审提出应当按照申请执行的545万元的债权为标的收取诉讼费用，混淆了本案诉讼标的与另案诉讼标的的不同，该再审请求不予支持。

综上，易某萍的再审申请不符合《中华人民共和国民事诉讼法》第二百条第二项、第六项规定的情形。依照《中华人民共和国民事诉讼法》第二百零四条第一款，《最高人民法院关于适用〈中华人民共和国民事诉讼法〉的解释》第三百九十五条第二款规定，裁定如下：

驳回易某萍的再审申请。

审判长：贾清林；审判员：周伦军、马东旭；法官助理：　　；书记员：郑海虹

二〇一八年九月二十六日

后 记

最高人民法院巡回法庭的重要职能之一，就是裁判巡回区产生的、依法应当由最高人民法院管辖的相应的诉讼案件。编辑本书的目的，就是把两年来最高人民法院第三巡回法庭（以下简称“第三巡回法庭”）裁判的、有重要法律适用价值、值得实践参考和学界研究的案例，加以编纂汇总。第三巡回法庭成立两年来，已受理民商事案件1600余件，结案1460余件，人均结案183余件，民商事主审法官办案任务重、压力大。据统计，民商事案件类型主要为金融借贷纠纷、建设工程施工合同纠纷及股权争议类纠纷，同时，票据纠纷、保理纠纷、股票期货类纠纷等新类型和疑难复杂案件亦占较大比重，案件事实争议大，法律适用难，广受社会关注，对社会、经济稳定与发展有着重要影响。而辖区法院在法律适用及案件处理上仍存在不少问题，裁判尺度不统一现象仍然比较突出，因此，第三巡回法庭一直致力于加强对下司法指导工作，努力促进法律适用规范统一。2018年初，我们对2017年已结民商事案件进行了统计分析，向辖区内各高院传达了再审、改发案件及存在的相关法律问题，并公布了部分典型案件，对于统一辖区裁判尺度取得了良好的成效。此次将两年来的典型案件汇编成书，亦为加强司法指导、统一裁判尺度之初衷。

此书的出版，首先离不开第三巡回法庭分党组、庭领导的大力支持和正确领导。最高人民法院党组副书记、副院长、第三巡回法庭庭长江必新大法官一直强调指导案例工作的重要性，多次在辖区法院座谈会上指出要总结审判经验，加强案例研究，以确保裁判尺度统一，保障司法公信和权威。第三巡回法庭党组副书记、副庭长王旭光多次召开专门会议强调此书编辑的重要性，研究讨论案例，明确工作分工。正是庭领导的大力支持和正确领导，确保了本书所选案例的质量和顺利出版。其次，第三巡回法庭全体民商事主审法官为此书编撰付出了极大努力和心血。主审法官办案任务重，尤其是年底结案压力大，在所办200多件案件中选少数几件作为案例，需要精心挑选和慎重考虑。同时，正是在200余件案件中选取少数几件作为案例，也可反映出本书中案例的高品质和所具有的典型意义。此外，第三巡回法庭综合办及各主审团队法官助理和跟案培训助理亦为本书的编写及付梓提供了极大帮助，在此一并致以感谢。

我们需要再次说明的是，案例指导是我国司法改革的一项重要制度，对于统一裁判尺度、指导司法审判具有重要的意义，但指导案例并不能作为类案审判的依据，而只能是参照适用。尤其是本书所总结的裁判观点与所列举的裁判文书，不同学者或法官可能有不同见解，新类型及疑难复杂案件更难免会有争议，但这作为第三巡回法庭成立两年来各民商事主审法官的精选作品和集体智慧结晶，具有不可言喻的指导意义和研究价值。因此，希望本书读者能在细细品读后发现其所蕴含的典型意义，感受并收获到巡回法庭主审法官所撰裁判文书的精髓。当然，即便是引发不同观点的思考与讨论，这也体现了本书的价值和意义。同时，对于本书所总结的裁判观点或其他编写有不当之处，希望读者予以理解并批评指正。我们最希望的是本书的出版发行，能进一步推动我国案例指导制度的发展与完善，为统一裁判尺度、提高司法公信和权威贡献绵薄之力，为中国特色社会主义法治国家建设添砖加瓦。

图书在版编目（CIP）数据

最高人民法院第三巡回法庭新型民商事案件理解与适用/最高人民法院第三巡回法庭编著. —北京：中国法制出版社，2019. 1

ISBN 978 -7 -5216 -0013 -1

Ⅰ. ①最… Ⅱ. ①最… Ⅲ. ①最高法院 - 民事诉讼 - 审判 - 案例 - 中国 Ⅳ. ①D925. 118. 25

中国版本图书馆 CIP 数据核字（2019）第 021910 号

策划/责任编辑：陈兴（cx_legal@ 163. com）　　封面设计：李　宁

最高人民法院第三巡回法庭新型民商事案件理解与适用

ZUIGAO RENMIN FAYUAN DISAN XUNHUI FATING XINXING MINSHANGSHI ANJIAN LIJIEYU SHIYONG

编著/最高人民法院第三巡回法庭

经销/新华书店

印刷/三河市国英印务有限公司

开本/730 毫米 ×1030 毫米　16 开　　印张/ 46. 25　字数/ 652 千

版次/2019 年 1 月第 1 版　　2019 年 1 月第 1 次印刷

中国法制出版社出版

书号 ISBN 978 -7 -5216 -0013 -1　　定价：139. 00 元

北京西单横二条 2 号

邮政编码 100031　　传真：010 -66031119

网址：http：//www. zgfzs. com　　**编辑部电话：010 -66010405**

市场营销部电话：010 -66033393　　**邮购部电话：010 -66033288**

（如有印装质量问题，请与本社印务部联系调换。电话：010 -66032926）